2019年

国家统一法律职业资格考试 精编教材

[卷二]

民法、知识产权法、商法、经济法、环境资源法、劳动与社会保障法、国际私法、国际经济法、民事诉讼法与仲裁制度

袁 江 主编

《国家统一法律职业资格考试精编教材》
主创人员

一、主编

袁江:原国家司法考试中心副主任、全国律师协会副秘书长。

二、学科负责人(按考试大纲顺序排列)

高其才(中国特色社会主义法治理论、法理学、中国法律史、司法制度和法律职业道德):清华大学法学院习惯法研究中心主任、教授、博士生导师。

焦洪昌(宪法):中国政法大学法学院院长、教授、博士生导师,中国宪法学研究会副会长。

杜新丽(国际法、国际私法、国际经济法):中国政法大学仲裁研究院院长,教授、博士生导师,中国国际私法学会副会长,中国国际经济法贸易仲裁委员会仲裁员,北京仲裁委员会仲裁员。

邬明安(刑法):中国政法大学刑事司法学院教授、硕士生导师。

卫跃宁(刑事诉讼法):中国政法大学刑事诉讼法学研究所所长、教授、博士生导师。

张锋(行政法与行政诉讼法):中国政法大学法学院教授、硕士生导师,资深律考、司考辅导专家。

隋彭生(民法):中国政法大学合同法研究中心主任、教授、硕士生导师,资深律考、司考辅导专家。

李玉香(知识产权法):中国政法大学教授、中国科学技术法学会副会长、华科知识产权司法鉴定中心执行主任、中国商务部知识产权海外维权专家。

魏敬淼(商法、经济法、环境资源法、劳动与社会保障法):中国政法大学民商经济法学院教授,硕士生导师。

杨秀清(民事诉讼法与仲裁制度):中国政法大学民商法学院副院长、教授、博士生导师,中国民事诉讼法学会理事。

序

袁江　原国家司法考试中心副主任

　　法律职业是一个崇高的职业。在西方传统中,律师、法官、医生叫作 PROFESSION(职业),其特殊意义在于对社会正义负有特别责任和人道主义使命,PROFESSION 中的"PRO",是宣示、承诺、公共责任、对社会正义负有的特殊职责。本人有幸作为以鱼跃龙门这一中华民族古老的神话为吉意、以法律职业教育为使命的龙门书院策划的《法考大家谈》和《对话法考培训机构掌门人》两档对话专栏的主持人,与各主要法律学科的教授、博士生导师、国家司法考试(以下简称"司考")和国家统一法律职业资格考试(以下简称"法考")培训专家深入交流司考变法考后考生、培训机构面临的新课题、新挑战,收获颇丰,并且愿意将这些心得收获通过文字的形式传递给法考考生。为此,我们策划编撰了这本《国家统一法律职业资格考试精编教材》。

　　我个人认为本书有以下三大特点:

　　第一,用途的"双向定位"。

　　首先,本书是法律职业资格考试备考的指导性、实用型教材。

　　无论是司法考试还是国家统一法律职业资格考试,万变不离其宗。

　　一考变两考,备考的考生首先要参加客观题的考核,系统化地复习考试大纲圈定范围内的基本知识是必需的基本功。本书参照首届法考及近5年的司考大纲要求与法考政策定位,依次解读法律职业资格考试需要理解的基本知识、基础理论和基本观点,篇幅简短精练,突出强化必须记忆的要点,适合系统化、体系化地复习、理解和记忆。

　　其次,本书是法律职业共同体从业人员的学习、培训用书。

　　司考变法考,"老人老办法、新人新办法"的政策已定。对于已经在岗、不需要参加法考的"老人",有组织地进行法律职业资格考试要求掌握的法律知识体系的培训很有必要,即使对一些没有条件组织集中、集体培训学习的机构,小范围地组织学习或者自学,也是很有必要的。

　　第二,五项赋能,高度富集。

　　首先,本书各主要法律学科的主笔,大多是参加过相关立法研讨、立法起草的一流法学家。

　　其次,本书部分法律学科的主笔同时兼任着重要的社会职务,具有丰富的法律实战经验。在司考变法考、强调通过增加案例来考查实战能力的背景下,不管是对法考考生还是法律职业共同体中的其他人员都是很有帮助的。

　　再次,本书各主要法律学科的主笔大部分是具有多年全国律师资格考试、司考培训经验的专家,在教材编写过程中,将其培训经验融合进教材,可以达到与老师"面对面"地学习与交流的效果。

从次,本书不仅从教学的视角出发进行编写,还融合了以往司考考生备考的相关经验,使教材详略得当,更加贴近备考考生需求。

最后,本书也是我将个人从司考伊始到末届司考的工作经验和体会感受传达给备考考生们和法律职业共同体的同仁的媒介,以期与法律职业共同体的同仁一道为我国法治事业的发展共同发力、携手同行。

第三,体例清晰、内容简明、直击考点重点。

清晰的体例和简明的内容适合备考考生在相对较短的时间内集中学习,也便于法律职业共同体的同仁们在工作之余个人学习或集体培训使用。

应试如农耕,春种、夏长、秋收、冬藏,选好一本教材进行系统化、科学化地复习备考,方能事半功倍、鱼跃龙门。

本书根据2019年公布的法考大纲进行了调整。并且,龙门书院读书会《法考大家谈》专栏计划邀请本书主编和各学科负责人,对新考试大纲的变化做专题访谈,敬请关注。

最后,引用唐代诗人袁皓的两句诗,作为对法考备考考生的祝福:

> 九万抟扶排羽翼,十年辛苦涉风尘。
> 升平时节逢公道,不觉龙门是嶮津。

目 录

第一编　中国特色社会主义法治理论

第一章　中国特色社会主义法治建设基本原理 ·········· 002
第二章　法治工作的基本格局 ·········· 005
第三章　法治工作的重要保障 ·········· 013

第二编　法理学

第一章　法的本体 ·········· 018
　第一节　法的概念 ·········· 018
　第二节　法的价值 ·········· 020
　第三节　法的要素 ·········· 021
　第四节　法的渊源 ·········· 023
　第五节　法的效力 ·········· 025
　第六节　法律部门与法律体系 ·········· 026
　第七节　法律关系 ·········· 026
　第八节　法律责任 ·········· 028
第二章　法的运行 ·········· 029
　第一节　立法 ·········· 029
　第二节　法的实施 ·········· 030
　第三节　法适用的一般原理 ·········· 033
　第四节　法律解释 ·········· 034
　第五节　法律推理 ·········· 035
　第六节　法律漏洞的填补 ·········· 036
第三章　法的演进 ·········· 036
　第一节　法的起源与历史类型 ·········· 036
　第二节　法的传统与法律文化 ·········· 037
　第三节　法系 ·········· 037
　第四节　法的现代化 ·········· 038
　第五节　法治理论 ·········· 038
第四章　法与社会 ·········· 039
　第一节　法与社会的一般理论 ·········· 039
　第二节　法与经济 ·········· 039

第三节 法与政治 ·· 040
第四节 法与道德 ·· 040
第五节 法与宗教 ·· 041

第三编 宪法

第一章 宪法基本理论 ·· 044
第一节 宪法的概念 ·· 044
第二节 我国宪法的历史发展 ·· 046
第三节 宪法的渊源 ·· 049
第四节 宪法规范 ·· 049
第五节 宪法效力 ·· 050

第二章 国家的基本制度（上） ·· 050
第一节 人民民主专政制度 ·· 050
第二节 国家的基本经济制度 ·· 051
第三节 国家的基本文化制度 ·· 052
第四节 国家的基本社会制度 ·· 053

第三章 国家的基本制度（下） ·· 053
第一节 人民代表大会制度 ·· 053
第二节 选举制度 ·· 054
第三节 国家结构形式 ·· 055
第四节 民族区域自治制度 ·· 056
第五节 特别行政区制度 ·· 057
第六节 基层群众自治制度 ·· 059

第四章 公民的基本权利与义务 ·· 060
第一节 公民基本权利与义务概述 ·· 060
第二节 我国公民的基本权利 ·· 061
第三节 我国公民的基本义务 ·· 062

第五章 国家机构 ··· 062
第一节 国家机构概述 ·· 062
第二节 全国人民代表大会 ·· 063
第三节 中华人民共和国主席 ·· 066
第四节 国务院 ·· 067
第五节 中央军事委员会 ·· 068
第六节 地方各级人民代表大会及其常务委员会、地方各级人民政府 ········ 068
第七节 监察委员会 ·· 072
第八节 人民法院和人民检察院 ·· 073

第六章 宪法的实施与监督 ··· 074
第一节 宪法实施概述 ·· 074

第二节　宪法的修改 ··· 075
第三节　宪法解释 ·· 075
第四节　宪法监督 ·· 076

第四编　中国法律史

第一章　先秦时期的法律思想与制度 ·· 078
　　第一节　西周时期的法律思想与制度 ··· 078
　　第二节　春秋战国时期的法律思想与制度 ···································· 080
第二章　秦汉至魏晋南北朝时期的法律思想与制度 ·························· 081
　　第一节　秦汉时期的法律思想与制度 ··· 081
　　第二节　魏晋南北朝时期的法律思想与制度 ································· 083
第三章　隋唐宋元时期的法律思想与制度 ······································ 085
　　第一节　隋唐时期的法律思想与制度 ··· 085
　　第二节　宋元时期的法律思想与制度 ··· 087
第四章　明清时期的法律思想与制度 ·· 089
　　第一节　明清时期的法律思想与制度 ··· 089
　　第二节　清末的法律思想与制度 ··· 091
第五章　中华民国时期的法律思想与制度 ······································ 093
　　第一节　民国初期的法律思想 ·· 093
　　第二节　南京临时政府的法律制度 ·· 094
　　第三节　北京政府的法律制度 ·· 095
　　第四节　南京国民政府的法律制度 ·· 097

第五编　国际法

第一章　导论 ·· 102
　　第一节　国际法的概念、渊源和基本原则 ··································· 102
　　第二节　国际法与国内法的关系 ··· 104
第二章　国际法的主体与国际法律责任 ··· 105
　　第一节　国际法主体 ··· 105
　　第二节　国际法律责任的构成和形式 ··· 111
　　第三节　国际责任制度的新发展 ··· 112
第三章　国际法上的空间划分 ··· 113
　　第一节　领土 ·· 113
　　第二节　海洋法 ··· 115
　　第三节　国际航空法与外层空间法 ·· 120
　　第四节　国际环境保护法 ··· 122

第四章 国际法上的个人 ··· 123
 第一节 国籍 ··· 123
 第二节 外国人的法律地位 ··· 124
 第三节 引渡和庇护 ··· 126
 第四节 国际人权法 ··· 126

第五章 外交关系法与领事关系法 ··· 127
 第一节 外交关系法 ··· 127
 第二节 领事关系法 ··· 130

第六章 条约法 ··· 132
 第一节 概述 ··· 132
 第二节 条约的缔结 ··· 133
 第三节 条约的效力、适用和解释 ··· 134
 第四节 条约的修订和终止 ··· 135

第七章 国际争端的和平解决 ··· 136
 第一节 国际争端与解决方法 ··· 136
 第二节 国际争端的法律解决方法 ··· 137

第八章 战争与武装冲突法 ··· 139
 第一节 战争与战争法 ··· 139
 第二节 战争状态与战时中立 ··· 139
 第三节 对作战手段的限制和对战时平民及战争受难者的保护 ··· 140
 第四节 战争犯罪 ··· 141

第六编　司法制度和法律职业道德

第一章 司法制度和法律职业道德概述 ··· 144
 第一节 司法和司法制度的概念 ··· 144
 第二节 法律职业道德的概念和特征 ··· 146
 第三节 法律职业道德的基本原则 ··· 146

第二章 审判制度与法官职业道德 ··· 147
 第一节 审判制度概述 ··· 147
 第二节 审判机关 ··· 147
 第三节 法官 ··· 148
 第四节 法官职业道德 ··· 152
 第五节 法官职业责任 ··· 152

第三章 检察制度与检察官职业道德 ··· 155
 第一节 检察制度概述 ··· 155
 第二节 检察机关 ··· 156
 第三节 检察官 ··· 156

第四节　检察官职业道德 ································· 161
　　第五节　检察官职业责任 ································· 162
第四章　律师制度与律师职业道德 ····························· 162
　　第一节　律师制度概述 ··································· 162
　　第二节　律师 ··· 163
　　第三节　律师事务所 ····································· 165
　　第四节　律师职业道德 ··································· 167
　　第五节　律师执业行为规范 ······························· 168
　　第六节　律师职业责任 ··································· 173
　　第七节　法律援助制度 ··································· 174
第五章　公证制度与公证员职业道德 ··························· 175
　　第一节　公证制度概述 ··································· 175
　　第二节　公证机构和公证员 ······························· 176
　　第三节　公证程序与公证效力 ····························· 178
　　第四节　公证员职业道德 ································· 180
　　第五节　公证职业责任 ··································· 180
第六章　其他法律职业人员职业道德 ··························· 182
　　第一节　法律顾问职业道德 ······························· 182
　　第二节　仲裁员职业道德 ································· 184
　　第三节　行政机关中从事行政处罚决定审核、行政复议、
　　　　　　行政裁决的公务员职业道德 ······················· 186

第七编　刑法

第一章　刑法概说 ·· 190
　　第一节　刑法的渊源与机能 ······························· 190
　　第二节　刑法的解释 ····································· 191
　　第三节　刑法的基本原则 ································· 192
　　第四节　刑法的适用范围 ································· 192
第二章　犯罪概说 ·· 194
　　第一节　犯罪的概念 ····································· 194
　　第二节　犯罪的分类 ····································· 194
第三章　犯罪构成 ·· 194
　　第一节　构成要件要素 ··································· 194
　　第二节　犯罪客体（法益） ······························· 195
　　第三节　犯罪的客观要件 ································· 195
　　第四节　犯罪主体 ······································· 197
　　第五节　犯罪主观要件 ··································· 198

第四章 犯罪排除事由 ... 199
第一节 正当防卫 ... 199
第二节 紧急避险 ... 200
第三节 其他犯罪排除事由 ... 200

第五章 犯罪未完成形态 ... 201
第一节 犯罪未完成形态概述 ... 201
第二节 犯罪预备 ... 202
第三节 犯罪未遂 ... 202
第四节 犯罪中止 ... 203

第六章 共同犯罪 ... 205
第一节 概述 ... 205
第二节 共同犯罪成立条件 ... 205
第三节 共同犯罪的形式 ... 206
第四节 共同犯罪人的分类及其刑事责任 ... 207
第五节 共同犯罪的特殊问题 ... 211

第七章 单位犯罪 ... 212
第一节 概述 ... 212
第二节 单位犯罪的定罪 ... 213
第三节 单位犯罪的处罚 ... 213

第八章 罪数形态 ... 214
第一节 罪数的区分 ... 214
第二节 实质的一罪 ... 215
第三节 法定的一罪 ... 216
第四节 处断的一罪 ... 216

第九章 刑罚概说 ... 218
第一节 刑罚的概念和特征 ... 218
第二节 刑罚的目的和功能 ... 218

第十章 刑罚种类 ... 219
第一节 主刑 ... 219
第二节 附加刑 ... 221
第三节 非刑罚处置措施 ... 222

第十一章 刑罚裁量 ... 223
第一节 量刑概述 ... 223
第二节 量刑情节 ... 223
第三节 量刑制度 ... 226

第十二章 刑罚执行 ... 227
第一节 减刑 ... 227
第二节 假释 ... 228

第十三章　刑罚消灭……228
第一节　概述……228
第二节　追诉时效……228
第三节　赦免……229

第十四章　罪刑各论概说……229
第一节　刑法分则的体系……229
第二节　刑法分则的条文结构……229
第三节　刑法分则的法条竞合……231

第十五章　危害国家安全罪……233
第一节　重点罪名……233
第二节　普通罪名……233

第十六章　危害公共安全罪……234
第一节　重点罪名……234
第二节　普通罪名……236

第十七章　破坏社会主义市场经济秩序罪(1)：生产、销售伪劣商品罪……238
第一节　重点罪名……238
第二节　普通罪名……239

第十八章　破坏社会主义市场经济秩序罪(2)：走私罪……240
第一节　重点罪名……240
第二节　普通罪名……241

第十九章　破坏社会主义市场经济秩序罪(3)：妨害对公司、企业的管理秩序罪……242
第一节　重点罪名……242
第二节　普通罪名……243

第二十章　破坏社会主义市场经济秩序罪(4)：破坏金融管理秩序罪……244
第一节　重点罪名……244
第二节　普通罪名……245

第二十一章　破坏社会主义市场经济秩序罪(5)：金融诈骗罪……247
第一节　重点罪名……247
第二节　普通罪名……248

第二十二章　破坏社会主义市场经济秩序罪(6)：危害税收征管罪……248
第一节　重点罪名……248
第二节　普通罪名……249

第二十三章　破坏社会主义市场经济秩序罪(7)：侵犯知识产权罪……250
第一节　重点罪名……250
第二节　普通罪名……251

第二十四章　破坏社会主义市场经济秩序罪(8)：扰乱市场秩序罪……251
第一节　重点罪名……251
第二节　普通罪名……253

第二十五章　侵犯公民人身权利、民主权利罪 ·············· 253
- 第一节　重点罪名 ·············· 253
- 第二节　普通罪名 ·············· 260

第二十六章　侵犯财产罪 ·············· 265
- 第一节　重点罪名 ·············· 265
- 第二节　普通罪名 ·············· 273

第二十七章　妨害社会管理秩序罪(1)：扰乱公共秩序罪 ·············· 274
- 第一节　重点罪名 ·············· 274
- 第二节　普通罪名 ·············· 276

第二十八章　妨害社会管理秩序罪(2)：妨害司法罪 ·············· 280
- 第一节　重点罪名 ·············· 280
- 第二节　普通罪名 ·············· 282

第二十九章　妨害社会管理秩序罪(3)：妨害国(边)境管理罪 ·············· 283
- 第一节　重点罪名 ·············· 283
- 第二节　普通罪名 ·············· 284

第三十章　妨害社会管理秩序罪(4)：妨害文物管理罪 ·············· 284
- 第一节　重点罪名 ·············· 284
- 第二节　普通罪名 ·············· 285

第三十一章　妨害社会管理秩序罪(5)：危害公共卫生罪 ·············· 285
- 第一节　重点罪名 ·············· 285
- 第二节　普通罪名 ·············· 287

第三十二章　妨害社会管理秩序罪(6)：破坏环境资源保护罪 ·············· 288
- 第一节　重点罪名 ·············· 288
- 第二节　普通罪名 ·············· 289

第三十三章　妨害社会管理秩序罪(7)：走私、贩卖、运输、制造毒品罪 ·············· 290
- 第一节　重点罪名 ·············· 290
- 第二节　普通罪名 ·············· 293

第三十四章　妨害社会管理秩序罪(8)：组织、强迫、引诱、容留、介绍卖淫罪 ·············· 294
- 第一节　重点罪名 ·············· 294
- 第二节　普通罪名 ·············· 295

第三十五章　妨害社会管理秩序罪(9)：制作、贩卖、传播淫秽物品罪 ·············· 296
- 第一节　重点罪名 ·············· 296
- 第二节　普通罪名 ·············· 297

第三十六章　危害国防利益罪 ·············· 297
- 第一节　重点罪名 ·············· 297
- 第二节　普通罪名 ·············· 297

第三十七章　贪污贿赂罪 ·············· 298
- 第一节　重点罪名 ·············· 298
- 第二节　普通罪名 ·············· 303

第三十八章　渎职罪	304
第一节　重点罪名	304
第二节　普通罪名	307
第三十九章　军人违反职责罪	308

第八编　刑事诉讼法

第一章　刑事诉讼法概述	311
第一节　刑事诉讼法的概念	311
第二节　刑事诉讼法的制定目的与任务	312
第三节　刑事诉讼的基本理念	312
第四节　刑事诉讼的基本范畴	312
第二章　刑事诉讼法的基本原则	313
第一节　侦查权、检察权、审判权由专门机关依法行使	313
第二节　严格遵守法律程序	313
第三节　人民法院、人民检察院依法独立行使职权	314
第四节　人民法院、人民检察院和公安机关分工负责、互相配合、互相制约	314
第五节　人民检察院依法对刑事诉讼实行法律监督	314
第六节　各民族公民有权使用本民族语言文字进行诉讼	314
第七节　犯罪嫌疑人、被告人有权获得辩护	314
第八节　未经人民法院依法判决，对任何人都不得确定有罪	314
第九节　保障诉讼参与人的诉讼权利	315
第十节　认罪认罚从宽处理	315
第十一节　具有法定情形不予追究刑事责任	315
第十二节　追究外国人刑事责任适用我国刑事诉讼法	315
第三章　刑事诉讼中的专门机关和诉讼参与人	316
第一节　刑事诉讼中的专门机关	316
第二节　诉讼参与人	317
第四章　管辖	321
第一节　立案管辖	321
第二节　审判管辖	323
第三节　特殊情况的管辖	325
第五章　回避	326
第一节　回避的理由、种类与适用人员	326
第二节　回避的程序	327
第六章　辩护与代理	328
第一节　辩护	328
第二节　刑事代理	334

第七章 刑事证据 ··· 335
第一节 刑事证据概述 ·· 335
第二节 刑事证据的种类 ··· 336
第三节 刑事证据的分类 ··· 339
第四节 刑事证据规则 ·· 340
第五节 刑事诉讼证明 ·· 344

第八章 强制措施 ··· 346
第一节 强制措施概述 ·· 346
第二节 拘传 ·· 346
第三节 取保候审 ·· 347
第四节 监视居住 ·· 350
第五节 拘留 ·· 352
第六节 逮捕 ·· 353
第七节 强制措施的变更 ··· 359

第九章 附带民事诉讼 ··· 359
第一节 附带民事诉讼概述 ·· 359
第二节 附带民事诉讼的提起 ··· 360
第三节 附带民事诉讼的财产保全 ··· 361
第四节 附带民事诉讼的审判 ··· 361

第十章 期间、送达 ·· 362
第一节 期间 ·· 362
第二节 送达 ·· 363

第十一章 立案 ·· 364
第一节 立案概述 ·· 364
第二节 立案程序与立案监督 ··· 365

第十二章 侦查 ·· 366
第一节 侦查概述 ·· 366
第二节 侦查行为 ·· 367
第三节 侦查终结 ·· 373
第四节 补充侦查 ·· 375
第五节 侦查监督 ·· 376

第十三章 起诉 ·· 376
第一节 概述 ·· 376
第二节 提起公诉的程序 ··· 377
第三节 提起自诉的程序 ··· 381

第十四章 刑事审判概述 ·· 381
第一节 刑事审判的概念与特征 ·· 381
第二节 刑事审判模式 ·· 381
第三节 刑事审判的原则 ··· 382

第四节　审级制度 383
　　第五节　审判组织 383
第十五章　第一审程序 386
　　第一节　公诉案件第一审程序 386
　　第二节　自诉案件的第一审程序 395
　　第三节　简易程序 397
　　第四节　速裁程序 398
　　第五节　判决、裁定和决定 399
第十六章　第二审程序 400
　　第一节　第二审程序概述 400
　　第二节　第二审程序的提起 401
　　第三节　第二审程序的审判 402
　　第四节　对查封、扣押、冻结在案财物的处理 405
第十七章　死刑复核程序 406
　　第一节　死刑复核程序 406
　　第二节　判处死刑缓期二年执行案件的复核程序 408
　　第三节　法定刑以下判处刑罚以及犯罪分子具有特殊情况，
　　　　　　不受执行刑期限制的假释案件的复核程序 409
第十八章　审判监督程序 409
　　第一节　概述 409
　　第二节　审判监督程序的提起 410
　　第三节　依照审判监督程序对案件的重新审判 415
第十九章　执行 417
　　第一节　概述 417
　　第二节　各种判决、裁定的执行程序 418
　　第三节　执行的变更程序 421
　　第四节　对新罪、漏罪和申诉的处理 424
　　第五节　人民检察院对执行的监督 425
第二十章　未成年人刑事案件诉讼程序 425
　　第一节　未成年人刑事案件诉讼程序概述 425
　　第二节　未成年人刑事案件诉讼程序的方针和原则 426
　　第三节　未成年人刑事案件诉讼程序具体规定 427
第二十一章　当事人和解的公诉案件诉讼程序 430
　　第一节　刑事和解的适用条件 430
　　第二节　刑事和解适用案件范围 430
　　第三节　刑事和解的程序 431
第二十二章　缺席审判程序 432
第二十三章　犯罪嫌疑人、被告人逃匿、死亡案件违法所得的没收程序 433

第二十四章	依法不负刑事责任的精神病人的强制医疗程序	436
第一节	强制医疗程序概述	436
第二节	强制医疗具体程序	437
第二十五章	涉外刑事诉讼程序与司法协助制度	440
第一节	涉外刑事诉讼程序	440
第二节	刑事司法协助	442

第九编　行政法与行政诉讼法

- 第一章　行政法概述 445
  - 第一节　行政法基本概念 446
  - 第二节　行政法的法源 447
  - 第三节　行政法的基本原则 447
- 第二章　行政组织与公务员 448
  - 第一节　行政主体 448
  - 第二节　行使行政职权的非政府组织 450
  - 第三节　公务员法 452
- 第三章　抽象行政行为 454
  - 第一节　抽象行政行为概述 454
  - 第二节　行政法规 455
  - 第三节　规章和有普遍约束力的决定、命令 456
- 第四章　具体行政行为概述 459
  - 第一节　具体行政行为的概念和分类 459
  - 第二节　具体行政行为的成立和效力 459
  - 第三节　具体行政行为的一般合法要件 461
  - 第四节　具体行政行为的类型 461
- 第五章　行政许可 463
  - 第一节　行政许可概述 463
  - 第二节　行政许可的设定 464
  - 第三节　行政许可的实施主体 465
  - 第四节　行政许可的实施程序 466
  - 第五节　行政许可的撤销与注销 468
  - 第六节　法律责任 469
  - 第七节　行政许可诉讼 469
- 第六章　行政处罚 471
  - 第一节　行政处罚的概念和原则 471
  - 第二节　行政处罚的种类与设定 472
  - 第三节　行政处罚的实施主体、管辖与适用 474
  - 第四节　行政处罚的决定程序 475

第五节　行政处罚的执行程序 ……………………………………………… 477
　　第六节　治安管理处罚 …………………………………………………… 478
第七章　行政强制 ……………………………………………………………… 479
　　第一节　行政强制法概述 ………………………………………………… 479
　　第二节　行政强制的设定 ………………………………………………… 483
　　第三节　行政强制措施实施程序 ………………………………………… 484
　　第四节　行政机关强制执行程序 ………………………………………… 486
　　第五节　申请人民法院强制执行 ………………………………………… 488
第八章　行政合同与行政给付 ………………………………………………… 488
　　第一节　行政合同 ………………………………………………………… 488
　　第二节　行政给付 ………………………………………………………… 489
第九章　行政程序与政府信息公开 …………………………………………… 490
　　第一节　行政程序 ………………………………………………………… 490
　　第二节　政府信息公开 …………………………………………………… 491
第十章　行政复议 ……………………………………………………………… 494
　　第一节　行政复议的概念和原则 ………………………………………… 494
　　第二节　行政复议范围 …………………………………………………… 494
　　第三节　行政复议参加人 ………………………………………………… 495
　　第四节　行政复议的申请和受理 ………………………………………… 497
　　第五节　行政复议案件的审理 …………………………………………… 500
　　第六节　行政复议的决定和执行 ………………………………………… 502
第十一章　行政诉讼概述 ……………………………………………………… 504
第十二章　行政诉讼的受案范围 ……………………………………………… 505
　　第一节　应予受理的案件 ………………………………………………… 505
　　第二节　不予受理的事项 ………………………………………………… 506
第十三章　行政诉讼的管辖 …………………………………………………… 507
　　第一节　级别管辖 ………………………………………………………… 507
　　第二节　地域管辖 ………………………………………………………… 508
　　第三节　裁定管辖 ………………………………………………………… 508
第十四章　行政诉讼参加人 …………………………………………………… 510
　　第一节　行政诉讼的原告 ………………………………………………… 510
　　第二节　行政诉讼的被告 ………………………………………………… 512
　　第三节　行政诉讼第三人 ………………………………………………… 515
　　第四节　共同诉讼人 ……………………………………………………… 516
　　第五节　诉讼代理人 ……………………………………………………… 517
第十五章　行政诉讼程序 ……………………………………………………… 517
　　第一节　起诉与受理 ……………………………………………………… 517
　　第二节　第一审普通程序 ………………………………………………… 521
　　第三节　简易程序 ………………………………………………………… 521

　　　　第四节　第二审程序 522
　　　　第五节　审判监督程序 523
　第十六章　行政诉讼的特殊制度与规则 524
　　　　第一节　行政诉讼证据 524
　　　　第二节　行政诉讼的法律适用 529
　　　　第三节　行政案件审理中的特殊制度 530
　　　　第四节　涉外行政诉讼 535
　第十七章　行政案件的裁判与执行 536
　　　　第一节　行政诉讼的判决、裁定与决定 536
　　　　第二节　行政诉讼的执行与非诉行政案件的执行 540
　第十八章　国家赔偿概述 543
　　　　第一节　国家赔偿的概念 543
　　　　第二节　国家赔偿的构成要件 543
　第十九章　行政赔偿 545
　　　　第一节　行政赔偿的范围 545
　　　　第二节　行政赔偿当事人 546
　　　　第三节　行政赔偿程序 547
　　　　第四节　行政追偿的概念和条件 549
　第二十章　司法赔偿 550
　　　　第一节　司法赔偿的范围 550
　　　　第二节　司法赔偿的当事人 551
　　　　第三节　司法赔偿程序 552
　第二十一章　国家赔偿方式、标准和费用 553
　　　　第一节　国家赔偿的方式 553
　　　　第二节　国家赔偿的计算标准 553

第十编　民法

第一章　民法概述 559
　　　　第一节　民法的概念和调整对象 559
　　　　第二节　民法的基本原则 559
　　　　第三节　民事法律关系 560
　　　　第四节　民事权利 561
　　　　第五节　民事责任 562
第二章　自然人 564
　　　　第一节　自然人的民事权利能力和民事行为能力 564
　　　　第二节　监护 565
　　　　第三节　宣告失踪与宣告死亡 567
　　　　第四节　个体工商户和农村承包经营户 568

第三章 法人和非法人组织 ... 569
第一节 法人概述 ... 569
第二节 法人的设立、变更和终止 ... 570
第三节 营利法人 ... 571
第四节 非营利法人 ... 572
第五节 特别法人 ... 573
第六节 非法人组织 ... 574

第四章 民事法律行为 ... 574
第一节 民事法律行为概述 ... 574
第二节 意思表示 ... 575
第三节 民事法律行为的效力 ... 576
第四节 附条件和附期限的民事法律行为 ... 578

第五章 代理 ... 579
第一节 代理的概念、特征和要件 ... 579
第二节 代理的类型 ... 580
第三节 违反代理职责、代理事项违法及其他违法代理行为 ... 581
第四节 代理权与无权代理 ... 582
第五节 代理终止 ... 583

第六章 诉讼时效与期间 ... 584
第一节 诉讼时效 ... 584
第二节 期间 ... 587

第七章 物权概述 ... 588
第一节 物权的概念和效力 ... 588
第二节 物权的变动 ... 588
第三节 物权的保护 ... 590

第八章 所有权 ... 591
第一节 所有权概述 ... 591
第二节 国家所有权、集体所有权、私人所有权与其他所有权 ... 591
第三节 业主的建筑物区分所有权 ... 592
第四节 相邻关系 ... 593
第五节 所有权的特别取得方法 ... 594

第九章 共有 ... 596
第一节 共有的概念和特征 ... 596
第二节 按份共有 ... 597
第三节 共同共有 ... 598

第十章 用益物权 ... 599
第一节 用益物权概述 ... 599
第二节 土地承包经营权 ... 599
第三节 建设用地使用权 ... 600

第四节	宅基地使用权	601
第五节	地役权	601

第十一章 担保物权 603
第一节 担保物权概述 603
第二节 抵押权 603
第三节 质权 607
第四节 留置权 609
第五节 担保物权的竞合 610

第十二章 占有 610
第一节 占有概述 610
第二节 占有的效力和保护 611
第三节 占有的取得和消灭 611

第十三章 债的概述 612
第一节 债的概念和要素 612
第二节 债的发生 613
第三节 债的分类 613

第十四章 债的履行 615
第一节 债的履行规则 615
第二节 债的不履行和不适当履行 616

第十五章 债的保全和担保 616
第一节 债的保全 616
第二节 债的担保 619

第十六章 债的移转和消灭 623
第一节 债的移转 623
第二节 债的消灭 625

第十七章 不当得利、无因管理 627
第一节 不当得利之债 627
第二节 无因管理之债 628

第十八章 合同的订立和履行 629
第一节 合同订立的程序 629
第二节 合同的内容和解释 632
第三节 双务合同履行的抗辩权 633

第十九章 合同的变更和解除 634
第一节 合同的变更 634
第二节 合同的解除 634

第二十章 合同责任 636
第一节 违约责任 636
第二节 缔约过失责任 638

第二十一章 转移财产权利的合同 639
第一节 买卖合同 639

第二节	赠与合同	644
第三节	借款合同	646
第四节	租赁合同	648
第五节	融资租赁合同	651

第二十二章 完成工作成果的合同 653
第一节	承揽合同	653
第二节	建设工程合同	653

第二十三章 提供劳务的合同 657
第一节	运输合同	657
第二节	保管合同	658
第三节	委托合同	658
第四节	行纪合同	659
第五节	居间合同	660

第二十四章 技术合同 661
第一节	技术合同概述	661
第二节	技术开发合同	662
第三节	技术转让合同	663
第四节	技术咨询合同和技术服务合同	664

第二十五章 婚姻法 665
第一节	结婚	665
第二节	离婚	667
第三节	夫妻关系	670
第四节	父母子女关系	671

第二十六章 继承法 672
第一节	继承与继承权	672
第二节	继承权的取得、放弃、丧失	673
第三节	法定继承	673
第四节	遗嘱继承、遗赠和遗赠扶养协议	674
第五节	遗产的处理	677

第二十七章 人格权和身份权 679
第一节	人身权概述	679
第二节	人格权	679
第三节	身份权	682

第二十八章 侵权责任概述 683
第一节	侵权行为的概念和分类	683
第二节	侵权行为归责原则	683
第三节	一般侵权行为的构成要件	684
第四节	共同侵权行为	685
第五节	侵权责任	686

第二十九章　特殊侵权责任 689
- 第一节　特殊主体的侵权行为与责任 689
- 第二节　产品责任 691
- 第三节　机动车交通事故责任 691
- 第四节　医疗损害责任 692
- 第五节　环境污染责任 694
- 第六节　高度危险责任 694
- 第七节　饲养动物损害责任 695
- 第八节　物件损害责任 696

第十一编　知识产权法

第一章　知识产权法总论与著作权 700
- 第一节　知识产权概述 700
- 第二节　著作权的客体 701
- 第三节　著作权的主体 702
- 第四节　著作权的内容 703
- 第五节　著作权的限制 705
- 第六节　邻接权 707
- 第七节　著作权侵权行为 708
- 第八节　计算机软件著作权 708

第二章　专利权 710
- 第一节　专利权的主体 710
- 第二节　专利权的客体 710
- 第三节　授予专利权的条件 711
- 第四节　专利申请 711
- 第五节　专利权的内容和限制 712
- 第六节　专利侵权 713

第三章　商标权 715

第十二编　商法

第一章　公司法 722
- 第一节　公司法概述 722
- 第二节　公司的设立 724
- 第三节　公司股东与股东权利 727
- 第四节　公司的董事、监事、高级管理人员 732
- 第五节　公司财务与会计制度 733

第六节　公司债券 ··· 734
　　第七节　公司的变更、合并与分立 ································ 735
　　第八节　公司的解散与清算 ·· 736
　　第九节　外国公司的分支机构 ······································· 738
　　第十节　有限责任公司 ··· 738
　　第十一节　股份有限公司 ··· 744
第二章　合伙企业法 ·· 751
　　第一节　合伙制度概述 ··· 751
　　第二节　普通合伙企业的设立条件和程序 ····················· 751
　　第三节　普通合伙企业的财产与损益分配 ····················· 752
　　第四节　普通合伙事务的执行 ······································· 753
　　第五节　普通合伙与第三人的关系 ································ 754
　　第六节　普通合伙的入伙与退伙 ··································· 755
　　第七节　特殊的普通合伙企业 ······································· 757
　　第八节　有限合伙企业 ··· 757
　　第九节　合伙的解散与清算 ·· 759
第三章　个人独资企业法 ··· 760
　　第一节　个人独资企业概述 ·· 760
　　第二节　个人独资企业的设立 ······································· 761
　　第三节　个人独资企业的投资人及事务管理 ················· 761
　　第四节　个人独资企业的解散与清算 ···························· 762
第四章　外商投资法 ·· 763
　　第一节　外商投资概述 ··· 763
　　第二节　投资促进 ·· 764
　　第三节　投资保护 ·· 764
　　第四节　投资管理 ·· 765
第五章　企业破产法 ·· 766
　　第一节　一般规定 ·· 766
　　第二节　破产的申请与受理 ·· 767
　　第三节　管理人 ·· 771
　　第四节　债务人财产 ·· 772
　　第五节　债权申报 ·· 776
　　第六节　债权人会议 ·· 777
　　第七节　重整程序 ·· 779
　　第八节　和解程序 ·· 783
　　第九节　破产清算程序 ··· 784
　　第十节　法律责任 ·· 788
第六章　票据法 ·· 789
　　第一节　票据法概述 ·· 789

第二节　票据权利与票据行为 ………………………………………………… 790
　　第三节　票据抗辩及补救 ……………………………………………………… 793
　　第四节　汇票 …………………………………………………………………… 793
　　第五节　本票和支票 …………………………………………………………… 797
第七章　证券法 …………………………………………………………………………… 798
　　第一节　证券法概述 …………………………………………………………… 798
　　第二节　证券发行 ……………………………………………………………… 799
　　第三节　证券交易 ……………………………………………………………… 801
　　第四节　证券上市 ……………………………………………………………… 804
　　第五节　上市公司收购制度 …………………………………………………… 806
　　第六节　证券机构 ……………………………………………………………… 807
　　第七节　证券投资基金法律制度 ……………………………………………… 809
第八章　保险法 …………………………………………………………………………… 817
　　第一节　保险法概述 …………………………………………………………… 817
　　第二节　保险合同总论 ………………………………………………………… 817
　　第三节　保险合同分论 ………………………………………………………… 823
　　第四节　保险业法律制度 ……………………………………………………… 828
第九章　海商法 …………………………………………………………………………… 832
　　第一节　海商法概述 …………………………………………………………… 832
　　第二节　船舶与船员 …………………………………………………………… 832
　　第三节　海上货物运输合同 …………………………………………………… 834
　　第四节　海上旅客运输合同 …………………………………………………… 837
　　第五节　船舶租用合同 ………………………………………………………… 839
　　第六节　船舶碰撞 ……………………………………………………………… 841
　　第七节　海难救助 ……………………………………………………………… 841
　　第八节　共同海损 ……………………………………………………………… 843
　　第九节　海事赔偿责任限制 …………………………………………………… 844

第十三编　经济法

第一章　竞争法 …………………………………………………………………………… 848
　　第一节　反垄断法 ……………………………………………………………… 848
　　第二节　反不正当竞争法 ……………………………………………………… 854
第二章　消费者法 ………………………………………………………………………… 858
　　第一节　消费者权益保护法 …………………………………………………… 858
　　第二节　产品质量法 …………………………………………………………… 865
　　第三节　食品安全法 …………………………………………………………… 868
第三章　银行业法 ………………………………………………………………………… 878
　　第一节　商业银行法 …………………………………………………………… 878

  第二节 银行业监督管理法 ··· 881
第四章 财税法 ·· 883
  第一节 税法 ··· 883
  第二节 审计法 ··· 893
第五章 土地法和房地产法 ·· 895
  第一节 土地管理法 ··· 895
  第二节 城乡规划法 ··· 899
  第三节 城市房地产管理法 ··· 902
  第四节 不动产登记 ··· 906

第十四编 环境资源法

第一章 环境保护法 ·· 911
  第一节 概述 ··· 911
  第二节 环境保护法的基本制度 ··· 911
  第三节 环境法律责任 ··· 917
第二章 自然资源法 ·· 919
  第一节 概述 ··· 919
  第二节 森林法 ··· 920
  第三节 矿产资源法 ··· 924

第十五编 劳动与社会保障法

第一章 劳动法 ·· 929
  第一节 劳动法概述 ··· 929
  第二节 劳动合同法 ··· 930
  第三节 劳动基准法 ··· 940
  第四节 劳动争议 ··· 942
第二章 社会保障法 ·· 945
  第一节 社会保障法概述 ··· 945
  第二节 社会保险法 ··· 945

第十六编 国际私法

第一章 国际私法概述 ·· 956
  第一节 国际私法的调整对象和调整方法 ······································· 956
  第二节 国际私法的范围和规范 ··· 957
  第三节 国际私法的渊源 ··· 957

第二章 国际私法的主体 ········· 958
- 第一节 自然人 ········· 958
- 第二节 法人 ········· 958
- 第三节 国家和国际组织 ········· 959
- 第四节 外国人的民事法律地位 ········· 959

第三章 法律冲突、冲突规范和准据法 ········· 960
- 第一节 冲突规范 ········· 960
- 第二节 准据法 ········· 962

第四章 适用冲突规范的制度 ········· 962
- 第一节 定性 ········· 962
- 第二节 反致 ········· 962
- 第三节 外国法的查明 ········· 963
- 第四节 公共秩序保留 ········· 964
- 第五节 法律规避和直接适用的法 ········· 964

第五章 国际民商事关系的法律适用 ········· 965
- 第一节 权利能力和行为能力 ········· 965
- 第二节 时效、代理、信托 ········· 965
- 第三节 物权 ········· 966
- 第四节 债权 ········· 966
- 第五节 商事关系的法律适用 ········· 968
- 第六节 家庭关系的法律适用 ········· 969
- 第七节 继承 ········· 970
- 第八节 知识产权 ········· 970

第六章 国际民商事争议的解决 ········· 971
- 第一节 国际商事仲裁 ········· 971
- 第二节 国际民事诉讼 ········· 973

第七章 区际法律问题 ········· 978
- 第一节 区际文书送达 ········· 978
- 第二节 区际调查取证 ········· 980
- 第三节 法院判决的认可与执行 ········· 981
- 第四节 仲裁裁决的认可与执行 ········· 984

第十七编 国际经济法

第一章 导论 ········· 989
第二章 国际货物买卖 ········· 990
- 第一节 《国际贸易术语解释通则》 ········· 990
- 第二节 1980年《联合国国际货物销售合同公约》 ········· 992

第三章　国际货物运输与保险 996
第一节　国际货物运输法律制度 996
第二节　国际货物运输保险法律制度 999

第四章　国际贸易支付 1002
第一节　汇付和托收 1002
第二节　银行信用证 1003

第五章　对外贸易管理制度 1005
第一节　《对外贸易法》 1005
第二节　我国的贸易救济措施 1005

第六章　世界贸易组织 1008
第一节　世界贸易组织概述 1008
第二节　世界贸易组织的基本原则 1010
第三节　世界贸易组织的重要协议 1011
第四节　世界贸易组织的争端解决机制 1012

第七章　国际经济法领域的其他法律制度 1013
第一节　国际知识产权法律制度 1013
第二节　国际投资法律制度 1016
第三节　国际金融法律制度 1018
第四节　国际税法 1020

第十八编　民事诉讼法与仲裁制度

第一章　民事诉讼与民事诉讼法 1026
第一节　民事纠纷与民事诉讼 1026
第二节　民事诉讼法 1026

第二章　民事诉讼法的基本原则与基本制度 1027
第一节　民事诉讼法的基本原则 1027
第二节　民事诉讼法的基本制度 1028

第三章　主管与管辖 1029
第一节　民事诉讼主管 1029
第二节　级别管辖 1029
第三节　地域管辖 1030
第四节　裁定管辖 1032
第五节　管辖权异议 1034

第四章　诉 1034
第一节　诉 1034
第二节　反诉 1035

第五章　当事人 1036
第一节　当事人概述 1036

第二节　原告与被告 ·· 1036
　　第三节　共同诉讼人 ·· 1037
　　第四节　诉讼代表人 ·· 1039
　　第五节　公益诉讼 ·· 1039
　　第六节　第三人 ·· 1041
第六章　诉讼代理人 ·· 1044
　　第一节　法定代理人 ·· 1044
　　第二节　委托代理人 ·· 1044
第七章　民事证据 ·· 1045
　　第一节　民事证据概述 ·· 1045
　　第二节　民事证据的立法种类 ·· 1045
　　第三节　民事证据的理论分类 ·· 1048
　　第四节　证据的保全 ·· 1048
第八章　民事诉讼中的证明 ·· 1049
　　第一节　证明对象 ·· 1049
　　第二节　证明责任 ·· 1050
　　第三节　证明标准 ·· 1051
　　第四节　证明程序 ·· 1051
第九章　期间、送达 ·· 1053
　　第一节　期间 ·· 1053
　　第二节　送达 ·· 1053
第十章　人民法院调解 ·· 1054
　　第一节　人民法院调解 ·· 1054
　　第二节　人民法院调解的原则 ·· 1055
　　第三节　人民法院调解的程序规定 ······································ 1055
　　第四节　调解书及调解的效力 ·· 1055
第十一章　保全和先予执行 ·· 1056
　　第一节　保全 ·· 1056
　　第二节　先予执行 ·· 1058
第十二章　对妨害民事诉讼的强制措施 ·· 1059
　　第一节　对妨害民事诉讼的强制措施的概述 ······························ 1059
　　第二节　妨害民事诉讼行为的构成和种类 ································ 1059
　　第三节　强制措施的适用 ·· 1060
第十三章　普通程序 ·· 1061
　　第一节　普通程序的程序阶段 ·· 1061
　　第二节　撤诉和缺席判决 ·· 1065
　　第三节　延期审理、诉讼中止与诉讼终结 ································ 1065
第十四章　简易程序 ·· 1066
　　第一节　简易程序的概述 ·· 1066

  第二节 简易程序的具体适用 ……………………………………………… 1067
  第三节 对小额诉讼案件审理的特别规定 ……………………………… 1068

第十五章 第二审程序 …………………………………………………… 1070
  第一节 上诉的提起与受理 ………………………………………………… 1070
  第二节 上诉案件的审理 …………………………………………………… 1070
  第三节 上诉案件的裁判 …………………………………………………… 1072

第十六章 特别程序 ……………………………………………………… 1073
  第一节 特别程序概述 ……………………………………………………… 1073
  第二节 选民资格案件的审理 ……………………………………………… 1073
  第三节 宣告公民失踪案件的审理 ……………………………………… 1073
  第四节 宣告公民死亡案件的审理 ……………………………………… 1074
  第五节 认定公民无民事行为能力或者限制民事行为能力案件的审理 …… 1075
  第六节 认定财产无主案件的审理 ……………………………………… 1076
  第七节 确认调解协议案件的审理 ……………………………………… 1076
  第八节 实现担保物权案件的审理 ……………………………………… 1077

第十七章 审判监督程序 ………………………………………………… 1078
  第一节 审判监督程序概述 ………………………………………………… 1078
  第二节 基于审判监督权提起再审 ……………………………………… 1079
  第三节 基于检察监督权的抗诉提起再审 ……………………………… 1079
  第四节 基于诉权的申请再审 ……………………………………………… 1081
  第五节 再审案件的审判程序 ……………………………………………… 1082

第十八章 督促程序 ……………………………………………………… 1084
  第一节 督促程序概述 ……………………………………………………… 1084
  第二节 支付令的申请、审查和发出 …………………………………… 1084
  第三节 对支付令的异议 …………………………………………………… 1084

第十九章 公示催告程序 ………………………………………………… 1085
  第一节 公示催告程序概述 ……………………………………………… 1085
  第二节 公示催告申请的提起和受理 …………………………………… 1086
  第三节 公示催告案件的审理 …………………………………………… 1086

第二十章 民事裁判 ……………………………………………………… 1087
  第一节 民事判决 …………………………………………………………… 1087
  第二节 民事裁定 …………………………………………………………… 1088
  第三节 民事决定 …………………………………………………………… 1088

第二十一章 执行程序 …………………………………………………… 1088
  第一节 执行程序概述 ……………………………………………………… 1088
  第二节 执行开始 …………………………………………………………… 1094
  第三节 执行措施 …………………………………………………………… 1094
  第四节 执行中止和执行终结 ……………………………………………… 1098

第二十二章 涉外民事诉讼程序 ································· 1099
- 第一节 涉外民事诉讼程序概述 ··························· 1099
- 第二节 涉外民事诉讼管辖 ································· 1100
- 第三节 涉外民事诉讼的期间与送达 ····················· 1100
- 第四节 司法协助 ··· 1101

第二十三章 仲裁与仲裁法概述 ································ 1102
- 第一节 仲裁概述 ··· 1102
- 第二节 仲裁法概述 ·· 1104

第二十四章 仲裁委员会和仲裁协会 ························· 1105
- 第一节 仲裁委员会 ·· 1105
- 第二节 仲裁协会 ··· 1105
- 第三节 仲裁规则 ··· 1105

第二十五章 仲裁协议 ··· 1106
- 第一节 仲裁协议概述 ··· 1106
- 第二节 仲裁协议的内容 ······································ 1107
- 第三节 仲裁协议独立性 ······································ 1107
- 第四节 仲裁协议的效力 ······································ 1108
- 第五节 仲裁协议的无效与失效 ···························· 1109

第二十六章 仲裁程序 ··· 1109
- 第一节 仲裁当事人与代理人 ································ 1109
- 第二节 申请与受理 ·· 1110
- 第三节 仲裁保全 ··· 1110
- 第四节 仲裁庭的组成 ··· 1111
- 第五节 仲裁审理 ··· 1112
- 第六节 仲裁中的和解、调解和裁决 ····················· 1112
- 第七节 简易程序 ··· 1113

第二十七章 申请撤销仲裁裁决 ································ 1114
- 第一节 申请撤销仲裁裁决的概念和特征 ··············· 1114
- 第二节 申请撤销仲裁裁决的条件和理由 ··············· 1114
- 第三节 法院对撤销仲裁裁决申请的处理及其法律后果 ······ 1115

第二十八章 仲裁裁决的执行与不予执行 ··················· 1116
- 第一节 仲裁裁决的执行 ······································ 1116
- 第二节 仲裁裁决的不予执行 ································ 1116
- 第三节 仲裁裁决的中止执行、恢复执行和终结执行 ····· 1117

第二十九章 涉外仲裁 ··· 1118
- 第一节 涉外仲裁的概念 ······································ 1118
- 第二节 涉外仲裁机构 ··· 1118
- 第三节 涉外仲裁程序 ··· 1118
- 第四节 对涉外仲裁裁决的撤销和不予执行 ············· 1119
- 第五节 对涉外仲裁裁决的执行 ···························· 1120

第十编 民法

【寄语】

民法是点燃天才之火的学问,是万法之母,是应用法学的法理。学好民法,对掌握法学各科知识具有基础性的作用。

民事法律包括《民法总则》《物权法》《合同法》《婚姻法》《继承法》《收养法》《著作权法》《专利法》《侵权责任法》等,还有大量的司法解释和行政法规。民法的考试,是有点有面的。有点,是指重点突出;有面,是指兼顾各部民事法律。

国家统一法律职业资格考试中的民法仍将是"重者恒重",在司考中为重点的,在法考中也是重点,这是由内在规律决定的。

比如,动产和不动产的善意取得,是物债融合、龙虎交汇之处,兼顾了民法的效率和交易安全,不考的可能性不大。

次如,债权人撤销权、债权人代位权,因突破了债权的相对性,而"出类拔萃"。

再如,无过错责任和过错推定责任,是"一反常态"的(常态是过错责任),因而是考试的重点。

通过反复阅读教材和法条,考生自己也能够归纳出重点。

值得一提的是,"新法"是无可争议的重点。比如,《民法总则》是新法,占的分数肯定不少。

国家统一法律职业资格考试的题型,接近法律硕士入学试卷,但有自己的特色。选择题(客观题)+案例题(主观题),是较好的搭配。案例题一是要给出答案,二是要有一定的理论阐释。比如,一个物权法定的案例,要答出当事人的合同是否有效,还要阐释物权法定的原理(相当于小论述题)。比较题可能受青睐,例如,一个请求给付金钱的案例,是选择侵权责任,还是选择违约责任,抑或选择不当得利责任,不仅要给出方案(寻找请求权基础),还要比较它们的利弊。

现场考试,当然要按平时掌握的知识应对;没有复习到的,要按生活经验应对,因为民法是生活经验的总结。

考试不能"糊",就是要求考生的答题是"确切"的,不能模模糊糊。比如,对双方违约的规则与过错相抵的规则,必须有手术刀式的切割,不可混淆。

隋彭生

2019年2月写于中国政法大学

第一章 民法概述

第一节 民法的概念和调整对象

一、民法的概念

民法是调整平等主体之间财产关系和人身关系的法律规范的总称。

民事法律规范分为强制性规范与任意性规范。有关权利能力、行为能力的规定是强制性规范;调整财产关系的规范,任意性规范较多。

二、民法的调整对象

民法调整平等主体之间的人身关系和财产关系。

其中,人身关系包括"人格关系"与"身份关系"。

第二节 民法的基本原则

一、民法基本原则的含义

民法的基本原则,是具有普遍效力的法律规则,是最一般的民事行为规范,具有规范性、普遍性、指导性和强行性的特点。

二、民事权利受法律保护原则

民事权利分为人身权利和财产权利,"任何组织或者个人不得侵犯"他人的合法权益,是维护一个社会秩序、安全、安宁、平和及有序发展的前提。

三、平等原则

当事人的法律地位平等、身份平等。民事主体在民事活动中的法律地位一律平等。

四、自愿原则

民事主体从事民事活动,应当遵循自愿原则,按照自己的意思设立、变更、终止民事法律关系。

意思自治原则在合同法领域的反映是合同自由原则。合同自由,是市场经济的本质要求。

自愿原则适用于私法领域。但在私法领域中人身关系方面,自愿原则的适用受到较大限制。

五、公平原则

民事主体从事民事活动,应当遵循公平原则,合理确定各方的权利和义务。

对公平的判断不能脱离主观方面,"自愿即公平"。

六、诚信原则

民事主体从事民事活动,应当遵循诚信原则,秉持诚实,恪守承诺。

禁止权利滥用原则,是从诚信原则派生出来的,是基本原则的下位原则。

七、守法及公序良俗原则

民事主体从事民事活动,不得违反法律,不得违背公序良俗。

八、绿色原则

民事主体从事民事活动,应当有利于

节约资源、保护生态环境。

第三节 民事法律关系

一、民事法律关系的概念、特征和基本分类

(一)民事法律关系的概念

民事法律关系,指民法规范所调整的具有民事权利义务内容的平等主体之间的社会关系。

(二)民事法律关系的特征

(1)民事法律关系是社会关系。

(2)民事法律关系是平等主体之间的人身关系和财产关系。

(3)民事法律关系可以根据法律的规定产生(要结合一定的法律事实,法律规定本身不能在当事人之间产生具体的法律关系),也可以直接根据当事人的意志(单方意思表示、双方意思表示、多方意思表示)而产生。前者称为法定法律关系,后者称为意定法律关系。

(三)民事法律关系的基本分类

1.绝对法律关系和相对法律关系

绝对法律关系中的绝对权,同时又是对世权,是对抗一切人的权利,义务人负担不行为(一般称为不作为)的义务;绝对法律关系中不存在给付;绝对法律关系是体现社会的基本秩序的法律关系。

相对法律关系中的相对权,同时又是对人权。相对权是请求权,义务人承担给付义务(作为和不作为的义务)。

2.人身权法律关系和财产权法律关系

人身权法律关系分为人格权法律关系和身份权法律关系。

财产权法律关系,是以财产为客体(标的)而形成的法律关系,可以是绝对法律关系(如物权),也可以是相对法律关系(如债权)。

3.法定法律关系与意定法律关系

法定法律关系,是由于法律规定的非法律行为的生活事实而形成的法律关系,如无因管理之债、不当得利之债、侵权之债,是法定之债,与当事人的意思表示无关。

意定法律关系是由适格的意思表示(法律行为)而形成的法律关系。合同之债是比较典型的意定之债。

二、民事法律关系的要素

(一)民事法律关系的主体

在民事法律关系中享有民事权利、承担民事义务的当事人,包括自然人、法人和非法人组织。

(二)民事法律关系的客体

民事法律关系的客体是指民事法律关系中的权利、义务共同指向的对象,分为物、行为和智力成果。

(三)民事法律关系的内容

当事人享有的民事权利和承担的民事义务。

三、民事法律事实

(一)民事法律事实的概念

民事法律事实是指能够引起民事法律关系发生、变更、终止的客观事实。

(二)民事法律事实的基本类型

1.事件

事件是指能够引起民事法律关系的发生、变更、终止,但与人的意志无关的客观情况。

2.行为

(1)行为是人有意识的活动,分为表示行为(法律行为属表示行为)和事实行为。

(2)行为还可以分为合法行为和非法行为,它们都能够引起法律关系的发生、变

更和终止。如侵权行为是非法行为,它在侵权人和受害人之间产生侵权之债。

第四节 民事权利

一、民事权利概述

(一)民事权利的含义

民事权利是指法律保护明文规定的,固定化、类型化的民事利益。

(二)民事权利的分类

按权利的标的区分,民事权利包括人身权和财产权。

按权利的内容区分,民事权利包括支配权、请求权、抗辩权、绝对权、相对权、形成权等。

(三)民事权利的保护、行使与取得

1. 民事权利的保护

(1)财产权利受平等保护。

(2)对弱势群体特殊保护,如法律对未成年人、老年人、残疾人、妇女、消费者等的民事权利保护设有特别规定。

2. 民事权利行使的原则

(1)自愿原则和权利义务相一致原则。

(2)禁止权利滥用原则。

3. 民事权利的取得

(1)取得民事权利的法律事实。民事权利可以依据法律行为、事实行为、法律规定的事件或者法律规定的其他方式取得。

(2)民事权利的原始取得和继受取得。原始取得是第一手取得或直接依据法律规定取得,继受取得是基于他人的给付取得。

(四)按权利的内容区分的各类权利

1. 支配权

支配权是直接支配权利标的的权利。支配权的行使无须他人行为的介入或配合,他人只要不干预即可。如人格权、物权、知识产权都是支配权。

2. 请求权与抗辩权

(1)请求权,是要求他人为一定行为(作为和不作为)的权利,如债权、物权请求权。

(2)抗辩权,是义务人在权利人请求给付时,拒绝履行义务的权利。抗辩权对应请求权,分为永久抗辩权(如诉讼时效抗辩权)和一时抗辩权(如履行抗辩权)。

3. 绝对权与相对权

绝对权是权利人不借助义务人的积极行为就可以自行实现的权利。绝对权的义务主体是不特定的任何人,因此又称为对世权。

相对权是权利人须依靠特定义务人的行为才能实现的权利。如债权的实现必须依靠债务人的给付,是典型的相对权。相对权的义务主体是特定的,因此又称为对人权。

4. 主权利与从权利

主权利是能够独立存在的权利,从权利依附于主权利,是不能独立存在的权利。主、从关系相伴而生。

5. 原权利与救济权

原权利也称为原权,是相对于救济权而言的,包括法定和意定两种。

救济权是权利人因原权利被侵害而产生的请求法律保护的权利。救济权体现了法律的强制性。

6. 专属权与非专属权

专属权是专属于权利人本身,不得移转于他人的权利,如人格权、身份权。非专属权是可以移转的权利,如物权、债权、股权等。

7. 形成权

形成权是依照权利人单方法律行为而使法律关系发生变动(产生、变更、终止)

的权利。

形成权可用除斥期间予以限制。如因重大误解成立的民事行为,当事人自知道或者应当知道撤销事由之日起三个月内没有行使撤销权的,撤销权消灭。该"三个月"就是除斥期间。

二、人身权

(具体内容见本编第二十七章)

三、财产权

财产权是以财产为客体(标的)的权利。

按权利的客体(标的)来区分,有物权、债权、股权、知识产权中的财产权等。

(一)物权

1. 物权的分类

物权包括自物权和他物权。

所有权是唯一的自物权;他物权包括用益物权和担保物权。

2. 物权的客体

物权的客体分为动产与不动产。货币是特殊动产。

3. 物权法定原则

(1)效力

物权的种类和内容,由法律规定(属效力性强制性规定)。

(2)要求

①物权的种类不得创设(种类固定、种类强制)。

②物权的内容不得任意创设(内容固定、内容强制)。

(二)债权

债权是请求给付(为或者不为一定行为)的权利,是因合同、侵权行为、无因管理、不当得利或依法律的其他规定,权利人请求特定义务人为或者不为一定行为的权利。

(1)债权是财产权、请求权、相对权。

(2)债权具有相容性,就同一内容的给付,可以并存两个以上的债权,如一物多卖,数个买卖合同都可以有效。

(3)债分为意定之债和法定之债。合同之债是意定之债;侵权之债、无因管理之债、不当得利之债是典型的法定之债。

(三)知识产权

知识产权作为财产权,具有专有性、地域性、期限性的法律特征。

(四)继承权

继承权是财产权,继承权产生于特定的身份(配偶、父母、子女等),以身份权为基础权利。

五、股权和其他投资性权利

民事主体依法享有股权和其他投资性权利。

六、其他民事权利和法益

民事主体享有法律规定的其他民事权利和利益,这是对权利和利益的"兜底保护"。

七、数据、网络虚拟财产

数据、网络虚拟财产,是以数据、字符等存储于、结合于网络系统的无形财产。数据、网络虚拟财产作为无形财产(也称为无体财产),具有可支配性,可以交易。对数据、网络虚拟财产的侵犯,可构成侵权责任。

第五节 民事责任

一、民事责任的概念和特征

民事责任是义务人不履行法定或约定民事义务所应当承担的法律后果。

民事责任具有以下特征:

(1)民事责任是违反义务的后果,但它本身也是一种义务(二次义务)。

(2)民事责任是公力救济的体现,当事人不履行义务,法律强制其承担责任。

(3)民事责任的基本性质是财产责

任,但也可以是非财产责任。如损害赔偿是财产责任,赔礼道歉是非财产责任。

二、民事责任的分类

(1)合同责任、侵权责任与其他责任。
(2)财产责任与非财产责任。
(3)按份责任与连带责任。按份责任与连带责任是对共同责任的区分。

三、承担民事责任的方式

承担民事责任的方式主要有:
(1)停止侵害。
(2)排除妨碍。
(3)消除危险。
(4)返还财产。
(5)恢复原状。
(6)修理、重作、更换。
(7)继续履行。
(8)赔偿损失。
(9)支付违约金。
(10)消除影响、恢复名誉。
(11)赔礼道歉。
法律规定惩罚性赔偿的,依照其规定。承担民事责任的方式,可以单独适用,也可以合并适用。

四、侵害英烈法益的民事责任

侵害英雄烈士等的姓名、肖像、名誉、荣誉,损害社会公共利益的,应当承担民事责任,主要包括:停止侵害;消除影响、恢复名誉;赔礼道歉;精神损害赔偿。

五、不承担责任的情形

(1)不可抗力。
(2)正当防卫。
(3)紧急避险。
(4)见义勇为。
(5)紧急救助行为。
因自愿实施紧急救助行为造成受助人损害的,救助人不承担民事责任。

适用紧急救助行为免责的规定,一须是"自愿";二须被救助人处在人身、财产紧急危险的状态下;三须是救助行为与损害有因果关系。

(6)自助行为。
当事人为了保护自己的合法权利,在不能及时请求公力救济的情况下,对于他人的自由和财产加以暂时控制的行为。我国法律没有明确规定自助行为,但法理上都予以承认。

对自助行为的要求:一是不能及时请求公力救济;二是不得过当;三是强调"即时即地"。

六、民事责任的适用

(一)违约责任与侵权责任的竞合

违约责任与侵权责任的竞合是指当事人的违约行为同时又构成侵权行为。

因当事人一方的违约行为,损害对方人身权益、财产权益的,受损害方有权选择请求其承担违约责任或者侵权责任。

(二)民事责任的优先适用

民事主体因同一行为应当承担民事责任、行政责任和刑事责任的,承担行政责任或者刑事责任不影响承担民事责任;民事主体的财产不足以支付的,优先用于承担民事责任。

第二章 自然人

第一节 自然人的民事权利能力和民事行为能力

一、自然人的民事权利能力

（一）自然人民事权利能力的概念

自然人民事权利能力是指法律确认的自然人享有民事权利、承担民事义务的资格。

自然人的民事权利能力一律平等。

自然人的民事权利可以放弃，民事能力（权利能力和行为能力）不能放弃。

（二）自然人民事权利能力的开始与终止

1. 自然人的民事权利能力始于出生

涉及遗产继承、接受赠与等胎儿利益保护的，胎儿视为具有民事权利能力。但是胎儿娩出时为死体的，其民事权利能力自始不存在。胎儿视为有权利能力，使其有了遗产继承、接受赠与等资格，也为其出生后作为原告提供了前提。

【例】张女怀孕期间，腹部被李男刺了一刀，胎儿出生后，发现其身上有伤痕。若胎儿存活，他可以作为原告对李男提起诉讼。他在胎儿时期视为有权利能力，即有作为被侵权人的资格。

2. 自然人的民事权利能力终于死亡

植物人有权利能力，享有继承权等民事权利。植物人也可以进行交易，由其法定代理人代理进行。

3. 自然人出生时间和死亡时间的认定

自然人的出生时间和死亡时间，以出生证明、死亡证明记载的时间为准；没有出生证明、死亡证明的，以户籍登记或者其他有效身份登记记载的时间为准。有其他证据足以推翻以上记载时间的，以该证据证明的时间为准。

二、自然人的民事行为能力

（一）自然人民事行为能力的概念

自然人民事行为能力是指自然人能够基于自己的意思，独立为民事法律行为的资格。

（二）自然人民事行为能力的类型

自然人民事行为能力可以划分为完全民事行为能力、限制民事行为能力和无民事行为能力。

自然人民事行为能力划分的标准，一是年龄；二是精神智力状态。

法律以年龄为划分自然人民事行为能力的标准，是为了司法的效率。法律在年龄上采取了"两线三类"划分，即以18周岁和8周岁为"两条线"，18周岁以上为完全民事行为能力人，8周岁以下为无民事行为能力人，8～18周岁为限制民事行为能力人。

1. 完全民事行为能力人

16周岁以上不满18周岁的公民，能够以自己的劳动取得收入，并能维持当地群众一般生活水平的，可以认定为以自己的劳动收入为主要生活来源的完全民事行为能力人。

2. 限制民事行为能力人

限制民事行为能力人分为8周岁以上的未成年人和不能完全辨认自己行为的成年人。

限制民事行为能力人不能独立实施的民事法律行为,须经其法定代理人(监护人)"代理"或者经其法定代理人"同意""追认"。

但限制民事行为能力人实施的纯获利益的民事法律行为和与其年龄、智力、精神健康状况相适应的民事法律行为除外。

3. 无民事行为能力人

不满8周岁的未成年人和不能辨认自己行为的成年人为无民事行为能力人。

精神病人(包括痴呆症人)如果没有判断能力和自我保护能力,不知其行为后果的,可以认定为不能辨认自己行为的人。

无民事行为能力人实施的法律行为无效。即便是纯获利益的民事法律行为,无民事行为能力人也不能亲自实施,此类行为可由其法定代理人(监护人)代理实施。

(三)自然人行为能力的认定

1. 认定无民事行为能力人、限制民事行为能力人

如是未成年人,根据年龄确定;如是成年人,其利害关系人或者有关组织,可以向人民法院申请认定。

2. 认定恢复为限制民事行为能力或者完全民事行为能力

被法院认定为无民事行为能力人或者限制民事行为能力人的人,可以申请认定自己恢复到限制民事行为能力或完全民事行为能力。利害关系人、有关组织也可以提出恢复申请。

3. 作为申请人的有关组织

作为申请人的有关组织包括居民委员会、村民委员会、学校、医疗机构、妇女联合会、残疾人联合会、依法设立的老年人组织、民政部门等。

三、自然人的住所

(一)居所与住所

自然人以户籍登记或者其他有效身份登记记载的居所为住所;经常居所与住所不一致的,经常居所视为住所。

(二)住所的法律意义

(1)住所是确定国家机关管辖和当事人履行义务地点的依据。如住所是确认行政登记管辖、确认法院管辖、确定债务的履行地点的依据。

(2)住所是决定涉外民事关系法律适用的依据。

第二节 监护

一、概述

(1)监护的对象,是无民事行为能力人和限制民事行为能力人。

(2)监护人主要由具有亲属关系的自然人担任。在特定情况下,法人也可以担任监护人。

(3)监护的内容,包括身心监护和财产监护。在手段和方式上分为监督、代理、保护。监督和代理,是为了实现保护。

(4)监护制度的目的是为了保护被监护人的利益,同时也是为了保护社会公共利益。如精神病人无人管束,会对社会秩序造成破坏。

(5)监护人是被监护人的法定代理人。

(6)监护人可以是一人,也可以是数人。

二、监护人的设立

(一)法定监护人

1. 未成年人的法定监护人

父母是未成年子女的监护人。

未成年人的父母已经死亡或者没有监护能力的,由下列有监护能力的人按顺序担任监护人:①祖父母、外祖父母;②兄、姐;③其他愿意担任监护人的个人或者组织,但是须经未成年人住所地的居民委员会、村民委员会或者民政部门同意。

2. 无民事行为能力、限制民事行为能

力的成年人的监护人

无民事行为能力或者限制民事行为能力的成年人,由下列有监护能力的人按顺序担任监护人:①配偶;②父母、子女;③其他近亲属;④其他愿意担任监护人的个人或者组织,但是须经被监护人住所地的居民委员会、村民委员会或者民政部门同意。

(二)遗嘱指定监护人

被监护人的父母担任监护人的,可以通过遗嘱指定监护人。

(三)协议确定监护人

依法具有监护资格的人之间可以协议确定监护人。协议确定监护人应当尊重被监护人的真实意愿。

(四)指定监护人

发生争议的时候,可以通过指定监护人的方法、程序来解决。

对监护人的确定有争议的,由被监护人住所地的居民委员会、村民委员会或者民政部门指定监护人,有关当事人对指定不服的,可以向人民法院申请指定监护人;有关当事人也可以直接向人民法院申请指定监护人。

监护人被指定后,不得擅自变更;擅自变更的,不免除被指定的监护人的责任。

指定监护人前,被监护人的人身权利、财产权利以及其他合法权益处于无人保护状态的,由被监护人住所地的居民委员会、村民委员会、法律规定的有关组织或者民政部门担任临时监护人。

(五)"兜底"监护人

没有依法具有监护资格的人的,监护人由民政部门担任,也可以由具备履行监护职责条件的被监护人住所地的居民委员会、村民委员会担任。

(六)意定监护人

具有完全民事行为能力的成年人,可以与其近亲属、其他愿意担任监护人的个人或者组织事先协商,以书面形式确定自己的监护人。协商确定的监护人在该成年人丧失或者部分丧失民事行为能力时,履行监护职责。

三、监护人的职责及履行职责的原则

(一)监护人的职责

监护人的职责区分为"代理"和"保护"两个方面。

监护人的职责是代理被监护人实施民事法律行为,保护被监护人的人身权利、财产权利以及其他合法权益等。监护人不履行监护职责或者侵害被监护人合法权益的,应当承担法律责任。

监护人是被监护人的法定代理人,其代理被监护人实施法律行为,权利、义务由被监护人享有和承担。

(二)最有利于被监护人的履行原则

履行监护人的职责,应当遵循最有利于被监护人的原则,争取被监护人的利益最大化。

四、监护人资格的撤销和监护关系的终止

(一)监护人资格的撤销

1.监护人资格撤销的原因(事由)

监护人有下列情形之一的,人民法院根据有关个人或者组织的申请,撤销其监护人资格:

(1)实施严重损害被监护人身心健康行为的。

(2)怠于履行监护职责,或者无法履行监护职责并且拒绝将监护职责部分或者全部委托给他人,导致被监护人处于危困状态的。

(3)实施严重侵害被监护人合法权益的其他行为的。

2.撤销机关与撤销申请人

法院有权撤销监护人的资格,其他机关没有这项权力。

监护人以外具有监护资格的人,可以提出撤销请求。

可以向法院申请撤销监护人资格的组织包括:居民委员会、村民委员会、学校、医疗机构、妇女联合会、残疾人联合会、未成年人保护组织、依法设立的老年人组织、民政部门等。

民政部门是兜底申请人。

3. 监护人资格撤销后的法定义务

依法负担被监护人抚养费、赡养费、扶养费的父母、子女、配偶等,被人民法院撤销监护人资格后,应当继续履行负担的义务。

4. 监护人资格撤销后的恢复

恢复监护人资格特指对"父母""子女"监护资格的恢复,这是出于对特殊亲缘关系的考虑。

法院撤销监护人资格后,恢复权仍在法院。

(二)监护关系终止的原因(事由)

有下列情形之一的,监护关系终止:

(1)被监护人取得或者恢复完全民事行为能力。

(2)监护人丧失监护能力。

(3)被监护人或者监护人死亡。

(4)人民法院认定监护关系终止的其他情形。

监护关系终止后,被监护人仍然需要监护的,应当依法另行确定监护人。

第三节 宣告失踪与宣告死亡

一、宣告失踪

宣告失踪是指自然人下落不明达到法定期限,经利害关系人申请,人民法院以判决的方式宣告该自然人为失踪人的法律制度。

被宣告失踪的自然人,其权利能力和行为能力不受影响。

(一)宣告失踪的法律要件

自然人下落不明满2年的,利害关系人可以向人民法院申请宣告该自然人为失踪人。

利害关系人包括近亲属、债权人、财产共有人等,不一定是自然人。

自然人下落不明的时间从其失去音讯之日起计算。战争期间下落不明的,下落不明的时间自战争结束之日或者有关机关确定的下落不明之日起计算。

上述计算标准,不仅适用于宣告失踪,也适用于宣告死亡。

(二)失踪人财产的代管

1. 失踪人的财产代管人

失踪人的财产,由其配偶、成年子女、父母或者其他愿意担任财产代管人的人代管。代管有争议,没有前述所列的人,或者前述所列的人无代管能力的,由人民法院指定的人代管。

2. 财产代管人的职责

财产代管人因故意或者重大过失造成失踪人财产损失的,应当承担赔偿责任。

3. 财产代管人的变更

申请变更代管人的主体有两类,一是失踪人的利害关系人,二是财产代管人自己。

(三)失踪宣告的撤销

撤销失踪宣告的申请人,可以是失踪人本人,也可以是利害关系人。

失踪人重新出现,法院尚未撤销失踪宣告的,失踪人仍有权请求财产代管人交接财产,终止代管行为。

二、宣告死亡

宣告死亡又称为推定死亡,指自然人下落不明达到法定期限,经利害关系人申请,人民法院以判决的方式推定该自然人死亡的法律制度。

（一）法律要件

自然人有下列情形之一的，利害关系人可以向人民法院申请宣告该自然人死亡：

（1）下落不明满4年。

（2）因意外事件，下落不明满2年。因意外事件下落不明，经有关机关证明该自然人不可能生存的，申请宣告死亡不受2年时间的限制。

利害关系人包括近亲属、债权人等，他们之间没有顺序关系。利害关系人不一定是自然人。

宣告失踪不是宣告死亡的前置程序。

（二）宣告死亡的效力

自然人被宣告死亡后，发生继承、婚姻消灭、债务清偿等后果。

被宣告死亡的人，人民法院宣告死亡的判决作出之日视为其死亡的日期；因意外事件下落不明宣告死亡的，意外事件发生之日视为其死亡的日期。

自然人被宣告死亡但实际并未死亡的，不影响该自然人在被宣告死亡期间实施的民事法律行为的效力。

被宣告死亡与自然死亡的时间不一致的，被宣告死亡所引起的法律后果仍然有效，但自然死亡前实施的民事法律行为与被宣告死亡引起的法律后果相抵触的，则以其实施的民事法律行为为准。例如张甲被宣告死亡，实际未死，在被宣告死亡后他立了一份遗嘱，其自然死亡后，发生遗嘱继承，并非发生法定继承。

（三）死亡宣告的撤销

被宣告死亡的人重新出现，经本人或者利害关系人申请，人民法院应当撤销死亡宣告。

被宣告死亡之人的婚姻关系，自死亡宣告之日起消灭。死亡宣告被撤销的，婚姻关系自撤销死亡宣告之日起自行恢复，但是其配偶再婚或者向婚姻登记机关书面声明不愿意恢复的除外。

被宣告死亡的人在被宣告死亡期间，其子女被他人依法收养的，在死亡宣告被撤销后，不得以未经本人同意为由主张收养关系无效。

被撤销死亡宣告的人有权请求依照继承法取得其财产的民事主体返还财产。无法返还的，应当给予适当补偿。利害关系人隐瞒真实情况，致使他人被宣告死亡取得其财产的，除应当返还财产外，还应当对由此造成的损失承担赔偿责任。

第四节 个体工商户和农村承包经营户

一、个体工商户

（一）个体工商户的界定

自然人从事工商业经营，经依法登记，为个体工商户。

其他个体经济形式还有个人独资企业、个人合伙等。

（二）个体工商户的特征

（1）个体工商户以户的名义进行经营活动，但个体经营者可能是一个人，也可能是"家庭"。

（2）个体工商户需要办理工商登记。

（3）个体工商户起字号的，享有字号（名称）权，字号又称为商号。

二、农村承包经营户

（一）农村承包经营户的界定

农村集体经济组织的成员，依法取得农村土地承包经营权，从事家庭承包经营的，为农村承包经营户

（二）农村承包经营户的特征

（1）农村承包经营户无须办理工商登记，只要与农村集体组织签订合同即可。

（2）农村承包经营户属于集体经济的

范畴。

(3)农村承包经营户可以起字号,享有名称权。

三、个体工商户、农村承包经营户的财产责任

个体工商户的债务,个人经营的,以个人财产承担;家庭经营的,以家庭财产承担;无法区分的,以家庭财产承担。

农村承包经营户的债务,以从事农村土地承包经营的农户财产承担;事实上由农户部分成员经营的,以该部分成员的财产承担。

第三章 法人和非法人组织

第一节 法人概述

一、法人的概念和特征

法人是具有民事权利能力和民事行为能力,依法独立享有民事权利和承担民事义务的组织。

法人具有以下特征:

(1)法人是组织体。法人的主体资格(人格),独立于设立人、出资人、会员,如公司与其股东,在法律上是各自独立的主体。

(2)法人具有民事权利能力和民事行为能力,能够以自己的名义参加法律关系。

(3)法人拥有独立的法人财产,享有法人财产权。法人的财产独立于出资人、设立人的财产。

(4)法人以全部财产独立承担民事责任。

二、法人的能力

(一)法人的民事权利能力

法人的民事权利能力始于法人成立,终于法人消灭。

法人民事权利能力的范围,受法律和行政法规、法人目的以及法人性质的限制。如企业的特许经营项目,需要报请政府主管机关批准。

(二)法人的民事行为能力

法人的民事行为能力,以其民事权利能力的范围为范围,与民事权利能力同时产生、同时消灭。

(三)法人的责任能力

法人依法为民事责任的独立承担者。

三、法人机关

(一)法人机关的概念

法人机关也称为法人机构,是法人内部的机构。

(二)法人机关的类型

法人机关按照职能和权限,分为意思机关、执行机关、代表机关和监督机关。

1.意思机关

意思机关即法人的权力机关。如有限责任公司的意思机关是股东会,股份有限公司的意思机关是股东大会。

2.代表机关

(1)代表机关:法定代表人就是法人的代表机关。

法人的地位或资格,不受法定代表人变化的影响。

(2)法定代表人:依照法律或者法人

章程的规定,代表法人从事民事活动的负责人,为法人的法定代表人。

法定代表人只能是自然人。

(3)法定代表人从事民事活动的后果:法定代表人以法人名义从事的民事活动,其法律后果由法人承受。

(4)表见代表:表见代表是法人和非法人组织代表人超越代表权实施代表行为,在相对人为善意时,被代表人应当承担后果的制度。

表见代表是代表人的无权代表行为。

法人或者其他组织的法定代表人、负责人超越权限订立的合同,除相对人知道或者应当知道其超越权限的外,该代表行为有效。

(5)法定代表人职务行为产生的损害责任:法定代表人因执行职务造成他人损害的,由法人承担民事责任。法人承担民事责任后,依照法律或者法人章程的规定,可以向有过错的法定代表人追偿。

法定代表人实施与职务无关的行为致人损害的,应当由法定代表人个人承担民事责任。

3. 监督机关

监督机关是指对执行机关、代表机关等履行监督职能的机关(如公司监事会)。

四、法人住所与分支机构

(一)法人住所

法人以其主要办事机构所在地为住所。

依法需要办理法人登记的,应当将主要办事机构所在地登记为住所。

(二)法人的分支机构

法人可以依法设立分支机构。分支机构没有法人资格。法律、行政法规规定分支机构应当登记的,依照其规定。

分支机构以自己的名义从事民事活动,产生的民事责任由法人承担;也可以先以该分支机构管理的财产承担,不足以承担的,由法人承担。

第二节 法人的设立、变更和终止

一、法人的设立

法人的设立,指法人取得法人的主体资格(人格)的过程。

设立和成立有所不同。设立,强调创建法人的过程;成立,强调的是设立的结果。

(一)法人设立的要件

法人应当有自己的名称、组织机构、住所、财产或者经费。法人成立的具体条件和程序,依照法律、行政法规的规定。

设立法人,法律、行政法规规定须经有关机关批准的,依照其规定。

不同类型法人的成立,具体要求不同。如设立营利法人,须办理工商登记;设立社会团体,有的须办理民政登记。

(二)法人设立行为的后果

设立人为设立法人从事的民事活动,其法律后果由法人承受;法人未成立的,其法律后果由设立人承受,设立人为2人以上的,享有连带债权,承担连带债务。设立人为设立法人以自己的名义从事民事活动产生的民事责任,第三人有权选择请求法人或者设立人承担。

二、法人的变更

登记设立的法人,分立、合并或者其他重要事项变更,应当向登记机关办理登记并公告。

(一)法人合并

法人合并分为新设合并和吸收合并。

法人合并的,其权利和义务由合并后的法人享有和承担。

(二)法人分立

法人分立的,其权利和义务由分立后

的法人享有连带债权,承担连带债务,但是债权人和债务人另有约定的除外。

三、法人的终止

(一)法人终止的概念

法人终止即法人的民事主体资格消灭,丧失民事权利能力和民事行为能力。

登记设立的法人,其终止的程序是:解散—清算—注销登记。

(二)法人解散的原因(事由)

(1)自愿解散。

(2)法定解散,如合并、分立和破产。法人因合并或分立解散,无须清算,可直接注销终止。

(3)责令解散,因法人有违法行为,被行政机关依法吊销营业执照或登记证书。

(4)法律规定的其他事由,如裁判解散。

(三)法人清算

1. 清算义务人与强制清算

法人解散的,除合并或者分立的情形外,清算义务人应当及时组成清算组进行清算。

法人的董事、理事等执行机构或者决策机构的成员为清算义务人。法律、行政法规另有规定的,依照其规定。

清算义务人未及时履行清算义务,造成损害的,应当承担民事责任;主管机关或者利害关系人可以申请人民法院指定有关人员组成清算组进行清算。

2. 法人清算的法律适用

法人的清算程序和清算组职权,依照有关法律的规定;没有规定的,参照适用公司法的有关规定。

3. 清算期间活动的限制、清算后的财产及法人的终止

法人进入清算程序,权利能力、行为能力受到限制,不得从事与清算无关的活动。

登记设立的法人,清算结束并完成法人注销登记时,法人终止。非登记设立的法人,终止时也不需要办理登记,清算结束时终止。法人被宣告破产的,法人资格并不消灭,而是由此进入破产清算程序,清算完毕办理注销登记后,法人资格消灭。

四、法人的登记

(一)法人登记的概念

法人登记是行政主管机关对法人设立、变更、终止的法律事实登录在册并进行公告的制度。登记机关应当依法及时公示法人登记的有关信息。

(二)登记信赖

法人的实际情况与登记的事项不一致的,不得对抗善意相对人。

【例】甲公司工商登记的注册资金为500万元,股东A和B各应出资250万元,实际各出资50万元,由于甲公司欠乙公司货款无力偿还,乙公司起诉A、B,请求补足出资。股东A、B应当承担补足出资的责任,不得以内部约定对抗乙公司。

第三节 营利法人

一、营利法人的定义

营利法人是以营利为目的成立的,营利法人取得的利润,分配给股东等出资人;与此相对应,非营利法人若有利润,不得分配给出资人、设立人、会员。

营利法人包括有限责任公司、股份有限公司和其他企业法人等。

二、营利法人的成立

营利法人经工商登记成立。

法人章程是营利法人的法定必备文件。

营利法人始于设立登记,终于注销登记。

三、营利法人的机构

（一）营利法人权力机构

股份有限公司的股东大会、有限责任公司的股东会，是公司的权力机构。

（二）营利法人执行机构和法定代表人

公司的执行机构是董事会或执行董事。董事长可以不担任法定代表人，而由总经理担任。

（三）营利法人监督机构

营利法人设监事会或者监事等监督机构。

四、营利法人出资人滥用出资人权利的禁止及法人人格否认

（一）营利法人对法人和其他出资人的责任

营利法人的出资人不得滥用出资人权利损害法人或者其他出资人的利益。滥用出资人权利给法人或者其他出资人造成损失的，应当依法承担民事责任。

（二）法人人格否认

在具体案件中否认法人的主体资格，由其出资者、设立者承担责任。

滥用法人独立地位和出资人有限责任，逃避债务，严重损害法人的债权人利益的，应当对法人债务承担连带责任。

这里所说的否认，是"一时的否认"，即在具体案件中，不因法人人格阻碍其出资人、设立人承担责任。

五、营利法人关联交易的规制

营利法人的控股出资人、实际控制人、董事、监事、高级管理人员不得利用其关联关系损害法人的利益。利用关联关系给法人造成损失的，应当承担赔偿责任。

六、营利法人决议的撤销

营利法人决议撤销的条件：

（1）可以撤销的决议，是有瑕疵的决议。一是程序上有瑕疵；二是内容上有瑕疵，即内容上违反法人章程。

（2）有权请求法院撤销的主体是法人的出资人，如公司的股东。

（3）为保护交易安全，决议的撤销不能对抗善意第三人。

第四节 非营利法人

一、非营利法人的定义和类型

非营利法人包括公益法人和互益法人。

公益法人是以公益事业（谋取公共利益、公众利益）为目的而设立的法人，如基金会法人。

互益法人是为社员（会员）互益、互助为目的而设立的法人，如行业协会。

非营利法人不以营利为目的。非营利法人可能有营利行为，但其设立的宗旨不是为了营利以分配给出资人、设立人或者社员（会员）。

基于非营利法人的特点，非营利法人终止时，剩余财产的分配有特殊要求：

（1）为公益目的设立的非营利法人在终止时，不得向出资人、设立人或者会员分配剩余财产，剩余财产应当继续用于公益目的。

（2）为公益以外其他非营利目的设立的非营利法人（互益法人），终止时剩余财产的分配，法律未作"向出资人、设立人或者会员分配剩余财产"的限制。

二、事业单位法人

事业单位法人，是指为了社会公益事业目的成立的，独立从事文化、教育、卫生、体育、新闻等事业活动，具有法人资格的社会组织。

事业单位法人的分类：第一类是国家设立的事业单位，这些单位管理的财产属

于国家所有。第二类是私人设立的事业单位,如民办学校、医院等,私人设立的具有法人资格的事业单位享有独立的财产权。

事业单位法人分为须登记和无须登记两类。

三、社会团体法人

社会团体法人指自然人或法人自愿组成,以实现公益目的或会员共同利益的具有法人资格的社会组织。协会、学会、商会等为社会团体法人。

社会团体法人分为公益法人和互益法人两类。

四、捐助法人

（一）捐助法人的含义

捐助法人,指以捐助财产为基础而成立的具有法人资格的社会组织,如慈善基金会、孤儿院、救济院等（国家设立的孤儿院、救济院等为事业单位法人,不是捐助法人）。

捐助法人以捐助的财产为基础,是一种"财产的集合"。

（二）捐助法人的设立

捐助法人经民政登记成立。

（三）捐助人的权利

1. 捐助人的查询权

捐助人有知情权、监督权。

2. 对捐助法人决定的撤销权

捐助人撤销事由有二:一是捐助法人作出决定的程序违法或者违反章程;二是捐助法人决定的内容违反法人章程。如捐助法人的法人章程对财产的使用用途作了规定,法定代表人违反章程处分财产,则捐助人可以请求撤销。

捐助法人决定被撤销,不能对抗善意第三人。

第五节 特别法人

一、特别法人的种类

特别法人包括机关法人、农村集体经济组织法人、城镇农村的合作经济组织法人和基层群众性自治组织法人。

特别法人是营利法人、非营利法人无法涵盖的第三类法人。

二、机关法人

机关法人是指以实现国家职能为目的成立的具有法人资格的国家组织。行政机关、立法机关、检察机关、审判机关等都是机关法人。

机关法人可以参与民事交易,成为民事法律关系的主体。

机关法人也可能成为民事侵权的主体,如某机关使用的车辆肇事造成他人损害,可以构成平等主体之间的民事责任。

三、农村集体经济组织法人

农村集体经济组织所有的不动产和动产,属于本集体成员集体所有,由农村集体经济组织行使所有权。

农村集体经济组织具有地域性和内部性,由固定地域的农民组成。

四、合作经济组织法人

城镇、农村的合作经济组织,可以在城镇设立,也可以在农村设立。如供销合作社、专业合作社等。

五、居民委员会法人、村民委员会法人

法律赋予"两委会"以法人资格,便于其从事为履行职能所需要的民事活动,也有利于其诉讼地位的明确。

第六节 非法人组织

一、非法人组织的定义

非法人组织是不具有法人资格,但是能够依法以自己的名义从事民事活动的组织。

非法人组织包括个人独资企业、合伙企业、不具有法人资格的专业服务机构等。如律师事务所、会计事务所、破产清算事务所等。

二、对非法人组织的基本规定

（一）非法人组织的设立

非法人组织是营利组织,须经过登记,有的需经批准并经登记。

（二）非法人组织出资人、设立人的无限责任

非法人组织的财产不足以清偿债务的,其出资人或者设立人承担无限责任。法律另有规定的,依照其规定。

（三）非法人组织的代表人

非法人组织可以确定一人或者数人代表该组织从事民事活动。

（四）非法人组织的解散事由

有下列情形之一的,非法人组织解散：

（1）章程规定的存续期间届满或者章程规定的其他解散事由出现。

（2）出资人或者设立人决定解散。

（3）法律规定的其他情形。

（五）非法人组织的清算

非法人组织依法进行清算是其解散的必经程序,主要是为了清理、了结业务及债权债务关系。

第四章 民事法律行为

第一节 民事法律行为概述

一、民事法律行为的概念和特征

（一）民事法律行为的概念

民事法律行为,也称法律行为,是指民事主体通过意思表示设立、变更、终止民事法律关系的行为。

（二）民事法律行为的特征

（1）法律行为是法律事实之一种。法律行为的成立,引起当事人追求的法律后果,即发生、变更或者终止法律关系。

（2）实施法律行为是为了发生私法（民法）上的效果,即致使民事法律关系产生、变更或者消灭。

（3）法律行为以意思表示为要素。法律行为是表示行为,须为意思表示才能发生法律效果,如要约、承诺。

二、民事法律行为的类型

（一）单方行为、双方行为与共同行为

1. 单方行为

单方行为是指仅由一方的意思表示（单独为意思表示）就可成立的法律行为。

如：①遗嘱；②代理权授予；③效力未定行为的追认；④免除债务；⑤动产抛弃；⑥放弃遗赠；⑦单方解除合同；⑧撤销合同

(如撤销赠与合同)等。

2. 双方行为

双方行为是指双方当事人意思表示一致成立合同的行为,如买卖、赠与、委托等。

3. 共同行为

共同行为也称为协同行为或多方法律行为。

法人、非法人组织的决议(决议行为),是共同法律行为的一种,也是多方法律行为。

常见的共同行为有:①订立合伙协议;②订立发起人协议;③选举董事、监事;④订立合并协议。

(二)财产行为与身份行为

以行为发生的效果内容为标准,民事法律行为分为财产行为与身份行为。如结婚、收养是身份行为。

(三)有偿行为与无偿行为

以是否因给付而取得对价为标准,民事法律行为分为有偿行为和无偿行为。

(四)诺成性行为与实践性行为

以双方意思表示一致后是否交付标的物为标准,民事法律行为分为诺成性行为和实践性行为。

(五)要式行为与不要式行为

以是否要依据一定的方式实施为标准,民事法律行为分为要式行为与不要式行为。

(六)处分行为与负担行为

处分行为,指直接发生权利变动效果的行为,可分为有权处分(包括授权处分)和无权处分。

有偿无权处分人的善意相对人,可以善意取得标的物的所有权。

负担行为,指以发生债权、债务为其内容的行为。订立债权合同是负担行为的一种。

(七)有因行为与无因行为

有因行为,也称为要因行为,是以原因为条件的行为,即原因与行为不可分离的行为。

债权行为(负担行为)原则上是有因行为,行为与其原因在法律上不可分离。但也有例外,如票据行为是债权行为,但属于无因行为。

无因行为,是不以原因为条件的行为,在原因行为不存在(不成立、无效、被撤销等)时,行为仍然可以有效。

票据行为是典型的无因行为。物权行为和准物权行为(合称处分行为)是无因行为。

三、民事法律行为的成立与生效

(一)民事法律行为的成立要件

1. 共通要件

民事法律行为成立的共通要件包括:当事人、标的和意思表示。意思表示被认为是法律行为的核心要素。

2. 特别要件

(1)对于实践性行为,交付标的物为特别要件。

(2)对于要式行为,方式之实现为特别要件。

(二)民事法律行为的成立时间和效力

民事法律行为的成立与生效一般在一个时间点上,但也有分离的情况,如附生效条件的合同,在双方达成合意时成立,在条件成就时生效。

第二节 意思表示

一、意思表示的概念和要素

意思表示,指当事人将企图发生一定私法上效果的意思表示于外部的行为。

意思表示人称为表意人。

意思表示由两个要素构成:第一个是内心意思(主观要件);第二个是外部表示(客观要件)。

表示无意识(无内心意识),不构成意思表示。

二、意思表示的类型

(一)有相对人的意思表示与无相对人的意思表示

1. 有相对人的意思表示

有相对人的意思表示分为:对话意思表示和非对话意思表示。

口头或打电话直接订立合同等是对话意思表示;通过信件、邮件、数据电文等方式作出的意思表示,为非对话意思表示。

有相对人的意思表示的生效:对话意思表示采了解主义;非对话意思表示采到达主义。

2. 无相对人的意思表示

无相对人的意思表示,表示完成时生效。法律另有规定的,依照其规定。

(二)对特定人的意思表示与对不特定人的意思表示

1. 对特定人的意思表示

对特定人的意思表示是指须以特定人为相对人的意思表示,如解除合同的通知。

2. 对不特定人的意思表示

对不特定人的意思表示是指相对人为不特定的人的意思表示,如悬赏广告。

(三)明示与默示

1. 明示

明示是以言辞(口头语言、文字等)表达意思的方式,身体语言也可以构成明示的意思表示。

2. 默示

默示是以特定的行为表达意思的方式。如被代理人以发货的方式对无权代理人订立的买卖合同予以追认。

沉默视为意思表示生效有三种情况:一是有法律规定;二是当事人有约定;三是符合当事人之间的交易习惯。

三、意思表示的撤回和撤销

(一)意思表示的撤回

对于未生效的意思表示,行为人可以撤回。撤回意思表示的通知应当在意思表示到达相对人前或者与意思表示同时到达相对人。

(二)意思表示的撤销

对于已经生效的意思表示,须法律设有特别规定,当事人才能撤销。如《合同法》第18条规定:"要约可以撤销。撤销要约的通知应当在受要约人发出承诺通知之前到达受要约人。"

四、意思表示的解释

(一)意思表示解释概述

当事人对意思表示内容理解不一致时或者表达意思表示的条款有矛盾时,有权机关对意思表示的真实含义进行确认。有权机关指人民法院和仲裁机关。

(二)意思表示的解释方法

1. 有相对人的意思表示的解释

有相对人的意思表示的解释包括文义解释、整体解释、目的解释和习惯解释等。

2. 无相对人的意思表示的解释

关于无相对人的意思表示的解释,不能完全拘泥于所使用的词句,而应当结合相关条款、行为的性质和目的、习惯以及诚信原则,确定行为人的真实意思。

第三节 民事法律行为的效力

一、民事法律行为生效的实质要件

具备下列条件的民事法律行为有效:

(1)行为人具有相应的民事行为能力。

(2)意思表示真实。

(3)不违反法律、行政法规的强制性规定,不违背公序良俗。

民法中的非强制性规定,采取"约定大于法定的规则"。

二、限制民事行为能力人实施的法律行为

(1)"纯获利益"的有效。"纯获利益",指限制民事行为能力人既不承担对价性义务,也不承担非对价性义务。如借了10万元,虽然不用支付利息,但是要原数归还,因要承担非对价义务,故不属于纯获利益。

(2)与限制民事行为能力人的行为能力相适应。

(3)限制民事行为能力人实施的与其年龄、智力、精神健康状况不相适应的民事法律行为,在效果上属于效力待定。

涉及以下三个问题:①法定代理人的追认权;②相对人请求法定代理人追认的催告;③善意的相对人有撤销权。

效力待定的民事法律行为被追认前,善意相对人有撤销的权利,恶意相对人没有撤销权。

善意相对人行使撤销权后,该民事法律行为自始不生效、确定地不生效。

在善意相对人撤销前,法定代理人的追认和拒绝追认,都消灭善意相对人的撤销权。

三、可撤销的民事法律行为

(一)可撤销民事法律行为的概念

可撤销民事法律行为是指民事行为虽然成立,但由于当事人的意思表示有瑕疵,经向法院或仲裁机构请求可以消灭其效力的行为。

单独行为、双方行为、共同行为都可以被撤销。若是合同被撤销,不影响合同中独立存在的有关解决争议方法的条款(如仲裁条款、法院管辖条款)的效力。

(二)可撤销民事法律行为的类型

1. 重大误解

重大误解是指当事人因对行为性质、主体、标的物等产生错误认识,致使该行为结果与自己的意思相悖,并造成重大不利后果的情形。

(1)行为人主观上存在重大认识错误,其认识与事实相距较远。

(2)因重大误解实施的行为给行为人造成重大不利后果。

(3)行为人的错误认识与重大不利后果有因果关系。

(4)行为的结果与行为人内心意思相悖,即意思与意思表示不一致(意思表示有瑕疵),且当事人不愿承担对误解的风险。

动机发生错误时,法律不予救济,不得按重大误解处理,否则就危害了交易安全。

2. 欺诈

一方以欺诈手段,使对方在违背真实意思的情况下实施的民事法律行为,受欺诈方有权请求人民法院或者仲裁机构予以撤销。对第三人的欺诈行为,对方知道或者应当知道的,被欺诈人也可以请求撤销。

3. 胁迫

一方或第三人采用违法手段,威胁对方,对方因恐惧而实施民事法律行为,不能按可撤销行为处理,应当认定行为不成立或者按无效处理。

4. 自始显失公平

显失公平是一方当事人利用对方的危困、缺乏判断能力等处境,致使民事法律行为在当事人之间产生的权利义务从一开始就明显不对等的情形。一方利用对方处于危困状态、缺乏判断能力等情形,致使民事法律行为成立时显失公平的,受损害方有权请求人民法院或者仲裁机构予以撤销。

导致自始显失公平的原因,一是乘人之危;二是利用相对人缺乏判断能力等

处境。

(三) 对可撤销民事法律行为的救济

1. 撤销权的性质

对可撤销民事法律行为的撤销权,是形成诉权,不能以通知的方式行使,须请求法院或仲裁机构撤销。

2. 享有撤销权的主体

撤销权由承受不利后果的一方或受害人享有。

第三人不享有撤销权。

3. 撤销的效果

可撤销民事法律行为自始无效。

合同被撤销,返还财产、赔偿损失请求权的诉讼时效期间从合同被撤销之日起计算。

(四) 撤销权的消灭

1. 除斥期间

撤销权在除斥期间届满后消灭。一般除斥期间为1年。该1年的起算除胁迫外,适用主观标准(自知道或者应当知道撤销事由之日起计算)。胁迫适用客观标准(自胁迫行为终止之日起计算)。

重大误解的当事人自知道或者应当知道撤销事由之日起3个月内没有行使撤销权的,撤销权消灭。

2. 放弃

因权利是可以放弃的,故撤销权在权利人明示或默示放弃后消灭。

四、无效民事法律行为

(一) 无效民事法律行为的概念

无效民事法律行为是指法律行为虽然已经成立,但不具备民事法律行为生效的要件,因而自始不能产生行为人预期后果的法律行为。

(二) 民事法律行为无效事由

下列民事法律行为无效:

(1) 无民事行为能力人实施的法律行为。

(2) 违反强制性规定和公序良俗的民事法律行为。

(3) 恶意串通,损害他人合法权益的民事法律行为。

(三) 以虚假意思表示实施的民事法律行为的效力

(1) 虚假意思表示,也称为虚伪表示。虚假意思表示是双方行为,故也称为双方虚假意思表示、通谋虚伪意思表示。

(2) 虚假意思表示中,隐藏的真实法律行为,称为隐藏行为。隐藏行为的效力,须具体分析,可能有效,也可能无效。

(3) 恶意串通订立的合同与虚假意思表示合同的区别是:①前者不一定有隐藏行为,若有隐藏行为一定无效;后者必有隐藏行为,且隐藏行为可能有效,也可能无效。②前者损害第三人的利益,后者不一定损害第三人的利益。

(四) 民事法律行为的部分无效

民事法律行为部分无效,不影响其他部分效力的,其他部分仍然有效。

合同中格式条款及免责条款无效,构成合同的部分无效。

(五) 民事法律行为无效的后果

民事法律行为无效的后果包括:返还财产;折价补偿;赔偿损失。

第四节 附条件和附期限的民事法律行为

一、附条件的民事法律行为

(一) 附条件的民事法律行为的概念

民事法律行为可以附条件,但是按照其性质不得附条件的除外。

附生效条件的民事法律行为,自条件成就时生效。附解除条件的民事法律行为,自条件成就时失效。

双方行为(如合同)、单方行为(如遗嘱)和共同行为(如公司合并协议)都可以附条件。但结婚、收养等身份行为以及行使形成权的单方行为(解除、抵销等)不得附条件。

(二)民事法律行为所附条件的特征

(1)须是当事人意定的事实。
(2)须属于将来发生的事实。
(3)须属于发生与否不能确定的事实。
(4)须属于合法的事实(约定本身不违法)。

(三)民事法律行为所附条件的类型

1.生效条件与解除条件

附生效条件的民事法律行为,自条件成就时生效。附解除条件的民事法律行为,自条件成就时失效。

2.积极条件与消极条件

积极条件以"发生"某事为条件;消极条件以"不发生"某事为条件。

"发生"和"不发生"的,可以是事件,也可以是人的行为。

(四)民事法律行为所附条件的成就

条件的成就指作为条件的法律事实的发生,即不确定的事实已经成为确定的事实。如以地震为条件,地震发生了,条件就成就了。

条件成就,形成(发生、变更、消灭)法律关系。

(五)民事法律行为所附条件对当事人的约束力

1.当事人受期待权保护

当事人于条件成就与否未定之前,若有损害相对人因条件成就所应得利益的行为,应当承担损害赔偿责任。

2.条件的不正当阻止和促成

当事人为自己的利益不正当地阻止条件成就的,视为条件已成就;不正当地促成条件成就的,视为条件不成就。

二、附期限的民事法律行为

(一)附期限的民事法律行为的概念

(1)期限分为始期和终期。
(2)期限为将来确定发生的事实;条件为将来可能发生也可能不发生的事实。

所附期限,可以定期,也可以不定期。

(二)期限的效力

(1)期限(始期)届至之前,行为不生预定的效力。
(2)已经生效的行为,期限(终期)届至之时,行为当然失去效力(自动失去效力),当事人无须就行为的失效再为意思表示。例如,合同约定了终止期,到期合同自动失效。

第五章 代理

第一节 代理的概念、特征和要件

一、代理的概念和特征

(一)代理的概念

代理,是代理人以被代理人(本人)的名义,对外实施民事法律行为,而由被代理人承担代理行为后果的制度。

(二)代理的特征

(1)代理人须在授权的范围内实施法律行为。
(2)代理涉及三方当事人,即被代理

人(本人)、代理人和第三人。

(3)代理人须以被代理人的名义实施法律行为。

(4)代理行为的法律后果由被代理人承担。

(5)代理实施的行为是法律行为。法律行为是表示行为,代理人须代理本人向相对人为意思表示。

二、代理的法律要件

(1)代理人须有代理权。委托代理人的代理权,来源于委托人(被代理人)的授予;法定代理人的代理权,来源于法律规定。

(2)代理人须向第三人为意思表示。代理人在授权范围内,所为意思表示,可以成立单方行为(如法定代理人代理接受遗赠),也可以成立双方行为(如委托代理人代理进行要约或者代理进行承诺)。

(3)代理人向第三人为意思表示,须以本人名义为之。

(4)代理人须具备相应的行为能力。

(5)代理须为法律允许的行为。法律行为原则上均可以代理,但身份行为,如结婚、收养、立遗嘱等不得代理。在特殊情况下,离婚可以由监护人代理进行诉讼。

第二节 代理的类型

一、直接代理与间接代理

(一)直接代理

直接代理又称为显名代理,即代理人以被代理人名义进行的代理,使被代理人与第三人发生法律关系,代理的后果直接归属于被代理人。

(二)间接代理

间接代理又称为隐名代理,是代理人以自己的名义实施法律行为、发生法律关系。代理的后果,不能直接归属于被代理人,只能间接归属于被代理人。

所谓"间接",指代理后果先归属于代理人,再由代理人"移交"给被代理人。

二、委托代理与法定代理

(一)委托代理

委托代理是基于被代理人的委托而成立的代理。

(二)法定代理

法定代理是直接依据法律规定而产生的代理。

三、一般代理与特别代理

一般代理与特别代理是根据授权的事项和范围划分的。

一般代理可以概括授权;特别代理要专门授权,如在代理诉讼中,变更诉讼请求属于特别代理,需要专门授权。

四、本代理与复代理

(一)本代理

本代理是指由被代理人选任的代理人实施代理。

本代理是复代理的对称,没有复代理,也就谈不上本代理。

(二)复代理

复代理也称为转委托代理,是由代理人根据复任权替被代理人选任复代理人(转委托的第三人)。复代理人并非代理人的代理人,而是以原被代理人的名义为代理行为。

复代理,须有本代理的存在,代理人须有复任权。

代理人拥有复任权的三种情况:

(1)被代理人事先同意转委托。

(2)被代理人事后追认转委托。

(3)在紧急情况下代理人为了维护被代理人的利益转委托,此种情况,应认定委托获得法定授权,不为无因管理。

五、单独代理与共同代理

（一）单独代理

单独代理是指代理权由一个代理人行使。

单独代理的被代理人可以是两人或两人以上。委托代理和法定代理，都可以单独代理。

（二）共同代理

共同代理是指一个代理权由两个以上的代理人共同行使。一个人代理两个以上的被代理人，不是共同代理。

共同代理人实施共同代理行为，对被代理人承担连带责任。

六、职务代理与非职务代理

（一）职务代理

职务代理是指法人、非法人组织的工作人员，由于特定的工作职务而实施代理行为。

职务代理的代理权限由被代理人授权而产生。"职务代理人"不承担连带责任。

（二）非职务代理

非职务代理是指代理人的代理权限、代理行为与职务无关，代理人与被代理人没有工作上的从属关系，属于平等主体之间的代理。

第三节　违反代理职责、代理事项违法及其他违法代理行为

一、违反代理职责

（一）代理职责的含义

代理职责是指代理人完成代理行为的义务及相应的注意义务。

代理人不履行或者不完全履行职责，造成被代理人损害的，应当承担民事责任。

（二）违反代理职责的行为

1. 滥用代理权

（1）自己代理

自己代理是指代理人以被代理人的名义欲与自己建立法律关系的代理，分为受托代理人的自己代理和法定代理人的自己代理。

代理人不得以被代理人的名义与自己实施民事法律行为，但是被代理人同意或者追认的除外。"同意"是事先的同意，"追认"是事后的同意。

【注意】实务中，法定代理中的自己代理更为常见。如父母对无民事行为能力、限制民事行为能力的子女赠与房屋，通常都是自己代理。这类自己代理，合同是有效的，不属于效力待定。相对人是纯获利一方，故法定代理人不属于滥用代理权。如果法定代理人为了自己的利益而自己代理，合同自不能生效。

（2）双方代理

双方代理俗称"一手托两家"，是指代理人同时代理两方被代理人，欲使"两家"之间建立法律关系，是一种滥用代理权的行为，但被代理的双方同意或者追认的除外。

2. 代理人与相对人恶意串通

代理人与被代理人的相对人恶意串通，损害被代理人的利益，代理人和相对人应当承担连带责任。

二、代理事项违法

代理人实施的法律行为本身违法，是被代理人欲提供的给付或欲受领的给付违法，而不是指为实现目的的手段违法。如代理出卖假冒伪劣的香烟属于代理事项违法。

代理事项违法，可构成连带责任。

三、违反代理职责、代理事项违法以外的违法代理行为

违反代理职责、代理事项违法以外的违法代理行为包括欺诈、胁迫等致使相对人意思表示有瑕疵的行为。

第四节 代理权与无权代理

一、代理权

(一)代理权的概念

代理权是指代理人得代理法律行为的权限。

委托代理的代理权限,由委托人确定;法定代理的代理权限,由法律确定。

一个代理权,可由一个代理人享有(单独代理),也可以由两个以上代理人享有(共同代理)。

(二)委托代理权的授予方式

1.明示方式

委托代理的授权,可以是书面方式,也可以是口头方式。

委托代理权的授予,是单方行为,采用书面方式的,表现为被代理人签发"代理证书""授权委托书"等,也可以表现为委托代理合同中的授权条款。

对独立于委托代理合同的授权文书,由被代理人一方签章即可,代理人是否签章,不影响授权的效力。

2.默示方式

代理权的授予也可以是默示方式,如甲商业公司雇佣李某作售货员,李某在出售商品时,可依据事实推知其被授予代理权。

二、狭义的无权代理

(一)狭义无权代理的概念

行为人没有代理权,而以被代理人名义实施,旨在将效果归于被代理人的代理。

(二)狭义无权代理的类型

狭义无权代理分为行为人没有代理权、超越代理权或者代理权终止后仍然实施代理行为三种情形。

狭义无权代理未经被代理人追认的,对被代理人不发生效力。

(三)狭义无权代理被代理人和相对人的相关权利

1.被代理人的追认权

无权代理的事项并非一概对被代理人(本人)不利。若被代理人认为对其不利,可拒绝追认;若被代理人认为对其有利,可予以追认,追认后,不得撤销(含善意相对人)。

2.相对人的催告及善意相对人的撤销权

(1)相对人的催告。善意相对人和非善意相对人都可以向被代理人发催告通知,被代理人答复的法定期限是收到通知之日起1个月。

(2)善意相对人的撤销权。善意,指不知情。善意相对人包括无过失的善意相对人和有过失的善意相对人,二者都有撤销权。作反对解释,恶意相对人无撤销权。

善意相对人的撤销权,发生在代理人实施的行为被追认和拒绝追认之前。

(四)狭义无权代理的效果

(1)被代理实施的法律行为效力待定。

(2)未被追认时,无权代理人的责任:善意相对人有权请求行为人履行债务或者就其受到的损害请求行为人赔偿,但是赔偿的范围不得超过被代理人追认时相对人所能获得的利益。

(3)非善意相对人的责任:对无权代理造成的非善意相对人(恶意相对人)的损失,应适用过错相抵的规则。对相对人的损失,被代理人并不承担责任。

三、表见代理

（一）表见代理的概念

表见代理是指由于被代理人的行为，使无权代理人的代理行为具有足以使善意相对人相信的代理权的外观而须由被代理人负授权之责的代理。表见代理人是无权代理人。

表见代理与狭义无权代理的区别：

(1)表见代理，无权代理人具有代理权的外观；狭义无权代理，无权代理人不具有代理权的外观。

(2)表见代理的相对人是善意的相对人；狭义无权代理的相对人，可以是非善意的相对人，也可以是善意的相对人，但两者善意的内容并不相同。法律对表见代理相对人的善意要求较高，须是不知且无过失；狭义无权代理的善意相对人，面对没有权利外观的无权代理人而不能识别的，应认定为有过失。

(3)表见代理中的民事法律行为，如无其他违法事由，是有效的；狭义无权代理中的民事法律行为则效力待定。

(4)制度价值不同：狭义无权代理主要是保护被代理人（本人）的利益；而表见代理则主要保护善意第三人的利益，这种保护实际上是保护交易安全。

（二）表见代理的法律要件

(1)代理人没有代理权。

(2)无权代理人具有代理权的外观。如无权代理人持有加盖公章的空白合同书、空白授权书、空白介绍信等。

(3)被代理人的行为，致使无权代理人具有代理权的外观。

(4)被代理人的相对人是善意的相对人，其有理由相信代理人有代理权。相对人对代理人有一种法律认可的合理信赖。其善意的构成是：不知情且无过失。

(5)相对人与无权代理人实施了法律行为。

（三）表见代理的效果

表见代理对于被代理人来说，产生与有权代理相同的后果。如果没有其他违法事由，表见代理中的法律行为有效。被代理人承担表见代理行为所产生的债务或责任后，可以向无权代理人追偿因代理行为而遭受的损失。

第五节 代理终止

一、委托代理的终止

（一）委托代理终止的原因

有下列情形之一的，委托代理终止：

(1)代理期间届满或者代理事务完成。

(2)被代理人取消委托或者代理人辞去委托。

(3)代理人丧失民事行为能力。

(4)代理人或者被代理人死亡。

(5)作为代理人或者被代理人的法人、非法人组织终止。

（二）被代理人死亡后代理有效的情形

被代理人死亡后，有下列情形之一的，委托代理人实施的代理行为有效：

(1)代理人不知道并且不应当知道被代理人死亡。

(2)被代理人的继承人予以承认。

(3)授权中明确代理权在代理事务完成时终止。

(4)被代理人死亡前已经实施，为了被代理人的继承人的利益继续代理。

作为被代理人的法人、非法人组织终止的，参照适用上述情形。

二、法定代理终止的原因

有下列情形之一的，法定代理终止：

(1)被代理人取得或者恢复完全民事

行为能力。
(2)代理人丧失民事行为能力。
(3)代理人或者被代理人死亡。
(4)法律规定的其他情形。
出现法定代理终止的原因(事由)时,法定代理自动终止。

第六章　诉讼时效与期间

第一节　诉讼时效

一、诉讼时效概述

(一)诉讼时效的概念

诉讼时效是指权利人在法定期间内不向人民法院或仲裁机关请求保护民事财产权利,就丧失胜诉权的法律制度。

诉讼时效是一种法律后果,诉讼时效期间届满后,当事人丧失的是胜诉权,而不是起诉权。

(二)诉讼时效的特征

(1)诉讼时效是一种法律事实。

(2)诉讼时效完成,并不消灭实体权利,只是消灭胜诉权。

(3)诉讼时效属于强行性规定。

(4)诉讼时效是一种可变期间,"变"的原因包括中止、中断和20年最长诉讼时效的延长。

(5)诉讼时效是对请求权的限制。撤销权、解除权等形成权,不受诉讼时效的限制,但受除斥期间的限制。

(三)诉讼时效与除斥期间

除斥期间是权利预定存续的期间,因而又称为预定期间。司法解释用的术语是"不变期间"。所谓"不变",即不能中止、中断和延长。

法律规定或者当事人约定的撤销权、解除权等权利的存续期间,除法律另有规定外,自权利人知道或者应当知道权利产生之日起计算,不适用有关诉讼时效中止、中断和延长的规定。存续期间届满,撤销权、解除权等权利消灭。

经过除斥期间,导致下列权利消灭:撤销权、解除权、追认权、提存财产受领权、其他权利。

二、诉讼时效的法律要件和法律效果

(一)诉讼时效的法律要件

1.须有请求权存在

下列请求权不适用诉讼时效的规定:

(1)请求停止侵害、排除妨碍、消除危险。

(2)不动产物权和登记的动产物权的权利人请求返还财产。

(3)请求支付抚养费、赡养费或者扶养费。

(4)依法不适用诉讼时效的其他请求权。

债权请求权原则上受诉讼时效的限制,如合同履行请求权、债务不履行损害赔偿请求权、不当得利返还请求权、侵权行为损害赔偿请求权等均受诉讼时效的限制。

2.须有怠于行使权利的事实

权利人怠于行使权利,经过一定的期间,又没有其他事由致使诉讼时效中断或中止,则诉讼时效产生消灭胜诉权的法律效果。

3. 怠于行使权利的事实持续存在，致使诉讼时效期间届满

诉讼时效期间届满，权利人的胜诉权自动消灭。有时效中断、中止的事实除外。

(二)诉讼时效的法律效果

1. 超过诉讼时效，义务人可以行使诉讼时效抗辩权

诉讼时效期间届满的，义务人可以提出不履行义务的抗辩。权利人超过诉讼时效起诉，法院应当受理，若义务人（被告）主张诉讼时效已超过的抗辩，权利人（原告）的胜诉权消灭。

人民法院不得主动适用诉讼时效的规定。

抗辩可由保证人代位进行。

2. 诉讼时效期间届满，实体权利（权利本身）不消灭，义务人可自愿放弃时效利益

诉讼时效期间届满后，义务人同意履行的，不得以诉讼时效期间届满为由抗辩；义务人已自愿履行的，不得请求返还。

三、普通诉讼时效期间

向人民法院请求保护民事权利的诉讼时效期间为3年。法律另有规定的，依照其规定。

(1)《民法总则》施行之日，诉讼时效期间尚未满《民法通则》规定的2年或者1年，当事人主张适用《民法总则》关于3年诉讼时效期间规定的，人民法院应予支持。

(2)《民法总则》施行前，《民法通则》规定的2年或者1年诉讼时效期间已经届满，当事人主张适用《民法总则》关于3年诉讼时效期间规定的，人民法院不予支持。

四、诉讼时效期间的起算

(一)诉讼时效期间起算的基本标准及最长诉讼时效

1. 诉讼时效期间起算的基本标准

诉讼时效期间起算的基本标准是主观标准（知道或者应当知道）。权利人"知道或者应当知道"：一是知道权利受到损害，二是知道义务人是谁。

2. 最长权利保护期间（最长诉讼时效）

诉讼时效受20年期间的限制，20年是最长权利保护期间（最长诉讼时效），普通诉讼时效和特殊诉讼时效的起算及中止、中断，都要在20年之内。

中止、中断、延长是不同的三种法现象，该20年不能中止、中断，但可以延长。延长须存在"特殊情况"，并由权利人向法院提出申请，法院酌情决定是否予以延长。

该20年的起算标准是客观标准，从权利受到损害之日起计算。延长，须当事人提出请求，法院不能主动延长。

(二)诉讼时效期间起算的具体规定

(1)当事人约定同一债务分期履行的，诉讼时效期间自最后一期履行期限届满之日起计算。

(2)无民事行为能力人或者限制民事行为能力人对其法定代理人的请求权的诉讼时效期间，自该法定代理终止之日起计算。

(3)未成年人遭受性侵害的损害赔偿请求权的诉讼时效期间，自受害人年满18周岁之日起计算。

(4)人身损害赔偿的诉讼时效期间，伤害明显的，从受伤害之日起算；伤害当时未曾发现，后经检查确诊并能证明是由侵害引起的，从伤势确诊之日起算。

(5)未约定履行期限的合同，依照《合同法》第61、62条的规定，可以确定履行期限的，诉讼时效期间从履行期限届满之日起计算；不能确定履行期限的，诉讼时效期间从债权人要求债务人履行义务的宽限期届满之日起计算，但债务人在债权人第一次向其主张权利之时明确表示不履行义务的，诉讼时效期间从债务人明确表示不履行义务之日起计算。

(6)合同被撤销，返还财产、赔偿损失

请求权的诉讼时效期间从合同被撤销之日起计算。

（7）返还不当得利请求权的诉讼时效期间，从当事人一方知道或者应当知道不当得利事实及对方当事人之日起计算。

（8）管理人因无因管理行为产生的给付必要管理费用、赔偿损失请求权的诉讼时效期间，从无因管理行为结束并且管理人知道或者应当知道本人之日起计算。本人因不当无因管理行为产生的赔偿损失请求权的诉讼时效期间，从其知道或者应当知道管理人及损害事实之日起计算。

五、诉讼时效的中止、中断

（一）诉讼时效的中止

在诉讼时效期间的最后6个月内，因下列障碍，不能行使请求权的，诉讼时效中止：

（1）不可抗力。

（2）无民事行为能力人或者限制民事行为能力人没有法定代理人，或者法定代理人死亡、丧失民事行为能力、丧失代理权。

（3）继承开始后未确定继承人或者遗产管理人。

（4）权利人被义务人或者其他人控制。

（5）其他导致权利人不能行使请求权的障碍。

自中止时效的原因消除之日起满6个月，诉讼时效期间届满。

《民法总则》施行之日，中止时效的原因尚未消除的，应当适用《民法总则》关于诉讼时效中止的规定。

（二）诉讼时效的中断

1.诉讼时效中断的效果

诉讼时效中断，是指在诉讼时效进行过程中，由于法定事由（原因）出现，致使以前经过的时间无效，诉讼时效重新计算的制度。

诉讼时效中断没有次数的限制。

2.诉讼时效中断的事由（原因）

（1）权利人向义务人提出履行请求。

（2）义务人同意履行义务。

（3）权利人提起诉讼或者申请仲裁。

（4）与提起诉讼或者申请仲裁具有同等效力的其他情形。

引起诉讼时效中断的特殊情况包括以下几个方面：

①对于连带债权人中的一人发生诉讼时效中断效力的事由，应当认定对其他连带债权人也发生诉讼时效中断的效力。对于连带债务人中的一人发生诉讼时效中断效力的事由，应当认定对其他连带债务人也发生诉讼时效中断的效力。连带之债，择一中断；按份之债，不能择一中断。

②债权人提起代位权诉讼的，应当认定对债权人的债权和债务人的债权均发生诉讼时效中断的效力。一个起诉，引起债权人对债务人，债务人对次债务人两个诉讼时效的中断。

③债权转让的，应当认定诉讼时效从债权转让通知到达债务人之日起中断。债务承担情形下构成原债务人对债务承认的，应当认定诉讼时效从债务承担意思表示到达债权人之日起中断。

3.诉讼时效中断与中止的区别

（1）原因（事由）不同：诉讼时效中断，是权利人主张权利，义务人表示履行义务以及权利人提起诉讼或者仲裁；诉讼时效中止，是因不可抗力或其他客观障碍致使当事人不能行使权利，中止的原因可以称为客观原因。

（2）发生的时间段不同：诉讼时效中断可以发生在诉讼时效进行中的任何时间；而诉讼时效中止只能发生在诉讼时效的最后6个月。

（3）法律后果不同。诉讼时效中断是"重新计算"，是"归零"；而诉讼时效中止是暂时停止时效的进行，障碍消除后，补

6个月。

第二节 期间

一、期间的含义

期限是民事权利义务发生、变更或者消灭的时间,可分为期日和期间。

期日,是不可分的时间,如某时、某日、某月、某年,是时间点。

期间,是由一时间点(期日)至另一时间点(期日)经过的时间长度,是时间段。

二、期间的效力

期间的效力指其效果,即期限使法律关系发生、变更和消灭的效果。

(一)期限决定民事主体的行为能力

如自然人的完全行为能力一般自18周岁时始(有的人在满18周岁时,因精神疾患,可能未获得行为能力)。

(二)期间决定民事权利取得、丧失及变更

如附期限的合同,获得利益的一方在期限届至时,从期待权转为既得权;再如,发明专利权经过20年(从申请之日起开始计算)消灭。

(三)期间决定民事义务的承担

如张某在未成年以前,其父对其有抚养义务。

三、期间的计算

(一)期间的计算方法

期间的两端,是始期和终期两个时间点。始期,是计算期间开始的时间点。终期,是计算期间完结的时间点。

1. 自然计算法和历法计算法

(1)自然计算法,是按实际经过的期间精确计算的方法。如当事人约定:"自本日8时起,24小时内还清所欠款项。"

(2)历法计算法,是按日历所定之日、星期、月、年进行计算的方法。

2. 法定计算法和约定计算法

诉讼时效的计算方法就是法定的计算方法。

期间的计算方法允许当事人约定,但法律禁止约定的除外。

(二)期间的起算、对应日与期间届满

1. 期间的起算

按照年、月、日计算期间的,开始的当日不计入,自下一日开始计算。按照小时计算期间的,自法律规定或者当事人约定的时间开始计算。

2. 期间的对应日

按照年、月计算期间的,到期月的对应日为期间的最后一日;没有对应日的,月末日为期间的最后一日。

"对应日",对应的是法律事实发生的当日。如果没有对应日,则采用简化的方法处理,以月末日为期间的最后一日。

3. 期间的届满

期间的最后一日是法定休假日的,以法定休假日结束的次日为期间的最后一日。期间的最后一日的截止时间为24时;有业务时间的,停止业务活动的时间为截止时间。

第七章 物权概述

第一节 物权的概念和效力

一、物权概念和特征

物权,指权利人对特定的物享有直接支配和排他的权利,包括所有权、用益物权和担保物权。

物权具有以下特征:
(1)物权是财产权。
(2)物权以特定的物和法定的权利为客体。
(3)物权是对物的直接支配权。
(4)物权是绝对权。

二、物权的效力

(一)排他效力

排他效力是指一个有体物,只有一个所有权。

物权实行"一物一权主义"(一物一个所有权,建筑物区分所有权为例外),如主物与从物是两个有体物,是两个所有权。所有权与他物权可以并存于一物上,如甲将自己的房屋抵押给乙,所有权与抵押权可以并存。

(二)优先效力

优先效力是指针对同一标的物有两项以上发生冲突的权利并存时,先发生的物权优于后发生的物权,以及物权的效力优于债权的效力。

(三)追及效力

这是指物权的客体(特定的物)在被转手之后,物权人得追及物之所在行使自己的权利。罗马法说,"物在呼叫主人",这是形容追及效力的。

第二节 物权的变动

一、物权变动的概念

物权变动指物权的取得(包括设立、受让)、变更、转让和消灭。

二、物权变动的原则

(一)公示原则

不动产物权的设立、变更、转让和消灭,应当依照法律规定登记;动产物权的设立和转让,应当依照法律规定交付。

这里的"登记"和"交付",是动态的公示方式。

不能满足法定的公示要件时,不能发生物权的变动。

(二)公信原则

物权发生、变动经公示的,即使标的物的出让人没有物权,善意受让人基于对公示的信赖,仍能取得物权。

不动产的登记具有公信力,动产的占有具有公信力。

(三)物权变动与其原因行为的区分:区分原则

当事人之间订立有关设立、变更、转让和消灭不动产物权的合同,除法律另有规定或者合同另有约定外,自合同成立时生效;未办理物权登记的,不影响合同效力。

三、物权的变动原因

（一）物权的取得

物权取得的原因有买卖、互易、赠与、遗赠等法律行为；法律行为之外的法律事实如添附、继承、先占等也导致物权的取得。

物权取得分为原始取得和继受取得。

（二）他物权的设立和自物权的设立

他物权的设立，指权利人就其权利标的物为他人创设所有权以外的物权（创设他物权）；自物权可以通过事实行为设立。

（三）物权的变更

常见的物权变更如用益物权用途的变更、使用期限的变更。

变更不动产物权的，应当登记，法律另有规定的除外。

（四）物权的消灭

就引起物权变动的法律处分来说，一方物权的取得，就是另一方物权的消灭。

抛弃、混同、法定期间经过、标的物灭失等原因也导致物权的消灭。

自物权并不因期间的经过而消灭，他物权可因期间的经过而消灭。如某公司的建设用地使用权经法定期间而消灭。

四、物权行为

物权行为是指直接引起物权变动的行为。

五、物权变动的公示方式之一：不动产登记

（一）因民事法律行为变动不动产物权，于登记时变动

（1）依法应当登记的物权变动，记载即生效，不是"发证生效"。

（2）因民事法律行为变动不动产物权，与因事实行为、事件、公法行为变动物权不同。

（二）更正登记、异议登记

（1）申请人在异议登记之日起15日内不起诉的，异议登记失效。异议登记不当，造成权利人损害的，权利人可以向申请人请求损害赔偿。

①更正登记、异议登记包括房屋和其他不动产。申请更正登记的，一类是权利人，另一类是利害关系人，也就是不动产登记簿记载的人。

②更正登记，一是权利人书面同意或书面申请；二是有证据证明登记确有错误，二者有其一即可。

③异议登记是一种临时登记。申请人在异议登记之日起15日内不起诉的，异议登记失效。

（2）异议登记失效不影响人民法院对案件的实体审理。

（三）预告登记

预告登记后，未经预告登记的权利人同意处分该不动产的，不发生物权效力。

预告登记后，债权消灭或者自能够进行不动产登记之日起3个月内未申请登记的，预告登记失效。

（1）预告登记是为了将来取得不动产物权的债权请求权的登记，使债权请求权产生了对世的效力，相当于物权的效力。未经登记的请求权只有债权的效力。

（2）预告登记是为了限制出卖人或者出让人的处分权。

（3）预告登记具有临时性，因一定法律事实的发生而自动失效。

（四）物权变动的诉讼

行政诉讼可以附带民事诉讼，民事诉讼不能附带行政诉讼。

六、物权变动的公示方式之二：动产交付

（一）动产交付的含义

转移占有、交付占有，是动产的交付。

(二)动产交付的法律效果

动产物权的设立和转让,自交付时发生效力,但法律另有规定的除外。此处的"设立"特指质权的设立。

(三)交付的分类

交付分为现实交付和观念交付。

观念交付又可以分为简易交付、占有改定和指示交付。观念交付只适用于动产,不适用于不动产。

1. 简易交付

合同在订立前买受人已实际占有标的物时,自合同生效之日起即为交付。

2. 指示交付

指示交付是间接占有的转移。标的物由双方以外的第三人实际占有时,转让人将对第三人的返还请求权让与受让人。

3. 占有改定

一种标的物不实际过手的所有权移转方式。

由双方当事人约定,标的物的所有权转移给受让人,但标的物继续由出让人实际占有,受让人取得标的物的间接占有。

七、物权变动的其他原因(非因民事法律行为引起的物权变动)

(一)物权变动的其他原因

1. 因公法行为引起的物权变动

因人民法院、仲裁委员会的法律文书,人民政府的征收决定等,导致物权设立、变更、转让或者消灭的,自法律文书生效或者人民政府的征收决定等行为生效时发生效力。

2. 因继承、受遗赠引起的物权变动

人之死亡(事件)可引起财产的继承、遗赠,因继承或者受遗赠取得物权的,自继承或者受遗赠开始时发生效力。

3. 因事实行为引起的物权变动

如合法建造、拆除房屋等事实行为。

(二)未取得登记的不动产物权的处分

因公法行为、继承、受遗赠和事实行为享有不动产物权的,处分该不动产物权时,依照法律规定需要办理登记的,未经登记,处分行为不发生物权变动的效力。

第三节 物权的保护

物权的保护方法有以下几种:

一、确认物权

因物权的归属和内容发生争议的,利害关系人可以请求确认权利。确认物权,不受诉讼时效的限制。

二、物上请求权

(一)返还请求权

无权占有不动产或者动产的,权利人可以请求返还原物。

(二)排除妨碍请求权和妨碍防止请求权(消除危险请求权)

妨害物权或者可能妨害物权的,权利人可以请求排除妨害或者消除危险。

消除危险请求权不受诉讼时效的限制,因为侵权行为在持续中。

三、修理、重作、更换、恢复原状

造成不动产或者动产毁损的,权利人可以请求修理、重作、更换或者恢复原状。该权利为债权请求权。

四、赔偿损失

侵害物权,造成权利人损害的,权利人可以请求损害赔偿,也可以请求承担其他民事责任。该方法成立侵权之债,受诉讼时效的限制。

物权的保护方式可以单独适用,也可以根据权利被侵害的情形合并适用。

第八章 所有权

第一节 所有权概述

一、所有权的概念和特征

（一）所有权的概念

所有权是指所有权人对自己的不动产或者动产，依照法律规定享有占有、使用、收益和处分并排除他人干涉的权利。

所有权是最典型的物权，是物权制度的核心和基础。

（二）所有权的特征

（1）所有权是完全物权。

（2）所有权是唯一的自物权。

（3）所有权有四项积极权能：占有、使用、收益和处分。

（4）所有权具有永久性，不因时间的延续被消灭。

（5）所有权具有弹力性，所有权因其标的物上设定他物权而受限制，但此项限制一经除去，所有权即可恢复圆满状态。

二、所有权的内容

所有权的内容包括：

①占有；②使用；③收益；④处分，包括法律处分和事实处分。

第二节 国家所有权、集体所有权、私人所有权与其他所有权

一、国家所有权

（1）国家所有即全民所有。国有财产由国务院代表国家行使所有权；法律另有规定的，依规定。

（2）矿藏、水流、海域属于国家所有。这是国家专有的资源性财产。水流，不同于水库的水。水库的水可能属于个人或者集体所有。

（3）城市的土地，属于国家所有。法律规定属于国家所有的农村和城市郊区的土地，属于国家所有。

（4）森林、山岭、草原、荒地、滩涂等自然资源，属于国家所有，但法律规定属于集体所有的除外。

（5）法律规定属于国家所有的野生动植物资源，属于国家所有。

（6）无线电频谱资源属于国家所有。

（7）法律规定属于国家所有的文物，属于国家所有。如法律规定地下文物专属于国家所有。

（8）国防资产属于国家所有。铁路、公路、电力设施、电信设施和油气管道等基础设施，依照法律规定为国家所有的，属于国家所有。

（9）国家机关对其直接支配的不动产或者动产，享有占有、使用以及依照法律和国务院的有关规定处分的权利（没有所有权、收益权）。

（10）国家举办的事业单位对其直接支配的不动产或者动产，享有占有、使用以及依照法律和国务院的有关规定收益、处分的权利（不是所有权）

二、集体所有权

（一）关于集体财产归属

（1）农民集体所有的不动产和动产，

属于本集体的成员集体所有。

(2)城镇集体所有的不动产和动产,依照法律、行政法规的规定由本集体享有占有、使用、收益和处分的权利。

(二)关于撤销权

集体经济组织、村民委员或者其负责人作出的决定侵害集体成员合法权益的,受侵害的集体成员可以请求人民法院予以撤销。

成员个人有撤销权。

三、私人所有权

私人(自然人)依法享有不动产和动产所有权和其他财产权。

个人独资企业(无法人资格)、个体工商户、农村土地承包经营户、个人合伙的财产所有权均属私人所有权。

四、法人所有权

法人可以是所有权的主体,但国有"单位"除外。

第三节 业主的建筑物区分所有权

一、业主的建筑物区分所有权的概念

业主的建筑物区分所有权是指业主对建筑物内的住宅、经营性用房等专有部分享有所有权,对专有部分以外的共有部分享有共有和共同管理的权利。

业主的建筑物区分所有权包括三个方面的权利:专有所有权(对专有部分)、共有权(对共有部分)和共同管理权。

业主包含两类:一是已经入住、占有专有部分,但尚未取得所有权登记的买受人;二是区分所有权人(已经取得了所有权登记的业主)。两类业主都享有管理权。

二、业主的建筑物区分所有权的内容

(一)专有部分的认定

专有部分包含以下含义:

(1)具有构造上的独立性,能够明确区分。

(2)具有利用上的独立性,可以排他使用。

(3)能够登记成为特定业主所有权的客体。

每套房屋视为"一物"。

(二)共有部分的认定

共有部分包括:

(1)道路(有例外);绿地(有例外);物业服务用房。

(2)建筑区划内,规划用于停放汽车的车位、车库应当首先满足业主的需要。建筑区划内,规划用于停放汽车的车位、车库的归属,由当事人通过出售、出租或者附赠等方式约定。当事人没有约定的,不归业主。

(3)占用业主共有的道路或者其他场地用于停放汽车的车位,属于业主共有。

(4)建筑物及其附属物共同部分(电梯、走道、屋顶、公用卫生间、蓄水池、下水道等)为共有。

(三)专有及共有权利的行使

(1)权利不得滥用。如业主在装修的时候,不得破坏承重墙等。

(2)共有部分,权利和义务并存,如共有人不能以放弃共有权的方式不承担楼上水池维修养护费;同时,与"专有"并存,专有权转移则共有权一同转移。

(四)业主的管理权

(1)下列事项由业主依法共同决定:①制定和修改业主会议议事规则;②制定和修改建筑物及其附属设施的管理规约;③选举和更换业主委员会;④选聘和解聘物业服务企业或者其他管理人;⑤筹集和使用建筑物及其附属设施的维修基金;⑥改建、重建建筑物及其附属设施;⑦有关共有和共同管理权利的其他重大事项。

决定上述第五项和第六项规定的事项,应当经专有部分占建筑物总面积2/3以上的业主且占总人数2/3以上的业主同意(双2/3)。决定上述其他事项,应当经专有部分占建筑物总面积过半数的业主且占总人数过半数的业主同意(双过半)。

(2)业主不得违反法律、法规以及管理规约,将住宅改变为经营性用房。业主将住宅改变为经营性用房的,除遵守法律、法规和管理规约外,应当经有利害关系的业主同意。

(3)业主大会或者业主委员会的决定,对业主具有约束力,该决定侵害业主合法权益的,受侵害的业主可以请求人民法院予以撤销。

(五)维修基金及有关费用、收益

建筑物及其附属设施的维修资金,属于业主共有,业主有知情权。

建筑物共有部分及其附属设施的费用分摊、收益分配等事项,有约定的,按照约定;没有约定或者约定不明确的,按照业主专有部分占建筑物总面积的比例确定。

三、物业服务合同

对建设单位聘请的物业服务企业或者其他管理人,业主依法有权更换。

建设单位依法与物业服务企业签订的前期物业服务合同,以及业主委员会与业主大会依法选聘的物业服务企业签订的物业服务合同,对业主具有约束力。

第四节 相邻关系

一、相邻关系概述

(一)相邻关系的概念

相邻关系是指两个或者两个以上相邻的不动产所有人或占有人,对各自所有或者占有的土地、房屋、道路、水源、沟渠、管道等不动产在使用、收益时,相互之间因应当给予便利或者应当接受限制而发生的权利义务关系。

(二)相邻关系的特征

(1)相邻关系是民事主体之间的法律关系,发生在两个或者两个以上的不动产相邻(不动产接壤或在利用上有直接关系)的所有人或者占有人之间。

(2)相邻关系是自己权利的扩展,是对他人权利的限制。

(三)相邻权与地役权的区别

(1)相邻权是不动产所有权(自物权)的扩张;地役权是对他人不动产的利用权,是他物权中的用益物权。

(2)相邻权法定;地役权约定。

(3)相邻权为无偿取得;地役权多为有偿设立。

(4)相邻权无登记;地役权不登记的不能对抗善意第三人。

(四)处理相邻关系的依据

法律、法规对处理相邻关系有规定的,依照其规定;法律、法规没有规定的,可以按照当地习惯。

二、几种主要的相邻关系

(一)相邻流水、用水

不动产权利人对自然流水的利用,应当在不动产的相邻权利人之间合理分配;对自然流水的排放,应当尊重自然流向。

(二)邻地通行、使用

不动产权利人对相邻权利人因通行等必须利用该土地的,应当提供必要的便利。

(三)相邻管线设置

不动产权利人因建造、修缮建筑物以及铺设电线、电缆、水管、暖气和燃气管线等必须利用相邻土地、建筑物的,该土地、建筑物的权利人应当提供必要的便利。

(四)相邻通风、采光

通风、采光、日照相邻权,依照国家有

关工程建设标准。

（五）防止污染

不动产权利人不得违反国家规定排放大气污染物、水污染物、固体废物以及施放噪声、光、磁波辐射等有害物质。

（六）安全相邻

不动产权利人挖掘土地、建造建筑物、铺设管线以及安装设备等，不得危及相邻不动产的安全。

三、赔偿责任

赔偿责任又叫最低损害原则，是指不动产权利人因用水、排水、通行、铺设管线等利用相邻不动产的，应当尽量避免对相邻的不动产权利人造成损害；造成损害的，应当给予赔偿。

第五节　所有权的特别取得方法

一、善意取得

（一）含义

受让人不知道让与人为无权转让而取得标的物的所有权，受让人是善意（不知情且无重大过失）的。

善意取得的制度价值，在于保护交易安全和善意受让人的利益。

（二）一般规定

1. 物权法的规定

无处分权人将不动产或者动产转让给受让人的，所有权人有权追回；除法律另有规定外，符合下列情形的，受让人取得该不动产或者动产的所有权：

（1）受让人受让该财产时是善意的。

（2）以合理的价格有偿转让。

（3）转让的财产依照法律规定应当登记的已经登记，不需要登记的已经交付给受让人。

上述无处分权人主要是指出卖人，也包括出质人、抵押人、被留置人。

2. 司法解释的规定

（1）善意要具备两个要件：一是不知情，二是无重大过失。

真实权利人主张受让人不构成善意的，应当承担证明责任。

（2）具有下列情形之一的，应当认定不动产受让人知道转让人无处分权：登记簿上存在有效的异议登记；预告登记有效期内，未经预告登记的权利人同意；登记簿上已经记载司法机关或者行政机关依法裁定、决定查封或者以其他形式限制不动产权利的有关事项；受让人知道登记簿上记载的权利主体错误；受让人知道他人已经依法享有不动产物权。

（3）受让人受让动产时，交易的对象、场所或者时机等不符合交易习惯的，应当认定受让人具有重大过失。

（4）不动产物权转移登记、动产交付时，受让人应为善意；简易交付、指示交付在法律行为生效时，受让人应为善意。

（5）转让人将船舶、航空器和机动车等交付给受让人的，应符合善意取得的条件。

机动交通运输工具是动产。动产善意取得，须交付。交付后尽管没有办理登记，受让人仍可善意取得。

（6）违反《合同法》第52条规定被认定无效的，转让合同因受让人存在欺诈、胁迫或者乘人之危等法定事由被撤销的，受让人主张取得所有权的，不予支持。

（三）善意取得的效果

（1）买受人善意取得后，原物所有权人对善意受让人没有形成相对法律关系，既没有物权请求权，也没有债权请求权。

（2）善意取得是终局取得。原物所有人、无权处分人不得以不当得利等理由请求返还。

（四）对遗失物的特殊规定

（1）权利人（所有权人、租借人、保管

人等)对受让人有遗失物返还请求权。返还请求权受 2 年除斥期间的限制。权利人向无处分权人请求损害赔偿的,不受 2 年除斥期间的限制,受 3 年诉讼时效的限制。

(2)遗失物可以善意取得。但善意取得人不是拾得人,而是受让人。通过拍卖或者向具有经营资格的经营者购得该遗失物,是善意的一种客观表现。

(3)在 2 年内向善意取得的受让人请求返还原物的,应当支付受让人所付的费用。回赎包括价金及有关必要费用。

(五)动产善意取得后的担保权

善意受让人取得动产后,该动产上的原有权利消灭,但善意受让人在受让时知道或者应当知道该权利的除外。

"原有的权利",是第三人的动产抵押权、留置权和质权。

"知道或者应当知道",指以船舶、民用航空器、汽车等动产设定抵押并办理抵押登记的情形。

(六)关于所有权以外的其他权利的善意取得

质权、留置权、抵押权、技术秘密、有限责任公司的股份,可以善意取得。

二、拾得遗失物

(一)含义

他人拾取的遗失物为拾得物、占有物。拾得人有的为无因管理人,有的不为无因管理人。

(二)拾得人的返还等义务

拾得遗失物,应当返还权利人。拾得人应当及时通知权利人领取,或者送交公安等有关部门。遗失物的权利人包括所有权人和其他权利人,比如借用人、承租人、所有权保留的买受人等。

(三)拾得人及有关部门的妥善保管义务

遗失物无因管理的人轻过失免责,侵占遗失物的人轻过失不能免责。

(四)权利人支付费用、报酬的义务

所有权人等权利人领取遗失物时,应当向拾得人或者有关部门支付保管遗失物等支出的必要费用。权利人悬赏寻找遗失物的,领取遗失物时应当按照承诺履行义务。拾得人侵占遗失物的,无权请求保管遗失物等支出的费用,也无权请求权利人按承诺履行义务。

(五)遗失物公告期满后的归属

遗失物自发布招领公告之日起 6 个月内无人认领的,归国家所有。

(六)关于漂流物、埋藏物、隐藏物

拾得漂流物、发现埋藏物或者隐藏物的,参照拾得遗失物的有关规定。文物保护法等法律另有规定的,依照其规定。

三、从物的归属

主物处分的,从物随同处分。在抵押时,从物亦为抵押物。在质押时,未交付的从物不为质物。

四、孳息的归属

(一)天然孳息的归属

天然孳息,由所有权人取得;既有所有权人又有用益物权人的,由用益物权人取得。当事人另有约定的,按照约定。

(二)法定孳息的归属

法定孳息,当事人有约定的,按照约定取得;没有约定或者约定不明确的,按照交易习惯取得。

五、添附

(一)含义

添附是指一物与他物相结合或因加工成为新物,分为附合、混合和(对他人物)加工三种情形。

（二）一般规则

因加工、附合、混合而产生的物的归属，有约定的，按照约定；没有约定或者约定不明确的，依照法律规定；法律没有规定的，按照充分发挥物的效用以及保护无过错的当事人的原则确定。因一方当事人的过错或者确定物的归属给另一方当事人造成损失的，应当给予赔偿。

1. 加工

就他人之材料（动产）进行加工的，加工物归动产所有人，但因加工所增加的物的价值，显然超过材料价值的，加工物的所有权归属于加工人。加工人为恶意的，不得取得加工物的所有权。

2. 附合

附合是指两个或者两个以上不同所有人的物结合在一起而产生新物。附合可以是动产和不动产的结合，也可以是动产和动产的结合。

动产与不动产的附合，指动产因附合而成为他人不动产的重要成分，而且不能分离或者分离不符合经济合理性原则。发生动产与不动产附合的情形，由不动产所有人取得新物的所有权。

动产与他人动产附合的标志，是非经毁损不能分离或者分离不符合经济合理性原则。一般由作为基础的物的所有人取得合成物的所有权。

3. 混合

混合是指不同所有人的动产相融合。混合包括固体与固体的混合、液体与液体的混合以及气体和气体的混合。

对于混合物，如果不能识别，或者识别不符合经济合理性原则的，则属于拥有价值量较高的一方或者共有。

六、先占

（一）含义

先占是指当事人最先占有无主财产的法律事实。以先占取得所有权，是原始取得。

（二）要件

（1）标的物须为动产。

（2）标的物须为无主物，包括野生动植物和抛弃物。当无主物和遗失物不能区分时，推定为无主物。

（3）禁止流通物不得为先占标的物。

（4）须先于他人占有标的物。

（5）须以所有的意思（取得所有权的意思）占有标的物。

（6）先占是事实行为，无行民事为能力人和限制民事行为能力人也可以依先占取得所有权。

第九章　共有

第一节　共有的概念和特征

一、共有的概念

共有是指数人对同一动产或者不动产共同享有一个所有权。共有是所有权形式的特殊形态。

二、共有的特征

共有具有下列特征：

（1）共有的权利主体，是二人以上。

（2）共有的内容，是各共有人对共有的同一财产共享权利、共担义务。

（3）共有的客体是"一物"。

(4)每一共有人行使权利,要受其他共有人的制约。

三、准共有的含义

所有权以外的财产权的共有,法理上称为准共有。

如两个以上单位、个人共同享有用益物权、担保物权的,是对用益物权、担保物权的准共有。

四、共有物的管理和分割

(一)共有物的管理

共有人按照约定管理共有的不动产或者动产;没有约定或者约定不明确的,各共有人都有管理的权利和义务。

对共有物的管理费用以及其他负担,有约定的,按照约定;没有约定或者约定不明确的,按份共有人按照其份额负担,共同共有人共同负担。

(二)共有物的分割

(1)共有物的分割指共有关系终止时,依照共有人的协议或法律的规定将共有财产分割给当事人各自所有的行为。即使是共同共有,在分割时,也要"按份"进行分割。

(2)共有人约定不得分割共有的不动产或者动产,以维持共有关系的,应当按照约定,但共有人有重大理由需要分割的,可以请求分割;没有约定或者约定不明确的,按份共有人可以随时请求分割;共同共有人在共有的基础丧失或者有重大理由需要分割时可以请求分割。因分割对其他共有人造成损害的,应当给予赔偿。

(3)共有人可以通过协商确定分割方式。达不成协议,共有的不动产或者动产可以分割并且不会因分割减损价值的,应当对实物予以分割;难以分割或者因分割会减损价值的,应当对折价或者拍卖、变卖等取得的价款予以分割。共有人分割所得的不动产或者动产有瑕疵的,其他共有人应当分担损失。

五、处分行为、改良行为和保存行为

处分行为:按份共有——绝对多数;共同共有——一致同意。

改良行为:按份共有——绝对多数;共同共有——一致同意。

保存行为:任一共有人可独自为之。

六、连带债权与连带债务

(一)共有人对于第三人的权利

共有人之一,可以就共有物的全部对第三人行使权利;也可以就份额向第三人行使权利(如份额转让给第三人,向第三人要求支付款项)。

(二)共有人对于第三人的义务

对于第三人的义务,可以是按份额承担义务,如按份共有人以份额提供担保;也可以是因共有物而产生连带责任,如因共有物致人损害。

第二节 按份共有

一、按份共有的概念

按份共有是指数人对同一财产按各自确定的份额共同享有所有权的共有形态。

按份共有人对共有的不动产或者动产享有的份额,没有约定或者约定不明确的,按照出资额确定;不能确定出资额的,视为等额共有。

二、按份共有的内部关系

(一)共有物的占有、使用、收益

占有:对共有物的占有,无法直接按份额进行。

使用:使用的时间,可以按照比例轮流使用。

收益:应当按照份额的比例。

（二）共有人对自己所享有份额的处分

按份共有人可以转让其享有的共有的不动产或者动产份额。其他共有人在同等条件下享有优先购买的权利。

（1）共有份额的权利主体因继承、遗赠等原因发生变化时，其他按份共有人主张优先购买的，不予支持，但按份共有人之间另有约定的除外。

（2）同等条件应当综合共有份额的转让价格、价款履行方式及期限等因素确定。同等条件，不等于价格同等。

（3）优先购买权的行使期间，按份共有人之间有约定的，按照约定处理；没有约定或者约定不明的，按照下列情形确定：

①转让人向其他按份共有人发出的包含同等条件内容的通知中载明行使期间的，以该期间为准；

②通知中未载明行使期间，或者载明的期间短于通知送达之日起15日的，为15日；

③转让人未通知的，为其他按份共有人知道或者应当知道最终确定的同等条件之日起15日；

④转让人未通知，且无法确定其他按份共有人知道或者应当知道最终确定的同等条件的，为共有份额权属转移之日起6个月。

（4）按份共有人之间转让共有份额，其他按份共有人主张根据《物权法》第101条的规定优先购买的，不予支持，但按份共有人之间另有约定的除外。

（5）两个以上按份共有人主张优先购买且协商不成时，请求按照转让时各自份额比例行使优先购买权的，应予支持。

（三）共有人之间的物上请求权

共有人相互之间，也可以行使物上请求权。

第三节　共同共有

一、共同共有的概念

共同共有是指两个以上的权利主体，对同一财产不分份额地共同享有同一所有权。

二、共同共有的特征

共同共有具有以下特征：
(1)权利及于全物。
(2)不以份额对外发生法律关系。
(3)在财产共同共有的基础关系存续期间，不得分割共有物或对共有物中的任何部分进行让与或者设定负担。

三、共同共有的内外部关系

（一）内部关系

（1）共有人没有对共有财产划分份额，但解散共同关系时，可以划分份额。

（2）共有人对共有物的管理费用可以约定，但是不能对抗第三人。

（二）外部关系

对共有物的处分，应当得到全体共有人的同意。共同共有人因共有财产对外发生财产责任的，共有人为连带责任。

四、共同共有的类型

共同共有包括以下类型：
(1)夫妻共有财产。
(2)家庭共有财产。
(3)共同继承的财产。
(4)个人合伙积累的财产。
(5)其他共有财产。最高人民法院《关于适用〈中华人民共和国婚姻法〉若干问题的解释（一）》第15条规定:"被宣告无效或被撤销的婚姻，当事人同居期间所得的财产，按共同共有处理。但有证据证明为当事人一方所有的除外。"

第十章 用益物权

第一节 用益物权概述

一、用益物权的概念

用益物权是指对他人所有的不动产或者动产享有占有、使用、收益的权利。

二、用益物权的特征

用益物权具有下列特征：
(1) 他物权，即对他人不动产的用益物权。
(2) 限制物权（定限物权），对所有权有一定的限制。
(3) 期限物权。
(4) 一般以占有为前提。
(5) 以使用、收益为内容。

第二节 土地承包经营权

一、土地承包经营权的概念

土地承包经营权是指农村集体经济组织成员及其他民事主体对国家或者集体所有的土地，依照承包合同的规定而享有的占有、使用、收益和依法处分的权利。

二、土地承包经营权的特征

土地承包经营权具有下列特征：
(1) 他物权，不以登记作为物权变动的要件。
(2) 有期限的物权。
(3) 土地承包经营权人主要是农村集体经济组织成员。

其他方式的承包（家庭承包以外的承包），承包人可以是本集体经济组织以外的单位和个人。

(4) 土地承包经营权的权能土地经营权，可以流转。

三、土地承包经营权的设立

土地承包经营权依合同设立，不是依登记设立。

四、土地承包经营权的取得及生产经营权的流转

(1) 承包合同自成立之日起生效。承包方自承包合同生效时取得土地承包经营权。

(2) 土地经营权是土地承包经营权的一项权能，承包经营权人可以自己经营，也可以保留土地承包权，流转其承包地的土地经营权，由他人经营。

① 承包方可以自主决定依法采取出租（转包）、入股或者其他方式向他人流转土地经营权，并向发包方备案。

② 土地经营权人有权在合同约定的期限内占有农村土地，自主开展农业生产经营并取得收益。

③ 土地经营权流转应当遵循原则之一，是在同等条件下，本集体经济组织成员享有优先权。

④ 土地经营权流转的价款，应当由当事人双方协商确定。流转的收益归承包方所有，任何组织和个人不得擅自截留、扣缴。

⑤ 土地经营权流转，当事人双方应当

签订书面流转合同。承包方将土地交由他人代耕不超过一年的,可以不签订书面合同。

⑥土地经营权流转期限为5年以上的,当事人可以向登记机构申请土地经营权登记。未经登记,不得对抗善意第三人。

⑦承包方不得单方解除土地经营权流转合同,但受让方严重违约的除外。

⑧承包方流转土地经营权的,其与发包方的承包关系不变。

⑨经承包方书面同意,并向本集体经济组织备案,受让方可以再流转土地经营权。

⑩承包方可以用承包地的土地经营权向金融机构融资担保,并向发包方备案。受让方通过流转取得的土地经营权,经承包方书面同意并向发包方备案,可以向金融机构融资担保。担保物权自融资担保合同生效时设立。当事人可以向登记机构申请登记;未经登记,不得对抗善意第三人。实现担保物权时,担保物权人有权就土地经营权优先受偿。

第三节 建设用地使用权

一、建设用地使用权的概念和特征

建设用地使用权是指依法对国家所有的土地享有占有、使用和收益的权利。

建设用地使用权是他物权、用益物权、不动产物权、登记物权。所使用的地是国家的地。

建设土地的用途受到管制。建设用地使用权人应当合理利用土地,不得改变土地用途;需要改变土地用途的,应当依法经有关行政主管部门批准。

二、建设用地使用权的设立

(一)设立的"地域"

建设用地使用权可以在土地的地表、地上或者地下分别设立。新设立的建设用地使用权,不得损害已设立的用益物权。

(二)设立的方式

设立建设用地使用权,可以采取出让或划拨等方式。

(三)设立的合同

采取拍卖、招标、协议等出让方式设立建设用地使用权的,当事人应当采取书面形式订立建设用地使用权出让合同。设立合同是要式合同。出让合同与转让合同不同,比如甲从国家获得土地使用权的合同是出让合同,后甲将这块地让渡给乙,签订的是转让合同。这两种合同都是在签订时生效,在登记时发生物权的变动。

(四)设立的登记

设立建设用地使用权的,应当向登记机构申请建设用地使用权登记。建设用地使用权自登记时设立。登记机构应当向建设用地使用权人发放建设用地使用权证书。其中,该物权采登记生效主义。合同的效力与物权变动的效力应当区分开来。

三、产权归属

建设用地使用权人建造的建筑物、构筑物及其附属设施的所有权属于建设用地使用权人,但有相反证据证明的除外。

四、建设用地使用权的流通

(1)建设用地使用权可以通过转让、互换、出资、赠与或者抵押的方式进行流通,法律另有规定的除外。

(2)建设用地使用权转让、互换、出资或者赠与的,应当向登记机构申请变更登记,抵押权未经登记不生效。

(3)房随地走;反之,建筑物、构筑物及其附属设施转让、互换、出资或者赠与的,该建筑物、构筑物及其附属设施占用范围内的建设用地使用权一并处分,是"地随房走"。

五、建设用地使用权的提前收回与续期

建设用地使用权期间届满前,因公共利益需要提前收回该土地的,应当对该土地上的房屋及其他不动产给予补偿,并退还相应的土地出让金。

住宅建设用地使用权期间届满的,自动续期。续多长时间,没有限制。

第四节 宅基地使用权

一、宅基地使用权的概念

宅基地使用权是指自然人因私有房屋对集体土地使用的权利。

农村村民一户一宅,无偿取得。

二、宅基地使用权的内容、登记及消灭

因宅基地的性质,当事人可以长期使用,可以在宅基地上建造房屋、种植树木,合理利用。

宅基地使用权分为登记与未登记两种情况。已经登记的,可能发生变更登记或者注销登记。宅基地使用权并非"设立登记"产生。即使没有登记,也有宅基地使用权。

宅基地因自然灾害等原因灭失的,宅基地使用权消灭。对没有宅基地的村民,应当重新分配宅基地。

第五节 地役权

一、地役权概述

（一）地役权的含义

地役权是指在法定的相邻关系之外按照合同利用他人的不动产,以提高自己不动产效益的权利。

"他人的不动产"为"供役地"（也称为供役不动产）,"自己的不动产"为"需役地"（也称为需役不动产）。一方当事人称为需役人,另一方当事人称为供役人。地役权的客体是不动产,并非仅仅是"地"。

（二）地役权的分类

（1）地役权可以分为积极地役权和消极地役权。

需役人依照约定在供役人的地上修公路、通行、排水等,为需役人的积极地役权（作为地役权）;供役人依照约定在自己的地上不盖高楼等,为需役人的消极地役权。

积极地役权,是需役人直接利用了供役人的不动产;消极地役权,是供役人限制了对自己不动产的利用。两种地役权的实现及持续,都是基于供役人的给付。

（2）地役权按照权利的内容,可以分别称为通行地役权、眺望地役权、景观地役权、排水地役权、管线地役权等。

（三）地役权的特征

1. 地役权是物权、他物权、用益物权

地役权一经登记,得对抗任何人,为物权;地役权是对他人不动产的权利,为他物权;地役权以利用他人不动产为内容,为用益物权。

2. 地役权是存在于他人不动产上的权利

地役权的发生必须有两个不同归属的不动产存在。需役地和供役地之间未必紧密相连,即使中间有第三人的不动产,也可能成立地役权。

3. 地役权是为了实现自己不动产的利益而与他人设立

如为了通行的方便,在他人的土地上开辟一条近道,直达自己的土地,就可采取设定地役权的方式。

4. 地役权具有从属性

地役权从属于需役地而存在,为从物权。

【注意】其他三大用益物权（土地承包经营权、建设用地使用权和宅基地使用

权)都不是从属物权,但它们都可以作为地役权的主物权。

(1)需役地的"从随主"和供役地的"从随主"。

(2)地役权不得单独转让。

(3)地役权不得单独抵押。

5.地役权具有不可分性

(1)需役地以及需役地上的土地承包经营权、建设用地使用权、宅基地使用权部分转让时,转让部分涉及地役权的,受让人同时享有地役权。

(2)供役地以及供役地上的土地承包经营权、建设用地使用权、宅基地使用权部分转让时,转让部分涉及地役权的,地役权对受让人具有约束力。

6.地役权与相邻权的区别

地役权不同于相邻权,相邻权是己方权利内容的有限扩展;相邻权不必约定,依法自然产生;而地役权则超过了此限度,未必是为了满足己方行使权利的最低要求,而是为了使己方能够获得更大的利益,故并不意味着不提供这种便利,己方权利就无法行使。因此地役权并不附随于不动产物权而自然产生,需要另行约定,为一项独立的用益物权。

二、地役权合同及地役权设立

(一)地役权合同是要式合同

当事人应当采取书面形式订立地役权合同。

(二)地役权设立及登记对抗主义

地役权设立,采取登记对抗主义。

地役权自地役权合同生效时设立。当事人要求登记的,可以向登记机构申请地役权登记;未经登记,不得对抗善意第三人。

地役权可对抗恶意第三人。需役人的权利(地役权),不但可以对抗供役人,还可以对抗从供役人处继授权利的人。

(三)地役权设立的禁止

土地上已设立土地承包经营权、建设用地使用权、宅基地使用权等权利的,未经上述用益物权人同意,土地所有权人不得设立地役权。

三、地役权的行使

(1)供役地权利人(供役人)应当按照合同约定,允许地役权人利用其土地,不得妨害地役权人行使权利。

(2)地役权人应当按照合同约定的利用目的和方法利用供役地,尽可能减少对供役地权利人物权的限制。

四、地役权的期限

地役权的期限可由当事人约定,但不得超过土地承包经营权、建设用地使用权等用益物权剩余的期限。

五、地役权的消灭及登记

(1)地役权人有下列情形之一的,供役地权利人有权解除地役权合同,地役权消灭:

①违反法律规定或者合同约定,滥用地役权;

②有偿利用供役地,约定的付款期间届满后在合理期限内经两次催告未支付费用。

一般的合同一次催告后即可解除,地役权合同经两次催告,才可解除。

(2)已经登记的地役权变更、转让或者消灭的,应当及时办理变更登记或者注销登记。登记物权,要靠登记消灭。

第十一章 担保物权

第一节 担保物权概述

一、担保物权的概念

担保物权是指为确保债权的实现,在债务人或第三人特定的财产上设定的以优先受偿为内容的一种他物权。

担保物权分为意定担保物权和法定担保物权。

二、担保物权的特征

(1)担保物权是从物权,是为了确保债权实现而设立的从权利。

(2)担保物权是以支配担保物的价值为内容的他物权。

(3)担保物权具有物上代位性。当担保物变化了形态或性质时,只要还能够维持其交换价值,担保物权的效力仍然能够追及至该变形物或替代物上。

(4)担保物权具有不可分性。

三、担保物权与用益物权的区别

(1)担保物权人对担保物不能使用、收益;而用益物权人对标的物有使用、收益权。

(2)担保物权包括意定担保物权和法定担保物权;而用益物权都是意定物权。

(3)担保物权是支配交换价值;而用益物权是支配使用价值。

四、担保责任承担的几种情况

(一)债务转让时保证人同意

债务人转让债务,不仅要取得债权人的同意,还要取得担保人的同意。这种同意是要式行为,应当采取书面形式。

(二)混合担保时的责任

混合担保,指人保与物保的共存。

(1)首先应当按照约定,可约定人保优先于物保。

(2)没有约定或者约定不明确的,先就债务人的物保实现债权,不足部分再追究人保。

(3)第三人物保与人保并存的,债权人既可以选择保证人承担责任,也可以选择物上保证人承担责任。

(4)"人保"既包括连带保证,也包括一般保证。

第二节 抵押权

一、抵押权概述

(一)抵押权的含义

为担保债务的履行,债务人或者第三人不转移财产的占有,将该财产抵押给债权人的,债务人不履行到期债务或者发生当事人约定的实现抵押权的情形,债权人有权就该财产优先受偿。

(1)抵押权人必为债权人。抵押人可以是债务人,也可以是第三人(物上保证人)。

(2)实现抵押权基于两种情况之一:一是债务人不履行到期债务;二是债务履行虽然没有到期,但发生当事人(抵押权人与抵押人)约定实现抵押权的情形。

(二)抵押权的特征

(1)抵押权属于意定担保物权,我国

目前没有法定抵押权。

（2）抵押权具有从属性，属于债权的担保物权，随主债权的转移而转移。

（3）抵押权是优先受偿权。

（4）抵押权具有物上追及性。如抵押人将抵押财产转让给他人，抵押权人仍有权对抵押物行使权利。

（5）抵押权具有物上代位性。当抵押物变化了形态或性质时，只要还能够维持其交换价值，抵押权的效力仍然能够追及至该变形物或替代物上（如赔偿金）。

（6）抵押权具有不可分性。

（7）抵押权成立不转移标的物的占有，这是抵押权区别质权、留置权的重要标志。

二、抵押权的标的（客体）

（一）可以抵押的财产

债务人或者第三人有权处分的下列财产可以抵押：

（1）建筑物和其他土地附着物。

（2）建设用地使用权。

（3）以招标、拍卖、公开协商等方式取得的荒地等土地承包经营权。

（4）生产设备、原材料、半成品、产品。

（5）正在建造的建筑物（在建工程）、船舶、航空器。

（6）交通运输工具。

（7）法律、行政法规未禁止抵押的其他财产。

（二）法定一并抵押的财产

以建筑物抵押的，该建筑物占用范围内的建设用地使用权一并抵押。以建设用地使用权抵押的，该土地上的建筑物一并抵押。抵押人未依照法律规定一并抵押的，未抵押的财产视为一并抵押，即"地随房走"与"房随地走"。

乡镇、村企业的建设用地使用权不得单独抵押。以乡镇、村企业的厂房等建筑物抵押的，其占用范围内的建设用地使用权一并抵押。这是"地随房走"的特殊规定。

（三）不得抵押的财产

下列财产不得抵押：

（1）土地所有权。

（2）耕地、宅基地、自留地、自留山等集体所有的土地使用权，但法律规定可以抵押的除外。

（3）学校、幼儿园、医院等以公益为目的的事业单位、社会团体的教育设施、医疗卫生设施和其他社会公益设施。

（4）所有权、使用权不明或者有争议的财产。

（5）依法被查封、扣押、监管的财产。

（6）法律、行政法规规定不得抵押的其他财产。

三、抵押权的设立

（一）抵押合同的形式和流押的禁止

1. 抵押合同的形式

抵押合同与其他担保合同（质押合同、保证合同、定金合同）一样，是要式合同，应当采用书面形式。

2. 流押条款的禁止

抵押权人在债务履行期届满前，不得与抵押人约定债务人不履行到期债务时抵押财产转移为债权人所有。

（1）违反上述规定，则导致抵押合同部分无效，该条款的无效不影响其他条款的效力。

（2）"不得"的时间，在债务履行期限届满之前。即在履行期限届满之后（进入抵押权实行期之后），双方当事人可以约定抵押财产归抵押权人（达成折价协议）。

（二）抵押权设立的类型

1. 不动产抵押权登记生效

以不动产抵押的，抵押权自登记时设立。登记指抵押权登记，是否登记不影响抵押合同的效力。

2.动产抵押的登记对抗主义

未登记的动产抵押权也生效,但不能对抗善意第三人;合同的生效与动产抵押权的设立是在同一时间点发生的,经登记抵押权得对抗任何人。

(三)动产浮动抵押

1.含义和要求

浮动抵押,指在抵押权实行期之前,约定用以抵押的动产可以"变动"(浮动)。

"变动",包括数量的增减、新物的产生等。

(1)浮动抵押合同是要式合同。

(2)将来的动产可以约定浮动抵押。

(3)优先受偿的财产,是"实现抵押权"时的财产(进入实行期的财产)。

(4)浮动抵押人,限于"企业、个体工商户、农业生产经营者"。

2.浮动抵押的设立采登记对抗主义

设立浮动抵押,应当向动产所在地的市场监督管理部门办理登记。抵押权自抵押合同生效时发生效力;未经登记,不得对抗善意第三人。

3.浮动抵押的实行

浮动抵押不得对抗正常经营活动中已支付合理价款并取得抵押财产的买受人。

登记与未登记的浮动抵押,均不得对抗正常经营活动中已支付合理价款并取得抵押财产的买受人。

四、抵押权与租赁的效力关系

(1)"抵押不破租赁"是租赁在前,抵押在后。实行抵押权后,要继续履行租赁合同的剩余租期。

(2)"租赁不破抵押"是登记的抵押权在前,租赁在后。

(3)设立抵押权时,抵押人未书面告知承租人则承担赔偿责任;已书面告知的,则由承租人自己承担损失。

五、抵押财产的转让

(1)抵押权人同意抵押财产转让的前提是请求获得提前清偿,或者将价款提存。

(2)受让人有涤除权,可以代替债务人清偿其全部债务,使抵押权消灭,受让人清偿债务后可以向抵押人追偿。

六、抵押权人的权利

(一)保全权

抵押人的行为可能或已经使抵押财产毁损或者价值明显减少的,抵押权人有权要求抵押人停止其行为;有权要求恢复抵押财产的价值,或者提供与毁损、减少的价值相当的担保;抵押人不恢复抵押财产的价值也不提供担保的,抵押权人有权要求债务人提前清偿债务。

(二)抵押权及抵押权顺位的放弃

(1)放弃抵押权,应当对抵押人表示。

(2)放弃抵押权顺位,应当向后顺位的抵押人表示。

(3)协议变更抵押权的顺位。如是后顺位抵押权人与抵押人协议提升顺位,须得到前顺位的抵押权人同意。

(4)协议可以变更被担保的数额等。

(5)债务人以自己的财产设定抵押,抵押权人放弃该抵押权、抵押权顺位或者变更抵押权的,其他担保人在抵押权人丧失优先受偿权益的范围内免除担保责任,但其他担保人承诺仍然提供担保的除外。

七、抵押权的实现与诉讼时效

(一)抵押权实现的方式

进入抵押权实行期,可以实行抵押权。

抵押权人可以与抵押人协议以抵押财产折价或者以拍卖、变卖该抵押财产所得的价款优先受偿。

实行抵押权的协议损害其他债权人利

益的,其他债权人可以在知道或者应当知道撤销事由之日起1年内请求人民法院撤销该协议。

未就抵押权实现方式达成协议的,抵押权人可以请求人民法院拍卖、变卖抵押财产。

(二)抵押权的行使与诉讼时效

抵押权人应当在主债权诉讼时效期间行使抵押权;未行使的,人民法院不予保护。

八、孳息的收取

孳息收取权是收益权的表现。

在债务履行期届满以前,抵押物的孳息由抵押人收取。但债务履行期届满,债务人不履行债务致使抵押物被人民法院扣押的,自扣押之日起抵押权人有权收取由抵押物分离的天然孳息以及抵押人就抵押物可以收取的法定孳息。抵押权人未将扣押抵押物的事实通知应当清偿法定孳息的义务人的,抵押权的效力不及于该孳息。

自扣押之日起抵押权人收取的由抵押物分离的天然孳息和法定孳息,按照下列顺序清偿:

(1)收取孳息的费用。
(2)主债权的利息。
(3)主债权。

九、抵押物的再抵押和重复抵押

财产抵押后,该财产的价值大于所担保债权的余额部分,可以再次抵押,超出其余额部分为重复抵押。再抵押和重复抵押都是允许的。

同一财产向两个以上债权人抵押的,拍卖、变卖抵押财产所得的价款依照下列顺序清偿:

抵押权都已登记的,按照登记的先后顺序清偿;顺序相同的,按照债权比例清偿。

十、建设用地使用权抵押的特别规定及土地管制

建设用地使用权抵押后,该土地上新增的建筑物不属于抵押财产。需要拍卖该建设用地使用权的,可以将该土地上新增的建筑物与建设用地使用权一并拍卖,但拍卖新增建筑物所得的价款,抵押权人无权优先受偿,即"房随地走,款不随地走"。

以"其他方式"取得的土地承包经营权抵押的,或者以乡镇、村企业的厂房等建筑物占用范围内的建设用地使用权抵押的,实现抵押权后,未经法定程序不得改变土地所有权的性质和土地用途。

十一、特殊抵押权

(一)最高额抵押权

1.含义及担保的债权

最高额抵押权是指对将来发生的债权,预先确定一最高的限度,设定的抵押权。

(1)最高额抵押有最高额的限制。

(2)最高额抵押是对在约定期间内连续发生的债权提供担保财产的。所谓连续发生,指在一定期间内多次、反复发生。主债关系当事人可以在最高额限度内反复创设债权、消灭债权。

(3)最高额抵押有一定期间的限制。期间的最后一天,为决算日。当事人也可以在决算期之外,约定清偿期。清偿期届至,抵押权人可以行使抵押权。

(4)最高额抵押适用于一定期间内连续发生的交易。

(5)当事人对最高额抵押合同的最高限额、最高额抵押期间进行变更,以其变更对抗顺序在后的抵押权人的,不予认可。

(6)债权余额高于最高限额的,以最高限额为限,超过部分不具有优先受偿的效力;如果实际发生的债权余额低于最高限额的,以实际发生的债权余额为限对抵

押物优先受偿。

2. 最高额抵押权的转让

最高额抵押担保的债权确定前,部分债权转让的,最高额抵押权不得转让,但当事人另有约定的除外,这是"从随主"的唯一例外。

3. 最高额抵押权担保范围的变更

(1)变更的时间:债权确定之前。

(2)变更的内容:期间、债权范围、最高债权额等。

(3)禁止事项:变更不得对其他抵押权人(主要是后顺序抵押权人)产生不利影响。

4. 最高额抵押权所担保债权确定事由

有下列情形之一的,抵押权人的债权确定:

(1)约定的确定债权期间届满。

(2)没有约定确定债权期间或者约定不明确的,抵押权人或者抵押人自最高额抵押权设立之日起满2年后请求确定债权。

(3)新的债权不可能发生。

(4)抵押财产被查封、扣押。

(5)债务人、抵押人被宣告破产或者被撤销。

(6)法律规定确定债权的其他情形。

5. 最高额抵押权的法律适用

最高额抵押权除适用专门规定外,还适用一般抵押权的规定。

(二)共同抵押与财团抵押

1. 共同抵押

共同抵押,是为担保同一债权就数个物设定数个抵押权,是"复数抵押"。如以A房和B房两个特定的物为担保同一债权作抵押,就A房和B房办理了两个抵押登记,产生了两个抵押权。这两个抵押权并无先后顺位。

2. 财团抵押

财团抵押,是将抵押人的全部有形财产和无形财产作为一个整体进行抵押,是"单数抵押",即产生一个抵押权,是"一物一权"的例外。

第三节 质权

一、动产质权

(一)动产质权的含义与特征

为担保债务的履行,债务人或者第三人将其动产出质给债权人占有的,债务人不履行到期债务或者发生当事人约定的实现质权的情形,债权人有权就该动产优先受偿。

(1)不动产不能作为质权的标的。

(2)须质物转移占有,即移交给质权人占有。

(二)不得出质的财产

法律、行政法规禁止转让的动产不得出质。

(三)质押合同的形式

设立质权,当事人应当采取书面形式订立质权合同。

出质人已经交付质物的,可以消除形式上的瑕疵。如甲、乙口头约定了质押合同,其后交付了质物,此时认定质押合同和质权都有效。

(四)流质条款的禁止

质权人在债务履行期届满前,不得与出质人约定债务人未履行债务时质押财产为债权人所有。

(1)"不得"的时间是债务履行期届满前。

(2)流质条款无效(合同部分无效)的,其余部分的效力并不受影响。

(五)质权自出质人交付质押财产时发生效力

(1)质押合同是债权合同、诺成合同、无偿合同、要式合同,在成立时生效。

(2)质权交付占有时生效。

(3) 质物必须转移占有。

(4) 间接占有的财产也可以出质。出质人以间接占有的财产出质的,自书面通知送达占有人时视为移交。占有人收到出质通知后,仍接受出质人的指示处分出质财产的,该行为无效。

(六) 孳息收取权

质权人有权收取质押财产的孳息,但合同另有约定的除外。

收取是占有权。进入实行期,质权人可以将孳息变价,就变价款优先受偿。

(七) 质权人的义务

(1) 不得擅自使用、处分质押财产的义务。

(2) 妥善保管的义务。

(八) 质权人的保全权

因不能归责于质权人的事由可能使质押财产毁损或者价值明显减少,足以危害质权人权利的,质权人有权要求出质人提供相应的担保;出质人不提供的,质权人可以拍卖或者变卖质押财产,并与出质人通过协议将拍卖或者变卖所得的价款提前清偿债权或者提存。

(九) 出质人的转质责任

质权人在质权存续期间,未经出质人同意转质,造成质押财产毁损、灭失的,应当向出质人承担赔偿责任。

(十) 质权人放弃质权的效果

质权人可以放弃质权。债务人以自己的财产出质,质权人放弃该质权的,其他担保人在质权人丧失优先受偿权的范围内免除担保责任,但其他担保人承诺仍然提供担保的除外。

(十一) 质权的实现

质权人可以自助出卖,即不经过法院就可以实行质权。这与留置相同,与抵押不同,抵押不能自助出卖。

质押财产折价或者拍卖、变卖后,其价款超过债权数额的部分归出质人所有,不足部分由债务人清偿,即多退少补。

(十二) 出质人的相关请求权

质权人长期占有质物,质物的价值会降低,又不能为出质人所利用。所以,给出质人以请求质权人及时行使质权的请求权,以防止不测之损害。

(十三) 最高额质权

出质人与质权人可以协议设立最高额质权,可参照前述最高额抵押权的规定。

有三个"最高额":最高额保证、最高额抵押、最高额质押。

二、权利质权

(一) 权利质押的标的

债务人或者第三人有权处分的下列权利可以出质:

(1) 汇票、支票、本票。

(2) 债券、存款单。

(3) 仓单、提单。

(4) 可以转让的基金份额、股权。

(5) 可以转让的注册商标专用权、专利权、著作权等知识产权中的财产权。

(6) 应收账款。

(7) 法律、行政法规规定可以出质的其他财产权利。

(二) 相关内容

(1) 汇票、支票、本票、债券、存款单、仓单、提单的兑现日期或者提货日期先于主债权到期的,质权人可以兑现或者提货,并与出质人协议将兑现的价款或者提取的货物提前清偿债权或者提存。

(2) 以基金份额、股权出质的,当事人应当订立书面合同。以基金份额、证券登记结算机构登记的股权出质的,质权自证券登记结算机构办理出质登记时设立;以其他股权出质的,质权自市场监督管理部门办理出质登记时设立。基金份额、股权出质后,不得转让,但经出质人与质权人协商同意的除外。出质人转让基金份额、股权所得的价款,应当向质权人提前清偿债权或者提存。

(3)以注册商标专用权、专利权、著作权等知识产权中的财产权出质的,当事人应当订立书面合同,质权自有关主管部门办理出质登记时发生效力。知识产权中的财产权出质后,出质人不得转让或者许可他人使用,但经出质人与质权人协商同意的除外。出质人转让或者许可他人使用出质的知识产权中的财产权所得的价款,应当向质权人提前清偿债权或者提存。

(4)以应收账款出质的,当事人应当订立书面合同,质权自信贷征信机构办理出质登记时发生效力。应收账款出质后,不得转让,但经出质人与质权人协商同意的除外。出质人转让应收账款所得的价款,应当向质权人提前清偿债权或者提存。

目前,信贷征信机构是中国人民银行下属的一个机构,称为中国人民银行征信中心。

(5)权利质权可适用动产质权的规定。

第四节　留置权

一、留置权的含义和特征

留置权,是就留置物优先受偿的担保物权。

留置权是他物权、动产物权、占有物权、担保物权、法定担保物权。

二、留置权取得的要件

(一)积极要件

(1)债权人占有债务人的动产。

(2)债权已届清偿期。

(二)消极要件

(1)不是因侵权行为占有标的物。

(2)不违反社会公共利益和国家利益。

(3)法律规定不得留置的,依照规定。当事人约定不得留置的,按照约定。

(三)留置财产与债权的关系

债权人留置的动产,应当与债权属于同一法律关系,但企业之间留置的除外。

民事留置,要求有同一法律关系(同一双务法律关系);商事留置(这里仅指企业之间的留置),不要求同一法律关系。

三、留置权人的义务和权利

(1)留置财产为可分物的,留置财产的价值应当相当于债务的金额。

(2)留置权人负有妥善保管留置财产的义务;因保管不善致使留置财产毁损、灭失的,应当承担赔偿责任。

(3)留置权人有权收取留置财产的孳息。该孳息应当先充抵收取孳息的费用。

四、财产留置后的债务履行期限及变价

(1)财产留置后的债务履行的宽限期一般是2个月以上,鲜活易腐等不易保管的动产除外。

(2)变价共有三种方式:折价、拍卖和变卖。也是多退少补。

五、债务人的相关请求权

债务人可以请求留置权人在债务履行期间届满后行使留置权;留置权人不行使的,债务人可以请求人民法院拍卖、变卖留置财产。因留置权不受诉讼时效限制,债务人有权要求留置权人(债权人)及时行使留置权,以避免自己损失的扩大。

六、留置权的消灭

留置权消灭的原因有以下几种:
(1)因债权消灭而消灭。
(2)因替代担保而消灭。
(3)因留置权人弃权而消灭。
(4)因丧失占有而消灭。

第五节 担保物权的竞合

一、担保物权竞合的概念

担保物权竞合是指同一财产存在着冲突的担保物权，这种冲突，主要体现为抵押权与抵押权的冲突、抵押权与质权的冲突、抵押权与留置权的冲突。

二、抵押权与质权的竞合

（1）经过登记的抵押权具有追及效力，抵押人将抵押物质押给第三人时，抵押权优先。

（2）未经登记的动产抵押也有一定范围的追及力（对抗恶意第三人）。例如：张甲将一枚邮票抵押给李乙，没有办理抵押登记，后张甲将该邮票质押、交付给不知情的王丙，则王丙的质权优先。

三、抵押权与留置权的竞合

抵押权与留置权竞合时，留置权优先。

四、留置权与质权的竞合

一般是先有质权，后有留置权。质权人将占有的质物依据承揽合同等交给第三人占有，当质权人不履行承揽合同等约定的义务时，该第三人依法可以成立留置权。留置权优于质权。

第十二章 占有

第一节 占有概述

一、占有的概念和性质

占有，指对于物有事实上管领（可以理解为管理、占领、控制）之力的法律事实。

占有是一种事实，支撑占有的权利称为本权。有本权的为有权占有，没有本权的为无权占有。

二、占有的种类

（1）自主占有与他主占有。

自主占有，指占有人"把物当作自己的所有物"进行占有。

他主占有，是非以所有的意思而占有。如承租人对租赁物的占有、保管人对保管物的占有、借用人对借用物的占有、留置权人对留置物的占有、质权人对质物的占有等。

（2）直接占有和间接占有。

直接占有，又称现实占有，是对标的物的实际控制，即对标的物有事实上的管领力。

间接占有，又称观念占有，是自己（一般是所有人）不直接占有标的物，但基于一定的法律关系对于直接占有其物的当事人有返还请求权，因而对于物有间接控制和支配力。

（3）有权占有和无权占有。

有权占有（有本权的占有）不一定是自物占有，对他人之物的占有，也可以是有权占有，如承租人的占有。

（4）善意占有与恶意占有。

善意占有与恶意占有都是无权占有。

（5）无过失占有与有过失占有。

（6）无瑕疵占有与有瑕疵占有。

第二节　占有的效力和保护

一、占有的推定

（一）事实的推定（占有状态的推定）

占有人占有某物，推定其是以所有的意思或者为自己而占有；在占有前后的两个时期，有占有依据的，推定其为继续占有（持续占有）。如张某占有他人的一幅画，取得占有的时间是 2017 年 1 月 1 日，到了 2019 年 1 月 1 日仍然属于他占有，就推定他在两个期日之间一直持续占有。

（二）权利的推定

除有反证外，法律推定占有人是运用自己的权利而进行占有，即推定其有本权。

二、占有人与返还请求权人的关系

（一）返还占有请求权及占有抗辩权

占有人与返还请求权人的关系，是占有媒介法律关系，简称为占有媒介关系。占有人是直接占有人，返还请求权人是间接占有人。

对于有权占有，权利人享有返还占有请求权，但是有权占有人可以行使占有抗辩权（拒绝返还占有物的权利）。比如，出租人请求承租人返还租赁物，承租人因租期未满而享有占有抗辩权。对于无权占有，权利人享有返还占有请求权，占有人原则上没有占有抗辩权。

（二）对无权占有人与返还请求权人关系的规定

（1）占有人因使用占有的不动产或者动产，致使该不动产或者动产受到损害的，恶意占有人应当承担赔偿责任。

（2）不动产或者动产被占有人占有的，权利人可以请求返还原物及其孳息，但应当支付善意占有人因维护该不动产或者动产支出的必要费用。

（3）占有的不动产或者动产毁损、灭失，该不动产或者动产的权利人请求赔偿的，占有人应当将因毁损、灭失取得的保险金、赔偿金或者补偿金等返还给权利人；权利人的损害未得到足够弥补的，恶意占有人还应当赔偿损失。

三、占有的保护

（一）占有人的自力救济权

1. 占有防卫权

占有防卫权是对抗他人侵夺占有的权利。如甲将贵重珠宝寄存于乙处，歹徒丙持枪抢劫，乙有占有防卫（正当防卫）的权利。

2. 自力取回权

如被抢劫司机撞击歹徒，使歹徒丧失伤害能力，取回自己的财产。自力取回权必须是在现场行使，不能超过必要的限度，否则会构成侵权。

（二）占有保护请求权

（1）占有人的占有被侵夺时，有权请求返还该物。

（2）占有被妨碍时，占有人有权请求妨碍人除去妨碍。

（3）占有存在被妨碍的危险时，占有人有权请求防止妨碍发生。如甲的小楼摇摇欲倒，使乙的承租房处于危险之中，尽管危险尚未发生，乙仍有权要求甲加固或拆除楼房。

（三）占有回复请求权受 1 年除斥期间的限制

占有人返还原物的请求权，自侵占发生之日起 1 年内未行使的，该请求权消灭。

第三节　占有的取得和消灭

一、占有的取得

（一）直接占有的取得

1. 原始取得

原始取得是指不基于他人的占有而为

新占有的取得。比如种了一棵树,对该树是原始取得。

直接占有与间接占有是同时发生的,是由同一法律事实发生的。

2.继受取得

继受取得是指基于已经存在的占有而取得占有。比如甲将一本书交付给乙,乙对占有是继受取得(传来取得)。

(二)间接占有的取得

1.创设取得

如张某将打印机出租给打印社,通过交付为自己创设间接占有。

2.移转取得

如甲公司将丙占有的自己的货物指示交付给乙公司,将间接占有移转给乙公司。

3.间接占有也可以因为继承而产生

如张某有一架钢琴出租给李某,张某死亡,钢琴由其子张小某继承。张小某为间接占有人,李某为直接占有人。

二、占有的消灭

占有,因占有人丧失其对于物之事实上的控制和支配而消灭。如动产抛弃、出卖人向买受人移转占有、物主的货物丢失等。

观念交付只是本权发生变动,(现实)占有并不消灭。

第十三章 债的概述

第一节 债的概念和要素

一、债的概念

债是按照合同约定或者依照法律的规定,在当事人之间产生的特定的权利和义务关系。

二、债的特征

(1)债是平等主体之间的财产法律关系。

(2)债是特定主体之间的相对法律关系。

(3)债的目的须通过债务人的特定行为(给付)才能实现。

给付,包括作为和不作为,债权人可以通过债务人的作为取得利益,也可以通过债务人的不作为取得利益(如甲向乙承诺不在某小区开设副食店)。如果没有债务人的特定行为,债权人的利益便不能实现。

正因为债的目的需要借助债务人的行为,所以债权为请求权。

(4)债具有相容性。

同一特定给付,可以成立两个以上的债的关系。在债的相容性中,一物多卖具有典型性。

三、债的要素

(一)债的主体

债的主体指债权债务法律关系的当事人,享有权利的一方为债权人,负有义务的一方为债务人。

(二)债的内容

1.债权

债权是债权人享有的要求债务人为特定行为(给付)的权利,是因合同、侵权行为、无因管理、不当得利以及法律的其他规定,权利人请求特定义务人为或者不为一定行为的权利。

债权的特征:财产权、请求权、相对权、有期限的权利、具有相容性和平等性。

2. 债务

债务是债务人应为特定行为(给付)的义务。

【注意】有时责任与债务在同一含义上使用。如合伙人的连带债务,也称为连带责任。

(三)债的客体

1. 含义

债的客体即债的标的,是债务人基于债的关系应为的特定行为。

标的与标的物不同。标的物是给付物,是给付行为的对象。

给付可以分为财产给付和劳务给付。劳务给付是财产利益的体现。劳务给付与人身不可分离,因此法律禁止奴役性劳务和违反善良风俗的劳务。

2. 债的标的的要件

(1)可能,指债的标的能够实现。

(2)合法,指作为标的的特定行为不违反法律的强行性规定以及社会公共利益。

(3)确定,指在债的关系成立时或者在履行合同时,债的标的须确定或者可以确定。该要件使债权人得以在法律上以诉讼方式主张请求权的实现,即可以依靠强制手段实现。

第二节 债的发生

一、合同

人们通常在两种含义上使用"合同"这个术语。第一种含义是指成立合同的法律行为(合同行为),第二种是指合同之债。前者是法律事实,后者是法律关系,前者是"因",后者是"果"。

合同作为发生债的原因,是指成立合同的法律行为。

(二)合同的分类

(1)双务合同与单务合同。
(2)有偿合同与无偿合同。
(3)诺成合同与实践合同。
(4)要式合同与不要式合同。
(5)有名合同与无名合同。
(6)主合同与从合同。
(7)束己合同与涉他合同。
(8)预约与本约。

二、单方允诺

单方允诺产生的债,是意定之债。单方允诺不需要相对人作出承诺就可成立。

三、侵权行为

侵权行为产生侵权之债。

四、无因管理

无因管理通常有两种含义:一是指无因管理行为;二是指无因管理之债。前者是法律事实,后者是法律关系。

五、不当得利

没有合法根据,取得不当利益,造成他人损失的,应当将取得的不当利益返还受损失的人。产生不当得利之债的法律事实包括侵权行为、给付行为、事件。

六、其他原因

债发生的其他原因如缔约过错行为、拾得遗失物的行为等。

第三节 债的分类

一、意定之债与法定之债

(一)意定之债

意定之债是依照当事人的意志(意思表示)发生的债,不仅债的发生由当事人决定,债的内容也由当事人约定。

（二）法定之债

法定之债的发生直接依据法律针对相关法律事实的规定。如侵权、无因管理、不当得利、缔约过错行为等产生的债为法定之债。

二、特定之债与种类之债

（一）特定之债

特定之债,是在债成立时以特定物为给付物的债。

当事人可以约定在债(如合同)成立时所有权和风险转移,种类物只能在交付后(特定化后)所有权和风险才发生转移。

特定物灭失后,不能强制实际履行(强制实际履行的事实不能)。

（二）种类之债

种类之债,是在债成立时以种类物为给付物的债,债务人所给付标的物仅以种类指示。

种类物是可以替代的物,因此当债务人占有的种类物灭失后,不能消灭债务人的给付义务,因为债务人可以"找到"相同的物来履行。

三、单一之债与多数人之债

（一）单一之债

单一之债是债权人与债务人各为一人的债。

（二）多数人之债

多数人之债是债权人有两个以上或者债务人有两个以上,或者债权人、债务人均为两个以上的债。

四、按份之债与连带之债

（一）按份之债

按份之债分为按份债权和按份债务。

（二）连带之债

（1）二人以上负同一债务,对于债权人各负全部给付之责任的,为连带债务。债权人得对于债务人中之一人或数人或全体,同时或先后请求对全部债务或一部分债务进行清偿。

（2）二人以上享有同一债权,而各得向债务人请求为全部给付的,为连带债权。

五、简单之债与选择之债

（一）简单之债（不可选择之债）

简单之债是只有一宗给付作为标的的债,也称为不可选择之债。

简单之债与单一之债不同,简单之债是以给付(标的)的"个数"(数量)划分的,单一之债是以主体的"个数"(数量)划分的。

（二）选择之债

当事人在数宗给付中,得选定其一为给付标的之债。选择权人属于债务人,但当事人另有约定或者法律另有规定的除外。选择权为形成权。

六、主债与从债

在并存、有关联的两个债中,在效力上起决定作用的是主债,在效力上居于从属地位的债是从债。

主债和从债是相伴而生的,无主债,亦无从债,反之亦然。

七、财物之债与劳务之债

（一）财物之债

债的标的为给付财物的,为财物之债。如提供财物的合同(买卖、赠与、借款等)以及侵权损害赔偿等为财物之债。

（二）劳务之债

债的标的为给付劳务的,为劳务之债。因此当债务人不履行债务时,一般不能强制实际履行(法律不能),但可以用损害赔偿的办法对债权人的损失进行弥补。

第十四章 债的履行

第一节 债的履行规则

一、履行主体

（一）概说

债的履行，是债务人以满足债权为目的实施给付的行为。履行主体是债务人，但当事人可以约定由第三人向债权人履行。

履行与清偿的意义相近，履行强调了债务人的行为；清偿强调了债权得到满足，故清偿为债消灭的原因。

（二）向第三人履行（由第三人代为受领）

当事人约定由债务人向第三人履行债务的，债务人未向第三人履行债务或者履行债务不符合约定的，应当向债权人承担违约责任。

（三）由第三人履行（代为履行）

当事人约定由第三人向债权人履行债务的，第三人不履行债务或者履行债务不符合约定的，债务人应当向债权人承担违约责任。

（四）诉讼当事人

人民法院根据具体案情可以将上述第三人列为无独立请求权的第三人，但不得依职权将其列为该合同诉讼案件的被告或者有独立请求权的第三人。

二、履行标的

履行标的，是债务履行的内容。债务人应当按照意定或法定的标的履行，但经过约定，也可以代物清偿。

三、履行期限

对意定之债，按照当事人确定的期限履行，没有确定期限的，债务人可以随时履行或者在合理的期限内履行。

四、履行地点

对于一份双务合同，有两个履行地点。以动产买卖合同为例，一个是交付货物的地点，另一个是支付货款的地点。

五、履行方式

履行方式，是债务人完成义务的具体方法。履行方式不明确的，按照有利于实现债的目的的方式履行。

六、履行费用

履行费用，是完成义务所需费用。没有规定也没有约定的，履行费用由债务人承担。如买卖双方约定出卖人送货上门，对运输费用没有约定时，由出卖人承担。

七、不足以清偿数笔债务时的抵充

债务人的给付不足以清偿其对同一债权人所负的数笔相同种类的全部债务，应当优先抵充已到期的债务；几项债务均到期的，优先抵充对债权人缺乏担保或者担保数额最少的债务；担保数额相同的，优先抵充债务负担较重的债务；负担相同的，按照债务到期的先后顺序抵充；到期时间相同的，按比例抵充。

债权人与债务人对清偿的债务或者清

偿抵充顺序有约定的除外。

八、不足以清偿同一笔债务时的抵充

债务人除主债务之外还应当支付利息和费用,当其给付不足以清偿全部债务时,并且当事人没有约定的,人民法院应当按照下列顺序抵充：
（1）实现债权的有关费用。
（2）利息。
（3）主债务。

第二节　债的不履行和不适当履行

一、履行不能

履行不能是因某种事由使债务人事实上不能履行债务。如作为买卖标的物的特定物意外灭失,出卖人事实上无法向买受人交付（事实不能）。再如,合同成立之后,标的物被限制在合同当事人之间流通（法律不能）。

归责于债务人原因致使履行不能的,债务人要承担赔偿等责任。

二、拒绝履行

拒绝履行是债务人能够履行而拒不履行。

拒绝履行是故意行为。拒绝履行并不能免除债务人的履行义务,债权人可以请求法院强制债务人实际履行。

三、迟延履行

迟延履行指债务人虽然履行,但是在履行期限届满之后的履行。

四、瑕疵履行

瑕疵履行,即债务人的履行有瑕疵,如标的物有隐蔽瑕疵、缺斤少两、地点不对、方法不当等。

五、加害给付

加害给付是指债务人的履行,不仅侵害了债权人的履行利益,还侵害了履行利益以外的权益（固有权益）。固有权益包括人身权和财产权,加害给付实际侵害了两个客体。如甲出卖给乙价值100元的电器,得到价值100元的电器是乙的履行利益,但该电器漏电,致使乙的儿子丙触电身亡,甲构成加害给付,即侵害了乙的履行利益和丙的生命权。

第十五章　债的保全和担保

第一节　债的保全

一、债的保全的概念

债的保全是指为防止债务人的财产不当减少给债权人的债权带来危害,允许债权人代债务人之位对第三人行使债权或者请求撤销债务人与第三人民事法律关系的制度。

债的保全包括债权人代位权和债权人撤销权。

二、债权人代位权

（一）债权人代位权的概念

债权人代位权是指债务人怠于行使其

对第三人(次债务人)享有的到期债权,而有害于债权人的债权时,债权人为保障自己的债权而以自己的名义行使债务人对次债务人的债权的权利。

债权人代位权具有以下特征:

(1)代位权行使的结果,使债权人直接获得清偿。

(2)代位权是主体的代位,债权人以自己的名义来行使代位权。

(3)代位权行使的具体方式,是裁判方式。这种裁判方式指法院的判决方式,不包括仲裁方式。

(二)债权人代位权的成立要件

(1)债权人对债务人的债权合法。

(2)债务人怠于行使其到期债权,对债权人造成损害。

(3)债务人的债权已经到期。

(4)债务人的债权不是专属于债务人自身的债权。

(三)债权人代位权的行使

1. 必须通过诉讼程序

在债务人与次债务人之间有仲裁协议时,债权人仍可起诉,行使代位权。

2. 次债务人与债务人的抗辩

(1)次债务人的抗辩向债权人主张。

(2)债务人在代位权诉讼中对债权提出异议,指债务人对债权人的抗辩。

(3)次债务人有权对债权人主张债务人对债权人的抗辩,而且债务人不主张自己的抗辩时,次债务人仍有权主张。

(4)次债务人的抵销权。诉前此债务人对债务人已经抵销了债务可以作为抗辩理由,在诉讼阶段的抵销,也可以作为抗辩理由。

3. 进行代位权诉讼的若干问题

(1)代位权诉讼的管辖及合并审理。债权人提起代位权诉讼的,由被告(次债务人)住所地人民法院管辖。债权人以境外当事人为被告提起代位权诉讼,人民法院根据《民事诉讼法》第265条的规定确定管辖。

两个或者两个以上债权人以同一次债务人为被告提起代位权诉讼的,人民法院可以合并审理。

(2)先起诉债务人,后起诉次债务人的立案受理。债权人向人民法院起诉债务人以后,又向同一人民法院对次债务人提起代位权诉讼,符合规定的,应当立案受理;不符合规定的,告知债权人向次债务人住所地人民法院另行起诉。受理代位权诉讼的人民法院在起诉债务人的诉讼裁决发生法律效力以前,应当中止代位权诉讼。

当两个诉讼同时存在的时候,代位权诉讼必须以债权人对债务人的给付之诉为依据。因此,债权人对次债务人的代位权诉讼应当中止。如果债权人不起诉债务人,而直接起诉次债务人行使代位权,则法院同时审理两个法律关系,就不存在中止的问题了。

(3)诉讼中第三人。债权人以次债务人为被告向人民法院提起代位权诉讼,未将债务人列为第三人的,人民法院可以追加债务人为第三人。两个或者两个以上债权人以同一次债务人为被告提起代位权诉讼的,人民法院可以合并审理。

(4)财产保全。在代位权诉讼中,债权人请求人民法院对次债务人的财产采取保全措施的,应当提供相应的财产担保。

(5)诉讼费。在代位权诉讼中,债权人胜诉的,诉讼费由次债务人负担,从实现的债权中优先拨付。

(6)代位权诉讼请求的数额。在代位权诉讼中,债权人行使代位权的请求数额超过债务人所负债务数额或者超过次债务人对债务人所负债务数额的,对超出部分人民法院不予支持。

债务人在代位权诉讼中,对超过债权人代位请求数额的债权部分起诉次债务人的,人民法院应当告知其向有管辖权的人民法院另行起诉。债务人的起诉符合法定条件的,人民法院应当受理;受理债务人起诉的人民法院在代位权诉讼裁决发生法律效力以前,应当依法中止。

(四)代位权行使的效力

债权人向次债务人提起代位权诉讼经人民法院审理后认定代位权成立的,由次债务人向债权人履行清偿义务,债权人与债务人、债务人与次债务人之间相应的债权债务关系即予消灭。

债权人代位权胜诉后,次债务人无力清偿或者无力全部清偿的,债权人不能再向债务人主张债权。

三、债权人撤销权

(一)债权人撤销权的概念

债权人撤销权,是保全权的一种,是债权人对于债务人减少财产以致危害债权的行为,得请求法院予以撤销的权利。

(二)债权人撤销权的成立要件

(1)债权人须以自己的名义行使撤销权,即债权人以自己为原告,以债务人为被告。

(2)债权人对债务人存在有效债权。债权人对债务人的债权未到期,不影响撤销权的成立。

(3)债务人实施了减少财产的法律行为。减少财产的行为在债权人的债权发生之后。

(4)债务人减少财产的行为须有害于债权人的债权。

(5)债务人有偿转让财产时,第三人须有过错。债务人向第三人有偿低价转让财产时与第三人成立了交易关系,为保证交易关系,第三人有过错,债务人才能行使撤销权。第三人的过错是故意,不是过失。

(三)债权人撤销权的行使

债权人撤销权的行使应当通过诉讼方式。

1. 撤销权的主体

撤销权的主体是因债务人不当减少财产而受其害的债权人。债权人为数人时,可以共同行使此权利。

2. 当事人的诉讼地位

债权人为原告,债务人为被告,受益人或受让人为民事诉讼上的第三人。如果债权人提起撤销权诉讼,未将受益人或者受让人列为第三人的,人民法院可以追加该受益人或者受让人为第三人。

3. 除斥期间

撤销权自债权人知道或者应当知道撤销事由之日起1年内行使。自债务人的行为发生之日起5年内没有行使撤销权的,撤销权消灭。

4. 诉讼中的其他问题

管辖:原告就被告。

合并审理:两个或者两个以上债权人以同一债务人为被告,就同一标的提起撤销权诉讼的,人民法院可以合并审理。

费用:债权人行使撤销权的必要费用,由债务人负担。

(四)致使撤销权成立的八种行为

(1)债务人对第三人(次债务人)放弃到期债权,对债权人造成损害。

(2)债务人对第三人(次债务人)放弃未到期债权,对债权人造成损害。

(3)债务人无偿转让财产,对债权人造成损害。

(4)债务人放弃债权担保,对债权人造成损害。

(5)债务人恶意延长到期债权的履行期,对债权人造成损害。

(6)债务人以明显不合理的低价转让财产,对债权人造成损害,并且受让人知道该情形。

(7)债务人以明显不合理的高价收购他人财产,对债权人造成损害。

(8)以抵押物折价对后顺序担保物权人的利益造成侵害。

(五)撤销权行使的效力

(1)债权人提起撤销权诉讼,人民法院判决撤销债务人行为的,该行为自始无效。

(2)撤销权的效果,在于债务人财产的回归,债权人并不直接获得财产,这一点与代位权有明显不同。债务人的财产回归之后,不单行使撤销权的债权人享有利益,其他债权人,都可以因此享有利益。但基于公平原则,行使撤销权的原告,应就在诉讼上所支出的必要费用,优先受偿。

第二节 债的担保

一、债的担保的概念和种类

债的担保是依法律的规定或当事人的约定,为确保债务履行、债权实现而采取的法律措施。债的担保,于主债权债务关系之外,又成立了新的担保法律关系(从法律关系)。

(1)我国法律规定的担保方式有保证、抵押、质押、留置、定金及建设工程优先受偿权。学理上,一般将担保分为人的担保、物的担保和金钱担保。除此之外,还有为担保人提供的反担保。

(2)第三人为债务人向债权人提供担保时,可以要求债务人提供反担保。

反担保人可以是债务人,也可以是债务人之外的其他人。反担保方式可以是债务人提供的抵押或者质押,也可以是其他人提供的保证、抵押或者质押。

反担保也是担保,因此适用《担保法》的规定。

二、主合同的效力与担保合同的效力

(一)主从合同的关系

主合同是由主债权和主债务构成的法律关系。债权人与担保人(保证人、物上保证人)之间的担保合同是从属于主合同的法律关系,故又称为从合同。

(二)担保合同无效的主要原因

(1)主体不适格。

没有担保资格而为担保属于主体不适格(不合格)。如国家机关和以公益为目的的事业单位违反法律规定提供担保的,担保合同无效。

企业法人具有保证人的资格当无疑问;企业法人的分支机构未经法人书面授权提供保证的,保证合同无效。

非法人组织和自然人可以作为担保人。

(2)担保物为禁止流通物。

(3)违反国家管理规定。

(三)从合同无效时,相关当事人的责任

从合同包括保证合同、抵押合同和质押合同。从合同无效,不影响主合同的效力。

1. 主合同有效、担保合同无效时责任的承担

(1)主合同有效,保证合同、抵押合同、质押合同无效,债权人无过错的,担保人对主合同债权人的经济损失,承担连带赔偿责任。

(2)主合同有效,保证合同、抵押合同、质押合同无效,债权人、担保人有过错的,担保人承担民事责任的部分,不应超过债务人不能清偿部分的1/2。

2. 主合同无效而导致担保合同无效时责任的承担

(1)主合同无效而导致保证合同、抵押合同、质押合同无效的,担保人无过错的,担保人不承担民事责任。

(2)主合同无效而导致担保合同无效,担保人有过错的,担保人承担民事责任的部分,不应超过债务人不能清偿部分的1/3。

(3)担保人因无效担保合同向债权人

承担赔偿责任后,可以向债务人追偿,或者在承担赔偿责任的范围内,要求有过错的反担保人承担赔偿责任。担保人可以根据承担赔偿责任的事实对债务人或者反担保人另行提起诉讼。

三、保证

(一)保证的概念

保证是指保证人和债权人约定,当债务人不履行债务时,保证人按照约定履行债务或者承担责任的行为。

与保证密切相关的,有两层法律关系:一是主债权人与主债务人之间的主债权债务关系;二是保证人受主债务人的委托,为主债务人的债务提供担保形成的委托关系。未受委托提供担保或者担保责任消除后(如保证期间经过)仍承担保证责任的,债务人与保证人为无因管理关系。

(二)保证的种类

1.一般保证与连带责任保证

一般保证,是当事人在保证合同中约定,债务人不能履行债务时,由保证人承担保证责任。一般保证人拥有先诉抗辩权。

连带责任保证,是当事人在保证合同中约定保证人与债务人对债务承担连带责任。连带保证人不享有先诉抗辩权。

连带责任保证的债务人在主合同规定的债务履行期届满没有履行债务的,债权人可以要求债务人履行债务,也可以要求保证人在其保证范围内承担保证责任。

2.单独保证与共同保证

单独保证,是一个人作为保证人。

共同保证,是两个或两个以上的保证人为同一债务提供担保。

同一债务有两个以上保证人的,应当按照保证合同约定的保证份额承担保证责任;没有约定保证份额的,保证人承担连带责任。已经承担保证责任的保证人,有权向债务人追偿或者要求承担连带责任的其他保证人清偿其应当承担的份额。

3.最高额保证

保证人与债权人可以就单个主合同分别订立保证合同,也可以协议在最高债权额限度内就一定期间连续发生的借款合同或者某项商品交易合同订立一个保证合同。

4.银行专款专用的保证

第三人向债权人保证监督支付专款专用的,在履行了监督支付专款专用的义务后,不再承担责任;未尽监督义务造成资金流失的,应当对流失的资金承担补充赔偿责任。

(三)保证的设立

1.保证人

除法律另有规定外,凡具有代为清偿债务能力的法人、非法人组织或自然人,都可以作为保证人。

禁止提供保证的主体:未经国务院批准的国家机关;学校、幼儿园、医院等以公益为目的的事业单位、社会团体。

2.保证合同

(1)保证合同的特征

保证合同是债权人与保证人之间的法律关系。保证合同是从合同、诺成合同、单务合同、要式合同。

(2)保证合同的形式和成立

保证合同是要式合同,应当以书面形式订立。当事人口头达成的保证合同不发生效力,但保证人履行主债务时,方式上的欠缺消灭。

主合同中虽然没有保证条款,但是,保证人在主合同上以保证人的身份签字或者盖章的,保证合同成立。

(3)保证合同的内容

保证合同最重要的内容是对保证方式的约定。保证的方式是指保证人提供一般保证还是连带责任保证。两种保证,对保证人来说,其承担的义务和危险是不同的。当事人对保证方式没有约定或者约定不明确的,应按连带责任承担保证责任。

(四)保证的效力

1. 保证担保的范围

保证担保的约定大于法定。当事人对保证担保的范围没有约定或者约定不明确的,保证人应当对全部债务承担责任。

2. 债权债务转让时的保证责任

在保证期间内,债权人有可能将主债权、债务转让给第三人,这就发生保证责任继续与免除问题。

(1)债权转让时的保证责任。主债权转让给第三人,第三人即取代原债权人成为主合同中新的债权人,原债权人脱离主合同。第三人同时取得保证债权。

(2)债务转让与保证责任。保证期间,债权人许可债务人转让债务的,应当取得保证人书面同意,保证人对未经其同意转让的债务,不再承担保证责任。

3. 主合同内容变更时的保证责任

保证期间,债权人与债务人对主合同数量、价款、币种、利率等内容作了变动,未经保证人同意的,如果减轻债务人的债务的,保证人仍应当对变更后的合同承担保证责任;如果加重债务人的债务的,保证人对加重的部分不承担保证责任。债权人与债务人对主合同履行期限作了变动,未经保证人书面同意的,保证期间为原合同约定的或者法律规定的期间。债权人与债务人协议变动主合同内容,但并未实际履行的,保证人仍应当承担保证责任。

4. 债务人破产时,保证人的责任

保证期间,人民法院受理债务人破产案件的,债权人既可以向人民法院申报债权,也可以向保证人主张权利。债权人申报债权后在破产程序中未受清偿的部分,保证人仍应当承担保证责任。债权人要求保证人承担保证责任的,应当在破产程序终结后6个月内提出。

(五)保证责任的免除

1. 保证期间与免责

保证期间也称为保证责任期间,是根据约定或者法定,债权人主张权利的期间。在此期间,债权人若不主张权利,则保证人免责。

(1)一般保证的保证期间

保证期间分为法定和约定两种,未约定保证期间的适用法定保证期间。起算时间为主债务履行期届满之日,保证期间不因任何事由发生中断、中止和延长。

由于一般保证人享有先诉抗辩权和后诉利益,债权人实现自己的债权,应首先针对债务人提出要求。在约定或法定保证期间,债权人未对债务人提起诉讼或申请仲裁,则保证人得以免除保证责任。

(2)连带责任保证的保证期间

连带责任保证的保证人与债权人未约定保证期间的,债权人有权自主债务履行期届满之日起6个月内要求保证人承担保证责任。在合同约定的保证期间和法律规定的保证期间,债权人未要求保证人承担保证责任的,保证人免除保证责任。

(3)保证期间的约定和起算

保证合同约定的保证期间早于或者等于主债务履行期限的,视为没有约定,保证期间为主债务履行期届满之日起6个月。保证合同约定保证人承担保证责任直至主债务本息还清时为止等类似内容的,视为约定不明,保证期间为主债务履行期届满之日起2年。

主合同对主债务履行期限没有约定或者约定不明的,债权人得随时主张债权,但一般要给债务人一定的宽展期。保证期间自债权人要求债务人履行义务的宽限期届满之日起计算。

2. 以新贷还旧贷时的保证责任

主合同当事人双方协议以新贷偿还旧贷,除保证人知道或者应知道的外,保证人不承担民事责任。新贷与旧贷系同一保证人的,保证人不免责。

(六)保证人的追偿权

保证人承担保证责任后,有权向债务人追偿,此即保证人的追偿权。

出现法定情况时,追偿权可以预先行使。即人民法院受理债务人的破产案件后,债权人未申报债权的,保证人可以参加破产财产的分配。各连带共同保证的保证人应当作为一个主体申报债权,预先行使追偿权。

四、定金

(一)定金的概念和种类

定金是指订立合同时,为了保证合同的履行,约定由当事人一方先行给付另一方的货币。合同履行后,定金应当收回或抵作价款。

定金罚则的基本内容是:给付定金的一方不履行合同,就丧失了定金的所有权,无权要求返还;接受定金的一方不履行合同,根据对等原则,应当双倍返还定金。

定金包括以下种类:

1. 证约定金

我国合同法规定的定金,具有证约性质,是合同成立的证明,把证约定金看作为证明合同成立而交付的款项。

2. 立约定金

双方当事人在预约之中为以后签订本约而设立的定金。

3. 成约定金

成约定金指把定金的交付作为合同成立或生效的条件。

4. 解约定金

解约定金又称反悔定金。定金交付后,交付定金的一方可以按照合同的约定以丧失定金为代价而解除主合同,收受定金的一方可以双倍返还定金为代价而解除主合同。

(二)定金的成立

(1)定金合同应当采用书面形式。

(2)定金合同从实际交付定金之日起生效,定金合同为实践合同。

(3)定金的数额由当事人约定,但不得超过主合同标的额的20%。

(三)定金的效力

(1)定金罚则只能针对不履行这种违约形态适用,不适用于迟延履行、瑕疵履行。

(2)对部分不履行的,定金罚则可以针对不履行部分适用。

(3)因不可抗力、意外事件致使主合同不能履行的,不适用定金罚则。因合同关系以外第三人的过错,致使主合同不能履行的,适用定金罚则。受定金处罚的一方当事人,可以依法向第三人追偿。

(四)定金与违约金、赔偿金

(1)定金与违约金不能合并适用,只能择一适用。

(2)定金与赔偿金可以合并适用。

买卖合同约定的定金不足以弥补一方违约造成的损失,对方请求赔偿超过定金部分的损失的,人民法院可以并处,但定金和损失赔偿的数额总和不应高于因违约造成的损失。其中,损失包括既得利益和可得利益。

第十六章 债的移转和消灭

第一节 债的移转

一、债的转移的概念与种类

债的移转,即债权、债务的移转,包括债权让与、债务承担(转移债务)和债权债务概括承受。

二、债权让与

(一)债权让与的概念

债权让与又称为债权转让,是债权人将债权全部或者部分转让给第三人。

债权让与是双方法律行为,又称为债权让与合同、债权转让合同。

(二)债权让与的要件

(1)须存在有效债权。

超过诉讼时效的债权也可以转让给他人,但新的债权人仍然不能要求强制实际履行。

(2)须被让与的债权具有可让与性。

到期债权和未到期债权都可以让与,但以下情形不得转让:

①根据合同性质不得转让。

②根据当事人约定不得转让。

③依据法律规定不得转让。

(3)债权人与受让人达成合意。

(4)通知债务人或取得债务人的同意。

①债权让与的通知。债权人转让权利的,应当通知债务人。未经通知,该转让对债务人不产生效力。债权人转让权利的通知不得撤销,但经受让人同意的除外。

另外,债权转让的通知引起诉讼时效的中断。

②撤销通知的禁止。债权人让与债权的通知不得撤销,但经受让人同意的除外。

(三)债权让与的效力

1.内部效力

(1)债权转移给受让人。

(2)从权利随之转移,包括担保权、利息债权、违约金债权、损害赔偿金请求权等。即使主债权的转让没有取得第三人(担保义务人)的同意,也不影响第三人担保责任的承担。

(3)让与人对其让与的债务负担瑕疵担保责任。

2.外部效力

(1)让与人与债务人脱离债的关系。

(2)债权转让给受让人之后,受让人有权要求债务人履行债务。

为保护债务人,除法律规定债权转让要通知债务人以外,还有两项措施:

①债务人的抗辩权。债务人接到债权转让通知后,债务人对让与人的抗辩,可以向受让人主张。

如甲方卖给乙方价值10万元的电器,乙方收货后,发现该批货物没有安全认证标志,即以甲方违反国家强制性规定为由拒绝付款,并准备退货,而甲方已将债权转让给丙方。在这种情况下,乙方对甲方的抗辩权,可以对丙方主张。

②债务人的抵销权。债务人接到债权转让通知时,债务人对让与人享有债权,并且债务人的债权先于转让的债权到期或者同时到期的,债务人可以向受让人主张抵销。

三、债务承担

(一)债务承担的概念和种类

债务承担,又称为债务转移,指债务人将全部或者部分债务转移给第三人。

债务承担的发生,通常由债务人与第三人达成协议。该协议称为债务承担合同,该第三人被称为债务承担人。

债务的转移须经过债权人的同意。如果事先未取得债权人同意而签订了债务承担合同,该合同为效力未定。

债务承担的种类:

1. 免责的债务承担

"免责"是债务人对转移出去的债务免责。

免责的债务承担是第三人代替原债务人承担全部债务或者部分债务,原债务人按照转让的程度(数额)解脱出来。第三人是新债务人,又称为承担人。

2. 并存的债务承担

并存的债务承担又称为重复的债务承担,是第三人加入债的关系,与原债务人共同承担同一债务。

(二)债务承担的要件

(1)须存在有效的债务。

(2)债务具有可移转性。

以下债务不具有可转移性:

①性质上不可转移的债务;

②当事人特别约定不能转移的债务;

③不作为义务。

(3)第三人须与债务人达成协议。

(4)债务人将债务全部或者部分转移给第三人的,应当取得债权人的同意。

(三)债务承担的效力

(1)原债务人免责,新债务人产生。

(2)抗辩权随之转移。

债务人转移债务的,新债务人(债务承担人)可以主张原债务人对债权人的抗辩。但是,原债务人对债权人的抵销权,新债务人不得对债权人行使。

经债权人同意,债务人转移合同义务后,受让人与债权人之间因履行合同发生纠纷诉至人民法院,受让人就债务人对债权人的权利提出抗辩的,可以将债务人列为第三人。

(3)从债务一并随之移转。

债务人转移债务的,新的债务人应当承担与主债务有关的从债务,但该从债务专属于原债务人的除外。

(4)债务转移与保证。

保证期间,债权人许可债务人转让债务的,应当取得保证人的书面同意,保证人对未经其同意转让的债务,不再承担保证责任。

四、债的概括承受

(一)债的概括承受的概念

债的概括承受又称为概括转让,指债的一方当事人将自己的债权和债务一并转让。

概括承受分为意定概括承受和法定概括承受。意定概括承受又称为合同承受。

(二)合同承受

1. 合同承受的含义

合同承受是基于转让人和受让人(第三人)之间的转让合同产生的。当事人一方经他方当事人同意,可以将自己在合同中的权利义务一并转让给第三人。

当事人一方将自己在合同中的权利义务一并转让给第三人,除与第三人达成合意之外,还应当取得对方当事人的同意。因为,概括承受包含了债务的转移。

2. 合同承受的相关问题

(1)对债权转让的限制,适用于概括承受。如按合同性质、当事人约定和法律规定不得转让的债权。

(2)被转让的合同应为双务合同,对于单务合同,一方当事人是债权人,不兼有债务人的身份,另一方是债务人,不兼有债权人的身份,不可能发生概括承受。

(3)从权利和从债务的转移。新的合同当事人取得与债权有关的从权利,但该从权利专属于债权人自身的除外;新的合同当事人应当承担与主债务有关的从债务,但该从债务专属于原债务人自身的除外。

(4)抗辩权的移转。债务人对让与人的抗辩,可以向受让人主张;债务人抵销权可以向受让人行使。

合同当事人一方经对方同意将其在合同中的权利义务一并转让给受让人,对方与受让人因履行合同发生纠纷诉至人民法院,对方就合同权利义务提出抗辩的,可以将出让方列为第三人。

(三)法定概括承受

法定概括承受又称为法定概括转移,这种转移是直接依据法律的规定产生的。

法定概括转移的原因,主要是当事人的分立与合并。

当事人订立合同后合并的,由合并后的法人或者其他组织行使合同权利,承担合同义务。当事人订立合同后分立的,除债权人和债务人另有约定的以外,由分立的法人或者其他组织对合同的权利义务享有连带债权、承担连带债务。

第二节 债的消灭

一、债的消灭的概念

由于发生一定的法律事实,债权债务归于消灭。

债因清偿、解除、抵销、免除、混同等事由而消灭。

合同的权利义务终止是债的消灭的一种表现。

二、清偿

(一)清偿的概念

清偿,是债务人使债权人的债权得到实现的行为。

(二)代为清偿

代为清偿指依照约定或法律规定,可由第三人代为清偿。

代为清偿与代物清偿有所不同,代为清偿是由第三人清偿,代物清偿是以一宗给付替代另一宗给付。

(三)清偿费用

清偿费用由债务人承担,另有规定、另有约定的除外。

三、抵销

(一)抵销的概念

抵销是指双方当事人互负债务时,一方通知对方以其债权充当债务的清偿或者双方协商以债权充当债务的清偿,以使双方的债务在对等数额内消灭的行为。

抵销分为法定抵销与合意抵销。

(二)法定抵销

1.法定抵销的概念

法定抵销是指当事人互负到期债务,该债务的标的物种类、品质相同的,任何一方可以将自己的债务与对方的债务抵销,但依照法律规定或者按照合同性质不得抵销的除外。

当事人主张抵销的,应当通知对方。通知自到达对方时生效。抵销不得附条件或者附期限。

抵销权在性质上是简单形成权,行使形成权的行为是单方法律行为。

用来抵销的债权,是抵销人的债权,称为主动债权;被抵销的对方当事人的债权,是被抵销人的债权,称为被动债权。

2.法定抵销的要件

(1)当事人互负到期债权、到期债务。

(2)债务的标的物种类、品质相同。

(3)当事人所负债务属于可以抵销的债务。

(4)抵销权人将抵销的意思表示通知对方。

3. 约定不得抵销的效力

当事人约定不得抵销的,人民法院可以认定该约定有效。

4. 异议期

当事人对债务抵销虽有异议,但在约定的异议期限届满后才提出异议并向人民法院起诉的,人民法院不予支持;当事人没有约定异议期间,在债务抵销通知到达之日起3个月以后才向人民法院起诉的,人民法院不予支持。

5. 法定抵销的效力

抵销使双方互负的债务在数额相等的范围内消灭。

(三)合意抵销

双方当事人协商一致将各自的债务抵销,实际上是当事人订立以抵销债务为内容的合同,该合同称为抵销合同。

三、提存

(一)提存的概念

提存是指债务人无法履行债务或者在难以履行债务的情况下,将标的物交由提存机关保存,以终止债权债务关系的行为。

提存,是提存人(债务人)与提存机关之间的合同。

提存涉及三个方面的当事人:一是提存人——合同债务人;二是提存受领人——合同债权人;三是提存机关——公证机关。

标的物提存后,债务人从原有的债权债务关系中解脱出来。标的物提存后,除债权人下落不明的以外,债务人应当及时通知债权人的继承人、监护人。

提存分为以清偿为目的的提存和以担保为目的的提存。

(二)提存的事由

有下列情形之一,难以履行债务的,债务人可以将标的物提存:

(1)债权人无正当理由拒绝受领。

(2)债权人下落不明。

(3)债权人死亡未确定继承人或者丧失民事行为能力未确定监护人。

(4)法律规定的其他情形。

(三)提存的标的

提存的标的物可以是货币、有价证券、票据、提单、权利证书、货物等。

(四)提存的方法

提存人应办理提存公证。债务人与公证机关的合同是寄存(保管)兼为第三人(债权人)利益的合同。

(五)提存的效力

1. 债务人与债权人之间的效力

(1)提存视为与履行具有相同的效力,自提存之日起,债务人与债权人之间的合同权利义务终止,债权人不得再向债务人请求履行合同。

(2)标的物提存后,毁损、灭失的风险的承担由债务人转移到债权人。

(3)提存期间,标的物的孳息归债权人所有。提存费用由债权人负担。

2. 提存人与提存机关之间的效力

提存人与提存机关之间的效力主要体现在提存人在提存后有无取回权的问题。

提存人可以凭人民法院生效的判决与裁定或提存之债已经清偿的公证证明,取回提存物。提存受领人以书面形式向公证处放弃提存受领权的,提存人得取回提存物。提存人取回提存物的,因提存和取消提存产生的费用应由提存人负担。

3. 提存机关与债权人之间的效力

(1)债权人可以随时领取提存物,但债权人对债务人负有到期债务的,在债权人未履行债务或者提供担保之前,提存部门根据债务人的要求应当拒绝其领取提存物。债权人领取标的提存物的权利,自提存之日起5年之内不行使而消灭,提存物扣除费用后归国家所有。

(2)提存机关有妥善保管提存物的义务。因提存机关保管不善致使提存标的物毁损、灭失的,提存机关应当向债权人承担赔偿责任。债权人要求提存机关承担赔偿责任的权利,亦应在提存之日起5年之内行使。

四、免除

(一)免除的概念

免除是指债权人免除债务人的债务,是债权人以消灭债务人债务为目的的抛弃债权的意思表示。

(二)免除的方法

免除是一种民事法律行为,须债权人有抛弃债权的意思表示。

免除可以是单方法律行为,免除的意思表示到达债务人后,即发生免除债务的效果,因而不得撤销;但免除可以撤回,即撤回的通知与免除的通知同时到达时或者先于免除的通知到达的,应当发生撤回的效果。

当事人也可以就免除成立合同。

五、混同

(一)混同的概念

合同关系或债的关系的主体是对立的双方,当债权与债务同归于一人,不存在债权人和债务人,由此导致权利义务关系终止时,称为混同。

(二)混同的成立

债权、债务的混同,因债权或债务的承受而产生。

承受包括概括承受和特定承受两种。概括承受是发生混同的主要原因。如两个企业法人之间发生合并,债权债务因同归于同一个企业而消灭。特定承受是债权人承受债务人的债务或债务人承受债权人的债权,此时债权、债务也因混同而消灭。

混同是一种事实,无须有任何意思表示,即发生合同之债消灭的效果。

(三)混同的效力

混同是债的消灭的独立原因,但涉及第三人利益的除外。

第十七章 不当得利、无因管理

第一节 不当得利之债

一、概念

不当得利,是指没有合法根据(合法原因)而受益,致使他人受损失的法律事实。

因他人没有法律根据,取得不当利益,受损失的人有权请求其返还不当利益。

不当得利常与侵权行为竞合,由当事人选择如何主张请求权。

二、成立要件

(1)一方取得财产利益。取得财产利益,可以是财产范围的扩大(积极的增加),也可以是应减少而未减少(消极的增加)。

(2)一方受有损失。于自己有利,于他人无损的事实不构成不当得利。例如,反射利益不构成不当得利。

(3)取得利益与所受损失之间有因果关系。即一方财产的增加在于另一方财产的减少,或者一方财产的减少,使另一方的财产增加。

(4)没有法律上的根据。利益的取得没有合法的原因,即没有法律的直接规定或者没有当事人的意思表示。

三、不当得利的基本类型

(一)给付不当得利

欠缺给付目的而增加相对人财产的行为,使相对人构成不当得利。

非债清偿,是无债务而清偿,构成不当得利。

(二)非给付不当得利

非给付不当得利,是因给付以外的原因所产生的不当得利。

包括因侵权产生的不当得利和因事件产生的不当得利。

四、不当得利之债的内容

(一)善意受益人的返还义务

善意受益人,指于受益时不知其受益无法律根据的受益人。

因过失而不知,亦属善意。

善意受益人时,仅于现存的利益范围内负返还义务。现存利益的确定应以返还请求之时为准。善意受益人在返还时,并不附加利息。

(二)恶意受益人的返还义务

恶意受益人,指明知无法律根据而取得利益的受益人。这种恶意,可以发生在受领财产时,也可以发生在受领财产之后。即恶意分为自始恶意和嗣后恶意。恶意受领人,应将现存利益附加利息一并偿还,如有损害,应当予以赔偿,即返还现存利益+利息+损害赔偿。

第二节 无因管理之债

一、概念

无因管理,是指没有法定或者约定的义务而为他人管理事务的行为。

没有法定的或者约定的义务,为避免他人利益受损失而进行管理的人,有权请求受益人偿还由此支出的必要费用。

与委托不同,无因管理之债是法定之债,委托之债是意定之债(委托合同)。无因管理行为被追认后,适用委托的规定。

无因管理是事实行为,而非民事法律行为,不要求管理人有民事行为能力。

无因管理是无偿行为,管理人不能因为管理行为而要求受益人给予报酬,即管理人无报酬请求权。

二、成立要件

(1)管理他人事务。可以是对他人的财产进行管理,也可以是对非财产事务进行管理。

(2)有为他人利益的意思。仅仅是为了自己的利益,不构成无因管理。无因管理是事实行为,管理人为他人利益的意思,无需向被管理人(受益人)表示,即可构成无因管理关系。将他人的事务误认为自己的事务而进行管理,称为误信管理。

(3)无法律上的原因。对他人事务的管理没有法定或者约定的义务。

三、无因管理之债的内容

(一)管理人的义务

(1)适当管理的义务,即要以有利于受益人的方法为之。

(2)管理人开始管理时,以能通知者为限,应通知受益人。

(3)报告及权利移转的义务。管理人应将管理事务的状况报告给本人。为本人牟取的利益应当移转于本人。

（二）管理人的权利

管理人的主要权利（债权）是有权要求本人偿付必要的费用，有损失的，要求弥补损失。

（三）赔偿责任

管理人在管理过程中因故意或者重大过失行为致使本人遭受损害时，应当予以赔偿。在紧急管理中，管理人的轻过失免责。对拾得物的管理，也是轻过失免责。

第十八章　合同的订立和履行

第一节　合同订立的程序

一、合同订立的一般程序

当事人订立合同，采取要约、承诺方式。

（一）要约

1. 概念

要约是希望和他人订立合同的意思表示。向不特定多数人发出的广告，也可以视为要约。

一方签字或者盖章的格式合同可以作为内容固定的要约向他人提出。

2. 要件

（1）内容具体确定；

（2）表明经受要约人承诺，要约人即受该意思表示约束。

3. 方式

要约一般采用通知方式，可以是口头通知，也可以是书面通知。

一方当事人也可以向相对人发出加盖公章或者签字的合同书作为要约。

4. 生效时间

要约的生效，适用意思表示的规定：以对话方式作出的意思表示，相对人知道其内容时生效；以非对话方式作出的意思表示，到达相对人时生效；以非对话方式作出的采用数据电文形式的意思表示，相对人指定特定系统接收数据电文的，该数据电文进入该特定系统时生效；未指定特定系统的，相对人知道或者应当知道该数据电文进入其系统时生效；当事人对采用数据电文形式的意思表示的生效时间另有约定的，按照其约定。

5. 效力

要约送达后，受要约人获得承诺的资格。要约原则上可以撤销，但有例外情况。

6. 失效

（1）拒绝要约的通知到达要约人；

（2）要约人依法撤销要约；

（3）承诺期限届满，受要约人未作出承诺；

（4）受要约人对要约的内容作出实质性变更。

7. 撤回

要约可以撤回。撤回要约的通知应当在要约到达受要约人之前或者与要约同时到达受要约人。

在要约生效前对发出的要约的修改，其效果等于旧要约撤回，新要约产生。

8. 撤销

要约可以撤销，但撤销要约的通知应当在受要约人发出承诺通知之前到达受要约人。

要约不得撤销的情形包括：

(1)要约人确定了承诺期限;
(2)以其他形式明示要约不可撤销;
(3)受要约人有理由认为要约是不可撤销的,并已经为履行合同做了准备工作。

(二)要约邀请

要约邀请又称为要约引诱,是希望他人向自己发出要约的意思表示。寄送的价目表、拍卖公告、招标公告、招股说明书、商业广告等为要约邀请。商业广告的内容符合要约规定的,视为要约。寄送的价目表、拍卖公告、招标公告和商业广告都是对不特定相对人发出的要约邀请。

(三)承诺

1. 概念

承诺是受要约人同意要约的意思表示。承诺与要约结合,方能构成合同。

2. 要件

(1)承诺是对要约同意的意思表示。
(2)是受要约人向要约人作出答复。
(3)必须是不附条件地同意要约的各项条款。
(4)应当在要约确定的期限内或合理的期限内到达要约人。

3. 期限计算

要约以信件或者电报作出的,承诺期限自信件载明的日期或者电报交发之日开始计算;信件未载明日期的,自投寄该信件的邮戳日期开始计算;要约以电话、传真等快速通讯方式作出的,承诺期限自要约到达受要约人时开始计算。

4. 方式

承诺应当以通知的方式作出,但根据交易习惯或者要约表明可以通过行为作出承诺的除外。

承诺通知为明示方式。但默示行为也可构成承诺:一是受要约人接受了履行(如接受现物要约)或实际履行了要约提出的行为,根据上述行为,可以推定当事人承诺的真实意思;二是根据交易习惯,使受要约人可以用沉默表示承诺。这种习惯,通常是指有相对固定联系的交易伙伴之间的习惯。

5. 生效

(1)承诺的生效,适用意思表示的规定:以对话方式作出的意思表示,相对人知道其内容时生效;以非对话方式作出的意思表示,到达相对人时生效;以非对话方式作出的采用数据电文形式的意思表示,相对人指定特定系统接收数据电文的,该数据电文进入该特定系统时生效;未指定特定系统的,相对人知道或者应当知道该数据电文进入其系统时生效;当事人对采用数据电文形式的意思表示的生效时间另有约定的,按照其约定。

(2)承诺不需要通知的,根据交易习惯或者要约的要求作出承诺的行为时生效。

6. 撤回

承诺可以撤回,撤回承诺的通知应当在承诺通知到达要约人之前或者与承诺通知同时到达要约人。

7. 迟延

(1)因迟发而迟到的承诺。

受要约人超过承诺期限发出承诺的,除要约人及时通知受要约人该承诺有效的以外,为新要约。

(2)未迟发而迟到的承诺。

受要约人在承诺期限内发出承诺,按照通常情形能够及时到达要约人,但因其他原因承诺到达要约人时超过承诺期限的,除要约人及时通知受要约人因承诺超过期限不接受该承诺的以外,该承诺有效。

(3)迟发的承诺和迟到的承诺之间的空白点。

当受要约人在承诺期限内发出承诺,但必然迟到的承诺应当如何认定效力?此种情形应认定为新要约,除非要约人发出承认通知。

8.对要约的非实质性变更和实质性变更

承诺的内容应当与要约的内容一致,即承诺应当是对要约的接受。

(1)实质性变更。

受要约人对要约的内容作出实质性变更的,为新要约。

(2)非实质性变更。

对要约的非实质性变更,指虽有表面上的变更,但这种变更没有实质改变要约的内容,即没有提出新的权利义务的设计或者虽有变更但没有增加要约人的负担。

承诺对要约的内容作出非实质性变更的,除要约人及时表示反对或者要约表明承诺不得对要约的内容作出任何变更的以外,该承诺有效,合同的内容以承诺的内容为准。

二、合同的特殊订立方式

(一)悬赏广告

悬赏广告是指广告主(广告人)以广告的形式声明对完成悬赏广告中规定的特定行为的任何人,给付广告中约定报酬的意思表示。悬赏广告是一种特殊的要约。对悬赏广告,受要约人一般不能以通知作为承诺,而应以完成规定的行为作为承诺。

(二)招标、投标

招标、投标是一种竞争缔约方式,是指由招标人向数个相对人或者不特定的多数人发出招标邀请,并在诸投标人中选择最优者与其订立合同。投标人之间相互进行秘密竞争。

(三)拍卖

拍卖,是指以公开竞价的方式,将特定物品或者财产权利转让给最高应价者的买卖方式。拍卖也体现了以要约、承诺方式订立合同的过程。

拍卖要经过以下程序:

(1)委托人应当与拍卖人签订委托拍卖合同。

(2)拍卖人应当于拍卖日7日前发布拍卖公告,并在拍卖前展示拍卖标的,并提供查看拍卖标的的条件及有关资料。拍卖标的的展示时间不得少于两日。拍卖公告在性质上属于要约邀请。

(3)竞买。竞买是指以应价的方式向拍卖人作出应买的意思表示。应价的意思表示在学说上一致认为属于要约。

(4)竞买人的最高应价经拍卖师以落槌或者其他公开表示买定的方式确认后,拍卖成交。

拍卖标的有保留价的,竞买人的最高应价未达到保留价时该应价不发生效力,拍卖师不应确认,而应当停止拍卖标的的拍卖。

确认,又称为卖定,是对应买的承诺。

拍卖成交后,买受人和拍卖人应当签署成交确认书。

三、合同成立的时间和地点

(一)含义

当事人就合同的必要内容达成合意的法律事实。

采用合同书形式订立合同的,自双方当事人签字或者盖章时合同成立;采用信件、数据电文等形式订立合同的,可以在合同成立之前要求签订确认书,签订确认书时合同成立。

【注意】要求签订确认书须在合同成立之前。合同成立之后,一方当事人要求签订确认书,实际上是要否定或者推翻已经产生约束力的合同。

(二)合同成立的时间

承诺生效时合同成立。

(三)合同的成立地点

(1)承诺生效的地点为合同成立的地点。

(2)采用数据电文形式订立合同的,收件人的主营业地为合同成立的地点;没有主营业地的,其经常居住地为合同成立的地点。当事人另有约定的按照其约定。

(3)以合同书形式订立合同的,双方当事人签字或者盖章的地点为合同成立的地点。

(4)以行为成立合同的,承诺生效的地点,即为合同成立的地点。以积极的行为(作为)为承诺的,要约人接受该行为的地点为合同成立的地点。

四、格式条款合同

(一)概念

格式条款是当事人为了重复使用而预先拟定,并在订立合同时未与对方协商的条款。

格式合同中也可能存在非格式条款,格式合同中经常有一些空白条款由当事人填写,如保险合同。

(二)订立规则

(1)提供格式条款合同的一方应该按照公平原则来确定当事人的权利义务;

(2)提供格式条款合同的一方有提示和说明义务。

(三)格式条款合同的无效

(1)一方以欺诈、胁迫的手段订立合同,损害国家利益的;

(2)恶意串通,损害国家、集体或者第三人利益的;

(3)以合法形式掩盖非法目的的;

(4)损害社会公共利益的;

(5)违反法律、行政法规的强制性规定的;

(6)造成对方人身伤害的;

(7)因故意或者过失造成对方财产损失的;

(8)利用格式化免责条款不合理地加重对方责任或者排除对方主要权利的。

(四)格式条款的解释及与非格式条款的冲突

对格式条款的理解发生争议的,应当按照通常理解予以解释。对格式条款有两种以上解释的,应当作出不利于提供格式条款一方的解释。格式条款和非格式条款不一致的,应当采用非格式条款。

第二节 合同的内容和解释

一、合同的内容

合同的内容由当事人约定,一般包括以下条款:

(1)当事人的名称或者姓名和住所;
(2)标的;
(3)数量;
(4)质量;
(5)价款或者报酬;
(6)履行期限、地点和方式;
(7)违约责任;
(8)解决争议的方法。

二、合同的解释

(一)合同解释的原则和规则

当事人对合同条款的理解有争议的,应当按照合同所使用的语句、合同的有关条款、合同的目的、交易习惯以及诚实信用原则,确定该条款的真实意思。

(二)补充性解释

(1)协议补充;

(2)不能达成补充协议的,按照合同有关条款或者交易习惯确定。

包括:在交易行为当地或者某一领域、某一行业通常采用并为交易对方订立合同时所知道或者应当知道的做法和当事人双方经常使用的习惯做法。对于交易习惯,由提出主张的一方当事人承担举证责任。

第三节 双务合同履行的抗辩权

一、含义

双务合同的履行抗辩权，是义务人在符合条件时，将自己的给付暂时保留的权利。

行使履行抗辩权虽是拒绝履行，但不构成违约责任。拒绝履行的原因在相对人。行使履行抗辩权的一方还可以追究对方的违约责任。行使履行抗辩权不构成双方违约。

二、同时履行抗辩权

当合同没有约定，法律也没有规定哪一方先履行合同义务时，当事人应当同时履行合同义务，一方不履行或履行不符合约定的，另一方有权保留自己的给付，这种保留给付的权利，就是同时履行抗辩权。

如出卖人所发货物只有一半，买受人也可以只交付一半价金。再如出卖人应当交付微型犬却交付了普通犬，买受人自有权拒付货款。

三、先履行抗辩权

当事人互负债务，有先后履行顺序，先履行一方未履行的，后履行一方有权拒绝其履行要求。先履行一方履行债务不符合约定的，后履行一方有权拒绝其相应的履行要求。

四、不安抗辩权

（一）含义

具有先给付义务的一方当事人，当相对人财产明显减少或信用丧失，不能保证对待给付时，拒绝自己给付的权利。

应当先履行债务的当事人，有确切证据证明对方有下列情形之一的，可以中止履行：

（1）经营状况严重恶化；

（2）转移财产、抽逃资金，以逃避债务；

（3）丧失商业信用；

（4）有丧失或者可能丧失履行债务能力的其他情形。

（二）成立的条件

（1）负有先履行义务的一方当事人才享有不安抗辩权；

（2）对方财产明显减少或信用丧失，有不能为对待给付的现实危险。

（三）举证义务和通知义务

（1）举证义务。当事人没有确切证据中止履行的，应当承担违约责任。行使不安抗辩权的一方负有举证义务，在发生争议时，能够证明对方财产恶化或者丧失信用，足以危害自己获得对待给付。

（2）通知义务。中止履行，应当及时通知对方。对方提供适当担保时，应当恢复履行。中止履行后，对方在合理期限内未恢复履行能力并且未提供适当担保的，中止履行的一方可以解除合同。

第十九章 合同的变更和解除

第一节 合同的变更

一、概念

根据我国《合同法》的规定,合同的变更仅指合同内容的变更。合同主体的变更为合同的转让。

二、条件

(1)存在有效合同;
(2)经当事人协商一致(合意变更),或根据法律特别规定一方通知另一方变更(单方变更);
(3)法律、行政法规规定变更合同应当办理批准、登记等手续的,依照其规定。

三、情事变更原则

(一)含义

合同成立以后客观情况发生了当事人在订立合同时无法预见的、非不可抗力造成的不属于商业风险的重大变化,继续履行合同对于一方当事人明显不公平或者不能实现合同目的,当事人请求人民法院变更或者解除合同的,人民法院应当根据公平原则,并结合案件的实际情况确定是否变更或者解除合同。

(二)适用条件

(1)合同成立时赖以存在的客观情况发生了重大变化;
(2)发生在合同成立之后,履行完毕之前;
(3)该变更并非不可抗力造成,也不属于商业风险;
(4)当事人在合同订立时无法预见到该情事变更;
(5)发生变更后若继续履行合同对一方当事人明显不公或不能实现合同目的。

四、变更的效力

当事人应按变更后的合同内容履行。

未变更的内容继续有效,已经履行的债务不因合同变更而受影响。

第二节 合同的解除

一、概念与方式

在合同有效成立之后,当事人双方通过协议或者一方通过行使约定或法定解除权的方式,使当事人权利义务关系终止的行为。

合同的解除包括三种方式:协商一致解除;依照约定的解除权通知对方解除;依据法定解除权通知对方解除。

合同解除适用于有效成立的合同。

二、条件

(一)法定解除的条件

1.法定解除

法定解除又称单方解除,指在符合法定条件时,当事人一方有权通知另一方解除合同。

2.解除的条件(法定事由)

(1)因不可抗力致使不能实现合同目的;
(2)在履行期限届满以前,当事人一方明确表示或者以自己的行为表明将不履

行主要债务;

(3)当事人迟延履行主要债务,经催告后在合理的期间内仍未履行;

(4)当事人一方迟延履行债务或者有其他违约行为致使不能实现合同目的;

(5)法律规定的其他情形。

3.法定任意解除

法定任意解除,即无须法定事由,依一方的意思表示即可产生解除效力。① 这种随时解除合同的权利,因不需要法定事由,因而称为任意解除权。任意解除权只产生于法律明文规定的合同,在这个意义上,任意解除也是法定解除。

(二)依约定的解除

当事人在订立合同时可以预先约定解除合同的条件,解除合同的条件成就时,解除权人可以通知对方解除合同。

三、通知解除及异议

法定解除及一方行使约定的解除权,须由解除权人通知另一方。解除权人和相对人均有权请求法院或者仲裁机构确认解除的效力。

相对人对解除有异议,但在约定的异议期限届满后才提出异议并向人民法院起诉的,人民法院不予支持;当事人没有约定异议期间,在解除合同通知到达之日起3个月以后才向人民法院起诉的,人民法院不予支持。

四、合同解除的效力

(一)一般规定

合同解除后,尚未履行的,终止履行;已经履行的,根据履行的情况和合同性质,当事人可以要求恢复原状、采取其他补救措施,并有权要求赔偿损失。

(二)合同的解除与损害赔偿

(1)不影响要求赔偿金。合同解除,不影响当事人要求赔偿损失的权利。

(2)不影响要求支付违约金。违约金包括不履行的违约金、迟延履行的违约金和瑕疵履行的违约金。解除了合同,违约人处于不履行的状态,适用不履行的违约金。

(3)不影响担保责任。主合同解除后,担保人对债务人应当承担的民事责任仍应承担担保责任,担保合同另有约定的除外。

(4)合同解除、变更不影响仲裁条款的效力。仲裁条款是程序性合同,具有独立性,合同解除、变更后,仲裁条款的效力依然存在。

---

① 如,《合同法》第232条规定:"当事人对租赁期限没有约定或者约定不明确,依照本法第六十一条的规定仍不能确定的,视为不定期租赁。当事人可以随时解除合同,但出租人解除合同应当在合理期限之前通知承租人。"第268条规定:"定作人可以随时解除承揽合同,造成承揽人损失的,应当赔偿损失。"第308条规定:"在承运人将货物交付收货人之前,托运人可以要求承运人中止运输、返还货物、变更到达地或者将货物交给其他收货人,但应当赔偿承运人因此受到的损失。"第376条规定:"寄存人可以随时领取保管物。当事人对保管期间没有约定或者约定不明确的,保管人也可以随时要求寄存人领取保管物;约定保管期间的,保管人无特别事由,不得要求寄存人提前领取保管物。"第410条规定:"委托人或者受托人可以随时解除委托合同,因解除合同给对方造成损失的,除不可归责于该当事人的事由以外,应当赔偿损失。"

第二十章　合同责任

第一节　违约责任

一、概念

当事人一方不履行合同义务或者履行合同义务不符合约定的,应当承担继续履行、采取补救措施或者赔偿损失等违约责任。

未成立的合同、无效合同、被撤销的合同以及效力未定的合同均不产生违约责任。

二、违约责任的归责原则和免责事由

(一)过错责任原则

当事人因过错构成违约责任。

违约行为,包括不履行和履行不符合约定。

过错是指违约人有违约的故意或者过失,是构成违约责任的前提条件。

(二)免责事由

(1)不可抗力;

(2)相对人(被违约人)有过错;

(3)意外事件。

因不可抗力、意外事件致使主合同不能履行的,不适用定金罚则。因合同关系以外第三人的过错,致使主合同不能履行的适用定金罚则。受定金处罚的一方当事人,可以依法向第三人追偿。

三、违约行为的形态

(一)不履行

拒绝履行或履行不能。

(二)履行不符合约定

(1)迟延履行;

(2)瑕疵履行,即标的物的质量或数量、规格、方法、地点等不符合要求。

四、违约责任的形式

(一)继续履行

债务人未履行合同或履行合同不符合约定时,债权人请求债务人继续履行合同或请求法院强制债务人继续履行合同义务。最终使债权人实现原合同的履行利益。

适用:

(1)金钱债务:无条件适用继续履行。

(2)非金钱债务:原则上可以请求继续履行,但下列情况除外:

①法律上或事实上不能履行;

②债务的标的不适用强制履行或强制履行费用过高;

③债权人在合理期限内未请求履行。

(二)采取补救措施

补救措施指矫正合同不适当履行、使履行缺陷得以消除的具体措施,包括修理、更换、重作等。被违约人对补救措施享有选择权,但其选择应合理。

(三)赔偿损失

1. 概念

违约方不履行或不按合同约定履行时,以金钱或实物弥补被违约人损失的责任。我国法律所说的赔偿,主要是指金钱赔偿,但也不排除以物、劳务或其他形式的赔偿。如果当事人没有特别约定,赔偿是

指金钱赔偿。

2.赔偿损失的范围

赔偿损失的范围包括被违约人因对方违约而导致的现有财产的减少和因违约造成的可得利益的损失。

一般情况下是完全赔偿责任；当事人如果有约定，只赔偿实际损失，依其约定；如果法律、法规对赔偿范围有特别规定的，应当按规定办理。

3.损益相抵的规则

违约人因违约的赔偿额应当减去被违约人因违约而减少的支出或获得的利益。

4.过错相抵规则

当事人一方违约造成对方损失，对方对损失的发生也有过错，违约方主张扣减相应的损失赔偿额的，人民法院应予支持。

5.可预见规则

违约人在订立合同时相应的预见能力，是确定赔偿范围的一个重要因素。换言之，违约人的赔偿范围，是其在订立合同时已经预见或可能预见到的违约所造成的后果。可预见规则，是对完全赔偿规则的限制。

【注意】预见的主体是违约人；预见的时间是在合同订立时；可预见规则是对不可预见违约风险的分配，因此只能适用于过失违约，不能适用于故意违约。

6.减损义务

被违约人应当及时采取适当措施防止损失的扩大。

被违约人没有履行减损义务致使损失扩大，扩大的这一部分损失，与另一方违约无直接因果关系的，被违约人无权要求赔偿。

(四)违约金

1.概念

合同当事人预先约定的一方不履行合同或履行合同不符合约定条件时,应给付另一方当事人一定数额的货币。

违约金的基本性质是预先约定的赔偿金。它是当事人在违约事实发生以前约定的(一般在订立合同时约定)。当事人没有约定违约金时，才适用赔偿金。

2.违约金数额的调整

约定的违约金低于造成的损失的，当事人可以请求人民法院或者仲裁机构予以增加；约定的违约金过分高于造成的损失的，当事人可以请求人民法院或者仲裁机构适当予以减少。

3.免责抗辩及违约金调整释明

当事人一方以对方违约为由主张支付违约金，对方以合同不成立、合同未生效、合同无效或者不构成违约等为由进行免责抗辩而未主张调整过高的违约金的，人民法院应当就法院若不支持免责抗辩，当事人是否需要主张调整违约金进行释明。

4.违约金的种类

(1)不履行的违约金、迟延履行的违约金和瑕疵履行的违约金；

(2)补偿性的违约金和惩罚性的违约金；

(3)约定违约金和法定违约金。

五、双方违约与第三人违约

(一)双方违约

当事人双方都违反合同的，应当各自承担相应的责任。

双方违约与过错相抵是两种不同的制度。双方违约是两个没有因果关系的行为造成两个损害，双方应当各自对自己造成的损害负责；过错相抵是对一个损害双方都有过错，因而侵害人可以相应地减轻责任。

(二)因第三人的原因违约

当事人一方因第三人的原因造成违约的，应当向对方承担违约责任。当事人一方和第三人之间的纠纷,依照法律规定或者按照约定解决。

六、违约责任与侵权责任的竞合

当事人的违约行为同时又构成侵权行为,受损害人请求权发生竞合。
(1)当事人之间必须有合同关系存在;
(2)当事人一般有过错;
(3)有损害结果;
(4)受害人择一主张权利,以免重复请求。

第二节 缔约过失责任

一、概述

(一)概念

当事人因故意或者过失违反先合同义务致使合同不能产生效力应当承担的民事责任。

主要表现为赔偿责任。

(二)缔约责任与违约责任的区别

1. 发生的阶段不同

缔约过错是于合同缔结之际发生的。缔约责任主要发生于四种情况:
(1)合同未成立;
(2)无效合同;
(3)合同被撤销;
(4)合同成立但未生效。

2. 违反的义务不同

缔约责任违反的是先合同义务、法定义务的后果;违约责任是违反合同义务、约定义务的后果。

3. 救济的利益不同

缔约责任主要救济的是信赖利益。违约责任救济的主要是履行利益,包括可得利益。

4. 责任形式不同

缔约责任是赔偿责任,而违约责任则多种多样。

二、要件

1. 缔结合同的当事人违反先合同义务

先合同义务是基于诚实信用原则、合法原则产生的法定义务。如不欺、不诈,不违反法律的强行性规定,不侵犯对方合法权益等。

2. 当事人有过错

当事人于缔结合同之际有故意或者过失,是过错责任。

3. 相对人有损失

承担缔约责任的方式主要是赔偿,因此要求受害一方有损失。无损害则无责任。

三、缔约责任的适用

(1)假借订立合同进行恶意磋商。
(2)故意隐瞒与订立合同有关的重要事实或者提供虚假情况。
(3)有其他违背诚实信用原则的行为:
①违反强制性规定导致合同无效的行为,以及欺诈、胁迫、重大误解、自始显失公平导致合同撤销的行为等。
②当事人在缔结合同过程中有可能接触到对方的商业秘密,对此应承担保密义务,否则可能构成缔约责任也可能构成违约责任。违反保密义务也是一种侵权责任。
③依照法律、行政法规的规定经批准或者登记才能生效的合同成立后,有义务办理申请批准或者申请登记等手续的一方当事人未按照法律规定或者合同约定办理申请批准或者未申请登记的,属于合同法规定的其他违背诚实信用原则的行为,人民法院可以根据案件的具体情况和相对人的请求,判决相对人自己办理有关手续;一方当事人对由此产生的费用和给相对人造成的实际损失,应当承担损害赔偿责任。

四、缔约过失责任的赔偿范围

(1)缔约费用,包括可行性调查、差旅

费等；
(2) 为准备履行合同产生的费用；
(3) 履行合同而产生的费用；
(4) 丧失合同机会产生的损失。丧失合同机会产生的损失原则上不超过实际损失,对丧失合同的机会带来的损失一般不予赔偿。当事人可以通过另行寻找交易伙伴,重新创造机会。如果机会是唯一的,或者是难以替代的,过错方对相对人丧失合同机会产生的损失应当予以赔偿。这时赔偿的数额可以与违约的数额相等。

第二十一章　转移财产权利的合同

第一节　买卖合同

一、买卖合同的概念和特征

(一) 概念

买卖合同是出卖人转移标的物的所有权与买受人,买受人支付价款的合同。

(二) 特征

买卖合同具有以下特征：

(1) 最典型的有偿合同。

(2) 最典型的双务合同,买卖双方所负担的债务,为对价性给付。

(3) 是诺成合同,只要买卖双方意思表示一致即可成立并生效。

(4) 原则上是不要式合同。

二、买卖合同当事人的权利和义务

(一) 出卖人的主要义务

(1) 交付标的物,并转移标的物的所有权。

①"一交三转",即交付标的物,动产所有权移转、孳息取得权转移、风险移转。

②出卖具有知识产权的计算机软件等标的物的,除法律另有规定或者当事人另有约定的以外,该标的物的知识产权不属于买受人。

(2) 出卖人需交付辅助单证。

(3) 承担权利瑕疵担保。

(4) 承担物的瑕疵担保。

(二) 买受人的主要义务

1. 付款义务

(1) 买受人应当按照约定的数额、地点支付价款。

(2) 出卖人多交标的物的,买受人可以接收或者拒绝接收多交的部分。

2. 保管义务

买受人接收多交部分的,按照合同的价格支付价款；买受人拒绝接收多交部分的,除及时通知出卖人以外,还应尽保管义务,同时可主张出卖人负担代为保管期间的合理费用,对保管物的损失,买受人轻过失免责。

3. 检验和通知义务

(1) 按照约定的时间检验和及时检验。

(2) 买受人提出异议的合理期间。

当事人约定检验期间的,买受人应当在检验期间内将标的物的数量或者质量不符合约定的情形通知出卖人。买受人怠于通知的,视为标的物的数量或者质量符合约定。

当事人没有约定检验期间的,买受人应当在发现或者应当发现标的物的数量或者质量不符合约定的合理期间内通知出卖人。买受人在合理期间内未通知或者自标的物收到之日起两年内未通知出卖人的,视为标的物的数量或者质量符合约定,但对标的物有质量保证期的,适用质量保证期的规定,不适用该两年的规定。

出卖人知道或者应当知道提供的标的物不符合约定的,买受人不受前述规定的通知时间的限制。

(3)约定检验期间过短的效果:

①异议期间分为对外观瑕疵(表面瑕疵)的异议期间和对隐蔽瑕疵的异议期间。如果买卖合同约定的异议期过短,应将该期间解释为"买受人对外观瑕疵提出异议的期间"。

②认定"对外观瑕疵提出异议的期间"时,还应确定对隐蔽瑕疵提出异议的合理期间。

③买卖合同约定的检验期间或者质量保证期间短于法律、行政法规规定的期间的,应采取"法定大于约定"的规则。

(4)不影响异议的情形。买受人在合理期间内提出异议,出卖人以买受人已经支付价款、确认欠款数额、使用标的物等为由,主张买受人放弃异议的,人民法院不予支持,但当事人另有约定的除外。

(5)异议期间经过的效果。异议期间包括"检验期间""合理期间""两年期间"。异议期间经过后,买受人丧失相应的权利。异议期间经过,出卖人自愿承担违约责任的,不得反悔。

(三)动产所有权保留时当事人的权利义务

动产自交付时起所有权移转,但当事人可以约定动产所有权保留,即约定动产交付后所有权不发生转移,仍属于出卖人,在符合一定条件时才移转给买受人。所有权保留只适用于动产,对不动产约定所有权保留的无效。

1.针对买受人的下列行为,出卖人可以行使取回权

(1)未按约定支付价款的;

(2)未按约定完成特定条件的;

(3)将标的物出卖、出质或者作出其他不当处分的。

取回的标的物价值显著减少,出卖人要求买受人赔偿损失的,人民法院应予支持。

在出卖人取回标的物后,买受人还可以行使回赎权。

2.取回权消灭的事由

(1)买受人已经支付标的物总价款的75%以上;

(2)第三人善意取得所有权;

(3)第三人善意取得他物权。如买受人将所有权保留的动产出质给第三人,第三人善意取得质权的,出卖人丧失取回权。

三、标的物所有权转移、风险责任负担及孳息归属

(一)标的物所有权的转移

标的物所有权自标的物交付时起转移,但法律另有规定或者另有约定的除外。动产一般在交付起转移所有权;不动产转移所有权以办理产权转移登记手续为准;动产可以特约所有权保留。

观念交付(简易交付、占有改定、指示交付)也发生动产所有权(本权)的转移。

(二)标的物风险责任的承担

1.含义和基本规则

风险是指不可归责于当事人的事由,致使标的物毁损、灭失造成的损失。

标的物毁损、灭失的风险,在标的物交付之前由出卖人承担,交付之后由买受人承担,但法律另有规定或者当事人另有约定的除外。

2.因买受人的原因未按期交付时的风险负担

因买受人的原因致使标的物不能按

照约定的期限交付的,买受人应当自违反约定之日起承担标的物毁损、灭失的风险。

3. 路货买卖风险的转移

双方交易的货物,由承运人(第三人)占有,出卖人不占有,此货物称为路货,此买卖称为路货买卖。

出卖人出卖交由承运人运输的在途标的物,除当事人另有约定的以外,毁损、灭失的风险自合同成立时起由买受人承担。当风险负担转移至买受人时,买受人仍应承担支付货款的义务。

4. 交付地点不明时的风险转移

当事人没有约定交付地点或者约定不明确的,出卖人将标的物交付第一承运人后,标的物毁损、灭失的风险由买受人承担。

5. 买受人未在约定的交付地点收取时的风险负担

出卖人按照约定将标的物置于交付地点,买受人违反约定没有收取的,标的物毁损、灭失的风险自违反约定之日起由买受人承担。

标的物不需要运输,出卖人和买受人订立合同时知道标的物在某一地点的,出卖人应当在该地点交付标的物;不知道标的物在某一地点的,应当在出卖人订立合同时的营业地交付标的物。

当事人对风险负担没有约定,标的物为种类物,出卖人未以装运单据、加盖标记、通知买受人等可识别的方式清楚地将标的物特定于买卖合同,买受人主张不负担标的物毁损、灭失的风险的,人民法院应予支持。

6. 未交付有关标的物的单证和资料时风险的承担

出卖人按照约定未交付有关标的物的单证和资料的,不影响标的物毁损、灭失风险的转移。

7. 买受人有权拒绝接受标的物或者解除合同时风险的承担

因标的物质量不符合质量要求,致使不能实现合同目的的,买受人可以拒绝接受标的物或者解除合同。买受人拒绝接受标的物或者解除合同的,标的物毁损、灭失的风险由出卖人承担。

8. 买受人负担风险不影响要求出卖人承担违约责任

如甲卖给乙一套设备,该设备的附属仪表在交付时就已经损坏,甲应当就附属仪表的损坏向乙赔偿。在乙提出索赔之前或者之后,该设备连同仪表意外灭失,不影响乙向甲就仪表的损坏求偿的权利,甲的违约责任仍然存在。

(三)孳息的归属

标的物在交付之前产生的孳息,归出卖人所有,交付之后产生的孳息,归买受人所有。

在动产所有权保留的情况下,天然孳息同样处于所有权保留的法律状态,在交付之后不能归买受人所有。

四、买卖合同的解除

(一)主、从物的解除

因标的物的主物不符合约定而解除合同的,解除合同的效力及于从物。因标的物的从物不符合约定被解除合同的,解除的效力不及于主物。

(二)数物解除

标的物为数物,其中一物不符合约定的,买受人可以就该物解除,但该物与他物分离使标的物的价值显受损害的,当事人可以就数物解除合同。若数物是作为整体出卖的,有瑕疵的物与他物分离将显受损害的,则当事人任何一方有权就全部标的物解除合同。

(三)分批交付时的解除

出卖人分批交付标的物的,出卖人对其

中一批标的物不交付或者交付不符合约定,致使该批标的物不能实现合同目的的,买受人可以就该批标的物解除合同。出卖人不交付其中一批标的物或者交付不符合约定,致使今后其他各批标的物的交付不能实现合同目的的,买受人可以就该批以及今后其他各批标的物解除合同。买受人如果就其中一批标的物解除合同,该批标的物与其他各批标的物相互依存的,可以就已经交付和未交付的各批标的物解除合同。

五、特种买卖合同

(一)分期付款的买卖

赊销的一种买卖形式,可以特约所有权保留。

1. 分期付款时的解除

分期付款的买受人未支付到期价款的金额达到全部价款的 1/5 的,出卖人可以要求买受人支付全部价款或者解除合同。出卖人解除合同的,可以向买受人要求支付该标的物的使用费。出卖人的解除权是形成权,解除合同时无须催告。

2. 风险的负担

在出卖人交付标的物后,无论是否转移了标的物的所有权,标的物在交付后发生毁损、灭失的,风险都由买受人承担。

3. 孳息的归属

分期付款买卖在出卖人交付标的物以后,孳息归买受人收取并归其所有(动产所有权保留时,收取的天然孳息由出卖人享有所有权)。如果买受人没有履行合同义务,合同被解除,则合同自始失去效力,孳息应返还出卖人。

(二)凭样品买卖

凭样品买卖,指出卖人交付的标的物须与当事人保留的样品具有同一品质的买卖。

1. 样品的封存及样品与文字说明不一致的处理

凭样品买卖的当事人应当封存样品,并可以对样品质量予以说明。出卖人交付的标的物应当与样品及其说明的质量相同;可以是双方当事人各执一份封存的货样,也可以交第三人(如公证部门、律师事务所)保存货样。

样品质量与文字说明不一致,样品封存后外观和内在品质没有发生变化,应当以样品为准;外观和内在品质发生变化,或者当事人对发生变化有争议而又无法查明的,应以文字说明为准。

2. 样品的隐蔽瑕疵

凭样品买卖的买受人不知道样品有隐蔽瑕疵的,即使交付的标的物与样品相同,出卖人交付的标的物的质量仍然应当符合同种物的通常标准。

(三)试用买卖

试用买卖,指双方当事人约定由买受人试用标的物,以买受人认可标的物为条件的买卖。

1. 存在下列约定内容之一的,不属于试用买卖

(1)约定标的物经过试用或者检验符合一定要求时,买受人应当购买标的物;

(2)约定第三人经试验对标的物认可时,买受人应当购买标的物;

(3)约定买受人在一定期间内可以调换标的物;

(4)约定买受人在一定期间内可以退还标的物。

试用买卖的当事人没有约定使用费或者约定不明确的,为无偿试用。

2. 试用期间

(1)由当事人约定;

(2)当事人没有约定或者约定不明确的,根据已有的条款或者交易习惯确定;

(3)不能确定的,由出卖人确定。出卖人确定试用期间后,应当向买受人发出通知,如果买受人不欲购买又来不及退回的,应在出卖人确定的试用期间内发出拒绝购买的通知。

3. 对买受人购买意思的推定

对于试用买卖,买受人无必须购买的义务。试用期间届满,买受人对是否购买标的物未作表示的视为购买。

试用买卖的买受人在试用期内已经支付一部分价款的,人民法院应当认定买受人同意购买,但合同另有约定的除外。在试用期内,买受人对标的物实施了出卖、出租、设定担保物权等非试用行为的,人民法院应当认定买受人同意购买。

六、房屋买卖合同

(一)概述

(1)房屋买卖合同是指以房屋为标的物的买卖合同。房屋买卖合同分为商品房买卖合同和"二手房"买卖合同。房屋是不动产,房屋买卖合同须采用书面形式。

(2)买卖房屋要办理所有权转移登记。未经所有权转移登记的,房屋所有权不发生转移。房屋买卖合同是诺成合同,所有权转移登记只是买卖合同履行的一个环节,未办理所有权转移登记的,不影响合同的效力。

(二)商品房买卖合同

(1)商品房买卖合同是房地产开发企业(以下统称为"出卖人")将尚未建成或者已竣工的房屋向社会销售并转移房屋所有权与买受人,买受人支付价款的合同。

(2)销售广告和宣传资料中的内容可以视为合同内容。

(3)出卖人未取得商品房预售许可证明,与买受人订立的商品房预售合同,应当认定无效,但是在起诉前取得商品房预售许可证明的,可以认定有效。

(4)商品房的认购、订购、预订等协议具备商品房买卖合同的主要内容,并且出卖人已经按照约定收受购房款的,该协议应当认定为商品房买卖合同。

(三)惩罚性赔偿

(1)有下列情形之一,导致商品房买卖合同目的不能实现的,无法取得房屋的买受人可以请求解除合同、返还已付房款及利息、赔偿损失,并可以请求出卖人承担不超过已付购房款一倍的赔偿责任:

①商品房买卖合同订立后,出卖人未告知买受人又将该房屋抵押给第三人;

②商品房买卖合同订立后,出卖人又将该房屋出卖给第三人。

(2)出卖人订立商品房买卖合同时,具有下列情形之一,导致合同无效或者被撤销、解除的,买受人可以请求返还已付购房款及利息、赔偿损失,并可以请求出卖人承担不超过已付购房款一倍的赔偿责任:

①故意隐瞒没有取得商品房预售许可证明的事实或者提供虚假商品房预售许可证明;

②故意隐瞒所售房屋已经抵押的事实;

③故意隐瞒所售房屋已经出卖给第三人或者为拆迁补偿安置房屋的事实。

(3)房屋实际面积小于合同约定面积的,面积误差比超过3%部分的房价由出卖人双倍返还买受人。

(四)因违约解除合同

1. 出卖人恶意违约

(1)商品房买卖合同订立后,出卖人未告知买受人又将该房屋抵押给第三人;

(2)商品房买卖合同订立后,出卖人又将该房屋出卖给第三人;

(3)故意隐瞒没有取得商品房预售许可证明的事实或者提供虚假商品房预售许可证明;

(4)故意隐瞒所售房屋已经抵押的事实;

(5)故意隐瞒所售房屋已经出卖给第

三人或者为拆迁补偿安置房屋的事实。

2.出卖人根本违约

(1)因房屋主体结构质量不合格不能交付使用,或者房屋交付使用后,房屋主体结构质量经核验确属不合格,买卖人请求解除合同和赔偿损失。

(2)因房屋质量问题严重影响正常居住使用,买受人请求解除合同和赔偿损失。

(3)出卖人交付使用的房屋套内建筑面积或者建筑面积与商品房买卖合同约定面积不符,合同有约定的,按照约定处理;合同没有约定或者约定不明确的,面积误差比超出3%的,买受人有权请求解除合同、返还已付购房款及利息;买受人同意继续履行合同,房屋实际面积大于合同约定面积的,面积误差比在3%以内(含3%)部分的房价款由买受人按照约定的价格补足,面积误差比超出3%部分的房价款由出卖人承担,所有权归买受人。

(4)出卖人延迟交付房屋,经催告后在3个月的合理期限内仍未履行,买受人有权解除合同,但当事人另有约定的除外。法律没有规定或者当事人没有约定,经对方当事人催告后,解除权行使的合理期限为3个月。对方当事人没有催告的,解除权应该在发生之日起1年内行使,否则解除权消灭。

(5)合同约定或者法律规定的办理房屋所有权登记的期限届满后超过1年,由于出卖人的原因,导致买受人无法办理房屋所有权登记的,买受人有权请求解除合同和赔偿损失。

3.买受人根本违约

买受人延迟支付购房款,经催告后在3个月的合理期限内仍未履行,出卖人有权请求解除合同,但当事人另有约定的除外。

第二节　赠与合同

一、赠与合同的概念和特征

(一)概念

赠与合同是赠与人将自己的财产无偿给予受赠人,受赠人表示接受赠与的合同。

赠与的财产依法需要办理登记等手续的,应当办理有关手续。房屋等财产的赠与,需要办理过户登记手续;一些无形财产的赠与,也要办理相应的手续。如专利权,当事人应当订立书面合同,并向国务院专利行政部门登记,由国务院专利行政部门予以公告。

(二)特征

(1)赠与合同是无偿合同、单务合同。赠与人无偿给付财产,受赠人不负担相应对价。

(2)赠与合同是诺成合同。一般赠与合同是附有任意撤销权的诺成合同;具有救灾、扶贫等社会公益、道德义务性质的赠与合同或者经过公证的赠与合同,是不具有任意撤销权的诺成合同。

二、赠与合同的效力

(一)赠与人的义务

1.转移赠与财产

赠与合同依法成立后,赠与人有向受赠人转移财产权利的义务。

具有救灾、扶贫等社会公益、道德义务性质的赠与合同或者经过公证的赠与合同,赠与人不交付赠与财产的,受赠人可以要求交付。

2.赠与人对毁损、灭失的赠与财产的损害赔偿责任

因赠与人故意或者重大过失致使赠与的财产毁损、灭失的,赠与人应当承担损害

赔偿责任。

3. 瑕疵担保责任

赠与的财产有瑕疵的,赠与人不承担责任。

附义务的赠与,赠与的财产有瑕疵的,赠与人在附义务的限度内承担与出卖人相同的责任。

4. 加害给付的责任

加害给付,指赠与人交付的财产有瑕疵,使受赠人人身或者固有财产遭受到损失。

赠与人故意不告知瑕疵或者保证无瑕疵,造成受赠人损失的,应当承担损害赔偿责任。加害给付造成受赠人的损害,导致违约责任和侵权责任竞合。受赠人可以要求赠与人承担侵权责任,也可以要求赠与人承担违约责任。

(二)受赠人的权利和义务

(1)无偿取得财产的权利;

(2)附义务的赠与完成所附义务。

三、赠与合同的终止

(一)赠与合同的任意撤销权

1. 含义

依赠与人的主观愿望即可通知受赠人撤销赠与合同,不需要法定的事由。

任意撤销权是法律赋予赠与人的反悔权(毁约权),可以预先放弃。

2. 行使条件

撤销权的行使,必须在财产权利转移之前。财产权利转移与交付不能等同看待。动产是在交付时转移所有权;不动产是在办理登记手续后转移所有权;无形财产的转移也要依据法律规定。

3. 行使方法

任意撤销权是简单形成权,赠与人向受赠人为撤销的意思表示即可发生撤销的效力。但当事人也可起诉到法院,由法院确认任意撤销权。

4. 限制

具有救灾、扶贫等社会公益、道德义务性质的赠与合同或者经过公证的赠与合同,赠与人不能任意撤销。

(二)赠与合同的法定事由撤销

1. 含义

赠与合同具备法定事由时,赠与人或其他撤销权人通知受赠人撤销赠与合同的权利。

法定撤销权与任意撤销权一样,也是简单形成权,发生争议时,法定撤销权也可以由法院认定;经过公证的赠与发生法定事由而撤销时,不必再进行公证。

2. 事由

赠与合同的法定事由撤销是基于受赠人的重大的"忘恩负义"行为。

受赠人有下列情形之一的,赠与人可以撤销赠与:

(1)严重侵害赠与人或者赠与人的近亲属;

(2)对赠与人有扶养义务而不履行;

(3)不履行赠与合同约定的义务。

3. 撤销权人

赠与合同的法定事由撤销权人有:赠与人、赠与人的继承人及赠与人的法定代理人。赠与人有意思能力时,由赠与人为撤销的意思表示;因受赠人的违法行为致使赠与人死亡或者丧失行为能力的,赠与人的继承人或者法定代理人可以撤销赠与。

4. 行使撤销权的除斥期间

赠与人的撤销权,自知道或者应当知道撤销原因之日起1年内行使。

赠与人的继承人或者法定代理人的撤销权,自知道或者应当知道撤销原因之日起6个月内行使。

5. 撤销赠与财产后果的处理

撤销权人撤销赠与的,可以向受赠人要求返还赠与的财产。

赠与撤销,溯及至合同成立时(合同自始失去效力),如果赠与的财产已经被受赠人消费、转售等,不复存在,则撤销权人有权要求返还不当得利,折合成金钱返还。

(三)赠与合同的提前终止

赠与人的经济状况显著恶化,严重影响其生产经营或者家庭生活的,可以不再履行赠与义务。

"不再履行"是提前终止的表述,是不溯及既往的解除。

赠与人提前终止合同的,应负举证义务。

第三节 借款合同

一、借款合同的含义

借款合同是借款人向贷款人借款,到期返还借款并支付利息的合同。

借款分为有偿借款和无偿借款。无偿借款借款人到期不还,发生迟延利息,不影响无偿借款的性质。

借款合同是诺成合同。自然人之间的借款合同是实践合同。

借款合同一般是要式合同。借款合同采用书面形式,但自然人之间借款另有约定的除外。

借款利率有法定管制。

二、借款合同当事人的权利和义务

(一)贷款人的权利和义务

1. 解除权

借款人未按照约定的借款用途使用借款的,贷款人可以停止发放借款、提前收回借款或者解除合同,借款人除应返还本金外,还应当按照实际使用借款的期限偿付利息。

2. 足额、按期提供贷款

借款的利息不得预先在本金中扣除(不得约定、扣除砍头息)。

利息预先在本金中扣除的,应当按照实际借款数额返还借款并计算利息。

(二)借款人的义务

(1)按照约定的用途使用借款。
(2)按期、足额支付利息。
(3)按期返还本金。

三、民间借贷

(一)界定

民间借贷,指贷款人(出借人)为非金融机构的借贷。民间借贷的主体不限于自然人,也可以是法人、非法人组织。

(二)出借人主体资格的举证

出借人向人民法院起诉时,应当提供借据、收据、欠条等债权凭证以及其他能够证明借贷法律关系存在的证据。

当事人持有的借据、收据、欠条等债权凭证没有载明债权人,持有债权凭证的当事人提起民间借贷诉讼的,人民法院应予受理。被告对原告的债权人资格提出有事实依据的抗辩,人民法院经审理认为原告不具有债权人资格的,裁定驳回起诉。

(三)履行地及诉讼管辖

借贷双方就合同履行地未约定或者约定不明确,事后未达成补充协议,按照合同有关条款或者交易习惯仍不能确定的,以接受货币一方所在地为合同履行地。

(四)生效要件

(1)双方都是自然人的借款合同是实践合同,在达成合意时成立,提供借款时生效。

①以现金支付的,自借款人收到借款时生效;

②以银行转账、网上电子汇款或者通过网络贷款平台等形式支付的,自资金到达借款人账户时生效;

③以票据交付的,自借款人依法取得票据权利时生效;

④出借人将特定资金账户支配权授权给借款人的,自借款人取得对该账户实际支配权时生效;

⑤出借人以与借款人约定的其他方式提供借款并实际履行完成时生效。

(2)非自然人之间借款合同是诺成合同,自成立时生效,当事人另有约定或者法律、行政法规另有规定的除外。

(五)民间借贷的无效

(1)一般性规定。非金融机构之间的借款合同(民间借贷合同),一般是有效的。

(2)与非法集资有关的规定。法人或者其他组织在本单位内部通过借款形式向职工筹集资金,用于本单位生产、经营,且不存在《合同法》第52条、《关于审理民间借贷案件适用法律若干问题的规定》第14条规定的情形,当事人主张民间借贷合同有效的,人民法院应予支持。

(3)借款人或者出借人的借贷行为涉嫌犯罪,或者已经生效的判决认定构成犯罪,当事人提起民事诉讼的,民间借贷合同并不当然无效。担保人以借款人或者出借人的借贷行为涉嫌犯罪或者已经生效的判决认定构成犯罪为由,主张不承担民事责任的,人民法院应当依据民间借贷合同与担保合同的效力、当事人的过错程度,依法确定担保人的民事责任。

(4)从事金融活动的民间借贷及有关犯罪行为。具有下列情形之一,人民法院应当认定民间借贷合同无效:

①套取金融机构信贷资金又高利转贷给借款人,且借款人事先知道或者应当知道的;

②以向其他企业借贷或者向本单位职工集资取得的资金又转贷给借款人牟利,且借款人事先知道或者应当知道的;

③出借人事先知道或者应当知道借款人借款用于违法犯罪活动仍然提供借款的;

④违背社会公序良俗的;

⑤其他违反法律、行政法规效力性强制性规定的。

(六)企业法定代表人或负责人与企业的连带责任

1.以企业名义借款,自己使用(公借私用)

企业法定代表人或负责人以企业名义与出借人签订民间借贷合同,出借人、企业或者其股东能够证明所借款项用于企业法定代表人或负责人个人使用,出借人请求将企业法定代表人或负责人列为共同被告或者第三人的,人民法院应予准许。企业法定代表人或负责人与企业承担连带责任,须出借人为善意的相对人。

2.以个人名义借款,企业使用(私借公用)

企业法定代表人或负责人以个人名义与出借人签订民间借贷合同,所借款项用于企业生产经营,出借人请求企业与个人共同承担责任的,人民法院应予支持。此为合同相对性的突破。

(七)民间借贷的利率、利息

1.利息的确定

自然人之间借贷对利息约定不明,出借人主张支付利息的,人民法院不予支持。

除自然人之间借贷的外,借贷双方对借贷利息约定不明,出借人主张利息的,人民法院应当结合民间借贷合同的内容,并根据当地或者当事人的交易方式、交易习惯、市场利率等因素确定利息。

2.借款利息的"两线三区"

年利率24%和36%这两条线隔出三个区域。

(1)借贷双方约定的利率未超过年利率24%,受法律保护。

(2)借贷双方约定的利率超过年利率

36%,超过部分的利息约定无效。这属于借款合同的部分无效。借款人已经履行的可以请求返还。

(3)年利率在24%至36%之间,法律不予保护,属于自然之债。借款人(债务人)可以自愿决定是否履行,已经履行的不得请求返还。

(4)法律不予保护与确认无效不同。法律不予保护(不干涉)是不赋予自然之债强制执行力,但并不反对自然之债的产生和自愿履行;确认无效是不允许当事人产生意定之债(包括自然之债)。

(八)本金与利息的认定

借据、收据、欠条等债权凭证载明的借款金额,一般认定为本金。预先在本金中扣除利息的,人民法院应当将实际出借的金额认定为本金。

借贷双方对前期借款本息结算后将利息计入后期借款本金并重新出具债权凭证,如果前期利率没有超过年利率24%,重新出具的债权凭证载明的金额可认定为后期借款本金;超过部分的利息不能计入后期借款本金。约定的利率超过年利率24%,当事人主张超过部分的利息不能计入后期借款本金的,人民法院应予支持。

按前述计算,借款人在借款期间届满后应当支付的本息之和,不能超过最初借款本金与以最初借款本金为基数,以年利率24%计算的整个借款期间的利息之和。出借人请求借款人支付超过部分的,人民法院不予支持。

(九)关于逾期利率

借贷双方对逾期利率有约定的,从其约定,但以不超过年利率24%为限。未约定逾期利率或者约定不明的,人民法院可以区分不同情况处理:

(1)既未约定借期内的利率,也未约定逾期利率,出借人主张借款人自逾期还款之日起按照年利率6%支付资金占用期间利息的,人民法院应予支持。

(2)约定了借期内的利率但未约定逾期利率,出借人主张借款人自逾期还款之日起按照借期内的利率支付资金占用期间利息的,人民法院应予支持。

(十)关于利息与违约金的合并计算问题

出借人与借款人既约定了逾期利率,又约定了违约金或者其他费用,出借人可以选择主张逾期利息、违约金或者其他费用,也可以一并主张,但总计超过年利率24%的部分,人民法院不予支持。

(十一)利息与违约金的自愿支付

没有约定利息但借款人自愿支付,或者超过约定的利率自愿支付利息或违约金,且没有损害国家、集体和第三人利益,借款人又以不当得利为由要求出借人返还的,人民法院不予支持,但借款人要求返还超过年利率36%部分的利息除外。

第四节　租赁合同

一、租赁合同的概念、特征和种类

(一)概念

租赁合同是出租人将租赁物交付承租人使用、收益,承租人支付租金的合同。

租赁物须是不消耗物(不消费物)、特定物、有体物。

(二)特征

(1)租赁合同是转移使用权、收益权的合同。

(2)租赁合同是诺成、双务、有偿合同。

(三)定期租赁与不定期租赁

(1)当事人约定了租赁的期限,为定期租赁。租赁期限不得超过20年,超过部分无效。

(2)当事人没有约定租赁的期限,为不定期租赁,不定期租赁的双方当事人都有任意解除权。出租人解除租赁合同的,应当在合理期限之前通知承租人。

租赁期限在6个月以上的,应当采用书面形式,未采用书面形式的,视为不定期租赁。

租赁期间届满,承租人继续使用租赁物,出租人没有提出异议的,原租赁合同继续有效,但租赁期限为不定期。这种情况又称为默示更新。不定期租赁不受20年期限的限制。

二、租赁合同当事人的权利和义务

(一) 出租人的义务

(1) 租赁物交付及保持义务。

(2) 出租人的维修义务。出租人应当履行租赁物的维修义务,但当事人另有约定的除外。承租人在租赁物需要维修时可以要求出租人在合理期限内维修。出租人未履行维修义务的,承租人可以自行维修,维修费用由出租人负担。因维修租赁物影响承租人使用的,应当相应减少租金或者延长租期。

(3) 权利瑕疵担保义务。出租人应当担保不因第三人对租赁物主张权利而影响承租人对租赁物的使用、收益。因第三人主张权利致使承租人不能对租赁物使用、收益的,承租人可以要求减少租金或者不支付租金。第三人主张的权利可以是所有权、担保物权和用益物权。

(二) 承租人的义务

1. 按约定使用与按性质使用

承租人按照约定的方法或者租赁物的性质使用租赁物,致使租赁物受到损耗的,不承担损害赔偿责任。

承租人未按照约定的方法或者租赁物的性质使用租赁物,致使租赁物受到损失的,出租人可以解除合同并要求赔偿损失。

2. 妥善保管的义务

承租人应当妥善保管租赁物,因保管不善造成租赁物毁损、灭失的,应当承担损害赔偿责任。

3. 不任意改善、增设的义务

承租人经出租人同意,可以对租赁物进行改善或者增设他物。承租人未经出租人同意,对租赁物进行改善或者增设他物的,出租人可以要求承租人恢复原状或者赔偿损失。

4. 租金支付义务

承租人应当按照约定的时间、数额和方式交付租金,无正当理由未支付或者迟延支付租金的,出租人应当先催告,在催告无效时,才能通知出租人解除合同。

5. 返还租赁物义务

租赁期间届满,承租人应当返还租赁物。返还的租赁物应当符合按照约定或者租赁物的性质使用后的状态。

(三) 转租

(1) 转租,指承租人以自己的名义将租赁物出租给第三人(次承租人)使用、收益。即一个标的物,两个法律关系,三方当事人。

(2) 承租人转租的,应当取得出租人的同意。未经出租人同意擅自转租的,出租人有权通知承租人解除合同。出租人通知承租人解除租赁合同以后,承租人与次承租人之间的合同因失去了前提而不能有效成立。

(3) 次承租人对租赁物造成损失的,其应当对转租人(承租人)承担责任,承租人应当对出租人承担责任。不论转租是否经过出租人同意,都是如此。

(4) 承租人未经出租人同意擅自转租的,出租人可以通知承租人解除双方之间的租赁合同,也可以主张承租人与次承租人的转租合同不生效。

转租合同属于效力未定的合同(可追认的合同)。

(四) 买卖不破租赁

租赁物(动产和不动产)在租赁期间发

生所有权变动的,不影响租赁合同的效力。

买卖不破租赁,是先有租赁,后发生所有权变动。租赁物在租赁期间所有权发生变动,归属第三人(买受人、受赠人、继承人)时,承租人可以其租赁权对抗新的所有权人。

(五)共同居住人的继续承租权

与出租人签订房屋租赁合同的,通常是"户主",与户主共同居住的人通常不写入合同之中。但共同居住的人(一般是近亲属)是事实上的共同承租人。

承租人在房屋租赁期间死亡的,与其生前共同居住的人可以按照原租赁合同租赁该房屋。

(六)房屋承租人的优先购买权

出租人出卖租赁房屋的,应当在出卖之前的合理期限内通知承租人,承租人享有以同等条件优先购买的权利。

房屋以外的不动产和动产,承租人没有优先购买权。

三、司法解释关于城镇房屋租赁合同的规定

(一)房屋租赁合同的无效

1.违法建筑租赁

出租人就未取得建设工程规划许可证或者未按照建设工程规划许可证的规定建设的房屋,与承租人订立的租赁合同无效。

出租人就未经批准或者未按照批准内容建设的临时建筑,与承租人订立的租赁合同无效。

以上两种情况在一审法庭辩论终结前经主管部门批准的,人民法院应当认定有效。

租赁期限超过临时建筑的使用期限,超过部分无效。但在一审法庭辩论终结前经主管部门批准延长使用期限的,人民法院应当认定延长使用期限内的租赁期间有效。

2.租赁合同备案登记

当事人以房屋租赁合同未按照法律、行政法规规定办理登记备案手续为由,请求确认合同无效的,人民法院不予支持。

当事人约定以办理登记备案手续为房屋租赁合同生效条件的,从其约定。

房屋租赁合同无效,当事人请求参照合同约定的租金标准支付房屋占有使用费的,人民法院一般应予支持。

(二)一房多租时合同的效力

出租人就同一房屋订立数份租赁合同,在合同均有效的情况下,承租人均主张履行合同的,人民法院按照下列顺序确定履行合同的承租人:

(1)已经合法占有租赁房屋的;
(2)已经办理登记备案手续的;
(3)合同成立在先的。

不能取得租赁房屋的承租人请求解除合同、赔偿损失的,依照合同法的有关规定处理。

(三)转租

承租人经出租人同意将租赁房屋转租给第三人时,转租期限超过承租人剩余租赁期限的,人民法院应当认定超过部分的约定无效。但出租人与承租人另有约定的除外。

出租人知道或者应当知道承租人转租,但在6个月内未提出异议,其以承租人未经同意为由请求解除合同或者认定转租合同无效的,人民法院不予支持。

因承租人拖欠租金,出租人请求解除合同时,次承租人请求代承租人支付欠付的租金和违约金以抗辩出租人合同解除权的,人民法院应予支持。但转租合同无效的除外。

(四)买卖不破租赁的例外规定

租赁房屋在租赁期间发生所有权变动,承租人请求房屋受让人继续履行原租

赁合同的,人民法院应予支持。但租赁房屋具有下列情形或者当事人另有约定的除外:

(1)房屋在出租前已设立抵押权,因抵押权人实现抵押权发生所有权变动的;

(2)房屋在出租前已被人民法院依法查封的。

(五)房屋承租人的优先购买权

(1)出租人出卖租赁房屋未在合理期限内通知承租人或者存在其他侵害承租人优先购买权情形,承租人请求出租人承担赔偿责任的,人民法院应予支持。但请求确认出租人与第三人签订的房屋买卖合同无效的,人民法院不予支持。

(2)出租人与抵押权人协议折价、变卖租赁房屋偿还债务,应当在合理期限内通知承租人。承租人请求以同等条件优先购买房屋的,人民法院应予支持。

不论是抵押在前,还是租赁在前,都不影响承租人的优先购买权。

(3)出租人委托拍卖人拍卖租赁房屋,应当在拍卖5日前通知承租人。承租人未参加拍卖的,人民法院应当认定承租人放弃优先购买权。

(4)具有下列情形之一,承租人主张优先购买房屋的,人民法院不予支持:

①房屋共有人行使优先购买权的;

②出租人将房屋出卖给近亲属,包括配偶、父母、子女、兄弟姐妹、祖父母、外祖父母、孙子女、外孙子女的;

③出租人履行通知义务后,承租人在15日内未明确表示购买的;

④第三人善意购买租赁房屋并已经办理登记手续的。

第五节　融资租赁合同

一、概念

融资租赁合同是出租人根据承租人对出卖人、租赁物的选择,向出卖人购买租赁物,提供给承租人使用,承租人支付租金的合同。融资租赁合同是要式合同,应当采用书面形式。

(一)直租

直租涉及三方当事人,直租的出租人又是第三人(出卖人)的买受人。

(二)售后回租

售后回租简称回租。承租人将其自有物出卖给出租人,再通过融资租赁合同将租赁物从出租人处租回的,人民法院不应仅以承租人和出卖人系同一人为由认定不构成融资租赁法律关系。

二、特征

(1)融资租赁合同有两个法律关系,一个是出卖人与买受人的买卖合同关系,另一个是出租人(买受人)与承租人的租赁合同关系。

(2)出租人是具有融资租赁业务经营资格的企业法人,一般为租赁公司。融资租赁经营属于特许经营,出租人要有金融业务的经营许可。

(3)标的物一般是由出租人按照承租人的要求购买的。承租人的要求,一是表现为对出卖人的选择,二是表现为对租赁物的选择。出租人购买标的物,是为了满足承租人对标的物的特殊要求。

(4)标的物一般是设备、交通运输工具等价值比较高的动产。

(5)经济功能是通过出租来融资。

三、合同当事人的权利义务

(一)出卖人义务

(1)向承租人交付租赁物;

(2)承租标的物的瑕疵担保义务和损害赔偿义务。

(二)出租人义务

(1)向出卖人支付标的物的价金;

(2) 在承租人向出卖人行使索赔权时,负有协助义务;

(3) 不变更买卖合同中与承租人有关条款的不作为义务。

(三) 承租人义务

(1) 根据约定,向出租人支付租金;

(2) 妥善保管和使用租赁物并担负租赁物的维修义务;

(3) 依约定支付租金,并于租赁期间届满时返还租赁物。

四、融资租赁合同的解除

(一) 出租人或者承租人均享有融资租赁合同法定解除权的情形

(1) 出租人与出卖人订立的买卖合同解除、被确认无效或者被撤销,且双方未能重新订立买卖合同的;

(2) 租赁物因不可归责于双方的原因意外毁损、灭失,且不能修复或者确定替代物的;

(3) 因出卖人的原因致使融资租赁合同的目的不能实现的。

(二) 仅出租人享有融资租赁合同法定解除权的情形

(1) 承租人未经出租人同意,将租赁物转让、转租、抵押、质押、投资入股或者以其他方式处分租赁物的;

(2) 承租人未按照合同约定的期限和数额支付租金,符合合同约定的解除条件,经出租人催告后在合理期限内仍不支付的;

(3) 合同对于欠付租金解除合同的情形没有明确约定,但承租人欠付租金达到两期以上,或者数额达到全部租金15%以上,经出租人催告后在合理期限内仍不支付的;

(4) 承租人违反合同约定,致使合同目的不能实现的其他情形。

五、融资租赁物所有权的归属

融资租赁期间,出租人享有租赁物的所有权。因此,承租人破产时,租赁物不属于破产财产。但与一般所有人不同的是,出租人并不承担租赁物的瑕疵担保责任,对承租人占有租赁物期间租赁物造成第三人的人身或财产损害也不承担责任。

出租人与承租人可以约定租赁期间届满后租赁物的归属。对租赁物的归属没有约定或者约定不明确,按照《合同法》第61条的规定仍不能确定的,租赁物的所有权归出租人。

融资租赁合同被认定无效,当事人就合同无效情形下租赁物归属有约定的,从其约定;未约定或者约定不明,且当事人协商不成的,租赁物应当返还出租人。但因承租人原因导致合同无效,出租人不要求返还租赁物,或者租赁物正在使用,返还出租人后会显著降低租赁物价值和效用的,人民法院可以判决租赁物所有权归承租人,并根据合同履行情况和租金支付情况,由承租人就租赁物进行折价补偿。

第二十二章 完成工作成果的合同

第一节 承揽合同

一、承揽合同的概念、特征和种类

（一）概念

承揽合同是承揽人按照定作人的要求完成工作，交付工作成果，定作人给付报酬的合同。

（二）特征

(1)承揽合同是以完成一定工作为目的的合同；

(2)强调履行的协作性；

(3)承揽合同是诺成合同、有偿合同、双务合同；

(4)合同的双方是相互独立的责任主体。这是区别于雇佣合同的一个重要特征。

（三）种类

承揽涉及生活、生产的各个方面，种类繁多。常见的有加工合同、定作合同、修理合同、复制合同、测试合同、检验合同等。

二、承揽合同当事人的权利和义务

（一）承揽人的权利和义务

承揽人的权利和义务包括：

(1)亲自完成主要工作的义务。

(2)按约定提供材料的义务。

(3)及时检验材料及不得随意更换的义务。

(4)承揽人发现定作人提供的图纸或者技术要求不合理，应当及时通知定作人的义务。

(5)履行抗辩权和解除权。承揽工作需要定作人协助的，定作人有协助的义务。定作人不履行协助义务致使承揽工作不能完成的，承揽人可以催告定作人在合理期限内履行义务，并可以顺延履行期限（行使履行抗辩权）；定作人逾期不履行的，承揽人可以解除合同。

(6)接受定作人监督的义务。

(7)交付工作成果的义务。

(8)妥善保管的义务。

(9)保密的义务。

(10)共同承揽人承担连带责任。

（二）定作人的权利和义务

定作人的权利和义务包括：

按照约定提供材料、验收工作成果、支付报酬、履行协作义务。其中，支付报酬是定作人的对价性义务。

定作人可以随时解除合同，造成承揽人损失的，应当承担赔偿责任。

(1)定作人的解除权属于简单形成权。

(2)定作人行使解除权，无须理由，也无须对理由进行举证。

(3)解除权应当在合同履行完毕前行使。

(4)单方解除权的行使，以损害赔偿为代价。

第二节 建设工程合同

一、建设工程合同的概念、特征

（一）概念

建设工程合同是承包人进行工程建

设,发包人支付价款的合同。建设工程合同包括工程勘察、设计、施工合同。

建设单位(或建设人)称为发包人,勘察、设计和施工单位称为承包人。

(二)特征

(1)建设工程合同受到国家严格管理和调控,受强制性规范的限制较多。

(2)对承包人有资质的要求。

(3)建设工程合同是要式合同、诺成合同、有偿合同、双务合同。

(4)对建设工程合同没有规定的,可适用承揽合同的规定。

二、建设工程合同的订立

(一)建设工程合同的订立

建设工程合同的订立,可以采用一般协商方式,也可采用招标投标方式。符合《招标投标法》规定的,必须采取招标投标方式。

(二)发包、分包与转包

发包人可以与总承包人订立建设工程合同,也可以分别与勘察人、设计人、施工人订立勘察、设计、施工承包合同。发包人不得将应当由一个承包人完成的建设工程肢解成若干部分发包给几个承包人。总承包人或者勘察、设计、施工承包人经发包人同意,可以将自己承包的部分工作交由第三人完成。第三人就其完成的工作成果与总承包人或者勘察、设计、施工承包人向发包人承担连带责任。承包人不得将其承包的全部建设工程转包给第三人或者将其承包的全部建设工程肢解以后以分包的名义分别转包给第三人。禁止承包人将工程分包给不具备相应资质条件的单位。禁止分包单位将其承包的工程再分包。建设工程主体结构的施工必须由承包人自行完成。

转包合同,不管发包人是否同意,都无效。

三、终身责任制

因承包人的原因致使建设工程在合理使用期限内造成人身和财产损害的,承包人应当承担损害赔偿责任。

四、无效建设工程施工合同

《合同法》总则对合同无效的规定,无疑适用于建设施工合同。另外,《关于审理建设工程施工合同纠纷案件适用法律问题的解释》和《关于审理建设工程施工合同纠纷案件适用法律问题的解释(二)》对施工合同的无效及相关问题作了更具体的规定。

(一)施工合同无效的事由

(1)承包人未取得建筑施工企业资质或者超越资质等级的(在建设工程竣工前取得相应资质等级的除外)。

(2)没有资质的实际施工人借用有资质的建筑施工企业名义的。

(3)建设工程必须进行招标而未招标或者中标无效的。

(4)非法转包建设工程的。

(5)违法分包建设工程的。

(6)发包人未取得建设工程规划许可证等规划审批手续的(发包人在起诉前取得审批手续的除外)。发包人能够办理审批手续而未办理,并以未办理审批手续为由请求确认建设工程施工合同无效的,人民法院不予支持。发包人不得恶意规避自己的义务。

(二)"黑白"合同的效力

招标人和中标人另行签订的建设工程施工合同约定的工程范围、建设工期、工程质量、工程价款等实质性内容,与中标合同不一致,一方当事人请求按照中标合同确定权利义务的,人民法院应予支持。招标人和中标人在中标合同之外就明显高于市场价格购买承建房产、无偿建设住房配套设施、让利、向建设单位捐赠财物等另行签订合同,变相降低工程价款,一方当事人以该合同背离中标合同实质性内容为由请求确认无效的,人民法院应予支持。中标合同俗称"白合同",违背中标合同实质性内容的合同俗称"黑合同",中标合同包括一系列合同文件。

(1)"白合同"与"黑合同"发生冲突的,应以"白合同"确定当事人的权利义务关系。

(2)对变相降低工程价款的"黑合同",应确认无效。

(三)合同无效的,当事人的权利义务

1.举证责任的分配

无效合同的责任是过错责任。建设工程施工合同无效,一方当事人请求对方赔偿损失的,应当就对方过错、损失大小、过错与损失之间的因果关系承担举证责任。损失大小无法确定,一方当事人请求参照合同约定的质量标准、建设工期、工程价款支付时间等内容确定损失大小的,人民法院可以结合双方过错程度、过错与损失之间的因果关系等因素作出裁判。

2.因出借资质造成损失的连带责任

借用资质也称为挂靠,挂靠人是实际施工人的一种。缺乏资质的单位或者个人借用有资质的建筑施工企业名义签订建设工程施工合同,发包人请求出借方与借用方对建设工程质量不合格等因出借资质造成的损失承担连带赔偿责任的,人民法院应予支持。该损失须与出借资质有因果关系,否则不能依此认定连带责任。

没有资质的实际施工人借用有资质的建筑施工企业名义签订的建设工程施工合同无效,实际施工人与被借用人的挂靠协议也无效。

3.建设工程施工合同无效,工程价款的支付

(1)建设工程施工合同无效,但工程经竣工验收合格的,承包人请求参照合同约定支付工程价款的,应予支持。

(2)建设工程施工合同无效,但工程经竣工验收不合格的,须区别对待:其一,修复后的建设工程经竣工验收合格,发包人请求承包人承担修复费用的,应予支持,即承包人可以请求参照合同约定支付工程价款,但额外增加的修复费用应自己承担。其二,修复后的建设工程经竣工验收不合格,承包人请求支付工程价款的,不予支持。

(3)因建设工程不合格造成的损失,发包人有过错的,也应承担相应的民事责任。

五、建设工程承包人建设工程价款优先受偿权

(一)建设工程价款优先受偿权的性质

发包人未按照约定支付价款的,承包人可以催告发包人在合理期限内支付价款。发包人逾期不支付的,除按照建设工程的性质不宜折价、拍卖的以外,承包人可以与发包人协议将该工程折价,也可以申请人民法院将该工程依法拍卖。建设工程的价款就该工程折价或者拍卖的价款优先受偿。

建设工程价款优先受偿权是法定不动产担保物权,优于抵押权和其他债权。但是消费者交付购买商品房的全部或者大部分款项后,承包人就该商品房享有的工程价款优先受偿权不得对抗买受人。

(二)建设工程价款优先受偿权的主体

与发包人订立建设工程施工合同的承包人,可以行使优先受偿权,建设工程的实际施工人不享有优先受偿权,只与承包人签订分包合同的分承包人,也不享有优先受偿权。

装饰装修工程属于建设工程。《关于审理建设工程施工合同纠纷案件适用法律问题的解释(二)》第18条规定:"装饰装修

工程的承包人,请求装饰装修工程价款就该装饰装修工程折价或者拍卖的价款优先受偿的,人民法院应予支持,但装饰装修工程的发包人不是该建筑物的所有权人的除外。"建筑物的非所有人作为发包人的,承包人没有优先受偿权。家庭房屋装饰装修的"承包人"实际是承揽人,没有优先受偿权。

(三)行使建设工程价款优先受偿权,须建设工程质量合格

建设工程质量合格,承包人请求其承建工程的价款就工程折价或者拍卖的价款优先受偿的,人民法院应予支持。

未竣工的建设工程质量合格,承包人请求其承建工程的价款就其承建工程部分折价或者拍卖的价款优先受偿的,人民法院应予支持。

承包合同无效,但工程质量合格的,承包人可以行使优先受偿权。

(四)建设工程价款优先受偿的范围

承包人建设工程价款优先受偿的范围依照国务院有关行政主管部门关于建设工程价款范围的规定确定。承包人就逾期支付建设工程价款的利息、违约金、损害赔偿金等主张优先受偿的,人民法院不予支持。其一,建设工程价款优先受偿的范围,包括承包人应获得的利润。其二,承包人就逾期支付建设工程价款的违约责任不包括在优先受偿的范围之内。

(五)建设工程价款优先受偿权的行使期限

承包人行使建设工程价款优先受偿权的期限为6个月,自发包人应当给付建设工程价款之日起算。该6个月是除斥期间(不变期间),当事人不得约定延长和缩短。

(六)对建筑工人在优先受偿权方面的保护

对建筑工人的权益须给予特别保护。发包人与承包人约定放弃或者限制建设工程价款优先受偿权,损害建筑工人利益,发包人根据该约定主张承包人不享有建设工程价款优先受偿权的,人民法院不予支持。例如,发包人届时不支付工程款,承包人起诉要求行使优先受偿权,发包人以承包人事先承诺放弃优先受偿权为由进行抗辩,如果承包人不行使优先受偿权就无法支付建筑工人的工资,则应认定优先受偿权存在。

六、对实际施工人的保护

对建筑工人的保护,有时需要通过对实际施工人的保护来体现。实际施工人是没有与发包人签订承包合同而实际完成施工工作(实际履行承包义务)的人,包括自然人、法人和非法人组织。与发包人签订承包合同而又实际完成施工工作的人,不称为实际施工人。

(1)实际施工人可以转包人、违法分包人为被告起诉。

(2)实际施工人可以突破合同的相对性,越过转包人或分包人,直接以发包人为被告起诉。实际施工人以发包人为被告主张权利的,人民法院应当追加转包人或者违法分包人为本案第三人,在查明发包人欠付转包人或者违法分包人建设工程价款的数额后,判决发包人在欠付建设工程价款范围内对实际施工人承担责任。实际施工人有三类:一是非法转包承包人;二是非法分包合同承包人;三是欠缺资质的挂靠人。上述实际施工人不包括欠缺资质的挂靠人。

(3)实际施工人可以提起代位权诉讼。实际施工人根据《合同法》第73条的规定,以转包人或者违法分包人怠于向发包人行使到期债权,对其造成损害为由,提起代位权诉讼的,人民法院应予支持。实际施工人提起代位权诉讼,不同于前述实际施工人直接起诉发包人,直接起诉仅限于主张工程价款,代位权诉讼主张的债权不限于工程价款。

第二十三章 提供劳务的合同

第一节 运输合同

一、运输合同的概念和特征

（一）概念

运输合同是承运人将旅客或者货物从起运地点运输到约定地点，旅客、托运人或者收货人支付票款或者运输费用的合同。

运输合同分为客运合同和货运合同。

（二）特征

(1) 运输合同是提供劳务的合同，是双务合同、有偿合同。

(2) 运输合同经常表现为格式合同。

(3) 从事公共运输的承运人有强制缔约义务，不得拒绝旅客、托运人通常、合理的运输要求。

二、客运合同

（一）客运合同的概念和成立

客运合同是承运人使用运输工具，将旅客运送到约定的目的地，旅客支付费用的合同。

费用，一般表现为票款。

客票包括车票、船票和机票。

客票是旅客与承运人之间存在运输关系的凭证，是运输合同凭证。

（二）承运人的权利和义务

(1) 告知义务。承运人应当向旅客及时告知有关不能正常运输的重要事由和安全运输应当注意的事项。

(2) 准时运输的义务。

(3) 按约定的运输工具运输的义务。

(4) 尽力救助义务。承运人在运输过程中，应当尽力救助患有急病、分娩、遇险的旅客。

(5) 安全运送义务。即使因不可抗力造成行车事故以致乘客人身伤亡的，承运人仍应承担责任。

(6) 物品、行李毁损灭失的过错赔偿责任。在运输过程中，旅客自带物品毁损、灭失，承运人有过错的，应当承担损害赔偿责任；旅客托运的行李毁损、灭失的，适用货物运输的有关规定。

三、货运合同

（一）托运人的主要义务

包括对标的物如实申报的义务、有关文件（审批、检验等手续）的提交义务、妥善包装等义务。

（二）托运人的法定变更、解除权

在承运人将货物交付收货人之前，托运人可以要求承运人中止运输、返还货物、变更到达地或者将货物交给其他收货人，但应当赔偿承运人因此受到的损失。

（三）承运人的主要义务

1. 运送义务

承运人应当按时、按地、安全地完成运输任务。

2. 应当及时通知收货人的义务

货物运输到达后，承运人知道收货人的，应当及时通知收货人，收货人应当及时提货。收货人逾期提货的，应当向承运人支付保管费等费用。

3. 货物毁损、灭失的责任

承运人对运输过程中货物的毁损、灭

失承担损害赔偿责任,但承运人证明货物的毁损、灭失是因不可抗力、货物本身的自然性质或者合理损耗以及托运人、收货人的过错造成的,不承担损害赔偿责任。

4. 单式联运承运人之间的连带责任

两个以上承运人以同一运输方式联运的,与托运人订立合同的承运人应当对全程运输承担责任。损失发生在某一运输区段的,与托运人订立合同的承运人和该区段的承运人承担连带责任。要点是:单一运输方式;数个承运人承担连带责任。

5. 不可抗力损失的分担

货物在运输过程中因不可抗力灭失,未收取运费的,承运人不得要求支付运费;已收取运费的,托运人可以要求返还。

(四)收货人的主要义务

收货人提货时应当按照约定的期限检验货物。对检验货物的期限没有约定或者约定不明确的,应当在合理期限内检验货物。

收货人在约定的期限或者合理期限内对货物的数量、毁损等未提出异议的,视为承运人已经按照运输单证的记载交付的初步证据。

约定由收货人支付费用的,收货人应当按约定支付。

第二节 保管合同

一、保管合同的概念和特征

(一)概念

保管合同又称为寄托合同、寄存合同,是指保管人保管寄存人交付的保管物,并返还该物的合同。

(二)特征

(1)保管合同是实践合同、不要式合同;

(2)可以是无偿合同,也可以是有偿合同;

(3)以保管为目的。

二、保管合同当事人的权利和义务

(一)保管人的主要义务

(1)保管义务:

①妥善保管标的物;

②按照约定或有利于寄存人利益的保管方式保管物品;

③亲自保管。

(2)不使用保管物。

(3)返还保管物。返还原物与孳息。即使有第三人对保管物主张权利,非经执行程序强制,保管人仍应向寄存人返还保管物。

(二)寄存人的主要义务

寄存人的义务包括:按期支付保管费的义务;需要采取特殊保管措施的告知义务;寄存贵重物品的声明义务等。

第三节 委托合同

一、委托合同的概念和特征

(一)概念

委托合同是委托人和受托人约定,由受托人处理委托人事务的合同。

委托的事务包括法律事务和非法律事务。

(二)特征

(1)委托合同的标的是处理委托事物的行为。受托人替他人处理委托事务,根据需要和当事人约定,可以自己的名义,也可以委托人的名义。

(2)委托建立在双方的信任关系基础上。

(3)委托合同可以是有偿的,也可以是无偿的。

二、委托合同当事人的权利和义务

（一）受托人的主要义务

（1）受托人应当按照委托人的指示处理委托事务。需要变更委托人指示的,应当经委托人同意;因情况紧急,难以和委托人取得联系的,受托人应当妥善处理委托事务,但事后应当将该情况及时报告委托人。

（2）亲自处理委托事务与转委托。

受托人应当亲自处理委托事务。

转委托的情形:

①经过委托人同意。

②在紧急情况下未经同意的转委托在效果上等同于同意的转委托。

（3）报告义务。

（4）财产转交义务。

（5）注意义务和赔偿责任:

①有偿的委托合同,受托人是过错责任,轻过失不免责。

②无偿的委托合同,受托人轻过失免责。

（二）委托人的主要义务

（1）支付费用的义务。

（2）支付报酬的义务。

（3）另行委托的赔偿责任。

委托人经受托人同意,可以在受托人之外委托第三人处理委托事务。因此给受托人造成损失的,受托人可以向委托人要求赔偿损失。

（三）委托合同中的连带责任

两个以上的受托人共同处理委托事务的,对委托人承担连带责任。

三、委托合同的终止

（1）委托事务完成或双方协商解除委托合同。

（2）委托人或受托人单方解除委托合同。

因单方解除合同给对方造成损失的,除不可抗力外,应赔偿损失。

（3）委托人或者受托人死亡、丧失民事行为能力或者破产的,委托合同终止,但当事人另有约定或者根据委托事务的性质不宜终止的除外。

（4）因委托人死亡、丧失民事行为能力或者破产,致使委托合同终止将损害委托人利益的,在委托人的继承人、法定代理人或者清算组织承受委托事务之前,受托人应当继续处理委托事务。

第四节 行纪合同

一、行纪合同的概念、种类和特征

（一）概念

行纪合同是行纪人以自己的名义为委托人从事贸易活动,委托人支付报酬的合同。

行纪人与第三人订立合同的,行纪人对该合同直接享有权利、承担义务。第三人不履行义务致使委托人受到损害的,行纪人应当承担损害赔偿责任,但行纪人与委托人另有约定的除外。

在特殊情况下,可以没有第三人。

（二）种类

（1）代销、代购或者寄售合同行为,特别是代销比较常见。

（2）证券经纪行为。

（3）期货经纪行为。

（4）委托拍卖行为。

（5）其他。

（三）特征

（1）行纪人要有特定的营业资格,行纪人是营业人。

（2）行纪人是以自己的名义和第三人发生法律关系的。行纪人完成的事务是法律事务。

（3）行纪合同是双务合同、有偿合同、诺成合同。

二、行纪合同当事人的权利和义务

（一）行纪人的主要权利和义务

1. 行纪人的主要权利

（1）报酬请求权。

（2）介入权。是指行纪人自己作为出卖人或买受人，卖出或买入具有市场定价的商品，也就是说交易标的在市场上有公示的市场价格。

委托人没有相反的意思表示，即委托人在订立合同时，或者行纪人履行前，没有禁止行纪人作为出卖人或者买受人的意思表示。行纪人在符合法定条件介入的时候仍然可以请求委托人支付报酬。

（3）提存权。行纪人行使提存权之前，应当催告，这是必经程序。

2. 行纪人的主要义务

（1）依指示完成受托法律事务。

（2）负担行纪费用的义务。

（3）妥善保管委托物的义务。

（4）合理处分委托物的义务。

委托物交付给行纪人时有瑕疵或者容易腐烂、变质的，经委托人同意，行纪人可以处分该物；和委托人不能及时取得联系的，行纪人可以合理处分。

（二）委托人的主要权利和义务

（1）受领的权利和及时受领的义务。

（2）支付报酬的义务。

（3）受领或者取回标的物的义务。受领或者取回标的物，既是委托人的权利，也是委托人的义务。

第五节 居间合同

一、居间合同的概念和特征

（一）概念

居间合同是居间人向委托人报告订立合同的机会或者提供订立合同的媒介服务，委托人支付报酬的合同。

居间人可以是法人、非法人组织，也可以是自然人，而且居间人无须以居间为业，居间人可以兼有代理人的身份，也可以兼任保证人。

（二）特征

居间合同是诺成合同、有偿合同、双务合同。

二、居间合同当事人的义务

（一）居间人的主要义务

（1）报告约定机会或者提供订立合同媒介的义务；

（2）忠实义务；

（3）负担居间费用的义务。

（二）委托人的主要义务

1. 支付报酬

居间人促成合同成立的，委托人应当按照约定支付报酬。

2. 偿付有关费用

未促成合同成立的，不得要求报酬，但可以要求委托人支付从事居间活动支出的必要费用。

三、关于"跳单"

"跳单"，指媒介居间合同中的委托人利用居间人提供的信息，撇开居间人与第三人签订合同，以避免或减少报酬（佣金）的行为。

在房产居间中，同一房源信息经多个中介公司发布，买方通过上述正当途径获取该房源信息的，有权在多个中介公司中选择报价低、服务好的中介公司促成交易，此行为不属于"跳单"违约。

第二十四章 技术合同

第一节 技术合同概述

一、技术合同的概念和特征

（一）概念

技术合同是当事人就技术开发、转让、咨询或者服务订立的确立相互之间权利和义务的合同。

技术合同可分为四类：技术开发合同、技术转让合同、技术咨询合同和技术服务合同。

（二）特征

(1) 技术合同的标的财产是无形财产，既包括专利技术和非专利技术，又包括技术的开发和移转，也包括利用技术的咨询和服务。

(2) 技术合同是诺成合同。

(3) 技术合同一般是有偿合同，但也可以是无偿合同。

(4) 技术开发合同、技术转让合同是要式合同，技术咨询合同、技术服务合同是不要式合同。

二、技术合同的订立和主要内容

（一）订立

订立当事人应恪守诚实信用原则，技术合同不得以妨碍技术进步、侵害他人技术成果或非法垄断技术为目的。

（二）主要内容

(1) 保密条款；

(2) 成果归属条款；

(3) 特殊的价金或报酬支付方式条款；

(4) 专门名词和术语的解释条款。

三、技术成果的权利归属

（一）职务技术成果

(1) 职务技术成果的使用权、转让权属于法人或者其他组织的，法人或者其他组织可以就该项职务技术成果订立技术合同。

法人或者其他组织应当从使用和转让该项职务技术成果所取得的收益中提取一定比例，对完成该项职务技术成果的个人给予奖励或者报酬。

法人或者其他组织订立技术合同转让职务技术成果时，职务技术成果的完成人享有以同等条件优先受让的权利。

(2) 法人或者其他组织与其职工就职工在职期间或者离职以后所完成的技术成果的权益有约定的，人民法院应当依约定确认。

(3) 个人完成的技术成果，属于执行原所在法人或者其他组织的工作任务，又主要利用了现所在法人或者其他组织的物质技术条件的，应当按照该自然人原所在和现所在法人或者其他组织达成的协议确认权益。不能达成协议的，根据对完成该项技术成果的贡献大小由双方合理分享。

（二）非职务技术成果

非职务技术成果的使用权、转让权属于完成技术成果个人。

四、技术合同无效的特殊规定

除有《合同法》规定的情形之一的技术合同无效外，根据技术合同的特点，《合同法》专门规定:非法垄断技术、妨碍技术进步或者侵害他人技术成果的技术合同无效。非法垄断技术、妨碍技术进步,是指通过合同条款限制对方在合同标的技术的基础上进行新的研究开发;或者限制对方从其他渠道吸收先进技术;或者阻碍对方根据市场的需求,按照合理的方式充分实施专利和使用技术秘密。侵害他人技术成果指侵害另一方或者第三方的专利权、专利申请权、专利实施权、技术秘密的使用权和转让权或者发明权、发现权等的行为。

第二节 技术开发合同

一、技术开发合同的概念

技术开发合同是指当事人之间就新技术、新产品、新工艺或者新材料及其系统的研究开发所订立的合同。技术开发合同包括委托开发合同和合作开发合同。技术开发合同应当采用书面形式。

待开发的技术,双方当事人都不掌握,世界其他国家可能没有,也可能有,但合同双方未拥有。

委托开发合同是一方当事人委托另一方当事人进行研究开发所订立的合同。技术开发合同当事人一方仅提供资金、设备、材料等物质条件或者承担辅助、协作事项,另一方进行研究开发工作的,属于委托开发合同。

合作开发合同是当事人共同进行研究开发所订立的合同。

二、研究开发成果的归属和分享

（一）专利申请权及专利权的归属

1. 委托开发

委托开发完成的发明创造,除当事人另有约定的以外,申请专利的权利属于研究开发人。研究开发人取得专利权的,委托人可以免费实施该专利。研究开发人转让专利申请权的,委托人享有以同等条件优先受让的权利。

2. 合作开发

合作开发完成的发明创造,除当事人另有约定的以外,申请专利的权利属于合作开发的当事人共有。当事人一方转让其共有的专利申请权的,其他各方享有以同等条件优先受让的权利。合作开发的当事人一方声明放弃其共有的专利申请权的,可以由另一方单独申请或者由其他各方共同申请。申请人取得专利权的,放弃专利权的一方可以免费实施该专利。合作开发的当事人一方不同意申请专利的,另一方或者其他各方不得申请专利。

（1）合作开发完成的发明创造,其专利申请权为共有申请权。当然,当事人也可以特约由某方享有。

（2）共有专利申请权可以转让,一方转让的,其他各方在同等条件下有优先受让权。这里所说的共有专利申请权的转让,是指一方对一个共有专利申请权所享有权益或份额的转让,不是指各有一个专利申请权。

（3）对于共有的专利申请权,一方声明放弃的,另一方或者其他各方的申请权不受影响。

（4）当事人一方不同意申请专利权的,另一方或者其他各方不得申请。也就是说,任何一方都依法享有单方否决权。

（二）技术秘密成果的使用权、转让权的归属和分享

委托开发或者合作开发完成的技术秘密成果的使用权、转让权以及利益的分配办法,按照下列顺序确定：

（1）有约定,依约定；

（2）无约定或者约定不明确的,依照《合同法》第61条关于补缺性的规定确定；

（3）还不能确定的,当事人均有使用和转让的权利,但委托开发的研究开发人

不得在向委托人交付研究开发成果前,将研究开发成果转让给第三人。

第三节 技术转让合同

一、技术转让合同的概念和特征

(一)概念

技术转让合同是当事人就技术成果有偿让渡达成一致意见的合同。技术转让合同包括专利权转让合同、专利申请权转让合同、技术秘密转让合同、专利实施许可合同。

转让专利申请权或者专利权的,当事人应当订立书面合同,并向国务院专利行政部门登记,由国务院专利行政部门予以公告。专利申请权或者专利权的转让自登记之日起生效。

技术转让合同可以约定让与人和受让人实施专利或者使用技术秘密的范围,但不得限制技术竞争和技术发展。

(二)特征

(1)技术转让合同是对技术成果的让渡。

(2)技术转让合同的标的须已经存在。

(3)四种技术转让合同都是要式合同。

二、专利权转让合同

专利权转让合同,是指专利权人作为转让人将其发明创造(发明、实用新型和外观设计)专利的所有权移交受让人,受让人支付约定价款所订立的合同。专利权转让后,受让人成为新的专利权人,享有实施该项发明创造的排他性权利;原专利权人失去了专利权。

三、专利申请权转让合同

专利申请权转让合同,是指转让人将其就特定的发明创造申请专利的权利移交受让人,受让人支付约定价款的合同。专利申请权转让后受让人成为新的专利申请权人,原专利申请权人失去了专利申请权以及实施该发明创造的权利,这包括转让合同订立前,让与人已经实施发明创造的情形。

四、专利实施许可合同

(一)概念

专利实施许可合同,是指专利权人或者被授权的人作为转让方许可受让方在约定的范围内实施专利,受让方支付约定使用费所订立的合同。专利实施许可合同的标的是发明、实用新型和外观设计专利的使用权。

(二)专利实施许可的方式

(1)独占实施许可,是指让与人在约定许可实施专利的范围内,将该专利仅许可一个受让人实施,让与人依约定不得实施该专利。

(2)排他实施许可,是指让与人在约定许可实施专利的范围内,将该专利仅许可一个受让人实施,但让与人依约定可以自行实施该专利。

(3)普通实施许可,是指让与人在约定许可实施专利的范围内,许可他人实施该专利,并且可以自行实施该专利。

当事人对专利实施许可方式没有约定或者约定不明确的,认定为普通实施许可。专利实施许可合同约定受让人可以再许可他人实施专利的,认定该再许可为普通实施许可,但当事人另有约定的除外。排他实施许可合同让与人不具备独立实施其专利的条件,以普通许可的方式许可他人实施专利的,法院可以认定为让与人自己实施专利,但当事人另有约定的除外。

(三)对专利实施许可合同的基本要求

(1)专利实施许可合同只在该专利权的存续期间内有效。发明专利的有效期是20年,实用新型和外观设计专利的有效期是10年。上述三种专利的有效期均自申请之日起开始计算。专利权有效期届满或者专利权被宣布无效的,专利权人不得就该专利与他人订立专利实施许可合同。

(2)专利实施许可合同的让与人应当按照约定许可受让人实施专利,交付实施专利有关的技术资料,提供必要的技术指导。让与人还负有在合同有效期内维持专利权有效的义务,包括依法缴纳专利年费和积极应对他人提出宣告专利权无效的请求,但当事人另有约定的除外。

(3)专利实施许可合同的受让人应当按照约定实施专利,不得许可约定以外的第三人实施该专利,并按照约定支付使用费。

五、技术秘密转让合同

技术秘密转让合同,是指转让人将拥有的技术秘密提供给受让人,明确相互之间技术秘密的使用权、转让权,受让人支付约定使用费所订立的合同。

技术秘密包括未申请专利的技术成果、未授予专利权的技术成果和不属于专利法保护范围的技术成果。公知公用的技术不是技术秘密。

第四节 技术咨询合同和技术服务合同

一、技术咨询、技术服务合同的概念和区别

(一)技术咨询合同

技术咨询合同,是指当事人就特定技术项目提供可行性论证、技术预测、专题技术调查、分析评价报告,确立相互之间权利义务的合同。委托他人提出咨询报告或者解答问题的一方是委托人,另一方是受托人。

(二)技术服务合同

技术服务合同,是指一方以技术知识为另一方解决特定技术问题所订立的合同,不包括建设工程合同和承揽合同。

(三)技术咨询合同与技术服务合同的区别

技术服务合同的受托人是以解决具体技术问题为工作内容,以解决的问题的成果为对价,受托人对解决技术问题的实施结果负责。

技术咨询合同的受托人就特定技术项目的咨询为工作内容,以可行性论证、技术预测、专题技术调查、分析评价报告等成果为对价,受托人对其咨询意见的本身质量负责,对委托人依据咨询意见作出决策造成的损失不负责。

技术服务合同强调的是受托人对委托人所面临具体技术难题的解决;技术咨询合同强调的是受托人对委托人的决策提出咨询意见。

二、因履行技术咨询合同、技术服务合同所产生的技术成果的归属

在技术咨询合同、技术服务合同履行过程中,受托人利用委托人提供的技术资料和工作条件完成的新的技术成果,属于受托人。委托人利用受托人的工作成果完成的新的技术成果,属于委托人。当事人另有约定的,按照其约定。简而言之,有约定,从约定,无约定,归完成者所有。

第二十五章 婚姻法

第一节 结婚

一、结婚的概念和条件

(一)概念

结婚,又称婚姻的成立,指男女双方依照法律规定的条件和程序,确立夫妻关系的民事法律行为。

婚姻依法产生普通效力(身份上的效力)和特殊效力(财产上的效力)。

(二)条件

(1)必须男女双方完全自愿;

(2)必须达到法定婚龄;

(3)符合一夫一妻制。

二、结婚的禁止条件

结婚的禁止条件包括:直系血亲和三代以内旁系血亲;患有医学上认为不应当结婚的疾病。

(1)血亲:

①直系血亲。

②三代以内旁系血亲。如伯、叔与侄女、姑与侄、舅与外甥女。

(2)关于医学上认为不应当结婚的疾病,例如:

①艾滋病人应暂缓结婚;艾滋病病毒感染者如申请结婚,双方应接受医学咨询。

②淋病、梅毒等,应当暂缓结婚。

③重型精神病人,欠缺意思表达能力的,应当禁止结婚。

三、婚姻登记

分为结婚登记(包括复婚登记)和离婚登记。

办理登记,男女双方要亲自到登记机关办理,不能委托他人代理。

(一)婚姻登记机关

婚姻登记机关除办理婚姻登记之外,对因胁迫产生的婚姻,还有撤销权,但不能主动撤销,须有一方当事人的请求才可撤销。婚姻登记机关不予撤销的,当事人可以向人民法院提起民事诉讼,请求撤销。婚姻机关可以主动撤销的,是针对骗取离婚登记的行为。被欺骗的,是婚姻登记机关,不是男女之间的相互欺骗。婚姻登记机关没有婚姻无效的确认权。

(二)对离婚登记的特殊要求

办理离婚登记有下列情形之一的,婚姻登记机关不予受理:

(1)未达成离婚协议的;

(2)属于无民事行为能力人或者限制民事行为能力人的;

(3)其结婚登记不是在中国内地办理的。

四、事实婚姻与非法同居关系

(一)事实婚姻

事实婚姻是缺乏形式要件(未经登记)的婚姻,即男女双方以夫妻名义长期共同生活,该男女被认为事实上形成了夫妻关系。即事实婚姻具有婚姻的效力。

(1)1994年2月1日民政部《婚姻登记管理条例》公布实施以前,男女双方已经符合结婚实质要件的,按事实婚姻处理。

(2)1994年2月1日民政部《婚姻登记管理条例》公布实施以后,男女双方符合结婚实质要件的,人民法院应当告知其在案件受理前补办结婚登记;未补办结婚登记的,按解除同居关系处理。

(3)未按《婚姻法》的规定办理结婚登记而以夫妻名义共同生活的男女,一方死亡,另一方以配偶身份主张享有继承权的,要首先认定男女双方是否为事实婚姻关系。

(二)同居关系

同居关系,是指没有夫妻名分和实质,因男女长期共同居住形成的关系。

(三)事实婚姻与非法同居关系的处理

1.事实婚姻的处理

形成事实婚姻的双方,具有夫妻的权利义务关系。

2.同居关系的处理

同居的双方,不具有夫妻法律关系,但同居关系客观存在,男女双方无须起诉就可解除。

当事人起诉请求解除同居关系的,人民法院不予受理;属于有配偶与他人同居的,人民法院应当受理并依法予以解除。

五、无效婚姻

(一)范围

《婚姻法》第10条规定了四种婚姻无效情形:

(1)重婚;

(2)有禁止结婚的亲属关系的;

(3)婚前患有医学上认为不应当结婚的疾病,婚后尚未治愈的;

(4)未到法定婚龄的。

当事人以《婚姻法》第10条规定以外的情形申请宣告婚姻无效的,人民法院应当判决驳回当事人的申请。

(二)确认无效的程序

1.申请

(1)以重婚为由申请宣告婚姻无效的,由当事人的近亲属及基层组织申请;

(2)以未达到法定婚龄为由申请宣告婚姻无效的,由未达到法定婚龄者的近亲属申请;

(3)以有禁止结婚的亲属关系为由申请宣告婚姻无效的,由当事人的近亲属申请;

(4)以婚前患有医学上认为不应当结婚的疾病,婚后尚未治愈为由申请宣告婚姻无效的,由与患病者共同生活的近亲属申请。

2.程序

人民法院审理宣告婚姻无效的案件,对婚姻效力的审理不适用调解,应当依法作出判决;有关婚姻效力的判决一经作出,即发生法律效力。

涉及财产分割和子女抚养的,可以调解。调解达成协议的,另行制作调解书。对财产分割和子女抚养问题的判决不服的,当事人可以上诉。

(三)法律后果

无效或者被撤销的婚姻,自始无效。

同居期间所得财产,由当事人协议处理;协议不成时,由人民法院根据照顾无过错方的原则判决。

对重婚导致的婚姻无效的财产处理,不得侵害合法婚姻当事人的财产权益。

当事人所生的子女,享有继承、被抚养等权利,承担赡养等义务。

六、可撤销婚姻

(一)概念

可撤销的婚姻,是因胁迫产生的婚姻。撤销权仅属于受害人(被胁迫人)一方,撤销必须出于被胁迫人本人的意愿。

(二)程序

撤销婚姻分为行政程序和民事审判程序。

对婚姻撤销的民事审判程序,简易程序、普通程序均可适用。对一审撤销的判决不服的,可以上诉。

当事人以结婚登记程序存在瑕疵为由提起民事诉讼,主张撤销结婚登记的,告知其可以依法申请行政复议或者提起行政诉讼。

(三)法定期间

被胁迫人行使撤销权,应当自结婚登记之日起一年内提出。

被非法限制人身自由的当事人请求撤销婚姻的,应当自恢复人身自由之日起一年内提出。

该一年期间为除斥期间,因而不能中止、中断或者延长。

第二节 离婚

一、协议离婚

(一)概念和条件

协议离婚是夫妻双方协商一致解除婚姻关系的民事法律行为。离婚协议在办理离婚登记后生效。

(二)主管机关和程序

由民政部门主管。

男女双方自愿离婚的,必须到婚姻登记机关申请离婚。婚姻登记机关查明双方确实是自愿离婚并对子女和财产问题已有适当处理时,准予离婚,并发给离婚证,注销结婚证。

(三)离婚登记的撤销

对骗取离婚登记的,婚姻登记管理机关应当撤销离婚登记,并收回离婚证。

此撤销,不必有当事人的请求。

二、诉讼离婚

(一)概念

当事人通过民事诉讼程序,由法院调解或者判决离婚。

人民法院审理离婚案件,应当进行调解;如感情确已破裂,调解无效,应准予离婚。

(二)诉讼离婚中两项特殊保护

1. 对现役军人的特殊保护

现役军人(不包括预备役)的配偶要求离婚,须得军人同意,但军人一方有重大过错的除外。

重大过错是指:

(1)重婚或者与他人同居的;

(2)实施家庭暴力或虐待、遗弃家庭成员的;

(3)有赌博、吸毒等恶习屡教不改的;

(4)其他重大过错行为。

2. 对女方的特殊保护

女方在怀孕期间、分娩后一年内或中止妊娠后6个月内,男方不得提出离婚。女方提出离婚的,或人民法院认为确有必要受理男方离婚请求的,不在此限。

例外情形,一般是女方有重大过错行为,由人民法院根据实际情况进行判断。

(三)判决离婚的法律原则

人民法院审理离婚案件,应当进行调解;如感情确已破裂,调解无效,应当准予离婚。离婚民事案件,调解是必经程序。

有下列情形之一,调解无效的,应准予离婚:

(1)重婚或有配偶者与他人同居的;

(2)实施家庭暴力或虐待、遗弃家庭成员的;

(3)有赌博、吸毒等恶习屡教不改的;

(4)因感情不和分居满二年的;

(5)其他导致夫妻感情破裂的情形。

夫以妻擅自中止妊娠侵犯其生育权为由请求损害赔偿的,人民法院不予支持(不视为有过错);夫妻双方因是否生育发生纠纷,致使感情确已破裂,一方请求离婚的,人民法院经调解无效,应准予离婚。

(四)监护人代理提起离婚诉讼

无民事行为能力人的配偶有虐待、遗

弃等严重损害无民事行为能力一方的人身权利或者财产权益行为,其他有监护资格的人可以依照特别程序要求变更监护关系;变更后的监护人代理无民事行为能力一方提起离婚诉讼的,人民法院应予受理。

即首先要取得监护资格,其后才能代理离婚诉讼。

三、离婚的法律后果

（一）财产处理

1. 各自所有的财产

离婚时,婚前或者婚后各自的财产、债务,仍归个人所有。

债权人就一方婚前所负个人债务向债务人的配偶主张权利的,人民法院不予支持。但债权人能够证明所负债务用于婚后家庭共同生活的除外。债权人就婚姻关系存续期间夫妻一方以个人名义所负债务主张权利的,应当按夫妻共同债务处理。但夫妻一方能够证明债权人与债务人明确约定为个人债务,或者能够证明属于《婚姻法》第19条第3款规定情形的除外。

夫妻对婚姻关系存续期间所得的财产约定归各自所有的,夫或妻一方对外所负的债务,第三人知道该约定的,以夫或妻一方所有的财产清偿。

2. 共同财产

离婚时,夫妻的共同财产由双方协议处理;协议不成时,由人民法院根据财产的具体情况,照顾子女和女方权益的原则判决。

夫或者妻在家庭土地承包经营中享有的权益等,应当依法予以保护。

离婚时,一方隐藏、转移、变卖、毁损夫妻共同财产,或者伪造债务企图侵占另一方财产的,分割夫妻共同财产时,对隐藏、转移、变卖、毁损夫妻共同财产或伪造债务的一方,可以少分或者不分。离婚后,另一方发现有上述行为的,可以向人民法院提起诉讼,请求再次分割夫妻共同财产。

3. 以父母名义购买的房改房屋

婚姻关系存续期间,双方用夫妻共同财产出资购买以一方父母名义参加房改的房屋,产权登记在一方父母名下,离婚时另一方主张按照夫妻共同财产对该房屋进行分割的,人民法院不予支持。购买该房屋时的出资,可以作为债权处理。

4. 预期的养老保险

离婚时夫妻一方尚未退休、不符合领取养老保险金条件,另一方请求按照夫妻共同财产分割养老保险金的,人民法院不予支持;婚后以夫妻共同财产缴付养老保险费,离婚时一方主张将养老金账户中婚姻关系存续期间个人实际缴付部分作为夫妻共同财产分割的,人民法院应予支持。

5. 财产分割协议的效力

当事人达成的以登记离婚或者到人民法院协议离婚为条件的财产分割协议,如果双方协议离婚未成,一方在离婚诉讼中反悔的,人民法院应当认定该财产分割协议没有生效,并根据实际情况依法对夫妻共同财产进行分割。

6. 继承财产的分割

婚姻关系存续期间,夫妻一方作为继承人依法可以继承的遗产,在继承人之间尚未实际分割,起诉离婚时另一方请求分割的,人民法院应当告知当事人在继承人之间实际分割遗产后另行起诉。

7. 夫妻间借贷

夫妻之间订立借款协议,以夫妻共同财产出借给一方从事个人经营活动或用于其他个人事务的,应视为双方约定处分夫妻共同财产的行为,离婚时可按照借款协议的约定处理。

（二）离婚时共同债务的清偿

离婚时,原为夫妻共同生活所负的债务,应当共同偿还。共同财产不足清偿的,或财产归各自所有的,由双方协议清偿;协议不成时，由人民法院判决。

(1)夫妻双方共同签字或者夫妻一方事后追认等共同意思表示所负的债务，应当认定为夫妻共同债务。

共同债务的产生，一是"共债共签"；二是夫或妻的"事后追认"；三是其他共同意思产生的债务。

(2)夫妻一方在婚姻关系存续期间以个人名义为家庭日常生活需要所负的债务，债权人以属于夫妻共同债务为由主张权利的，人民法院应予支持。

①以个人名义负债，仍可产生共同债务；
②家庭日常生活的花费，人与人不同，地区与地区不同；
③为家庭日常生活需要所负的债务，应排除担保之债以及赌博、吸毒等违法犯罪活动中所负债务等。

(3)夫妻一方在婚姻关系存续期间以个人名义超出家庭日常生活需要所负的债务，债权人以属于夫妻共同债务为由主张权利的，人民法院不予支持，但债权人能够证明该债务用于夫妻共同生活、共同生产经营或者基于夫妻双方共同意思表示的除外。

(三)离婚时对生活困难一方的经济帮助

离婚时，如一方生活困难，另一方应从其住房等个人财产中给予适当帮助。具体办法由双方协议；协议不成时，由人民法院判决。

一方离婚后没有住处的，属于生活困难。

离婚时，一方以个人财产中的住房对生活困难者进行帮助的形式，可以是房屋的居住权或者是房屋的所有权。

(四)离婚后的子女抚养

父母与子女间的关系，不因父母离婚而消除。离婚后，父母对于子女仍有抚养和教育的权利和义务。离婚后，哺乳期内的子女，以随哺乳的母亲抚养为原则。哺乳期后的子女，如双方因抚养问题发生争执不能达成协议时，由人民法院根据子女的权益和双方的具体情况判决。

离婚后，一方(直接)抚养的子女，另一方应负担必要的生活费和教育费的一部或者全部，负担费用的多少和期限的长短，由双方协议；协议不成时，由人民法院判决。

关于子女生活费和教育费的协议或判决，不妨碍子女在必要时向父母任何一方提出超过协议或判决原定数额的合理要求。

四、探望权

(一)探望权的概念与探望权的主体

探望权，指离婚后不直接抚养子女的父或母，与子女见面的权利。

探望权的主体是离婚后不直接抚养子女的父或母。夫妻分居后，不直接抚养子女的父或母，也享有探望权。

(二)行使

行使探望权的方式、时间由当事人协议；协议不成时，由人民法院判决。

父或母探望子女，不利于子女身心健康的，由人民法院依法中止探望的权利；中止的事由消失后，应当恢复探望的权利。

五、离婚诉讼中无过错方的损害赔偿请求权及其行使条件

目前，因通奸、姘居、重婚、家庭暴力等原因导致的离婚案件逐渐增多。为加强对无过错一方的救济，修改后的《婚姻法》增加了一项重要内容——离婚过错赔偿制度，即侵害配偶权的损害赔偿制度。

(一)承担赔偿责任的主体

承担赔偿责任的主体，即被判决离婚夫妻中的过错一方。归责原则为过错责任

原则。

人民法院判决不准离婚的案件,对于当事人基于婚姻法提出的损害赔偿请求,不予支持。在婚姻关系存续期间,当事人不起诉而单独提起损害赔偿请求的,人民法院不予受理。

夫妻双方均有《婚姻法》规定的过错情形,一方或者双方向对方提出离婚损害赔偿请求的,人民法院不予支持。

（二）过错的内容

有下列情形之一,导致离婚的,无过错方有权请求赔偿：

(1)重婚的；
(2)有配偶者与他人同居的；
(3)实施家庭暴力的；
(4)虐待、遗弃家庭成员的。

（三）承担责任的内容

包括物质损害赔偿和精神损害赔偿。

六、离婚时的补偿

夫妻书面约定婚姻关系存续期间所得的财产归各自所有,一方因抚育子女、照料老人、协助另一方工作等付出较多义务的,离婚时有权向另一方请求补偿。

第三节　夫妻关系

一、夫妻人身关系

夫妻人身关系是因夫妻相互的身份而产生的权利义务关系。夫妻双方均具有独立的人格。

二、夫妻财产关系

（一）概说

夫妻财产关系,可以因身份产生（法定财产制）,也可以因合意产生（约定产生）。

夫妻财产关系包括财产的归属（共有和分别所有）、相互扶养义务（财产的付出,当然也有非财产的精神抚慰）、夫妻之间相互继承遗产的权利（互为第一顺序继承人）。

（二）法定夫妻财产制

1. 含义

夫妻对婚前、婚后财产没有约定时,按法律的规定产生财产关系。

婚前财产归各自所有,婚后财产原则上夫妻双方共同所有；婚后财产有特别规定的,依照特别规定。

2. 婚前财产

婚前财产在结婚后,仍属原权利主体人享有,但是,法律允许夫妻对婚前财产的归属另作约定。法律不允许以婚姻方式剥夺他人的财产,但是允许当事人对财产的处分进行自由约定。

婚前财产与婚后财产,分界的时间点在于婚姻登记。

3. 婚后财产

婚后共同财产包括：

(1)工资、奖金；
(2)生产、经营的收益；
(3)知识产权的收益；
(4)继承或赠与所得的财产,另有规定的除外；
(5)其他应当归共同所有的财产。

夫妻一方的个人财产在婚后产生的收益,除孳息和自然增值外,认定为夫妻共同财产。

婚后属于一方的个人财产：

(1)一方的婚前财产；
(2)一方因身体受到伤害获得的医疗费、残疾人生活补助等费用；
(3)遗嘱或赠与合同中确定只归夫或妻一方的财产；
(4)一方专用的生活用品；
(5)其他应当归一方的财产。

除上述第一项以外,其他四项因与当事人生存、生活密切相关而专属于个人的财产。

夫妻一方职业上必需之物,应为其个人财产。

正因为存在一方独立的财产,所以夫妻之间可以成立盗窃罪和诈骗罪。

(三)夫妻约定财产制

夫妻可以约定婚姻关系存续期间所得的财产以及婚前财产归各自所有、共同所有或部分各自所有、部分共同所有。约定应当采用书面形式。

夫妻对婚姻关系存续期间所得的财产以及婚前财产的约定,对双方具有约束力。

夫妻对婚姻关系存续期间所得的财产约定归各自所有的,夫或妻一方对外所负的债务,第三人知道该约定的,以夫或者妻一方的财产清偿。

约定应当采用书面形式,否则不发生效力。

(四)夫妻房产的赠与

我国法律允许婚内赠与。

婚前或者婚姻关系存续期间,当事人约定将一方所有的房产赠与另一方,赠与方在赠与房产变更登记之前撤销赠与,另一方请求判令继续履行的,人民法院可以按照《合同法》关于赠与人任意撤销权的规定和道德义务的赠与、公益性质的赠与、经公证的赠与不得任意撤销的情形处理。

(五)夫妻婚前购买、婚后登记的不动产

(1)一方支付首付款,婚后共同还贷的:

①夫妻婚前购买、婚后登记的不动产,有协议的按照协议处理,没有协议的可以按照登记处理;

②没有取得产权但参与还贷的一方享有相应的财产权利。

(2)一方婚前支付全款,婚后登记在其名下的,归其所有。

(六)婚后父母出资购买的不动产

婚后由一方父母出资为子女购买的不动产,产权登记在出资人子女名下的,可视为只对自己子女一方的赠与,该不动产应认定为夫妻一方的个人财产。

由双方父母出资购买的不动产,产权登记在一方子女名下的,该不动产可认定为双方按照各自父母的出资份额按份共有,但当事人另有约定的除外。

一方父母出资,以登记为准;双方父母出资的,不以登记为准。

第四节 父母子女关系

一、自然血亲的父母子女关系

自然血亲,指纯粹的血统关系。

自然血亲的父母子女关系,又称为亲子关系。

(一)婚生父母子女关系

婚生子女是指在婚姻关系存续期间受胎而出生的子女。

(二)非婚生的父母子女关系

非婚生子女享有与婚生子女同等的权利,任何人不得加以危害和歧视。

不直接抚养非婚生子女的生父或生母,应当负担子女的生活费和教育费,直至子女能独立生活为止。

非婚生子女,与(亲)父、母互为第一顺序的继承人。

(三)亲子关系的确定

夫妻一方向人民法院起诉请求确认亲子关系不存在,并已提供必要证据予以证明,另一方没有相反证据又拒绝做亲子鉴定的,人民法院可以推定请求确认亲子关系不存在一方的主张成立。当事人一方起诉请求确认亲子关系,并提供必要证据予以证明,另一方没有相反证据又拒绝做亲子鉴定的,人民法院可以推定请求确认亲子关系一方的主张成立。

二、继父母子女关系

继父母与继子女之间,不得虐待或歧视。

继父或者继母和受其抚养教育的继子女间的权利和义务,适用父母子女关系的有关规定。

有扶养关系的继父母与继子女之间,互为第一顺序的继承人。

三、养父母子女关系

(一)收养关系的成立

1. 被收养人

下列不满14周岁的未成年人可以被收养:

(1)丧失父母的孤儿;

(2)查找不到生父母的弃婴和儿童;

(3)生父母有特殊困难无力抚养的子女。

2. 送养人

(1)孤儿的监护人;

(2)社会福利机构;

(3)有特殊困难无力抚养子女的生父母。

3. 收养人

应当同时具备下列条件:

(1)无子女;

(2)有抚养教育被收养人的能力;

(3)未患有在医学上认为不应当收养子女的疾病;

(4)年满30周岁;

(5)无配偶的男性收养女性的,收养人与被收养人的年龄应当相差40周岁以上。

(二)收养的法律效力

自收养关系成立之日起,养父母与养子女间的权利义务关系,适用法律关于父母子女关系的规定;养子女与养父母的近亲属间的权利义务关系,适用法律关于子女与父母的近亲属关系的规定。

养子女与生父母及其他近亲属间的权利义务关系,因收养关系的成立而消除。

(三)收养关系的解除

收养人在被收养人成年以前,不得解除收养关系,但收养人、送养人双方协议解除的除外,养子女年满10周岁以上的,应当征得本人同意。收养人不履行抚养义务,有虐待、遗弃等侵害未成年养子女合法权益行为的,送养人有权要求解除养父母与养子女间的收养关系。送养人、收养人不能达成解除收养关系协议的,可以向人民法院起诉。

养父母与成年养子女关系恶化、无法共同生活的,可以协议解除收养关系。不能达成协议的,可以向人民法院起诉。

第二十六章　继承法

第一节　继承与继承权

一、继承

继承分为意定继承(遗嘱继承)和法定继承(直接依据法律规定的顺序和内容继承)。

二、继承权

(一)概念

继承权包括法定继承权和遗嘱继

承权。

法定继承权由法律确定继承的主体和顺序;遗嘱继承权由遗嘱确定继承的主体和顺序。

除了确定遗嘱继承权之外,还可以确定受遗赠权。

遗嘱继承权人是法定继承人(第一或者第二顺序继承人);受遗赠人是法定继承人以外的人。

(二)特征

(1)继承权性质上属于财产权。

(2)继承权的客体是财产,包括有形财产和无形财产。所有权、知识产权中的财产权、股权、份额权及债权都可以继承。

(3)继承权是继承人无偿取得被继承人财产的权利。

(4)继承权的发生根据,一是法律的直接规定,二是被继承人的遗嘱。

(5)继承权是特定范围的亲属之间相互享有的权利。法人和国家只能作为受遗赠人,不能作为继承人。

(6)继承权的实现基于特定的法律事实,即有财产的被继承人死亡。

第二节 继承权的取得、放弃、丧失

一、取得

继承权的取得:

(1)按照法律的直接规定取得(法定继承权);

(2)按照遗嘱取得(遗嘱继承权)。

二、放弃

继承人在继承开始后(被继承人死亡后),遗产分割前,以明示的方式拒绝接受遗产的单方法律行为。

在被继承人死亡前,当事人也可以放弃继承权。

放弃继承权的人对被继承人遗留的债务也不负担清偿的义务。

三、丧失

继承人有下列行为之一的,丧失继承权:

(1)故意杀害被继承人的;

(2)为争夺遗产而杀害其他继承人的;

(3)遗弃被继承人的,或者虐待被继承人情节严重的;

(4)伪造、篡改或者销毁遗嘱,情节严重的。

第三节 法定继承

一、法定继承人的范围和顺序

(一)法定继承人的范围

法定继承人的范围,是被继承人一定范围内的近亲属。包括:配偶、子女、父母、兄弟姐妹、祖父母、外祖父母。

(二)法定继承的顺序

第一顺序:配偶、子女、父母。

第二顺序:兄弟姐妹、祖父母、外祖父母。

继承开始后,由第一顺序继承人继承,第二顺序继承人不继承。没有第一顺序继承人继承的,由第二顺序继承人继承。

子女,包括婚生子女、非婚生子女、养子女和有扶养关系的继子女;父母,包括生父母、养父母和有扶养关系的继父母;兄弟姐妹,包括同父母的兄弟姐妹、同父异母或者同母异父的兄弟姐妹、养兄弟姐妹、有扶养关系的继兄弟姐妹。

祖父母、外祖父母是孙子女、外孙子女第二顺序的继承人;孙子女、外孙子女不是祖父母、外祖父母第二顺序的继承人。

孙子女、外孙子女代位继承的,按第一顺序继承。

二、代位继承

(一)概念

代位继承又称为间接继承,指法定继

承中被继承人的子女先于被继承人死亡时,由被继承人的子女的晚辈直系血亲代其之位继承的制度。

遗嘱继承和遗赠不能代位继承。代位继承人处于第一顺序继承的位置。

代位继承人一般只能继承其父亲或者母亲有权继承的遗产份额。

(二)代位继承与转继承的区别

转继承,指被继承人死亡后,继承人在财产分割前也死亡,继承人继承的财产由其合法继承人(一般是法定继承人,但也不排除遗嘱继承人)承受。

代位继承与转继承的区别:代位继承,是被继承人的直系晚辈血亲先死亡;转继承是被继承人先死亡,继承人(可能是晚辈,也可能是长辈)后死亡,即在被继承人死亡之后,财产分割前死亡。

三、法定继承中的遗产分配

(一)原则

同一顺序继承人继承遗产的份额,一般应当均等,经继承人协商同意,也可以不均等。对生活有特殊困难和缺乏劳动能力的继承人,分配遗产时,应当予以照顾。

对被继承人尽了主要扶养义务或者与被继承人共同生活的继承人,分配遗产时,可以多分。

有赡养、扶养能力和有赡养、扶养条件的继承人,不尽赡养、扶养义务的,分配遗产时,应当不分或者少分。

【注意】部分残疾人虽然缺乏劳动能力,但生活上并无特殊困难,就不是照顾的对象。

(二)法定继承人以外的人酌情给予遗产问题

对继承人以外的依靠被继承人扶养的缺乏劳动能力又没有生活来源的人,或者继承人以外的对被继承人扶养较多的人,可以分给他们适当的遗产。

继承人以外有两类人可以(不是应当)适当分得遗产:

(1)要满足三个要件:依靠被继承人扶养;缺乏劳动能力;没有生活来源。

(2)对被继承人扶养较多的人。

第四节 遗嘱继承、遗赠和遗赠扶养协议

一、遗嘱继承

(一)概念

遗嘱继承是继承人依照被继承人生前的遗嘱取得遗产的法律制度。

(1)公民可以依法定立遗嘱处分个人财产,并可以指定遗嘱继承人。可以将个人财产指定由法定继承人的一人或者数人继承,也可以立遗嘱将个人财产捐赠给国家、集体或者法定继承人以外的人。

(2)遗嘱继承与遗赠:遗嘱继承的继承人是法定继承人之中的一人或者数人;遗赠是在被继承人死亡后将其财产给法定继承人以外的人。遗嘱继承和遗赠,都通过遗嘱表现出来。

(3)遗嘱继承人依遗嘱取得遗产后,仍有权按照法定继承的顺序继承遗嘱未处分的财产。

(二)遗嘱继承的适用条件

遗嘱继承的适用条件:

(1)存在合法有效遗嘱。

(2)没有遗赠扶养协议。

(3)被继承人死亡。

二、遗嘱

(一)概念和特征

遗嘱,是自然人在死亡前处分自己财产的单方法律行为。

(1)遗嘱是单方法律行为,无相对人的意思表示。在立遗嘱时,受嘱人可能知道遗嘱,也可能不知道遗嘱。

(2)遗嘱人是完全行为能力人。限制行为能力人和无行为能力人不能设立遗嘱。

(3)遗嘱必须由被继承人亲为,他人不得代理。

(4)遗嘱在遗嘱人死亡时才发生遗嘱继承人的继承权。在遗嘱人死亡前,遗嘱人可以撤销、变更自己所立的遗嘱。

(5)遗嘱是要式法律行为。遗嘱须采用法律规定的五种形式之一。

(二)形式

1. 公证遗嘱

公证遗嘱经公证机关办理,具有最高的法律效力。自书遗嘱、代书遗嘱、录音遗嘱、口头遗嘱都不能否定或变更公证遗嘱。但当事人可以再一次公证,取消或变更公证遗嘱。

2. 自书遗嘱

自书遗嘱即遗书。自书遗嘱由遗嘱人亲自书写、签名,注明年、月、日。打印的文本不能认为是自书遗嘱。

3. 代书遗嘱

他人代写的遗书。

代书遗嘱应当有两个以上见证人在场见证,由其中一人代书,注明年、月、日,并由代书人、其他见证人和遗嘱人签名。

遗嘱人不能签名的,应以指印代之。

4. 录音遗嘱

以录音形式设立的遗嘱,应当有两个以上见证人在场见证。

5. 口头遗嘱

遗嘱人在危急情况下,可以立口头遗嘱。

口头遗嘱应当有两个以上无利害关系见证人在场见证。危急情况解除后,遗嘱人能够用书面或者录音形式设立遗嘱的,所立的口头遗嘱无效。

6. 无遗嘱见证人资格的人

(1)无行为能力人、限制行为能力人。

(2)继承人、受遗赠人。

(3)与继承人、受遗赠人有利害关系的人。继承人、受遗赠人的债权人、债务人,共同经营的合伙人,也应当视为与继承人、受遗赠人有利害关系,不能作为遗嘱的见证人。

(三)效力

1. 遗嘱的有效要件

(1)立遗嘱人须有遗嘱能力,即遗嘱人是完全行为能力人。有无立遗嘱的能力,以立遗嘱时为准。

(2)遗嘱是遗嘱人真实的意思表示。

(3)遗嘱的方式符合法定要求。

2. 遗嘱的无效

(1)无行为能力人或者限制行为能力人所立遗嘱无效。

(2)遗嘱必须表示遗嘱人的真实意思,受胁迫、欺骗所立遗嘱无效。

(3)伪造的遗嘱无效。

(4)遗嘱被篡改的,篡改的内容无效。篡改,是对遗嘱部分内容的篡改,如果全部篡改,等于是伪造遗嘱。伪造遗嘱全部无效。

(5)遗嘱与法律强行规定抵触的部分无效。

(6)不符合法定形式的遗嘱无效。遗嘱是要式法律行为。

(四)必留份额

遗嘱应当对缺乏劳动能力又没有生活来源的继承人保留必要的遗产份额。

遗嘱中未保留缺乏劳动能力又没有生活来源的继承人的遗产份额,遗产处理时,应当为该继承人留下必要的遗产,所剩余部分,才可参照遗嘱确定的分配原则处理。

继承人是否缺乏劳动能力又没有生活来源,按照遗嘱生效时该继承人的具体情况确定。

上述法律规定被称为"必留份额""必

继份",是指给"双缺"继承人留下必要的遗产份额。

(五)变更和撤销

1.明示方式

遗嘱可以变更、撤销,但必须采用明示的方式。自书遗嘱、代书遗嘱、录音遗嘱、口头遗嘱不得撤销、变更公证遗嘱。

(1)遗嘱人以不同形式立有数份内容相抵触的遗嘱,其中有公证遗嘱的,以最后所立公证遗嘱为准。

(2)没有公证遗嘱的,以最后所立遗嘱为准。即最后的公证遗嘱,可以变更、撤销先前的公证遗嘱。

(3)对于其他形式的遗嘱,后边的遗嘱可以变更、撤销先前的遗嘱。

2.遗嘱变更和撤销的推定方式

遗嘱人虽未明确地表达变更、撤销遗嘱的意思,但是根据其有关书面文件或者行为,可以推定其有变更或者撤销的意思表示。

遗嘱变更和撤销的推定方式主要有以下几种:

(1)遗嘱人立有遗嘱,但生前行为与遗嘱的意思表示相反,而使遗嘱处分的财产在继承开始前灭失、部分灭失或所有权转移、部分转移的,遗嘱视为被撤销或部分被撤销。

(2)遗嘱人销毁遗嘱文书,推定遗嘱人撤销遗嘱,但经过公证的遗嘱除外。否认或者变更公证遗嘱只能再一次公证。

(六)遗嘱的执行

(1)遗嘱执行人,是负责落实遗嘱规定的权利义务的人。

(2)遗嘱执行人的主要职责是按照遗嘱分配遗产。在分割财产时,应当保留胎儿的必要份额。

(3)遗嘱执行人还有通知被继承人、确认、清理、保管财产等义务。

三、遗赠

(一)概念与特征

1.概念

遗赠是自然人立遗嘱将遗产赠给国家、集体或者法定继承人以外的人。

2.特征

(1)遗赠是单方法律行为,无相对人的意思表示,须以遗嘱的方式为之。

(2)在遗嘱人先于受遗赠人死亡时生效。

(3)受遗赠人是法定继承人以外的人,包括国家、集体和法定继承人以外的亲属和非亲属。

3.遗赠与死因赠与的区别

死因赠与是赠与的一种,以赠与人先于受赠人死亡为生效条件。

死因赠与是赠与人处分生前财产的行为。遗赠是立遗嘱人对死后财产归属作出决定,以立遗嘱人先于受遗赠人死亡为生效条件。

(二)遗赠有效条件

(1)遗嘱人在立遗嘱时是完全行为能力人。

(2)遗嘱是遗嘱人的真实意思,且内容合法。

(3)遗嘱中对缺乏劳动能力又没有生活来源的人保留必要的份额。没有保留必要份额的,遗嘱一般为部分无效。

受遗赠人在立遗嘱时,未必存在。如立遗嘱人可以把胎儿作为受遗赠人。这是附生效条件的遗嘱,胎儿生下是活体的,胎儿有继承权,胎死腹中或者生下是死体的,不发生遗赠的效力。

(三)执行

执行遗赠不得妨碍遗赠人依法应当交纳的税款和债务。

清偿遗赠人的债务优先于执行遗赠;交纳的税款和清偿的债务以获得的遗产价

值为限。

四、遗赠扶养协议

（一）概念和特征

遗赠扶养协议，指遗赠人与扶养人关于遗赠人的财产归扶养人所有，扶养人负责遗赠人生养死葬义务的协议。

(1)遗赠扶养协议是关于财产给付的协议，是双方法律行为。

(2)尽管遗赠人死后遗产归扶养人，但遗赠扶养协议仍然是生前法律行为。

遗赠扶养协议的"生前死后"，指扶养人在协议成立后即有扶养义务，在遗赠人死后才能获得遗赠人的财产。

(3)遗赠扶养协议的效力优于遗赠和遗嘱继承，遗嘱优于法定继承。

(4)遗赠人是自然人，而扶养人可以是自然人，也可以是组织。

(5)负担法定扶养义务的法定继承人不能作为遗赠扶养协议的扶养人，本应获得法定继承人扶养之给付，却要支付对价，在事实上剥夺了遗赠人请求法定给付的权利。监护人也不存在作为遗赠扶养协议扶养人的可能，其也不能代理被监护人签订遗赠扶养协议。

(6)不负担扶养义务的第二顺序法定继承人可以作为扶养人。

（二）当事人的权利和义务

1.受扶养人的权利和义务

权利：获得扶养人的扶养，并要求在死后由扶养人负责丧葬事宜。

义务：在遗赠扶养协议中承诺在死后将全部或者部分财产转移给扶养人。

2.扶养人的权利和义务

权利：在遗赠人死后获得遗赠人在扶养协议中许诺的财产。

义务：对受扶养人生养死葬。不一定是养老送终，有的受扶养人不是老人，而是残疾人、病人。

（三）解除

当事人双方可以协商一致解除遗赠扶养协议。

当事人一方重大违约，使合同履行成为不必要或者不可能的，一方可以通知另一方解除。

第五节　遗产的处理

一、继承的开始

（一）开始的时间

继承从被继承人死亡时开始。

死亡，包括生理死亡和被宣告死亡。失踪人被宣告死亡的，以法院判决中确定失踪人死亡日期为继承开始的日期。

继承开始时间的意义：

(1)继承人的权利从期待权转为既得权；

(2)确定遗产的范围；

(3)确定谁是继承人；

(4)确定继承人应当继承的份额；

(5)发生通知的义务；

(6)发生遗产保管义务；

(7)放弃继承的效力，追溯到继承开始的时间；

(8)是最长保护期间(20年)的起算时间。

（二）开始的地点

被继承人生前最后住所地或者主要遗产所在地为继承开始的地点。

（三）继承的通知和遗产的保管

1.继承的通知

继承开始后，知道被继承人死亡的继承人应当及时通知其他继承人和遗嘱执行人。继承人中无人知道被继承人死亡或者知道被继承人死亡而不能通知的，由被继承人生前所在单位或者住所地的居民委员会、村民委员会负责通知。

2. 遗产的保管

存有遗产的人,应当妥善保管遗产,任何人不得侵吞或者争抢。

二、遗产

(一)概念和特征

遗产是自然人死亡时遗留的财产。

遗产的特征:

(1)遗产的范围以被继承人死亡的时间来确定。

(2)遗产作为财产,在严格意义上不包括债务。债务是负财产。

(二)法律地位

自然人死亡时,才转化成被继承人,其财产才转化成遗产。

被继承人死亡时,如果只有一个继承人,遗产归继承人所有;如果有两个以上继承人,遗产在分割前,为继承人共同共有。

(三)遗产的范围

可以流转的财产都可以成为遗产。

不能继承的权利,包括:

(1)土地承包经营权不能继承,林地的承包权可以继承,土地承包的收益可以继承。

(2)与人身不可分割的财产权益不能继承。

(四)认定遗产应注意的问题

1. 被继承人的遗产与共有财产的区别

遗产是被继承人的个人财产。确定遗产的时候,要先"分家析产",即要确定到底哪些是遗产。如夫妻一方死亡,一般是分出一半,剩下的一半财产作为遗产。

2. 被继承人的遗产与保险金、抚恤金的区别

(1)因当事人死亡产生的保险金不是遗产。

(2)当事人死亡,按规定发给家属的抚恤金,是给家属的经济补偿金,不是死者的遗产。

(3)应发给本人的抚恤金,应当发给但尚未发给时本人死亡的,该抚恤金为遗产。

三、遗产的分割和债务清偿

(一)遗产分割

遗产分割,指继承开始之后,两个以上继承人、受遗赠人、扶养人分配遗产,从而取得相应财产的行为。

(二)债务清偿

1. 被继承人债务的确定

被继承人生前个人依法应当缴纳的税款、罚金以及应由其个人偿还的合法的财产性债务。

2. 清偿被继承人债务的原则

(1)继承人的清偿义务以继承财产的实际价值为限,这称为限定继承原则。

(2)继承人缺乏劳动能力又没有生活来源的,应当保留必要的份额(保留份),即这类继承人不必全额清偿或者清偿义务不被强制执行。

(3)数个(法定)继承人对被继承人生前的债务承担连带责任。

(4)对被继承人的债务实行有序清偿。

①如有法定继承又有遗嘱继承和遗赠的,首先由法定继承人用其所得遗产清偿债务;不足清偿时,剩余的债务由遗嘱继承人和受遗赠人按比例用所得遗产偿还;如果只有遗嘱继承和遗赠的,由遗嘱继承人和受遗赠人按比例用所得遗产偿还。

②遗产不足以偿还全部债务时,对保障基本生活来源、基本生活需要的劳务报酬、补偿金(如个人独资企业工人的工资、抚恤金)优先偿还。

四、无人继承又无人受遗赠的遗产

(一)含义

被继承人死亡后,没有法定继承人、遗

嘱继承人和受遗赠人,或者继承人、受遗赠人放弃了继承权,或者全部当事人因法定事由丧失了继承权或受遗赠权,此时的遗产就是无人继承又无人受遗赠的遗产。

(二)确定

继承开始后,如继承人和受遗赠人仍处于不明状态时,必须通过公告程序寻找继承人和受遗赠人。

实践中的一般做法是由遗产保管人或保管单位及时发出寻找公告,公告期至少为1年,逾期若无继承人或受遗赠人出现,则将该遗产确定为无人继承又无人受遗赠的遗产。

(三)处理

(1)清偿被继承人的债务。

(2)酌情分给没有继承权但依靠被继承人扶养且缺乏劳动能力又没有生活来源的人。

(3)适当分给对被继承人扶养较多的人。

(4)收归国家或集体所有。如死者生前是集体所有制成员,则该遗产归集体所有制组织所有;如不是集体所有制成员,则归国家所有。

第二十七章　人格权和身份权

第一节　人身权概述

一、人身权的概念和特征

(一)概念

人身权是自然人所享有的,与其人身不可分离而无直接财产内容的民事权利。

(二)特征

(1)人身权以民事主体的人身存在为基础。人身,是指活体。

(2)人身权不具有财产属性,是非财产性的权利。

(3)人身权是民事主体不可缺少、必须享有的权利。

(4)人身权的人格权是绝对权,他人均为义务主体。身份权也有绝对权的一面(例如,配偶权对内是相对权,对外是绝对权)。

(5)人身权是支配权。权利人享有支配其人格利益、身份利益的排他性权利。

(6)人身权是专属权,不得抛弃、让与和继承。

二、人身权的分类

人身权分为人格权和身份权,人身权的核心是人格权。人身权以自然人存活为前提。人去世以后,就不能作为民事主体存在。

第二节　人格权

一、人格权的概念

人格权是民事主体以人格利益为内容,并与人身不可分离的权利。人格权区分为一般人格权和具体人格权。

二、一般人格权的概念和特征

(一)概念

一般人格权是相对于具体人格权而言的,是以民事主体全部人格利益为标的的概括性权利。一般人格权包括人格尊严、人格自由、人格平等和人格独立等。一般人格权体现了人的一般人格利益。一般人格权是一种母权,派生出具体人格权。在人格权被侵犯,但与具体人格权无法对号入座的情况下,可按一般人格权对权利人进行保护、救济。《消费者权益保护法》第43条规定,经营者侵害消费者的人格尊严或者侵犯消费者人身自由的,应当停止侵害、恢复名誉、消除影响、赔礼道歉,并赔偿损失。该规定就包含了对侵犯一般人格权应承担的民事责任。

(二)特征

(1)概括性。是以人的全部人格利益为标的的总括性权利。

(2)普遍性。人人皆有。

(3)抽象性。由于一般人格权的概括性和普遍性,使一般人格权具有了抽象性的特点。

(4)专属性。不得让与、继承、抛弃。如某男与某女约定,男终身不娶,女终身不嫁,属于放弃自由的行为,无效。

(5)开放性。随着社会的发展,一般人格权的范围将不断扩大。

三、自然人的具体人格权

具体人格权,又称为特别人格权、个别人格权,是指法律就特定的人格利益作出具体、特别规定的权利。自然人享有生命权、身体权、健康权、姓名权、名誉权、肖像权、荣誉权、隐私权、婚姻自主权等权利。

(一)生命权

生命权是以自然人生命维持和生命安全为内容的权利。生命为人格利益中最重要的组成部分。杀人为侵害生命权的行为,受托杀人(安乐死)仍然是侵害生命权的行为。

(二)身体权

身体权是自然人对其肢体、器官及其他组织的完整性所享有的权利。身体权的内容包括身体完整维护权和身体组织及器官的支配权。偷割他人头发,偷取或暴力取他人器官,未经同意割去他人赘肉等行为是侵犯身体权的行为。

(三)健康权

健康权是自然人保持身体功能安全的权利。健康,不但包括肉体健康,还包括精神健康。如肝炎病人故意与人接吻致使他人染病、恐吓使他人致精神分裂等都构成对健康权的侵犯。

(四)姓名权

姓名是个体自然人区别于其他自然人的文字符号,是代表自然人的标记。姓名与肖像一样,都是区别性人格标志,但姓名是文字标志,肖像是形象标志。

姓名权是自然人享有的决定、使用、改变自己姓名并排除他人侵害的权利。姓名包括真名、别名、笔名、艺名等,但是不包括绰号和乳名。姓名权的内容包括命名权、使用权和变更权。

侵害姓名权的行为有干涉行为和盗用、假冒以及其他非法利用行为等。

干涉行为,包括干涉命名权、干涉使用权、干涉改名权。

盗用,是擅自使用他人姓名,假冒,即冒名顶替。其他非法利用行为有故意混同行为等。

(五)名誉权

名誉权,是指自然人或法人对自己在社会生活中获得良好的评价及人格尊严而享有的权利。名誉,是社会的评价,不是自我认识,对名誉的自我认识是名誉感。名誉权人人皆有,无民事行为能力人和限制行为能力人也享有名誉权。

(六)肖像权

肖像权是自然人对自己形象再现、使用而享有的专有权。对肖像权的侵犯行为,包括歪曲、侮辱和非法利用。对肖像权的侵犯,不能仅仅限于对脸部形象的侵犯,人的外部形象都在肖像权的保护范围之内。肖像,分为着衣肖像和人体肖像,擅自利用人体肖像,除了可以构成侵犯肖像权外,还可以构成侵犯隐私权。

为公共利益制作、使用他人肖像的不构成侵权。通缉逃犯使用逃犯照片、寻人启事使用走失之人的照片等均不构成侵权。合理使用的事由,学理上称为阻却违法事由。

(七)荣誉权

1. 荣誉权的概念

荣誉就是因授予产生的光荣的名誉。荣誉权是保持荣誉称号并保持光荣名誉的权利。

2. 荣誉权与名誉权的关系

(1)荣誉权、名誉权都是人格权。

(2)荣誉权具有专属性;而名誉权是人人得享有的权利,具有普遍性。

(3)荣誉权往往表现为荣誉称号;名誉权无须借助某种"称号"来表现。

(4)荣誉与名誉都是一种评价。荣誉的取得往往经过一定的程序,如"五一劳动奖章"要经过评比;而名誉不需要经过任何程序,是自然产生的。

(5)要件内容不同。荣誉是一种特殊表彰、特殊评价;名誉则是一种基本评价。

(6)消灭不同。荣誉称号可以剥夺,名誉权则无法剥夺。

(7)荣誉是授予的特殊名誉,所以侵犯荣誉权,同时也会构成对名誉权的侵犯。

3. 荣誉权的取得

荣誉权由特定的机关、单位授予。

4. 侵犯荣誉权的法律后果

侵犯荣誉权,是侵权行为的一种。受害人有权要求停止侵害、恢复名誉(荣誉权受到侵害,名誉权可能同时受到侵害)、消除影响、赔礼道歉,并可以要求赔偿损失。

(八)隐私权

隐私,是自然人不愿他人知悉的个人秘密。法人的秘密,是商业秘密、国家秘密等。隐私权,是自然人保守个人秘密的权利。隐私的范围包括隐私信息、隐私活动和隐私空间。受法律保护的隐私的具体范围,要受社会一般意识、民族意识和个人意识的影响。

侵犯隐私权的情形在生活中多有发生:有人在高楼上用高倍望远镜窥视他人房间,有的旅馆在房间安装针孔摄像机,有人私拆他人信件、偷看日记。接受捐赠的事实,也可以作为隐私来保护。

公开他人私生活,是侵犯隐私权的一种表现。但侵犯隐私权,不以公开隐私为必要。

为公众所关心、瞩目的政治家、演员、歌星、体育明星等,在学理上认为他们已经抛弃了一定范围的隐私权。也就是说,个人私生活与公众知情权发生冲突的时候,冲突部分,公众人物不享有隐私权。

侵犯隐私权,可以同时构成侵害名誉权。生活中有人通过披露他人隐私的方法损害其名誉权。侵犯隐私权与侵犯名誉权不同。隐私是一种事实,是当事人不愿公之于众的事实,而侵犯名誉权却是无中生有、造谣生事。侵害名誉权,使受害人的社会评价降低;即使受害人的社会评价没有降低,仍然可以成立侵害隐私权。

(九)个人信息的法律保护

自然人的个人信息受法律保护。任何组织和个人需要获取他人个人信息的,应当依法取得并确保信息安全,不得非法收集、使用、加工、传输他人个人信息,不得非法买卖、提供或者公开他人个人信息。

四、法人、非法人组织的人格权

名称权与姓名权的区别。

(1)主体不同。

(2)专用权的范围不同。名称权的专用权受登记范围的限制,姓名权无此限制。

(3)名称权可以转让,通说认为,姓名权不能自由转让。

(4)侵害名称权不存在精神损害赔偿的问题,侵害姓名权可以要求精神损害赔偿。

第三节 身份权

一、身份权的概念

身份权是民事主体基于某种特定的身份享有的权利。人格权人人生而有之,而身份权并非如此。

身份权与人格权一样,都具有人身权的基本特征,同是绝对权、专属权、支配权,都是非财产性的权利。两者也有明显区别:

(1)客体不同。身份权为身份利益,人格权为人格利益。

(2)产生和消灭的原因不同。身份权因婚姻、收养、子女出生等原因产生,因离婚、解除收养等原因消灭。人格权始于出生,终于死亡,是固有的权利。

(3)身份权有特定的相对人。人格权的相对人,是不特定的任何人。

(4)人格权是基础性的权利,有身份,必先有人格。

二、亲权

(一)亲权的概念

亲权是父母基于身份对未成年子女人身、财产的管理和保护的权利。我国法律没有直接规定亲权,监护带有亲权的性质。

(二)亲权的内容

(1)保护权。
(2)教育权。
(3)法定代理权。
(4)财产管理权。
(5)财产处分权。对被监护人财产的处分,只能基于被监护人的利益。

三、配偶权

(一)配偶权的概念

配偶是依照法定程序而建立夫妻关系的男女双方。配偶权是配偶间的身份权。显然,配偶权男女双方均享有,这就与亲权有了明显区别,亲权是父母对未成年子女的权利。

(二)配偶权的内容

配偶权的主要内容是忠实请求权、请求扶助权、离婚权等。姓名权和人身自由权是人人皆有的权利,并不是配偶权的内容。

配偶权对内是相对权,对外是绝对权。

四、亲属权

(一)亲属权的概念

亲属是因婚姻、血缘和收养产生的人与人之间的身份关系。亲属权是一定范围内亲属间的身份权。

(二)亲属权的内容

亲属权包括请求赡养、扶养权、继承权、失踪宣告和死亡宣告申请权、监护权、财产代管权等。

第二十八章　侵权责任概述

第一节　侵权行为的概念和分类

一、侵权行为的概念和特征

(一)概念

侵权行为是指侵害他人民事权益,给他人造成损害,应当承担责任的行为。

民事权益包括:生命权、身体权、健康权、姓名权、名誉权、荣誉权、肖像权、隐私权、婚姻自主权、监护权、所有权、用益物权、担保物权、著作权、专利权、商标专用权、发现权、股权、继承权等人身、财产权益。

债权(相对权)在一定条件下也可以是被侵犯的客体。以违反善良风俗的方法,故意侵害他人债权的,构成侵权。

(二)特征

(1)侵害的民事权益主要是绝对权。

(2)被侵权人可以是直接受害人,也可以是间接受害人。

如张某被李某打伤,张某是直接受害人;李某被王某打死,李某的近亲属、被扶养人是间接受害人;李某尸体被医疗机构侵害,李某近亲属是直接受害人。

(3)被侵权人可以是自然人,也可以是法人、非法人组织。

(4)侵权行为是事实行为。

二、分类

(一)一般侵权行为与特殊侵权行为

一般侵权行为,是以过错责任原则为归责原则的侵权行为;其他侵权行为(含适用过错推定原则的侵权行为)则为特殊侵权行为。

(二)单独侵权行为、共同侵权行为、分别侵权行为

(1)单独侵权行为,即侵权人只有一人。

(2)共同侵权行为,即侵权人为二人以上。

二人以上共同实施侵权行为,造成他人损害的,应当承担连带责任。

(3)分别侵权行为,即侵权人为二人以上,但相互之间没有意思联络。

每个侵权人的行为都足以造成全部损害的,构成连带责任;两个以上侵权行为偶然结合造成损害的,构成按份责任。

(三)积极的侵权行为与消极的侵权行为

(1)积极的侵权行为,即以作为的方式侵害他人的权益,如抢劫、偷盗等。

(2)消极的侵权行为,即以不作为的方式侵害他人的权益,其特征是侵权人有作为义务而不作为致他人损害。

第二节　侵权行为归责原则

一、含义

归责原则是确定民事责任所依据的原则,或者说是确立归责依据的原则。

归责原则包括过错责任原则、过错推定原则、无过错责任原则。

归责原则是侵权行为法的核心问题。《侵权责任法》还规定了公平责任的原则。

二、过错责任原则

过错责任原则的内容是,过错是责任

构成的要件。没有过错,不构成侵权责任。过错包括故意和过失。

过错责任原则是一般归责原则,一般侵权行为适用一般归责原则。

过错责任原则是无过错即无责任的原则,同时也促使人们履行注意义务,避免过错、防范过错。

过错的大小,对责任的成立并无影响。例外情形是法定的"轻过失免责"。

在共同侵权人内部责任的分担,以及分别侵权承担按份责任时,过错的大小会起作用。

三、过错推定责任原则

过错推定责任原则是推定加害人有过错,除非加害人能够举证证明自己没有过错,否则就要承担责任。即过错采取推定的方式确立。

适用过错推定责任原则须有法律的专门规定。

过错推定,不限于推定行为人有过失,也可以推定行为人有故意。

四、无过错责任原则

无过错责任原则也称为无过失原则,是指当事人实施了损害他人利益的行为,无论主观上有无过错,都要承担侵权责任。行为人不能通过举证自己无过错而免责。

无过错责任原则加强了对受害人的保护,有促使行为人提高注意力,防止损害发生的作用。

无过错责任在法律有专门规定的情况下才能适用,不能直接适用该原则进行判决。

五、公平责任原则

公平责任原则也称为衡平责任,不具有普遍性,在归责方面只具有补充意义。

受害人和行为人对损害的发生都没有过错的,可以根据实际情况,由双方分担损失。

(1)承担公平责任的主体是无过错的,能适用无过错责任的,就不能适用公平责任,公平责任是"兜底"责任。

(2)不能适用无过错责任时,才适用公平责任。实际情况包括当事人的经济情况、受害人受损害的程度等。

(3)公平责任与无过错责任的区别:

①承担公平责任的主体是无过错的。不过,无过错责任是致害行为人承担责任,而公平责任是当事人分担责任。

②适用无过错责任的行为,在具体案件中当事人可能有过错。如环境污染适用无过错责任原则,某公司因过错导致环境污染;适用公平责任原则的当事人不可能有过错。

第三节 一般侵权行为的构成要件

一、行为的违法性

侵权行为须有违法加害行为。加害行为可以是作为,也可以是不作为。一般侵权行为皆须违法性要件。

有的侵权行为并不要求此要件,如承担公平责任者并无违法行为。

正当防卫、紧急避险、无因管理、自助行为等行为不具有违法性,因而不构成侵权行为,称为违法阻却事由。

二、损害事实的存在

财产、人身或精神受到损害。

财产客观上有价值,应由被害人承担受有损害及损害之程度的举证责任。

财产损害包括积极损害和消极损害。积极损害指财产的积极减少(所受损害);消极损害指财产消极的不增加(所失利益)。无损害无救济,无救济无权利。

精神损害,是精神上之痛苦。精神损害的存在与大小,应当参照社会经验和人

三、因果关系

（一）概述

侵权责任的构成须加害行为与损害之间具有因果关系。无论何种侵权责任均是如此。

（二）相当因果关系

认定公式：无此行为不会必然造成此种损害，有此行为通常足以造成此种损害的，即为有因果关系。无此行为必然不会造成此种损害，有此行为通常亦不会造成此种损害的，即为无因果关系。

（三）举证责任

被害人遭受损害，请求承担侵权责任，须证明加害行为与损害之间有因果关系；因果关系，亦有举证责任倒置的情形。

四、行为人主观上有过错

行为人具有故意和过失，此系一般侵权行为的主观要件。

是否有过错，除法律有特别规定的以外，由被害人负举证责任。

第四节 共同侵权行为

共同加害行为是狭义的共同侵权行为，广义的共同侵权行为还包括共同危险行为和教唆、帮助行为。教唆、帮助行为中也有单独侵权的情形，如教唆、帮助无行为能力人侵权。若数人实施危险行为但证明由某一人造成了损害结果，也不是共同侵权。

一、共同加害行为

共同加害行为，是两个以上行为人共同实施的加害行为。二人以上共同实施侵权行为，造成他人损害的，应当承担连带责任。

侵权行为人（不限于自然人）为两人以上。如张某与某公司一起诽谤李某，就属于一个自然人与一个法人共同侵权的情况。受害人可以为一人，也可以为多人。共同加害行为造成的损害结果是同一的。共同加害行为是造成损害结果的共同原因。

二、教唆侵权行为和帮助侵权行为

（1）教唆、帮助的区别。

教唆也称为造意，其表现有说服、激将、利诱、怂恿等。帮助的表现包括提供加害工具、指示加害目标、指导加害方法等。

协同控制被侵权人不是帮助行为，而是共同加害行为。

（2）限制行为能力人也可能成为教唆、帮助人。

（3）教唆、帮助的过错形式是故意，不包括过失。帮助是积极主动的行为。

（4）教唆、帮助完全行为能力人是共同故意、共同侵权，是连带责任。

（5）教唆、帮助无民事行为能力人、限制民事行为能力人的，一般是单独责任。如果监护人有过错，其承担与过错相应的责任。监护责任是无过错责任，但在被教唆、帮助情况下，承担过错责任。

三、共同危险行为

二人以上实施危及他人人身、财产安全的行为，其中一人或者数人的行为造成他人损害，能够确定具体侵权人的，由侵权人承担责任；不能确定具体侵权人的，行为人承担连带责任。

四、无意思联络的数人侵权的责任

1.无意思联络分别侵权的连带责任

侵权人为二人以上，分别实施侵权行为，无意思联络。

侵权人为连带责任，侵权人相互之间也可能发生追偿的问题。

2.无意思联络分别侵权的按份责任

二人以上分别实施侵权行为造成同一损害,能够确定责任大小的,各自承担相应的责任;难以确定责任大小的,平均承担赔偿责任。

第五节 侵权责任

一、承担侵权责任的方式及其适用

(一)方式

(1)停止侵害;

(2)排除妨碍;

(3)消除危险;

(4)返还财产;

(5)恢复原状;

(6)赔偿损失;

(7)赔礼道歉;

(8)消除影响、恢复名誉。

(二)适用

可以单独适用,也可以合并适用。

请求停止侵害、排除妨碍和消除危险不受诉讼时效的限制。

二、不承担责任和减轻责任的情形

(一)过错相抵规则

被侵权人对损害的发生也有过错的,可以减轻侵权人的责任。

(1)不适用情形。侵权人有故意或者重大过失致人损害,受害人只有一般过失的,不适用过错相抵规则。

(2)关于参照适用。如张某明知危险,却在高压电线下钓鱼,触电受伤。高压电作业人承担的是无过错责任,应当予以赔偿。但可以参照过错相抵规则,减少其赔偿费用。

(二)受害人故意及第三人造成损害

(1)损害是因受害人故意造成的,行为人不承担责任。

(2)第三人造成损害的,第三人应当承担侵权责任。

第三人造成损害,指第三人的行为直接造成损害,第三人是直接侵权人。

第三人承担责任有两种情况:

①仅由第三人承担责任;

②第三人与"行为人"承担连带责任。

(三)不可抗力造成的损害及正当理由

因不可抗力造成他人损害的,不承担责任。法律另有规定的,依照其规定。

正当理由包括正当防卫、紧急避险、紧急救助行为、自助行为和受害人同意。

三、侵权责任与其他责任的竞合

(一)侵权责任与行政责任、刑事责任的竞合

侵权人因同一行为应当承担行政责任或者刑事责任的,不影响依法承担侵权责任。因同一行为应当承担侵权责任和行政责任、刑事责任,侵权人的财产不足以支付的,先承担侵权责任。

(二)侵权责任与其他民事责任的竞合

1.侵权责任与违约责任的竞合

侵权责任与违约责任的竞合,是指一种行为(法律事实),既构成侵权责任,又构成违约责任的情形。受害人可选择侵权责任或违约责任之一适用。

2.侵权责任与不当得利责任的竞合

侵权责任与不当得利责任的竞合,是指一种行为,既构成侵权责任,又构成不当得利责任的情况。不当得利分为给付型不当得利和非给付型不当得利。非给付型不当得利中,包括因侵权而产生不当利益的情况。受害人可选择侵权责任或违约责任之一适用。

四、侵权损害赔偿

(一)人身损害赔偿

1.范围

人身损害赔偿的范围包括医疗费、护

理费、交通费等为治疗和康复支出的合理费用,以及因误工减少的收入;造成残疾的,还应当赔偿残疾生活辅助具费和残疾赔偿金;造成死亡的,还应当赔偿丧葬费和死亡赔偿金。

人身损害赔偿包括治疗费用、康复等费用。残疾赔偿金和死亡赔偿金是物质损害赔偿,不包括精神损害赔偿;被扶养人的费用,应当在残疾赔偿金或者死亡赔偿金中体现。

2."同命同价"

因同一侵权行为造成多人死亡的,可以相同数额确定死亡赔偿金。如矿难等事故中多人死亡,可以同一标准给予赔偿,不考虑受害人本人和近亲属的具体情况。

"同命同价"只适用于侵权致人死亡的情况,对受害人生前抢救等合理费用以及丧葬费在性质上不是死亡赔偿金,故应单独计算。

3.被侵权人死亡或单位分立、合并后的请求权主体

被侵权人死亡的,其近亲属有权请求侵权人承担侵权责任。

被侵权人为单位,该单位分立、合并的,承继权利的单位有权请求侵权人承担侵权责任。被侵权人死亡的,支付被侵权人医疗费、丧葬费等合理费用的人有权请求侵权人赔偿费用,但侵权人已支付该费用的除外。

(二)精神损害赔偿

侵害他人人身权益,造成他人严重精神损害的,被侵权人可以请求精神损害赔偿。精神损害赔偿请求权具有行使主体的专属性,只针对自然人,法人不得请求精神损害赔偿。精神损害赔偿抚慰金的请求权,不得让与或者继承,赔偿义务人已经以书面方式承诺给予金钱赔偿的除外。赔偿权利人在诉讼过程中死亡的,请求权可以继承。

(三)财产损害赔偿

1.财产损失确定的时间

侵害他人财产的,财产损失按照损失发生时的市场价格或者其他方式计算。

这是关于直接以财产为侵犯对象导致损失的计算方式,不包括对侵犯人身权导致财产损害的计算。以市场价格为依据的,是损失发生时的市场价格,如没有市场可比价格,就要采用其他方式计算。如知识产权被侵犯,一般没有市场可比价格。侵权赔偿额也有可能是约定的赔偿额(如假一罚十)。

2.侵害他人人身权益造成财产损失的确定

侵害他人人身权益造成财产损失的,按照被侵权人因此受到的损失赔偿;被侵权人的损失难以确定,侵权人因此获得利益的,按照其获得的利益赔偿;侵权人因此获得的利益难以确定,被侵权人和侵权人就赔偿数额协商不一致,向人民法院提起诉讼的,由人民法院根据实际情况确定赔偿数额。

赔偿范围确定的顺序是:

(1)被侵权人因此受到的损失;

(2)侵权人因此获得的利益;

(3)法官裁量。

(四)赔偿费用的支付

损害发生后,当事人可以协商赔偿费用的支付方式。协商不一致的,应当一次性支付;一次性支付确有困难的,可以分期支付,但应当提供相应的担保。

赔偿费用的支付方式可以协商,协商不一致的,物质损害赔偿金和精神损害抚慰金原则上应当一次性给付。

与一次性给付相对应的是"定期金"。定期金是分期、多次赔付,可以延续到权利人死亡。定期金的赔付时间一般按每月、每季或者每年计算。采用定期金方式,债权人有一定的风险,债务人应当提供相应

的担保。判决适用定期金的前提是债务人一次性支付确有困难。

五、侵权责任中连带责任的承担

（一）概述

法律规定承担连带责任的,被侵权人有权请求部分或者全部连带责任人承担责任。

对侵权连带责任人的诉讼,并非必要共同诉讼。同样,一个侵权人,数个受害人亦非必要共同诉讼。

连带责任不同于按份责任,按份责任的每个侵权人都以确定的份额对被侵权人承担责任,份额相加就是总额;连带责任的每个侵权人都对责任总额承担责任,其内部可按份额分担。

（二）连带责任人内部的按份责任与追偿权

连带责任人根据各自责任大小确定相应的赔偿数额;难以确定责任大小的,平均承担赔偿责任。支付超出自己赔偿数额的连带责任人,有权向其他连带责任人追偿。

在侵权人内部,责任大小的判断,要看过错和原因力。难以确定责任大小的,平均承担责任。对被侵权人多于自己份额支付的,自有追偿权。

六、《侵权责任法》中的共同责任

侵权责任可分为单独责任和共同责任。

由一个侵权责任人承担责任的,称为单独责任;由两个以上侵权责任人承担责任的,称为共同责任。

（一）共同责任的种类

（1）连带责任;

（2）不真正连带责任;

（3）按份责任;

（4）补充责任。

（二）不真正连带责任与补充责任

1. 不真正连带责任

不真正连带责任又称为不真正连带债务,具有以下特征：

（1）被侵权人在两个以上责任者中选择其一主张权利。

（2）任一责任者的给付,都可消灭全部债务。如产品责任,生产者和销售者不是按份责任。谁被"选中"了,谁要承担全部责任(全部债务)。

（3）在责任者中存在终极责任与非终极责任。如产品责任,产品瑕疵是由于销售者的过错造成的,被侵权人选择生产者作为求偿对象,则生产者为非终极责任承担者,销售者为终极责任承担者。在责任人内部可发生对终极责任者的追偿关系。

2. 补充责任

（1）补充责任是后顺序责任,也称为后位责任,是对直接侵权人无资力赔偿部分的责任。

（2）补充责任是过错责任。

（3）补充责任并非是"缺多少补多少",而是要与过错行为的原因力相适应。

（4）在应补充部分的范围内与直接行为人承担连带责任。补充责任不是偶然结合的按份责任。

（5）补充责任者承担非终极责任,可以向直接实施侵权行为的人行使追偿权。

第二十九章 特殊侵权责任

第一节 特殊主体的侵权行为与责任

一、无民事行为能力人、限制民事行为能力人致人损害的侵权行为与责任

无民事行为能力人、限制民事行为能力人造成他人损害的,由监护人承担侵权责任。监护人尽到监护责任的,可以减轻其侵权责任。

有财产的无民事行为能力人、限制民事行为能力人造成他人损害的,从本人财产中支付赔偿费用。不足部分,由监护人赔偿。

二、完全民事行为能力人"失控"情况下的侵权行为与责任

完全民事行为能力人对自己的行为暂时没有意识或者失去控制造成他人损害有过错的,应当承担侵权责任;没有过错的,根据行为人的经济状况对受害人适当补偿。完全民事行为能力人因醉酒、滥用麻醉药品或者精神药品对自己的行为暂时没有意识或者失去控制造成他人损害的,应当承担侵权责任。

完全行为能力人的"无意识侵权",分为有过错与无过错两种情况。

特殊性在于,其有过错不是在"无意识"的当时,而是在之前,如酗酒之后"无意识"。

无过错的"无意识侵权"比较少见。如偶发的梦游时造成对他人的侵害,应当承担无过错的补偿责任。

有过错是赔偿责任,无过错是补偿责任;赔偿是全部赔偿,补偿是适当补偿。

三、用人单位工作人员致人损害的侵权行为与责任

用人单位工作人员的职务侵权,用人单位应当承担责任,这是替代责任,适用无过错责任的归责原则。

劳务派遣单位是用人单位。劳务派遣期间,被派遣的工作人员因执行工作任务造成他人损害的,由接受劳务派遣的用工单位承担侵权责任。承担责任的主体不是用人单位,而是用工单位。派遣单位有过错的,承担相应的补充责任。

"相应的责任",是与过错相应的责任;"补充责任"是指用工单位无力赔偿的部分,由用人单位承担连带责任。

四、个人劳务关系中的侵权责任及提供劳务自己受到损害的责任

(一)个人之间形成劳务关系

提供劳务一方因劳务造成他人损害的,由接受劳务一方承担侵权责任。

提供劳务一方因劳务造成自己损害的,根据双方各自的过错承担相应的责任。

(二)承揽合同中定作人的责任

(1)承揽人与雇员、帮工人有区别:
①承揽人提供物化劳动成果;雇员、帮工人提供劳务。
②承揽人要具备相应的资质;雇员、帮工人不要求资质,要达到法定年龄。
③承揽人一般自备专业工具、设备;雇员、帮工人不自备工具或者自备简单工具。

(2)承揽人独立完成工作,定作人没有监督、管理与安全保障义务,因此承揽人造成第三人损害或者自己损害的,定作人

不承担责任;雇主、被帮工人对雇员、帮工人有监督、管理与安全保障义务,因此,对第三人、雇员、帮工人的损害要承担责任。

(3)定作人承担过错责任,雇主和被帮工人承担无过错责任。定作人在定作、指示、选任三种情况下有过错的,承担与过错相应的责任。

五、网络侵权责任

网络侵权,指利用网络故意或过失侵权。

网络侵权的主体包括网络用户、网络服务提供者两类。

网络侵权属于一般侵权,适用过错责任原则。侵权的表现是利用网络,侵害隐私权、肖像权等,网络侵权也可能侵犯财产权。

停止侵害是应对网络侵权行为的一种重要措施。网络服务提供者接到被侵权人通知后未及时采取必要措施的,对损害的扩大部分与该网络用户承担连带责任。

网络服务提供者知道(故意)网络用户利用其网络服务侵害他人民事权益,未采取必要措施的,与该网络用户承担连带责任。

六、公共安全保障义务人的责任

从事公共活动的自然人、法人或其他组织,负有公共安全保障的民事义务。义务的主体,除了经营者以外,还包括从事其他社会活动的人。如组织公益活动、游行等活动的人有安全保障义务。

宾馆、商场、银行、车站、娱乐场所等公共场所的管理人或者群众性活动的组织者,未尽到安全保障义务,造成他人损害的,应当承担侵权责任。因第三人的行为造成他人损害的,由第三人承担侵权责任;管理人或者组织者未尽到安全保障义务的,承担相应的补充责任。

未履行法定义务致使他人损害的,为一般侵权,不属于特殊侵权,故而适用过错责任原则。

对第三人侵权,安全保障义务人侵权责任的构成也是过错责任。但对责任后果却是与过错和原因力相应的补充责任。如张三在众多的游船中间打闹,不慎将李四撞入河中淹死,如公园的管理者对打闹行为听之任之,公园的管理者应当承担与过错相应的补充连带赔偿责任,而不是对全部损失承担连带责任。

七、教育机构的责任

(一)无民事行为能力人受到人身损害时教育机构的责任

无民事行为能力人在幼儿园、学校或者其他教育机构学习、生活期间受到人身损害的,幼儿园、学校或者其他教育机构应当承担责任,但能够证明尽到教育、管理职责的,不承担责任。

被侵权人是无民事行为能力人时,适用过错推定原则,实行举证责任倒置。侵权人是幼儿园等三类未尽到教育、管理职责的教育机构。

(二)限制民事行为能力人受到人身损害时教育机构的责任

限制民事行为能力人在学校或者其他教育机构学习、生活期间受到人身损害,学校或者其他教育机构未尽到教育、管理职责的,应当承担责任。

被侵权人是限制民事行为能力人时,对侵权人适用过错责任原则。

限制民事行为能力人与无民事行为能力人受到损害的责任认定,有两个区别:

(1)前者的侵权人不包括幼儿园;后者的侵权人包括幼儿园;

(2)前者适用过错责任原则;后者适用无过错责任原则。

（三）教育机构对第三人侵权承担的责任

教育机构对第三人侵权承担的责任是过错责任、补充责任。

此处的侵权指侵害人身权,不包括侵害财产权。补充责任,是与过错相应的补充责任。

无民事行为能力人或者限制民事行为能力人在幼儿园、学校或者其他教育机构学习、生活期间,受到幼儿园、学校或者其他教育机构以外的人员人身损害的,由侵权人承担侵权责任;幼儿园、学校或者其他教育机构未尽到管理职责的,承担相应的补充责任。侵权的主体,是第三人及幼儿园等三类教育机构。被侵权人包括无民事行为能力人与限制民事行为能力人。

八、见义勇为时的侵权责任与补偿主体

因防止、制止他人民事权益被侵害而使自己受到损害的,由侵权人承担责任。侵权人逃逸或者无力承担责任,被侵权人请求补偿的,受益人应当给予适当补偿。

见义勇为行为可能同时又是无因管理、正当防卫行为,在个别情况下,也可能同时是紧急避险行为。

第二节 产品责任

一、归责原则

产品责任是因产品瑕疵致人身、缺陷产品以外的其他财产损害应当承担的侵权责任。

对产品责任,生产者和销售者适用无过错责任的归责原则,这是对被侵权人而言的。在生产者和销售者之间,是过错责任,即谁有过错谁承担终极责任。受害人无须举证生产者或消费者有过错。

瑕疵产品致人损害时,被侵权人有选择权。因产品存在缺陷造成损害的,被侵权人可以向产品的生产者请求赔偿,也可以向产品的销售者请求赔偿。产品缺陷由生产者造成的,销售者赔偿后,有权向生产者追偿。因销售者的过错使产品存在缺陷的,生产者赔偿后,有权向销售者追偿。

被侵权人可以择一主张请求权,被请求人承担责任后,可以对终极责任人进行追偿。销售者对被侵权人可以构成侵权责任与违约责任的竞合,生产者虽与被侵权人形成侵权之债法律关系,但并不发生竞合关系。

因运输者、仓储者等第三人的过错使产品存在缺陷,造成他人损害的,产品的生产者、销售者赔偿后,有权向第三人追偿。第三人承担的是过错责任、终极责任。

二、产品责任的承担方式

生产者、销售者承担产品责任的方式主要是损害赔偿,也包括排除妨碍、消除危险和警示、召回等补救措施以及生产、销售瑕疵产品惩罚性赔偿责任等。

第三节 机动车交通事故责任

一、责任依据

机动车发生交通事故造成损害的,依照道路交通安全法的有关规定承担赔偿责任。

机动车交通事故责任,既包括造成人身伤亡的责任,也包括财产损失的责任。发生事故,由保险公司在机动车第三者责任强制保险责任限额范围内予以赔偿。对不足的部分:

(1)机动车相互之间适用过错责任原则;

(2)机动车与非机动车驾驶人、行人之间,机动车为无过错责任,可以适用或者参照适用过错相抵规则的规定;

(3)机动车一方没有过错的,承担不

超过10%的赔偿责任。

二、机动车使用人的责任

机动车在流转过程中会发生所有权人与使用人分离的情况，在发生交通事故后，由使用人承担责任，而不是由所有权人承担责任，所有权人有过错的除外。原因在于使用人有相应的注意义务。

（一）移转机动车使用权时的责任

因租赁、借用等情形机动车所有人与使用人不是同一人时，发生交通事故后属于该机动车一方责任的，由保险公司在机动车强制保险责任限额范围内予以赔偿。不足部分，由机动车使用人承担赔偿责任；机动车所有人对损害的发生有过错的，承担相应的赔偿责任。

所有人与使用人分离时，由保险公司在机动车强制保险责任限额范围内对被侵权人予以赔偿。赔偿不足部分由机动车使用人承担赔偿责任，机动车所有人承担与过错相应的责任。

（二）交付但未办理转移机动车所有权登记时的责任

转移所有权的登记俗称"过户登记"。
当事人之间已经以买卖等方式转让并交付机动车但未办理所有权转移登记，发生交通事故后属于该机动车一方责任的，由保险公司在机动车强制保险责任限额范围内予以赔偿。不足部分，由受让人承担赔偿责任。

受让人是使用人，责任的承担不以登记为标准，而是谁使用，谁担责。

（三）转让禁止流通机动车的连带责任

以买卖等方式转让拼装或者已达到报废标准的机动车，发生交通事故造成损害的，由转让人和受让人承担连带责任。

拼装或者已达到报废标准的机动车是禁止流通物。转让人与受让人构成共同侵权，承担连带责任。转让人与受让人均有过错，因而不适用《道路交通安全法》"不超过10%"的规定。

（四）盗窃、抢劫或者抢夺机动车人的责任

盗窃、抢劫或者抢夺的机动车发生交通事故造成损害的，由盗窃人、抢劫人或者抢夺人承担赔偿责任。保险公司在机动车强制保险责任限额范围内垫付抢救费用的，有权向交通事故责任人追偿。

盗窃人、抢劫人、抢夺人是使用人，车主不承担责任。

保险公司有法定的垫付责任，不属于无因管理。是"垫付"，而不是赔偿。保险公司在垫付后有权向责任人追偿。

三、机动车驾驶人发生交通事故后逃逸的责任

机动车驾驶人发生交通事故后逃逸，该机动车参加强制保险的，由保险公司在机动车强制保险责任限额范围内予以赔偿；机动车不明或者该机动车未参加强制保险，需要支付被侵权人人身伤亡的抢救、丧葬等费用的，由道路交通事故社会救助基金垫付。道路交通事故社会救助基金垫付后，其管理机构有权向交通事故责任人追偿。

侵权主体是逃逸的机动车驾驶人；赔偿主体是保险公司；垫付主体是道路交通事故社会救助基金，垫付后对责任人有追偿权。

第四节 医疗损害责任

一、医疗机构的过错责任

患者在诊疗活动中受到损害，医疗机构及其医务人员有过错的，由医疗机构承担赔偿责任。

医务人员的行为是职务行为，医院要

为其过错行为承担责任。医务人员有故意和重大过失的,要承担连带责任。对医疗损害责任,医疗机构构成违约责任与侵权责任的竞合。

二、说明义务及取得同意

(一)说明义务及取得同意

医务人员在诊疗活动中应当向患者说明病情和医疗措施。需要实施手术、特殊检查、特殊治疗的,医务人员应当及时向患者说明医疗风险、替代医疗方案等情况,并取得其书面同意;不宜向患者说明的,应当向患者的近亲属说明,并取得其书面同意。医务人员未尽到前述义务,造成患者损害的,医疗机构应当承担赔偿责任。

取得同意,是指取得书面同意。同意人一般是患者,也可以是患者的近亲属。

(二)例外情形

为了挽救人的生命,法律赋予医疗机构以免责紧急救助权。

因抢救生命垂危的患者等紧急情况,不能取得患者或者其近亲属意见的,经医疗机构负责人或者授权的负责人批准,可以立即实施相应的医疗措施。

不能取得"意见"的原因很多,如患者昏迷而又不能找到其近亲属,等等。也可能有反对意见的存在。

三、医务人员未尽医疗水平相应的诊疗义务的责任

医务人员在诊疗活动中未尽到与当时的医疗水平相应的诊疗义务,造成患者损害的,医疗机构应当承担赔偿责任。

这是过错的一种特殊表现。医疗水平是相对的,医院的水平有高有低。

四、过错推定责任

医疗机构承担过错责任,但也有例外。患者有损害,因下列情形之一的,推定医疗机构有过错:

(1)违反法律、行政法规、规章以及其他有关诊疗规范的规定;

(2)隐匿或者拒绝提供与纠纷有关的病历资料;

(3)伪造、篡改或者销毁病历资料。

对病历的"五种行为"(隐匿、拒绝、伪造、篡改、销毁)推定为有过错是合理的。

医疗机构可以举证自己没有过错,如举证有关诊疗规范是不合理的。

五、瑕疵医疗产品及不合格血液致人损害的责任

因药品、消毒药剂、医疗器械的缺陷,或者输入不合格的血液造成患者损害的,患者可以向生产者或者血液提供机构请求赔偿,也可以向医疗机构请求赔偿。患者向医疗机构请求赔偿的,医疗机构赔偿后,有权向负有责任的生产者或者血液提供机构追偿。

侵权主体包括:生产者、医疗机构、血液提供机构。

侵权表现包括:因药品、消毒药剂、医疗器械的缺陷,或者输入不合格的血液造成患者损害。患者在主张赔偿时有选择权。选择医疗机构承担责任的,医疗机构可以向最终责任承担者追偿。

六、医疗机构的免责事由

患者有损害,因下列情形之一的,医疗机构不承担赔偿责任:

(1)患者或者其近亲属不配合医疗机构进行符合诊疗规范的诊疗;

(2)医务人员在抢救生命垂危的患者等紧急情况下已经尽到合理诊疗义务;

(3)限于当时的医疗水平难以诊疗。

第(1)项情形中,医疗机构及其医务人员也有过错的,应当承担相应的赔偿责任。

免责事由有上述三项。有过错时不免

责,但第(1)项适用过错相抵规则。

七、记载、保管义务及知情权

医疗机构及其医务人员有记载、保管病例资料的义务,患者有知情权。

知情权的内容包括查阅和复制病历资料。医疗机构及其医务人员应当按照规定填写并妥善保管住院志、医嘱单、检验报告、手术及麻醉记录、病理资料、护理记录、医疗费用等病历资料。患者要求查阅、复制前述规定的病历资料的,医疗机构应当提供。

八、保护隐私的义务

医疗机构及其医务人员应当对患者的隐私保密。泄露患者隐私或者未经患者同意公开其病历资料,造成患者损害的,应当承担侵权责任。

九、禁止不必要的检查

医疗机构及其医务人员不得违反诊疗规范实施不必要的检查。

第五节 环境污染责任

一、归责原则及免责事由

因污染环境造成损害的,污染者应当承担侵权责任。污染者,可以是自然人,也可以是法人和非法人组织。

环境污染责任适用无过错责任的归责原则、因果关系推定规则。

因污染环境发生纠纷,污染者应当就法律规定的不承担责任或者减轻责任的情形及其行为与损害之间不存在因果关系承担举证责任。这是举证责任倒置的一项特殊规定。

二、数人污染的责任

两个以上污染者污染环境,污染者承担责任的大小,根据污染物的种类、排放量等因素确定。

有两个以上污染者,属于数人侵权,相互之间一般没有意思联络。在为按份责任或者侵权人内部确定责任大小时,要根据污染物的种类、排放量等因素确定。

三、第三人过错引起污染时的责任

污染有时是由第三人的故意或过失引起,如施工时损坏了他人的排污管道。

因第三人的过错污染环境造成损害的,被侵权人可以向污染者请求赔偿,也可以向第三人请求赔偿。污染者赔偿后,有权向第三人追偿。

污染者适用无过错责任原则,第三人适用过错责任原则。被侵权人可以在二者之间进行选择。污染者赔偿后,有权向承担终极责任的第三人追偿。

第六节 高度危险责任

一、归责原则

从事高度危险作业造成他人损害的,应当承担侵权责任。

高度危险作业致人损害,适用无过错责任的归责原则。受害人有过失,加害人并不免责;受害人是故意的(如自杀),作业人不构成责任。

二、民用核设施发生核事故造成他人损害的责任

民用核设施发生核事故造成他人损害的,民用核设施的经营者应当承担侵权责任,但能够证明损害是因战争等情形或者受害人故意造成的,不承担责任。

三、民用航空器造成他人损害的责任

民用航空器造成他人损害的,民用航空器的经营者应当承担侵权责任,但能够

证明损害是因受害人故意造成的,不承担责任。

四、占有或者使用高度危险物的责任

占有或者使用易燃、易爆、剧毒、放射性等高度危险物造成他人损害的,占有人或者使用人应当承担侵权责任,但能够证明损害是因受害人故意或者不可抗力造成的,不承担责任。被侵权人对损害的发生有重大过失的,可以减轻占有人或者使用人的责任。

五、"三高"及地下挖掘活动的责任

"三高"是指"高空""高压"和"高轨","地下挖掘"包括挖掘地铁管道、隧道等,不同于地面施工。

"三高"及地下挖掘活动适用无过错责任原则,经营者对两类免责事由承担举证责任:

(1)受害人的故意造成损害,受害人故意包括间接故意。如甲有自杀倾向,准备跳河,留下了遗书,正好碰上高压线断裂坠落,他不躲不避。

(2)不可抗力造成损害。如大地震使火车倾覆、旅客受伤,则铁路承运人免责。免责的举证责任在作业方。

被害人有过失的,可以适用过错相抵的规则,即受害人的过失可以减轻加害人的责任。

六、遗失、抛弃、非法占有高度危险物的责任

(一)遗失、抛弃高度危险物的责任

遗失、抛弃高度危险物造成他人损害的,由所有人承担侵权责任。所有人将高度危险物交由他人管理的,由管理人承担侵权责任;所有人有过错的,与管理人承担连带责任。

(二)非法占有高度危险物的责任

非法占有高度危险物造成他人损害的,由非法占有人承担侵权责任。所有人、管理人不能证明对防止他人非法占有尽到高度注意义务的,与非法占有人承担连带责任。

非法占有为无权占有,所有人、管理人对丧失占有无过错应当承担举证责任,不能举证的承担连带责任。

七、进入高度危险区域时的责任

未经许可进入高度危险活动区域或者高度危险物存放区域受到损害,管理人已经采取安全措施并尽到警示义务的,可以减轻或者不承担责任。

减、免责任的事由是管理人已经采取安全措施并尽到警示义务。是"减"还是"免",应当就个案具体分析确定。

第七节 饲养动物损害责任

一、动物致害责任的一般规定

动物致害,指动物的"独立动作"造成他人损害,一般源自动物本身的"危险性",饲养人或者管理人可能有过失,也可能无过失,适用无过错责任的归责原则(另有规定的除外)。

饲养人、管理人若有故意,如唆使狗咬人,则不为"动物致害"的特殊侵权,而属于一般侵权。

(1)饲养的动物造成他人损害的,动物饲养人或者管理人应当承担侵权责任,但能够证明损害是因被侵权人故意或者重大过失造成的,可以不承担或者减轻责任。

(2)动物饲养人或者管理人并非连带责任。如甲出差,将宠物狗交由"狗托儿所"保管,其间该狗咬伤他人,应当由"狗托儿所"承担责任。不得以动物致害为无过错责任为由请求甲承担责任。

(3)损害可以是人身损害,也可以是财产损害。

(4)动物致害,无过错并不是免、减责任的事由。

免、减责任的事由是被侵权人故意或者重大过失造成自己的损害。"免"与"减"虽然在表述上是并列的,但对应的过错并不相同。如果受害人是故意受害,动物饲养人、管理人不应承担责任。如果受害人有重大过失,则应减轻饲养人或者管理人的责任。免、减责任事由的举证责任在动物饲养人或者管理人。

应当注意区分"故意受害"与"故意行为"之间的区别。

二、违反动物管理规定的责任

违反管理规定,未对动物采取安全措施造成他人损害的,动物饲养人或者管理人应当承担侵权责任。

三、动物园的过错推定责任

动物园的动物造成他人损害的,动物园应当承担侵权责任,但能够证明尽到管理职责的,不承担责任。

与其他饲养人、管理人适用的归责原则不同,动物园适用过错推定责任。免责事由的举证责任在动物园。尽到管理职责即是无过错。

四、遗弃、逃逸动物致人损害的责任

遗弃、逃逸的动物在遗弃、逃逸期间造成他人损害的,由原动物饲养人或者管理人承担侵权责任。

对逃逸动物曾积极寻找,不为减轻责任的事由。

五、第三人过错造成损害的责任

因第三人的过错致使动物造成他人损害的,被侵权人可以向动物饲养人或者管理人请求赔偿,也可以向第三人请求赔偿。动物饲养人或者管理人赔偿后,有权向第三人追偿。

第八节 物件损害责任

一、建筑物等致人损害

建筑物包括房屋等,构筑物包括隧道、公路、桥梁等。

建筑物、构筑物或者其他设施及其搁置物、悬挂物发生脱落、坠落造成他人损害,所有人、管理人或者使用人不能证明自己没有过错的,应当承担侵权责任。所有人、管理人或者使用人赔偿后,有其他责任人的,有权向其他责任人追偿。

建筑物等致人损害,适用过错推定责任原则。建筑物等致人损害的侵权行为,可以是单独责任,亦可发生连带责任。

二、建筑物等倒塌致人损害

建筑物、构筑物或者其他设施倒塌造成他人损害的,由建设单位与施工单位承担连带责任。建设单位、施工单位赔偿后,有其他责任人的,有权向其他责任人追偿。因其他责任人的原因,建筑物、构筑物或者其他设施倒塌造成他人损害的,由其他责任人承担侵权责任。

倒塌包括整体倒塌和部分倒塌,而脱落、坠落是部件、非结构性部分的剥离。

三、抛掷物品或者从建筑物上坠落的物品致人损害

从建筑物中抛掷物品或者从建筑物上坠落的物品造成他人损害,难以确定具体侵权人的,除能够证明自己不是侵权人的外,由可能加害的建筑物使用人给予补偿。

很多人将此规定称为"高空抛物",这是不准确的。因为该规定包括"抛掷物品"致人损害(作为侵权)与"坠落物品"致人损害(不作为侵权)两种情况。应当特

别注意的是,搁置物、悬挂物发生脱落、坠落造成他人损害的,知道所有人、管理人或者使用人的,应适用过错推定原则,不适用关于"坠落物品"的规定。

使用人承担的不是连带责任,而是按份责任;承担的不是赔偿责任,而是补偿责任。承担补偿责任的前提是"难以确定侵权人"。

有可能加害的使用人欲不承担责任,应当证明自己不是侵权人。举证包括举出他人的行为与自己不在现场等。外出的人举证自己不在现场,只能免除"抛掷"的责任,不能免除"坠落"的责任。

四、堆放物倒塌致人损害

堆放物倒塌造成他人损害,堆放人不能证明自己没有过错的,应当承担侵权责任。

这种侵权行为适用过错推定原则。侵权主体是"堆放人"。实际上,建筑物的管理人也有可能承担责任。如甲在楼顶堆放木材,小孩上去玩儿,木材滚落,砸死了小孩,该建筑物的管理人要承担过错推定责任。堆放物不一定是建筑物上的堆放物,如可以是建筑工地的堆放物。

五、公共道路上物品致人损害

在公共道路上堆放、倾倒、遗撒妨碍通行的物品造成他人损害的,有关单位或者个人应当承担侵权责任。

侵权主体的"有关单位或者个人"指有因果关系的、有过错的人。

侵权行为是过错侵权行为。

六、林木折断造成他人损害

因林木折断造成他人损害,林木的所有人或者管理人不能证明自己没有过错的,应当承担侵权责任。

侵权的主体,是林木的所有人或者管理人。

侵权的表现,为不作为侵权。

归责原则为过错推定责任原则。

七、地面施工及地下设施致人损害

在公共场所或者道路上挖坑、修缮安装地下设施等,没有设置明显标志和采取安全措施造成他人损害的,施工人应当承担侵权责任。窨井等地下设施造成他人损害,管理人不能证明尽到管理职责的,应当承担侵权责任。

（一）地面施工致人损害的侵权行为

（1）侵权主体:施工人。施工人通常是承揽合同的承揽人或者建设工程合同的承包人。

（2）侵权地点:地面施工之地,即在公共场所、道路旁边、通道上。在建筑工地或类似的地方施工,显然不属于上述所说的"地面"。

（3）侵权表现:没有设置明显标志和采取安全措施。

（二）窨井等地下设施致人损害的侵权行为

窨井是在排水、供水、供电、供气等地下管道的转弯、分支等处通向地面的井状构筑,有检查、连接、疏通、清淤等用途,上面通常有铁制的井盖。地下设施还包括机井等。

侵权表现为不作为侵权。免责事由为尽到管理职责（无过错）。

管理人就"尽到管理职责"举证,即这种侵权适用过错推定原则。

第十一编　知识产权法

【寄语】

随着知识经济的发展,知识产权从"阳春白雪"的神坛走下进入了普通民众的日常生活;在学习知识产权法律知识之前,我们每个人都曾或多或少地应用过知识产权的相关内容解决日常问题,或是从他人知识产权中受益,甚至在某些情形下,我们已无意中做了"侵权者"。为了更好地享受科学技术发展给我们带来的成果,无论是知识产品的创造者,还是权利的享受者,特别是法律人士,都应该知道什么是知识产权,怎样避免"侵权",以及如何维权等。

知识产权法是一个综合性的法律规范,既有私法,也有公法;既有实体法,也有程序法。按照法律职业资格考试大纲的架构,本编内容由知识产权法总论、著作权、专利权和商标权四部分构成。在章节安排上,将知识产权法总论和著作权合并为一章,如此安排是出于内容篇幅的考虑,与内容的关联性强弱无关。对知识产权考点的讲解基本采取知识点和典型真题相结合的形式,并严格按照法律职业资格考试大纲的精神和内容编排。历年知识产权法出题的方式往往表现为多个考点在同一题目中考查。

从法考的角度讲,由于知识产权法所占分值不是很大,所以本部分的内容并不难把握。

衷心祝愿同学们累足成步,高分过关!

李玉香

2019 年 2 月于北京

第一章 知识产权法总论与著作权

第一节 知识产权概述

一、概念与特征

知识产权,是指民事主体对特定智力劳动成果、商业标志及其他具有商业价值的信息依法享有的专有权利。

知识产权具有无形性、私权性、专有性、地域性、期限性等特征。

二、知识产权的保护

(一)侵犯知识产权的民事责任

1. 停止侵害

无论是否造成损害后果,只要存在侵权行为,权利人就可以请求法院裁判行为人停止侵权行为。

2. 赔偿损失

赔偿数额依次适用以下计算方式:

(1) 按权利人因侵权所遭受的实际损失确定;
(2) 按侵权人因侵权获得的利益确定;
(3) 根据情节参照许可使用费的倍数合理确定(专利、商标);
(4) 法定赔偿。著作权:50 万元以下;专利权:1 万元以上 100 万元以下;商标权:300 万元以下。

赔偿数额应当包括权利人为制止侵权行为所支付的合理开支。

对于恶意侵犯商标专用权,情节严重的,还可以处以惩罚性赔偿。

(二)诉讼时效

侵犯知识产权的诉讼时效为 2 年(《民法总则》规定诉讼时效为 3 年),自权利人知道或应当知道之日起计算。

超过诉讼时效的,如果知识产权仍在保护期内,人民法院应当责令侵权人停止侵权行为。侵权损害赔偿数额自权利人向人民法院起诉之日起向前推算 2 年计算。

(三)知识产权被许可人的诉讼地位

知识产权权利人或者利害关系人可以作为原告提起诉讼。

表 11-1 不同知识产权许可合同类型的被许可人的诉讼地位

知识产权许可合同类型	诉讼地位
独占许可合同	可以单独起诉
排他许可合同	在权利人不起诉的情况下,被许可人可以起诉
普通许可合同	被许可人通常不享有起诉权,但可以通过约定或授权等方式获得

第二节 著作权的客体

一、作品的概念及其构成要件

作品,是指文学、艺术和科学领域内具有独创性并能以某种有形形式复制的智力成果。

(1) 属于文学、艺术和科学领域。
(2) 反映一定的思想或情感。
(3) 具有独创性。作品是独立创作完成的,作品必须体现作者的个性。

独创性只存在于作品的表达之中,思想表达二分法,即著作权法保护作品的表达,不保护作品的思想或主题。

(4) 可复制性,即作品能够通过某种有形的形式复制,从而被他人所感知。

二、作品的种类

作品有以下几类:
(1) 文字作品;
(2) 口述作品;
(3) 音乐、戏剧、曲艺、舞蹈、杂技艺术作品;
(4) 美术、建筑作品;
(5) 摄影作品;
(6) 电影作品和以类似摄制电影的方法创作的作品;
(7) 图形作品和模型作品;
(8) 计算机软件,指计算机程序和文档。

三、不适用著作权法保护的对象

不适用著作权法保护的对象包括:
(1) 官方文件。如法律、法规,国家机关的决议、决定、命令和其他具有立法、行政、司法性质的文件,及其官方正式译文。
(2) 时事新闻,是指通过报纸、期刊、广播电台、电视台等媒体报道的单纯事实消息。
(3) 历法、通用数表、通用表格和公式。

四、关于违禁作品是否受著作权法保护的问题

违禁作品的法律地位是,受著作权法一定程度的保护,但其使用、出版、传播等

受到法律的限制。

第三节 著作权的主体

一、一般意义上的著作权主体

（一）作者

（1）公民。创作作品的公民是作者。为他人创作进行组织、提供意见、物质条件或辅助工作，不视为创作。

（2）法人或其他组织。由法人或者其他组织主持，代表其意志创作，并由其承担责任的作品，法人或者其他组织视为作者。

（3）推定作者。如无相反证明，在作品上署名的公民、法人或者其他组织为作者。

（二）继受著作权人

因继承、赠与、遗赠或受让等法律事实而取得著作财产权的人。

（三）外国人和无国籍人

只要符合下列条件之一即受我国著作权法保护：

（1）外国人、无国籍人的作品根据作者所属国或者经常居住地国同中国签订的协议或者共同参加的国际条约享有的著作权的。

（2）外国人、无国籍人的作品首先在中国境内出版的。在中国境外首先出版，30日内又在中国境内出版的，视为该作品同时在中国境内出版。

（3）未与中国签订协议或者共同参加国际条约的国家的作者以及无国籍人的作品首次在中国参加的国际条约的成员国出版的，或者在成员国和非成员国同时出版的。

二、演绎作品的著作权人

（一）概念

演绎作品，是指在原有作品的基础上，改编、翻译、注释、整理已有作品而产生的作品。

（二）归属及行使

（1）著作权归演绎者享有。

（2）对原作品进行演绎要征得原作品著作权人同意。行使著作权时，不得侵犯原作品的著作权。

（3）他人使用演绎作品需取得双重许可，并支付报酬。

三、合作作品的著作权人

（一）概念

合作作品，是指两人以上合作创作的作品。

（1）作者为两人或两人以上。

（2）作者之间有共同创作的合意。

（3）有共同创作的行为。

（二）归属及行使

（1）著作权由合作作者共同享有。

（2）可以分割使用的，作者对各自创作的部分可以单独享有著作权，但行使著作权时不得侵犯作品整体的著作权。

（3）不可以分割使用的，其著作权由合作作者协商一致行使，不能协商的，无正当理由，任何一方不得阻碍他人行使除转让以外的其他权利。

四、汇编作品的著作权人

（一）概念

汇编作品，是指根据一定的主题内容和体例要求，选择若干作品、作品的片段或者不构成作品的数据或者其他材料进行汇编编排而形成的作品。

（二）归属及行使

（1）著作权由汇编人享有。

（2）汇编他人作品应征得著作权人的同意。

（3）行使著作权时，不得侵犯原作品的著作权。

五、影视作品的著作权人

（一）概念

影视作品，是指电影作品和以类似摄制电影的方法创作的作品。

（二）归属及行使

(1) 著作权由制片者享有。

(2) 编剧、导演、摄影、作词、作曲等作者享有署名权，并有权按照与制片者签订的合同获得报酬。

(3) 影视作品中的剧本、音乐等可以单独使用的，其作者有权单独行使其著作权。

六、职务作品的著作权人

（一）概念

职务作品，是指公民为完成法人或者其他组织工作任务所创作的作品。

（二）归属

1. 一般职务作品

(1) 著作权由作者享有。

(2) 法人或其他组织有权在业务范围内优先使用。作品完成两年内，未经单位同意，作者不得许可第三人以与单位使用的相同方式使用该作品。

作品完成两年的期限，自作者向单位交付作品之日起计算。

2. 特殊职务作品

(1) 特殊职务作品指主要是利用法人或者其他组织的物质技术条件创作，并由法人或者其他组织承担责任的工程设计图、产品设计图、地图、计算机软件等职务作品或法律、行政法规规定或者合同约定著作权由法人或者其他组织享有的职务作品。

(2) 作者享有署名权，著作权的其他权利由法人或者其他组织享有，法人或者其他组织可以给予作者奖励。

七、委托作品的著作权人

（一）概念

委托作品，指接受他人委托而创作的作品。

（二）归属

(1) 委托作品的著作权由委托人和受托人通过合同约定。

(2) 未明确约定或无约定的，著作权属于受托人，但委托人在约定范围内享有使用作品的权利。没有约定使用范围的，委托人可以在特定的目的范围内使用该作品。

八、美术作品的著作权与展览权

(1) 美术作品的著作权由作者享有。

(2) 美术作品原件所有权转移的，原件的展览权随之转移。

九、作者身份不明的作品的著作权归属

(1) 由作品原件的所有人行使除署名权以外的著作权。

(2) 作者身份确定后，由作者或者其继承人行使著作权。

十、其他作品的归属

(1) 由他人执笔、本人审阅定稿并以本人名义发表的报告、讲话等作品，其著作权归报告人、讲话人享有。

(2) 当事人合意以特定人物经历为题材完成的自传体作品，当事人对著作权权属有约定的，从其约定；没有约定的，由特定人物享有。

第四节 著作权的内容

一、著作人身权

著作人身权，指著作权人基于作品的

创作依法享有的以人格利益为内容的权利。

著作人身权的保护期不受限制；具有专属性，原则上不得转让或继承。

（一）发表权

发表权是决定作品是否公之于众的权利。

发表权的用尽。发表权是一次性权利，作品一旦发表，发表权即行消灭。

【注意】若仅对特定人群公开，则不构成发表。

（二）署名权

署名权，指表明作者身份，在作品上署名的权利。

要点：制作、出售假冒他人署名的作品，是侵犯他人署名权的行为。

（三）修改权与保护作品完整权

修改权与保护作品完整权在权能上基本相同，他人擅自修改、歪曲、篡改、割裂作品达到影响作者声誉的程度，即构成对修改权或者保护作品完整权的侵害。

要点：报纸、期刊可以不经作者同意对作品作"文字性"修改、删节，但对"内容"的修改，应当经作者许可。图书出版者未经作者"许可"，不能对作品进行修改、删节。

二、著作财产权

（一）使用权

1. 复制权

复制权，指以印刷、复制、拓印、录音、录像、翻译、翻拍等方式将作品制作一份或者多份的权利。

构成要件：将作品于有形物质载体上再现；作品需相对稳定和持久地固定在物质载体上。

2. 发行权

发行权，指以出售或者赠与方式向公众提供作品的原件或者复制件的权利。

特点：发行的对象是"公众"；发行的方式为销售或者赠与；发行须有作品载体所有权的转移。

要点：发行权一次性用尽。经著作权人许可，向公众出售或赠与作品的原件或复制件后，该特定原件或者复制件上的发行权即告消灭。他人向公众再销售、再赠与的行为不侵犯发行权。

3. 出租权

有偿许可他人临时使用电影作品和以类似摄制电影的方法创作的作品、计算机软件的权利，计算机软件不是出租主要标的除外。

要点：出租权的行使主体包括电影作品的著作权人，以类似摄制电影的方法创作作品的著作权人，计算机软件的著作权人，录音、录像制品的制作者。

4. 展览权

公开陈列美术作品、摄影作品原件或复制件的权利。

5. 表演权

公开表演作品，以及用各种手段公开播送作品的表演的权利。

要点：①"表演"包含公开的活表演及公开的机械表演。机械表演指将活表演录制于唱片、影片、光盘上后，利用机器设备向公众传播被记录的表演的行为。②免费的公开表演（既不向观众收取费用，也不向表演者支付报酬的表演）不受表演权保护。

6. 放映权

通过放映机、幻灯片等技术设备公开再现美术、摄影、电影和类似摄制电影的方法创作的作品等的权利。

7. 信息网络传播权

以有线或者无线方式向公众提供作品，使公众可以在其个人选定的时间和地点获得作品的权利。

8. 广播权

以无线方式公开广播或者传播作品，以有线传播或者转播的方式向公众传播广播的作品，以及通过扩音器或者其他传送符号、声音、图像的类似工具向公众传播广播的作品的权利。

要点：受广播权控制的行为包括无线广播作品，以无线或者有线方式转播作品以及公开播放接收到的广播的作品三种。

9. 摄制权

以摄制电影或者以类似摄制电影的方法将作品固定在载体上的权利。

10. 改编权

改变作品，创作出具有独创性的新作品的权利。

11. 翻译权

将作品从一种语言文字转换成另一种语言文字的权利。

12. 汇编权

将作品或者作品的片段通过选择或者编排，汇集成新作品的权利。

（二）许可使用权

著作权人依法享有的许可他人使用作品并获得报酬的权利。

使用他人作品，应当同著作权人订立许可使用合同，但属于法定使用许可情形的除外。

（三）转让权

著作权人依法享有的转让使用权中一项或多项权利并获得报酬的权利。

转让的标的不能是著作人身权，只能是著作财产权中的使用权，可以转让使用权中的一项或多项或全部权利。

（四）获得报酬权

著作权人依法享有的因作品的使用或转让而获得报酬的权利。

获得报酬权通常是从使用权、使用许可权或转让权中派生出来的财产权，是使用权、使用许可权或转让权必然包含的内容，但有时又具有独立存在的价值。

第五节 著作权的限制

一、合理使用

（一）概念

合理使用，指根据法律的明文规定，不必征得著作权人同意而无偿使用他人已发表的作品的行为。

（二）构成要件

（1）一般只针对已经发表的作品。

（2）必须基于法律的明文规定。

（3）无偿使用。

（4）不得影响该作品的正常使用，也不得不合理地损害著作权人的合法利益。

（三）合理使用的情形

（1）为个人学习、研究或者欣赏，使用他人已经发表的作品。

（2）为介绍、评论某一作品或者说明某一问题，在作品中适当引用他人已经发表的作品。"适当引用"指引用的部分不能构成引用人作品的主要部分或者实质部分，而与其被引用作品的篇幅比例无关，甚至可以全文引用，如介绍、评论某一诗歌。

（3）为报道时事新闻，在报纸、期刊、广播电台、电视台等媒体中不可避免地再现或者引用已经发表的作品。

（4）报纸、期刊、广播电台、电视台等媒体刊登或者播放其他报纸、期刊、广播电台、电视台等媒体已经发表的关于政治、经济、宗教问题的时事性文章，但作者声明不许刊登、播放的除外。

（5）报纸、期刊、广播电台、电视台等媒体刊登或者播放在公众集会上发表的讲话，但作者声明不许刊登、播放的除外。

（6）为学校课堂教学或者科学研究，

翻译或者少量复制已经发表的作品,供教学或者科研人员使用,但不得出版发行。

(7)国家机关为执行公务在合理范围内使用已经发表的作品。

(8)图书馆、档案馆、纪念馆、博物馆、美术馆等为陈列或者保存版本的需要,复制本馆收藏的作品。

(9)免费表演已经发表的作品,该表演未向公众收取费用,也未向表演者支付报酬。"免费表演"是双向免费的公开表演,即,既不向表演者付酬,也不向观众收费。

(10)对设置或者陈列在室外公共场所的艺术作品进行临摹、绘画、摄影、录像。

(11)将中国公民、法人或者其他组织已经发表的以汉语言文字创作的作品翻译成少数民族语言文字作品在国内出版发行。

(12)将已经发表的作品改成盲文出版。

以上情形同时适用于对出版者、表演者、录音录像制作者、广播电台、电视台的权利的限制。

二、法定许可

(一)概念

法定许可指依照法律的明文规定,不经著作权人同意有偿使用他人已经发表作品的行为。

(二)法定许可的情形

(1)为实施九年制义务教育和国家教育规划而编写、出版教科书,除作者事先声明不许使用的外,可以不经著作权人许可,在教科书中汇编已经发表的作品片段或者短小的文字作品、音乐作品或者单幅的美术作品、摄影作品。

(2)为通过信息网络实施九年制义务教育或者国家教育规划,可以不经著作权人许可,使用其已经发表作品的片断或者短小的文字作品、音乐作品或者单幅的美术作品、摄影作品制作课件,由制作课件或者依法取得课件的远程教育机构通过信息网络向注册学生提供。

(3)作品被报社、期刊社刊登后,除著作权人声明不得转载、摘编的外,其他报刊可以转载或者作为文摘、资料刊登。

(4)录音制作者使用他人已经合法录制为录音制品的音乐作品制作录音制品,著作权人声明不许使用的除外。

(5)广播电台、电视台播放他人已经发表的作品。

(6)广播电台、电视台播放已经出版的录音制品。

(三)法定许可与合理使用的异同

1.相同点

(1)都是基于法律的明文规定;

(2)都只能针对已经发表的作品;

(3)都不必征得著作权人的同意;

(4)都应当指明作者姓名、作品名称,并不得侵犯著作权人依法享有的其他权利。

2.不同点

(1)法定许可主要是作品传播者的使用行为;合理使用不受此限。

(2)著作权人事先声明不许使用的,一般不适用法定许可制度;合理使用一般不受此限。

(3)法定许可是有偿使用,使用人必须按规定支付报酬;合理使用是无偿使用。

三、著作权的保护期

(一)著作人身权的保护期

署名权、修改权和保护作品完整权的保护期不受限制,可以获得永久性保护,而发表权的保护期有时间限制。

(二)自然人作品的发表权和财产权的保护期

作者终生及死亡后50年,截止于作者

死亡后第 50 年的 12 月 31 日。

（三）单位作品发表权和财产权的保护期

保护期为 50 年,截止于作品首次发表后第 50 年的 12 月 31 日,但作品自创作完成后 50 年内未发表的,著作权不再保护。

（四）作者身份不明作品使用权的保护期

截止于作品发表后第 50 年的 12 月 31 日。

第六节　邻接权

一、表演者权

（一）内容

1. 人身权

(1) 表明表演者身份。

(2) 保护表演形象不受歪曲。

2. 财产权

(1) 许可他人从现场直播和公开传送其现场表演,并获得报酬。

(2) 许可他人录音录像,并获得报酬。

(3) 许可他人复制、发行录有其表演的录音录像制品,并获得报酬。

(4) 许可他人通过信息网络向公众传播其表演,并获得报酬。

（二）保护期

(1) 表演者人身权的保护期不受限制。

(2) 表演者财产权的保护期为 50 年,截止于该表演发生后第 50 年的 12 月 31 日。

（三）表演者的主要义务

(1) 使用他人的作品演出,应当征得著作权人许可,并支付报酬。

(2) 使用改编、翻译、注释、整理已有作品而产生的作品演出,应当征得演绎作品著作权人和原作品著作权人许可,并支付报酬。

二、录制者的权利

（一）权利主体和客体

主体:录音录像制品的"首次"制作人,即"母带"的制作者。

客体:录音录像制品。

（二）权利内容

复制权、发行权、出租权、信息网络传播权。

电视台播放录像制品应当经录制者同意,因此,录像制品制作者还享有广播权。

（三）录制者权利的保护期

保护期为 50 年,截止于该制品"首次制作完成后"第 50 年的 12 月 31 日。

（四）录制者的义务

(1) 使用他人作品制作录音录像制品,应当取得著作权人许可,并支付报酬。

(2) 使用演绎作品制作录音录像制品的,应取得演绎作品和原作品著作权人的许可,并支付报酬。

(3) 录制表演活动的,应当同表演者订立合同,并支付报酬。

三、广播组织权

（一）权利主体和客体

主体:广播电台、电视台。

客体:广播组织播放的节目"信号"。

（二）权利内容

(1) 转播权:广播电台、电视台有权禁止他人未经许可将其播放的广播、电视节目信号以无线方式或者有线方式转播。

(2) 录制、复制权:广播电台、电视台有权禁止他人未经许可将其播放的广播、电视节目录制在音像载体上以及复制该音像载体。

（三）权利期限

保护期为 50 年,截止于该广播、电视

首次播放后第50年的12月31日。

（四）广播组织的义务

（1）使用他人未发表的作品,应当取得著作权人许可,并支付报酬。

（2）播放已发表的作品或已出版的录音录像制品,可以不经著作权人许可,但应按规定支付报酬。

第七节 著作权侵权行为

一、仅承担民事责任的著作权侵权行为

（1）未经著作权人许可,发表其作品的。

（2）未经合作作者许可,将与他人合作创作的作品当作自己单独创作的作品发表的。

（3）没有参加创作,为谋取个人名利,在他人作品上署名的。

（4）歪曲、篡改他人作品的。

（5）剽窃他人作品的。

（6）未经著作权人许可,以展览、摄制电影和以类似摄制电影的方法使用作品,或者以改编、翻译、注释等方式使用作品的,《著作权法》另有规定的除外。

（7）使用他人作品,应当支付报酬而未支付的。

（8）未经电影作品和以类似摄制电影的方法创作的作品、计算机软件、录音录像制品的著作权人或者与著作权有关的权利人许可,出租其作品或者录音录像制品的,《著作权法》另有规定的除外。

（9）未经出版者许可,使用其出版的图书、期刊的版式设计的。

（10）未经表演者许可,从现场直播或者公开传送其现场表演,或者录制其表演的。

（11）其他侵犯著作权以及与著作权有关的权益的行为。

二、可能承担行政责任、刑事责任的著作权侵权行为

（1）未经著作权人许可,复制、发行、表演、放映、广播、汇编、通过信息网络向公众传播其作品的,《著作权法》另有规定的除外。

（2）出版他人享有专有出版权的图书的。

（3）未经表演者许可,复制、发行录有其表演的录音录像制品,或者通过信息网络向公众传播其表演的,《著作权法》另有规定的除外。

（4）未经录音录像制作者许可,复制、发行、通过信息网络向公众传播其制作的录音录像制品的,《著作权法》另有规定的除外。

（5）未经许可,播放或者复制广播、电视的,《著作权法》另有规定的除外。

（6）未经著作权人或者与著作权有关的权利人许可,故意避开或者破坏权利人为其作品、录音录像制品等采取的保护著作权或者与著作权有关的权利的技术措施的,法律、行政法规另有规定的除外。

（7）未经著作权人或者与著作权有关的权利人许可,故意删除或者改变作品、录音录像制品等的权利管理电子信息的,法律、行政法规另有规定的除外。

（8）制作、出售假冒他人署名的作品的。

第八节 计算机软件著作权

一、软件著作权的客体和主体

（一）客体

计算机软件,即计算机程序及其有关文档。

同一计算机程序的源程序和目标程序为同一作品。

对软件著作权的保护,不延及开发软

件所用的思想、处理过程、操作方法或者数学概念等。

（二）著作权人

软件著作权自软件开发完成之日起产生。除法律另有规定外，软件著作权属于软件开发者，即实际组织开发、直接进行开发，并对开发完成的软件承担责任的法人或者其他组织；或者依靠自己具有的条件独立完成软件开发，并对软件承担责任的自然人。如无相反证据，在软件上署名的自然人、法人或者其他组织为开发者。

委托开发、合作开发软件著作权的归属及行使原则与一般作品著作权归属及行使原则相同，但职务计算机软件的著作权归属有一定的特殊性。

自然人在法人或者其他组织中任职期间所开发的软件有下列情形之一的，该软件著作权由该法人或者其他组织享有，该法人或者其他组织可以对开发软件的自然人进行奖励：

（1）针对本职工作中明确指定的开发目标所开发的软件；

（2）开发的软件是从事本职工作活动所预见的结果或者自然的结果；

（3）主要使用了法人或者其他组织的资金、专用设备、未公开的专门信息等物质技术条件所开发并由法人或者其他组织承担责任的软件。

二、软件著作权的内容

（一）人身权

人身权包括发表权、署名权和修改权。

（二）财产权

（1）专有使用权。包括：复制权、发行权、出租权、信息网络传播权和翻译权。

（2）许可使用权。

（3）转让权。

三、软件著作权的期限和限制

1. 软件著作权的期限

（1）自然人的软件著作权，为自然人终生及其死亡后50年，截止于自然人死亡后第50年的12月31日。

（2）合作开发的软件，截止于最后死亡的自然人死亡后第50年的12月31日。

（3）法人或者其他组织的软件著作权保护期为50年，截止于软件首次发表后第50年的12月31日，但软件自开发完成之日起50年内未发表的，不再保护。

2. 软件著作权的限制

（1）合理使用。

为了学习和研究软件内含的设计思想和原理，通过安装、显示、传输或者存储软件等方式使用软件的，可以不经软件著作权人许可，不向其支付报酬。

（2）用户的权利。

根据使用的需要把该软件装入计算机等具有信息处理能力的装置内。

为了防止复制品损坏而制作备份复制品。这些备份复制品不得通过任何方式提供给他人使用，并在所有人丧失该合法复制品的所有权时，负责将备份复制品销毁。

为了把该软件用于实际的计算机应用环境或者改进其功能、性能而进行必要的修改；但是，除合同另有约定外，未经该软件著作权人许可，不得向任何第三方提供修改后的软件。

（3）相似的开发。

软件开发者开发的软件，由于可供选用的表达方式有限而与已经存在的软件相似的，不构成对已经存在的软件的著作权的侵犯。

第二章 专利权

第一节 专利权的主体

一、发明人或设计人

发明人或设计人即是对发明创造的实质性特点作出创造性贡献的人,包括非职务发明创造的发明人或设计人和职务发明创造的发明人或设计人。

由两个或者两个以上的发明人、设计人共同完成的发明,完成发明创造的人被称为共同发明人或共同设计人。

专利权由共同发明人共同享有;专利申请要经过全体发明人同意;行使专利申请权或专利权的,有约定的从约定,没有约定的,共有人可以单独实施或者以"普通许可方式"许可他人实施该专利,但所获利润要共同分配。

二、发明人或设计人的单位

（一）职务发明创造

1. 执行本单位的任务

（1）履行本职工作任务。

（2）履行本单位交付的本职工作之外的任务完成的发明创造。

（3）退职、退休或者调动工作后一年内作出的,与其在原单位承担的本职工作或者原单位分配的任务"有关"的发明创造。

2. 主要利用本单位的物质技术条件

全部或者大部分利用了单位的资金、设备、零部件等对发明创造的完成起决定性作用的物质技术条件。

（二）权利归属

专利申请权和取得的专利权归单位,但发明人或设计人享有获得奖金、报酬和署名的权利。

三、受让人

受让人,指通过合同或继承而依法取得专利权的单位或个人,专利申请权和专利权可以转让。

通过转让取得专利权的,必须订立书面合同,并向专利行政部门登记并公告,转让自登记之日起生效。

四、外国人

外国人包括具有外国国籍的自然人和法人。

第二节 专利权的客体

一、专利法保护的客体

专利法保护的客体包括:
（1）发明。
（2）实用新型。
（3）外观设计。

二、专利法不予保护的对象

（1）对违反法律、社会公德或者妨害公共利益的发明创造,不授予专利权。如用于赌博的设备、机器或工具。

（2）科学发现,对自然界中客观存在的现象、变化过程及其特性和规律的揭示。

（3）智力活动的规则和方法,比如各种游戏、娱乐的规则,速算法和口诀。

（4）疾病的诊断和治疗方法,但药品或医疗器械可以申请专利。

(5)动物和植物品种不受专利法保护,但是对于动物和植物品种的生产方法,可以依照专利法的规定授予专利权。

(6)用原子核变换方法获得的物质。

(7)对平面印刷品的图案、色彩或者二者的结合作出的主要起标识作用的设计。

第三节 授予专利权的条件

表11-2 授予专利权的条件

发明或实用新型	新颖性:不属于现有技术,且无抵触申请
	创造性:有实质性特点和显著的进步(实用新型只要求有进步)
	实用性:能够制造或使用并产生积极效果
外观设计	新颖性:不属于现有设计,且无抵触申请
	实用性:能以工业的方法重复再现
	富有美感,且不与在先合法权益冲突

一、现有技术/现有设计

指申请日以前在国内外为公众所知的技术/设计。

通过以下方式公开的技术为现有技术/设计:

(1)出版物公开,通过国内外出版物公开披露技术信息。

(2)使用公开,在国内外通过使用或实施方式公开技术内容。

(3)其他方式公开,包括但不限于口头、广播电台播放等方式。

二、抵触申请

抵触申请,是指一项申请专利的发明或者实用新型在申请日以前,他人已将同样的发明或者实用新型向专利局提出申请,并且记载在该发明或实用新型申请日以后公布的申请文件中(外观设计亦同)。

三、丧失新颖性的例外

申请专利的发明、实用新型和外观设计在申请日以前6个月内,有下列情形之一的,不丧失新颖性:

(1)在中国政府主办或者承认的国际展览会上首次展出的。

(2)在规定的学术会议或者技术会议上首次发表的。

(3)他人未经申请人同意而泄露其内容的。

第四节 专利申请

一、专利的申请

(一)专利申请的原则

1.先申请原则

(1)同样的发明创造只能授予一项专利权。

(2)同一申请人可以在同日对同样的发明创造既申请实用新型又申请发明专利(发明新型专利权往往会先授予,但要声明放弃该实用新型专利权后才能被授予发明专利权)。

(3)两个以上申请人分别就同样的发明创造申请专利的,授予最先申请的人。

2.单一性原则

(1)一件发明或者实用新型专利申请应当限于一项发明或者实用新型。

(2)一件外观设计专利申请应当限于一项外观设计。

(二)申请日的确定

以专利部门收到申请文件之日为申请日;但有优先权的,以优先权日为申请日。

(三)优先权日

(1)国际优先权。申请人在外国第一次提出专利申请之日后(发明或实用新型12个月内,外观设计6个月内),又在中国就相同主题提出专利申请的,以在外国第一次提出申请之日作为在中国的申请日。

(2)国内优先权。申请人自发明或者实用新型在中国第一次提出专利申请后12个月内,又向专利行政部门就同一主题提出专利申请的,以第一次提出专利申请之日作为后一申请的申请日。

二、专利申请的程序

表 11-3　专利申请的程序

发明专利	实用新型和外观设计
初步审查	初步审查没有发现驳回理由的,由国务院专利行政部门授予专利权决定,发给相应证书,同时登记公告。 专利自公告之日起生效。
早期公开:自申请日满18个月。	
实质审查:自申请日起3年内,国务院专利行政部门根据申请人的请求进行实质审查,不要求实质审查的视为撤回申请。	
授权登记公告:专利自公告之日起生效。	

三、专利权的无效宣告

(一)提出

发明创造被授予专利权之后(公告日后的任何时候),任何单位或个人认为该专利的授予不符合专利法规定的,可以向专利复审委员会请求宣告专利无效。

(二)后果

(1)专利权被宣告无效后,专利权视为自始不存在。

(2)宣告专利权无效的决定,对在宣告专利权无效前人民法院作出并已执行的专利侵权的判决、调解书,已经履行或者强制执行的专利侵权纠纷处理决定,以及已经履行的专利实施许可合同和专利权转让合同,不具有追溯力。

但因专利权人的恶意给他人造成的损失应当予以赔偿,或者不返还专利侵权赔偿金、专利使用费、专利权转让费,明显违反公平原则的,应当全部或者部分返还。

(三)专利侵权纠纷与无效宣告的案件

(1)人民法院受理侵犯实用新型、外观设计专利权纠纷案件,被告在答辩期间内请求宣告该项专利权无效的,人民法院应当中止诉讼。

(2)人民法院受理侵犯发明专利权纠纷案件,或者经专利复审委员会审查维持专利权的侵犯实用新型、外观设计专利权纠纷案件,被告在答辩期间内请求宣告该项专利权无效的,人民法院可以不中止诉讼。

第五节　专利权的内容和限制

一、专利权的内容

(一)专利权人的权利

包括独占实施权、许可权、转让权和标示权。

(二)专利权人的义务(禁止权)

1.发明和实用新型

(1)任何人未经许可不得以生产经营为目的制造、使用、许诺销售、销售、进口其专利产品。

(2)不得为生产经营目的使用其专利方法以及使用、许诺销售、销售、进口依照该方法直接获得的产品(方法专利没有制造)。

2.外观设计

不得以生产经营目的制造、许诺销售、销售、进口其外观设计专利产品(没有使用)。

许诺销售,是指以做广告、在商店橱窗中陈列或者在展销会上展出的方式作出销售商品的意思表示(还未销售,但有销售的意思表示)。

二、专利权的期限

发明专利:自申请日起20年。

实用新型和外观设计:自申请日起

10年。

申请日,指实际申请日,"优先权日"的起算点不作为实际申请日。

三、专利权的限制

(一)强制许可

指国务院专利行政部门依照法律规定,不经专利权人同意,直接许可具备条件的申请者实施发明专利或者实用新型专利的行政措施。

1. 滥用专利权的强制许可

(1)专利权人无正当理由未实施或未充分实施其专利的(时间要求,专利权自被授予之日起满3年+提出专利申请满4年)。

(2)专利权人行使专利的行为被依法认定为垄断行为。

2. 根据公共利益需要的强制许可

(1)国家出现紧急状态或非常情况时,或为了公共利益的目的。

(2)为了公共健康目的,对取得专利权的药品,国务院专利行政部门可以给予制造并将其出口到符合条件的国家或地区(为了没有制造专利药品的国家和地区的公共健康)。

3. 从属专利的(交叉许可)强制许可

一项取得专利权的发明或者实用新型比已经取得专利权的发明或者实用新型具有显著经济意义的重大技术进步,其实施又有赖于前一发明或实用新型的,可以根据在后专利权人的申请,给予实施前一发明或者实用新型的强制许可。

(二)不视为侵犯专利权的行为

(1)专利权用尽。专利产品或者依照专利方法直接获得的产品,由专利权人或经其许可的单位、个人售出后,使用、许诺销售、销售、进口该产品的(经过合法售出后,专利权人失去对产品的控制)。

(2)先用权。在专利申请日前已经制造相同产品、使用相同方法或者已经做好制造、使用的必要准备,并且仅在原有范围内继续制造、使用的行为。

(3)临时过境。临时通过中国领陆、领水、领空的外国运输工具,依照其所属国与中国签订的协议或者共同参加的国家条约,或者依照互惠原则,为运输工具自身需要而在其装置和设备中使用有关专利的。

(4)专为科学研究和实验而使用有关专利的。

(5)为提供行政审批所需要的信息,制造、使用、进口专利药品或者专利医疗器械的,以及专门为其制造、进口专利药品或者专利医疗器械的。

第六节 专利侵权

一、专利权的保护范围

(1)发明或者实用新型专利的保护范围以其权利要求书的内容为准。说明书及附图可以用于解释权利要求。

(2)外观设计专利权的保护范围以表示在图片或者照片中的该外观设计专利产品为准。

二、判定专利侵权

(一)发明或实用新型

1. 步骤

(1)将被控侵权技术方案分解成独立技术特征。

(2)根据权利要求书将专利技术方案分解成独立技术特征。

(3)将被控侵权技术方案的全部技术特征与专利权人专利的全部技术特征加以对比。

2. 侵权类型

(1)字面侵权

被控侵权技术方案的全部技术特征包含(包括相同)专利技术方案的全部技术特征。

【注意】被控侵权的全部技术特征可以多于但是不能少于专利技术方案的全部技术特征。

表11-4 字面侵权的对比

专利技术方案	被控侵权技术方案	对比判断结果
a+b+c+d	a+b+c	缺少技术特征，不构成侵权
a+b+c+d	a+b+c+d	技术特征完全相同，构成侵权
a+b+c+d	a+b+c+d+e	技术特征覆盖被控侵权方，构成侵权

(2)等同侵权

被控侵权技术方案的全部技术特征包含（包括相同）与专利技术方案的全部技术特征相同或者等同的技术特征。

表11-5 等同侵权的对比

专利技术方案	被控侵权技术方案	对比判断结果
a+b+c+d	a'+b'+c'+d'	构成等同侵权
a+b+c+d	a+b+c+d'	构成等同侵权
a+b+c+d	a'+b'+c'+e	缺少技术特征，不构成侵权

(二)外观设计

在与外观设计专利产品相同或者相近种类产品上采用与授权外观设计相同或者近似的外观设计的，属于侵犯外观设计专利权。

判断标准：以一般消费者的知识水平和认知能力为判断标准；根据授权外观设计与被诉侵权设计的技术特征，以整体视觉效果综合判断。

三、专利侵权的类型及侵权责任

(一)侵权类型

1.直接侵权

行为人直接实施侵犯他人专利权的行为。

(1)专利权人禁止权的内容。

(2)假冒他人专利的行为。

【注意】为生产经营目的使用或者销售不知道是未经专利权人许可而制造并售出的专利产品或者依照专利方法直接获得的产品，能证明其产品合法来源的仍属于专利侵权行为，需要停止侵害但不承担赔偿责任。

2.间接侵权

行为人的行为不直接对专利权造成侵害，但实施了引诱、怂恿、教唆、帮助他人侵犯专利权的行为。例如：行为人在明知第三人实施侵犯专利权行为的情况下，仍向其提供专门用于特定发明或者实用新型专利的原材料、中间产品、零部件、设备等。

(二)现有技术抗辩

在专利侵权纠纷中，被控侵权人有证据证明其实施的技术或者设计属于现有技术或者现有设计的，不构成侵犯专利权（被控侵权人无须向专利复审委员会申请宣告专利无效）。

(三)侵权责任

专利侵权损害赔偿数额的确定：

(1)按照权利人因被侵权所受到的实际损失确定。

(2)实际损失难以确定的，可以按照侵权人因侵权所获得的利益确定。

(3)权利人的损失或者侵权人获得的利益难以确定的，参照该专利许可使用费的倍数合理确定。

(4)权利人的损失、侵权人获得的利益和专利许可使用费均难以确定的，人民法院可以根据专利权的类型、侵权行为的性质和情节等因素，确定给予1万元以上100万元以下的赔偿。

第三章 商标权

一、商标注册

(一)商标分类

商标类型:商品商标、服务商标、集体商标、证明商标。

商品商标,是指商品生产者或经营者为了使自己生产、制造、加工、挑选或经销的商品同他人的商品相区别,而使用的一种通常由文字、图形单独构成,或由文字、图形组合构成的具有显著特征的标志。按照2015年《商标注册用商品和服务国际分类表》的规定,商品类项目共有34类。

服务商标是指提供服务的经营者为了使自己提供的服务与他人提供的服务区别开来而使用的标志。服务商标也称劳务标志,在国外又称作服务标记,这种标记具体表现为图形、字母、符号等多种形式。这里的服务主要是指航空、铁路、旅店、餐饮、银行、广告、旅游等公共服务部门,按2015年《商标注册用商品和服务国际分类表》的规定,服务项目共有11类。

集体商标,是指以团体、协会或其他组织名义注册,供该组织成员在商事活动中使用,以表明使用者在该组织中的成员资格的标志(组织内使用)。

证明商标,是指由对某种商品或服务具有监督能力的组织所控制,而由该组织以外的单位或者个人使用于其商品或者服务,用以证明该商品或者服务的原产地、材料、制造方法、质量或者其他特定品质的标志(组织外使用)。

(二)获得注册条件

(1)显著性。固有显著性和通过使用获得显著性。获得显著性的标志:能够指示商品或者服务来源。

(2)非功能性。

(3)非冲突性。不得侵犯申请日前他人合法享有的权利、利益。

(4)可感知性。文字、图形、字母、数字、三维标志、颜色组合和声音等,以及上述要素的组合。

(三)禁用标志(不得注册且不得使用)

(1)有损国家尊严、社会公共利益的特定标志。

(2)违反公序良俗的标志,如带有民族歧视性的标志,或带有欺骗性,容易使公众对商品的质量等特点或者产地产生误认的等。

(3)县级以上行政区划的地名,公众知晓的外国地名。

例外情形:

(1)已经注册使用的地名商标继续有效;

(2)作为集体商标、证明商标组成部分的;

(3)地名具有其他含义。

(四)禁止注册的标志(可作为未注册商标使用)

主要特点为"可通过使用获得显著性":

(1)仅有本商品的通用名称、图形、型号的。

(2)仅直接表示商品的质量、主要原料、功能、用途、重量、数量及其他特点的。

(3)其他缺乏显著特征的。

二、注册商标的申请原则和规则

（一）商标代理制度

1. 申请主体为中国人

可以自行办理也可以委托依法设立的商标代理机构办理。

2. 申请主体为外国人或外国企业

应当委托依法设立的商标代理机构办理。

商标代理机构包括经市场监督管理部门登记从事商标代理业务的服务机构和从事商标代理业务的律师事务所。

商标代理机构知道或者应当知道委托人申请注册的商标属于《商标法》规定的不以使用为目的的恶意商标注册申请；未经授权，代理人或者代表人以自己的名义将被代理人或者被代表人的商标进行注册，被代理人或者被代表人提出异议的以及损害他人现有的在先权利，及以不正当手段抢先注册他人已经使用并有一定影响的商标的，不得接受其委托。

（二）商标申请原则

（1）自愿注册原则（烟草制品必须使用注册商标）。

（2）一标多类申请。申请人可通过一份申请就多个类别的商品申请注册同一商标。

（3）先申请原则。两个或两个以上的商标注册申请人在同一种或者类似商品上以相同或近似的商标申请注册的按下列规则办理：

①初步审定并公告申请在先的商标。

②同一天申请的初步审定并公告使用在先的商标。

③同日使用或均未使用由申请人30日内自行协商。

④不愿协商或协商不成以抽签方式确定。

（4）另行提出注册申请。①注册商标需要在核定使用范围之外的商品上取得商标专用权。②注册商标需要改变其标志。

（5）优先权原则。比照"外观设计优先权"进行掌握。

（三）商标异议制度

1. 程序

（1）异议期：初审公告之日起3个月。

（2）法定事由：涉嫌违反绝对或相对拒绝注册事由。

【注意】相对事由仅可由在先权利人及利害关系人向商标局提出异议申请；违反绝对理由的任何人均有权提出异议。

2. 异议的处理

（1）商标局：核准注册或不予注册的决定。

（2）期限：公告期满之日起12个月内商标局应当作出是否准予注册的决定。有特殊情况需要延长的，经国务院工商行政管理部门批准，可以延长6个月。

（3）异议人的权利：对准予注册决定，在商标注册之后，依据《商标法》第44、45条的规定向商标评审委员会提出无效宣告申请。

（4）被异议人的权利：对不予注册的决定，可在15日内向商标评审委员会申请复审；对复审决定不服的，可在30日内向人民法院提起行政诉讼。

三、商标权的内容

（一）注册商标的保护期

1. 起算点

核准注册之日起10年。

例外：经异议程序后核准注册，初步审定公告3个月期满之日起计算。

2. 注册商标的续展

续展期限：保护期满前的12个月；宽展期：保护期满后的6个月。

每次续展注册的有效期为10年。期满不续展,注销其注册商标;注销之日起一年内商标局不予核准与该商标相同或近似的商标注册申请。

(二)商标权转让与许可使用

1. 商标权转让

(1)共同申请:转让人和受让人应当签订转让协议并共同向商标局提出申请。

(2)一并转让:商标注册人对其在同一种商品上注册的近似商标或者在类似商品上注册的相同或近似商标应当一并转让。

(3)受让人自公告之日起享有商标专用权。

2. 商标权许可

(1)签订许可合同(独占、排他、普通许可)。

(2)商品上标明被许可人的名称和商品产地。

(3)被许可人应保证使用该注册商标的商品质量,许可人应监督该商品质量。

(4)许可人应将商标使用许可报商标局备案,未经备案不得对抗善意第三人。

四、商标权的消灭

(一)注册商标的撤销

(1)违法使用撤销。商标权人自行改变注册商标、注册人名义、地址或者其他注册事项→工商局责令限期改正→商标局撤销→向商标评审委员会申请复审→向法院起诉。

(2)显著性消灭。
(3)无正当理由连续3年不使用。

}任何单位或个人→商标局撤销→商标评审委员会复审→法院起诉

(二)注册商标被撤销的法律效果

无溯及力:该注册商标专用权自公告之日起终止。

1年的过渡期:自撤销之日起1年内,商标局对与该商标相同或近似的商标注册申请不予核准。

(三)注册商标的无效宣告

1. 违反绝对拒绝注册理由

(1)违反《商标法》第10—12条;

(2)以欺骗或其他不正当手段获得注册(以虚拟、隐瞒事实真相或提交伪造的申请书及其他有关证明文件取得商标注册等情况)。

【注意】由商标局宣告无效,其他单位或个人可以请求商标评审委员会宣告无效。

2. 违反相对拒绝注册理由

违反《商标法》第13条第2款(侵犯未注册驰名商标)、第3款(侵犯注册驰名商标);第15条(抢注被代理人商标);第16条(虚假地理标志);第30—32条。

【注意】自商标注册之日起5年内,在先权利人或利害关系人可以请求商标评审委员会宣告该注册商标无效。对于恶意注册的,驰名商标所有权人不受5年的时间限制。

(四)注册商标宣告无效的法律效果

溯及力:该注册商标的专用权视为自始不存在。

例外:对已经执行或履行的判决、裁定、合同原则上无效力。因商标注册人的恶意给他人造成的损失,应当给予赔偿。但若不返还商标侵权赔偿金、商标转让费、商标使用费明显违反公平原则的,应当全部或部分返还。

(五)注册商标的注销

注册商标的法定期限届满,未续展和续展未获批准的。

商标注册人申请注销其注册商标或注销其商标在部分指定商品上的注册,该注册商标专用权或者该注册商标专用权在该部分指定商品上的效力自商标局收到其注销申请之日起终止。

商标注册人死亡或终止,自死亡或终止之日起1年期满,该注册商标没有办理转移手续的,任何人可以向商标局申请注销该注册商标。

五、商标侵权

(一)商标侵权行为

1.一般侵权行为

(1)在相同商品上使用相同商标(推定会发生混淆)。

(2)在相同商品上使用近似商标,在类似商品上使用相同或近似商标,容易导致混淆的。

(3)伪造、擅自制造他人注册商标标识或销售上述标识的。

(4)反向假冒。未经商标注册人同意,更换其注册商标并将更换商标的商品又投入市场的。

【注意】涉嫌侵权人使用商标的核心在于识别和区分商品来源。把握住这个核心就能对多种侵权形式加以判断。

2.特殊的商标侵权形式

(1)故意为侵犯他人商标专用权的行为提供便利条件,帮助他人实施侵犯商标专用权行为→是侵权,承担连带责任。

(2)销售侵犯注册商标专用权的商品→是侵权且承担赔偿责任;但销售不知道是侵犯注册商标专用权的商品,能证明该商品是自己合法取得并说明提供者→是侵权,不赔偿。

(3)商标侵权诉讼中,注册商标专用权人不能证明此前3年内实际使用过该注册商标,也不能证明因侵权行为受到其他损失的,被控侵权人不承担赔偿责任→是侵权,不赔偿。

(二)不侵权抗辩

(1)注册商标中含有的本商品的通用名称、图形、型号或者直接表示商品的质量、主要原料、功能、用途、重量、数量及其他特点,或者含有的地名,注册商标专有权人无权禁止他人正当使用。

(2)三维标志注册商标中含有的商品自身的性质产生的形状、为获得技术效果而需有的商品形状或者使商品具有实质性价值的形状,注册商标专用权人无权禁止他人正当使用。

(3)商标注册人申请注册商标前,他人已经在同一种商品或者类似商品上先于商标注册人使用与注册商标相同或近似并有一定影响的商标的,注册商标专用权人无权禁止该使用人在原使用范围内继续使用该商标,但可以要求其附加适当区别标识。

六、驰名商标的保护

(一)驰名商标的认定

1.驰名商标的认定以被动认定和个案认定为原则

(1)在商标注册申请、查处商标违法案件过程中,商标局可以对商标驰名情况作出认定。

(2)在商标争议处理过程中,商标评审委员会可以对商标驰名情况作出认定。

(3)在商标民事、行政案件审理过程中,法院可以对商标驰名情况作出认定。

2.认定驰名商标应考虑的因素

(1)相关公众对该商标的知晓程度。

(2) 该商标使用的持续时间。

(3) 该商标的任何宣传工作的持续时间、程度和地理范围。

(4) 该商标作为驰名商标受保护的记录。

(5) 该商标驰名的其他因素。

(二) 驰名商标的特殊保护措施

复制、摹仿或者翻译他人未在中国注册的驰名商标或者主要部分,在相同或者类似商品上使用,容易导致混淆的,应当承担停止侵害的民事法律责任,但不承担赔偿责任。

就不相同或不相类似商品申请注册的商标是复制、摹仿或者翻译他人已在中国注册的驰名商标,误导公众,致使该驰名商标注册人的利益可能受到损害的,不予注册并禁止使用。

(三) 驰名商标的使用

认定驰名商标,不写入判决主文;以调解方式审结的,在调解书中对商标驰名的事实不予认定。

生产、经营者不得将"驰名商标"字样用于商品、商品包装或者容器上,或者用于广告宣传、展览以及其他商业活动中。

第十二编 商 法

【寄语】

商法调整商事关系,是维系市场经济秩序的主要法律手段。商法起源于商事交易习惯和惯例,是一门实践性法学,从一开始就没有完整的理论,许多国家是先有商事习惯后有商事法律,再有商法理论。商法理论的滞后是世界各国普遍存在的问题。正是理论体系建设方面的原因,世界各国的商法体系存在巨大差异。每一国家的商法都是该国特定法律文化背景的产物,都是该国法的历史传统和他国法的经验相融合的结果。

中国商法是中国现实法律关系、法律理论和法律经验的产物,商事主体和商事行为是商法中的两大基本范畴,法律人的职业资格考试也是围绕这两大范畴进行的,内容包括公司法、合伙企业法、个人独资企业法、外商投资法、企业破产法、票据法、证券法、保险法、海商法九大部分。国家统一法律职业资格考试既要求考生有一定的理论功底,又要求考生有较强的专业技能与实务能力,本部分基于考试选拔合格法律人才的旨归,在研读历次考试大纲的基础上精编而成。

愿我们的努力与付出能够助推每一位考生成就法律职业人的梦想!愿此书能够为法律应用人士提供成长的一臂之力!

魏敬淼

2019 年 2 月

于小月河畔中国政法大学校园

第一章 公司法

第一节 公司法概述

一、公司法的性质

公司法是指调整各种公司的设立、组织、活动、解散以及公司对内对外关系的法律规范的总称。公司法有如下性质:

(1)公司法是私法。公司法的主旨在于意思自治和权利保障,其中的强行性规范是为了维护交易安全和公众利益,并不改变公司法的私法性质。

(2)公司法兼具程序法和实体法的内容。公司法规定了公司、股东等的权利、义务,这是实体法;也规定公司的设立程序、组织机构、内部议事程序,这是程序法。

(3)公司法是含有商事行为法的商事组织法。公司法首先是商事组织法,规定了公司的法律地位、设立条件、合并、分立、解散程序;同时公司法也是商事行为法,规定了公司行为,如公司设立行为、募集资本行为、股份转让行为等。

二、公司法的基本原则

公司法的基本原则,是公司法律制度

设计所依赖的基本理念和指导思想。公司法有如下原则：

（1）鼓励投资原则。公司是以营利为目的的组织，因此公司法的原则之一就是鼓励投资行为，促进资本市场繁荣发展。

（2）公司自治原则。公司自治就是允许公司在法律规定的范围内自主决定公司的一切事项。

（3）对公司及利益相关者保护原则。公司法要保障公司、股东、债权人和职工的合法权益。

（4）权利制衡原则。该原则是指公司内部权力之间的相互制衡与协调，如股东会、董事会、监事会的组织机构设立。

（5）股东有限责任原则。股东仅以出资额为限对公司债务承担责任。

三、公司的概念和特征

公司是指由股东出资设立，股东以其认缴的出资额或者所认购的股份为限对公司承担责任，公司以其全部财产为限对公司债务承担责任，并依《公司法》规定设立的企业法人。

公司有如下四个特征：

（1）公司的营利性。设立公司的目的是为了谋求经济利益，营利性是公司区别于非营利法人组织的重要特征。

（2）公司的独立财产和独立责任。公司的财产与股东个人的财产相分离。公司财产独立是公司能够独立承担民事责任的基础，也是股东只以出资额为限对公司债务承担责任的依据。

（3）公司具有法人资格。公司必须依法设立，具备必要的财产，有自己的名称、组织机构和场所。公司具备权利能力和行为能力，能以自己的名义从事民商事活动并独立承担责任。

（4）公司是社团组织。这表现在公司通常由两个或两个以上股东出资组成。社团性除了含有社员因素外，还表现在社团是一个组织体，所以一人有限责任公司和国有独资公司统一体现了公司的社团性。

四、公司的分类

我国公司法只规定了两种类型的公司，即有限责任公司和股份有限公司，但学理上依据不同标准，对公司还有各种不同的分类，这对于准确地理解公司法的原理具有重要意义。同时还应注意，各种分类标准都有一定的相对性而不是绝对的。

（一）以公司股份是否可以自由转让和流通为标准

（1）封闭式公司。封闭式公司是指公司股份不能在证券市场上自由转让的公司。有限责任公司和股份有限公司中的非上市公司属于封闭式公司。

（2）开放式公司。开放式公司是指可以按法定程序公开招股、公司股份可以在证券市场公开自由转让的公司。股份有限公司中的上市公司是开放公司。

（二）以成立的信用基础为标准

（1）人合公司。人合公司是以股东个人条件作为公司信用基础而组成的公司。这种公司进行经济活动时，主要依靠的是股东的个人信用状况，而不是公司的资本或是资产是否雄厚。无限责任公司就是典型的人合公司。

（2）资合公司。资合公司就是以公司资本为信用基础的公司。这种公司对外进行经济活动时，依靠的不是股东的个人信用状况，而是公司的资本或资产是否雄厚。股份有限公司中的上市公司是典型的资合公司。

（3）两合公司。我国的有限责任公司主要是资合公司，但兼具人合的性质。公司法非常注重有限责任公司人合性的维系，主要体现在：①股东数量有限。最多不得超过 50 人。②特别重视章程的作用。

有限责任公司的章程是全体股东共同制定的,章程有规定的许多事项排除法律的适用,诸如:股东会定期会议的召开、股东会的议事方式和表决程序、董事的任期、执行董事的职权等由章程规定,股东表决权的行使、税后利润分配与红利的分享等。③股东对外转让股权的限制。股东向股东以外的人转让股权应经其他股东过半数同意。

(三)以管辖与被管辖为标准

(1)本公司。本公司具有独立的法人资格,能够以自己的名义直接从事各种业务活动。如果本公司开设两个以上的分公司,本公司就可以称为总公司

(2)分公司。分公司是本公司根据业务需要开设的。分公司没有法人资格,没有自己独立的财产,不能独立享受权利和承担义务,其经营所得归属于本公司,其债务和其他责任也归属于本公司。分公司可以在本公司授权范围内以自己的名义进行业务活动,但分公司行为和诉讼的效力当然归属于本公司。

(四)以控制与被控制的关系为标准

(1)母公司。母公司是拥有另一个公司一定比例以上的股份,或者通过协议方式能够对另一公司的经营实际控制的公司。

(2)子公司。子公司是一定比例以上的股份被另一公司拥有或通过协议受到另一公司实际控制的公司。

【注意】母公司与子公司是相对而言的,乙公司是甲公司的子公司,但同时可能又是丙公司的母公司。母公司与子公司之间的关系有两点很重要:其一是母公司与子公司各为独立的法人,各自以自己所有的财产对各自的债务负责,互不连带;其二是母公司与子公司之间的控制关系是基本股权的占有,故母公司只能通过股东会实现其意愿,而不能直接插手子公司的具体事宜,如不能在市场监督管理部门变更登记更换子公司的法定代表人。

【注意】子公司与分公司在法律上的差异

子公司是法人,有自己独立的财产,能够依法独立承担民事责任;而分公司没有法人资格,没有自己名下的财产,不能独立承担民事责任。

第二节 公司的设立

一、公司设立的概念与设立方式

公司设立是指公司设立人依照法定的条件和程序,为组建公司并取得法人资格而必须采取和完成的法律行为。公司设立不同于公司的设立登记:公司设立是一种法律行为,公司设立登记是公司设立行为的最后阶段,是公司设立行为的法律后果。

公司设立方式主要有两种,分别是发起设立和募集设立。

发起设立是指公司的全部或首期发行的股份由发起人自行认购而设立公司的方式。有限责任公司只能采取发起设立的方式设立。

募集设立是指由发起人认购公司应发行股份的一部分,其余股份向社会公开募集或者向特定对象募集而设立公司的方式。股份公司可以采取发起设立也可以采取募集设立的方式设立公司。

公司设立条件包括:

(1)主体条件:人数、发起人资格。

(2)财产条件:最低注册资本、资本构成。

(3)组织条件:名称、住所、组织机构。

(4)经营条件:生产经营场所、生产经营条件。

(5)行为条件:发起人协议、公司章

程、验资证明等。

二、公司设立的登记

公司设立必须办理登记手续。有限责任公司中由全体股东指定的代表或者共同委托的代理人办理登记的申请事宜,股份有限公司由董事会办理登记的申请事宜。

(1)登记机关:公司所在地的市场监督管理部门。

(2)登记的程序:各种公司登记应遵守的程序包括提出申请、审查核准、公告。

(3)登记的效力:

①符合法定条件、被核准登记的公司取得法律人格;

②符合法定条件、未被核准登记的公司设立失败或被撤销;

③无论公司成立与否,发起人对其设立行为,都要承担相应的法律责任。

三、发起人

(一)发起人的概念

发起人是指为设立公司而签署公司章程、向公司认购出资或者股份并履行公司设立职责的人。

(二)发起人的职责

(1)签订出资协议。

(2)订立公司章程。

(3)确认出资方式,对以实物、知识产权、土地使用权出资的进行协议作价或者委托评估。

(4)办理公司登记手续。

(5)其他与公司设立相关的事务。

(三)发起人责任与公司责任的区分

设立公司行为可能成功,可能失败。当出现设立失败的情况时,容易产生发起人的责任。从公司设立开始到公司最终成立这一阶段,称为设立中公司。当公司设立失败时,发起人和公司的责任按下列规则分配:

(1)发起人为设立公司而以自己的名义对外签订合同的,合同相对人有权请求发起人承担合同责任。如果最终公司得以成立,且公司对发起人以自己的名义对外签订的合同予以确认的,或者公司已经实际享有合同权利或者履行合同义务的,合同相对人也可以请求公司承担合同责任。

(2)发起人如果是以公司的名义在设立公司过程中对外签订合同,则公司成立后由公司承担合同责任。但是,如果公司能够证明发起人利用设立中公司的名义为自己的利益与相对人订立合同,则公司可以抗辩,但此种抗辩不能对抗善意的第三人。

(3)公司设立失败时,发起人对设立公司产生的费用和债务承担连带清偿责任。换言之,债权人有权请求全体或者部分发起人承担全部清偿责任。对外承担了清偿责任的发起人,对内取得求偿权,有权向其他发起人追偿。其他发起人应当按照约定的责任承担比例分担责任。若没有约定责任承担比例,则按照约定的出资比例分担责任;若出资比例也没有约定,则按照均等份额分担责任。

(4)在公司设立过程中,发起人因自己的过失使公司利益受到损害的,应当对公司承担赔偿责任。

(5)发起人因履行公司设立职责而给第三人造成损害的,公司成立后由公司承担对第三人的赔偿责任;若公司未成立,则由全体发起人对第三人承担连带赔偿责任。公司或者无过错的发起人在承担对外责任后可以向有过错的发起人追偿。

四、公司章程

(一)公司章程的概念与特征

公司章程是公司必备的,用以调整公司内部组织关系和经营行为的自治规则。公司章程具有法定性、公开性、自治性、真实性四个特征。

（二）公司章程的订立与修改

1. 订立

在有限责任公司中，公司章程由全体股东共同制定。在一人有限责任公司中，公司章程由股东制定。在国有独资公司中，公司章程由国有资产监督管理机构制定，或者由董事会制定，报国有资产监督管理机构批准。在股份有限公司中，公司章程由发起人制定，采取募集设立方式设立的，经创立大会通过（创立大会就通过公司章程作出的决议，须经出席会议的认股人所持表决权过半数通过）。

2. 修改

修改公司章程属于股东会或者股东大会应予特别决议的事项。在有限责任公司中，必须经代表 2/3 以上表决权的股东通过。在股份有限公司中，必须经出席会议的股东所持表决权的 2/3 以上通过。

（三）公司章程的效力

（1）公司章程对公司的效力：公司自身的行为要受公司章程的约束。

（2）公司章程对股东的效力：股东依章程享有权利和承担义务。公司章程对股东的约束力，不限于起草、制定公司章程的股东，而且对后来加入公司的股东同样具有约束力，这是由公司章程的自治性决定的。

（3）公司章程对董事、监事和高级管理人员的效力：董事、监事和高级管理人员应当遵守公司章程，依照法律和公司章程的规定行使职权，对自己超出公司章程所赋予职权范围的行为，应向公司负责。

五、公司的资本

（一）公司资本

（1）注册资本是公司成立时注册登记的资本总额。

（2）发行资本是公司向社会筹集的资本。

（3）认购资本是出资人同意缴付的资本。

（4）实缴资本是认购资本中出资人已经缴付的出资。

（二）公司资本原则

1. 资本确定原则

资本确定原则是指公司设立时应在章程由发起人认足或募足，否则公司不能成立。

2. 资本维持原则

资本维持原则又称资本充实原则，是指公司在其存续过程中，应当经常保持与其资本额相当的财产。

3. 资本不变原则

资本不变原则是指公司资本总额一旦确定，非经法定程序，不得任意变动。

传统公司法上的资本三原则的目的，主要在于保护交易安全，增强公司信用。但是随着行业发展和信用制度的变化，公司的信用并不主要取决于公司成立时的注册资本，而是取决于公司现有的资产状况以及市场信用，所以传统的公司资本三原则已经受到挑战。比如 2013 年《公司法》对我国公司资本制度作出了如下修改：

（1）取消法定最低注册资本制度。

（2）取消实缴资本制度，实行注册资本认缴制度。

（3）取消有限责任公司、发起设立的股份有限公司首次出资比例及出资期限限制。

（4）取消了货币出资比例限制。

（5）取消有限责任公司的法定验资。

（三）公司资本与公司资产

公司资本和公司资产是两个不同的概念。就范围而言，资产大于资本，资本只是资产的一部分。公司资本是由公司章程确定并载明的全体股东的出资总额。资产是公司实际拥有的全部财产，就资产的形态而言,包括有形资产、无形资产、递延资产等。

第三节 公司的股东与股东权利

一、股东的概念

股东是指向公司出资、持有公司股份、享有股东权利和承担股东义务的人。股东可以是自然人、法人组织,还可以是国家。

股东身份或者资格的法定证明文件是公司的股东名册。公司登记机关置备的相关文件并非股东资格的法定证明文件。

二、名义股东与实际股东

(一)概念

1. 名义股东

名义股东,也被称为显名股东,是指登记于股东名册及公司登记机关的登记文件,但事实上并没有真实向公司出资,并且也不会向公司出资的人。从形式上而言,名义股东是公司的股东,需承担一定的股东义务,但这种义务主要是从保护善意的交易第三人出发的。

2. 实际股东

实际股东,也被称为隐名股东,就是向公司履行了出资义务,并且实际享有股东权利但其姓名或者名称并未记载于公司股东名册及公司登记机关的登记文件的人。

(二)实际股东和名义股东的内部关系

1. 代持股协议的效力

实践中,名义股东与实际股东往往签订协议,一般称为持股协议或者代持协议,对双方当事人的权利义务包括如何参加公司股东会会议、行使股东权等有明确约定。这种协议并不违反公司法的强制性规定,是有效的合同。最高人民法院《关于适用〈中华人民共和国公司法〉若干问题的规定(三)》第24条第1款规定:"有限责任公司的实际出资人与名义出资人订立合同,约定由实际出资人出资并享有投资权益,以名义出资人为名义股东,实际出资人与名义股东对该合同效力发生争议的,如无合同法第五十二条规定的情形,人民法院应当认定该合同有效。"

2. 实际出资原则

如果实际出资人与名义股东因投资权益的归属发生争议,实际出资人以其实际履行了出资义务为由向名义股东主张权利的,人民法院应支持其请求。名义股东以公司股东名册记载、公司登记机关登记为由否认实际出资人权利的,则不予支持。这就是对于名义股东与实际股东事项采取的实际出资原则。

(三)实际股东和名义股东与公司的关系

就其法律上或者名义上而言,名义股东仍然是合法的股东。实际股东如果想要"浮出水面",取代名义股东的法律地位,必须履行相关的股权转让手续。实际出资人未经公司其他股东半数以上同意,请求公司变更股东、签发出资证明书、记载于股东名册、记载于公司章程并办理公司登记机关登记的,人民法院不予支持。换言之,必须履行相关的股权转让手续后,实际股东才能成为法律意义上的股东,做到"名实相符"。若涉及对善意第三人利益的保护时,名义股东和实际股东还须承担相应的责任;若涉及名义股东与实际股东之间的利益,则以合同约定为准并兼顾实际出资的原则;若涉及股东资格的认定,则需符合公司法的相关规定。

(四)实际股东和名义股东与善意第三人的关系

如果名义股东将登记于其名下的股权进行了诸如转让、质押或者以其他方式处分,实际出资人以其对于股权享有实际权利、名义股东不享有实际权利为由请求认定处分股权行为无效的,人民法院可以参照《物权法》第 106 条关于善意取得的规定处理,亦即如果股权的受让人不知名义股东为名义股东、背后尚有实际股东之事实,则其为善意,股权转让行为有效;若受让人明知名义股东为名义股东、背后尚有实际股东之事实,仍然与名义股东签订股权转让协议受让股权的,则其为恶意,不能取得股权。在受让人善意取得的情况下,如果名义股东处分股权造成实际出资人损失的,实际出资人可以请求名义股东承担赔偿责任。

(五)实际股东和名义股东与公司债权人的关系

就对外责任而言,如果公司债权人以登记于公司登记机关的名义股东未履行出资义务为由,请求其对公司债务不能清偿的部分在未出资本息范围内承担补充赔偿责任,股东以其仅为名义股东而非实际出资人为由进行抗辩的,该抗辩不能成立,名义股东应当承担出资不足或者出资不实的赔偿责任。名义股东承担上述赔偿责任后,有权向实际出资人追偿。

但是,冒用他人名义出资并将该他人作为股东在公司登记机关登记的,冒名登记行为人,也就是所谓的冒名股东,应当承担相应责任;公司、其他股东或者公司债权人以未履行出资义务为由,请求被冒名登记为股东的人承担补足出资责任或者对公司债务不能清偿部分的赔偿责任的,人民法院不予支持。

三、股东的权利

(一)股东权利的特征

(1)综合性。股东权兼具自益权和共益权。自益权一般属于财产性的权利,如股息分配请求权、新股优先认购权;共益权则是公司事务参与权,一般为非财产性权利,如表决权、公司文件查阅权、监督权等。

(2)股东权是股东通过出资所形成的权利。股东以出资为代价换取股权,成为股东。

(3)股东权是社员权。公司是社团法人,股东是法人的成员,因此享有社员权。社员权包括财产权和管理参与权,其实质是成员依其在团体中的地位而产生的具有利益内容的权限。

(二)股东权利的原则

(1)股东的有限责任原则,即股东仅以出资为限对公司承担责任。

(2)股东权平等原则,即每一股份所代表的权利是平等的。

(三)股东权利的内容

《公司法》第 4 条规定:"公司股东依法享有资产收益、参与重大决策和选择管理者等权利。"

股东权利归纳起来分为十二类:①发给股票或其他股权证明请求权;②股份转让权;③股利分配请求权;④股东会临时召集请求权和自行召集权;⑤出席股东会并行使表决权;⑥对公司财务的监督检查权和会计账簿的查阅权;⑦公司章程和股东会、股东大会会议记录、董事会会议决议、监事会会议决议的查阅权和复制权,但股份有限公司的股东没有复制权;⑧优先认购新股权;⑨公司剩余财产分配权;⑩权利损害救济权和股东代表诉讼权;⑪公司重整申请权;⑫对公司经营的建议和质询权。

四、股东权的类型

股东权可依不同标准进行分类:

1.以权利行使之目的为标准,可分为自益权与共益权

自益权是指股东专为自己利益行使的权利,如股息和红利分配请求权、公司剩余财产分配请求权等;共益权是指股东为自己利益同时也为公司利益而行使的权利,

如出席股东会并表决权、请求法院宣告股东会决议无效权、请求召集股东临时会或自行召集权。

2. 以权利主体之不同为标准,可分为普通股股东权和特别股股东权

普通股股东权是指一般股东享有的权利;特别股股东权则是专属特别股股东所享有的权利。

3. 以权利之性质为标准,可分为固有权和非固有权

固有权指根据《公司法》的规定不得通过章程或股东会议剥夺的权利,如特别权与共益权;非固有权指可以依公司章程或股东会议剥夺的权利,自益权多属此类权利。

4. 以权利之行使方式为标准,可分为单独股东权和少数股东权

单独股东权指股东一人可单独行使的权利,如表决权、股息红利分配请求权、有限责任公司股东代表诉讼权等;少数股东权指达不到一定股份数额便不能行使的权利,如股东会临时召集请求权、公司重整申请权等。

五、股东(大)会、董事会决议不成立、无效或撤销之诉

(一)诉讼当事人

1. 原告

(1)适格原告:请求确认撤销股东会或者股东大会、董事会决议的原告,应当在起诉时具有公司股东资格。

(2)共同原告:一审法庭辩论终结前,其他有原告资格的人以相同的诉讼请求申请参加请求撤销诉讼的,可以列为共同原告。

2. 被告

被告为公司。

3. 第三人

对股东会、股东大会、董事会决议涉及的其他利害关系人,可依法列为第三人。

(二)股东会、股东大会、董事会决议不成立的情形

(1)公司未召开会议的,但依据《公司法》第37条第2款或者公司章程的规定可以不召开股东会或者股东大会而直接作出决定,并由全体股东在决定文件上签名、盖章的除外。

(2)会议未对决议事项进行表决的。

(3)出席会议的人数或者股东所持表决权不符合公司法或者公司章程规定的。

(4)会议的表决结果未达到公司法或者公司章程规定的通过比例的。

(5)导致决议不成立的其他情形。

(三)不能提起该项诉讼的情形

会议召集程序或者表决方式仅有轻微瑕疵,且对决议未产生实质影响的,人民法院不予支持。

(四)决议无效或撤销的效果

股东会或者股东大会、董事会决议被人民法院判决确认无效或者撤销的,公司依据该决议与善意相对人形成的民事法律关系不受影响。

六、侵犯股东知情权之诉

(一)起诉条件

1. 原告

(1)在起诉时具有股东资格。

(2)有初步证据证明在持股期间其合法权益受到损害,请求依法查阅或者复制其持股期间的公司特定文件材料的。

2. 请求查阅或复制公司特定文件材料具有正当目的

有限责任公司有证据证明股东存在下列情形之一的,人民法院应当认定股东有《公司法》第33条第2款规定的"不正当目的":

(1)股东自营或者为他人经营与公司主营业务有实质性竞争关系业务的,但公

司章程另有规定或者全体股东另有约定的除外。

（2）股东为了向他人通报有关信息查阅公司会计账簿，可能损害公司合法利益的。

（3）股东在向公司提出查阅请求之日前的3年内，曾通过查阅公司会计账簿，向他人通报有关信息损害公司合法利益的。

（4）股东有不正当目的的其他情形。

（二）不能提诉讼的情形

公司章程、股东之间的协议等实质性剥夺股东依据《公司法》第33条、第97条的规定查阅或者复制公司文件材料的权利，公司以此为由拒绝股东查阅或者复制的。

（三）对股东知情权保护的具体要求

（1）人民法院审理股东请求查阅或者复制公司特定文件材料的案件，对原告诉讼请求予以支持的，应当在判决中明确查阅或者复制公司特定文件材料的时间、地点和特定文件材料的名录。

（2）股东依据人民法院生效判决查阅公司文件材料的，在该股东在场的情况下，可以由会计师、律师等依法或者依据执业行为规范负有保密义务的中介机构执业人员辅助进行。

（四）董事、高级管理人员的责任

公司董事、高级管理人员等未依法履行职责，导致公司未依法制作或者保存《公司法》第33条、第97条规定的公司文件材料，给股东造成损失，股东依法请求负有相应责任的公司董事、高级管理人员承担民事赔偿责任的，人民法院应当予以支持。

（五）滥用知情权的法律责任

（1）股东行使知情权后泄露公司商业秘密导致公司合法利益受到损害，公司请求该股东赔偿相关损失的，人民法院应当予以支持。

（2）辅助股东查阅公司文件材料的会计师、律师等泄露公司商业秘密导致公司合法利益受到损害，公司请求其赔偿相关损失的，人民法院应当予以支持。

七、侵犯股东利润分配请求权之诉

（一）当事人

（1）原告：利润分配请求权被侵犯的股东。其他股东基于同一分配方案请求分配利润并申请参加诉讼的，应当列为共同原告。

（2）被告：公司。

（二）原告举证责任

原告应提交载明具体利润分配方案的股东会或者股东大会决议。

八、股东的义务

（一）股东的一般义务

（1）出资义务。这是股东最主要的义务，股东出资后不得抽逃出资。

（2）参加股东会会议的义务。这既是股东的权利，又是股东的义务。

（3）不干涉公司正常经营的义务。

（4）特定情形下的表决权禁止义务。《公司法》第16条规定："公司向其他企业投资或者为他人提供担保，依照公司章程的规定，由董事会或者股东会、股东大会决议；公司章程对投资或者担保的总额及单项投资或者担保的数额有限额规定的，不得超过规定的限额。公司为公司股东或者实际控制人提供担保的，必须经股东会或者股东大会决议。前款规定的股东或者受前款规定的实际控制人支配的股东，不得参加前款规定事项的表决……"

（5）不得滥用股东权利的义务。

（二）控股股东的特别义务

1. 概念

（1）控股股东，是指其出资额占有限

责任公司资本总额50%以上或者其持有的股份占股份有限公司股本总额50%以上的股东;出资额或者持有股份的比例虽然不足50%,但依其出资额或者持有的股份所享有的表决权已足以对股东会、股东大会的决议产生重大影响的股东。

(2)实际控制人,是指虽不是公司的股东,但通过投资关系、协议或者其他安排,能够实际支配公司行为的人。

2.特别义务

(1)不得滥用控股股东的地位,损害公司和股东利益。

(2)不得利用关联关系损害公司利益。关联关系,是指公司控股股东、实际控制人、董事、监事、高级管理人员与其直接或者间接控制的企业之间的关系,以及可能导致公司利益转移的其他关系。但是,国家控股的企业之间不因为同受国家控股而具有关联关系。

(3)滥用股东权利的赔偿义务。若滥用股权,则股东应承担赔偿责任。

九、股东代表诉讼制度

(一)股东代表诉讼的概念

股东代表诉讼,又称派生诉讼、股东代位诉讼,是指当公司的合法权益受到不法侵害而公司却怠于起诉时,公司的股东即以自己的名义起诉,所获赔偿归于公司的一种诉讼制度。

(二)股东代表诉讼的法条依据

《公司法》第149条规定:"董事、监事、高级管理人员执行公司职务时违反法律、行政法规或者公司章程的规定,给公司造成损失的,应当承担赔偿责任。"

《公司法》第151条规定:"董事、高级管理人员有本法第一百四十九条规定的情形的,有限责任公司的股东、股份有限公司连续一百八十日以上单独或者合计持有公司百分之一以上股份的股东,可以书面请求监事会或者不设监事会的有限责任公司的监事向人民法院提起诉讼;监事有本法第一百四十九条规定的情形的,前述股东可以书面请求董事会或者不设董事会的有限责任公司的执行董事向人民法院提起诉讼。监事会、不设监事会的有限责任公司的监事,或者董事会、执行董事收到前款规定的股东书面请求后拒绝提起诉讼,或者自收到请求之日起三十日内未提起诉讼,或者情况紧急、不立即提起诉讼将会使公司利益受到难以弥补的损害的,前款规定的股东有权为了公司的利益以自己的名义直接向人民法院提起诉讼。他人侵犯公司合法权益,给公司造成损失的,本条第一款规定的股东可以依照前两款的规定向人民法院提起诉讼。"

(三)股东代表诉讼制度的特征

(1)救济对象。股东代表诉讼所要救济的是被公司董事、经理、监事或者其他人侵害的公司权利和利益,而不是提起诉讼的股东个人。

(2)诉因。股东代表诉讼的诉因并非股东个人利益受到损害,而是股东代公司行使原本属于公司的诉权。

(3)诉讼当事人。股东代表诉讼中原告是股东,被告则是侵害公司利益的行为人。

(4)胜诉利益归属于公司。股东请求被告直接向其承担民事责任的,人民法院不予支持(最高人民法院《关于适用〈中华人民共和国公司法〉若干问题的规定(四)》新增)。

(5)诉讼费用。公司应当承担股东因参加诉讼支付的合理费用(最高人民法院《关于适用〈中华人民共和国公司法〉若干问题的规定(四)》新增)。

(四)股东代表诉讼制度的功能

(1)救济功能,即在公司受到董事、监事、高级管理人员及其他人非法侵害时,该制度可以使公司及时获得救济,保护公司利益。

(2)预防功能,即通过增加违法成本,从而起到预防、减少上述行为的作用。

第四节 公司的董事、监事、高级管理人员

一、董事、监事、高级管理人员的任职资格

(一)高级管理人员的范围

高级管理人员,是指公司的经理、副经理、财务负责人、上市公司董事会秘书和公司章程规定的其他人员。

(二)任职资格的禁止性规定

根据《公司法》第146条第1款的规定,有下列情形之一的,不得担任公司的董事、监事、高级管理人员:

(1)无民事行为能力或者限制民事行为能力。

(2)因贪污、贿赂、侵占财产、挪用财产或者破坏社会主义市场经济秩序,被判处刑罚,执行期满未逾5年,或者因犯罪被剥夺政治权利,执行期满未逾5年。

(3)担任破产清算的公司、企业的董事或者厂长、经理,对该公司、企业的破产负有个人责任的,自该公司、企业破产清算完结之日起未逾3年。

(4)担任因违法被吊销营业执照、责令关闭的公司、企业的法定代表人,并负有个人责任的,自该公司、企业被吊销营业执照之日起未逾3年。

(5)个人所负数额较大的债务到期未清偿。

(三)违反任职资格禁止性规定的后果

(1)公司违反《公司法》第146条第1款的规定选举、委派董事、监事或者聘任高级管理人员的,该选举、委派或者聘任无效。

(2)董事、监事、高级管理人员在任职期间出现《公司法》第146条第1款的所列情形的,公司应当解除其职务。

二、董事、监事、高级管理人员的义务

1. 董事、监事、高级管理人员的共同性义务

(1)忠诚义务和勤勉义务。董事、监事、高级管理人员应当遵守法律、行政法规,遵守公司章程,忠实履行职务,维护公司利益。

(2)不得利用在公司的地位和职权为自己牟取私利。

(3)不得利用职权收受贿赂或者其他非法收入。

(4)不得侵占公司的财产。

(5)不得泄露公司秘密。

2. 董事、高级管理人员的特定义务

(1)不得挪用公司资金。

(2)不得将公司资金以其个人名义或者以其他个人名义开立账户存储。

(3)不得违反公司章程的规定,未经股东会、股东大会或者董事会同意,将公司资金借贷给他人或者以公司资产为他人提供担保。

(4)不得违反公司章程的规定或者未经股东会、股东大会同意,与本公司订立合同或者进行交易。

(5)不得未经股东会或者股东大会同意,利用职务之便利为自己或者他人谋取属于公司的商业机会,自营或者为他人经营与所任职公司同类的业务。

(6)不得接受他人与公司交易的佣金归为己有。

(7)不得擅自披露公司秘密。

(8)不得有违反对公司忠实义务的其他行为。

董事、高级管理人员违反上述义务所得的收入归公司所有。

三、董事、监事、高级管理人员的责任

（1）董事、高级管理人员违反法律、行政法规或者公司章程的规定，损害股东利益的，股东可以向人民法院提起诉讼。

（2）股东会或者股东大会要求董事、监事、高级管理人员列席会议的，董事、监事、高级管理人员应当列席，并接受股东的质询。

（3）董事、高级管理人员应当如实向监事会或者不设监事会的有限责任公司的监事提供有关情况和资料，不得妨碍监事会或者监事行使职权。

第五节 公司的财务与会计制度

一、公司的财务会计报告制度

公司财务会计制度主要包括两个内容：一是财务会计报告制度，即公司应当依法编制财务会计报表和制作财务会计报告。二是收益分配制度，即公司的年度分配，应当依照法律规定及股东会的决议，将公司利润用于缴纳税款、提取公积金和公益金以及进行红利分配。

（一）公司财务会计报告的内容

（1）资产负债表：反映公司在某一特定日期的财务状况。

（2）损益表：又称利润表，反映公司一定期间的经营成果及其分配情况。

（3）财务状况变动表：反映公司一定会计期间内营运资金来源、运用及其增减变动情况。

（4）财务情况说明书：对财务会计报表所反映的公司财务状况作进一步补充。

（5）利润分配表：反映公司利润分配和年末未分配利润情况。

（二）公司财务会计报告的提供

有限责任公司和股份有限公司的股东对公司财务会计报告的知情权有所不同，如下表：

表12-1　有限责任公司和股份有限公司对公司财务会计报告的知情权的区别

财务会计报告	有限责任公司	查阅+复制
	股份有限公司	查阅
会计账簿	有限责任公司	查阅
	股份有限公司	不可查阅
报告的提供	有限责任公司	按照公司章程规定的期限，将财务会计报告送交各股东
	股份有限公司	财务会计报告在召开股东大会年会的20日前置备于本公司

二、公司的收益分配制度

（一）公司收益分配顺序

依照我国公司法的相关规定，公司当年税后利润分配的法定顺序是：

（1）弥补亏损，即在公司已有的法定公积金不足以弥补上一年度公司亏损时，先用当年利润弥补亏损。

（2）提取法定公积金，即应当提取税后利润的10%列入公司法定公积金；公司法定公积金累计额为公司注册资本的50%以上的，可以不再提取。

（3）提取任意公积金，即经股东会或股东大会决议，提取任意公积金，任意公积金的提取比例由股东会或者股东大会决定。任意公积金不是法定必须提取的，是否提取以及提取比例由股东会或股东大会决议。

（4）支付股利，即在公司弥补亏损和提取公积金后，所余利润应分配给股东。

（二）股东利润的分配

1. 前提

公司只能在弥补亏损和提取法定公积金后还有盈余时，才能将所余利润分配于股东；公司如果在这之前分配股东利润的，属于违反公司法的行为，股东应当将其分配的利润退还给公司。

公司持有的本公司股份不得分配利润。

2. 方式

股东利润的分配方式是现金支付或股份分派（也称为分配红利），二者可以同时使用。

（1）有限责任公司（约定优先，否则按实缴的出资比例）。股东分配红利的原则是按照实缴的出资比例。但如果全体股东通过出资协议、公司章程或者其他方式约定不按出资比例分配红利的，该约定具有法律效力，应依照该约定分配红利，而不是各股东的出资比例。

（2）股份有限公司（约定优先，否则按持股比例）。股东原则上依其所持有的股份比例分配红利。但股东可以通过公司章程规定不按持股比例分配红利。如果股份公司的公司章程规定了红利分配方法，依其规定分配。

三、公积金制度

（一）种类

公积金分为法定公积金和任意公积金。

（1）法定公积金是指法定盈余公积金。法定盈余公积金的提取比例为税后利润的10%，当这项公积金的累计额达公司注册资本的50%以上时可以不再提取。

（2）任意公积金是在法定盈余公积金之外，依据股东会的决议从税后利润中提取的公积金。

（二）用途

（1）弥补公司的亏损（但资本公积金不得用于弥补公司的亏损）。

（2）扩大公司的生产经营。

（3）转增公司资本（但法定盈余公积金在转增公司资本时，所留存的该项公积金不得少于转增前公司注册资本的25%）。

第六节　公司债券

一、公司债券的概念

公司债券是指公司依照法定条件和程序发行的，约定在一定期限内还本付息的有价证券。公司债券，可以为记名债券，也可以为无记名债券。

二、公司债券与公司股票的区别

表 12-2　公司债券与公司股票的区别

	公司债券	公司股份
行为性质	投资兼储蓄	投资
收益	收益固定	收益不固定
结果	导致公司负债增加	导致公司净资产增加
对价	仅限于金钱	金钱或其他形式，如设备

三、公司债券的发行

（一）发行条件

公开发行公司债券筹集的资金，必须用于核准的用途，不得用于弥补亏损和非生产性支出。

上市公司发行可转换为股票的公司债券，除应当符合以下条件外，还应当符合证券法关于公开发行股票的条件，并报国务院证券监督管理机构核准。

（1）股份有限公司的净资产不低于人民币3 000万元，有限责任公司的净资产不低于人民币6 000万元。

(2) 累计债券余额不超过公司净资产的40%。

(3) 最近三年平均可分配利润足以支付公司债券一年的利息。

(4) 筹集的资金投向符合国家产业政策。

(5) 债券的利率不超过国务院限定的利率水平。

(6) 国务院规定的其他条件。

(二) 发行程序

依照我国公司法和证券法的相关规定,公司发行公司债券应按下列程序进行:

(1) 由股东大会或股东会作出决议或决定。

(2) 向国务院证券管理部门提出申请。

(3) 经主管部门核准。

(4) 与证券商签订承销协议。

(5) 公告公司债券募集方法。

(6) 由社会公众认购公司债券。

四、公司债券的转让

按照公司法的规定,公司债券可以转让。债券交易的价格由转让人与受让人协商约定。

公司债券在证券交易所上市交易的,按照证券交易所的交易规则转让。

公司债券的转让,因记名公司债券与无记名公司债券的不同而有所不同:

(1) 记名公司债券的转让。记名公司债券由债券持有人以背书方式或者法律、行政法规规定的其他方式转让。记名公司债券的转让需要由公司将受让人的姓名或者名称及住所记载于公司债券存根簿。

(2) 无记名公司债券的转让。无记名公司债券,由债券持有人将该债券交付给受让人后,即发生转让的效力。

第七节 公司的变更、合并与分立

一、公司变更

(一) 公司变更的概念

公司变更是指公司设立登记事项中某一项或某几项的改变。

公司变更的内容,主要包括公司名称、住所、法定代表人、注册资本、公司组织形式、经营范围、营业期限、有限责任公司股东或者股份有限公司发起人的姓名或名称的变更。

减资是对债权人影响重大的变更事项,必须严格按照规定的程序进行。减资的程序如下:

(1) 股东会特别决议,修改公司章程。

(2) 编制资产负债表及财产清单。

(3) 通知债权人和对外公告。公司应在作出减资决议之日起10日内通知债权人,并于30日内在报纸上公告。

(4) 债务清偿与担保。债权人自接到通知书之日起30日内,未接到通知书的自公告之日起45日内,有权要求公司清偿或者提供相应的担保。

(5) 办理减资登记。自登记之日起减资生效。

(二) 公司变更的登记机关

公司变更设立登记事项,应当向原公司登记机关即公司设立登记机关申请变更登记。但公司变更住所跨公司登记机关辖区的,应当在迁入新住所前向迁入地公司登记机关申请变更登记;迁入地公司登记机关受理的,由原公司登记机关将公司登记档案移送迁入地公司登记机关。未经核准变更登记,公司不得擅自改变登记事项。

(三) 公司变更的撤销

依照《公司法》第22条的规定,如果

公司股东会或者股东大会、董事会的决议无效,或者被人民法院撤销的,而公司根据上述决议已经办理了变更登记,则在人民法院宣告上述决议无效或者撤销上述决议后,公司应当向公司登记机关申请撤销变更登记。公司申请撤销变更登记时应当提交下列文件:①公司法定代表人签署的申请书;②人民法院关于宣告决议无效或撤销决议的裁判文书。

二、公司合并

（一）公司合并的种类

公司合并是指两个或两个以上的公司,订立合并协议,依照公司法的规定,不经过清算程序,直接结合为一个公司的法律行为。

公司合并有两种形式:

(1)吸收合并,是指一个公司吸收其他公司后存续,被吸收的公司解散。

(2)新设合并,是指两个或两个以上的公司合并设立一个新的公司,合并各方解散。

（二）公司合并的程序

(1)由股东大会或股东会作出合并的决议。

(2)合并各方签订合并协议。

(3)编制资产负债表和财产清单。

(4)通知债权人:公司应当自作出合并决议之日起10日内通知债权人,并于30日内在报纸上公告。债权人自接到通知书之日起30日内,未接到通知书的自公告之日起45日内,可以要求公司清偿债务或者提供相应的担保。

(5)办理合并登记手续。

（三）公司合并的后果

《公司法》第174条规定:"公司合并时,合并各方的债权、债务,应当由合并后存续的公司或者新设的公司承继。"公司合并是合同权利、义务即债权、债务概括移转的法定原因,如果公司在合并时未清偿债务,债权人有权请求合并后的公司清偿合并前的公司所负的债务。

三、公司分立

（一）公司分立的种类

公司分立是指一个公司通过依法签订分立协议,不经过清算程序,分为两个或两个以上公司的法律行为。

公司分立有两种形式:

(1)派生分立,是指公司以其部分资产另设一个或数个新的公司,原公司依然存续,原公司和新公司各为一个独立的法人。

(2)新设分立,是指公司全部资产分别划归两个或两个以上的新公司,原公司解散,分立后的两个新公司分别为独立的法人。

（二）公司分立的程序

(1)由股东大会或股东会作出公司分立的决议。

(2)各方签订分立协议。

(3)编制资产负债表和财产清单。

(4)通知债权人:公司应当自作出分立决议之日起10日内通知债权人,并于30日内在报纸上公告。

（三）公司分立的后果

公司分立前的债务由分立后的公司承担连带责任。但是,公司在分立前与债权人就债务清偿达成的书面协议另有约定的除外。公司分立时应当对其财产进行分割。

第八节　公司的解散与清算

一、公司的解散

公司解散是指已成立的公司基于一定的合法事由而使公司消灭的法律行为。公司解散的原因有如下三类：

（一）一般解散

一般解散，是指只要出现了解散公司的事由，公司即可解散。我国公司法规定的一般解散的原因有：

（1）公司章程规定的营业期限届满或者公司章程规定的其他解散事由出现时。

【注意】在此种情形下，可以通过修改公司章程而使公司继续存在，并不意味着公司必须解散。如果有限责任公司经持有2/3以上表决权的股东通过或者股份有限公司经出席股东大会会议的股东所持表决权的2/3以上通过修改公司章程的决议，公司可以继续存在。

（2）股东会或者股东大会决议解散。

（3）因公司合并或者分立需要解散。

（二）强制解散

强制解散是指由于某种情况的出现，主管机关或人民法院命令公司解散。公司法规定强制解散公司的原因主要有：

（1）主管机关决定。国有独资公司由国家授权投资的机构或者国家授权的部门作出解散的决定，该国有独资公司即应解散。

（2）责令关闭。公司违反法律、行政法规被主管机关依法责令关闭的，应当解散。

（3）被吊销营业执照。

（三）股东请求解散公司

具体而言，股东可以申请解散公司的理由有：

（1）公司持续2年以上无法召开股东会或者股东大会，公司经营管理发生严重困难。

（2）股东表决时无法达到法定或者公司章程规定的比例，持续2年以上不能作出有效的股东会或者股东大会决议，公司经营管理发生严重困难。

（3）公司董事长期冲突，且无法通过股东会或者股东大会解决，公司经营管理发生严重困难的。

（4）经营管理发生其他严重困难，公司继续存续会使股东利益受到重大损失的情形。

需要特别注意的是，股东知情权、利润分配请求权等权益受到损害，或者公司亏损、财产不足以偿还全部债务，以及公司被吊销企业法人营业执照未进行清算等，均不构成请求法院解散公司的理由。

二、公司的清算

（一）清算组织的成立

解散的公司应在解散事由出现之日起15日内成立清算组。有限责任公司由股东组成、股份有限公司由董事或者股东大会确定的人员组成清算组。逾期不成立清算组进行清算的，债权人可申请法院指定有关人员组成清算组。

（二）清算组行使以下职权

（1）清理公司财产，编制资产负债表和财产清单。

（2）通知、公告债权人。

（3）处理与清算有关的公司未了结的业务。

（4）清缴所欠税款以及清算过程中产生的税款。

（5）清理债权、债务。

（6）处理公司清偿债务后的剩余财产。

（7）代表公司参与民事诉讼活动。

（三）清算程序

清算组成立后，公司进入实质性清算程序。程序如下：

（1）清理公司财产。

（2）通知、公告债权人并进行债权登记。清算组成立之日起10日内通知债权人，并于60日内在报纸上公告。债权人自接到通知之日起30日内,未接到通知的自公告之日起45日内,向清算组申报债权。

(3)提出清算方案,并报股东会、股东大会或者人民法院确认。

(4)分配财产。财产的分配顺序是:①支付清算费用;②支付职工的工资、社会保险费用和法定补偿金;③缴纳所欠税款;④清偿公司债务;⑤分配剩余财产,有限责任公司按照出资比例分配,股份有限公司按照股东所持股份比例分配。

(5)清算终结。清算结束后,清算组制作清算报告,报股东会、股东大会或者法院确认,并报送公司登记机关,办理注销登记。

第九节 外国公司的分支机构

一、外国公司分支机构的概念

外国公司是依照外国法律在中国境外设立的公司。

外国公司分支机构是外国公司依照中国法律在中国境内设的分支公司,不具有法人资格,由外国公司对分支机构在中国境内的经营活动承担民事责任。

二、外国公司分支机构的设立

(一)设立条件

(1)外国公司的证明文件。

(2)分支机构的名称。

(3)必须在中国境内指定负责该分支机构的代表人或者代理人。法律对该代表人或者代理人的资格没有限制,即没有限制国籍、住所。

(4)必须向该分支机构拨付与其所从事的经营活动相适应的资金。

(二)设立程序

外国公司在我国境内设立分支机构,必须向主管机构提出申请,并提交公司章程、所属国的公司登记证书等文件,经批准后,办理工商登记,领取营业执照。

三、外国公司分支机构的解散和清算

(一)解散原因

外国公司分支结构的解散原因一般有两种:

1. 自愿解散

(1)外国公司作出撤回其在中国的分支机构的决定。

(2)外国公司分支机构本身请求撤销。

(3)外国公司分支机构的经营期限届满。

2. 强制解散

(1)外国公司发生合并、分立、破产、自动歇业等事件致使该外国公司不复存在。

(2)外国公司分支机构被有关部门查封或责令关闭。

(3)外国公司分支机构因不能清偿债务,其财产被强制执行不能继续经营。

(4)外国公司分支机构设立时有虚假陈述或者提交虚假文件等违法行为,被依法吊销营业执照。

(二)清算

外国公司分支机构解散后,应当依法进行清算。在自愿解散的情况下,清算人可由外国分支机构的负责人或者外国公司指定的其他人担任;在强制解散的情况下,清算人应由有关主管机关指定人员担任。

清算人的主要职责是清理财产、了结业务、清偿债务。在清偿债务以后,剩余财产移交该外国公司。在清算结束前,外国公司分支机构的财产不得移往中国境外。

第十节 有限责任公司

一、有限责任公司的概念和特征

有限责任公司是指股东以其认缴的出

资额为限对公司承担责任,公司以其全部财产对公司的债务承担责任的企业法人。有限责任公司有以下特点:

（1）股东有最高人数的限制,有限责任公司由50个以下股东出资设立。

（2）股东以出资额为限对公司承担有限责任。

（3）设立手续和公司机关简单化。

（4）公司对外转让出资受到较为严格的限制。有限责任公司兼具资合性与人合性,因此股东转让出资受到较严的限制。股东出资的对外转让须经其他股东过半数同意,其他股东有优先购买权。

（5）有限责任公司是封闭性公司。其封闭性主要体现在:不向社会发行股份募集资本;股权可以有条件地转让;无需向社会公开其财务会计资料、经营状况。

二、有限责任公司的设立条件

（一）股东人数和资格

有限责任公司的股东,最多为50个,最少为1个,此种情形下为一人有限责任公司。

除国有独资公司外,有限责任公司的股东可以是自然人,也可以是法人。

（二）注册资本

有限责任公司无注册资本最低限额和出资期限限制,且根据《公司法》第27、28条的规定,股东可以用货币出资,也可以用实物、知识产权、土地使用权等可以用货币估价并可以依法转让的非货币财产作价出资;股东应当按期足额缴纳公司章程中规定的各自所认缴的出资额。股东以货币出资的,应当将货币出资足额存入有限责任公司在银行开设的账户;以非货币财产出资的,应当依法办理其财产权的转移手续。股东不按照规定缴纳出资的,除应当向公司足额缴纳外,还应当向已按期足额缴纳出资的股东承担违约责任。

（三）公司章程

参见本章第二节之四"公司章程"的相关内容。

（四）公司设立的其他条件名称

设立有限责任公司除需要具备上述三项条件外,还应当具备下列条件:

（1）有公司名称。

（2）有公司的组织机构。

（3）有必要的生产经营条件。

三、有限责任公司的组织机构

有限公司的组织机构包括股东会、董事会、监事会。公司规模较小、股东人数较少的有限责任公司,组织机构可以简化,不设董事会而设一名执行董事,不设监事会而设一名监事。

（一）股东会

1. 股东会的性质和组成

股东会由全体股东组成,是公司的权力机构。但股东会不是常设的公司机构,而是以会议的形式存在。股东会对外不代表公司。

2. 股东会的职权

（1）决定公司的经营方针和投资计划。

（2）选举和更换非由职工代表担任的董事、监事,决定有关董事、监事的报酬事项。

（3）审议批准董事会的报告。

（4）审议批准监事会或者监事的报告。

（5）审议批准公司的年度财务预算方案、决算方案。

（6）审议批准公司的利润分配方案和弥补亏损方案。

（7）对公司增加或者减少注册资本作出决议。

（8）对发行公司债券作出决议。

（9）对公司合并、分立、解散、清算或者变更公司形式作出决议。

（10）修改公司章程。

（11）公司章程规定的其他职权。

对经股东会决议的事项，如果股东以书面形式一致表示同意，可以不召开股东会会议，直接作出决定，并由全体股东在决定文件上签名、盖章。

3. 股东会的召开

股东会会议分为定期会议和临时会议两种。定期会议按照公司章程的规定按时召开。临时会议有下列情形之一时召开：

（1）代表1/10以上表决权的股东提议时。

（2）1/3以上的董事提议时。

（3）监事会或者不设监事会的监事提议时。

这里需要注意：如果是股东提议，强调的不是人数而是表决权；如果是董事提议，强调的是人数；如果是监事提议，强调的是组织而不是人数。

4. 股东会会议的召集与主持。

（1）首次会议由出资最多的股东召集与主持。

（2）首次会议之后的股东会，都由董事会召集，董事长主持；董事长不能履行职务或者不履行职务的，由副董事长主持；副董事长不能履行职务或者不履行职务的，由半数以上董事共同推举一名董事主持。不设董事会的，由执行董事召集与主持。

董事会或者执行董事不能履行或者不履行召集股东会职责的，由监事会或者不设监事会的监事召集和主持；监事会或者监事不召集和主持的，代表1/10以上表决权的股东可以自行召集和主持。

5. 股东会决议

股东会的议事方式和表决程序由章程规定。一般情况下，股东会会议召开时由股东按照出资比例行使表决权，但章程另有规定的除外。

下列事项属于特别决议事项，必须经代表2/3以上表决权的股东通过：

（1）修改公司章程。

（2）增加、减少注册资本。

（3）公司合并、分立、解散。

（4）变更公司形式。

（二）董事会

1. 董事会的性质和组成

（1）性质。董事会是公司的经营决策机构，股东会的执行机构，对股东会负责。

（2）组成。①公司董事会由3～13名董事组成。两个以上的国有企业或者其他两个以上的国有投资主体投资设立的有限责任公司，董事会成员中应有公司职工的代表；其他有限责任公司董事会成员中可以有公司职工代表。②董事长可以是公司的法定代表人。根据我国公司法的规定，股东人数较少和规模较小的有限责任公司，不设董事会，可以设一名执行董事。执行董事兼具了相当于一般有限责任公司董事会、董事长的身份，可以是公司的法定代表人。③董事的任期由公司章程规定，但每届任期不得超过3年。任期届满，连选可以连任。

2. 董事会职权

根据《公司法》第46条的规定，董事会行使以下职权，但不设董事会的执行董事的职权由公司章程规定。

（1）召集股东会会议，并向股东会报告工作。

（2）执行股东会的决议。

（3）决定公司的经营计划和投资方案。

（4）制订公司的年度财务预算方案、决算方案。

（5）制订公司的利润分配方案和弥补亏损方案。

（6）制订公司增加或者减少注册资本

以及发行公司债券的方案。

(7)制订公司合并、分立、解散或者变更公司形式的方案。

(8)决定公司内部管理机构的设置。

(9)决定聘任或者解聘公司经理及其报酬事项,并根据经理的提名决定聘任或者解聘公司副经理、财务负责人及其报酬事项。

(10)制定公司的基本管理制度。

(11)公司章程规定的其他职权。

3. 董事会的召集与主持

董事会会议由董事长召集与主持;董事长不能履行或者不履行职务的,由副董事长召集与主持;副董事长不能履行或者不履行职务的,由半数以上的董事共同推举一名董事召集与主持。

4. 董事会决议

董事会决议的表决实行一人一票。董事会的议事方式和表决程序,除法律有规定的以外,由公司章程规定。

5. 董事长和执行董事

有限责任公司董事会设董事长一人,可以设副董事长。董事长、副董事长的产生办法由公司章程规定。公司法未规定董事长的职责,一般而言,董事长的职权有:

(1)主持股东会会议,召集和主持董事会会议。

(2)检查董事会决议的实施情况。

(3)对外代表公司。

(4)设立分公司时,向公司登记机关申请登记,领取营业执照。

(5)公司章程规定的其他职权。

(三)经理

有限责任公司可以设经理,由董事会聘任或者解聘。经理列席董事会会议,对董事会负责。经理有下列职权:

(1)主持公司的生产经营管理工作,组织实施董事会决议。

(2)组织实施公司年度经营计划和投资方案。

(3)拟订公司内部管理机构设置方案。

(4)拟订公司的基本管理制度。

(5)制定公司的具体规章。

(6)提请聘任或者解聘公司副经理、财务负责人。

(7)决定聘任或者解聘除应由董事会决定聘任或者解聘以外的负责管理人员。

(8)董事会授予的其他职权。

公司章程对经理职权另有规定的,从其规定。

(四)监事会

1. 监事会的性质和组成。

(1)性质:监事会是公司的监督机构,对股东会负责并报告工作。

(2)组成监事会的成员不得少于3人,应包括股东代表和适当比例的公司职工代表,其中职工代表的比例不得低于1/3,具体比例由公司章程规定。股东人数较少和规模较小的有限责任公司,可以不设立监事会,而设1~2名监事,行使监事会的职权。

监事会设主席一人,由全体监事的过半数选举产生。监事的任期每届为3年,任期届满,连选可以连任。

董事、高级管理人员不得兼任监事。

2. 监事会会议的召集与主持

监事会由监事会主席召集和主持。监事会主席不能履行或者不履行职务的,由半数以上的监事共同推举一名监事召集和主持会议。

监事会每年度至少召开一次,监事可以提议召开临时监事会会议。

3. 监事会的职权

(1)检查公司财务。

(2)对董事、高级管理人员执行公司职务的行为进行监督,对违反法律、行政法规、公司章程或者股东会决议的董事、高级管理人员提出罢免的建议。

（3）当董事、高级管理人员的行为损害公司的利益时，要求董事、高级管理人员予以纠正。

（4）提议召开临时股东会会议，在董事会不履行《公司法》规定的召集和主持股东会会议职责时召集和主持股东会会议。

（5）向股东会会议提出提案。

（6）依照《公司法》第151条的规定，对董事、高级管理人员提起诉讼。

（7）公司章程规定的其他职权。

监事可以列席董事会会议，并对董事会会议决议事项提出质询或者建议。监事会、不设监事会的监事发现公司的经营状况异常，可以进行调查，必要时可以聘请会计师事务所等协助其工作，费用由公司承担。

4.监事会会议决议

监事会的议事方式和表决程序，除法律有规定的以外，由公司章程规定。监事会决议应经半数以上监事通过。

四、有限责任公司的股权转让

（一）对内转让的规则

有限责任公司的股东相互之间可以自由转让股权，可以转让部分股权，也可以转让全部股权。

（二）对外转让的规则

有限责任公司的股东可以向股东以外的人转让其持有的公司股权，但须符合下列规定：

（1）必须经其他股东过半数同意。

（2）其他股东接到书面通知之日满30天未答复的，视为同意转让。

（3）其他股东过半数不同意转让的，不同意的股东应当购买该转让的股权；不购买的，视为同意转让。

（4）经股东同意转让的股权，在同等条件下，其他股东有优先购买权。两个以上的股东主张行使优先购买权的，应协商确定各自的购买比例；协商不成的，按照转让时各自的出资比例行使优先购买权。优先购买权的行使是附条件的，即同等条件下，否则优先购买权无从谈起。

发生股权转让的，公司应更改公司的股东名册，并应当向公司登记管理机关办理变更登记，未经登记的不得对抗第三人。记载于股东名册的股东可依股东名册主张行使股东权利。

【注意】

（1）有限责任公司的自然人股东因继承发生变化时，其他股东主张行使优先购买权的，人民法院不予支持，但公司章程另有规定或者全体股东另有约定的除外。

（2）有限责任公司的股东主张优先购买转让股权的，应当在收到通知后，在公司章程规定的行使期间内提出购买请求。公司章程没有规定行使期间或者规定不明确的，以通知确定的期间为准，通知确定的期间短于30日或者未明确行使期间的，行使期间为30日。

（3）人民法院在判断是否符合"同等条件"时，应当考虑转让股权的数量、价格、支付方式及期限等因素。

（4）有限责任公司的股东向股东以外的人转让股权，未就其股权转让事项征求其他股东意见，或者以欺诈、恶意串通等手段，损害其他股东优先购买权，其他股东主张按照同等条件购买该转让股权的，人民法院应当予以支持，但其他股东自知道或者应当知道行使优先购买权的同等条件之日起30日内没有主张，或者自股权变更登记之日起超过1年的除外。

（5）法律规定的其他股东仅提出确认股权转让合同及股权变动效力等请求，未同时主张按照同等条件购买转让股权的，人民法院不予支持，但其他股东非因自身原因导致无法行使优先购买权,请求损害赔偿的除外。

(6)股东以外的股权受让人,因股东行使优先购买权而不能实现合同目的的,可以依法请求转让股东承担相应的民事责任。

(三)强制执行程序中的股东优先购买权

法院依照强制执行程序转让股东的股权时,应通知公司及全体股东,其他股东在同等条件下有优先购买权。这种优先购买权行使的除斥期间为20天,自法院通知之日起算。逾期不行使的,视为放弃优先购买权,第三人可以通过强制执行措施受让该股权。

(四)股东的股权收购请求权

有限责任公司有较强的人合性,股东之间的信任与合作对公司经营非常重要。为了保护小股东的利益和退出公司的正当自由,根据《公司法》第74条的规定,在下列情况下,对公司决议投反对票的股东可以请求公司按照合理价格收购其股权:

(1)公司连续5年不向股东分配利润,而公司该5年连续盈利,并且符合公司法规定的分配利润条件的。

(2)公司合并、分立、转让主要财产的。

(3)公司章程规定的营业期限届满或者章程规定的其他解散事由出现,股东会会议通过决议修改章程使公司存续的。

自股东会会议决议通过之日起60日内,股东与公司不能达成股权收购协议的,股东可以自股东会会议决议通过之日起90日内向人民法院提起诉讼。

(五)自然人股东资格的继承

有限责任公司的自然人股东如果死亡或者被宣告死亡,该股东有符合继承法规定的合法继承人,该合法继承人可以继承股东资格。但是,如果公司章程对此种情形另有规定,则从其规定。

五、一人有限责任公司的特别规定

(一)一人有限公司的概念和特征

一人有限责任公司是由一个自然人股东或者一个法人股东出资设立的有限责任公司。一个自然人出资设立的一人有限责任公司与个人独资企业的区别在于:前者出资人承担有限责任,后者出资人承担无限责任;前者是具有独立法人资格的企业,后者为非法人企业。

一人有限责任公司有如下特征:

(1)股东为一人。

(2)股东对公司债务承担有限责任。

(3)组织机构简化:一人有限责任公司不设股东会,股东作出决议时应当采用书面形式,并由其签名后置备于公司;至于董事会、监事会是否设立,则由公司章程规定。

(二)对一人有限责任公司的规制

1. 对再投资的限制

一个自然人只能投资设立一个一人有限责任公司,该一人有限责任公司不能投资设立新的一人有限责任公司。该限制只针对自然人,对法人股东再投资则没有该限制。

2. 财务会计制度方面的要求

一人有限责任公司应当在每一会计年度终了时编制财务会计报告,并经会计师事务所审计。

3. 人格混同时的股东连带责任

一人有限责任公司的股东不能证明公司财产独立于股东自己的财产的,应当对公司债务承担连带责任。这是公司人格否认制度在一人有限责任公司中的适用。

六、国有独资公司的特别规定

(一)国有独资公司的概念和特征

国有独资公司是指国家单独出资,由

国务院或者地方人民政府授权本级政府国有资产监督管理机构履行出资人职责的有限公司。国有独资公司具有下列特征：

（1）国有独资公司为有限责任公司，适用有限责任公司的一般原则。

（2）股东的唯一性：国有独资公司仅有一个股东，性质上上属于一人公司。

（3）股东的法定性：国有独资公司的股东只能是国家，具体则由国务院或者地方人民政府委托本级人民政府国有资产监督管理机构履行出资人职责，即由国有资产监督管理机构代行股东权利。

（二）国有独资公司的组织机构

1. 国有独资公司的权力机关

国有独资公司不设股东会。不设股东会并不意味着国有独资公司没有权力机关，其唯一股东就是公司的权力机关，即国有资产监督管理机构以唯一股东的身份行使股东会的职权。其职权主要有：

（1）委派或更换董事会成员；从董事会成员中指定董事长、副董事长。

（2）授权董事会行使股东会部分职权。

（3）依照法律、行政法规的规定，对公司的国有资产实施监督管理。

（4）对公司资产的转让，依照法律、行政法规的规定，办理审批和财产权转移手续。

（5）决定公司的合并、分立、解散、增减资本和发行公司债券。

2. 董事会

董事会成员由国有资产监督管理机构委派的人员和公司职工代表组成。董事每届任期不得超过3年。董事会设董事长一人，可以设副董事长。董事长、副董事长由国有资产监督管理机构从董事会成员中指定。

3. 经理

经理由董事会聘任或者解聘。经国有资产监督管理机构同意，董事会成员可以兼任经理。

4. 监事会

监事会成员不得少于5人，由国有资产监督管理机构委派的人员和公司职工的代表组成。职工代表的比例不得低于1/3，具体比例由公司章程规定。监事会主席由国有资产监督管理机构从监事会成员中指定。监事会行使《公司法》第53条第（一）项至第（三）项规定的职权和国务院规定的其他职权。

5. 兼职的禁止

国有独资公司的董事长、副董事长、董事、高级管理人员，未经国有资产监督管理机构同意，不得在其他有限责任公司、股份有限公司或者其他经济组织兼职。

第十一节　股份有限公司

一、股份有限公司的概念和特征

股份有限公司是将公司的资产划分为等额股份，股东以其所认购的股份为限对公司承担责任，公司以其全部资产对公司债务承担责任的企业法人。

股份有限公司具有以下特征：

（1）公司的全部资本为等额股份。

（2）开放性与社会性。股份有限公司需要对外信息披露，具有开放性；股份有限公司可以通过对外发行股票，向社会募集资金，股东人数众多，具有社会性。

（3）股东以认购股份为限对公司承担有限责任。

（4）是典型的资合企业、法人企业。

二、股份有限公司的设立

（一）设立条件

（1）发起人符合法定人数。发起人可以是自然人也可以是法人。发起人应有2人以上200人以下，其中半数以上的发起人在中国境内有住所。但法律对发起人的国籍无要求。

（2）有符合公司章程规定的全体发起人认购的股本总额或者募集的实收股本总额。

（3）股份发行、筹办事项符合法律规定。

（4）发起人制定公司章程，采用募集设立方式的需经创立大会通过。

（5）有公司名称、建立符合股份公司要求的组织机构。

（6）有公司住所。

（二）设立方式与程序

股份有限公司的设立方式有两种：发起设立与募集设立。

1. 发起设立

发起设立，是指由发起人认购公司应发行的全部股份。发起设立公司的程序包括以下三个方面：

（1）签订发起人协议，发起人书面认足公司章程规定其认购的股份。

（2）发起人缴清股款：一次缴纳出资的缴纳全部出资，分期缴纳出资的缴纳首期出资；发起人以实物、知识产权、非专利技术或者土地使用权出资的，应当进行验资。

（3）董事会申请设立登记。公司登记机关自接到股份有限公司的设立申请之日起30日内作出是否予以登记的决定。对符合法律规定条件的，发给公司营业执照。公司以营业执照签发日期为公司成立日期。公司成立后，应当进行公告。

2. 募集设立

募集设立，是指由发起人认购公司应发行股份的一部分，其余部分向社会公开募集而设立公司。募集设立的程序如下：

（1）发起人认购股份，发起人认购的股份不得少于公司股份总数的35%。法律、行政法规对此另有规定的，从其规定。

（2）制作公开招股说明书和认股书。招股说明书应当附有发起人制定的公司章程，并载明下列事项：发起人认购的股份数；每股的票面金额和发行价格；无记名股票的发行总数；募集资金的用途；认股人的权利和义务；本次募股的起止期限及逾期未募足时认股人可撤回所认股份的说明。

（3）签订承销协议与代收股款协议。

（4）召开创立大会。

创立大会是指股份有限公司成立之前，由全体发起人、认股人参加，决定公司是否设立并决定公司设立过程中以及成立后的重大事项的决议机构。

发起人应在股款缴足之日起30日内主持召开创立大会，在30日内未召开创立大会的，认股人可以按照所缴股款并加算银行同期存款利息要求发起人返还。

创立大会应由代表股份总额过半数的发起人、认股人出席，才能举行。

创立大会作出决议，必须经出席会议的认股人所持表决权的过半数通过。需要注意的是：发起人参加创立大会，但创立大会作出决议时，发起人没有表决权，无论在创立大会上就什么事项进行表决，都只能是经出席创立大会的认股人所持表决权的过半数通过。

创立大会行使下列职权：

①审议发起人关于公司筹办情况的报告；

②通过公司章程；

③选举董事会成员；

④选举监事会成员；

⑤对公司的设立费用进行审核；

⑥对发起人用于抵作股款的财产的作价进行审核；

⑦发生不可抗力或者经营条件发生重大变化直接影响公司设立的，可以作出不设立公司的决议。

(5)设立登记并公告。以募集方式设立的公司在创立大会结束后 30 日内,由董事会向公司登记机关申请设立登记。

募集设立方式下,以下三种情形将导致公司不能成立:

①未按期募足股份;

②发起人未按期召开创立大会;

③创立大会决议不设立公司。

在上述三种情形下,发起人、认股人可抽回股本。

(三)发起人责任

(1)股份公司成立后,发起人未按照公司章程的规定缴足出资的,应当补缴;其他发起人承担连带责任。

(2)股份公司成立后,发现作为设立公司出资的非货币财产的实际价额显著低于公司章程所定价额的,应当由交付该出资的发起人补足其差额;其他发起人承担连带责任。

(3)股份公司不能成立时,发起人应当对设立行为所产生的债务和费用负连带责任;对认股人已缴纳的股款,负返还股款并加算银行同期存款利息的连带责任。

(4)在公司设立过程中,由于发起人的过失致使公司利益受到损害的,发起人应当对公司承担赔偿责任。

三、组织机构

(一)股东大会

1. 股东大会的性质及其组成

股东大会为股份有限公司必须设立的机关,是股份有限公司的最高权力机关。股东大会由全体股东组成。

2. 股东大会的职权

公司法关于有限责任公司股东会职权的规定适用于股份有限公司的股东大会。

3. 股东大会的召开

股东大会分为定期会议和临时会议两种。定期会议每年一次,临时股东大会应当在有下列情形之一时的 2 个月内召开:

(1)董事人数不足法定人数或者公司章程所定人数的 2/3 时。

(2)公司未弥补亏损达到实收股本总额 1/3 时。

(3)单独或者合计持有公司 10% 以上股份的股东请求时。

(4)董事会认为必要时。

(5)监事会提议召开时。

(6)公司章程规定的其他情形。

股东大会由董事会召集,董事长主持;董事长不能履行或者不履行职务的,由副董事长主持;副董事长不能履行或者不履行职务的,由半数以上董事共同推举一名董事主持。董事会不能履行或者不履行召集股东大会职责的,监事会应及时召集和主持;监事会不召集和主持的,连续 90 天以上单独或者合计持有公司 10% 以上股份的股东可以自行召集和主持。

召开股东大会会议,应提前 20 天通知各股东;临时股东大会应提前 15 天通知各股东。发行无记名股票的,于会议召开 30 天前公告通知。无记名股票持有人出席股东大会,应在会议召开 5 天前至会议闭会期间将股票交存于公司。单独或者合计持股 3% 的股东,可以在会议召开 10 天前提出临时提案并书面提交董事会。

4. 股东大会会议决议

股东大会的决议实行"股份多数决"的原则,股东所持每一股份有一表决权,但是公司持有的本公司的股份没有表决权。

股东大会作出决议,必须经出席会议的股东所持表决权的过半数通过。但以下事项为特别决议事项,须经出席会议的股东所持表决权的 2/3 以上通过:

(1)修改公司章程。

(2)增加或者减少注册资本。

(3)公司合并、分立、解散。

(4) 变更公司形式。

股东表决权可以代理。股东可以委托代理人出席股东大会会议，代理人应当向公司提交股东授权委托书，并在授权范围内行使表决权。

股东大会应对所议事项的决定作成会议记录，主持人、出席会议的董事应在会议记录上签名。

5. 累积投票制度

累积投票制度是指股东大会选举董事、监事时，每一股份拥有与应选董事或者监事人数相同的表决权，股东拥有的表决权可以集中行使。这是股份公司用来保护小股东权利、对资本多数决原则进行限制的一项制度。

累积投票制度只有在公司章程有规定或者股东大会形成决议的情况下，才可以采用。

(二) 董事会

1. 董事会的性质和组成

董事会是股份有限公司必设的业务执行和经营意思决定机构，对股东大会负责。

董事会由全体董事组成。成员为 5～19 人。董事会成员中可以有公司职工代表。董事会设董事长一人，可以设副董事长。董事长、副董事长由董事会以全体董事的过半数选举产生。董事的任期由公司章程规定，但每届任期不得超过 3 年。董事任期届满，连选可以连任。

2. 董事会的职权

股份有限公司董事会的职权适用公司法中关于有限责任公司董事会职权的规定。

3. 董事会会议召开

董事会会议分为定期会议和临时会议。

定期会议每年至少召开 2 次，每次会议召开 10 日前应通知全体董事和监事。董事会召开临时会议，其通知方式和通知时限，可由公司章程作出规定。代表 1/10 以上表决权的股东、1/3 以上的董事或者监事会，可以提议召开董事会临时会议。

董事会由董事长召集和主持，董事长不能履行或者不履行职务的，由副董事长履行职务；副董事长不能履行或者不履行职务的，由半数以上董事共同推举一名董事履行职务。

4. 董事会决议

董事会会议应有过半数的董事出席方可举行。董事会作出决议，必须经全体董事的过半数通过。董事会会议应由董事本人出席；董事因故不能出席，可以书面委托其他董事代为出席，委托书中应载明授权范围。

董事会应对会议所议事项的决定作成会议记录，出席会议的董事应在会议记录上签名。董事应对董事会的决议承担责任，董事会的决议违反法律、行政法规或者公司章程、股东大会决议，致使公司遭受严重损失的，参与决议的董事对公司负赔偿责任。但经证明在表决时曾表明异议并记载于会议记录的，该董事可以免除责任。

(三) 经理

股份有限公司设经理，由董事会决定聘任或者解聘。《公司法》第 49 条关于有限责任公司经理职权的规定，适用于股份有限公司的经理。

(四) 监事会

1. 监事会的性质及组成

监事会是股份有限公司必设的监察机构，对公司的财务及业务执行情况进行监督。

监事会人数不得少于 3 人，其中职工代表的比例不得低于 1/3，具体比例由公司章程规定。股东代表由股东大会选举产生，职工代表由公司职工民主选举产生。监事的任期为每届 3 年，监事任期届满，连选可以连任。

监事会设主席一人,可以设副主席。监事会主席、副主席由全体监事过半数选举产生。监事会主席召集和主持监事会会议;监事会主席不能履行职务或者不履行职务的,由监事会副主席召集、主持监事会会议;监事会副主席不能履行职务或者不履行职务的,由半数以上监事共同推举一名监事召集、主持监事会会议。

2. 监事会的职权

《公司法》第53、54条关于有限责任公司监事会职权的规定,适用于股份有限公司监事会。

3. 监事会决议

监事会每6个月至少召开一次会议,监事可以提议召开临时监事会会议。监事会的议事方式和表决程序,除法律有规定的以外,由公司章程规定。监事会决议应经半数以上监事通过。

四、股份有限公司的股份发行与转让

(一)股份的概念特征

股份是股份有限公司特有的概念,它是股份有限公司资本最基本的构成单位。股票是股份有限公司股份证券化的形式,是股份有限公司签发的证明股东所持股份的凭证。

股票具有以下特征:

(1)股票是一种要式证券。

(2)股票是一种非设权证券。它不创设股东权,股东遗失股票,并不因此丧失股东权和股东资格。

(3)股票是一种有价证券,表示的是股东的财产权。

(二)股票的分类

依据不同的标准,股份有限公司的股票可以划分为不同的种类:

1. 普通股和优先股

(1)普通股股东有权在公司提取完毕公积金、公益金以及支付了优先股股利后,参与公司的盈余分配,其股利不固定。公司终止清算时,普通股股东在优先股东之后取得公司剩余财产。

(2)优先股股东在公司盈余或剩余财产分配上享有比普通股股东优先的权利。但优先股股东没有表决权。

2. 表决权股、限制表决权股、无表决权股

(1)持有表决权股的股东享有表决权。

(2)持有限制表决权股的股东,其表决权受到公司章程的限制。

(3)持有无表决权股的股东,不享有表决权。一般对于无表决权的股份,必须给予利益分配的优先权作为补偿。

3. 记名股和无记名股

(1)记名股是指将股东姓名载于股票之上的股票;记名股不仅要求在股票上记载股东姓名,而且还要求把股东姓名记载于公司的股东名册上。记名股的股东权利并不完全依附于股票。

(2)无记名股是指发行的不将股东姓名记载于股票之上的股票,股东权利完全依附于股票,凡持票人均可主张其股东权利。无记名股在转让时,只需在合法场所交付于受让人即可发生股权转移的效力。向自然人股东发行的股票通常是无记名股票。

4. 额面股和无额面股

(1)额面股又称面值股,是指股票票面标明一定金额的股票。

(2)无额面股又称比例股,是指股票不标明金额、只标明每股占公司资本的比例的股票。我国禁止发行无额面股。

(三)股份发行的条件

股份发行的条件主要由证券法规定。

1. 股份发行的原则

股份的发行,实行公平、公正的原则,同种类的每一股份应当具有同等权利。

2. 股份发行的价格

股份发行价格可以按票面金额,也可以超过票面金额,但不得低于票面金额。

(四)股份的转让

股份转让实行自由的原则。每个股东都有权依公司法的规定,转让自己的股份。但是,为了保护公司、股东及债权人的利益,公司法对股份转让进行了必要的限制,主要有:

1. 对股份转让场所的限制

股东转让其股份,必须在依法设立的证券交易场所进行,或者按照国务院规定的其他方式进行。

2. 对发起人持有本公司股份转让的限制

发起人持有的本公司股份,自公司成立之日起1年内不得转让;公司公开发行股份前已发行的股份,自公司股票在证券交易所上市交易之日起1年内不得转让。

3. 对董事、监事、高级管理人员持有本公司股份转让的限制

公司董事、监事、高级管理人员应当向公司申报所持有的本公司的股份及其变动的情况,在任职期间内每年转让的股份不得超过其所持有本公司股份总数的25%;所持本公司股份自公司股票上市交易之日起1年内不得转让。上述人员离职后半年内,不得转让其所持有的本公司股份。

4. 公司收购本公司股份的限制

公司不得收购本公司股份。但是,有下列情形之一的除外:

(1)减少公司注册资本。

(2)与持有本公司股份的其他公司合并。

(3)将股份用于员工持股计划或者股权激励。

(4)股东因对股东大会作出的公司合并、分立决议持异议,要求公司收购其股份。

(5)将股份用于转换上市公司发行的可转换为股票的公司债券。

(6)上市公司为维护公司价值及股东权益所必需。

公司因上述第(1)(2)种情形收购本公司股份的,应当经股东大会决议;公司因上述第(3)(5)(6)种情形收购本公司股份的,可以依照公司章程的规定或者股东大会的授权,经2/3以上董事出席的董事会会议决议。

公司依照规定收购本公司股份后,属于第(1)种情形的,应当自收购之日起10日内注销;属于第(2)(4)种情形的,应当在6个月内转让或者注销;属于第(3)(5)(6)种情形的,公司合计持有的本公司股份数不得超过本公司已发行股份总额的10%,并应当在3年内转让或者注销。

上市公司收购本公司股份的,应当依照《证券法》的规定履行信息披露义务。上市公司因上述第(3)(5)(6)种情形收购本公司股份的,应当通过公开的集中交易方式进行。

5. 对股票质押的限制

公司不得收受本公司的股票作质押权的标的。

五、对上市公司组织机构的特别规定

(一)上市公司的概念

上市公司是指所发行的股票经国务院或者国务院授权的证券管理部门批准在证券交易所上市交易的股份有限公司。上市公司的股票依照法律、行政法规及证券交易所的交易规则上市交易。

(二)上市公司的组织机构

公司法对上市公司的组织机构方面进行了若干特别的规定,内容如下:

(1)上市公司在一年内购买、出售重大资产或者担保金额超过公司资产总额

30%的,应当由股东大会作出决议,并经出席会议的股东所持表决权的 2/3 以上通过。

(2)上市公司设立独立董事制度。

(3)上市公司设董事会秘书,负责公司股东大会和董事会会议的筹备、文件保管以及公司股东资料的管理,办理信息披露事务等事宜。

(4)上市公司董事与董事会会议决议事项所涉及的企业有关联关系的,不得对该项决议行使表决权,也不得代理其他董事行使表决权。该董事会会议由过半数的无关联关系董事出席即可举行,董事会会议所作决议须经无关联关系董事过半数通过。出席董事会的无关联关系董事人数不足 3 人的,应将该事项提交上市公司股东大会审议。

(三)上市公司的独立董事制度

1.独立董事的概念

上市公司独立董事是指不在公司担任除董事外的其他职务,并与其所受聘的上市公司及其主要股东不存在可能妨碍其进行独立客观判断的关系的董事。独立董事对上市公司及全体股东负有诚信与勤勉义务。

2.独立董事的任职条件

担任独立董事应当符合下列基本条件:

(1)根据法律、行政法规及其他有关规定,具备担任上市公司董事的资格。

(2)具有相关规定所要求的独立性。

(3)具备上市公司运作的基本知识,熟悉相关法律、行政法规、规章及规则。

(4)具有 5 年以上法律、经济或者其他履行独立董事职责所必需的工作经验。

(5)公司章程规定的其他条件。

3.独立董事任职资格的限制

下列人员不得担任独立董事:

(1)在上市公司或者其附属企业任职的人员及其直系亲属、主要社会关系(直系亲属是指配偶、父母、子女;主要社会关系是指兄弟姐妹、岳父母、儿媳女婿、兄弟姐妹的配偶、配偶的兄弟姐妹等)。

(2)直接或间接持有上市公司已发行股份 1% 以上或者是上市公司前 10 名股东中的自然人股东及其直系亲属。

(3)在直接或间接持有上市公司已发行股份 5% 以上的股东单位或者在上市公司前 5 名股东单位任职的人员及其直系亲属。

(4)最近一年内曾经具有上述所列举情形的人员。

(5)为上市公司或者其附属企业提供财务、法律、咨询等服务的人员。

(6)公司章程规定的其他人员。

(7)中国证监会认定的其他人员。

4.独立董事的任期

独立董事每届任期与该上市公司其他董事任期相同,任期届满,连选可以连任,但是连任时间不得超过 6 年。独立董事连续 3 次未亲自出席董事会会议的,由董事会提请股东会予以撤换。

5.独立董事的特别职权

独立董事除行使公司董事的一般职权外,还被赋予以下特别职权:

(1)重大关联交易(指上市公司拟与关联人达成的总额高于 300 万元或高于上市公司最近经审计净资产值的 5% 的关联交易)应由独立董事认可后,提交董事会讨论;独立董事作出判断前,可以聘请中介机构出具独立财务顾问报告,作为其判断的依据。

(2)向董事会提议聘用或解聘会计师事务所。

(3)向董事会提请召开临时股东大会。

(4)提议召开董事会。

(5)独立聘请外部审计机构和咨询机构。

(6)可以在股东大会召开前公开向股东征集投票权。

独立董事除履行上述职责外,还应当对以下事项向董事会或股东大会发表独立意见:

(1)提名、任免董事。

(2)聘任或解聘高级管理人员。

(3)公司董事、高级管理人员的薪酬。

(4)上市公司的股东、实际控制人及其关联企业上市公司现有或新发生的总额高于300万元或高于上市公司最近经审计净资产值的5%的借款或其他资金往来,以及公司是否采取有效措施回收欠款。

(5)独立董事认为可能损害中小股东权益的事项。

(6)公司章程规定的其他事项。

独立董事应当就上述事项发表以下几类意见:同意;保留意见及其理由;反对意见及其理由;无法发表意见及其障碍。

如有关事项属于需要披露的事项,上市公司应当将独立董事的意见予以公告,独立董事出现意见分歧无法达成一致时,董事会应将各独立董事的意见分别披露。

第二章 合伙企业法

第一节 合伙制度概述

一、合伙的概念与类型

合伙的概念既可以从法律行为的角度给出,也可以从组织形态的角度给出。就法律行为的角度而言,合伙是指两个以上民事主体共同出资,共同经营、共负盈亏的协议;就组织形态的角度而言,合伙是两个以上的民事主体共同出资、共同经营、共负盈亏的企业组织形态。由此可知,无论是从法律行为角度还是从组织形态角度,都强调合伙的主要特征是共同出资、共同经营、共负盈亏、共担风险。

二、合伙的特征

(1)合伙协议是合伙得以成立的法律基础。公司的成立基础是公司章程。公司章程和合伙协议有很大的不同。公司章程具有公开的对外效力,但合伙协议只具有约束合伙人的对内效力。

(2)合伙人共同出资,共同经营。

(3)合伙人共负盈亏,共担风险。

第二节 普通合伙企业的设立条件与程序

一、普通合伙企业的设立条件

(一)有符合要求的合伙人

(1)合伙人的人数不应少于2人。

(2)合伙人的行为能力:合伙人必须具有完全民事行为能力且能承担无限责任。

(3)法律禁止作为合伙人的情形:《合伙企业法》第3条规定:"国有独资公司、国有企业、上市公司以及公益性的事业单位、社会团体不得成为普通合伙人。"

(4)合伙人的种类:自然人、法人、其他组织均可成为合伙人。

(二)有合伙协议

合伙协议是指合伙人为设立合伙企业

而签订的合同。合伙协议必须采用书面形式,经全体合伙人签名、盖章后生效。

(三)有合伙人实际缴付的出资

合伙人必须向合伙组织出资,合伙人出资的形式可以是货币、实物、土地使用权、知识产权或者其他财产权利。经全体合伙人协商一致,合伙人也可以用劳务、技术等出资。合伙人以货币以外的形式出资,一般应进行评估作价,即折价入伙。评估作价由合伙人协商确定,也可以由全体合伙人委托法定评估机构进行评估。

(四)有合伙企业的名称

合伙企业的名称中应当标明"普通合伙"字样。

(五)有经营场所和从事合伙经营的必要条件

二、合伙企业的设立程序

(一)申请人与登记机关

设立合伙企业,应由全体合伙人指定的代表或者共同委托的代理人向企业登记机关申请设立登记。登记机关为市场监督管理部门。

(二)申请时应提交的材料

申请设立合伙企业,应向企业登记机关提交登记申请书、合伙协议书、全体合伙人的身份证明等文件。

(三)登记

企业登记机关应自收到申请人提交所需的全部文件之日起20日内,作出是否登记的决定。予以登记的,发给营业执照,合伙企业的营业执照签发日期,为合伙企业成立之日。

合伙企业可以设立分支机构。合伙企业设立分支机构的,应当向分支机构所在地的企业登记机关申请登记,领取营业执照。

第三节 普通合伙企业的财产与损益分配

一、合伙财产的概念和范围

(一)合伙财产的概念

合伙财产指合伙企业存续期间,合伙人的出资和所有以合伙企业名义取得的收益和依法取得的其他财产。

(二)合伙财产的范围

合伙财产包括两部分:一是全体合伙人的出资。合伙人对合伙企业的出资是指各合伙人按照合伙协议实际缴付的出资。二是合伙企业成立后解散前,以合伙企业名义取得的全部收益和依法取得的其他财产。

二、合伙财产的性质

(一)合伙人出资财产部分的性质

(1)以现金或明确以财产所有权出资的,财产所有权转移,出资人不再享有出资财产所有权,而由全体合伙人共有。

(2)以房屋使用权、商标使用权、专利使用等权利的使用权出资的,出资人并不因出资行为而丧失财产所有权,这些财产的所有权仍属于出资人,合伙企业只享有使用和管理权。对于此类出资,在合伙人退伙或者合伙企业解散时,合伙人原则上有权要求返还原物。

(3)对于是以所有权出资还是以使用权出资约定不明,而合伙人之间又达不成合意的,应当结合合伙存续期间的实际情况予以判断,推定为以所有权出资或者以使用权出资。

(二)合伙积累财产性质

以合伙企业名义取得的收益和依法取得的其他财产,均为合伙企业的财产,属于合伙人按份共有。

三、合伙财产的管理、使用及处分

（一）对外转让

除合伙协议另有约定以外，合伙人向合伙人以外的人转让其在合伙企业的全部或者部分财产份额时，须经其他合伙人一致同意。一致同意意味着实行一票否决制，如果经一致同意有新的受让人受让了原合伙人的财产份额，经修改合伙协议，即发生入伙的问题。除合伙协议另有约定以外，合伙人向合伙人以外的人转让其在合伙企业中的财产份额的，在同等条件下其他合伙人有优先购买权。

（二）对内转让

合伙人之间转让在合伙企业的全部或者部分财产份额应通知其他合伙人。

（三）以财产份额出质

合伙人以在合伙企业的财产份额出质的，须经其他合伙人一致同意。未经其他合伙人一致同意的，其行为无效，由此给善意第三人造成损失的，由行为人承担赔偿责任。

（四）财产分割

除法律另有规定的以外，合伙人在合伙企业清算前不得请求分割合伙企业的财产；合伙人在合伙企业清算前，不得私自转移或者处分合伙企业的财产，如果私自转移或者处分合伙企业财产的，合伙企业不得依此对抗不知情的善意第三人。

四、合伙的利润分配与亏损负担

（一）原则

有约定的，按合伙协议约定；没有约定的，合伙人协商确定；协商不成的，由各合伙人按照实际出资比例分配利润和分担亏损；出资比例无法确定的，由各合伙人平均分配利润和分担亏损。

（二）限制

合伙协议不得约定将全部利润分配给部分合伙人或者由部分合伙人承担全部亏损。如果有这样的约定，则属无效，而应依照合伙企业法的相关规应处理。

第四节 普通合伙事务的执行

一、合伙人执行合伙事务的平等权利

合伙事务的执行是指为实现合伙目的而进行的业务活动。执行合伙事务是合伙人的权利，每一个合伙人，不管出资额多少，对合伙事务享有同等的权利。

二、合伙事务的执行方式

合伙企业的事务执行以全体合伙人共同执行为原则。在这个原则的基础上，合伙人可以协商选择具体的事务执行方式。

(1) 由全体合伙人共同执行。

(2) 由一名合伙人执行合伙企业的事务，其他合伙人不再具体执行。

(3) 由数名合伙人共同执行合伙企业的事务。

(4) 由各合伙人分别执行合伙企业的事务。

作为合伙人的法人、其他组织执行合伙事务的，由其委派的代表执行。

三、合伙事务的执行规则

(1) 如果根据合伙协议的约定或者经过全体合伙人一致同意，由一人或者数个合伙人执行合伙事务的，则其他合伙人不再执行合伙事务。

(2) 不执行合伙企业事务的合伙人有权监督执行事务合伙人执行合伙事务的情况；执行事务合伙人应当定期向其他合伙人报告事务执行情况以及合伙企业的经营和财务状况。

(3) 为了解合伙企业的经营状况和财务状况，所有合伙人都有权查阅合伙企业的会计账簿等财务资料。

(4)合伙人分别执行合伙事务的,执行事务合伙人可以对其他合伙人执行的事务提出异议。提出异议时,应暂停该事务的执行。若发生争议,按合伙协议约定的表决办法表决处理,合伙协议未约定或者约定不明的,实行合伙人一人一票并经全体合伙人过半数通过的表决办法。

(5)受委托执行合伙事务的合伙人不按照合伙协议或者全体合伙人的决定执行事务的,其他合伙人可以决定撤销该委托。

四、合伙事务执行后果的承担

执行合伙企业事务的合伙人对外代表合伙企业,其执行事务所产生的法律后果由合伙企业承担,即所产生的收益归合伙企业,所产生的费用和亏损由合伙企业承担。

五、合伙事务的决议

合伙企业的事务可以由一名或者数名合伙人代表全体合伙人执行,也可以由全体合伙人执行。而合伙企业事务的决议只能由全体合伙人作出,不得委托个别合伙人作出决议。

(一)合伙事务的决议方式

一般情况下,合伙人对合伙企业有关事项作出决议,按照合伙协议约定的办法表决,合伙协议未约定或者约定不明的,实行合伙人一人一票并经全体合伙人过半数通过的表决办法。

(二)合伙事务全票决定的事项

下列事项除合伙协议另有约定外,必须经全体合伙人一致同意才能决定:

(1)改变合伙企业的名称。

(2)改变合伙企业的经营范围、主要经营场所的地点。

(3)处分合伙企业的不动产。

(4)转让或者处分合伙企业的知识产权和其他财产权利。

(5)以合伙企业的名义为他人提供担保。

(6)聘任合伙人以外的人担任合伙企业的经营管理人员。

除了上述关于执行合伙事务方面的全票决情形,根据《合伙企业法》其他条文的规定,还须注意,须经全体合伙人一致同意才能作出决议的下列事项:

(1)修改或者补充合伙协议(《合伙企业法》第19条第2款)。

(2)合伙人向第三人转让其在合伙企业中的全部或者部分财产份额(《合伙企业法》第22条第1款)。

(3)吸收新的合伙人(《合伙企业法》第43条第1款)。

六、竞业禁止

在合伙企业存续期间,合伙人不得从事对合伙企业不利的活动,其中最主要的就是合伙人的竞业禁止义务,即合伙人不得自营或者与他人合作经营与本合伙企业相竞争的业务;不得未经全体合伙人同意,合伙协议也没有约定,而与本合伙企业进行交易。对合伙人行为的上述限制,是为了全体合伙人共同的利益。

第五节 普通合伙与第三人的关系

一、合伙与善意第三人的关系

合伙企业对合伙人执行合伙事务以及对外代表合伙企业权利的限制,不得对抗善意第三人,即合伙人的内部约定、合伙企业对合伙人执行合伙企业事务以及对外代表合伙企业权利的限制,不得对抗不知情的善意第三人。

二、合伙与债务人的关系

（一）合伙债务

1. 清偿顺序

根据《合伙企业法》第38、39条的规定，合伙企业对其债务，应先以其全部财产进行清偿；合伙企业财产不足以清偿到期债务的，各合伙人应当承担无限连带清偿责任。根据上述规定，合伙人对于合伙债务的清偿责任的性质属于补充责任，即只有当合伙财产不足以清偿合伙债务时方由合伙人承担责任。

2. 合伙人对合伙债务承担无限责任

各合伙人对于合伙财产不足以清偿的债务，负无限清偿责任，而不以出资额为限。此为普通合伙人的无限责任。

3. 合伙人对合伙债务承担连带责任

连带责任意味着：其一，每个合伙人均须对全部合伙债务负责，债权人可以依其选择，请求全体、部分或者个别合伙人清偿债务，被请求的合伙人即须清偿全部的合伙债务，不得以自己承担的份额为由拒绝；其二，每个合伙人对合伙债务的清偿，均对其他合伙人发生清偿的效力；其三，合伙人由于承担连带责任所清偿债务数额超过其应当承担的数额时，有权向其他合伙人追偿。

（二）合伙人个人债务

1. 抵销权的禁止

合伙人的债权人不得以其对合伙人的债权抵销其对合伙企业的债务。

2. 代位权的禁止

合伙人的债权人不得代位行使该合伙人在合伙企业中的权利。

3. 合伙份额的强制执行

合伙人个人所负的债务以合伙人个人的财产进行清偿。合伙人的个人财产不足以清偿其个人所负债务的，该合伙人可以以其从合伙企业分取的收益用于清偿；债权人也可以依法请求法院强制执行该合伙人在合伙企业中的财产份额用于清偿。对该合伙人的财产份额的强制执行，应通知全体合伙人，其他合伙人有优先购买权；其他合伙人未购买，又不同意将该财产份额转让给他人的，依法为该合伙人办理退伙结算，或者办理削减该合伙人相应财产份额的结算。

（三）双重优先原则的适用

若同时存在合伙企业债务和合伙人个人债务，且合伙企业与合伙人都处于资不抵债的境地时，对于这两种债务的清偿顺序，适用双重优先原则，即：合伙财产优先用于清偿合伙债务，个人财产优先用于清偿个人债务。也就是说，合伙人个人的债权人优先于合伙企业的债权人从合伙人的个人财产中得到清偿，合伙企业的债权人优先于合伙人个人的债权人从合伙财产中得到清偿。

第六节　普通合伙的入伙与退伙

一、入伙

入伙是指在合伙企业存续期间，合伙人以外的第三人加入合伙企业并取得合伙人资格的行为。

（一）入伙的条件与程序

（1）全体合伙人同意：入伙须经全体合伙人的一致同意，但是如果合伙协议对入伙的同意条件另有约定，则从其约定。

（2）入伙人与原合伙人订立书面合伙协议。

（3）原合伙人应当向新合伙人如实告知合伙企业的经营状况和财务状况。

（二）入伙的后果

（1）新合伙人取得合伙人资格。

（2）新合伙人对入伙前合伙企业的债务承担无限连带责任。

(3)除入伙协议另有约定外,新合伙人与原合伙人享有同等权利,承担同等责任。

二、退伙

退伙是在合伙存续期间,合伙人资格的消灭。

(一)退伙的形式

1.声明退伙

声明退伙又称自愿退伙,是指合伙人基于自愿的意思表示而退伙。声明退伙又可分为单方退伙和通知退伙。

(1)单方退伙。合伙协议约定合伙期限的,在合伙企业存续期间,有下列情形之一的,合伙人可以退伙:

①合伙协议约定的退伙事由出现;

②经全体合伙人一致同意;

③发生合伙人难以继续参加合伙的事由;

④其他合伙人严重违反合伙协议约定的义务。

(2)通知退伙。合伙协议未约定合伙期限的,合伙人在不给合伙企业事务执行造成不利影响的情况下,可以退伙,但应当提前30日通知其他合伙人。

2.法定退伙

(1)当然退伙,是指发生了某种客观情况而导致的退伙,这些情况包括:

①作为合伙人的自然人死亡或者被依法宣告死亡;

②个人丧失偿债能力;

③作为合伙人的法人或者其他组织依法被吊销营业执照、责令关闭、撤销,或者被宣告破产;

④法律规定或者合伙协议约定合伙人必须具有相关资格而丧失该资格;

⑤合伙人在合伙企业中的全部财产份额被人民法院强制执行。

合伙人被依法认定为无民事行为能力人或者限制民事行为能力人的,经其他合伙人一致同意,可以依法转为有限合伙人,普通合伙企业依法转为有限合伙企业。其他合伙人未能一致同意的,该无民事行为能力或者限制民事行为能力的合伙人退伙。

退伙事由实际发生之日为退伙生效日。

(2)除名退伙,是指在合伙人出现法定事由的情况下,由其他合伙人决议将该合伙人除名。这些法定事由包括:

①未履行出资义务;

②因故意或者重大过失给合伙企业造成损失;

③执行合伙事务时有不正当行为;

④发生合伙协议约定的事由。

对合伙人的除名决议应当书面通知被除名人。被除名人接到除名通知之日,除名生效,被除名人退伙。

被除名人对除名决议有异议的,可以自接到除名通知之日起30日内,向人民法院起诉。

(3)当然退伙和除名退伙的不同。当然退伙与除名退伙的不同之处在于:当然退伙的原因是客观性的,应当退伙的合伙人主观上并无过错,并未实施损害合伙企业利益的行为;而除名退伙的原因是主观性的,即退伙的合伙人实施了损害合伙企业利益的行为,其退伙含有惩罚性的因素。所以,在判断哪些原因是导致当然退伙的原因、哪些原因是导致除名退伙的原因时,合伙人的主观状态,即是否存在过错、是否实施了损害合伙企业利益的行为,是关键的判断因素。

(二)退伙的后果

1.退伙人合伙人资格的丧失

2.合伙财产的清理与结算

(1)合伙人退伙,其他合伙人应当与该退伙人按照退伙时的合伙企业财产状况进行结算,退还退伙人的财产份额。退伙时有未了结的合伙企业事务的,可以待该事务了结后再进行结算。

(2)退伙人对给合伙企业造成的损失负有赔偿责任的,可以相应扣减其应当赔偿的数额。

(3)退伙人在合伙企业中财产份额的退还办法,由合伙协议约定或者由全体合伙人决定,可以退还货币,也可以退还实物。

(4)如果退伙时合伙企业的财产少于合伙企业债务,亦即资不抵债,则退伙人应当根据合伙协议的约定或者《合伙企业法》第33条的规定分担亏损。

(5)退伙人退伙时,对基于其退伙前的原因发生的合伙企业债务,仍应与其他合伙人一起承担无限连带责任。

3. 退伙并不必然导致合伙企业的解散

只有在合伙人为2人的情况下,其中1人退伙则导致合伙企业的解散。当然,即使是在合伙人为2人的情况下,如果另一合伙人同意,也可以由退伙人将其份额转让给第三人,则合伙企业继续存在。

第七节 特殊的普通合伙企业

一、特殊的普通合伙企业的概念与设立

特殊的普通合伙企业是指能为客户提供有偿服务的专业服务机构,这些服务机构可以设立为特殊的普通合伙企业,如律师事务所、会计师事务所等。特殊的普通合伙企业必须在其企业名称中标明"特殊普通合伙"字样。

二、特殊的普通合伙企业的债务承担

(一)因故意或重大过失造成债务

1. 其他合伙人的有限责任

一个合伙人或者数个合伙人在执业活动中因故意或者重大过失造成合伙企业债务的,应当承担无限责任或者无限连带责任,其他合伙人以其在合伙企业中的财产份额为限承担责任。

2. 过错合伙人的赔偿责任

合伙人执业活动中因故意或者重大过失造成的合伙企业债务,以合伙企业财产对外承担责任后,该合伙人应当按照合伙协议的约定对给合伙企业造成的损失承担赔偿责任。

(二)非因故意或重大过失造成债务

合伙人在执业活动中非因故意或者重大过失造成的合伙企业债务以及合伙企业的其他债务,由全体合伙人承担无限连带责任。

(三)执业基金制度

特殊的普通合伙企业应当建立执业风险基金、办理职业保险。执业风险基金用于偿付合伙人执业活动造成的债务。执业风险基金应当单独立户管理。具体管理办法由国务院规定。

第八节 有限合伙企业

一、有限合伙企业的概念

有限合伙企业是指由一个以上的普通合伙人和一个以上的有限合伙人共同设立的合伙企业。换言之,有限合伙企业中至少有一个普通合伙人和至少有一个有限合伙人,否则就不能称为有限合伙。

二、有限合伙企业的设立

(一)合伙人

有限合伙企业由2个以上50个以下合伙人设立,但法律另有规定的除外。这意味着有限合伙企业的合伙人最多不超50人,除非其他法律对某种情形的有限合伙有另外的规定。

(二)合伙协议

有限合伙企业的合伙协议除需要记载

普通合伙企业协议应当载明的事项外,还需要载明以下特殊事项:

(1)执行事务合伙人应具备的条件和选择程序。

(2)执行事务合伙人的权限与违约处理办法。

(3)执行事务合伙人的除名条件和更换程序。

(4)有限合伙人入伙、退伙的条件、程序及相关责任。

(5)有限合伙人和普通合伙人相互转变程序。

(三)出资

有限合伙人可以货币、实物、知识产权、土地使用权或者其他财产权利作价出资,但不得以劳务出资。这是有限合伙人与普通合伙人在出资方式上的唯一差别。

(四)合伙企业的名称

有限合伙企的名称中应当标明"有限合伙"字样。

三、有限合伙企业事务的执行

有限合伙企业的事务由普通合伙人执行。有限合伙人不执行合伙事务,也不得对外代表有限合伙企业。

有限合伙人的下列行为不视为执行合伙事务:

(1)参与决定普通合伙人入伙、退伙。

(2)对企业的经营管理提出建议。

(3)参与选择承办有限合伙企业审计业务的会计师事务所。

(4)获取经审计的有限合伙企业财务会计报告。

(5)对涉及自身利益的情况,查阅有限合伙企业财务会计账簿等财务资料。

(6)在有限合伙企业中的利益受到侵害时,向有责任的合伙人主张权利或者提起诉讼。

(7)执行事务合伙人怠于行使权利时,督促其行使权利或者为了本企业的利益以自己的名义提起诉讼。

(8)依法为本企业提供担保。

四、有限合伙人的权利和义务

(一)有限责任

有限合伙人仅以其认缴的出资额为限对合伙企业的债务承担责任,而普通合伙人需要对合伙企业的债务承担无限连带责任。新入伙的有限合伙人对入伙前合伙企业的债务也是以其认缴的出资额为限承担责任。

(二)自我交易

除非合伙协议另有约定,有限合伙人可以同合伙企业进行交易,而普通合伙人通常是不可以的,除非合伙协议另有约定或者经过全体合伙人同意。

(三)竞业禁止

除非合伙协议另有约定,有限合伙人可以自营或者同他人合作经营与本合伙企业相竞争的业务,而普通合伙人是不可以的。

(四)财产份额的出质

除非合伙协议另有约定,有限合伙人可以将其在合伙企业中的财产份额出质,而普通合伙人须经其他合伙人一致同意方可以其在合伙企业中的财产份额出质。

(五)财产份额的转让

有限合伙人可以按照合伙协议的约定向合伙人以外的人转让其在合伙企业中的财产份额,只需提前30天通知其他合伙人即可。而普通合伙人对外转让财产份额时须经其他合伙人一致同意,除非合伙协议另有约定。

(六)丧失民事行为能力不必然退伙

作为有限合伙人的自然人在合伙企业存续期间丧失民事行为能力的,其他合伙人不得因此要求其退伙。而普通合伙人若丧失民事行为能力,除非经得全体合伙人一致同意,否则只能作退伙处理。

五、表见普通合伙

有限合伙人仅以其认缴的出资额为限对合伙企业债务承担责任。但是,如果有限合伙人的行为足以使得第三人合理信赖其为普通合伙人时,则有限合伙人得承担普通合伙人的责任,即承担无限连带责任。《合伙企业法》第76条第1款规定:"第三人有理由相信有限合伙人为普通合伙人并与其交易的,该有限合伙人对该笔交易承担与普通合伙人同样的责任。"但这一规定明确表明普通合伙仅适用于该笔特定交易的情形,而非从合伙人地位上完全否认有限合伙人的身份,对其他不构成表见普通合伙的情形,有限合伙人仍旧承担有限责任。

六、有限合伙人与普通合伙人的转化

(1)当有限合伙企业仅剩普通合伙人时,有限合伙企业转为普通合伙企业,并应当进行相应的变更登记。

(2)当有限合伙企业仅剩有限合伙人时,则该企业不再是合伙企业,故应解散。

(3)经全体合伙人一致同意,普通合伙人可以转变为有限合伙人,有限合伙人可以转变为普通合伙人。有限合伙人转变为普通合伙人的,对其作为有限合伙人期间有限合伙企业发生的债务承担无限连带责任;普通合伙人转变为有限合伙人的,对其作为普通合伙人期间合伙企业发生的债务承担无限连带责任。

第九节 合伙的解散与清算

一、合伙解散的事由

合伙的解散是指合伙因某些法律事实的发生而使合伙归于消灭的行为。根据《合伙企业法》第85条的规定,合伙解散的事由包括:

(1)合伙期限届满,合伙人决定不再经营。

(2)合伙协议约定的解散事由出现。

(3)全体合伙人决定解散。

(4)合伙人已不具备法定人数满30天。

(5)合伙协议约定的合伙目的已经实现或者无法实现。

(6)依法被吊销营业执照、责令关闭或者被撤销。

(7)法律、行政法规规定的其他原因。

二、合伙解散时的清算

合伙宣布解散到最后终止要经历一个过程,即清算。

(一)清算人的确定

合伙企业解散,清算人由全体合伙人担任;经全体合伙人过半数同意,可以自合伙企业解散事由出现后15日内指定一名或者数名合伙人,或者委托第三人,担任清算人。15日内未确定清算人的,合伙人或者其他利害关系人可以申请法院指定清算人。

(二)清算人的职责

清算人在清算期间执行下列事务:

(1)清理合伙企业财产,分别编制资产负债表和财产清单。

(2)处理与清算有关的合伙企业未了结事务。

(3)清缴所欠税款。

(4)清理债权、债务。

(5)处理合伙企业清偿债务后的剩余财产。

(6)代表合伙企业参加诉讼或者仲裁活动。

(三)清算程序

清算人自被确定之日起10日内将合

伙企业解散事项通知债权人,并于60日内在报纸上公告。债权人应当自接到通知书之日起30日内,未接到通知书的自公告之日起45日内,向清算人申报债权。

债权人申报债权,应当说明债权的有关事项,并提供证明材料。清算人应当对债权进行登记。

清算期间,合伙企业存续,但不得开展与清算无关的经营活动。

(四)清偿顺序

合伙企业财产在支付清算费用和职工工资、社会保险费用、法定补偿金以及缴纳所欠税款、清偿债务后的剩余财产,按约定或法定的比例在原合伙人之间分配。如果合伙企业的财产不足以清偿其债务的,由原普通合伙人承担无限连带责任。

(五)合伙企业注销后债务的承担

合伙企业注销后,原普通合伙人对合伙企业的债务仍应承担无限连带责任。

(六)合伙企业的破产与债务清偿

合伙企业不能清偿到期债务的,债权人可以依法向人民法院提出破产清算申请,也可以要求普通合伙人清偿。

第三章 个人独资企业法

第一节 个人独资企业概述

一、个人独资企业的概念与特征

个人独资企业,简称独资企业,是指由一个自然人投资,全部资产为投资人所有的营利性经济组织。独资企业由个人出资、个人经营、个人自负盈亏与承担风险。

个人独资企业具有以下特征:

(1)投资人方面:仅有一个自然人投资设立。

(2)财产性质方面:全部财产为投资人个人所有。

(3)民事责任承担方面:投资人以其个人财产对企业债务承担无限责任,投资人的个人财产包括其在独资企业中的全部财产和其他个人财产。

(4)主体资格方面:不具有法人资格。

二、个人独资企业和相关经济组织的区别

(一)个人独资企业与个体工商户的区别

表12-3 个人独资企业与个体工商户的区别

	个人独资企业	个体工商户
出资人	个人	个人或家庭
性质	非法人组织	不具有组织的属性
责任承担	个人财产	个人财产或家庭财产
设立的法律制度	《个人独资企业法》	《个体工商户条例》

(二)个人独资企业与一人有限责任公司的区别

表 12-4 个人独资企业与一人有限责任公司的区别

	个人独资企业	一人有限责任公司
出资人	自然人	自然人或法人
性质	非法人组织	企业法人
责任承担	无限责任	有限责任
设立的法律制度	《个人独资企业法》	《公司法》

第二节 个人独资企业的设立

一、个人独资企业的设立条件

设立个人独资企业应当具备下列条件:
(1)投资人为一个具有中国国籍的自然人。
(2)有合法的企业名称。
(3)有投资人申报的出资。
(4)有固定的生产经营场所和必要的生产经营条件。
(5)有必要的从业人员。

二、个人独资企业的设立程序

个人独资企业的设立采取直接登记制,由投资人直接到市场监督管理部门申请登记。

(一)设立申请

(1)设立申请书。个人独资企业设立申请书应包括下列事项:①企业的名称和住所(个人独资企业以其主要办事机构所在地为住所);②投资人的姓名和居所;③投资人的出资额和出资方式;④经营范围。
(2)投资人身份证明。
(3)生产经营场所使用证明等文件。

(二)登记机关登记

登记机关应当在收到设立申请文件之日起 15 日内,对符合法定条件者,予以登记,发给营业执照。营业执照的签发日期,为个人独资企业的成立日期。

三、个人独资企业的分支机构

个人独资企业可以设立分支机构,分支机构的设立与登记程序与个人独资企业的设立程序大体相同。分支机构是个人独资企业的一部分,其民事责任也由投资人承担。

第三节 个人独资企业的投资人及事务管理

一、个人独资企业的投资人

(一)投资人的条件

投资人只能是一个自然人,投资的财产必须是私人所有的财产。

法律、行政法规禁止从事营利性活动的人,不得作为投资人。现行法律、行政法规禁止从事营利性活动的人包括:
(1)法官。
(2)检察官。
(3)人民警察。
(4)其他国家公务员。

(二)投资人的权利

(1)个人独资企业投资人对企业财产享有所有权。
(2)个人独资企业投资人的有关权利可以依法转让或继承。

（三）投资人的责任

个人独资企业投资人以其个人财产对企业债务承担无限责任。但是个人独资企业投资人在申请企业设立登记时，明确以其家庭共有财产作为出资的，应当依法以家庭共有财产对企业债务承担无限责任。

二、个人独资企业的事务管理

（一）个人独资企业事务管理的方式

(1)自行管理。

(2)委托管理。

(3)聘任管理。

委托或聘用管理应签订书面合同。投资人对受托人或者被聘用的人员职权的限制，不得对抗善意第三人。

（二）受托人和被聘用的管理人的作为义务与不作为义务

受托人或者被聘用人应当履行诚信、勤勉义务，按照与投资人签订的合同负责个人独资企业的事务管理。投资人委托或者聘用的管理个人独资企业事务的人员不得有下列行为：

(1)利用职务上的便利，索取或者收受贿赂。

(2)利用职务或者工作上的便利侵占企业财产。

(3)挪用企业的资金归个人使用或者借贷给他人。

(4)擅自将企业资金以个人名义或者以他人名义开立账户储存。

(5)擅自以企业财产提供担保。

(6)未经投资人同意，从事与本企业相竞争的业务。

(7)未经投资人同意，同本企业订立合同或者进行交易。

(8)未经投资人同意，擅自将企业商标或者其他知识产权转让给他人使用。

(9)泄露本企业的商业秘密。

(10)法律、行政法规禁止的其他行为。

（三）个人独资企业的财务管理

个人独资企业应当依法设置会计账簿，进行会计核算。

（四）个人独资企业的劳动管理与社会保障

(1)个人独资企业招用职工的，应当依法与职工签订劳动合同，保障职工的劳动安全，按时、足额发放职工工资。

(2)个人独资企业应当按照国家规定参加社会保险，为职工缴纳社会保险费用。

(3)个人独资企业的职工可以依法组建工会组织，以维护职工的合法权益，个人独资企业应当为本企业工会提供必要的活动条件。

(4)个人独资企业侵犯职工合法权益，未保障职工劳动安全，不缴纳社会保险费用的，按照有关法律、行政法规予以处罚，并追究有关责任人员的责任。

第四节　个人独资企业的解散与清算

一、个人独资企业的解散事由

个人独资企业的解散仅仅是个人独资企业消灭的原因，企业并非因解散事实的发生而立即消灭。个人独资企业有下列情形之一时，应当解散：

(1)投资人决定解散。

(2)投资人死亡或被宣告死亡，又无继承人的。

(3)被依法吊销营业执照。

(4)其他解散情形。

二、个人独资企业的清算

（一）清算人的产生

个人独资企业解散，由投资人自行清算或者由债权人申请人民法院指定清算人进行清算。

（二）通知与公告程序

投资人自行清算的，应当在清算前15

日内书面通知债权人,无法通知的,应当予以公告。债权人应当在接到通知之日起30日内,未接到通知的应当在公告之日起60日内,向投资人申报其债权。

(三)清产偿债程序

清算期间,个人独资企业不得开展与清算目的无关的经营活动。在按照规定清偿债务前,投资人不得转移、隐匿财产。

(四)财产清偿顺序

个人独资企业解散的,财产应当按照下列顺序清偿:

(1)所欠职工工资和社会保险费用。

(2)所欠税款。

(3)其他债务。

个人独资企业财产不足以清偿债务的,投资人应当以其个人的其他财产予以清偿。

(五)责任消灭制度

个人独资企业解散后,原投资人对个人独资企业存续期间的债务仍应承担偿还责任,但债权人自个人独资企业解散后5年内未向债务人提出偿债请求的,该责任消灭。

(六)注销登记程序

个人独资企业清算结束后,投资人或者人民法院指定的清算人应当编制清算报告,并于15日内到登记机关办理注销登记。

第四章　外商投资法

第一节　外商投资概述

一、外商投资的概念

外商投资是指外国的自然人、企业或者其他组织(以下简称"外国投资者")直接或者间接在中国境内进行的投资活动,包括:

(1)外国投资者单独或者与其他投资者共同在中国境内设立外商投资企业。

(2)外国投资者取得中国境内企业的股份、股权、财产份额或者其他类似权益。

(3)外国投资者单独或者与其他投资者共同在中国境内投资新建项目。

(4)法律、行政法规或者国务院规定的其他方式的投资。

外商投资企业是指全部或者部分由外国投资者投资,依照中国法律在中国境内经登记注册设立的企业。外商投资企业具有中国国籍,其组织形式、组织机构及其活动准则,适用《公司法》《合伙企业法》等法律的规定。

二、外商投资法的原则

外商投资法是外商投资的基础性法律,其立法原则如下:

1. 坚持对外开放、鼓励外国投资者投资的原则

国家坚持对外开放的基本国策,鼓励外国投资者依法在中国境内投资。对于高水平投资实行自由化便利化政策,国家建立和完善外商投资促进机制,营造稳定、透明、可预期和公平竞争的市场环境。

2. 坚持中国特色和国际规则相衔接的原则

国家对外商投资实行"准入前国民待遇+负面清单管理"制度,负面清单由国

务院发布或者批准发布制度。我国缔结或者参加的国际条约、协定对外国投资者准入待遇有更优惠规定的,可以按照相关规定执行。

3. 坚持内外资一致的原则

外商投资在准入后享受国民待遇,对内外资适用相同的法律制度和规则进行监督管理。

金融行业同其他行业和领域相比具有特殊性,对外国投资者在中国境内投资银行、证券、保险等金融行业,或者在证券市场、外汇市场等金融市场进行投资的管理,国家另有规定的,依照其规定。

第二节 投资促进

一、投资促进主基调

我国鼓励外国投资者依法投资。

二、投资促进的措施

1. 提高外商投资政策的透明度

制定与外商投资有关的法律、法规、规章,应当采取适当方式征求外商投资企业的意见和建议。与外商投资有关的规范性文件、裁判文书等,应当依法及时公布。

2. 保障外商投资企业平等参与市场竞争

外商投资企业平等适用支持企业发展的各项政策。

国家保障外商投资企业平等参与标准制定工作,强化标准制定的信息公开和社会监督,强制性标准平等适用于外商投资企业;国家保障外商投资企业通过公平竞争参与政府采购活动,政府采购对外商投资企业在中国境内生产的产品、提供的服务平等对待;外商投资企业可以通过公开发行股票、公司债券等证券和其他方式进行融资。

3. 加强外商投资服务

国家建立健全外商投资服务体系,为外国投资者和外商投资企业提供法律法规、政策措施、投资项目信息等方面的咨询和服务。各级人民政府及其有关部门应当按照便利、高效、透明的原则,简化办事程序,提高办事效率,优化政务服务,进一步提高外商投资服务水平。

4. 依法依规鼓励和引导外商投资

国家根据需要,设立特殊经济区域,或者在部分地区实行外商投资试验性政策措施,促进外商投资,扩大对外开放。

国家根据国民经济和社会发展需要,鼓励和引导外国投资者在特定行业、领域、地区投资。外国投资者、外商投资企业可以依照法律、行政法规或者国务院的规定享受优惠待遇。

县级以上地方人民政府可以根据法律、法规的规定,在法定权限内制定外商投资促进和便利化政策措施。

第三节 投资保护

一、投资保护基本规定

依法保护外国投资者在中国境内的投资、收益和其他合法权益。

外国投资者在境内的出资、利润、资本收益、资产处置所得、知识产权许可使用费、依法获得的补偿或者赔偿、清算所得等,可以依法以人民币或者外汇自由汇入、汇出。

二、投资保护措施

1. 加强对外商投资企业的产权保护

国家对外国投资者的投资不实行征收。在特殊情况下,国家为了公共利益的需要,可以依照法律规定对外国投资者的投资实行征收或者征用。征收、征用应当依照法定程序进行,并及时给予公平、合理的补偿。

国家保护外国投资者和外商投资企业的知识产权,保护知识产权权利人和相关权利人的合法权益;对知识产权侵权行为,严格依法追究法律责任。

国家鼓励在外商投资过程中基于自愿原则和商业规则开展技术合作,技术合作的条件由投资各方遵循公平原则平等协商确定。行政机关及其工作人员不得利用行政手段强制转让技术。

行政机关及其工作人员对于履职过程中知悉的外国投资者、外商投资企业的商业秘密,应当依法予以保密,不得泄露或者非法向他人提供。

2.强化对制定涉及外商投资规范性文件的约束

各级人民政府及其有关部门制定涉及外商投资的规范性文件,应当符合法律法规的规定;没有法律、行政法规依据的,不得减损外商投资企业的合法权益或者增加其义务,不得设置市场准入和退出条件,不得干预外商投资企业的正常生产经营活动。

3.促使地方政府守约践诺

地方各级人民政府及其有关部门应当履行向外国投资者、外商投资企业依法作出的政策承诺以及依法订立的各类合同;因国家利益、社会公共利益需要改变政策承诺、合同约定的,应当依照法定权限和程序进行,并依法对外国投资者、外商投资企业因此受到的损失予以补偿。

4.建立外商投资企业投诉工作机制

国家建立外商投资企业投诉工作机制,协调完善外商投资企业投诉工作中的重大政策措施,及时处理外商投资企业或者其投资者反映的问题;外商投资企业或者其投资者认为行政机关及其工作人员的行政行为侵犯其合法权益的,可以通过外商投资企业投诉工作机制申请解决。

第四节 投资管理

一、投资管理基本规定

国家对外商投资实行"准入前国民待遇+负面清单管理"制度。准入前国民待遇是指在投资准入阶段给予外国投资者及其投资不低于本国投资者及其投资的待遇;负面清单管理制度是指国家规定在特定领域对外商投资实施的准入特别管理措施。国家对负面清单之外的外商投资,给予国民待遇。

二、投资管理具体规定

1.负面清单管理衔接规定

外商投资准入负面清单规定禁止投资的领域,外国投资者不得投资;外商投资准入负面清单规定限制投资的领域,外国投资者进行投资应当符合负面清单规定的条件。

2.内外资一致原则管理

外商投资准入负面清单以外的领域,按照内外资一致的原则实施管理:①外商投资需要办理投资项目核准、备案的,按照国家有关规定执行;②外国投资者在依法需要取得许可的行业、领域进行投资的,应当依法办理相关许可手续;③外商投资企业的组织形式、组织机构,适用《公司法》《合伙企业法》等法律的规定;④外商投资企业开展生产经营活动,应当依照有关法律、行政法规和国家有关规定办理税收、会计、外汇等事宜,并接受有关主管部门依法实施的监督检查;⑤外国投资者并购中国境内企业或者以其他方式参与经营者集中的,应当依照《反垄断法》的规定接受经营者集中审查。

3.外商投资信息报告制度

外国投资者或者外商投资企业应当通过企业登记系统以及企业信用信息公

示系统向商务主管部门报送投资信息;外商投资信息报告的内容和范围按照确有必要的原则确定,通过部门信息共享能够获得的投资信息,不得再行要求报送。

4.外商投资安全审查制度

国家建立外商投资安全审查制度,对影响或者可能影响国家安全的外商投资进行安全审查;依法作出的安全审查决定为最终决定。

第五章 企业破产法

第一节 一般规定

一、破产程序的适用范围

所有企业法人的破产,包括国有企业与法人型私营企业、"三资"企业、上市公司与非上市公司、有限责任公司与股份有限公司,甚至金融机构的破产都适用《企业破产法》。

其他法律规定企业法人以外的组织(如合伙企业)的清算,属于破产清算的,参照《企业破产法》规定的程序进行。自然人不属于企业破产法调整的范围。

二、破产原因

破产原因是适用破产程序所依据的特定法律事实。它是法院进行破产宣告所依据的特定事实状态。《企业破产法》第2条第1款采用了复合规定和单一规定并存的方式规定了破产原因。

(1)复合规定:企业法人不能清偿到期债务,并且资产不足以清偿全部债务。

(2)单一规定:企业法人不能清偿到期债务,并且明显缺乏清偿能力。

债务人账面资产虽然大于负债,但存在下列情形之一的,人民法院应当认定其"明显缺乏清偿能力:

①因资金严重不足或者财产不能变现等原因无法清偿债务;

②法定代表人下落不明且无其他人员负责管理财产,无法清偿债务;

③经人民法院强制执行,无法清偿债务;

④长期亏损且经营扭亏困难,无法清偿债务;

⑤导致债务人丧失清偿能力的其他情形。

三、破产案件的管辖

企业破产案件,由债务人住所地人民法院管辖。

人民法院受理破产申请后,当事人提起的有关债务人的民事诉讼案件,只能向受理破产申请的法院提起,由受理破产申请的法院管辖。

四、破产案件的裁定和公告

(一)裁定

在整个破产程序中,当事人可以提起上诉的裁定仅限于"不予受理"和"驳回申请"两个裁定,对其他裁定不服的,不能提起上诉。

1.不予受理

申请人对人民法院不予受理的裁定不

服的,可以自裁定送达之日起 10 日内向上一级人民法院提起上诉。

2.驳回申请

申请人对人民法院驳回申请的裁定不服的,亦可以自裁定送达之日起 10 日内向上一级人民法院提起上诉。

(二)公告

在破产案件中,法院通过公告形式,将重大的程序性事件公之于众。人民法院在破产案件中需要公告的事项有:受理破产案件;开始重整程序;终止重整程序;开始和解程序;终止和解程序;破产宣告;终结破产程序。

第二节　破产的申请与受理

一、破产案件的申请

破产申请是破产申请人请求法院受理破产案件的意思表示。在我国,破产程序的开始不以申请为标准而是以受理为标准。因此,破产申请不是破产程序开始的标志,而是破产程序开始的条件。

(一)债权人申请

1.债权人申请的实质条件

《企业破产法》第 7 条第 2 款规定:"债务人不能清偿到期债务,债权人可以向人民法院提出对债务人进行重整或者破产清算的申请。"

由此可知,法律对债权人申请的实质条件只规定了"债务人不能清偿到期债务"这一项。这是因为,债务人"资产不足以清偿全部债务或者明显缺乏清偿能力"的事实属于企业内部情况,债权人通常无法确知,因而不应要求债权人在提出破产申请时加以证明。

2.债权人可以提出重整或者破产清算

【注意】债权人不能申请和解。

3.债权人的申请资格

提出破产申请的债权人的请求权必须具备以下条件:

(1)须为具有给付内容的请求权。

(2)须为法律上可强制执行的请求权。

(3)须为已到期的请求权。

(二)债务人申请

1.债务人可以提出重整、和解或者破产清算申请

【注意】只有债务人可以申请和解。

2.债务人必须提交书面申请和相关材料

根据前述可知,债务人没有提交相关材料,并不影响破产案件的申请和受理,可以在案件受理后补交。

(三)清算责任人申请

企业法人已解散但未清算或者未清算完毕,资产不足以清偿债务的,依法负有清算责任的人应当向人民法院申请破产清算。清算责任人申请破产清算有如下特点:

(1)清算责任人无权选择不提出破产清算申请,也不得无故拖延申请。

(2)破产清算程序是唯一选择,不得提出启动破产和解、重整程序。

(3)清算责任人违反此项义务,不及时申请,导致债务人财产减少,给债权人造成损失的,应当承担赔偿责任。

(四)出资人申请

债务人或者债权人可以依照《企业破产法》的规定,直接向人民法院申请对债务人进行重整。债权人申请对债务人进行破产清算的,在人民法院受理破产申请后,宣告债务人破产前,债务人或者出资额占债务人注册资本 1/10 以上的出资人,可以向人民法院申请重整。

(1)前提:债权人申请对债务人进行

破产清算程序。

(2)时间:法院受理破产申请后,宣告债务人破产前。

(3)股东资格:出资额占债务人注册资本1/10以上的出资人。

(4)程序转化:破产清算程序→破产重整程序。

(五)破产申请的撤回

(1)时间:法院受理破产申请前。

(2)程序:法院对申请人提出的撤回申请请求,有权审查其处分权利的正当性,并最终裁定是否准许其撤回申请。

(六)破产申请的接收

(1)人民法院收到破产申请时,应当向申请人出具收到申请及所附证据的书面凭证。

(2)破产申请未被接收时,申请人可以向上一级人民法院提出破产申请。上一级人民法院接到破产申请后,应当责令下级人民法院依法审查并及时作出是否受理的裁定;下级人民法院仍不作出是否受理裁定的,上一级人民法院可以径行作出裁定。上一级人民法院裁定受理破产申请的,可以同时指令下级人民法院审理该案件。

二、破产案件的受理

破产案件的受理,是指人民法院在收到破产案件申请后,认为申请符合法定条件而予以接受,并由此开始破产程序的司法行为。法院裁定受理破产申请,是破产程序开始的标志。

(一)受理时限

1.对债权人提出破产申请的

(1)人民法院应当自收到破产申请之日起5日内通知债务人。

(2)债务人对债权人的申请有异议的,可以自收到人民法院的通知起7日内向人民法院提出。

(3)异议期满后10日内,无论债务人是否提出异议,法院都要作出受理或者不受理破产申请的裁定。

2.对债务人或清算责任人提出破产申请的

此时不存在债务人提出异议的问题,人民法院应当自收到破产申请之日起15日内裁定是否受理。

3.特殊情况下受理破产申请时限的规定

当出现特殊情况,如债权人人数众多、债权债务关系复杂、资产状况混乱等时,人民法院难以在很短的时间内完成对破产申请的审查。此时,为了保证受理裁定的正确性,人民法院可以经上一级人民法院批准将裁定受理的时间延长15日。因此,在特殊情况下,从法院收到破产申请到法院作出受理裁定的最长时间,债权人提出申请的案件为37日,债务人或清算责任人提出申请的案件为30日。

(二)受理审查

我国的破产程序开始制度,是对破产申请审查受理制而不是当然受理制。对破产申请的审查,包括形式审查和实质审查两方面:

1.形式审查

形式审查旨在判定破产申请是否具有法律规定的申请形式,内容包括:

(1)申请人的破产申请资格。

(2)债务人是否具备破产资格。

(3)受案法院是否具有管辖权。

(4)申请文件是否完备。

若发现可补正的形式缺陷,法院可以在规定时限内,责令申请人补正。

2.实质审查

实质审查旨在判定债务人是否存在破产原因。对破产原因的确定通常需要一个调查和证明的过程,而这个过程只能在破产程序开始以后才能进行,因此在破产案件受理阶段的实质审查是一种表面事实的审查,即依据申请人提交的材料,审查债务人是否具有《企业破产法》第2条或者第7条第2款规定的事由。

(三)破产申请的驳回

1. 裁定不受理破产申请

人民法院在收到破产申请书以及相关的证据材料后,通过形式审查和实质审查,认为不符合破产条件,应当依法作出不受理的裁定。

2. 受理后驳回破产申请

由于破产案件受理时的实质审查是表面事实的审查,实践中可能存在债务人实际上不存在破产原因的情形,因此人民法院在受理后,通过进一步了解情况,发现债务人不具备《企业破产法》第2条或者第7条第2款规定的破产原因时,可以驳回该申请,终结破产程序。

(四)受理裁定的送达

人民法院受理破产申请的,应当自裁定作出之日起5日内送达申请人。债权人提出申请的,人民法院应当自裁定作出之日起5日内送达债务人。债务人应当自裁定送达之日起15日内,向人民法院提交财产状况说明、债务清册、债权清册、有关财务会计报告以及职工工资的支付和社会保险费用的缴纳情况。

(五)管理人的任命

人民法院裁定受理破产申请的,应当同时指定管理人。

(六)受理通知和公告

人民法院应该自受理破产申请的裁定作出后尽快地通知债权人并以公告通知所有的利害关系人。通知公告的时间,为人民法院裁定受理破产申请之日起25日内。

三、破产案件受理后的法律效果

(一)债务人有关人员的义务

债务人有关人员的范围,包括债务人和企业的法定代表人;经人民法院决定,可以包括企业的财务管理人员和其他经营管理人员。他们具有如下义务:

(1)合作与协助义务。债务人的有关人员应当妥善保管其占有和管理的财产、印章和账簿、文书等资料,应当根据人民法院、管理人的要求进行工作。

(2)信息提供义务。包括对人民法院和管理人、债权人的信息披露义务。

(3)附属义务。未经法院许可不得离开住所地;在破产程序进行期间不得新任其他企业的董事、监事、高级管理人员。

(二)个别清偿无效

1. 个别清偿的条件

这里所称的"个别清偿",须具备以下要件:

(1)须是债务人实施的清偿。

(2)须是债务人对实际存在的债务实施的清偿。

(3)须是债务人在破产申请受理后实施的清偿。

2. 个别清偿的效果

在个别清偿无效的情况下,接受清偿的债权人负有恢复原状,即返还因该清偿所得财产利益的义务。

(三)对管理人为给付

(1)人民法院受理破产申请后,债务人的债务人或者财产持有人应当向管理人清偿债务或者交付财产。这是一种强制性规定,义务人的给付只有符合这一准则才能为法律所承认。

(2)给付义务人错误给付的法律效果。债务人的债务人或者财产持有人故意违反法律规定向债务人清偿债务或者交付财产,使债权人受到损失的,不免除其清偿债务或者交付财产的义务。

(四)待履行合同的处理

待履行合同是指破产程序开始前成立

的尚未履行或者尚未履行完毕的合同。

待履行合同的处理遵循下列原则：

1. 管理人的选择权

管理人对程序开始时已成立但尚未履行的合同，有权选择履行或者拒绝履行。如果管理人选择履行，合同相对人有对待给付的义务。如果管理人拒绝履行，相对人仅得以合同不履行所生的赔偿请求作为破产债权在程序中受偿。

（1）选择权的行使和消灭。管理人自破产申请受理之日起2个月内享有选择权。在这2个月期间，相对人有催告权。相对人催告后，管理人有30日的答复期间，即管理人自破产申请受理之日起2个月内不行使选择权的，或者自相对人催告之日起30日内不答复的，其选择权消灭，合同视为解除。

（2）选择权的法定性。破产管理人的选择权是一项法定权利，当事人不得事先以约定条款加以排除或限制。

2. 合同相对方的催告权和担保要求权

（1）相对人的催告权。自破产申请受理之日起2个月内，只要管理人还没有行使选择权，相对人都有权催告。所谓催告，就是要求管理人尽快作出解除或者继续履行合同的决定。管理人答复催告的最长期限是30日。超过这一期限，视为解除合同。

（2）相对人的担保要求权。管理人决定继续履行合同的，相对人无权反对，但有权要求就自己应得的对待给付要求对方提供担保。如果管理人不提供担保，视为解除合同。因为若管理人不能在相对人实施给付之前或者同时履行其对待给付义务，相对人就有得不到清偿的风险。

（五）保全解除和执行中止

破产程序对民事保全和民事执行具有优先顺序。因为，破产制度的目标就是通过集体清偿实现全体债权人之间的公平清偿，因此破产程序开始后不允许个别债权人通过个别清偿获得利益。而民事保全和民事执行都是以实现个别债权为目的的，所以破产程序开始后，针对债务人财产的保全措施应当解除、执行程序应当中止，以便使债务人的财产和债权人的权利行使都纳入统一的集体程序之中。

1. 保全措施的解除

破产案件受理后，一切依个别债权人请求而实施的对债务人的财产保全应当中止。对于已经查封、扣押、冻结或者以其他方式予以保全的债务人财产，应当解除保全措施，纳入破产财产的管理。

2. 民事执行程序的中止

人民法院受理破产申请后，对债务人的执行程序尚未完结的，应当无条件中止。执行程序中止后，请求执行的债权人可以向管理人申报债权。

（六）民事诉讼或者仲裁的中止

不同类型的诉讼或仲裁，对破产程序的影响不同。

一般来说，与破产程序相冲突的诉讼和仲裁程序，例如，以追索债务为目的的给付之诉，按照集体程序优先的原则，应当被搁置，直到出现集体程序因破产原因被确定不存在或者已消除而归于终结；与集体清偿程序不相冲突的诉讼或仲裁案件，如债务人追索财产或债务的诉或者有关债权或物权的确认之诉，则可以在管理人接管债务人财产之后继续进行。

（七）破产程序开始后的民事诉讼

人民法院受理破产申请后，有关债务人的民事诉讼，只能向受理破产申请的人民法院提起。也就是说，受理破产申请后，破产案件受理法院成为债务人财产和法律关系的处理中心，这样才有利于最大限度地节省破产费用，提高程序透明度和效率。

第三节　管理人

一、破产管理人的概念

破产程序开始后,无论是进行重整、清算还是和解,都需要对企业法人进行持续的管理。这其中包括必要的财产清理、营业维持、权力行使和财产处分。由于在破产清算的预期下,债务人及其管理层存在较高的道德风险,各种当事人之间也存在较尖锐的利益冲突,有必要设立中立的专门机构来执行破产程序管理特别是破产财产和事务的管理。这种专门机构就是破产管理人。

二、管理人的任命

(1)任命方式:管理人由人民法院指定。

(2)管理人的指定时间:管理人应当在人民法院裁定受理破产申请时同时指定。因为从案件受理到破产宣告,往往要经过一定的审理期间,为了保护债权人利益,有必要及时指定管理人接管债务人财产。

(3)管理人的费用和报酬:管理人的报酬由人民法院确定。债权人会议对管理人的报酬有异议的,有权向人民法院提出。管理人执行职务的费用、报酬和聘用工作人员的费用,作为破产费用由债务人财产随时清偿。

三、管理人的资格

(一)管理人的积极资格

1. 由机构担任管理人

管理人可以由有关部门、机构的人员组成的清算组或者依法设立的律师事务所、会计师事务所、破产清算事务所等社会中介机构担任。

2. 由个人担任管理人

对于事实清楚、债权债务关系简单、债务人财产相对集中的企业破产案件,人民法院可以指定管理人名册中的个人担任管理人。个人担任管理人的,应当参加执业责任保险。

(二)管理人的消极资格

有下列情形之一的,不得担任管理人:

(1)因故意犯罪受过刑事处罚。

(2)曾被吊销相关专业执业证书。

(3)与本案有利害关系。

(4)人民法院认为不宜担任管理人的其他情形。

四、管理人的职责

(一)管理人的一般职责

管理人履行下列职责:

(1)接管债务人的财产、印章和账簿、文书等资料。

(2)调查债务人财产状况,制作财产状况报告。

(3)决定债务人的内部管理事务。

(4)决定债务人的日常开支和其他必要开支。

(5)在第一次债权人会议召开之前,决定继续或者停止债务人的营业。

(6)管理和处分债务人的财产。

(7)代表债务人参加诉讼、仲裁或者其他法律程序。

(8)提议召开债权人会议。

(9)人民法院认为管理人应当履行的其他职责。

(二)管理人的特别职责

在"管理人"一章之外,《企业破产法》还在其他章节中规定了管理人的一些特别职责,其中主要有:

决定待履行合同的解除或继续履行;对债务人在破产程序前的不正当财产处分行使撤销权和追回权;接受债权申报、调查职工债权和编制债权表;重整期间主持债务人营业或者对债务人自行营业进行监督;制备重整计划草案;申请人民法院批准重整计划草案;监督重整计划的执行;在破产宣告后,拟订破产变价方案;拟订和执行破产分配方案;破产程序终结时,办理破产人的注销登记。

五、管理人的义务

（一）忠实义务和勤勉义务

忠实义务,又称诚信义务、忠诚义务,指管理人在执行职务时,应当最大限度地维护债务人财产和全体债权人的利益,不欺瞒,不谋私利。

勤勉义务,又称善管义务,指管理人在履行职务的过程中,应当以善良管理人的注意,认真、谨慎、合理、高效地处理事务,不疏忽,不懈怠。

（二）报告义务

1. 一般报告义务

管理人有向人民法院报告工作的义务和列席债权人会议并报告情况和回答询问的义务。

2. 特殊报告义务

《企业破产法》第69条规定了管理人实施的各种重大的财产处分行为应当及时报告债权人委员会,第一次债权人会议尚未召开,或者债权人会议未设立债权人委员会的,应当报告人民法院。

（三）不辞任义务

为了保证破产管理的稳定性和连续性,管理人没有正当理由不得辞去职务。管理人辞去职务应当经人民法院许可。

第四节 债务人财产

一、债务人财产的概念和范围

（一）概念

债务人财产,是指在破产程序中被纳入破产管理的为债务人所拥有的财产。"债务人财产"要与"破产财产"相区别。破产财产是指在破产过程中扣押的,然后由管理人依照破产程序分配给债权人的全部财产。

（二）范围

依据《企业破产法》的规定,破产申请受理时属于债务人的全部财产,以及破产申请受理后至破产程序终结前债务人取得的财产,为债务人财产。

（三）下列财产不属于债务人财产的范围

（1）取回权对应的财产。

（2）所有权专属于国家且不得转让的财产。

（3）其他依照法律、行政法规不属于债务人的财产。

二、追回权

法律规定追回权的目的,是为了防止债务人在破产状态或与其破产状态相关的情况下财产的不正当减少。在出现以下两种情况时,管理人可行使追回权。

（一）对出资人未缴出资的追回权

人民法院受理破产申请后,债务人的出资人尚未完全履行出资义务的,管理人应当要求该出资人缴纳所认缴的出资,而不受出资期限的限制。

管理人代表债务人提起诉讼,主张出资人向债务人依法缴付未履行的出资或者返还抽逃的出资本息,出资人以认缴出资尚未截至公司章程规定的缴纳期限或者违反出资义务已经超过诉讼时效为由抗辩的,人民法院不予支持。

管理人依据《公司法》的相关规定代表债务人提起诉讼,主张公司的发起人负有监督股东履行出资义务的董事、高级管理人员或者协助抽逃出资的其他股东、董事、高级管理人员、实际控制人等,对股东违反出资义务或者抽逃出资承担相应责任,并将财产归入债务人财产的,人民法院应予支持。

(二)对董事、监事、高级管理人员的追回权

债务人的董事、监事和高级管理人员利用职权从企业获取的非正常收入和侵占的企业财产,管理人应当追回。

人民法院应当认定为"非正常收入"的有:

(1)绩效奖金。

(2)普遍拖欠职工工资情况下获取的工资性收入。

(3)其他非正常收入。

【注意】

①债务人的董事、监事、高级管理人员因返还"绩效奖金"和"其他非正常收入"形成的债权,可以作为"普通破产债权"清偿。

②因返还"普遍拖欠职工工资情况下获取的工资性收入",按照该企业职工平均工资计算的部分作为"拖欠职工工资"清偿,高出该企业职工平均工资计算的部分,可以作为"普通破产债权"清偿。

三、撤销权

(一)管理人的撤销权

人民法院受理破产申请前1年内,涉及债务人财产的下列行为,管理人有权请求人民法院予以撤销:

(1)无偿转让财产的。

(2)以明显不合理的价格进行交易的(因撤销该交易,对于债务人应返还受让人已支付价款所产生的债务,受让人请求作为"共益债务"清偿的,人民法院应予以支持)。

(3)对没有财产担保的债务提供财产担保的(指对原来已经成立的无财产担保的债务"事后"补充设置担保;不包括债务人在可撤销期间内设定债务的"同时"提供的财产担保,该行为属于对价行为,并未造成债务人财产的不当减损)。

(4)对未到期的债务提前清偿的。

(5)放弃债权的。

【注意】上述五种行为,只要发生在法定期间内,即可撤销;至于该行为发生时债务人是否存在破产原因,债务人与第三人主观上是恶意还是善意,原则上不影响撤销权的行使。

(二)个别清偿

1.破产程序开始后的个别清偿

人民法院受理破产申请后:

(1)债务人对无担保债权人进行的个别清偿无效。

(2)债务人对有财产担保的债权人"在担保物市场价值内"进行的个别清偿有效。

2.危机期间的个别清偿

人民法院受理破产申请前6个月内,债务人有《企业破产法》第2条第1款规定的情形,仍对个别债权人进行清偿的,管理人有权请求人民法院予以撤销。但是,个别清偿使债务人财产受益的除外,即债务人在危机期间(人民法院受理破产申请前6个月内)的个别清偿行为,无论是对"到期债务"还是对"未到期债务"的个别清偿,除下列情形外,均可撤销:

(1)债务人对以自有财产设定担保物权的债权进行的个别清偿,管理人请求撤销的,人民法院不予支持。但是,债务清偿时担保财产的价值低于债权额的除外。

(2)债务人经诉讼、仲裁、执行程序对债权人进行的个别清偿,管理人请求撤销的,人民法院不予支持。但是,债务人与债权人恶意串通损害其他债权人利益的除外。

(3)债务人对债权人进行的以下个别清偿,管理人请求撤销的,人民法院不予支持:

①债务人为维系基本生产需要而支付的水费、电费等的；
②债务人支付劳动报酬、人身损害赔偿金的；
③使债务人财产受益的其他个别清偿行为。

3. 对未到期债务提前清偿的行为

破产申请受理前1年内债务人提前清偿的未到期债务，在破产申请受理前已经到期，管理人请求撤销的，人民法院不予支持。但是，该清偿行为发生自破产受理前6个月内且债务人有《企业破产法》第2条第1款规定情形（企业法人不能清偿到期债务，并且资产不足以清偿全部债务或者明显缺乏清偿能力）的除外。

表12-5 债务人提前清偿能否撤销的归纳

提前清偿	清偿时尚未到期、破产申请受理前已经到期的	清偿时尚未到期、破产申请受理时也未到期的
破产申请受理前1年内	不能撤销	可以撤销
破产申请受理前6个月内（即危机期间）	均可以撤销	

（三）债权人的撤销权

（1）破产申请受理后，管理人未依据《企业破产法》的规定请求撤销债务人"无偿转让财产、以明显不合理价格交易、放弃债权"行为的，债权人依据《合同法》第74条的规定提起诉讼，请求撤销债务人的行为并将因此追回的财产归入"债务人财产"的，人民法院应予受理。

（2）相对人以债权人行使撤销权的范围超出债务人的债权抗辩的，人民法院不予支持。

【注意】债权人撤销权行使时的四点注意：

（1）前提：管理人未依法起诉时。

（2）债权人只能针对三种可撤销行为提起撤销权诉讼：①债务人无偿转让财产；②以明显不合理价格交易（受让人善意、恶意均可）；③放弃债权。

（3）债权人追回的财产必须归入债务人财产，不得用于个别清偿。

（4）撤销权行使的范围，不受债权数额的限制。

（四）无效行为

依据《企业破产法》第33条的规定，涉及债务人财产的下列行为无效：

（1）为逃避债务而隐匿、转移财产的。

（2）虚构债务或者承认不真实的债务的。

在破产程序终结之日起2年内，债权人可以行使破产撤销权或者针对债务人的无效行为而追回财产。在此期间追回的财产，应当按照破产财产分配方案，对"全体债权人"进行追加分配。破产程序终结之日起2年后，追回的财产不再用于对全体债权人清偿，而是用于对追回财产的债权人"个别清偿"。

四、取回权

（一）取回权的概念

取回权是指从管理人接管的财产中取回不属于债务人的财产的请求权。取回权具有以下特征：

（1）取回权是以物权为基础的请求权。

（2）取回权是对特定物的返还请求权。

（3）取回权是在破产程序中行使的特

别请求权。

(4)取回权标的物在被取回以前,视同为债务人财产,由管理人管理和支配。

(二)取回权的种类

1. 原物取回权

原物取回权是根据原物返还的民法原理而取得的权利。

2. 赔偿取回权

赔偿取回权是在已经不能返还原物的情况下,以金钱赔偿方式满足的取回权。

原物在破产申请受理前被处分或损毁灭失的,权利人可申报破产债权;原物在破产申请受理后被处分或损毁灭失的,权利人可申报共益债务。

(三)出卖人取回权

出卖人取回权是买卖成立后,尚未收取全部价款的卖方,在货物发运后,尚未实际占有货物的买方进入破产程序的,可以取回在运途中货物的权利。

(四)取回权的行使

破产宣告后,破产程序终结前,取回权人得随时向管理人请求取回财产。管理人收到取回权人的请求后,经证明属实的,应予以返还。但是,取回权人行使权利时未依法向管理人支付相关的加工费、保管费、托运费、委托费、代销费等费用的,管理人有权拒绝。

取回权标的物应当原物返还(原物取回权)。取回权标的物因已经处分或者毁损灭失而不能原物返还的,应当折价返还(赔偿取回权)。

管理人在处理以取回权为由提出的给付请求时,如果认为请求人缺乏权利根据,可以拒绝给付。由此发生争议的,请求人可以向受理破产案件的人民法院提起诉讼。

五、破产抵销权

(一)破产抵销权概念

破产抵销权,是指破产债权人在破产宣告前对破产人负有债务的,不论债的种类和到期时间,得于清算分配前以破产债权抵销其所负债务的权利。

(二)破产抵销权的行使

(1)管理人不得主动抵销,只能由债权人向债务人主张抵销。

(2)破产抵销权的行使,以债权申报为前提。

(三)不适用破产抵销的情形

(1)债务人的债务人在破产申请受理后取得的他人对债务人的债权,不得用于抵销。

(2)债权人已知债务人有不能清偿到期债务或者破产申请的事实,而对债务人负担债务的,不得抵销。但是,债权人因为法律规定或者在破产申请1年前所发生的原因而负担债务的除外。

原因:在这种情况下,如果法律对破产抵销没有限制,则债权人可以通过对债务人负债的方式取得债务人的财产。例如,按照市价赊购债务人的财产,从而形成对破产财产的债务,然后通过破产抵销,免除这笔债务。这实际上是以实物形式使自己的破产债权抢先得到满足,从而逃避破产程序。

(3)债务人的债务人已知债务人有不能清偿到期债务或者破产申请的事实,而对债务人取得的债权,不得抵销。但是,债务人的债务人因为法律规定或者有破产申请1年前所发生的原因而取得债权的除外。

六、破产费用和共益债务

(一)破产费用和共益债务的范围

1. 破产费用

破产费用,是指破产程序开始后,为破产程序的进行以及为全体债权人的共同利益而从债务人财产中优先支付的费用。人民法院受理破产申请后发生的下列费用,为破产费用：

（1）破产案件的诉讼费用。

（2）管理、变价和分配债务人财产的费用。

（3）管理人执行职务的费用、报酬和聘用工作人员的费用。

2.共益债务

共益债务又称财团债务，是指破产程序中为全体债权人的共同利益而管理、变价和分配破产财产而负担的债务，与之相对应的权利为共益债权。人民法院受理破产申请后发生的下列债务，为共益债务：

（1）因管理人或者债务人请求对方当事人履行双方均未履行完毕的合同所产生的债务。

（2）债务人财产受无因管理所产生的债务。

（3）因债务人不当得利所产生的债务。

（4）为债务人继续营业而应支付的劳动报酬和社会保险费用以及由此产生的其他债务。

（5）管理人或者相关人员执行职务致人损害所产生的债务。

（6）债务人财产致人损害所产生的债务。

（二）破产费用和共益债务的清偿

根据《企业破产法》的规定，破产费用和共益债务的清偿，采用以下原则：

1.随时清偿

破产费用和共益债务由债务人财产随时清偿。在债务人财产足以清偿破产费用和共益债务时，二者的清偿不分先后。

2.破产费用优先清偿

在债务人财产不足以清偿所有破产费用和共益债务的情况下，先行清偿破产费用。

3.按比例清偿

债务人财产不足以清偿所有破产费用或者共益债务的，按照比例清偿。

4.不足清偿时的终结程序

债务人财产不足以清偿破产费用的，管理人应当提请人民法院终结破产程序。如果此时尚未宣告债务人破产，则无须宣告。

第五节 债权申报

一、债权的申报期限

《企业破产法》对债权申报期限实行法定范围内的法院酌定主义，即人民法院受理破产申请后，确定债权人申报债权的期限；该期限自人民法院发布受理破产申请公告之日起计算，最短不得少于30日，最长不得超过3个月。债权人应当在人民法院确定的债权申报期限内向管理人申报债权。债权人未依照法律规定申报债权的，不得参加破产程序行使权利。

二、债权申报的范围

（一）一般规定

可申报的债权要满足以下五点要求：

（1）须为以财产给付为内容的请求权。

（2）须为以债务人财产为受偿基础的请求权。

（3）须为法院受理破产申请前成立的对债务人享有的债权。

（4）须为平等民事主体之间的请求权。

（5）须为合法有效的债权。

因此，以下债权不得申报：

（1）存在合同法或者其他法律规定的无效原因的债权。

（2）诉讼时效已经届满的债权。

（3）无证据或者证据为虚假的债权、有相反证据证明为虚假的债权（申报人提供的证据材料不足以证明其真实性和有效性的债权,在补足证据前推定为不得申报)。

不具备条件的债权被申报的,管理人有权提出异议。申报人坚持申报的,管理人可以在债权表中另页记载,并载明所发现的问题以供债权人会议作出决定。必要时,管理人可以请求人民法院裁定不予确认。

(二)特别情形

(1)职工债权。职工债权不必申报,由管理人调查后列出清单并予以公示。

(2)利息请求权。附利息的债权自破产申请受理时起停止计息。破产申请受理前的利息,随本金一同申报。

(3)待定债权,又称"或然债权",是指其效力有待确定的债权,包括附条件、附期限的债权和诉讼、仲裁未决的债权。这些债权可以申报,但必须说明其待定的状况。

(4)连带债权。连带债权人可以由其中一人代表全体连带债权人申报债权,也可以共同申报债权。申报的债权是连带债权的,应当说明。

(5)连带债务人的代位求偿权。债务人的保证人或者其他连带债务人,已经代替债务人清偿债务的,以其对债务人的求偿权申报债权;尚未代替债务人清偿债务的,除债权人已经向管理人申报全部债权的外,以其对债务人的将来求偿权申报债权。

(6)连带债务人的债权人。在连带债务人之一破产时,其债权人享有在破产程序中申报债权的权利。连带债务人数人被裁定适用破产程序的,其债权人有权就其全部债权分别在各破产案件中申报债权。

(7)待履行合同相对人的赔偿请求权。管理人或者债务人依照《企业破产法》第18条的规定解除合同的,对方当事人以因合同解除所产生的损害赔偿请求权申报债权。

(8)善意受托人的请求权。债务人是委托合同的委托人,被裁定适用《企业破产法》规定的程序,受托人不知该事实,继续处理委托事务的,受托人以由此产生的请求权申报债权。

(9)票据付款人的请求权。破产债务人是票据的出票人,该票据的付款人继续付款或者承兑的,付款人以由此产生的请求权申报债权。

三、债权申报的方式

债权人申报债权时,应当书面说明债权的数额和有无财产担保,并提供如下证据:

(1)债权性的文件,如合同、借据、法院判决等。

(2)身份证明。债权人自己申报的应当提交合法有效的身份证明,代理申报人应当提交委托人的有效身份证明、授权委托书和债权证明。

(3)担保证明。申报的债权有财产担保的,应当提交证明财产担保的证据。

破产案件受理后,债权人向人民法院提起新诉讼的,应予驳回。其起诉不具有债权申报的效力。

四、逾期申报和未申报的后果

在人民法院确定的债权申报期限内,债权人未申报债权的,可以在破产财产最后分配前补充申报;但是,此前已进行的分配,不再对其补充分配。为审查和确认补充申报债权的费用,由补充申报人承担。

第六节 债权人会议

一、债权人会议的法律地位

(一)债权人会议的性质

债权人会议是全体债权人参加破产程序并行使权利的决议机构,是债权人团体在破产程序中的意思发表机关。债权人会议本质是一个组织体。

（二）债权人的自治原则

有关债权人权利行使和权利处分的一切事项，均应由债权人会议独立地作出决议。债权人在债权人会议上应享有充分的自由表达和自主表决的权利。

二、债权人会议的程序规则

（一）债权人会议的组成

1. 债权人会议成员

债权人依法申报债权后，成为债权人会议的成员。

2. 债权人会议成员的表决权

（1）有表决权的债权人。有表决权的债权人又分为两种，一是对所有的表决事项都有表决权的债权人；二是对部分表决事项有表决权的债权人，这是指有财产担保而未放弃优先受偿权利的债权人，对于通过和解协议的决议和通过破产分配方案的决议，不享有表决权。

（2）无表决权的债权人。无表决权的债权人主要包括：

第一，债权尚未确定，而人民法院未能为其行使表决权而临时确定债权额的，不得行使表决权；

第二，债权附有停止条件，其条件尚有待成就的，或者债权附有解除条件，其解除条件已成就的，不享有表决权；

第三，尚未代替债务人清偿债务的保证人或者其他连带债务人，不享有表决权。

（3）表决代理。债权人可以委托代理人出席债权人会议，行使表决权。代理人出席债权人会议，应当向人民法院或者债权人会议主席提交债权人的授权委托书。

3. 债权人会议主席

债权人会议主席为债权人会议的召集人，由人民法院从有表决权的债权人中指定。

4. 职工代表参加会议

为了保护职工权益，债权人会议应当有债务人的职工和工会的代表参加。

（二）债权人会议的职权

债权人会议行使下列职权：

（1）核查债权。

（2）申请人民法院更换管理人，审查管理人的费用和报酬。

（3）监督管理人。

（4）选任和更换债权人委员会成员。

（5）决定继续或者停止债务人的营业。

（6）通过重整计划。

（7）通过和解协议。

（8）通过债务人财产的管理方案。

（9）通过破产财产的变价方案。

（10）通过破产财产的分配方案。

（11）人民法院认为应当由债权人会议行使的其他职权。

（三）债权人会议的召开程序

1. 会议的召集

（1）召集人。第一次债权人会议由人民法院召集。以后的债权人会议由会议主席召集。

（2）召集的时间。第一次债权人会议为法定会议，应当在债权申报期限届满后15日内召开。以后的债权人会议，在人民法院认为必要时召开，或者在管理人、债权人委员会、占债权总额1/4以上的债权人向债权人会议主席提议时召开。

（3）召集通知。召开债权人会议，管理人应当提前15日通知已知的债权人。

2. 会议的决议

（1）决议的方式。债权人会议的决议，由出席会议的有表决权的债权人过半数通过，并且其所代表的债权额占无财产担保债权总额的1/2以上。但是，《企业破产法》另有规定的除外。这里所说的"另有规定",是指《企业破产法》第 84 条关于通过重整计划的规定和第 97 条关于通过和解协议草案的规定。

(2) 决议的效力。债权人会议的决议,对于全体债权人均有约束力。

(3) 对决议的异议。债权人认为债权人会议的决议违反法律规定,损害其利益的,可以自债权人会议作出决议之日起 15 日内,请求人民法院裁定撤销该决议,责令债权人会议依法重新作出决议。

(4) 决议的记录。债权人会议应当对所议事项的决议制作会议记录。

(5) 决议未通过的补救。对于债务人财产的管理方案或者破产财产的变价方案,债权人会议表决未通过的,由人民法院裁定。对于破产财产分配方案,债权人会议表决未通过的,应当再次表决;再次表决仍未通过的,由人民法院裁定。这样规定,是为了防止债权人会议对这些事项久拖不决而造成财产的无谓消耗,损害全体债权人的利益。

三、债权人委员会

债权人会议不是一个常设机构,不能经常性地召集和作出决定。为了保证债权人充分行使权利,有必要将债权人的集体决定权授予他们的代表机构。这种代表债权人会议行使监督权利的机构,就是债权人委员会。

债权人委员会由债权人会议决定设立。债权人会议有权决定其设立或不设立,自然也有权决定其变更或解散。

按照《企业破产法》第 67 条的规定,债权人委员会由债权人会议选任的债权人代表和一名债务人的职工代表或者工会代表组成。债权人委员会成员不得超过 9 人。债权人委员会成员应当经人民法院书面决定认可。

第七节 重整程序

一、重整原因

根据《企业破产法》第 2 条第 2 款的规定,企业法人不能清偿到期债务,并且资产不足以清偿全部债务或者明显缺乏清偿能力的,或者有明显丧失清偿能力可能的,可以依照该法规定进行重整,即重整程序可适用于两种情形:

(1) 债务人具备破产原因,即不能清偿到期债务并且资产不足以清偿全部债务的,或者不能清偿到期债务并且明显缺乏清偿能力的。

(2) 债务人将要出现破产原因,即有明显丧失清偿能力可能的。

二、重整程序的发动

(1) 破产案件受理前的初始重整申请,可以由债务人或者债权人提出。

(2) 破产案件受理后、破产宣告前的后续重整申请,初始申请为债权人申请债务人破产清算的,可由债务人或者持有债务人注册资本 1/10 以上的一名或数名出资人提出。

三、重整期间的财产管理

(一) 重整期间

自人民法院裁定债务人重整之日起至重整程序终止,为重整期间。除了具备法定原因提前终止重整程序的外,重整期间包括两个阶段:

1. 重整计划制备阶段

重整计划制备阶段即从人民法院裁定债务人重整之日起,到债务人或者管理人向人民法院和债权人会议提交重整计划草案时止。这一期间通常为 6 个月,但有正当理由的,经债务人或者管理人请求,人民法院可以裁定延期 3 个月。

2. 重整计划通过阶段

重整计划通过阶段即从重整计划草案提交时起，到债权人会议表决后，人民法院裁定批准或不批准重整计划并终止重整程序，或者依据表决未通过的事实裁定终止重整程序时止。这一期间没有法定期限，由人民法院酌情决定。

(二)管理人监督下的债务人自行管理

在重整期间，经债务人申请，人民法院批准，债务人可以在管理人的监督下自行管理财产和营业事务。同时，债务人要接受管理人的监督。

(三)管理人负责及债务人参与的管理

如果债务人没有提出自行管理的申请，或者提出申请但未获得法院批准时，应由管理人负责重整期间债务人财产管理和营业事务。此时，管理人可以以聘任的方式委托债务人负责办理部分业务，受聘人员的营业行为应当受到管理人的监督。

四、重整期间营业保护的特别规定

(一)对担保物权的限制

适当限制担保物权，对维持债务人营业所必需的财产能够继续被使用、拯救企业是非常必要的。所以企业破产法对担保物权作出了如下限制：

(1)对债务人享有的担保物权如抵押权、质权，只能在和解程序或者清算程序开始后才能行使。

(2)在重整期间，对债务人的特定财产享有的担保权暂停行使。但是，担保物有损坏或者价值明显减少的可能，足以危害担保权人权利的，担保权人可以向人民法院请求恢复行使担保权。

企业破产法还赋予管理人通过清偿债务或者提供替代担保取回质物、留置物的权利。

(二)新借款

重整期间债务人或者管理人为继续营业而借款的，可以为该借款设定担保。此时，新借款的债权人因为设定了担保，其债权优先于破产费用和共益债务得到清偿。

(三)取回权限制

债务人合法占有的他人财产，该财产的权利人在重整期间要求取回的，应当符合事先约定的条件。例如，债务人租赁的设备，如果租期未到，则出租人不得在重整期间要求取回。

(四)对出资人和管理层的权利限制

在重整期间，债务人的出资人不得请求投资收益分配。在重整期间，债务人的董事、监事、高级管理人员不得向第三人转让其持有的债务人的股权。但是，经人民法院同意的除外。

这是因为，企业拯救的一个决定性因素就是利益相关者的信心，而债务人的出资人和高级管理人员在重整期间分配利润，会导致人们对企业前景的消极预测，还会导致企业流动资金的减少。

五、重整程序的终止

根据《企业破产法》第78、79条的规定，在重整计划提交表决前，可以基于两类原因提前终止重整程序。

(一)继续重整存在重大障碍

在重整期间，有下列情形之一的，经管理人或者利害关系人请求，人民法院应当裁定终止重整程序，并宣告债务人破产：

(1)债务人的经营状况和财产状况继续恶化，缺乏挽救的可能性。

(2)债务人有欺诈、恶意减少债务人财产或者其他显著不利于债权人的行为。

(3)由于债务人的行为致使管理人无法执行职务。

(二)未按时提交重整计划草案

债务人或者管理人未按期提出重整计划草案的，人民法院应当裁定终止重整程序,并宣告债务人破产。

六、重整计划的通过和批准

(一)重整计划的制备和提交期限

1. 制备

债务人自行管理财产和营业事务的,由债务人制作重整计划草案。管理人负责管理财产和营业事务的,由管理人制作重整计划草案。

2. 提交期限

债务人或者管理人应当自人民法院裁定债务人重整之日起6个月内,同时向人民法院和债权人会议提交重整计划草案。该期限届满,经债务人或者管理人请求,有正当理由的,人民法院可以裁定延期3个月。

(二)重整计划的内容

重整计划草案应当包括下列内容:

(1)债务人的经营方案。
(2)债权分类。
(3)债权调整方案。
(4)债权受偿方案。
(5)重整计划的执行期限。
(6)重整计划执行的监督期限。
(7)有利于债务人重整的其他方案。

(三)重整计划的分组表决程序

1. 会议召集

人民法院应当自收到重整计划草案之日起30日内召开债权人会议。此次会议的中心议题就是对重整计划草案进行表决。如果这是第一次债权人会议,其议题还应当包括核查债权和其他必要事项。

2. 分组表决程序

(1)债权人会议应当依照规定的债权分类分成不同的表决组,对重整计划草案进行分组表决。出席会议的同一表决组的债权人过半数同意重整计划草案,并且其所代表的债权额占该组债权总额的2/3以上的,即为该组通过重整计划草案。

(2)重整计划草案涉及出资人权益调整事项的,应当设出资人组,对该事项进行表决。其表决通过的规则与债权人表决组相同。

(3)各表决组均通过重整计划草案时,重整计划即为通过。自重整计划通过之日起10日内,债务人或者管理人应当向人民法院提出批准重整计划的申请。

3. 批准程序

批准程序是人民法院行使司法审查权的过程。在审查过程中,人民法院可以根据案情的需要,进行开庭或不开庭的审理。人民法院审理后,可以针对不同情况作出不同结果的裁定。

(1)通过后的审查批准。

①人民法院经审查认为重整计划符合《企业破产法》规定的,应当自收到申请之日起30日内裁定批准,同时终止重整程序,并予以公告。

②如果人民法院审查后认为提请批准的重整计划在实体上或者程序上不符合《企业破产法》的规定,应当裁定不予批准,同时终止重整程序,并宣告债务人破产。

(2)未通过时的强行批准

《企业破产法》第87条规定了如下强行批准程序:

①协商基础上再次表决。部分表决组未通过重整计划草案的,债务人或者管理人可以同未通过重整计划草案的表决组协商。该表决组可以在协商后再表决一次。双方协商的结果不得损害其他表决组的利益。

②再次表决未通过时的审查批准。未通过重整计划草案的表决组拒绝再次表决或者再次表决仍未通过重整计划草案,但重整计划草案符合下列条件的,债务人或者管理人可以申请人民法院批准重整计划草案:

第一,按照重整计划草案,《企业破产法》第82条第1款第(一)项所列债权就该特定财产将获得全额清偿,其因延期清偿所受的损失将得到公平补偿,并且其担保权未受到实质性损害,或者该表决组已经通过重整计划草案。

第二,按照重整计划草案,《企业破产法》第82条第1款第(二)项、第(三)项所列债权将获得全额清偿,或者相应表决组已经通过重整计划草案。

第三,按照重整计划草案,普通债权所获得的清偿比例,不低于其在重整计划草案被提请批准时依照破产清算程序所能获得的清偿比例,或者该表决组已经通过重整计划草案。

第四,重整计划草案对出资人权益的调整公平、公正,或者出资人组已经通过重整计划草案。

第五,重整计划草案公平对待同一表决组的成员,并且所规定的债权清偿顺序不违反《企业破产法》第113条的规定。

第六,债务人的经营方案具有可行性。

人民法院经审查认为重整计划草案符合前款规定的,应当自收到申请之日起30日内裁定批准,终止重整程序,并予以公告。

七、重整计划的执行

(一)重整计划的执行人

重整计划由债务人负责执行。

人民法院裁定批准重整计划后,已接管财产和营业事务的管理人应当向债务人移交财产和营业事务。

(二)重整计划的监督人

1. 监督人

在重整计划规定的监督期内,由管理人监督重整计划的执行。

2. 监督人的职责

(1)在监督期内,债务人应当向管理人报告重整计划执行情况和债务人财务状况。

(2)监督期届满时,管理人应当向人民法院提交监督报告。自监督报告提交之日起,管理人的监督职责终止。

(3)管理人向人民法院提交的监督报告,重整计划的利害关系人有权查阅。

(4)经管理人申请,人民法院可以裁定延长重整计划执行的监督期限。

(三)重整计划的约束力

(1)经人民法院裁定批准的重整计划,对债务人和全体债权人均有约束力。

(2)债权人未依照《企业破产法》的规定申报债权的,在重整计划执行期间不得行使权利;在重整计划执行完毕后,可以按照重整计划规定的同类债权的清偿条件行使权利。

(3)债权人对债务人的保证人和其他连带债务人所享有的权利,不受重整计划的影响。

(四)重整计划的修改

《企业破产法》中并没有规定已获批准的重整计划的变更。但这并不意味着任何对计划的修改都受到禁止。如果客观情况发生变化,只有对重整计划的某些部分作出适当修改才能实现企业拯救和保护债权人的利益。例如,对企业经营方案、融资方案的某些修改,如果有利于营业复兴并符合债权人利益,债务人和管理人可以提出修改方案,在取得债权人委员会同意后,报请人民法院作出批准决定。

至于债权调整方案和清偿方案,一般不允许变更,除非债务人与相关债权人已经达成了债务和解协议。

(五)重整计划的执行终止

1. 因执行不能而终止

(1)执行不能包括债务人不执行和不能执行两种情况。

(2)终止后的效力:①债权人在重整

计划中作出的债权调整的承诺失去效力。②债权人在重整计划执行过程中已经接受的清偿仍然有效。但其债权未受清偿的部分,必须等到同顺位债权的各债权人在重整计划执行中已经接受的清偿与自己达到同一比例时,才能接受清偿。③为重整计划的执行提供的担保继续有效。

2.因执行完毕而终止

自法院裁定终结破产案件时确认的重整计划执行完毕之日起,债务人对于重整计划减免的债务免除清偿责任。

第八节 和解程序

一、和解申请与裁定

申请和解必须符合以下三项条件:

(1)和解的申请人必须是已经具备破产原因的债务人。实践中,债权人希望和解的,可以与债务人协商,由债务人提出和解申请。

(2)申请和解的债务人应当遵守有关破产申请的一般规定,向人民法院提交相关的证据和文件。

(3)债务人在申请和解时必须提交和解协议草案。人民法院经审查认为和解申请符合《企业破产法》规定的,应当裁定和解,予以公告,并召集债权人会议讨论和解协议草案。

二、和解协议的成立和生效

(一)和解协议的成立

债权人会议通过和解协议草案的决议符合"由出席会议的有表决权的债权人的过半数同意,并且其所代表的债权额占无财产担保债权总额的三分之二以上"的条件时,即达成和解协议。

(二)和解协议的生效

债务人和债权人达成和解协议,必须经人民法院裁定认可方能生效。人民法院应当从协议内容和会议程序两个方面进行审查。

人民法院认可和解协议的,应当发布公告,终止破产程序。和解协议自公告之日起具有法律效力。和解协议生效后,管理人应当向债务人移交财产和营业事务,并向人民法院提交执行职务的报告。

三、和解协议的执行

(一)和解协议的法律效果

(1)自和解协议生效时起,破产程序终结。

(2)债务人恢复对财产和事务的自主管理。

(3)全体和解债权人受和解协议的约束。

和解债权人是指法院受理破产申请时对债务人享有无财产担保债权的人,无论其是否参加和解协议的表决,均受到和解协议的约束。

(4)债务人受和解协议的约束。

(二)和解协议执行完毕的法律效果

按照和解协议减免的债务,自和解协议执行完毕时起,债务人不再承担清偿责任。

(三)和解失败的法律效果

1.和解协议不成立、不生效

和解协议草案经债权人会议表决未获得通过,或者已经债权人会议通过的和解协议条款未获得人民法院认可的,人民法院应当裁定终止和解程序,并宣告债务人破产。

2.和解协议无效

因债务人的欺诈或者其他违法行为而成立的和解协议,无论该违法事由何时被发现,人民法院都应当裁定和解协议无效,并宣告债务人破产。

3. 和解协议执行不能

债务人不能执行或者不执行和解协议的,人民法院经和解债权人请求,应当裁定终止和解协议的执行,并宣告债务人破产。

(四)终止和解协议执行的法律效果

(1)和解债权人在和解协议中作出的债权调整的承诺失去效力。

(2)债权人在重整计划执行过程中已经接受的清偿仍然有效。但其债权未受清偿的部分,必须等到同顺位债权的各债权人在重整计划执行中已经接受的清偿与自己达到同一比例时,才能接受清偿。

(3)为重整计划的执行提供的担保继续有效。

四、法庭外的和解

实践中,在和解申请前或者申请后,当事人之间就和解事项开展法庭外谈判,是十分正常的现象。企业破产法的法律政策应该是鼓励当事人开展企业拯救。因此,企业破产法承认当事人可以在法庭外自行和解,经法院认可后具备相当于法庭内和解的效力。另外,为防止滥用庭外和解和侵犯部分债权人利益的情况,法律对和解协议的法庭外成立规定了更加严格的条件:

(1)必须经全体债权人一致同意。

(2)不损害有担保债权人的权益。

(3)经人民法院审查认可。

根据《企业破产法》第 105 条的规定,人民法院受理破产申请后,债务人与全体债权人就债权债务的处理自行达成协议的,可以请求人民法院裁定认可,并终结破产程序。

法庭外达成的和解协议经人民法院裁定认可的,与经由债权人会议表决通过后人民法院裁定认可的和解协议,具有同等效力。其以后的执行或终止执行,适用相同的法律规则。

第九节 破产清算程序

一、破产宣告

(一)破产宣告的意义

破产宣告,标志着破产案件无可逆转地进入清算程序。《企业破产法》规定,债务人被宣告破产后,债务人称为破产人,人民法院受理破产申请时对债务人享有的债权称为破产债权。

(二)破产宣告的裁定

人民法院依法宣告债务人破产的,应当自裁定作出之日起 5 日内送达债务人和管理人,自裁定作出之日起 10 日内通知已知债权人,并予以公告。人民法院宣告企业破产,应当公开进行,应当通知债权人、债务人到庭,当庭宣告裁定。债权人、债务人拒不到庭的,不影响裁定的效力。

(三)破产宣告的效果

(1)使破产案件转入破产清算程序。

(2)对债务人的效果:

①债务人成为破产人;

②债务人财产成为破产财产;

③债务人丧失对财产和事务的管理权。

(3)对债权人的效果:

①有财产担保的债权人,即别除权人,可以由担保物获得清偿;

②无财产担保的债权人不享有由特定财产优先受偿的权利。

二、免于破产宣告

债务人具备破产原因,但有法律规定的特定事由的,不予宣告破产。这种规定,为破产宣告的例外规定。《企业破产法》第 108 条规定:"破产宣告前,有下列情形之一的,人民法院应当裁定终结破产程序,并予以公告:(一)第三人为债务人提供足额担保或者为债务人清偿全部到期债务的;(二)债务人已清偿全部到期债务的。"

三、别除权

(一)别除权的概念

别除权,是指债权人不依破产程序,而由破产财产中特定财产单独优先受偿的权利。别除权有以下特点:

(1)以担保物权为基础权利;
(2)以实现债权为目的;
(3)以破产人的特定财产为标的物;
(4)别除权人不参加集体清偿程序;
(5)别除权标的物不计入破产财产。

(二)清偿余额和差额

别除权标的物折价或者拍卖、变卖后其价款超过债权数额的部分,应当归入破产财产;其价款不足清偿全部债务的,不足清偿的部分作为破产债权,通过清算分配程序受偿。

(三)别除权的行使

破产宣告后,别除权人对破产人的特定财产享有优先受偿的权利,行使优先受偿权利未能完全受偿的,其未受偿的债权作为普通债权;放弃优先受偿权利的,其债权作为普通债权。

(四)别除权标的物的回赎

如果别除权标的物对于破产企业的继续经营或者破产财产的整体变价具有重要意义,则管理人可以在担保债权由该标的物所能实现的清偿范围内,提供相同数额的清偿或替代担保,从而收回该标的物。

《企业破产法》第37条规定:"人民法院受理破产申请后,管理人可以通过清偿债务或者提供为债权人接受的担保,取回质物、留置物。前款规定的债务清偿或者替代担保,在质物或者留置物的价值低于被担保的债权额时,以该质物或者留置物当时的市场价值为限。"这一规定有助于在保护别除权人合法权益的前提下,使管理人收回别除权标的物用于继续经营或者破产财产整体变卖。

四、破产财产变价

(一)破产财产变价的概念

破产财产变价,是指管理人将非金钱的破产财产,通过合法方式出让使其转化为金钱形态,以便清算分配。

破产财产变价以金钱分配为原则,实物分配为例外。这是为了避免部分破产财产难以变现而拖延破产清算时间。

(二)破产财产变价方案

《企业破产法》第111条规定:"管理人应当及时拟订破产财产变价方案,提交债权人会议讨论。管理人应当按照债权人会议通过的或者人民法院依照本法第六十五条第一款规定裁定的破产财产变价方案,适时变价出售破产财产。"

(三)公开变卖的方式与原则

1.方式

(1)拍卖(有利于通过公开竞价提高财产售价);
(2)招标出售(不公开竞价);
(3)标价出售。

2.原则

以上三种方式中,一般应采用第一种。债权人会议决议采用其他方式的,从其决议。但是,按照国家规定不能拍卖或者限制转让的财产,应当按照国家规定的方式处理。

(四)破产财产的整体变卖

破产企业可以全部或者部分变价出售。企业变价出售时,可以将其中的无形资产和其他财产单独变价出售。

五、破产财产分配

破产财产的分配,是指破产管理人将

变价后的破产财产,根据符合法定顺序并经合法程序确定的分配方案,对全体债权人进行公平清偿的程序。破产分配标志着破产清算的完成。破产分配结束是破产程序终结的原因。

(一)破产清偿顺序

1. 请求权的顺序

破产财产在优先清偿破产费用和共益债务后,依照下列顺序清偿:

(1)破产人所欠职工的工资和医疗、伤残补助、抚恤费用,所欠的应当划入职工个人账户的基本养老保险、基本医疗保险费用,以及法律、行政法规规定应当支付给职工的补偿金(第一顺序);

(2)破产人欠缴的除前项规定以外的社会保险费用和破产人所欠税款(第二顺序);

(3)普通破产债权(第三顺序)。

在计算第一顺序的债权分配时,破产企业的董事、监事和高级管理人员的工资按照该企业职工的平均工资计算。

2. 按顺序清偿的规则

按顺序清偿必须遵守如下规则:

(1)首先清偿在先顺序的债权;

(2)在先顺序债权清偿完毕后,有剩余财产的,进行下一顺序债权的清偿;

(3)对每一顺序的债权,破产财产足够清偿的,予以足额清偿,不足清偿的,按比例清偿;

(4)按比例分配后,无论是否有未获分配的下一顺序债权,破产分配均告结束。

(二)破产财产分配方案

1. 管理人负责破产财产分配方案的制备

2. 破产财产分配方案的内容

破产财产分配方案应当载明下列事项:参加破产财产分配的债权人名称或者姓名、住所;参加破产财产分配的债权额;可供分配的破产财产数额;破产分配的顺序、比例及数额;实施破产财产分配的方法。

3. 破产财产分配方案的通过

(1)债权人会议通过破产财产分配方案的决议,由出席会议的有表决权的债权人过半数通过,并且其所代表的债权额必须占无财产担保债权总额的1/2以上。该决议经债权人会议二次表决仍未通过的,由人民法院裁定。

(2)经债权人会议通过的破产财产分配方案,须报请人民法院裁定认可,方可执行。人民法院认为破产财产分配方案符合法律规定并且无损害债权人利益的情事的,应当裁定认可。

(3)债权人认为债权人会议的决议违反法律规定,损害其利益的,可以自债权人会议作出决议之日起15日内,请求人民法院裁定撤销该决议,责令债权人会议依法重新作出决议。

(4)对于债权人会议通过的破产财产分配方案,已申报的债权人有异议的,可以按照《企业破产法》的规定,在债权人会议作出决议后的7日内提请人民法院裁定。人民法院认为分配方案有错误的,可以要求管理人予以变更。管理人应将变更意见提交债权人会议批准后,报请人民法院裁定认可。

4. 破产财产分配方案的执行

破产财产分配方案由管理人执行。破产财产分配,可以一次分配,也可以多次分配。

5. 分配额的提存

破产财产分配额的提存,是指管理人在执行破产财产分配时因为存在某种法律上或事实上的障碍,依法将给付标的物交给提存机关或者人民法院指定的机构,以留待进一步处理的制度。具体来说,有以下三种情况:

(1)附生效条件或者解除条件债权的

提存；

(2)未受领的破产财产分配额的提存；

(3)诉讼或者仲裁未决债权的提存。

在第(2)种情况下,债权人自最后分配公告之日起满两个月仍不领取的,视为放弃受领分配的权利,管理人或者人民法院应当将提存的分配额分配给其他债权人。在第(3)种情况下,自破产程序终结之日起满两年仍不受领分配的,人民法院应当将提存的分配额分配给其他债权人。

六、破产程序的终结

(一)破产程序终结的概念

破产程序的终结,是指破产程序不可逆转地归于结束,破产程序可能因预期目标实现也可能因目标未实现而终结。

(二)破产程序终结的事由

根据《企业破产法》的直接规定或条文本意,破产程序的终结事由有：

(1)重整计划执行完毕(《企业破产法》第94条)；

(2)人民法院裁定认可和解协议(《企业破产法》第98条)；

(3)债务人有不予宣告破产的法定事由(《企业破产法》第108条)；

(4)债务人财产不足以清偿破产费用(《企业破产法》第43条第4款)；

(5)破产人无财产可供分配(《企业破产法》第120条第1款)；

(6)破产财产分配完毕(《企业破产法》第120条第2款)。

(三)消灭债务人法律人格的程序终结

1.终结裁定

当债务人财产不足以清偿破产费用、破产人无财产可供分配、破产财产分配完毕时,由管理人向人民法院提请裁定终结破产程序。人民法院应当自收到管理人的请求之日起15日内作出是否终结破产程序的裁定。

2.终结后的有关事项

(1)办理注销登记；

(2)管理人职务终止；

(3)连带债务的存续；

(4)新发现财产与追加分配。

七、追加分配

(一)追加分配的概念

追加分配,是指在破产分配完成、破产程序终结以后,对于新发现的属于破产人而可用于破产分配的财产,由人民法院按照破产程序的有关规则对尚未获得满足的破产请求权进行清偿的补充性程序。

(二)追加分配的财产范围

(1)依据《企业破产法》第31、32、33、36条规定追回的财产；

(2)破产程序终结后收回的属于破产人的其他财产。

(三)追加分配的除斥期间

(1)除斥期间:2年

(2)除斥期间的起算点：

①因债务人财产不足以清偿破产费用,破产程序依照《企业破产法》第43条的规定终结之日；

②因破产人无财产可供分配,破产程序依照《企业破产法》第120条的规定终结之日。

(四)追加分配的通知和公告

对有权参加分配的债权人应当通知,并对追加分配的时间和金额进行公告。

(五)追加分配的方案

追加分配应依照《企业破产法》规定的顺序进行清偿。

已经在清算程序中获得满足的顺位,不得参加追加分配。尚未获得完全清偿的请求权属于不同顺位的,应首先清偿在先顺位的请求权。同一顺位的请求权不能全部满足的,按比例清偿。实践中,可以根据最后分配的方案,确定应接受追加分配的债权人名单。

(六)小额财产的处理

进行追加分配总是需要一定的人员和费用,因此,如果追回财产的数额较小,不足以支付分配费用,则不再进行追加分配,由人民法院将其上交国库。

第十节 法律责任

一、债务人的法律责任

(一)管理层造成企业破产法律责任

(1)企业董事、监事或者高级管理人员违反忠实义务、勤勉义务,致使所在企业破产的,依法承担民事责任。

(2)前述人员自破产程序终结之日起3年内不得担任任何企业的董事、监事、高级管理人员。

(二)违反破产程序义务的法律责任

为了督促债务人的有关人员履行相关义务,《企业破产法》规定了如下法律责任:

(1)有义务列席债权人会议的债务人的有关人员,经人民法院传唤,无正当理由拒不列席债权人会议的,人民法院可以拘传,并依法处以罚款。债务人的有关人员违反《企业破产法》的规定,拒不陈述、回答,或者作虚假陈述、回答的,人民法院可以依法处以罚款。

(2)债务人违反《企业破产法》的规定,拒不向人民法院提交或者提交不真实的财产状况说明、债务清册、债权清册、有关财务会计报告以及职工工资的支付情况和社会保险费用的缴纳情况的,人民法院可以对直接责任人员依法处以罚款。债务人违反《企业破产法》规定,拒不向管理人移交财产、印章和账簿、文书等资料的,或者伪造、销毁有关财产证据材料而使财产状况不明的,人民法院可以对直接责任人员依法处以罚款。

(3)债务人的有关人员违反《企业破产法》的规定,擅自离开住所地的,人民法院可以予以训诫、拘留,可以依法并处罚款。

(三)欺诈破产行为的法律责任

为了遏制各种欺诈破产行为,《企业破产法》第128条规定,债务人有本法第31、22、33条规定的行为,损害债权人利益的,债务人的法定代表人和其他直接责任人员依法承担赔偿责任。

二、管理人的法律责任

为了规范管理人的行为,维护破产管理的公正和效率,《企业破产法》第130条规定,管理人未依照本法规定勤勉尽责,忠实执行职务的,人民法院可以依法处以罚款;给债权人、债务人或者第三人造成损失的,依法承担赔偿责任。

三、刑事责任

行为人的行为情节严重,构成犯罪的,依照《企业破产法》第131条的规定,应当依法追究刑事责任。

第六章 票据法

第一节 票据法概述

一、票据的概念和种类

（一）票据的概念

票据是指依法发行的以支付一定金额为目的的一种有价证券。票据法中所讲的票据只有三种，即汇票、本票和支票。至于存款单、汇款单等单证都不是票据法中所讲的票据。

（二）票据的种类

1. 汇票

汇票是出票人签发的，委托付款人在见票时或者在指定日期无条件支付确定的金额给收款人或者持票人的票据。汇票分为银行汇票和商业汇票。

2. 本票

本票是出票人签发的，承诺自己在见票时无条件支付确定的金额给收款人或者持票人的票据。我国票据法所称本票仅指银行本票。

3. 支票

支票是出票人签发的，委托办理支票存款业务的银行或者其他金融机构在见票时无条件支付确定的金额给收款人或者持票人的票据。

二、票据的特点

（一）票据是完全证券

票据所表明的金钱债权，以票据为其表现形式，票据上的权利不能脱离票据而独立存在。

（二）票据是要式证券

票据应严格依《票据法》的规定作成并记载法定事项，否则不发生效力。

（三）票据是无因证券

这里的"因"是原因的意思，无因并不是说没有原因，而是指不问原因。任何票据的签发、取得、流转肯定有原因，但票据是不问原因的，票据一经签发或流转便与其背后的原因关系发生了分离。

我国《票据法》对票据的无因性没有否定，但是稍微作了一些保留。《票据法》第 10 条第 1 款规定："票据的签发、取得和转让，应当遵循诚实信用的原则，具有真实的交易关系和债权债务关系。"也就是说，票据背后要有真实的交易存在。

（四）票据是文义证券

票据上权利义务关系依票据上文义确定，任何签章人不得以记载以外事由推卸票据责任，任何持票人也不得以记载以外事由主张票据权利。

（五）票据是设权证券

票据作成是在创设新的法律关系，不同于股票、债券等证权证券。

（六）票据是流通证券

票据的流通实际上是票据债权的转让。这种债权的转让与一般民法上债权的转让不同：转让票据时不需要通知已经在票据上签章的票据债务人，转让的结果对票据债务人有效，持票人可以凭票据直接对票据上的签章人行使票据权利。

三、票据上的当事人

(一)基本当事人

基本当事人是在票据出票时就存在于票据上的,是绝对不能欠缺的,欠缺其中的任何一个,票据都将归于无效。汇票和支票有三方基本当事人:出票人、付款人和收款人。本票有两方基本当事人:出票人、收款人。本票没有付款人,由出票人承担付款责任。

(二)非基本当事人

非基本当事人,是票据出票以后,流通转让过程中加入到票据关系中的人,如背书人、保证人。非基本当事人可有可无,可多可少,本身不影响票据关系,没有非基本当事人的票据依然是有效的。

四、票据关系与票据基础关系的关系

(一)票据关系

票据法上规定有票据关系与非票据关系。票据关系是基于票据行为而在当事人之间产生的权利义务关系。票据关系发生的纠纷,应适用票据法解决。

(二)票据法上的非票据关系

票据法上的非票据关系是票据法规定的,但不是基于票据行为发生的关系,如《票据法》第18条规定的利益返还请求关系(《票据法》第18条规定:"持票人因超过票据权利时效或者因票据记载事项欠缺而丧失票据权利的,仍享有民事权利,可以请求出票人或者承兑人返还其与未支付的票据金额相当的利益。")。

(三)票据基础关系

票据基础关系是导致票据关系产生,存在于票据关系背后的一类非票据关系。票据是无因证券,票据关系一经产生便与基础关系发生分离。票据基础关系有三个方面:原因关系、预约关系和资金关系。

第二节　票据权利与票据行为

一、票据行为

(一)票据行为的概念

票据行为是行为人在票据上进行必备事项的记载、完成签名并予以交付,以发生或转移票据权利、负担票据上的债务为目的的要式法律行为。

(二)票据行为的种类

票据行为有四种:

1. 出票

出票是指出票人签发票据并将其交付给收款人的票据行为。

2. 背书

背书是指在票据背面或者粘单上记载有关事项并签章的票据行为。

3. 承兑

承兑是指汇票付款人承诺在汇票到期日支付汇票金额的票据行为。

4. 保证

保证是票据债务人以外的人对特定票据债务人的票据债务承担连带责任的票据行为。

出票和背书是三种票据共有的行为,承兑是远期商业汇票特有的行为,保证是汇票和本票共有的行为。

(三)票据行为的特征

票据行为是无因行为、要式行为、文义行为,但最突出的是独立行为。票据行为尽管是先有出票行为,使票据有效存在,后有背书、承兑和保证行为,但是,票据行为之间都是各自独立、互不依赖的,任何行为的无效,不影响其他行为的效力。

(四)票据行为的代理

1. 显名代理原则

票据行为的代理必须采用明示的方式。隐存的代理不发生代理的效力。《票据法》第5条第1款规定:票据当事人可以委托其代理人在票据上签章,并应当在票据上表明其代理关系。

2.无权代理和越权代理的后果

依据《票据法》第5条第2款的规定,没有代理权而以代理人名义在票据上签章的,应当由签章人承担票据责任;代理人超越代理权限的,应当就其超越权限的部分承担票据责任。

二、票据权利

（一）票据权利与票据法上的权利的区别

1.票据权利的概念、种类

票据权利是指持票人向票据债务人请求支付票据金额的权利。票据权利包括付款请求权和追索权。

2.票据法上的权利

票据法上的权利除票据权利外,还规定有民事权利。比较典型的是《票据法》第18条规定的利益返还请求权,即持票人因超过票据权利时效或者因票据记载事项欠缺而丧失票据权利时,仍享有可以请求出票人或者承兑人返还其与未支付的票据金额相当的利益的权利。

（二）票据权利的特征

（1）票据金钱债权包括两次请求权。持票人的付款请求权是第一个权利,持票人必须先行使。如果行使实现了,第二个请求权——追索权将无从谈起;如果不能行使或者不能实现,追索权就产生了,并且追索权不会因为行使的实现而消灭,而是发生了转移,由清偿的人凭票据对其前手行使再追索权。

（2）票据金钱债权的转让,无需通知债务人,转让的结果对债务人是有效的。

（三）票据权利的取得

1.票据权利取得的方式

票据权利取得分为原始取得和继受取得。原始取得主要是出票取得,善意取得视同票据权利的原始取得;继受取得的方式较多,票据法上规定的方式主要是背书,民法及其他法律规定的方式有继承、赠与、质押、公司合并与分立、贴现等。

2.票据权利取得的对价原则

票据权利的取得,必须给付对价,即应当给付票据双方当事人认可的相对应的代价。税收、继承、赠与不受对价的限制,但所享有的权利不得优于其前手。

3.票据权利的善意取得

持票人主张善意取得必须满足以下五个条件:①直接前手不享有票据权利;②在票据到期之前取得票据;③支付了对价;④尽到了合理的注意义务;⑤通过票据法规定的方式(背书)取得票据。

《票据法》没有正面规定善意取得,而是在第12条规定:"以欺诈、偷盗或者胁迫等手段取得票据的,或者明知有前列情形,出于恶意取得票据的,不得享有票据权利。持票人因重大过失取得不符合本法规定的票据的,也不得享有票据权利。"也就是说,恶意持票人不享有票据权利,重大过失的持票人也不享有票据权利。

（四）票据权利的行使

1.票据权利的行使对象

（1）付款请求权的行使对象:汇票为付款人或承兑人,支票为付款人,本票为出票人。

（2）追索权的行使对象:所有在持票人之前签章于票据的人,如背书人、汇票的出票人、保证人等。

2.票据权利的行使过程

（1）票据权利的行使以持有票据为条件,持票人应首先行使付款请求权,付款请求权不能实现时才能行使追索权。

（2）持票人行使付款请求权应提示票

据。提示有期限的限制,超越此期限,持票人依然可以提示付款,汇票付款人或承兑人、本票出票人依然可以付款。但如果遭到拒绝,本票的持票人因此而丧失追索权,汇票与支票的持票人并不会因此而丧失追索权。

(3)远期汇票行使付款请求权以付款人作了承兑为条件。承兑要从持票人开始,持票人应提示票据,请求票载付款人进行承兑。提示承兑有期限的限制,见票后定期付款的汇票未在法定期限内提示承兑的,丧失追索权。

(五)票据权利的保全

(1)付款请求权和追索权的保全。持票人应妥善保管票据并在票据权利的时效期间内行使权利。

(2)追索权的保全。

①见票后定期付款的汇票,持票人应当自出票日起1个月内提示承兑以保全追索权。

②付款请求权不能实现时,应作成拒绝证明,以保全追索权。

③本票应在出票日起的2个月内提示见票,以保全追索权。

(六)票据权利的消灭

票据法上导致票据权利消灭的原因主要有:

(1)权利得到满足。付款人依法足额付款后,追索权自然消灭。

(2)时效经过。票据权利的消灭时效在《票据法》第17条作了规定,具体时效分别是:第一,远期汇票持票人对承兑人的付款请求权的时效为2年,自汇票到期日起算;即期汇票持票人对付款人的付款请求权的时效为2年,自汇票出票日起算。第二,远期汇票持票人对出票人的追索权的时效为2年,自汇票到期日起算;即期汇票持票人对出票人的追索权的时效为2年,自汇票出票日起算。第三,本票持票人对出票人的付款请求权的时效为2年,自本票出票日起算。第四,支票持票人对出票人的权利时效为6个月,自支票出票日起算。第五,持票人对其前手的初次追索权的时效为6个月,自被拒绝承兑或被拒绝付款之日起算。第六,持票人对前手的再追索权的时效为3个月,自清偿日或被提起诉讼之日起算。

(3)票据权利未保全。具体参见"票据权利的保全"部分。

(七)票据权利的瑕疵

票据权利的瑕疵主要有四种情况:

1.票据的伪造

伪造是假冒他人名义为票据行为的一种行为。票据被伪造后,伪造人不承担票据责任,被伪造人也不承担票据责任,真正签章于票据的人要对持票人承担票据责任。但是,伪造人要承担其他法律责任,如刑事责任、民事责任。

2.票据的变造

变造是无变动权限的人对票据上签章以外的事项进行的变动。票据变造后,在变造之前签章的人,对原记载事项负责;在变造之后签章的人,对变造之后的记载事项负责;不能辨别是在票据被变造之前或者之后签章的,视同在变造之前签章。

3.票据的更改

更改是原记载人对票据上记载事项进行的变动。是否有变动的权限是区分更改与变造的关键。依据《票据法》的规定,金额、日期、收款人名称不得更改,一经更改,票据归于无效。

4.票据的涂销

票据的涂销是涂去票据上记载的事项(包括签章)的行为。我国票据法未对票据的涂销作出具体规定。对于发生票据的涂销所产生的法律后果,应依据票据的文义性确定。

第三节　票据抗辩及补救

一、票据抗辩

票据抗辩的概念。票据抗辩是票据债务人根据《票据法》的规定对票据债权人作出的拒绝履行义务的行为。

票据抗辩的分类。票据抗辩分为物的抗辩和人的抗辩。物的抗辩是票据债务人能够对抗一切持票人的抗辩。人的抗辩是票据债务人对特定的票据持票人提出的抗辩。

票据抗辩的限制。物的抗辩是绝对的,票据法不作任何的限制。人的抗辩是相对的,法律只允许直接当事人之间进行抗辩,非直接当事人之间的抗辩被切断。但是若持票人明知存在抗辩事由而取得票据的除外。

二、票据丧失的补救

票据丧失,失票人可以视情况采取挂失止付、公示催告和诉讼方式进行救济。

(一)挂失止付

挂失止付的条件:没有记载付款人或者代理付款人的票据无法挂失止付。

挂失止付的程序:通知票载付款人。

挂失止付的后果:收到挂失止付通知的付款人,应当暂停支付。

(二)公示催告

依法可以背书转让的票据,失票人应当在通知挂失止付后3日内,也可以在票据丧失后,依法向人民法院申请公示催告。

在法院催告期间,无人申报权利的,催告期间届满,失票人即可请求法院作出除权判决。凭借除权判决即可行使票据权利。若催告期间有人申报权利,人民法院将裁定公示催告程序终结。申报权利的一方与申请公示催告的一方协商权利的归属,若协商不成,通过诉讼解决。

(三)诉讼

失票人在丧失票据后,可以直接向人民法院提起民事诉讼。

第四节　汇票

一、汇票概述

(一)汇票的概念、特征

汇票是出票人签发的,委托付款人在见票时或指定日期无条件支付确定金额给收款人或持票人的票据。

汇票是一种委托证券,有三方基本当事人,这两点使汇票与本票区分开来,但无法与支票相区分。汇票与支票的区分点就在于支票的付款人有资格的限制,只有法定金融业者即出票人的开户银行才能充当,汇票的付款人是没有资格限制的。

(二)汇票的种类

(1)依据出票人,汇票分为银行汇票和商业汇票。

(2)依据付款时间,汇票分为即期汇票和远期汇票。银行汇票都是即期汇票,商业汇票既有即期汇票,又有远期汇票。远期商业汇票根据承兑人不同,又可区分为银行承兑汇票和商业承兑汇票。

(3)依据收款人名称是否记载,分为记名汇票和无记名汇票。我国法律只承认记名汇票。

(三)汇票当事人

汇票当事人分为基本当事人和非基本当事人,基本当事人有三方:

(1)出票人。出票人是指签发汇票的人。出票人应具有完全民事行为能力。

(2)付款人。付款人是指接受出票人委托,支付票款的人。

(3)收款人。收款人是指汇票上记载

的享有票据权利的人。

非基本当事人是出票以后出现于票据上的人,如背书人。

二、汇票的出票

（一）汇票出票的概念

出票是指出票人签发票据并将其交付给收款人的票据行为。

（二）汇票出票的记载事项

根据《票据法》的规定,汇票必须记载下列事项：

①表明"汇票"的字样；
②无条件支付的委托；
③确定的金额；
④付款人名称；
⑤收款人名称；
⑥出票日期；
⑦出票人签章。

（三）汇票未记载事项的认定

根据《票据法》的规定,汇票上未记载付款日期的,为见票即付。汇票上未记载付款地点的,付款人的营业场所、住所或者经常居住地为付款地。汇票上未记载出票地点的,出票人的营业场所、住所或者经常居住地为出票地。

三、汇票的背书转让

（一）汇票背书转让的概念

依据《票据法》的规定,票据权利的转让应通过背书方式进行。背书是指在票据背面或者粘单上记载有关事项并签章的票据行为。

（二）背书转让的方式和后果

1.背书转让的方式

背书必须在票据背面或粘单上完成。粘单上的第一记载人,应当在汇票与粘单的粘接处签章。背书时须记载被背书人名称并由背书人签章。

2.背书转让的后果

（1）背书转让无需经票据债务人同意。
（2）背书转让的转让人不退出票据关系。
（3）背书转让后票据具有更强的转让效力。

（三）汇票背书转让的特殊情形

汇票背书转让的特殊情形有：

（1）出票人限制背书。出票人在汇票上记载"不得转让"字样的,汇票不得转让。
（2）禁转背书,即背书人限制背书。背书人在汇票上记载"不得转让"字样,其后手再背书转让的,原背书人对后手的被背书人不承担保证责任。
（3）回头背书。回头背书出现后,持票人为出票人的,对其前手无追索权。持票人为背书人的,对其后手无追索权。
（4）背书附条件。背书不得附有条件。背书时附有条件的,所附条件不具有汇票上的效力。
（5）分别背书或部分背书。将汇票金额的一部分转让的背书或者将汇票金额分别转让给二人以上的背书无效。
（6）期后背书。汇票被拒绝承兑、被拒绝付款或者超过付款提示期限的,不得背书转让；背书转让的,背书人应当承担汇票责任。

（四）非转让背书

委托收款背书。背书记载"委托收款"字样的,被背书人有权代背书人行使被委托的汇票权利。但是,被背书人不得再以背书转让汇票。

设质背书。汇票出质时,应当以背书记载"质押"字样。汇票质押不同于普通质押,被背书人依法实现其质权时,可以行使汇票权利。

四、汇票的承兑

（一）承兑的概念

承兑是指汇票付款人承诺在汇票到期

日支付汇票金额的票据行为。

(二)提示承兑

(1)提示承兑的概念。提示承兑是指持票人向付款人出示汇票,并要求付款人承诺付款的行为。

(2)提示承兑的期间:①定日付款或者出票后定期付款的汇票,持票人应当在汇票到期日前向付款人提示承兑。②见票后定期付款的汇票,持票人应当自出票日起1个月内向付款人提示承兑。

(3)提示承兑的法律后果。汇票未按照规定的期限提示承兑的,持票人丧失对其前手的追索权。

(4)提示承兑的例外。即期的商业汇票、银行汇票无须承兑。

(三)付款人的承兑程序

(1)付款人承兑的期间:付款人对向其提示承兑的汇票,应当自收到提示承兑的汇票之日起3日内承兑或者拒绝承兑。付款人收到持票人提示承兑的汇票时,应当向持票人签发收到汇票的回单。回单上应当记明汇票提示承兑日期并签章。

(2)承兑的记载事项:付款人承兑汇票的,应当在汇票正面记载"承兑"字样和承兑日期并签章;见票后定期付款的汇票,应当在承兑时记载付款日期。

(3)承兑不得附有条件,附条件的承兑视为拒绝承兑。

(四)承兑的效力

付款人成为承兑人,承担绝对无条件的付款责任。

五、汇票的保证

(一)保证的概念

票据保证是票据债务人以外的第三人以担保特定的票据债务人承担票据债务的履行为目的,在票据上签章及记载必要事项的票据行为。

(二)保证的记载事项

保证中应记载以下事项:
①表明"保证"的字样;
②保证人的名称和住所;
③被保证人的名称;
④保证日期;
⑤保证人签章。

上述第①②⑤项为绝对事项,第③④项为相对事项。其中,保证人汇票或者粘单上未记载被保证人名称的,已承兑的汇票,承兑人为被保证人;未承兑的汇票,出票人为被保证人。保证人汇票或者粘单上未记载保证日期的,出票日期为保证日期。

保证不得附有条件,附有条件的,不影响票据保证的效力。

(三)保证的效力

(1)保证人对合法取得汇票的持票人所享有的汇票权利,承担保证责任。但是,被保证人的债务因汇票记载事项欠缺而无效的除外。

(2)被保证的汇票,保证人应当与被保证人对持票人承担连带责任。汇票到期后得不到付款的,持票人有权向保证人请求付款,保证人应当足额付款。

(3)保证人为二人以上的,保证人之间承担连带责任。

六、汇票的付款

(一)付款的概念

付款人或承兑人在票据到期时,对持票人所进行的票据金额的支付。

(二)付款的程序

付款程序分为两步:一是持票人提示付款;二是付款人或承兑人支付票款。

1.提示付款

(1)见票即付的汇票,自出票日起1个月内向付款人提示付款;

(2)定日付款、出票后定期付款或者见票后定期付款的汇票,自到期日起10日内向承兑人提示付款;

(3)持票人未按照前述规定期限提示付款的,在作出说明后,承兑人或者付款人仍应当继续对持票人承担付款责任。

2.支付票款

持票人依照规定提示付款的,付款人必须在当日足额付款。

(三)付款损失的承担

(1)付款人付款应当审查汇票背书的连续、提示付款人的合法身份证明或者有效证件。付款人以恶意或者重大过失付款的,应自行承担责任。

(2)对定日付款、出票后定期付款或者见票后定期付款的汇票,付款人在到期日前付款的,由付款人自行承担所产生的责任。

七、汇票的追索权

(一)追索权的概念

追索权是指持票人在提示承兑或者提示付款,而未获承兑或未获付款时,依法向其前手请求偿还票据金额及其他金额的权利。

(二)追索权行使的原因

(1)期前行使追索权的原因:

①汇票被拒绝承兑的;

②承兑人或者付款人死亡、逃匿的;

③承兑人或者付款人被依法宣告破产的或者因违法被责令终止业务活动的。

(2)期后行使追索权的原因:汇票到期被拒绝付款。

(三)追索权行使的条件

1.追索权的行使

持票人行使追索权时,应当提供被拒绝承兑或者被拒绝付款的有关证明。

2.拒绝证明的代替

(1)持票人因承兑人或者付款人死亡、逃匿或者其他原因,不能取得拒绝证明的,可以依法取得其他有关证明。

(2)承兑人或者付款人被人民法院依法宣告破产的,人民法院的有关司法文书具有拒绝证明的效力。承兑人或者付款人因违法被责令终止业务活动的,有关行政主管部门的处罚决定具有拒绝证明的效力。

3.追索权的丧失

持票人不能出示拒绝证明、退票理由书或者未按照规定期限提供其他合法证明的,丧失对其前手的追索权。但是,承兑人或者付款人仍应当对持票人承担责任。

(四)追索与再追索

1.被追索人的责任

汇票的出票人、背书人、承兑人和保证人对持票人承担连带责任。

2.追索权人的权利行使方式

持票人可以不按照汇票债务人的先后顺序,对其中任何一人、数人或者全体行使追索权。持票人对汇票债务人中的一人或者数人已经进行追索的,对其他汇票债务人仍可以行使追索权。

3.再追索

被追索人清偿债务后,与持票人享有同一权利。

4.追索权的限制

持票人为出票人的,对其前手无追索权。持票人为背书人的,对其后手无追索权。

5.追索金额

(1)被拒绝付款的汇票金额;

(2)汇票金额自到期日或者提示付款日起至清偿日止,按照中国人民银行规定的利率计算的利息;

(3)取得有关拒绝证明和发出通知书的费用。

6.再追索金额

(1)已清偿的全部金额;

(2)前项金额自清偿日起至再追索清偿日止,按照中国人民银行规定的利率计算的利息;

(3)发出通知书的费用。

第五节 本票和支票

一、本票

(一)本票的特征

(1)本票是自付证券,无须承兑。

(2)本票都是即期的,我国不承认远期本票。

(3)我国只承认银行本票,不承认商业本票。

(4)本票持票人应在出票日后的2个月内完成见票。

(5)本票只有两方基本当事人,即出票人和收款人。

(二)本票的出票

(1)本票的出票人必须具有支付本票金额的可靠资金来源,并保证支付。

(2)本票的法定记载事项:

①表明"本票"的字样;

②无条件支付的承诺;

③确定的金额;

④收款人名称;

⑤出票日期;

⑥出票人签章。

欠缺上述事项之一的,本票无效。

(3)本票的任意记载事项:本票上未记载付款地的,出票人的营业场所为付款地。本票上未记载出票地的,出票人的营业场所为出票地。

(三)本票的付款

(1)提示见票:本票的出票人在持票人提示见票时,必须承担付款的责任。

(2)付款期限:本票自出票日起,付款期限最长不得超过2个月。

二、支票

(一)支票的特征

(1)支票有出票、背书行为,但没有承兑与保证行为。

(2)支票付款人有严格的资格限制,只能是办理存款业务的银行业机构。

(3)支票是见票即付的票据。

(4)支票的无因性受到一定的限制,禁止签发空头支票。

(二)支票的种类

(1)记名支票与不记名支票。根据《票据法》第86条的规定,支票中收款人名称可以授权补记。

(2)现金支票、转账支票与普通支票。普通支票可以支取现金,也可以转账,用于转账时,应当在支票正面注明。

(三)支票的出票

1. 出票人的资格限制

(1)开立账户:开立支票存款账户,申请人必须使用其本名,并提交证明其身份的合法证件。

(2)资信存款:开立支票存款账户和领用支票,应当有可靠的资信,并存入一定的资金。

(3)预留印鉴:开立支票存款账户,申请人应当预留其本名的签名式样和印鉴。

2. 支票的法定记载事项

①表明"支票"的字样;

②无条件支付的委托;

③确定的金额;

④付款人名称;

⑤出票日期;

⑥出票人签章。

3. 未记载事项的补救

(1)金额。支票上的金额可以由出票人授权补记,未补记前的支票,不得使用。

(2)支票上未记载收款人名称的,经出票人授权,可以补记。

(3)支票上未记载付款地的,付款人的营业场所为付款地。

(4)支票上未记载出票地的,出票人的营业场所、住所或者经常居住地为出票地。

4.出票的效力

出票人必须按照签发的支票金额承担保证向该持票人付款的责任。出票人在付款人处的存款足以支付支票金额时,付款人应当在当日足额付款。

(四)支票的提示付款

支票的持票人应当自出票日起10日内提示付款;异地使用的支票,其提示付款的期限由中国人民银行另行规定。超过提示付款期限的,付款人可以不予付款;付款人不予付款的,出票人仍应当对持票人承担票据责任。

第七章 证券法

第一节 证券法概述

一、证券的概念、种类和特征

(一)证券的概念

证券是表示一定权利的书面凭证。我国证券法规范的主要是资本证券。

(二)证券的种类

根据《证券法》第2条的规定,证券法规范的证券种类主要有:股票、公司债券、政府债券、证券投资基金份额以及国务院依法认定的其他证券。

(三)证券的特征

(1)证券是具有投资属性的凭证。

(2)证券是证明证券人拥有某种财产权利的凭证。

(3)证券是一种可以流通的权利凭证。

二、证券市场

(一)证券市场的概念

证券市场是各种有价证券发行和交易的场所。

(二)证券市场的分类

证券市场分为证券发行市场和证券交易(流通)市场。证券发行市场,又称证券一级市场,是通过发行证券进行筹资活动的市场;证券流通市场,又称证券二级市场,是指对已发行的证券进行买卖、转让和流通的市场。

三、证券法

(一)证券法的概念

证券法的概念有广义与狭义之分。

广义的证券法指证券募集、发行、交易、服务以及对证券市场进行监督管理的法律规范的总和。

狭义的证券法是指证券法典,即《证券法》。

(二)证券法的适用范围

(1)股票、公司债券和国务院依法认定的其他证券的发行和交易适用《证券法》;《证券法》未规定的,适用《公司法》和其他法律、行政法规的规定。

(2)政府债券、证券投资基金份额的上市交易适用《证券法》;其他法律、行政法规另有规定的,适用其规定。

证券衍生品种发行、交易的管理办法,由国务院依照《证券法》的原则规定。

（三）证券法的基本原则

(1) 保护投资者合法权益。
(2) 公开、公平、公正的原则。
(3) 平等、自愿、有偿和诚实信用原则。
(4) 合法原则。
(5) 分业经营、分业管理的原则。
(6) 国家集中统一监管与行业自律相结合的原则。

第二节 证券发行

一、证券发行的基本条件

（一）共有条件

(1) 公开发行核准制。公开发行证券，必须符合法律、行政法规规定的条件，并依法报经国务院证券监督管理机构或者国务院授权的部门核准；未经依法核准，任何单位和个人不得公开发行证券。

(2) 公开发行的界定：
① 向不特定对象发行证券的；
② 向特定对象发行证券累计超过200人的；
③ 法律、行政法规规定的其他发行行为。

(3) 非公开发行禁止行为：非公开发行证券，不得采用广告、公开劝诱和变相公开方式。

(4) 聘请保荐人。发行人申请公开发行股票、可转换为股票的公司债券，依法采取承销方式的，或者公开发行法律、行政法规规定实行保荐制度的其他证券的，应当聘请具有保荐资格的机构担任保荐人。保荐人的资格及其管理办法由国务院证券监督管理机构规定。

（二）股票发行的基本条件

1. 股票发行的概念和种类

符合发行条件的股份有限公司，以筹集资金为目的，依法定程序，以同一条件，向特定和不特定的公众，招募或出售股票的行为。股票发行一般分为设立发行和增资发行。

2. 股票发行的基本条件

(1) 设立股份有限公司公开发行条件。设立股份有限公司公开发行股票，应当符合《公司法》规定的条件和经国务院批准的国务院证券监督管理机构规定的其他条件，向国务院证券监督管理机构报送募股申请和下列文件：①公司章程；②发起人协议；③发起人姓名或者名称，发起人认购的股份数、出资种类及验资证明；④招股说明书；⑤代收股款银行的名称及地址；⑥承销机构名称及有关的协议。依照《证券法》规定聘请保荐人的，还应当报送保荐人出具的发行保荐书。法律、行政法规规定设立公司必须报经批准的，还应当提交相应的批准文件。

(2) 发行新股的条件。公司公开发行新股，应当符合下列条件：①具备健全且运行良好的组织机构；②具有持续盈利能力，财务状况良好；③最近三年财务会计文件无虚假记载，无其他重大违法行为；④经国务院批准的国务院证券监督管理机构规定的其他条件。上市公司非公开发行新股，应当符合经国务院批准的国务院证券监督管理机构规定的条件，并报国务院证券监督管理机构核准。

公司公开发行新股，应当向国务院证券监督管理机构报送募股申请和下列文件：①公司营业执照；②公司章程；③股东大会决议；④招股说明书；⑤财务会计报告；⑥代收股款银行的名称及地址；⑦承销机构名称及有关的协议。依照《证券法》规定聘请保荐人的，还应当报送保荐人出具的发行保荐书。

公司对公开发行股票所募集资金，必须按照招股说明书所列资金用途使用。改变招股说明书所列资金用途,必须经股东大会作出决议。擅自改变用途而未作纠正的,或者未经股东大会认可的,不得公开发行新股。

(三)公司债券发行的基本条件

(1)公司债券的概念。公司债券,是指公司依照法定程序发行的、约定在一定期限还本付息的有价证券。

(2)公司公开发行债券的条件。公开发行公司债券,应当符合下列条件:①股份有限公司的净资产不低于人民币3000万元,有限责任公司的净资产不低于人民币6000万元;②累计债券余额不超过公司净资产的40%;③最近三年平均可分配利润足以支付公司债券一年的利息;④筹集的资金投向符合国家产业政策;⑤债券的利率不超过国务院限定的利率水平;⑥国务院规定的其他条件。公开发行公司债券筹集的资金,必须用于核准的用途,不得用于弥补亏损和非生产性支出。上市公司发行可转换为股票的公司债券,除应当符合上述规定的条件外,还应当符合《证券法》关于公开发行股票的条件,并报国务院证券监督管理机构核准。

申请公开发行公司债券,应当向国务院授权的部门或者国务院证券监督管理机构报送下列文件:①公司营业执照;②公司章程;③公司债券募集办法;④资产评估报告和验资报告;⑤国务院授权的部门或者国务院证券监督管理机构规定的其他文件。依照《证券法》规定聘请保荐人的,还应当报送保荐人出具的发行保荐书。

有下列情形之一的,不得再次公开发行公司债券:①前一次公开发行的公司债券尚未募足;②对已公开发行的公司债券或者其他债务有违约或者延迟支付本息的事实,仍处于继续状态;③违反《证券法》规定,改变公开发行公司债券所募资金的用途。

二、发行公告

发行公告是指发行人在证券发行前必须依法进行向社会公众公告其招股说明书等募集文件的活动。发行人申请首次公开发行股票的,在提交申请文件后,应当按照国务院证券监督管理机构的规定预先披露有关申请文件。

三、发行中介机构

(一)律师事务所

律师事务所参与证券业务相关管理规范,有中国证券监督管理委员会和司法部于2007年3月9日通过的《律师事务所从事证券法律业务管理办法》,自2007年5月1日施行。该办法主要规定了证券法律业务的内容、规则以及法律责任。

(二)会计师事务所

根据《注册会计师执行证券、期货相关业务许可证管理规定》的规定,财政部和中国证监会对注册会计师、会计师事务所从事证券、期货相关业务实行许可证管理。

(三)资产评估机构

根据财政部、中国证监会发布的《关于从事证券期货相关业务的资产评估机构有关管理问题的通知》的规定,资产评估机构从事证券期货相关业务应当申请证券评估资格。

四、发行方式

1996年发布的《关于股票发行与认购方式的暂行规定》(已失效)规定了"上网定价""全额预缴款""与储蓄存款挂钩"三种股票发行方式。此后逐渐完善,形成了现行的股票发行方式。

(1)战略配售。首次公开发行在4亿股以上的,发行人可以在发行中授予主承销商超额配售选择权。

(2) 网下配售。网下配售是由发行人及其主承销商对参与初步询价并且进行了有效报价的询价对象进行的配售。首次公开发行股票采用直接定价方式的，全部向网上投资者发行，不进行网下询价和配售。

(3) 网上发行。网上发行是对公众投资者进行的发售，在指定的时间内当网上申购额超过网上发行额时以摇号抽签而定。

五、证券的承销

（一）承销的种类

1. 证券代销

证券代销是证券公司代发行人发售证券，在承销期结束时，将未售出的证券全部退还给发行人的承销方式。

2. 证券包销

证券包销是证券公司将发行人的证券按照协议全部购入或者在承销期结束时将售后剩余证券全部自行购入的承销方式。包销又可分为全额包销和余额包销两种。

（二）承销协议的主要内容

(1) 当事人的名称、住所及法定代表人姓名；

(2) 代销、包销证券的种类、数量、金额及发行价格；

(3) 代销、包销的期限及起止日期；

(4) 代销、包销的付款方式及日期；

(5) 代销、包销的费用和结算办法；

(6) 违约责任；

(7) 国务院证券监督管理机构规定的其他事项。

（三）承销团及主承销人

(1) 承销团的概念。承销团是指两个以上的证券经营机构组成承销人，为发行人发售证券的一种承销方式。

(2) 承销团的适用。向不特定对象发行的证券票面总值超过人民币 5000 万元的，应当由承销团承销。承销团应当由主承销和参与承销的证券公司组成。

(3) 主承销人。

主承销人是指承销团在承销过程中，其他承销团成员均委托其中一家承销人为承销团负责人，该负责人即为主承销人。主承销人的行为后果由承销团承担。

（四）证券的销售期限

证券的代销、包销期限最长不得超过 90 日。

（五）代销发行失败

(1) 发行失败的概念。股票发行采用代销方式，代销期限届满，向投资者出售的股票数量未达到拟公开发行股票数量 70% 的，为发行失败。

(2) 发行失败的后果。发行人应当按照发行价并加算银行同期存款利息返还股票认购人。

第三节 证券交易

一、证券交易的条件及方式

（一）证券交易的条件

证券交易当事人依法买卖的证券，必须是依法发行并交付的证券。非依法发行的证券，不得买卖。依法公开发行的股票、公司债券及其他证券，应当在依法设立的证券交易所上市交易或者在国务院批准的其他证券交易场所转让。

（二）证券交易的方式

证券在证券交易所上市交易，应当采用公开的集中交易方式或者国务院证券监督管理机构批准的其他方式。集中竞价采取价格优先、时间优先的原则。

证券交易以现货和国务院规定的其他方式进行交易。

二、证券交易的暂停和终止

（一）股票交易的暂停和终止

1. 股票交易的暂停

上市公司有下列情形之一的，由证

交易所决定暂停其股票上市交易：

（1）公司股本总额、股权分布等发生变化不再具备上市条件；

（2）公司不按照规定公开其财务状况，或者对财务会计报告作虚假记载，可能误导投资者；

（3）公司有重大违法行为；

（4）公司最近三年连续亏损；

（5）证券交易所上市规则规定的其他情形。

2.股票交易的终止

上市公司有下列情形之一的，由证券交易所决定终止其股票上市交易：

（1）公司股本总额、股权分布等发生变化不再具备上市条件，在证券交易所规定的期限内仍不能达到上市条件；

（2）公司不按照规定公开其财务状况，或者对财务会计报告作虚假记载，且拒绝纠正；

（3）公司最近三年连续亏损，在其后一个年度内未能恢复盈利；

（4）公司解散或者被宣告破产；

（5）证券交易所上市规则规定的其他情形。

（二）债券交易的暂停和终止

1.公司债券交易的暂停

公司债券上市交易后，公司有下列情形之一的，由证券交易所决定暂停其公司债券上市交易：

（1）公司有重大违法行为；

（2）公司情况发生重大变化不符合公司债券上市条件；

（3）发行公司债券所募集的资金不按照核准的用途使用；

（4）未按照公司债券募集办法履行义务；

（5）公司最近两年连续亏损。

2.公司债券交易的终止

公司有上述第（1）（4）种情形，经查实后果严重的，或者有上述第（2）（3）（5）种情形，在限期内未能消除的，由证券交易所决定终止其公司债券上市交易。

公司解散或者被宣告破产的，由证券交易所终止其公司债券上市交易。

三、限制和禁止的证券交易行为

（一）一般规定

（1）非依法发行的证券，不得买卖。

（2）依法发行的证券，法律对其转让期限有限制性规定的，在限定的期限内不得买卖。

（3）依法公开发行的证券，应当在依法设立的证券交易所上市交易或者在国务院批准的其他证券交易场所转让。

（4）证券交易以现货和国务院规定的其他方式进行交易。

（5）证券交易所、证券公司和证券登记结算机构的从业人员、证券监督管理机构的工作人员以及法律、行政法规禁止参与股票交易的其他人员，在任期或者法定限期内，不得直接或者以化名、借他人名义持有、买卖股票，也不得收受他人赠送的股票。任何人在成为前述所列人员时，其原已持有的股票，必须依法转让。

（6）为股票发行出具审计报告、资产评估报告或者法律意见书等文件的证券服务机构和人员，在该股票承销期内和期满后6个月内，不得买卖该种股票。为上市公司出具审计报告、资产评估报告或者法律意见书等文件的证券服务机构和人员，自接受上市公司委托之日起至上述文件公开后5日内，不得买卖该种股票。

（7）上市公司董事、监事、高级管理人员、持有上市公司股份5%以上的股东，将其持有的该公司的股票在买入后6个月内卖出，或者在卖出后6个月内又买入，由此所得收益归该公司所有，公司董事会应当收回其所得收益。但是，证券公司因包销购入售后剩余股票而持有5%以上股份的,卖出该股票不受6个月时间限制。公司董事会不按照规定执行的,股东有权要求董事会在30日内执行。公司董事会未在上述期限内执行的,股东有权为了公司的利益以自己的名义直接向人民法院提起诉讼。公司董事会不按照规定执行的,负有责任的董事依法承担连带责任。

(二)禁止内幕交易

禁止证券交易内幕信息的知情人和非法获取内幕信息的人利用内幕信息从事证券交易活动。

1. 知情人

证券交易内幕信息的知情人包括:

①发行人的董事、监事、高级管理人员;

②持有公司5%以上股份的股东及其董事、监事、高级管理人员,公司的实际控制人及其董事、监事、高级管理人员;

③发行人控股的公司及其董事、监事、高级管理人员;

④由于所任公司职务可以获取公司有关内幕信息的人员;

⑤证券监督管理机构工作人员以及由于法定职责对证券的发行、交易进行管理的其他人员;

⑥保荐人、承销的证券公司、证券交易所、证券登记结算机构、证券服务机构的有关人员;

⑦国务院证券监督管理机构规定的其他人。

2. 内幕消息

证券交易活动中,涉及公司的经营、财务或者对该公司证券的市场价格有重大影响的尚未公开的信息,为内幕信息,包括:

①公司的重大投资行为和重大的购置财产的决定;

②公司分配股利或者增资的计划;

③公司股权结构的重大变化;

④公司债务担保的重大变更;

⑤公司营业用主要资产的抵押、出售或者报废一次超过该资产的30%;

⑥公司的董事、监事、高级管理人员的行为可能依法承担重大损害赔偿责任;

⑦上市公司收购的有关方案;

⑧国务院证券监督管理机构认定的对证券交易价格有显著影响的其他重要信息。

3. 方式

证券交易内幕信息的知情人和非法获取内幕信息的人,在内幕信息公开前,不得买卖该公司的证券,或者泄露该信息,或者建议他人买卖该证券。持有或者通过协议、其他安排与他人共同持有公司5%以上股份的自然人、法人、其他组织收购上市公司的股份,适用公司收购的规定。

4. 民事责任

内幕交易行为给投资者造成损失的,行为人应当依法承担赔偿责任。

(三)禁止操纵市场

1. 操纵市场的手段

(1)连续交易操纵。单独或者通过合谋,集中资金优势、持股优势或者利用信息优势联合或者连续买卖,操纵证券交易价格或者证券交易量。

(2)串通相互买卖操纵。与他人串通,以事先约定的时间、价格和方式相互进行证券交易,影响证券交易价格或者证券交易量。

(3)自买自卖操纵。在自己实际控制的账户之间进行证券交易,影响证券交易价格或者证券交易量。

(4)以其他手段操纵证券市场。

2. 民事责任

操纵证券市场行为给投资者造成损失的,行为人应当依法承担赔偿责任。

(四)禁止虚假陈述和信息误导

禁止国家工作人员、传播媒介从业人

员和有关人员编造、传播虚假信息，扰乱证券市场。

禁止证券交易所、证券公司、证券登记结算机构、证券服务机构及其从业人员，证券业协会、证券监督管理机构及其工作人员，在证券交易活动中作出虚假陈述或者信息误导。

各种传播媒介传播证券市场信息必须真实、客观，禁止误导。

（五）禁止欺诈客户

（1）行为主体：证券公司及其从业人员。

（2）欺诈行为包括：

①违背客户的委托为其买卖证券；

②不在规定时间内向客户提供交易的书面确认文件；

③挪用客户所委托买卖的证券或者客户账户上的资金；

④未经客户的委托，擅自为客户买卖证券，或者假借客户的名义买卖证券；

⑤为牟取佣金收入，诱使客户进行不必要的证券买卖；

⑥利用传播媒介或者通过其他方式提供、传播虚假或者误导投资者的信息；

⑦其他违背客户真实意思表示，损害客户利益的行为。

（3）民事责任。欺诈客户行为给客户造成损失的，行为人应当依法承担赔偿责任。

（六）其他禁止行为

（1）禁止法人非法利用他人账户从事证券交易，禁止法人出借自己或者他人的证券账户。

（2）依法拓宽资金入市渠道，禁止资金违规流入股市。

（3）禁止任何人挪用公款买卖证券。

（4）国有企业和国有资产控股的企业买卖上市交易的股票，必须遵守国家有关规定。

第四节 证券上市

申请证券上市交易，应当向证券交易所提出申请，由证券交易所依法审核同意，并由双方签订上市协议。证券交易所根据国务院授权的部门的决定安排政府债券上市交易。

一、股票上市

（一）股票上市的申请

申请股票上市交易，应当向证券交易所报送上市报告书、申请股票上市的股东大会决议、公司章程等申请文件。

（二）股票上市的条件

股份有限公司申请股票上市，应当符合下列条件：

①股票经国务院证券监督管理机构核准已公开发行；

②公司股本总额不少于人民币3000万元；

③公开发行的股份达到公司股份总数的25%以上；公司股本总额超过人民币4亿元的，公开发行股份的比例为10%以上；

④公司最近3年无重大违法行为，财务会计报告无虚假记载。

证券交易所可以规定高于前述规定的上市条件，并报国务院证券监督管理机构批准。

（三）股票上市的公告

股票上市交易申请经证券交易所审核同意后，签订上市协议的公司应当在规定的期限内公告股票上市的有关文件，并将该文件置备于指定场所供公众查阅。

二、债券上市

（一）债券上市的条件

公司申请公司债券上市交易，应当符

合下列条件：

①公司债券的期限为1年以上；

②公司债券实际发行额不少于人民币5000万元；

③公司申请债券上市时仍符合法定的公司债券发行条件。

（二）债券上市的申请

申请公司债券上市交易，应当向证券交易所报送上市报告书、申请公司债券上市的董事会决议、公司章程等申请文件。申请可转换为股票的公司债券上市交易，还应当报送保荐人出具的上市保荐书。

三、信息公开制度

发行人、上市公司依法披露的信息，必须真实、准确、完整，不得有虚假记载、误导性陈述或者重大遗漏。

（一）公开文件

经国务院证券监督管理机构核准依法公开发行股票，或者经国务院授权的部门核准依法公开发行公司债券，应当公告招股说明书、公司债券募集办法。依法公开发行新股或者公司债券的，还应当公告财务会计报告。

（二）信息持续公开

1. 定期报告

（1）年度报告。上市公司和公司债券上市交易的公司，应当在每一会计年度结束之日起4个月内，向国务院证券监督管理机构和证券交易所报送记载以下内容的年度报告，并予公告：①公司概况；②公司财务会计报告和经营情况；③董事、监事、高级管理人员简介及其持股情况；④已发行的股票、公司债券情况，包括持有公司股份最多的前十名股东的名单和持股数额；⑤公司的实际控制人；⑥国务院证券监督管理机构规定的其他事项。

（2）中期报告。上市公司和公司债券上市交易的公司，应当在每一会计年度的上半年结束之日起2个月内，向国务院证券监督管理机构和证券交易所报送记载以下内容的中期报告，并予公告：①公司财务会计报告和经营情况；②涉及公司的重大诉讼事项；③已发行的股票、公司债券变动情况；④提交股东大会审议的重要事项；⑤国务院证券监督管理机构规定的其他事项。

2. 临时报告

发生可能对上市公司股票交易价格产生较大影响的重大事件，投资者尚未得知时，上市公司应当立即将有关该重大事件的情况向国务院证券监督管理机构和证券交易所报送临时报告，并予公告，说明事件的起因、目前的状态和可能产生的法律后果。

下列情况为重大事件：

①公司的经营方针和经营范围的重大变化；

②公司的重大投资行为和重大的购置财产的决定；

③公司订立重要合同，可能对公司的资产、负债、权益和经营成果产生重要影响；

④公司发生重大债务和未能清偿到期重大债务的违约情况；

⑤公司发生重大亏损或者重大损失；

⑥公司生产经营的外部条件发生的重大变化；

⑦公司的董事、1/3以上监事或者经理发生变动；

⑧持有公司5%以上股份的股东或者实际控制人，其持有股份或者控制公司的情况发生较大变化；

⑨公司减资、合并、分立、解散及申请破产的决定；

⑩涉及公司的重大诉讼，股东大会、董事会决议被依法撤销或者宣告无效；

⑪公司涉嫌犯罪被司法机关立案调查，公司董事、监事、高级管理人员涉嫌犯罪被司法机关采取强制措施；

⑫国务院证券监督管理机构规定的其他事项。

上市公司董事、高级管理人员应当对公司定期报告签署书面确认意见。上市公司监事会应当对董事会编制的公司定期报告进行审核并提出书面审核意见。上市公司董事、监事、高级管理人员应当保证上市公司所披露的信息真实、准确、完整。

（三）信息公开不实的法律后果

发行人、上市公司公告的招股说明书、公司债券募集办法、财务会计报告、上市报告文件、年度报告、中期报告、临时报告以及其他信息披露资料，有虚假记载、误导性陈述或者重大遗漏，致使投资者在证券交易中遭受损失的，发行人、上市公司应当承担赔偿责任；发行人、上市公司的董事、监事、高级管理人员和其他直接责任人员以及保荐人、承销的证券公司，应当与发行人、上市公司承担连带赔偿责任，但是能够证明自己没有过错的除外；发行人、上市公司的控股股东、实际控制人有过错的，应当与发行人、上市公司承担连带赔偿责任。

第五节　上市公司收购制度

一、上市公司收购概述

（一）上市公司收购的概念

上市公司收购是指投资者依法定程序公开收购股份有限公司已经发行上市的股份以达到对该公司控股或兼并的行为。

（二）上市公司收购的方式

投资者可以采取要约收购、协议收购及其他合法方式收购上市公司。

采取要约收购方式的，收购人在收购期限内，不得卖出被收购公司的股票，也不得采取要约规定以外的形式和超出要约的条件买入被收购公司的股票。

采取协议收购方式的，收购人可以依照法律、行政法规的规定同被收购公司的股东以协议方式进行股份转让。以协议方式收购上市公司时，达成协议后，收购人必须在3日内将该收购协议向国务院证券监督管理机构及证券交易所作出书面报告，并予公告。在公告前不得履行收购协议。

二、上市公司收购的程序和规则

（一）报告和公告持股情况

1. 持股权益初次披露

通过证券交易所的证券交易，投资者持有或者通过协议、其他安排与他人共同持有一个上市公司已发行的股份达到5%时，应当在该事实发生之日起3日内，向国务院证券监督管理机构、证券交易所作出书面报告，通知该上市公司，并予公告；在上述期限内，不得再行买卖该上市公司的股票。

2. 持股权益变动披露

投资者持有或者通过协议、其他安排与他人共同持有一个上市公司已发行的股份达到5%后，其所持该上市公司已发行的股份比例每增加或者减少5%，应当依照初次报告的规定进行报告和公告。在报告期限内和作出报告、公告后2日内，不得再行买卖该上市公司的股票。

3. 披露内容

①持股人的名称、住所；

②持有的股票的名称、数额；

③持股达到法定比例或者持股增减变化达到法定比例的日期。

（二）收购要约

1. 触发条件

通过证券交易所的证券交易，投资者持有或者通过协议、其他安排与他人共同持有一个上市公司已发行的股份达到30%时,继续进行收购的,应当依法向该上市公司所有股东发出收购上市公司全部或者部分股份的要约。

2.承诺期限

收购要约约定的收购期限不得少于30日,并不得超过60日。在收购要约确定的承诺期限内,收购人不得撤销其收购要约。收购人需要变更收购要约的,必须及时公告,载明具体变更事项。

(三)终止上市交易和余股收购

收购期限届满,被收购公司股权分布不符合上市条件的,该上市公司的股票应当由证券交易所依法终止上市交易;其余仍持有被收购公司股票的股东,有权向收购人以收购要约的同等条件出售其股票,收购人应当收购。

(四)报告和公告收购情况

收购行为完成后,收购人应当在15日内将收购情况报告国务院证券监督管理机构和证券交易所,并予公告。

三、上市公司收购的法律后果

(1)收购行为完成后,被收购公司不再具备股份有限公司条件的,应当依法变更企业形式。

(2)在上市公司收购中,收购人持有的被收购的上市公司的股票,在收购行为完成后的12个月内不得转让。

(3)收购行为完成后,收购人与被收购公司合并,并将该公司解散的,被解散公司的原有股票由收购人依法更换。

第六节 证券机构

一、证券交易所

(一)证券交易所的概念

证券交易所是为证券集中交易提供场所和设施,组织和监督证券交易,实行自律管理的法人。证券交易所的设立和解散,由国务院决定。

(二)证券交易所的职能

(1)为组织公平的集中交易提供保障,公布证券交易即时行情,并按交易日制作证券市场行情表,予以公布。

(2)因突发性事件而影响证券交易的正常进行时,证券交易所可以采取技术性停牌的措施;因不可抗力的突发性事件或者为维护证券交易的正常秩序,证券交易所可以决定临时停市。证券交易所采取技术性停牌或者决定临时停市,必须及时报告国务院证券监督管理机构。

(3)证券交易所对证券交易实行实时监控,并按照国务院证券监督管理机构的要求,对异常的交易情况提出报告。证券交易所应当对上市公司及相关信息披露义务人披露信息进行监督,督促其依法及时、准确地披露信息。证券交易所根据需要,可以对出现重大异常交易情况的证券账户限制交易,并报国务院证券监督管理机构备案。

(4)证券交易所依照证券法律、行政法规制定上市规则、交易规则、会员管理规则和其他有关规则,并报国务院证券监督管理机构批准。

(5)在证券交易所内从事证券交易的人员,违反证券交易所有关交易规则的,由证券交易所给予纪律处分;对情节严重的,撤销其资格,禁止其入场进行证券交易。

二、证券公司

(一)证券公司的设立

(1)审批机关

国务院证券监督管理机构为审批机关。

(2)设立条件

①有符合法律、行政法规规定的公司

章程；

②主要股东具有持续盈利能力，信誉良好，最近三年无重大违法违规记录，净资产不低于人民币 2 亿元；

③有符合《证券法》规定的注册资本；

④董事、监事、高级管理人员具备任职资格，从业人员具有证券从业资格；

⑤有完善的风险管理与内部控制制度；

⑥有合格的经营场所和业务设施；

⑦法律、行政法规规定的和经国务院批准的国务院证券监督管理机构规定的其他条件。

（二）证券公司的组织形式及业务范围

1.证券公司的组织形式

证券公司采用股份有限公司和有限责任公司的组织形式。

2.证券公司的业务范围

经国务院证券监督管理机构批准，证券公司可以经营下列部分或者全部业务：

①证券经纪；

②证券投资咨询；

③与证券交易、证券投资活动有关的财务顾问；

④证券承销与保荐；

⑤证券自营；

⑥证券资产管理；

⑦其他证券业务。

证券公司经营前述第①至③项业务的，注册资本最低限额为人民币 5000 万元；经营前述第④至⑦项业务之一的，注册资本最低限额为人民币 1 亿元；经营前述第④至⑦项业务中两项以上的，注册资本最低限额为人民币 5 亿元。

（三）对证券公司的监管

（1）证券公司不得为其股东或者股东的关联人提供融资或者担保。

（2）证券公司必须将其证券经纪业务、证券承销业务、证券自营业务和证券资产管理业务分开办理，不得混合操作。

（3）证券公司客户的交易结算资金应以每个客户的名义单独立户管理，存放在商业银行。

（4）证券公司的自营业务必须以自己的名义进行，不得假借他人或者以个人名义进行。证券公司的自营业务必须使用自有资金和依法筹集的资金，不得将自营账户借给他人使用。

（5）证券公司为客户买卖证券提供融资融券服务，应当按照国务院的规定并经国务院证券监督管理机构批准。

（6）证券公司办理经纪业务不得接受客户的全权委托。

三、证券登记结算机构

证券登记结算机构是为证券交易提供集中登记、存管与结算服务，不以营利为目的的法人。设立证券登记结算机构必须经国务院证券监督管理机构批准。证券登记结算机构履行下列职能：

①证券账户、结算账户的设立；

②证券的存管和过户；

③证券持有人名册登记；

④证券交易所上市证券交易的清算和交收；

⑤受发行人的委托派发证券权益；

⑥办理与上述业务有关的查询；

⑦国务院证券监督管理机构批准的其他业务。

四、证券业协会

证券业协会是证券业的自律性组织，是社会团体法人。证券公司应当加入证券业协会。证券业协会履行下列职责：

①教育和组织会员遵守证券法律、行政法规；

②依法维护会员的合法权益，向证券监督管理机构反映会员的建议和要求；

③收集整理证券信息,为会员提供服务;

④制定会员应遵守的规则,组织会员单位的从业人员的业务培训,开展会员间的业务交流;

⑤对会员之间、会员与客户之间发生的证券业务纠纷进行调解;

⑥组织会员就证券业的发展、运作及有关内容进行研究;

⑦监督、检查会员行为,对违反法律、行政法规或者协会章程的,按照规定给予纪律处分;

⑧证券业协会章程规定的其他职责。

五、证券监督管理机构

国务院证券监督管理机构依法对证券市场实行监督管理,维护证券市场秩序,保障其合法运行。国务院证券监督管理机构依法履行下列职责:

①依法制定有关证券市场监督管理的规章、规则,并依法行使审批或者核准权;

②依法对证券的发行、上市、交易、登记、存管、结算,进行监督管理;

③依法对证券发行人、上市公司、证券公司、证券投资基金管理公司、证券服务机构、证券交易所、证券登记结算机构的证券业务活动,进行监督管理;

④依法制定从事证券业务人员的资格标准和行为准则,并监督实施;

⑤依法监督检查证券发行、上市和交易的信息公开情况;

⑥依法对证券业协会的活动进行指导和监督;

⑦依法对违反证券市场监督管理法律、行政法规的行为进行查处;

⑧法律、行政法规规定的其他职责。

国务院证券监督管理机构可以和其他国家或者地区的证券监督管理机构建立监督管理合作机制,实施跨境监督管理。

第七节　证券投资基金法律制度

一、证券投资基金概述

(一)证券投资基金的概念、分类和性质

1.证券投资基金的概念

证券投资基金是一种利益共享、风险共担的集合证券投资方式,即通过发行基金份额,集中投资者的资金,由基金托管人托管,由基金管理人管理和运用资金,从事股票、债券等金融工具投资。

2.证券投资基金的分类

证券投资基金按照运作方式可以分为封闭式基金、开放式基金和以其他方式运作的基金。

证券投资基金按照募集对象与募集方式可以分为公开募集基金和非公开募集基金。通过公开募集方式设立的基金的基金份额持有人按其所持基金份额享受收益和承担风险,通过非公开募集方式设立的基金的收益分配和风险承担由基金合同约定。

3.投资基金的性质

投资基金法律关系是信托法律关系。基金管理人、基金托管人按照法律规定和基金合同的约定,履行受托职责。公开募集基金的基金份额持有人按其所持基金份额享受收益和承担风险,非公开募集基金的收益分配和风险承担由基金合同约定。

(二)基金财产

信托财产独立是信托最核心的理念,在证券投资基金中表现为:

(1)基金财产的债务由基金财产本身承担,基金份额持有人以其出资为限对基金财产的债务承担责任。但基金合同另有约定的,从其约定。

(2)基金财产独立于基金管理人、基金托管人的固有财产。基金管理人、基金托管人不得将基金财产归入其固有财产。

基金管理人、基金托管人因基金财产的管理、运用或者其他情形而取得的财产或者收益,归入基金财产。基金管理人、基金托管人因依法解散、被依法撤销或者依法被宣告破产等原因进行清算的,基金财产不属于清算财产。

(3)基金财产的债权,不得与基金管理人、基金托管人固有的债务相抵销;不同的基金财产的债权债务,不得相互抵销。

(4)非因基金财产本身承担的债务,不得对基金财产强制执行。

二、证券投资基金当事人

(一)基金管理人

基金管理人由依法设立的公司或者合伙企业担任。公开募集基金的基金管理人,由基金管理公司或者经国务院证券监督管理机构按照规定核准的其他机构担任。

1. 职责

公开募集基金的基金管理人履行下列职责:依法募集资金,办理基金份额的发售和登记事宜;办理基金备案手续;对所管理的不同基金财产分别管理、分别记账,进行证券投资;按照基金合同的约定确定基金收益分配方案,及时向基金份额持有人分配收益;进行基金会计核算并编制基金财务会计报告;编制中期和年度基金报告;计算并公告基金资产净值,确定基金份额申购、赎回价格;办理与基金财产管理业务活动有关的信息披露事项;按照规定召集基金份额持有人大会;保存基金财产管理业务活动的记录、账册、报表和其他相关资料;以基金管理人名义,代表基金份额持有人利益行使诉讼权利或者实施其他法律行为;国务院证券监督管理机构规定的其他职责。

2. 禁止的行为

公开募集基金的基金管理人及其董事、监事、高级管理人员和其他从业人员不得有下列行为:

①将其固有财产或者他人财产混同于基金财产从事证券投资;

②不公平地对待其管理的不同基金财产;

③利用基金财产或者职务之便为基金份额持有人以外的人牟取利益;

④向基金份额持有人违规承诺收益或者承担损失;

⑤侵占、挪用基金财产;

⑥泄露因职务便利获取的未公开信息、利用该信息从事或者明示、暗示他人从事相关的交易活动;

⑦玩忽职守,不按照规定履行职责;

⑧法律、行政法规和国务院证券监督管理机构规定禁止的其他行为。

公开募集基金的基金管理人的股东、实际控制人应当按照国务院证券监督管理机构的规定及时履行重大事项报告义务,并不得有下列行为:

①虚假出资或者抽逃出资;

②未依法经股东会或者董事会决议擅自干预基金管理人的基金经营活动;

③要求基金管理人利用基金财产为自己或者他人牟取利益,损害基金份额持有人利益;

④国务院证券监督管理机构规定禁止的其他行为。

3. 基金管理人的基金从业人员的资格限制

下列人员不得担任公开募集基金的基金管理人的董事、监事、高级管理人员和其他从业人员:

①因犯有贪污贿赂、渎职、侵犯财产罪或者破坏社会主义市场经济秩序罪,被判处刑罚的;

②对所任职的公司、企业因经营不善破产清算或者因违法被吊销营业执照负有个人责任的董事、监事、厂长、高级管理

员,自该公司、企业破产清算终结或者被吊销营业执照之日起未逾5年的;

③个人所负债务数额较大,到期未清偿的;

④因违法行为被开除的基金管理人、基金托管人、证券交易所、证券公司、证券登记结算机构、期货交易所、期货公司及其他机构的从业人员和国家机关工作人员;

⑤因违法行为被吊销执业证书或者被取消资格的律师、注册会计师和资产评估机构、验证机构的从业人员、投资咨询从业人员;

⑥法律、行政法规规定不得从事基金业务的其他人员。

4. 证券投资限制

公开募集基金的基金管理人的董事、监事、高级管理人员和其他从业人员,其本人、配偶、利害关系人进行证券投资,应当事先向基金管理人申报,并不得与基金份额持有人发生利益冲突。公开募集基金的基金管理人应当建立前述规定人员进行证券投资的申报、登记、审查、处置等管理制度,并报国务院证券监督管理机构备案。

(二) 基金托管人

基金托管人由依法设立的商业银行或者其他金融机构担任。商业银行担任基金托管人的,由国务院证券监督管理机构会同国务院银行业监督管理机构核准;其他金融机构担任基金托管人的,由国务院证券监督管理机构核准。

(1) 职责。基金托管人履行下列职责:安全保管基金财产;按照规定开设基金财产的资金账户和证券账户;对所托管的不同基金财产分别设置账户,确保基金财产的完整与独立;保存基金托管业务活动的记录、账册、报表和其他相关资料;按照基金合同的约定,根据基金管理人的投资指令,及时办理清算、交割事宜;办理与基金托管业务活动有关的信息披露事项;对基金财务会计报告、中期和年度基金报告出具意见;复核、审查基金管理人计算的基金资产净值和基金份额申购、赎回价格;按照规定召集基金份额持有人大会;按照规定监督基金管理人的投资运作;国务院证券监督管理机构规定的其他职责。

(2) 基金托管人的禁止行为准用基金管理人的禁止行为规定。基金托管人的专门基金托管部门的从业人员的资格限制准用基金管理人的从业人员资格限制规定。基金托管人的专门基金托管部门的高级管理人员和其他从业人员的投资行为监督与利益冲突防范准用基金管理人的从业人员投资行为监督与利益冲突防范规定。

(3) 基金托管人与基金管理人不得为同一机构,不得相互出资或者持有股份。

(三) 基金份额持有人

基金份额持有人是指购买基金份额的投资者。

1. 基金份额持有人享有的权利

①分享基金财产收益;

②参与分配清算后的剩余基金财产;

③依法转让或者申请赎回其持有的基金份额;

④按照规定要求召开基金份额持有人大会或者召集基金份额持有人大会;

⑤对基金份额持有人大会审议事项行使表决权;

⑥对基金管理人、基金托管人、基金服务机构损害其合法权益的行为依法提起诉讼;

⑦基金合同约定的其他权利。

公开募集基金的基金份额持有人有权查阅或者复制公开披露的基金信息资料;非公开募集基金的基金份额持有人对涉及自身利益的情况,有权查阅基金的财务会计账簿等财务资料。

2. 基金份额持有人大会的职权

①决定基金扩募或者延长基金合同

期限;
②决定修改基金合同的重要内容或者提前终止基金合同;
③决定更换基金管理人、基金托管人;
④决定调整基金管理人、基金托管人的报酬标准;
⑤基金合同约定的其他职权。

三、公开募集基金的法律规制

（一）基金的公开募集

1. 公开募集的概念

公开募集包括向不特定对象募集资金、向特定对象募集资金累计超过二百人，以及法律、行政法规规定的其他情形。

2. 公开募集基金的条件

公开募集基金，应当经国务院证券监督管理机构注册。未经注册，不得公开或者变相公开募集基金。

注册公开募集基金，由拟任基金管理人向国务院证券监督管理机构提交下列文件：
①申请报告;
②基金合同草案;
③基金托管协议草案;
④招募说明书草案;
⑤律师事务所出具的法律意见书;
⑥国务院证券监督管理机构规定提交的其他文件。

3. 公开募集基金的基金合同内容

①募集基金的目的和基金名称;
②基金管理人、基金托管人的名称和住所;
③基金的运作方式;
④封闭式基金的基金份额总额和基金合同期限，或者开放式基金的最低募集份额总额;
⑤确定基金份额发售日期、价格和费用的原则;
⑥基金份额持有人、基金管理人和基金托管人的权利、义务;
⑦基金份额持有人大会召集、议事及表决的程序和规则;
⑧基金份额发售、交易、申购、赎回的程序、时间、地点、费用计算方式，以及给付赎回款项的时间和方式;
⑨基金收益分配原则、执行方式;
⑩基金管理人、基金托管人报酬的提取、支付方式与比例;
⑪与基金财产管理、运用有关的其他费用的提取、支付方式;
⑫基金财产的投资方向和投资限制;
⑬基金资产净值的计算方法和公告方式;
⑭基金募集未达到法定要求的处理方式;
⑮基金合同解除和终止的事由、程序以及基金财产清算方式;
⑯争议解决方式;
⑰当事人约定的其他事项。

4. 基金份额的发售

由基金管理人或者其委托的基金销售机构办理。

5. 募集基金成功

基金募集期限届满，封闭式基金募集的基金份额总额达到准予注册规模的80%以上，开放式基金募集的基金份额总额超过准予注册的最低募集份额总额，并且基金份额持有人人数符合国务院证券监督管理机构规定的，基金管理人应当自募集期限届满之日起10日内聘请法定验资机构验资，自收到验资报告之日起10日内，向国务院证券监督管理机构提交验资报告，办理基金备案手续，并予以公告。

6. 基金合同的成立和生效

投资人交纳认购的基金份额的款项时，基金合同成立;基金管理人依照前述规定向国务院证券监督管理机构办理基金备案手续，基金合同生效。

7.基金募集不成功的后果

基金募集期限届满,不能满足募集基金成功的条件的,基金管理人应当承担下列责任:

①以其固有财产承担因募集行为而产生的债务和费用;

②在基金募集期限届满后30日内返还投资人已交纳的款项,并加计银行同期存款利息。

(二)基金份额的交易

1.基金份额的上市交易

基金份额可以上市交易。申请基金份额上市交易,基金管理人应当向证券交易所提出申请,证券交易所依法审核同意的,双方应当签订上市协议。基金份额上市交易的条件是:①基金的募集符合法律规定;②基金合同期限为5年以上;③基金募集金额不低于2亿元人民币;④基金份额持有人不少于1 000人;⑤基金份额上市交易规则规定的其他条件。

2.基金份额的终止交易

基金份额上市交易后,有下列情形之一的,由证券交易所终止其上市交易:①不再具备前述上市交易的条件;②基金合同期限届满;③基金份额持有人大会决定提前终止上市交易;④基金合同约定的或者基金份额上市交易规则规定的终止上市交易的其他情形。

(三)基金份额的申购与赎回

(1)开放式基金的基金份额的申购、赎回、登记,由基金管理人或者其委托的基金服务机构办理。

(2)基金管理人应当在每个工作日办理基金份额的申购、赎回业务;基金合同另有约定的,从其约定。投资人交付申购款项,申购成立;基金份额登记机构确认基金份额时,申购生效。基金份额持有人递交赎回申请,赎回成立;基金份额登记机构确认赎回时,赎回生效。

(3)基金管理人应当按时支付赎回款项,但是下列情形除外:

①因不可抗力导致基金管理人不能支付赎回款项;

②证券交易场所依法决定临时停市,导致基金管理人无法计算当日基金资产净值;

③基金合同约定的其他特殊情形。

发生上述情形之一的,基金管理人应当在当日报国务院证券监督管理机构备案。上述情形消失后,基金管理人应当及时支付赎回款项。

(4)开放式基金应当保持足够的现金或者政府债券,以备支付基金份额持有人的赎回款项。基金财产中应当保持的现金或者政府债券的具体比例,由国务院证券监督管理机构规定。

(5)基金份额的申购、赎回价格,依据申购、赎回日基金份额净值加、减有关费用计算。

(四)基金的投资和收益分配

1.基金的投资

(1)投资方式。基金管理人运用基金财产进行证券投资,除国务院证券监督管理机构另有规定外,应当采用资产组合的方式。资产组合的具体方式和投资比例,在基金合同中约定。

(2)投资对象。基金财产应当用于下列投资:①上市交易的股票、债券;②国务院证券监督管理机构规定的其他证券及其衍生品种。

(3)基金财产不得用于的投资或者活动:①承销证券;②违反规定向他人贷款或者提供担保;③从事承担无限责任的投资;④买卖其他基金份额,但是国务院证券监督管理机构另有规定的除外;⑤向基金管理人、基金托管人出资;⑥从事内幕交易、操纵证券交易价格及其他不正当的证券交易活动;⑦法律、行政法规和国务院证券监督管理机构规定禁止的其他活动。

(4)防范利益冲突。运用基金财产买卖基金管理人、基金托管人及其控股股东、实际控制人或者与其有其他重大利害关系的公司发行的证券或承销期内承销的证券,或者从事其他重大关联交易的,应当遵循基金份额持有人利益优先的原则,防范利益冲突,符合国务院证券监督管理机构的规定,并履行信息披露义务。

2.基金的收益分配

基金的收益分配依基金合同的约定。

四、非公开募集基金的法律规制

(一)非公开募集基金的当事人

(1)非公开募集基金的募集对象限于合格投资者,并且人数累计不得超过200人。合格投资者是指达到规定资产规模或者收入水平,并且具备相应的风险识别能力和风险承担能力,其基金份额认购金额不低于规定限额的单位和个人。

(2)托管。除基金合同另有约定外,非公开募集基金应当由基金托管人托管。

(3)管理人。担任非公开募集基金的基金管理人,应当按照规定向基金行业协会履行登记手续。

(二)非公开募集基金合同的签订与履行

1.合同的签订

(1)非公开募集基金,应当制定并签订基金合同。基金合同应当包括下列内容:

①基金份额持有人、基金管理人、基金托管人的权利、义务;

②基金的运作方式;

③基金的出资方式、数额和认缴期限;

④基金的投资范围、投资策略和投资限制;

⑤基金收益分配原则、执行方式;

⑥基金承担的有关费用;

⑦基金信息提供的内容、方式;

⑧基金份额的认购、赎回或者转让的程序和方式;

⑨基金合同变更、解除和终止的事由、程序;

⑩基金财产清算方式;

⑪当事人约定的其他事项。

(2)按照基金合同的约定,非公开募集基金可以由部分基金份额持有人作为基金管理人负责基金的投资管理活动,并在基金财产不足以清偿其债务时对基金财产的债务承担无限连带责任。基金合同应载明:

①承担无限连带责任的基金份额持有人和其他基金份额持有人的姓名或者名称、住所;

②承担无限连带责任的基金份额持有人的除名条件和更换程序;

③基金份额持有人增加、退出的条件、程序以及相关责任;

④承担无限连带责任的基金份额持有人和其他基金份额持有人的转换程序。

2.合同的履行

非公开募集基金募集完毕,基金管理人应当向基金行业协会备案。对募集的资金总额或者基金份额持有人的人数达到规定标准的基金,基金行业协会应当向国务院证券监督管理机构报告。

基金管理人、基金托管人应当按照基金合同的约定,向基金份额持有人提供基金信息。

五、基金服务机构

(一)基金服务机构的注册或者备案

从事公开募集基金的销售、销售支付、份额登记、估值、投资顾问、评价、信息技术系统服务等基金服务业务的机构,应当按照国务院证券监督管理机构的规定进行注册或者备案。

(二)各类基金服务机构的义务

(1)基金销售机构应当向投资人充分

揭示投资风险,并根据投资人的风险承担能力销售不同风险等级的基金产品。

(2)基金销售支付机构应当按照规定办理基金销售结算资金的划付,确保基金销售结算资金安全、及时划付。

(3)基金销售机构、基金销售支付机构、基金份额登记机构应当确保基金销售结算资金、基金份额的安全、独立,禁止任何单位或者个人以任何形式挪用基金销售结算资金、基金份额。

(4)基金份额登记机构应当妥善保存登记数据,并将基金份额持有人名称、身份信息及基金份额明细等数据备份至国务院证券监督管理机构认定的机构。其保存期限自基金账户销户之日起不得少于20年。基金份额登记机构应当保证登记数据的真实、准确、完整,不得隐匿、伪造、篡改或者毁损。

(5)基金投资顾问机构及其从业人员提供基金投资顾问服务,应当具有合理的依据,对其服务能力和经营业绩进行如实陈述,不得以任何方式承诺或者保证投资收益,不得损害服务对象的合法权益。

(6)基金评价机构及其从业人员应当客观公正,按照依法制定的业务规则开展基金评价业务,禁止误导投资人,防范可能发生的利益冲突。

(7)律师事务所、会计师事务所接受基金管理人、基金托管人的委托,为有关基金业务活动出具法律意见书、审计报告、内部控制评价报告等文件,应当勤勉尽责,对所依据的文件资料内容的真实性、准确性、完整性进行核查和验证。其制作、出具的文件有虚假记载、误导性陈述或者重大遗漏,给他人财产造成损失的,应当与委托人承担连带赔偿责任。

六、基金行业协会

基金行业协会是证券投资基金行业的自律性组织,是社会团体法人。基金行业协会履行下列职责:

①教育和组织会员遵守有关证券投资的法律、行政法规,维护投资人合法权益;

②依法维护会员的合法权益,反映会员的建议和要求;

③制定和实施行业自律规则,监督、检查会员及其从业人员的执业行为,对违反自律规则和协会章程的,按照规定给予纪律处分;

④制定行业执业标准和业务规范,组织基金从业人员的从业考试、资质管理和业务培训;

⑤提供会员服务,组织行业交流,推动行业创新,开展行业宣传和投资人教育活动;

⑥对会员之间、会员与客户之间发生的基金业务纠纷进行调解;

⑦依法办理非公开募集基金的登记、备案;

⑧协会章程规定的其他职责。

七、公开募集基金的信息披露

(一)信息披露的义务主体

基金管理人、基金托管人和其他基金信息披露义务人应当依法披露基金信息,并保证所披露信息的真实性、准确性和完整性。

(二)披露的基本信息

公开披露的基金信息包括:

①基金招募说明书、基金合同、基金托管协议;

②基金募集情况;

③基金份额上市交易公告书;

④基金资产净值、基金份额净值;

⑤基金份额申购、赎回价格;

⑥基金财产的资产组合季度报告、财务会计报告及中期和年度基金报告;

⑦临时报告；
⑧基金份额持有人大会决议；
⑨基金管理人、基金托管人的专门基金托管部门的重大人事变动；
⑩涉及基金财产、基金管理业务、基金托管业务的诉讼或者仲裁；
⑪国务院证券监督管理机构规定应予披露的其他信息。

(三) 公开披露基金信息的禁止行为

公开披露基金信息，不得有下列行为：
①虚假记载、误导性陈述或者重大遗漏；
②对证券投资业绩进行预测；
③违规承诺收益或者承担损失；
④诋毁其他基金管理人、基金托管人或者基金销售机构；
⑤法律、行政法规和国务院证券监督管理机构规定禁止的其他行为。

八、基金的监督管理

(一) 监督管理机构的职责

国务院证券监督管理机构依法履行下列职责：
①制定有关证券投资基金活动监督管理的规章、规则，并行使审批、核准或者注册权；
②办理基金备案；
③对基金管理人、基金托管人及其他机构从事证券投资基金活动进行监督管理，对违法行为进行查处，并予以公告；
④制定基金从业人员的资格标准和行为准则，并监督实施；
⑤监督检查基金信息的披露情况；
⑥指导和监督基金行业协会的活动；
⑦法律、行政法规规定的其他职责。

(二) 监督管理措施

国务院证券监督管理机构依法履行职责，有权采取下列措施：
①对基金管理人、基金托管人、基金服务机构进行现场检查，并要求其报送有关的业务资料；
②进入涉嫌违法行为发生场所调查取证；
③询问当事人和与被调查事件有关的单位和个人，要求其对与被调查事件有关的事项作出说明；
④查阅、复制与被调查事件有关的财产权登记、通讯记录等资料；
⑤查阅、复制当事人和与被调查事件有关的单位和个人的证券交易记录、登记过户记录、财务会计资料及其他相关文件和资料；对可能被转移、隐匿或者毁损的文件和资料，可以予以封存；
⑥查询当事人和与被调查事件有关的单位和个人的资金账户、证券账户和银行账户；对有证据证明已经或者可能转移或者隐匿违法资金、证券等涉案财产或者隐匿、伪造、毁损重要证据的，经国务院证券监督管理机构主要负责人批准，可以冻结或者查封；
⑦在调查操纵证券市场、内幕交易等重大证券违法行为时，经国务院证券监督管理机构主要负责人批准，可以限制被调查事件当事人的证券买卖，但期限不得超过15个交易日；案情复杂的，可以延长15个交易日。

第八章 保险法

第一节 保险法概述

一、保险的概念

保险分为商业保险和社会保险。《保险法》所称的保险,是指投保人根据合同约定,向保险人支付保险费,保险人对于合同约定的可能发生的事故因其发生所造成的财产损失承担赔偿保险金责任,或者当被保险人死亡、伤残、疾病或者达到合同约定的年龄、期限等条件时承担给付保险金责任的商业保险行为。

二、保险的要素

(1) 危险的存在。"无危险则无保险",但是并非所有的危险都在保险的范围之内。

(2) 多数人参加保险。保险是多数人在经济上的互助共济关系。

(3) 补偿或给付。保险不能避免危险,而是对危险事故造成的损失予以经济补偿。

三、保险法的基本原则

(一) 公序良俗原则

从事保险活动必须遵守法律、行政法规,尊重社会公德,不得损害社会公共利益。

(二) 自愿原则

商业保险不同于社会保险,以自愿为原则。除法律、行政法规规定必须保险的外,保险合同自愿订立。

(三) 最大诚信原则

诚信是保险的生命线,保险的当事人、关系人必须做到最大程度的诚实与信用。

(四) 保险利益原则

保险利益是指投保人或者被保险人对保险标的具有的法律上承认的利益。

(1) 人身保险的投保人在保险合同订立时,对被保险人应当具有保险利益。订立合同时,投保人对被保险人不具有保险利益的,合同无效。

(2) 财产保险的被保险人在保险事故发生时,对保险标的应当具有保险利益。保险事故发生时,被保险人对保险标的不具有保险利益的,不得向保险人请求赔偿保险金。

(五) 近因原则

(1) 造成保险标的损害的主要的、起决定作用的原因,即属近因。

(2) 只有近因属于承保范围,保险人才承担赔偿或者给付责任。

第二节 保险合同总论

一、保险合同的概念和特征

(一) 保险合同的概念

保险合同是投保人与保险人约定保险权利义务关系的协议。

(二) 保险合同的特征

(1) 射幸合同。保险合同的射幸性质是由保险事故的发生具有偶然性决定的。

(2) 最大诚信合同。保险法中对于投保人、保险人的诚实信用义务都有极高要求。

(3)格式合同。保险合同的条款通常由保险人事先拟定,投保人只能表示接受或不接受,而不能就合同条款内容与保险人进行协商。

(4)非要式合同。非要式合同无需采用特定方式。

(5)诺成合同。诺成性合同指仅需双方意思表示一致而成立。依据《保险法》的规定,投保人提出保险要求,经保险人同意承保,保险合同成立。

二、保险合同的分类

(一)人身保险合同与财产保险合同

人身保险合同是以人的寿命和身体为保险标的的保险合同。

财产保险合同是以财产及其有关利益为保险标的的保险合同。

(二)强制保险合同与自愿保险合同

强制保险合同又称为法定保险合同,是指依据法律的规定而强制实施的保险合同。

自愿保险合同是指基于投保人自己的意思而订立的保险合同。

(三)原保险合同与再保险合同

原保险合同是指保险人对被保险人承担直接责任的保险合同。

再保险合同又称为分保险合同或第二次保险合同,是保险人将其承担的保险业务,以分保形式部分转移给其他保险人的保险合同。

(四)单保险合同与复保险合同

单保险合同是指投保人以一个保险标的、一个保险利益、一个保险事故仅同一个保险人订立的保险合同。

复保险合同是指投保人以同一保险标的、同一保险利益、同一保险事故分别向两个以上的保险人订立的保险合同。

三、保险合同的当事人

保险合同的当事人是指订立保险合同并享有和承担保险合同所确定的权利义务的人。

(一)保险人

保险人是指与投保人订立保险合同,并按照合同约定承担赔偿或者给付保险金责任的保险公司。

(二)投保人

投保人是指与保险人订立保险合同,并按照合同约定负有支付保险费义务的人。

四、保险合同的关系人

保险合同的关系人是指在保险事故或者保险合同约定的条件满足时,对保险人享有保险金给付请求权的人。

(一)被保险人

被保险人是指其财产或者人身受保险合同保障,享有保险金请求权的人。投保人可以为被保险人。

(二)受益人

受益人是指人身保险合同中由被保险人或者投保人指定的享有保险金请求权的人。投保人、被保险人可以为受益人。

五、保险合同的条款

(一)保险合同的条款

保险合同应当包括当事人、关系人的名称与住所,保险标的,保险责任和责任免除,责任期间等内容,其中保险金额、保险费、保险金是保险合同中三个重要却易被混淆的条款。

1. 保险金额

保险金额是投保人投保的金额,该金额是保险人赔偿的最高限额。保险金额不同于保险价值,保险价值是投保标的物的客观实际价值,保险价值是财产保险合同中特有的条款,人身保险合同中不存在保险价值条款。

2.保险费

保险费是投保人按照保险金额和保险费率计算出来并交纳给保险人的费用,保险费可以一次交纳,也可以分期交纳。

3.保险金

保险金是保险合同约定的保险事故发生或者在约定的保险事件到来后,保险人应当支付的款项。

在人身保险中,还有现金价值的概念,是指在保险期限内,投保人中途解除合同时,保险人所应当返还的金额。现金价值实质上是解约返还金,应与保险金相区别。

(二) 格式条款

1.格式条款的提示与说明义务

订立保险合同,采用保险人提供的格式条款的,保险人向投保人提供的投保单应当附格式条款,保险人应当向投保人说明合同的内容。对保险合同中免除保险人责任的条款,保险人在订立合同时应当在投保单、保险单或者其他保险凭证上作出足以引起投保人注意的提示,并对该条款的内容以书面或者口头形式向投保人作出明确说明;未作提示或者明确说明的,该条款不产生效力。

2.格式条款的无效

采用保险人提供的格式条款订立的保险合同中的下列条款无效:①免除保险人依法应承担的义务或者加重投保人、被保险人责任的;②排除投保人、被保险人或者受益人依法享有的权利的。保险人提供的格式合同文本中的责任免除条款、免赔额、免赔率、比例赔付或者给付等免除或者减轻保险人责任的条款,可以认定为"免除保险人责任的条款"。

3.格式条款的解释

采用保险人提供的格式条款订立的保险合同,保险人与投保人、被保险人或者受益人对合同条款有争议的,应当按照通常理解予以解释。对合同条款有两种以上解释的,人民法院或者仲裁机构应当作出有利于被保险人和受益人的解释。

六、保险合同的成立

投保人提出保险要求,经保险人同意承保,保险合同成立。

七、保险合同的形式

保险合同是非要式合同,实务中多采用书面形式。保险合同一般由投保单、保险单、暂保单或者其他书面文件构成。保险合同成立的,保险人应当及时向投保人签发保险单或者其他保险凭证。保险单或者其他保险凭证应当载明当事人双方约定的合同内容。当事人也可以约定采用其他书面形式载明合同内容。

投保单与保险单或者其他保险凭证不一致的,以投保单为准。但不一致的情形系经保险人说明并经投保人同意的,以投保人签收的保险单或者其他保险凭证载明的内容为准。

八、保险合同订立时的先合同义务

(一) 保险人的提示与说明义务

(1) 格式条款的提示与说明义务。

(2) 保险人将法律、行政法规中的禁止性规定情形作为保险合同免责条款的免责事由,保险人对该条款作出提示后,投保人、被保险人或者受益人以保险人未履行明确说明义务为由主张该条款不生效的,人民法院不予支持。

(3) 保险人对保险合同中有关免除保险人责任条款的概念、内容及其法律后果以书面或者口头形式向投保人作出一般人能够理解的解释说明的,人民法院应当认定保险人履行了说明义务。

（4）通过网络、电话等方式订立的保险合同，保险人以网页、音频、视频等形式对免除保险人责任条款予以提示和明确说明的，人民法院可以认定其履行了提示和明确说明义务。

（5）保险人对其履行了明确说明义务负举证责任。投保人对保险人履行了符合法律要求的明确说明义务，并在相关文书上签字、盖章或者以其他形式予以确认的，应当认定保险人履行了该项义务。但另有证据证明保险人未履行明确说明义务的除外。

（二）投保人的告知义务

（1）投保人的告知义务。订立保险合同，保险人就保险标的或者被保险人的有关情况提出询问的，投保人应当如实告知。

（2）告知内容。保险合同订立时，投保人明知的与保险标的或者被保险人有关的情况，属于投保人"应当如实告知"的内容。

投保人的告知义务限于保险人询问的范围和内容。当事人对询问范围及内容有争议的，保险人负举证责任。

（3）违反告知义务的后果。投保人故意或者因重大过失未履行前述规定的如实告知义务，足以影响保险人决定是否同意承保或者提高保险费率的，保险人有权解除合同。

九、保险合同的生效

（一）一般情况下保险合同的生效

依法成立的保险合同，自成立时生效。投保人和保险人可以对合同的效力约定附条件或者附期限。

（二）投保后承保前发生事故的处理

保险人接受了投保人提交的投保单并收取了保险费，尚未作出是否承保的意思表示，发生保险事故，被保险人或者受益人请求保险人按照保险合同承担赔偿或者给付保险金责任，符合承保条件的，人民法院应予支持；不符合承保条件的，保险人不承担保险责任，但应当退还已经收取的保险费。保险人主张不符合承保条件的，应承担举证责任。

十、保险合同的无效

（一）保险合同无效的原因

（1）基于《合同法》第52条的无效事由。

（2）基于保险法上的原因：①超额保险（超过部分无效）；②财产保险投保人对保险标的无保险利益；③未经被保险人书面同意的以死亡为给付保险金条件的保险（法律另有规定的除外）；④保险人未对投保人作出说明的免责条款。

（二）保险合同无效的后果

（1）保险合同无效，自始不发生法律效力。发生保险事故时，保险人不承担保险责任。

（2）超额保险中，超额部分无效，保险人应当退还相应的保险费。

（3）人身保险中，因投保人对被保险人不具有保险利益导致保险合同无效，投保人可以主张保险人退还扣减相应手续费后的保险费。

十一、保险合同的解除制度

（一）保险合同解除制度的特殊性

除保险法另有规定或者保险合同另有约定外，保险合同成立后，投保人可以解除合同，保险人不得解除合同。

（二）保险合同解除的依据

（1）投保人故意或者因重大过失未履行法律规定的如实告知义务，足以影响保险人决定是否同意承保或者提高保险费率的，保险人有权解除合同。

（2）未发生保险事故，被保险人或者受益人谎称发生了保险事故，向保险人提出赔偿或者给付保险金请求的，保险人有权解除合同。

(3) 投保人、被保险人故意制造保险事故的,保险人有权解除合同。

(4) 投保人、被保险人未按照约定履行其对保险标的应尽的安全责任的,保险人有权要求增加保险费或者解除合同。

(5) 因保险标的转让导致危险程度显著增加的,保险人应自收到通知之日起30日内,可以按照合同约定增加保险费或者解除合同。在合同有效期内,保险标的的危险程度显著增加的,被保险人应当按照合同约定及时通知保险人,保险人可以按照合同约定增加保险费或者解除合同。

(6) 投保人申报的被保险人年龄不真实,并且其真实年龄不符合合同约定的年龄限制的,保险人可以解除合同。

(三) 保险合同解除的效果

(1) 投保人故意不履行如实告知义务的,保险人对于合同解除前发生的保险事故,不承担赔偿或者给付保险金的责任,并不退还保险费。投保人因重大过失未履行如实告知义务,对保险事故的发生有严重影响的,保险人对于合同解除前发生的保险事故,不承担赔偿或者给付保险金的责任,但应当退还保险费。

(2) 被保险人或者受益人谎称发生了保险事故的,不退还保险费。

(3) 投保人、被保险人故意制造保险事故的,保险人有权解除合同,不承担赔偿或者给付保险金的责任,不退还保险费。但投保人、受益人故意造成被保险人死亡、伤残或者疾病的,且投保人已交足2年以上保险费的,保险人应当按照合同约定向其他享有权利的受益人退还保险单的现金价值。

(4) 因为保险标的危险显著增加,保险人解除合同的,应当将已收取的保险费,按照合同约定扣除自保险责任开始之日起至合同解除之日止应收的部分后,退还投保人。

(5) 投保人申报的被保险人年龄不真实,保险人解除合同,应按照合同约定退还保险单的现金价值。

(四) 对保险人解除权的限制

(1) 投保人违反告知义务导致的解除权。法律规定的合同解除权,自保险人知道有解除事由之日起,超过30日不行使而消灭。自合同成立之日起超过2年的,保险人不得解除合同;发生保险事故的,保险人应当承担赔偿或者给付保险金的责任。

保险人在合同订立时已经知道投保人未如实告知的情况的,保险人不得解除合同;发生保险事故的,保险人应当承担赔偿或者给付保险金的责任。

保险人不得以投保人违反了对投保单询问表中所列概括性条款的如实告知义务为由请求解除合同,但该概括性条款有具体内容的除外。

保险人在保险合同成立后知道或者应当知道投保人未履行如实告知义务,仍然收取保险费,则不能再以投保人违反如实告知义务为由主张解除合同。

保险人未行使合同解除权,直接以投保人未履行如实告知义务为由拒绝赔偿的,人民法院不予支持。但当事人就拒绝赔偿事宜及保险合同存续另行达成一致的情况除外。

(2) 投保人申报的被保险人年龄不真实导致合同解除,适用投保人违反告知义务导致的解除权中关于解除权行使时间、保险人在合同订立时明知投保人应告知事由的不得解除合同的规则。

十二、保险合同的履行

(一) 投保人的义务

1. 缴纳保险费的义务

保险合同成立后,投保人按照约定交付保险费,保险标的危险显著增加的,保险人要求投保人增加保费的,投保人应当增加保费;保险标的的危险明显减少或者保险价值明显减少的,保险人应当降低保险费。

保险人对人寿保险的保险费,不得用诉讼方式要求投保人支付。

2.保险事故发生的通知义务

投保人、被保险人或者受益人知道保险事故发生后,应当及时通知保险人。故意或者因重大过失未及时通知,致使保险事故的性质、原因、损失程度等难以确定的,保险人对无法确定的部分,不承担赔偿或者给付保险金的责任,但保险人通过其他途径已经及时知道或者应当及时知道保险事故发生的除外。

3.维护保险标的安全的义务

被保险人应当遵守国家有关消防、安全、生产操作、劳动保护等方面的规定,维护保险标的的安全。保险人可以按照合同约定对保险标的的安全状况进行检查,及时向投保人、被保险人提出消除不安全因素和隐患的书面建议。投保人、被保险人未按照约定履行其对保险标的的安全应尽责任的,保险人有权要求增加保险费或者解除合同。

4.危险程度增加的通知义务

在合同有效期内,保险标的的危险程度显著增加的,被保险人应当按照合同约定及时通知保险人,保险人可以按照合同约定增加保险费或者解除合同。被保险人未履行通知义务的,因保险标的的危险程度显著增加而发生的保险事故,保险人不承担赔偿保险金的责任。

5.采取必要措施防止或者减少损失的义务

保险事故发生时,被保险人应当尽力采取必要的措施,防止或者减少损失。保险事故发生后,被保险人为防止或者减少保险标的的损失所支付的必要的、合理的费用,由保险人承担;保险人所承担的费用数额在保险标的损失赔偿金额以外另行计算,最高不超过保险金额的数额。

6.保险标的转让时的通知义务

保险标的转让的,被保险人或者受让人应当及时通知保险人,但货物运输保险合同和另有约定的合同除外。因保险标的的转让导致危险程度显著增加的,保险人自收到通知之日起30日内,可以按照合同约定增加保险费或者解除合同。被保险人、受让人未履行通知义务的,因转让导致保险标的的危险程度显著增加而发生的保险事故,保险人不承担赔偿保险金的责任。

(二)保险人的义务

1.基本义务

保险人对于合同约定的可能发生的事故因其发生所造成的财产损失承担赔偿保险金的责任,或者当被保险人死亡、伤残、疾病或者达到合同约定的年龄、期限等条件时承担给付保险金的责任。

2.给付期限

保险人收到被保险人或者受益人的赔偿或者给付保险金的请求后,应当及时作出核定;情形复杂的,应当在30日内作出核定,但合同另有约定的除外。保险人应当将核定结果通知被保险人或者受益人;对属于保险责任的,在与被保险人或者受益人达成赔偿或者给付保险金的协议后10日内,履行赔偿或者给付保险金的义务。保险合同对赔偿或者给付保险金的期限有约定的,保险人应当按照约定履行赔偿或者给付保险金的义务。保险人未及时履行赔偿或者给付保险金义务的,除支付保险金外,应当赔偿被保险人或者受益人因此受到的损失。任何单位和个人不得非法干预保险人履行赔偿或者给付保险金的义务,也不得限制被保险人或者受益人取得保险金的权利。

3.先予支付义务

保险人自收到赔偿或者给付保险金的

请求和有关证明、资料之日起60日内,对其赔偿或者给付保险金的数额不能确定的,应当根据已有证明和资料可以确定的数额先予支付;保险人最终确定赔偿或者给付保险金的数额后,应当支付相应的差额。

4.保险金给付请求权的诉讼时效

人寿保险以外的其他保险的被保险人或者受益人,向保险人请求赔偿或者给付保险金的诉讼时效期间为2年,自其知道或者应当知道保险事故发生之日起计算。人寿保险的被保险人或者受益人向保险人请求给付保险金的诉讼时效期间为5年,自其知道或者应当知道保险事故发生之日起计算。

5.拒赔时通知义务

保险人对不属于保险责任的,应当自作出核定之日起3日内向被保险人或者受益人发出拒绝赔偿或者拒绝给付保险金通知书,并说明理由。

十三、保险人的代位求偿权

(一)代位求偿权的概念

因第三者对保险标的的损害而造成保险事故的,保险人自向被保险人赔偿保险金之日起,在赔偿金额范围内代位行使被保险人对第三者请求赔偿的权利。

(二)代位求偿权的行使

(1)根据代位求偿权的概念,代为求偿权的行使应当满足:①因第三者对保险标的的损害而造成保险事故的;②保险人向被保险人先行赔偿了保险金;③保险人在赔偿金额范围内代位行使请求赔偿的权利。

(2)保险事故发生后,被保险人已经从第三者取得损害赔偿的,保险人赔偿保险金时,可以相应扣减被保险人从第三者已取得的赔偿金额。

(3)保险人应以自己的名义行使代位求偿权。

(4)保险人代位求偿权的诉讼时效期间应自其取得代位求偿权之日起算。

(5)保险人向第三者行使代位请求赔偿的权利时,被保险人应当向保险人提供必要的文件和所知道的有关情况。

(三)被保险人放弃对第三人请求权的后果

保险事故发生后,保险人未赔偿保险金之前,被保险人放弃对第三者请求赔偿的权利的,保险人不承担赔偿保险金的责任。

保险人向被保险人赔偿保险金后,被保险人未经保险人同意放弃对第三者请求赔偿的权利的,该行为无效。

(四)被保险人导致保险人不能行使代位求偿权的后果

被保险人故意或者因重大过失致使保险人不能行使代位请求赔偿的权利的,保险人可以扣减或者要求返还相应的保险金。

(五)代位求偿权的适用禁止

除被保险人的家庭成员或者其组成人员故意造成保险事故外,保险人不得对被保险人的家庭成员或者其组成人员行使代位请求赔偿的权利。

第三节 保险合同分论

一、人身保险合同概述

(一)人身保险合同的概念

人身保险合同是以人的寿命和身体为保险标的的保险合同,包括人寿保险、健康保险和意外伤害保险。

(二)人身保险合同的特征

①保险标的是人的生命或身体;
②保险金定额支付;
③保险事故涉及人的生死、健康;

④人寿保险的保险费不得强制请求；
⑤人身保险不适用代位求偿权。

（三）人身保险合同的保险利益

（1）亲属关系或劳动关系。投保人对下列人员具有保险利益：①本人；②配偶、子女、父母；③前项以外与投保人有抚养、赡养或者扶养关系的家庭其他成员、近亲属；④与投保人有劳动关系的劳动者。

（2）被保险人同意投保人为其订立合同的，视为投保人对被保险人具有保险利益。

（3）订立合同时，投保人对被保险人不具有保险利益的，合同无效。保险合同订立后，因投保人丧失对被保险人的保险利益，当事人不得主张保险合同无效。

（四）以死亡为给付保险金条件的人身保险

1. 一般限制

投保人不得为无民事行为能力人投保以死亡为给付保险金条件的人身保险，保险人也不得承保。

以死亡为给付保险金条件的合同，未经被保险人同意并认可保险金额的，合同无效。按照以死亡为给付保险金条件的合同所签发的保险单，未经被保险人书面同意，不得转让或者质押。

"被保险人同意并认可保险金额"可以采取书面形式、口头形式或者其他形式；可以在合同订立时作出，也可以在合同订立后追认。有下列情形之一的，应认定为被保险人同意投保人为其订立保险合同并认可保险金额：①被保险人明知他人代其签名同意而未表示异议的；②被保险人同意投保人指定的受益人的；③有证据足以认定被保险人同意投保人为其投保的其他情形。

2. 例外规定

父母为其未成年子女投保的人身保险，不受前述规定的限制。但是，因被保险人死亡给付的保险金总和不得超过国务院保险监督管理机构规定的限额。

未成年人父母之外的其他履行监护职责的人为未成年人订立以死亡为给付保险金条件的合同，适用父母为未成年子女投保人身保险的例外规则的，应当经未成年人父母同意。

二、人身保险合同的权利义务

（一）人身保险合同的受益人

1. 受益人的指定

人身保险的受益人由被保险人或者投保人指定。

投保人指定受益人时须经被保险人同意。投保人为与其有劳动关系的劳动者投保人身保险，不得指定被保险人及其近亲属以外的人为受益人。投保人指定受益人未经被保险人同意的，指定行为无效。

被保险人为无民事行为能力人或者限制民事行为能力人的，可以由其监护人指定受益人。

2. 受益人指定争议

当事人对保险合同约定的受益人存在争议，除投保人、被保险人在保险合同之外另有约定外，按以下情形分别处理：

（1）受益人约定为"法定"或者"法定继承人"的，以继承法规定的法定继承人为受益人；

（2）受益人仅约定为身份关系，投保人与被保险人为同一主体的，根据保险事故发生时与被保险人的身份关系确定受益人；投保人与被保险人为不同主体的，根据保险合同成立时与被保险人的身份关系确定受益人；

（3）受益人的约定包括姓名和身份关系，保险事故发生时身份关系发生变化的，认定为未指定受益人。

3. 指定数名受益人

被保险人或者投保人可以指定一人或

者数人为受益人。

受益人为数人的,被保险人或者投保人可以确定受益顺序和受益份额;未确定受益份额的,受益人按照相等份额享有受益权。

投保人或者被保险人指定数人为受益人,部分受益人在保险事故发生前死亡、放弃受益权或者依法丧失受益权的,该受益人应得的受益份额按照保险合同的约定处理;保险合同没有约定或者约定不明的,该受益人应得的受益份额按照以下情形分别处理:

①未约定受益顺序及受益份额的,由其他受益人平均享有;

②未约定受益顺序但约定受益份额的,由其他受益人按照相应比例享有;

③约定受益顺序但未约定受益份额的,由同顺序的其他受益人平均享有;同一顺序没有其他受益人的,由后一顺序的受益人平均享有;

④约定受益顺序和受益份额的,由同顺序的其他受益人按照相应比例享有;同一顺序没有其他受益人的,由后一顺序的受益人按照相应比例享有。

4.受益人变更

被保险人或者投保人可以变更受益人并书面通知保险人。保险人收到变更受益人的书面通知后,应当在保险单或者其他保险凭证上批注或者附贴批单。

投保人或者被保险人变更受益人,变更行为自变更意思表示发出时生效,未通知保险人的,对保险人不发生效力。投保人变更受益人时须经被保险人同意。投保人变更受益人未经被保险人同意,变更行为无效。

投保人或者被保险人在保险事故发生后变更受益人,变更后的受益人请求保险人给付保险金的,人民法院不予支持。保险事故发生后,受益人将与本次保险事故相对应的全部或者部分保险金请求权转让给第三人,当事人主张该转让行为有效的,人民法院应予支持,但根据合同性质、当事人约定或者法律规定不得转让的除外。

(二)人身保险合同的履行

1.保险金继承

被保险人死亡后,有下列情形之一的,保险金作为被保险人的遗产,由保险人依照《继承法》的规定履行给付保险金的义务:

①没有指定受益人,或者受益人指定不明无法确定的;

②受益人先于被保险人死亡,没有其他受益人的;

③受益人依法丧失受益权或者放弃受益权,没有其他受益人的。

受益人与被保险人在同一事件中死亡,且不能确定死亡先后顺序的,推定受益人死亡在先。受益人与被保险人存在继承关系,在同一事件中死亡且不能确定死亡先后顺序的,推定受益人死亡在先,该推定仅适用于确定保险金归属。

2.保险人除外责任

投保人故意造成被保险人死亡、伤残或者疾病的,保险人不承担给付保险金的责任。投保人已交足2年以上保险费的,保险人应当按照合同约定向其他权利人退还保险单的现金价值。受益人故意造成被保险人死亡、伤残、疾病的,或者故意杀害被保险人未遂的,该受益人丧失受益权。其他权利人按照被保险人、被保险人的继承人的顺序确定。

以被保险人死亡为给付保险金条件的合同,自合同成立或者合同效力恢复之日起2年内,被保险人自杀的,保险人不承担给付保险金的责任,但被保险人自杀时为无民事行为能力人的除外。保险人依照前述规定不承担给付保险金责任的,应当按照合同约定退还保险单的现金价值。保险人以被保险人自杀为由拒绝给付保险金的,由保险人承担举证责任。受益人或者被保险人的继承人以被保险人自杀时无民事行为能力为由抗辩的,由其承担举证责任。

因被保险人故意犯罪或者抗拒依法采取的刑事强制措施导致其伤残或者死亡的,保险人不承担给付保险金的责任。投保人已交足2年以上保险费的,保险人应当按照合同约定退还保险单的现金价值。"被保险人故意犯罪"的认定,应当以刑事侦查机关、检察机关和审判机关的生效法律文书或者其他结论性意见为依据。保险人主张被保险人故意犯罪不承担给付保险金责任的,应当证明被保险人的死亡、伤残结果与其实施的故意犯罪或者抗拒依法采取的刑事强制措施的行为之间存在因果关系。被保险人在羁押、服刑期间因意外或者疾病造成伤残或者死亡,保险人主张不承担给付保险金责任的,人民法院不予支持。

3.特别情形

投保人为被保险人订立以死亡为给付保险金条件的保险合同,被保险人被宣告死亡后,当事人要求保险人按照保险合同约定给付保险金的,人民法院应予支持。被保险人被宣告死亡之日在保险责任期间之外,但有证据证明下落不明之日在保险责任期间之内,当事人要求保险人按照保险合同约定给付保险金的,人民法院应予支持。

被保险人的损失系由承保事故或者非承保事故、免责事由造成难以确定,当事人请求保险人给付保险金的,人民法院可以按照相应比例予以支持。

三、人身保险合同的解除

(一)投保人解除权

投保人解除合同的,保险人应当自收到解除合同通知之日起30日内,按照合同约定退还保险单的现金价值。

保险合同解除时,投保人与被保险人、受益人为不同主体,被保险人或者受益人要求退还保险单的现金价值的,人民法院不予支持,但保险合同另有约定的除外。

投保人解除保险合同,当事人以其解除合同未经被保险人或者受益人同意为由主张解除行为无效的,人民法院不予支持,但被保险人或者受益人已向投保人支付相当于保险单现金价值的款项并通知保险人的除外。

(二)被保险人解除权

被保险人以书面形式通知保险人和投保人撤销以死亡为给付保险金条件的合同所作出的同意意思表示的,可认定为保险合同解除。

(三)保险人解除权

(1)投保人申报的被保险人年龄不真实,并且其真实年龄不符合合同约定的年龄限制的,保险人可以解除合同,并按照合同约定退还保险单的现金价值。

(2)合同约定分期支付保险费,投保人支付首期保险费后,除合同另有约定外,投保人自保险人催告之日起超过30日未支付当期保险费,或者超过约定的期限60日未支付当期保险费的,合同效力中止,或者由保险人按照合同约定的条件减少保险金额。合同效力中止的,经保险人与投保人协商并达成协议,在投保人补交保险费后,合同效力恢复。但是,自合同效力中止之日起满2年双方未达成协议的,保险人有权解除合同。保险人依照前述规定解除合同的,应当按照合同约定退还保险单的现金价值。

(3)保险合同订立时,被保险人根据保险人的要求在指定医疗服务机构进行体检,投保人如实告知义务不免除。保险人知道被保险人的体检结果,仍以投保人未就相关情况履行如实告知义务为由要求解除合同的,人民法院不予支持。

四、财产保险合同的特征

(1)财产保险合同的标的为特定的财产以及与财产有关的利益。

(2)财产保险合同是一种填补损失的合同。

(3)财产保险合同实行保险责任限定制度。

(4)财产保险实行保险代位的原则。

五、财产保险合同当事人的权利与义务

参见本章第二节"十二、保险合同的履行"部分,"投保人的义务"第3至6种情形。

六、保险事故的处理

(一)保险事故的认定

行政管理部门依据法律规定制作的交通事故认定书、火灾事故认定书等,人民法院应当依法审查并确认其相应的证明力,但有相反证据能够推翻的除外。

(二)因第三者对保险标的的损害而造成保险事故

保险事故发生后,被保险人已经从第三者取得损害赔偿的,保险人赔偿保险金时,可以相应扣减被保险人从第三者已取得的赔偿金额。被保险人就其所受损失从第三者取得赔偿后的不足部分提起诉讼,请求保险人赔偿的,人民法院应予依法受理。

保险事故发生后,被保险人或者受益人起诉保险人,保险人以被保险人或者受益人未要求第三者承担责任为由抗辩不承担保险责任的,人民法院不予支持。保险人行使代位请求赔偿的权利,不影响被保险人就未取得赔偿的部分向第三者请求赔偿的权利。

保险事故发生后,保险人未赔偿保险金之前,被保险人放弃对第三者请求赔偿的权利的,保险人不承担赔偿保险金的责任。

除被保险人的家庭成员或者其组成人员故意造成保险事故外,保险人不得对被保险人的家庭成员或者其组成人员行使代位请求赔偿的权利。

(三)第三者责任保险

(1)责任保险是指以被保险人对第三者依法应负的赔偿责任为保险标的的保险。

(2)保险人对责任保险的被保险人给第三者造成的损害,可以依照法律的规定或者合同的约定,直接向该第三者赔偿保险金。

(3)责任保险的被保险人给第三者造成损害,被保险人对第三者应负的赔偿责任确定的,根据被保险人的请求,保险人应当直接向该第三者赔偿保险金。被保险人怠于请求的,第三者有权就其应获赔偿部分直接向保险人请求赔偿保险金。

(4)责任保险的被保险人给第三者造成损害,被保险人未向该第三者赔偿的,保险人不得向被保险人赔偿保险金。

(四)费用承担和被保险人协助义务

(1)保险人向第三者行使代位请求赔偿的权利时,被保险人应当向保险人提供必要的文件和所知道的有关情况。

(2)费用承担。保险人、被保险人为查明和确定保险事故的性质、原因和保险标的的损失程度所支付的必要的、合理的费用,由保险人承担。

责任保险的被保险人因给第三者造成损害的保险事故而被提起仲裁或者诉讼的,被保险人支付的仲裁或者诉讼费用以及其他必要的、合理的费用,除合同另有约定外,由保险人承担。

第四节　保险业法律制度

一、保险公司

（一）保险公司的概念

保险公司是指经过保险监督管理机构批准经营保险业而设立的专营保险业务的公司。

（二）保险公司的设立条件

设立保险公司应当具备下列条件：

①主要股东具有持续盈利能力，信誉良好，最近三年内无重大违法违规记录，净资产不低于人民币2亿元；

②有符合《保险法》和《公司法》规定的章程；

③设立保险公司，其注册资本的最低限额为人民币2亿元，保险公司的注册资本必须为实缴货币资本；

④有具备任职专业知识和业务工作经验的董事、监事和高级管理人员；

⑤有健全的组织机构和管理制度；

⑥有符合要求的营业场所和与经营业务有关的其他设施；

⑦法律、行政法规和国务院保险监督管理机构规定的其他条件。

（三）保险公司的设立程序

1.申请

申请设立保险公司，应当向国务院保险监督管理机构提出书面申请，并提交下列材料：

①设立申请书，申请书应当载明拟设立的保险公司的名称、注册资本、业务范围等；

②可行性研究报告；

③筹建方案；

④投资人的营业执照或者其他背景资料，经会计师事务所审计的上一年度财务会计报告；

⑤投资人认可的筹备组负责人和拟任董事长、经理名单及本人认可证明；

⑥国务院保险监督管理机构规定的其他材料。

2.审查

国务院保险监督管理机构应当对设立保险公司的申请进行审查，自受理之日起6个月内作出批准或者不批准筹建的决定，并书面通知申请人。决定不批准的，应当书面说明理由。

3.筹建

申请人应当自收到批准筹建通知之日起1年内完成筹建工作，筹建期间不得从事保险经营活动。

4.批准

筹建工作完成后，申请人具备法律规定的设立条件的，可以向国务院保险监督管理机构提出开业申请。国务院保险监督管理机构应当自受理开业申请之日起60日内，作出批准或者不批准开业的决定。决定批准的，颁发经营保险业务许可证；决定不批准的，应当书面通知申请人并说明理由。

（四）保险公司的分支机构

保险公司在中华人民共和国境内设立分支机构，应当经保险监督管理机构批准。经批准设立的保险公司及其分支机构，凭经营保险业务许可证向工商行政管理机关办理登记，领取营业执照。

保险公司分支机构不具有法人资格，其民事责任由保险公司承担。但保险公司依法设立并取得营业执照的分支机构属于《民事诉讼法》第48条规定的其他组织，可以作为保险合同纠纷案件的当事人参加诉讼。

二、保险经营规则

（一）保险经营原则

（1）分业经营原则。保险业和银行

业、证券业、信托业实行分业经营,保险公司与银行、证券、信托业务机构分别设立。国家另有规定的除外。

(2)禁止兼营原则。保险公司应当在国务院保险监督管理机构依法批准的业务范围内从事保险经营活动。保险人不得兼营人身保险业务和财产保险业务。但是,经营财产保险业务的保险公司经国务院保险监督管理机构批准,可以经营短期健康保险业务和意外伤害保险业务。

(3)保险专营原则。保险业务由依法设立的保险公司以及法律、行政法规规定的其他保险组织经营,其他单位和个人不得经营保险业务。

(二)保险公司偿付能力的维持

(1)保证金。保险公司应当按照其注册资本总额的20%提取保证金,存入国务院保险监督管理机构指定的银行,除公司清算时用于清偿债务外,不得动用。

(2)责任准备金。保险公司应当根据保障被保险人利益、保证偿付能力的原则,提取各项责任准备金。

(3)公积金。保险公司应当依法提取公积金。

(4)保险公司应当缴纳保险保障基金。保险保障基金应当集中管理,并在下列情形下统筹使用:①在保险公司被撤销或者被宣告破产时,向投保人、被保险人或者受益人提供救济;②在保险公司被撤销或者被宣告破产时,向依法接受其人寿保险合同的保险公司提供救济;③国务院规定的其他情形。保险保障基金筹集、管理和使用的具体办法,由国务院制定。

(5)最低偿付能力维持。保险公司应当具有与其业务规模和风险程度相适应的最低偿付能力。保险公司的认可资产减去认可负债的差额不得低于国务院保险监督管理机构规定的数额;低于规定数额的,应当按照国务院保险监督管理机构的要求采取相应措施达到规定的数额。

(三)保险公司的风险管理制度

(1)再保险强制。保险公司应当按照国务院保险监督管理机构的规定办理再保险,并审慎选择再保险接受人。

(2)自留保险费的限制。经营财产保险业务的保险公司当年自留保险费,不得超过其实有资本金加公积金总和的4倍。

(3)承保责任的限制。保险公司对每一危险单位,即对一次保险事故可能造成的最大损失范围所承担的责任,不得超过其实有资本金加公积金总和的10%;超过的部分应当办理再保险。

(4)资金营运的限制。

保险公司的资金运用必须稳健,遵循安全性原则。保险公司的资金运用限于下列形式:

①银行存款;

②买卖债券、股票、证券投资基金份额等有价证券;

③投资不动产;

④国务院规定的其他资金运用形式。

保险公司资金运用的具体管理办法,由国务院保险监督管理机构依照前述规定制定。

(5)经营禁止行为。

保险公司及其工作人员在保险业务活动中不得有下列行为:

①欺骗投保人、被保险人或者受益人;

②对投保人隐瞒与保险合同有关的重要情况;

③阻碍投保人履行本法规定的如实告知义务,或者诱导其不履行本法规定的如实告知义务;

④给予或者承诺给予投保人、被保险人、受益人保险合同约定以外的保险费回扣或者其他利益;

⑤拒不依法履行保险合同约定的赔偿或者给付保险金义务;

⑥故意编造未曾发生的保险事故、虚构保险合同或者故意夸大已经发生的保险事故的损失程度进行虚假理赔，骗取保险金或者牟取其他不正当利益；

⑦挪用、截留、侵占保险费；

⑧委托未取得合法资格的机构从事保险销售活动；

⑨利用开展保险业务为其他机构或者个人牟取不正当利益；

⑩利用保险代理人、保险经纪人或者保险评估机构，从事以虚构保险中介业务或者编造退保等方式套取费用等违法活动；

⑪以捏造、散布虚假事实等方式损害竞争对手的商业信誉，或者以其他不正当竞争行为扰乱保险市场秩序；

⑫泄露在业务活动中知悉的投保人、被保险人的商业秘密；

⑬违反法律、行政法规和国务院保险监督管理机构规定的其他行为。

三、保险代理人和保险经纪人

（一）保险代理人、保险经纪人的概念

保险代理人是根据保险人的委托，向保险人收取佣金，并在保险人授权的范围内代为办理保险业务的机构或者个人。保险代理机构包括专门从事保险代理业务的保险专业代理机构和兼营保险代理业务的保险兼业代理机构。保险代理人根据保险人的授权代为办理保险业务的行为，由保险人承担责任。保险代理人没有代理权、超越代理权或者代理权终止后以保险人名义订立合同，使投保人有理由相信其有代理权的，该代理行为有效。保险人可以依法追究越权的保险代理人的责任。

保险经纪人是基于投保人的利益，为投保人与保险人订立保险合同提供中介服务，并依法收取佣金的机构。保险经纪人因过错给投保人、被保险人造成损失的，依法承担赔偿责任。

（二）对保险代理机构、保险经纪人的业务监管

（1）保险代理机构、保险经纪人应当具备国务院保险监督管理机构规定的条件，取得保险监督管理机构颁发的经营保险代理业务许可证、保险经纪业务许可证。

（2）以公司形式设立保险专业代理机构、保险经纪人，其注册资本最低限额适用《公司法》的规定。国务院保险监督管理机构根据保险专业代理机构、保险经纪人的业务范围和经营规模，可以调整其注册资本的最低限额，但不得低于《公司法》规定的限额。保险专业代理机构、保险经纪人的注册资本或者出资额必须为实缴货币资本。

（3）保险代理机构、保险经纪人应当有自己的经营场所，设立专门账簿记载保险代理业务、经纪业务的收支情况。

（4）保险代理机构、保险经纪人应当按照国务院保险监督管理机构的规定缴存保证金或者投保职业责任保险。

（5）个人保险代理人在代为办理人寿保险业务时，不得同时接受两个以上保险人的委托。

（三）保险代理人与保险经纪人的禁止性行为

保险代理人、保险经纪人及其从业人员在办理保险业务活动中不得有下列行为：

（1）欺骗保险人、投保人、被保险人或者受益人；

（2）隐瞒与保险合同有关的重要情况；

（3）阻碍投保人履行《保险法》规定的如实告知义务，或者诱导其不履行《保险法》规定的如实告知义务；

（4）给予或者承诺给予投保人、被保险人或者受益人保险合同约定以外的

利益;

(5)利用行政权力、职务或者职业便利以及其他不正当手段强迫、引诱或者限制投保人订立保险合同;

(6)伪造、擅自变更保险合同,或者为保险合同当事人提供虚假证明材料;

(7)挪用、截留、侵占保险费或者保险金;

(8)利用业务便利为其他机构或者个人牟取不正当利益;

(9)串通投保人、被保险人或者受益人,骗取保险金;

(10)泄露在业务活动中知悉的保险人、投保人、被保险人的商业秘密。

四、保险业的监督管理

(一)保险公司偿付能力不足的监管

对偿付能力不足的保险公司,国务院保险监督管理机构应当将其列为重点监管对象,并可以根据具体情况采取下列措施:

①责令增加资本金、办理再保险;
②限制业务范围;
③限制向股东分红;
④限制固定资产购置或者经营费用规模;
⑤限制资金运用的形式、比例;
⑥限制增设分支机构;
⑦责令拍卖不良资产、转让保险业务;
⑧限制董事、监事、高级管理人员的薪酬水平;
⑨限制商业性广告;
⑩责令停止接受新业务。

(二)保险公司的整顿

保险公司未依法提取或者结转各项责任准备金,或者未依法办理再保险,或者严重违反法律关于资金运用的规定的,由保险监督管理机构责令限期改正,并可以责令调整负责人及有关管理人员。

保险监督管理机构作出限期改正的决定后,保险公司逾期未改正的,国务院保险监督管理机构可以决定选派保险专业人员和指定该保险公司的有关人员组成整顿组,对公司进行整顿。整顿决定应当载明被整顿公司的名称、整顿理由、整顿组成员和整顿期限,并予以公告。

整顿组有权监督被整顿保险公司的日常业务。被整顿公司的负责人及有关管理人员应当在整顿组的监督下行使职权。

整顿过程中,被整顿保险公司的原有业务继续进行。但是,国务院保险监督管理机构可以责令被整顿公司停止部分原有业务、停止接受新业务,调整资金运用。

被整顿保险公司经整顿已纠正其违法行为,恢复正常经营状况的,由整顿组提出报告,经国务院保险监督管理机构批准,结束整顿,并由国务院保险监督管理机构予以公告。

(三)保险公司的接管

(1)接管条件。保险公司有下列情形之一的,国务院保险监督管理机构可以对其实行接管:①公司的偿付能力严重不足的;②违反法律规定,损害社会公共利益,可能严重危及或者已经严重危及公司的偿付能力的。被接管的保险公司的债权债务关系不因接管而变化。

(2)接管期限。接管期限届满,国务院保险监督管理机构可以决定延长接管期限,但接管期限最长不得超过2年。

(3)终止接管。接管期限届满,被接管的保险公司已恢复正常经营能力的,由国务院保险监督管理机构决定终止接管,并予以公告。

(四)保险监督管理机构履行职责的权利

保险监督管理机构依法履行职责,可以采取下列措施:

①对保险公司、保险代理人、保险经纪人、保险资产管理公司、外国保险机构的代

表机构进行现场检查;

②进入涉嫌违法行为发生场所调查取证;

③询问当事人及与被调查事件有关的单位和个人,要求其对与被调查事件有关的事项作出说明;

④查阅、复制与被调查事件有关的财产权登记等资料;

⑤查阅、复制保险公司、保险代理人、保险经纪人、保险资产管理公司、外国保险机构的代表机构以及与被调查事件有关的单位和个人的财务会计资料及其他相关文件和资料;对可能被转移、隐匿或者毁损的文件和资料予以封存;

⑥查询涉嫌违法经营的保险公司、保险代理人、保险经纪人、保险资产管理公司、外国保险机构的代表机构以及与涉嫌违法事项有关的单位和个人的银行账户;

⑦对有证据证明已经或者可能转移、隐匿违法资金等涉案财产或者隐匿、伪造、毁损重要证据的,经保险监督管理机构主要负责人批准,申请人民法院予以冻结或者查封。

保险监督管理机构采取前述第①项、第②项、第⑤项措施的,应当经保险监督管理机构负责人批准;采取第⑥项措施的,应当经国务院保险监督管理机构负责人批准。

第九章 海商法

第一节 海商法概述

一、海商法的概念

海商法是调整海上运输关系、船舶关系的法律规范的总称。其中,海上运输关系,主要是指承运人、实际承运人同托运人、收货人或者同旅客之间,承拖方同被拖方之间的关系。船舶关系,主要指船舶所有人、经营人、出租人、承租人之间,抵押权人与抵押人之间,救助方与被救助方之间的关系。

二、海商法的性质

我国立法和司法实践中基本认为,海商法是民法的特别法。

三、海商法的适用范围

海商法适用于海上或与海相通的可航水域的货物及旅客运输以及船舶碰撞和海难救助等海上事故。但海商法关于海上货物运输合同的规定,不适用于我国港口之间的海上货物运输。

第二节 船舶与船员

一、船舶

(一)船舶的概念

船舶是一个日常使用的概念,但海商法中的船舶具有特殊含义。我国海商法所称的船舶,是指海船和其他海上移动式装置,但是用于军事的、政府公务的船舶和20总吨以下的小型船舶除外。

(二)船舶登记与船舶国籍

船舶登记是指对船舶享有权利的人向国家授权的船舶登记机关提出申请,由船舶登记机关进行审查,对符合法定条件的船舶予以注册,并以国家名义签发相应证书的法律行为。

船舶国籍是指船舶与特定国家在法律上的隶属关系。船舶只有经过登记,才能取得一国国籍,从而才有权悬挂一国国旗。悬挂国旗是船舶在公海上航行的前提,也是船舶享受一国国内航运优惠措施、在船籍国领海和内河自由航行的前提。

(三)船舶所有权

船舶所有权,是指船舶所有人依法对其船舶享有的占有、使用、收益和处分的权利。

船舶所有权的取得、转让和消灭,应当向船舶登记机关登记;未经登记的,不得对抗第三人。船舶所有权的转让,应当签订书面合同。

(四)船舶担保物权

船舶担保物权包括船舶抵押权、船舶优先权和船舶留置权。

1.船舶抵押权

(1)概念。

船舶抵押权,是指抵押权人对于抵押人提供的作为债务担保的船舶,在抵押人不履行债务时,可以依法拍卖,从卖得的价款中优先受偿的权利。

(2)标的。

船舶抵押权的标的物是船舶,包括旧船和正在建造中的船舶(在建船)。建造中的船舶办理抵押权登记,还应当向船舶登记机关提交船舶建造合同。

(3)船舶抵押权的设定。

当事人设定船舶抵押,应当签订书面合同。船舶抵押合同的成立和生效,应适用《合同法》的有关规定。

(4)船舶抵押权登记。

设定船舶抵押权,由抵押权人和抵押人共同向船舶登记机关办理船舶抵押权登记;未经登记的,不得对抗第三人。

同一船舶可以设定两个以上抵押权,其顺序以登记的先后为准。同日登记的抵押权,按照同一顺序受偿。

(5)船舶抵押权的效力。

①优先受偿权。船舶抵押权设立后,抵押权人就所担保债权享有优先受偿权。

②抵押人处分权受限制。未经抵押权人同意,抵押人不得将被抵押船舶转让给他人。

③抵押权的不可分性。抵押权人将被抵押船舶所担保的债权全部或者部分转让给他人的,抵押权随之转移。

④抵押权的代位性。被抵押船舶灭失后得到的保险赔偿,抵押权人有权优先于其他债权人受偿。

2.船舶优先权

(1)概念。

船舶优先权,是指海事请求人依照《海商法》的规定,向船舶所有人、光船承租人、船舶经营人提出海事请求,对产生该海事请求的船舶具有优先受偿的权利。

(2)船舶优先权的特点。

①法定性。船舶优先权是一种法定的担保物权,因法律规定而产生。

②秘密性。船舶优先权的产生和存续无需当事人作任何意思表示,也无需在船舶登记机关登记。

③随附性。船舶优先权随船舶的转移而转移。

(3)具有船舶优先权主要的海事请求。

①船长、船员和在船上工作的其他在编人员根据劳动法律、行政法规或者劳动合同所产生的工资、其他劳动报酬、船员遣返费用和社会保险费用的给付请求;

②在船舶营运中发生的人身伤亡的赔偿请求;

③船舶吨税、引航费、港务费和其他港口规费的缴付请求;

④海难救助的救助款项的给付请求;

⑤船舶在营运中因侵权行为产生的财产赔偿请求。

以上海事请求应优先于其他请求受偿。同属具有船舶优先权的请求权中,按上述第①项至第⑤项的顺序受偿。同一优先项目中若有多个请求,应同时受偿,受偿不足的,按比例受偿。

(4)船舶优先权的消灭。

船舶优先权消灭的原因主要有:

①船舶灭失;

②怠于行使权利:具有船舶优先权的海事请求,自优先权产生之日起满1年不行使;

③船舶被法院司法拍卖;

④债权被清偿、放弃、已经提供了其他担保。

3.船舶留置权

(1)概念。

海商法上的船舶留置权,是特指船舶建造人、修船人在合同另一方未履行合同时,可以留置所占有的船舶,以保证造船费用或者修船费用得以偿还的权利。

(2)特点。

①船舶留置权是一种法定的担保物权;

②船舶留置权只限于造船人和修船人的留置权,其他人因为其他原因占有船舶不能行使船舶留置权。

4.船舶担保物权之间的关系

关于船舶担保物权,在受偿顺序上,依次是船舶优先权、船舶留置权、船舶抵押权。

二、船员

(一)船员的概念

船员是指包括船长在内的船上一切任职人员。从事国际航行的船舶的中国籍船员,必须持有中华人民共和国港务监督机构颁发的海员证和有关证书。

(二)船长的职责

船长是船上的最高行政指挥人员,具有以下职责:

(1)驾驶和管理船舶的职责。船长管理和驾驶船舶的责任,不因领航员引领船舶而解除。

(2)维持船上治安的职责。

(3)公证职责。船长应当将船上发生的出生或者死亡事件计入航海日志,并在两名证人的参加下制作证明书。

第三节 海上货物运输合同

一、海上货物运输合同

海上货物运输合同,是指承运人收取运费,负责将托运人托运的货物经海路由一港运至另一港的合同。

(一)海上货物运输合同的订立

海上货物运输合同由承运人与托运人磋商订立,订立的过程也分为要约和承诺。海上货物运输合同可以口头订立,也可以书面订立。但航次租船合同应当书面订立。

(二)海上货物运输合同的解除

《海商法》规定了以下三种合同解除的情况:

(1)船舶在装货港开航前,托运人可以要求解除合同。但是,除合同另有约定外,托运人应当向承运人支付约定运费的一半;货物已经装船的,并应当负担装货、卸货和其他与此有关的费用。

(2)船舶在装货港开航前,因不可抗力或者其他不能归责于承运人和托运人的原因致使合同不能履行的,双方均可解除合同,并互相不负赔偿责任。除合同另有约定外,运费已经支付的,承运人应当将运费退还给托运人;货物已经装船的,托运人应当承担装卸费用;已经签发提单的,托运人应当将提单退回给承运人。

(3)船舶开航后,因不可抗力或者其他不能归责于承运人和托运人的原因致使船舶不能在合同约定的目的港卸货的,除合同另有约定外,船长有权将货物在目的港邻近的安全港口或者地点卸载,视为已经履行合同。船长决定将货物卸载的,应当及时通知托运人或者收货人,并考虑托运人或者收货人的利益。

(三)海上货物运输合同的履行

1.承运人责任

(1)承运人的最低法定义务。

承运人的最低法定义务包括:适航、管货、不做不合理绕行、应托运人请求签发提单。

(2)承运人的最高法定免责。

《海商法》第51条规定了12项承运人的法定免责事由。运输合同在法定免责事由的范围内只能减少、不能增加其他免责事由,因此也叫承运人的最高法定免责。

在责任期间货物发生的灭失或者损坏是由于下列原因之一造成的,承运人不负赔偿责任:

①船长、船员、引航员或者承运人的其他受雇人在驾驶船舶或者管理船舶中的过失;

②火灾,但是由于承运人本人的过失所造成的除外;

③天灾,海上或者其他可航水域的危险或者意外事故;

④战争或者武装冲突;

⑤政府或者主管部门的行为、检疫限制或者司法扣押;

⑥罢工、停工或者劳动受到限制;

⑦在海上救助或者企图救助人命或者财产;

⑧托运人、货物所有人或者他们的代理人的行为;

⑨货物的自然特性或者固有缺陷;

⑩货物包装不良或者标志欠缺、不清;

⑪经谨慎处理仍未发现的船舶潜在缺陷;

⑫非由于承运人或者承运人的受雇人、代理人的过失造成的其他原因。

承运人依照前述规定免除赔偿责任的,除第②项规定的原因外,应当负举证责任。

(3)承运人的单位赔偿责任限制。

承运人对货物的灭失或者损坏的赔偿限额,按照货物件数或者其他货运单位数计算,每件或者每个其他货运单位为666.67计算单位,或者按照货物毛重计算,每公斤为2计算单位,以二者中赔偿限额较高的为准。但是,托运人在货物装运前已经申报其性质和价值,并在提单中载明的,或者承运人与托运人已经另行约定高于《海商法》规定的赔偿限额的除外。

承运人对货物因迟延交付造成经济损失的赔偿限额,为所迟延交付的货物的运费数额。货物的灭失或者损坏和迟延交付同时发生的,承运人的赔偿责任限额适用《海商法》第56条第1款规定的限额。

经证明,货物的灭失、损坏或者迟延交付是由于承运人的故意或者明知可能造成损失而轻率地作为或者不作为造成的,不适用赔偿责任限制的规定。

2.托运人责任

(1)运费支付义务。

托运人应当按照约定向承运人支付运费。托运人与承运人可以约定运费由收货人支付;但是,此项约定应当在运输单证中载明。

(2)正确申报义务。

托运人托运货物,应当妥善包装,并向承运人保证,货物装船时所提供的货物的品名、标志、包数或者件数、重量或者体积的正确性;由于包装不良或者上述资料不正确,对承运人造成损失的,托运人应当负赔偿责任。承运人依照前述规定享有的受偿权利,不影响其根据货物运输合同对托运人以外的人所承担的责任。

(3) 及时办理手续的义务。

托运人应当及时向港口、海关、检疫、检验和其他主管机关办理货物运输所需要的各项手续,并将已办理各项手续的单证送交承运人;因办理各项手续的有关单证送交不及时、不完备或者不正确,使承运人的利益受到损害的,托运人应当负赔偿责任。

(4) 危险货物托运相关义务。

托运人托运危险货物,应当依照有关海上危险货物运输的规定,妥善包装,作出危险品标志和标签,并将其正式名称和性质以及应当采取的预防危害措施书面通知承运人;托运人未通知或者通知有误的,承运人可以在任何时间、任何地点根据情况需要将货物卸下、销毁或者使之不能为害,而不负赔偿责任。托运人对承运人因运输此类货物所受到的损害,应当负赔偿责任。承运人知道危险货物的性质并已同意装运的,仍然可以在该项货物对于船舶、人员或者其他货物构成实际危险时,将货物卸下、销毁或者使之不能为害,而不负赔偿责任。但是,危险货物适用共同海损的分摊。

3. 货物的交付

(1) 货物交付的形式。

货物交付分为实际交付和象征性交付。实际交付是直接将货物交给收货人或其指定的人。象征性交付是在特定情况下,将货物置于一个适当的场所并通知收货人领取而视为完成交付。

(2) 检查货物和通知。

承运人向收货人交付货物时,收货人未将货物灭失或者损坏的情况书面通知承运人的;或者,货物灭失或者损坏的情况非显而易见的,在货物交付的次日起连续7日内,集装箱货物交付的次日起连续15日内,收货人未提交书面通知的,此项交付视为承运人已经按照运输单证的记载交付以及货物状况良好的初步证据。但是货物交付时,收货人已经会同承运人对货物进行联合检查或者检验的,无需就所查明的灭失或者损坏的情况提交书面通知。

承运人自向收货人交付货物的次日起连续60日内,未收到收货人就货物因迟延交付造成经济损失而提交的书面通知的,不负赔偿责任。

收货人在目的港提取货物前或者承运人在目的港交付货物前,可以要求检验机构对货物状况进行检验;要求检验的一方应当支付检验费用,但是有权向造成货物损失的责任方追偿。

(3) 留置货物。

应当向承运人支付的运费、共同海损分摊、滞期费和承运人为货物垫付的必要费用以及应当向承运人支付的其他费用没有付清,又没有提供适当担保的,承运人可以在合理的限度内留置其货物。

承运人留置的货物,自船舶抵达卸货港的次日起满60日无人提取的,承运人可以申请法院裁定拍卖;货物易腐烂变质或者货物的保管费用可能超过其价值的,可以申请提前拍卖。拍卖所得价款,用于清偿保管、拍卖货物的费用和运费以及应当向承运人支付的其他有关费用;不足的金额,承运人有权向托运人追偿;剩余的金额,退还托运人;无法退还、自拍卖之日起满1年又无人领取的,上缴国库。

二、提单

(一) 提单的概念

提单,是指用以证明海上货物运输合同和货物已经由承运人接收或者装船,以及承运人保证据以交付货物的单证。提单中载明的向记名人交付货物,或者按照指示人的指示交付货物,或者向提单持有人交付货物的条款,构成承运人据以交付货物的保证。

(二)提单的特征

①提单具有收据作用;
②提单是运输合同的书面证明;
③提单是承运人交付货物的凭证。

(三)提单的性质

提单是有价证券、要式证券、流通证券和缴还证券。

(四)提单的种类

(1)已装船提单和收货待运提单。货物装船前,承运人已经应托运人的要求签发收货待运提单或者其他单证的,货物装船完毕,托运人可以将收货待运提单或者其他单证退还承运人,以换取已装船提单;承运人也可以在收货待运提单上加注承运船舶的船名和装船日期,加注后的收货待运提单视为已装船提单。

(2)记名提单、不记名提单和指示提单。

(3)清洁提单和不清洁提单。承运人或者代其签发提单的人未在提单上批注货物表面状况的,视为货物的表面状况良好。承运人或者代其签发提单的人,知道或者有合理的根据怀疑提单记载的货物的品名、标志、包数或者件数、重量或者体积与实际接收的货物不符,在签发已装船提单的情况下怀疑与已装船的货物不符,或者没有适当的方法核对提单记载的,可以在提单上批注,说明不符之处、怀疑的根据或者说明无法核对。

(五)提单的签发

货物由承运人接收或者装船后,应托运人的要求,承运人应当签发提单。提单可以由承运人授权的人签发,提单由载货船舶的船长签发的,视为代表承运人签发。

(六)提单的内容

提单的内容,包括下列各项:

①货物的品名、标志、包数或者件数、重量或者体积,以及运输危险货物时对危险性质的说明;
②承运人的名称和主营业所;
③船舶名称;
④托运人的名称;
⑤收货人的名称;
⑥装货港和在装货港接收货物的日期;
⑦卸货港;
⑧多式联运提单增列接收货物地点和交付货物地点;
⑨提单的签发日期、地点和份数;
⑩运费的支付;
⑪承运人或者其代表的签字。

提单缺少前述规定的一项或者几项的,不影响提单的性质。

(七)提单的转让

提单的转让,依照下列规定执行:

①记名提单:不得转让;
②指示提单:经过记名背书或者空白背书转让;
③不记名提单:无需背书,即可转让。

第四节 海上旅客运输合同

一、海上旅客运输合同概述

(一)海上旅客运输合同的定义

海上旅客运输合同,是指承运人以适合运送旅客的船舶经海路将旅客及其行李从一港运送至另一港,由旅客支付票款的合同。

(二)客票的定义

旅客客票是海上旅客运输合同成立的凭证。

二、承运人的权利与责任

（一）承运人的责任期间

海上旅客运输的运送期间，自旅客登船时起至旅客离船时止，客票票价含接送费用的，运送期间并包括承运人经水路将旅客从岸上接到船上和从船上送到岸上的时间，但是不包括旅客在港站内、码头上或者在港口其他设施内的时间。

旅客的自带行李，运送期间同前述规定，旅客自带行李以外的其他行李，运送期间自旅客将行李交付承运人或者承运人的受雇人、代理人时起至承运人或者承运人的受雇人、代理人交还旅客时止。

（二）承运人的责任限额

1.赔偿责任限额

（1）旅客人身伤亡的，每名旅客不超过46 666计算单位。

（2）旅客自带行李灭失或者损坏的，每名旅客不超过833计算单位。

（3）旅客车辆包括该车辆所载行李灭失或者损坏的，每一车辆不超过3 333计算单位。

（4）第（2）（3）项以外的旅客其他行李灭失或者损坏的，每名旅客不超过1200计算单位。承运人和旅客可以书面约定高于上述规定的赔偿责任限额。

2.责任限额适用例外

经证明，旅客的人身伤亡或者行李的灭失、损坏，是由于承运人的故意或者明知可能造成损害而轻率地作为或者不作为造成的，承运人不适用赔偿责任限额的规定。

（三）承运人的责任

（1）在旅客及其行李的运送期间，因承运人或者承运人的受雇人、代理人在受雇或者受委托的范围内过失引起事故，造成旅客人身伤亡或者行李灭失、损坏的，承运人应当负赔偿责任。

（2）承运人将旅客运送或者部分运送委托给实际承运人履行的，对全程运送负责。实际承运人履行运送的，承运人应当对实际承运人的行为或者实际承运人的受雇人、代理人在受雇或者受委托的范围内的行为负责。

（3）承运人与实际承运人均负有赔偿责任的，应当在此项责任限度内负连带责任。

三、旅客的权利与义务

旅客，是指根据海上旅客运输合同运送的人；经承运人同意，根据海上货物运输合同，随船护送货物的人，视为旅客。

（一）旅客的权利

安全到港，免费携带一定的行李，人身伤害和财产损坏的索赔权。

（二）旅客的义务

1.支付票款

旅客无票乘船、越级乘船或者超程乘船，应当按照规定补足票款，承运人可以按照规定加收票款；拒不交付的，船长有权在适当地点令其离船，承运人有权向其追偿。

2.不得携带危险品

旅客不得随身携带或者在行李中夹带违禁品或者易燃、易爆、有毒、有腐蚀性、有放射性以及有可能危及船上人身和财产安全的其他危险品。承运人可以在任何时间、任何地点将旅客违反前述规定随身携带或者在行李中夹带的违禁品、危险品卸下、销毁或者使之不能为害，或者送交有关部门，而不负赔偿责任。旅客违规携带危险品，造成损害的，应当负赔偿责任。

3.提交书面索赔通知

行李发生明显损坏的，旅客应当依照下列规定向承运人或者承运人的受雇人、代理人提交书面通知：①自带行李，应当在旅客离船前或者离船时提交；②其他行李，应当在行李交还前或者交还时提交。行李的损坏不明显，旅客在离船时或者行李交还时难以发现的,以及行李发生灭失的,旅客应当在离船或者行李交还或者应当交还之日起15内,向承运人或者承运人的受雇人、代理人提交书面通知。旅客未及时提交书面通知的,除非提出反证,否则视为已经完整无损地收到行李。但是,行李交还时,旅客已经会同承运人对行李进行联合检查或者检验的,无需提交书面通知。

四、旅客损害赔偿请求权的诉讼时效

就海上旅客运输向承运人要求赔偿的请求权,时效期间为2年,分别依照下列规定计算:

(1)有关旅客人身伤害的请求权,自旅客离船或者应当离船之日起计算;

(2)有关旅客死亡的请求权,发生在运送期间的,自旅客应当离船之日起计算;因运送期间内的伤害而导致旅客离船后死亡的,自旅客死亡之日起计算,但是此期限自离船之日起不得超过3年;

(3)有关行李灭失或者损坏的请求权,自旅客离船或者应当离船之日起计算。

第五节 船舶租用合同

船舶租用合同,包括定期租船合同和光船租赁合同,均应当书面订立。

一、定期租船合同

(一)定期租船合同的概念

定期租船合同,是指船舶出租人向承租人提供约定的由出租人配备船员的船舶,由承租人在约定的期间内按照约定的用途使用,并支付租金的合同。

(二)定期租船合同的特征

(1)由出租人和承租人双方分享对船舶的管理。

(2)由出租人和承租人双方分担船舶营运的费用。

(3)承租人按使用船舶的时间支付费用。

(三)出租人的主要权利义务

1.出租人交船义务

出租人应当按照合同约定的时间交付船舶。出租人违反前述规定的,承租人有权解除合同,出租人将船舶延误情况和船舶预期抵达交船港的日期通知承租人的,承租人应当自接到通知时起48小时内,将解除合同或者继续租用船舶的决定通知出租人。因出租人过失延误提供船舶致使承租人遭受损失的,出租人应当负赔偿责任。

2.出租人维修船舶(船舶适航)的义务

出租人交付船舶时,应当做到谨慎处理,使船舶适航。交付的船舶应当适于约定的用途。出租人违反前述规定的,承租人有权解除合同,并有权要求赔偿因此遭受的损失。

船舶在租期内不符合约定的适航状态或者其他状态,出租人应当采取可能采取的合理措施,使之尽快恢复。船舶不符合约定的适航状态或者其他状态而不能正常营运连续满24小时的,对因此而损失的营运时间,承租人不付租金,但是上述状态是由承租人造成的除外。

3.出租人通知船舶转让的义务

船舶所有人转让以及租出的船舶的所有权,定期租船合同约定的当事人的权利和义务不受影响,但是应当及时通知承租人。船舶所有权转让后,原租船合同由受让人和承租人继续履行。

(四)承租人的主要权利义务

1.承租人支付租金的义务

承租人应当按照合同约定支付租金。承租人未按照合同约定支付租金的,出租人有权解除合同,并有权要求赔偿因此遭受的损失。

2.承租人还船的义务

承租人向出租人交还船舶时,该船舶

应当具有与出租人交船时相同的良好状态,但是船舶本身的自然磨损除外。船舶未能保持与交船时相同的良好状态的,承租人应当负责修复或者给予赔偿。

经合理计算,完成最后航次的日期约为合同约定的还船日期,但可能超过合同约定的还船日期的,承租人有权超期用船以完成该航次。超期期间,承租人应当按照合同约定的租金率支付租金;市场的租金率高于合同约定的租金率的,承租人应当按照市场租金率支付租金。

3.承租人按照约定使用船舶的义务

承租人应当保证船舶在约定航区内的安全港口或者地点之间从事约定的海上运输。承租人违反前述规定的,出租人有权解除合同,并有权要求赔偿因此遭受的损失。

4.承租人指挥船长的权利

承租人有权就船舶的营运向船长发出指示,但是不得违反定期租船合同的约定。

5.承租人转租的权利

承租人可以将租用的船舶转租,但是应当将转租的情况及时通知出租人。租用的船舶转租后,原租船合同约定的权利和义务不受影响。

6.承租人获得救助报酬的权利

在合同期间,船舶进行海难救助的,承租人有权获得扣除救助费用、损失赔偿、船员应得部分以及其他费用后的救助款项的一半。

二、光船租赁合同

(一)光船租赁合同的概念

光船租赁合同,是指船舶出租人向承租人提供不配备船员的船舶,在约定的期间内由承租人占有、使用和营运,并向出租人支付租金的合同。

(二)光船租赁合同的特征

(1)出租人只负责提供船舶本身。

(2)光船租赁期间船舶的占有权和使用权转移给承租人,但船舶的处分权仍然属于出租人。

(3)光船租赁权的设定、转移和消灭,应当向船舶登记机关登记,未经登记的,不得对抗第三人。

(三)出租人的主要权利义务

1.出租人交船的义务

出租人应当在合同约定的港口或者地点,按照合同约定的时间,向承租人交付船舶以及船舶证书。交船时,出租人应当做到谨慎处理,使船舶适航。交付的船舶应当适于合同约定的用途。

2.出租人的权利担保义务

因船舶所有权争议或者出租人所负的债务致使船舶被扣押的,出租人应当保证承租人的利益不受影响;致使承租人遭受损失的,出租人应当负赔偿责任。

3.出租人不得抵押船舶的义务

未经承租人事先书面同意,出租人不得在光船租赁期间对船舶设定抵押权。出租人违反前述规定,致使承租人遭受损失的,应当负赔偿责任。

(四)承租人的主要权利义务

1.承租人照料船舶的义务

在光船租赁期间,承租人负责船舶的保养、维修。

2.承租人不得转租的义务

在光船租赁期间,未经出租人书面同意,承租人不得转让合同的权利和义务或者以光船租赁的方式将船舶进行转租。

3.承租人支付租金的义务

承租人应当按照合同约定支付租金。承租人未按照合同约定的时间支付租金连续超过7日的,出租人有权解除合同,并有权要求赔偿因此遭受的损失。船舶发生灭失或者失踪的,租金应当自船舶灭失或者得知其最后消息之日起停止支付,预付租金应当按照比例退还。

第六节　船舶碰撞

一、船舶碰撞的概念和构成要件

（一）船舶碰撞的概念

船舶碰撞，是指船舶在海上或者与海相通的可航水域发生接触造成损害的事故。

（二）船舶碰撞的构成要件

(1) 主体：至少一方是符合《海商法》第 3 条规定的船舶。

(2) 行为：船舶之间发生了粗暴性的实际接触。

(3) 后果：船舶碰撞必须造成船舶、财产的损失或人员的伤害。

(4) 水域：发生在海上或与海相通的可航水域。

二、船舶碰撞的损害赔偿原则

（一）无过失的船舶碰撞

船舶发生碰撞，是由于不可抗力或者其他不能归责于任何一方的原因或者无法查明的原因造成的，碰撞各方互相不负赔偿责任。

（二）过失的船舶碰撞

1. 单方过失

船舶发生碰撞，是由于一船的过失造成的，由有过失的船舶负赔偿责任。

2. 互有过失

船舶发生碰撞，碰撞的船舶互有过失的，各船按照过失程度的比例负赔偿责任；过失程度相当或者过失程度的比例无法判定的，平均负赔偿责任。

互有过失的船舶，对碰撞造成的船舶以及船上货物和其他财产的损失，依照前述规定的比例负赔偿责任。碰撞造成第三人财产损失的，各船的赔偿责任均不超过其应当承担的比例。

互有过失的船舶，对造成的第三人的人身伤亡，负连带赔偿责任。一船连带支付的赔偿超过按照过失程度的比例应负赔偿的，有权向其他有过失的船舶追偿。

三、船舶碰撞案件的诉讼时效

有关船舶碰撞的请求权，时效期间为 2 年，自碰撞事故发生之日起计算；互有过失碰撞造成人身伤亡的追偿请求权，时效期间为 1 年，自当事人连带支付损害赔偿之日起计算。

四、船舶碰撞案件的法律适用

船舶碰撞的损害赔偿，适用侵权行为地法律。船舶在公海上发生碰撞的损害赔偿，适用受理案件的法院所在地法律。同一国籍的船舶，不论碰撞发生于何地，碰撞船舶之间的损害赔偿适用船旗国法律。

第七节　海难救助

一、海难救助的概念和构成要件

（一）海难救助的概念

在海上或者与海相通的可航水域，对遇险的船舶和其他财产进行的救助。

（二）海难救助的构成要件

(1) 存在海上危险。

(2) 救助标的是法律所认可的。

(3) 有自愿而为的施救行为。

二、救助合同

（一）救助合同的概念

救助合同是救助人与被救助人之间签订的，由一方进行救助行为，另一方支付救助报酬的合同。

（二）救助合同的订立

(1) 救助方与被救助方就海难救助达成协议，救助合同成立。

（2）遇险船舶的船长有权代表船舶所有人订立救助合同。遇险船舶的船长或者船舶所有人有权代表船上财产所有人订立救助合同。

（三）救助合同的变更

有下列情形之一，经一方当事人起诉或者双方当事人协议仲裁的，受理争议的法院或者仲裁机构可以判决或者裁决变更救助合同：

①合同在不正当的或者危险情况的影响下订立，合同条款显失公平的；

②根据合同支付的救助款项明显过高或者过低于实际提供的救助服务的。

（四）救助方的义务

在救助作业过程中，救助方对被救助方负有下列义务：

①以应有的谨慎进行救助；

②以应有的谨慎防止或者减少环境污染损害；

③在合理需要的情况下，寻求其他救助方援助；

④当被救助方合理地要求其他救助方参与救助作业时，接受此种要求，但是要求不合理的，原救助方的救助报酬金额不受影响。

三、救助报酬

（一）救助报酬的概念

海难事故的救助人在救助成功后有权获得的报酬即救助报酬。

（二）确定救助报酬应考虑的因素

（1）确定救助报酬，应当体现对救助作业的鼓励，并综合考虑下列各项因素：

①船舶和其他财产的获救的价值；

②救助方在防止或者减少环境污染损害方面的技能和努力；

③救助方的救助成效；

④危险的性质和程度；

⑤救助方在救助船舶、其他财产和人命方面的技能和努力；

⑥救助方所用的时间、支出的费用和遭受的损失；

⑦救助方或者救助设备所冒的责任风险和其他风险；

⑧救助方提供救助服务的及时性；

⑨用于救助作业的船舶和其他设备的可用性和使用情况；

⑩救助设备的备用状况、效能和设备的价值。

救助报酬不得超过船舶和其他财产的获救价值。

（2）在救助作业中救助人命的救助方，对获救人员不得请求酬金，但是有权从救助船舶或者其他财产、防止或者减少环境污染损害的救助方获得的救助款项中，获得合理份额。

（三）救助报酬的减少或取消

由于救助方的过失致使救助作业成为必需或者更加困难的，或者救助方有欺诈或者其他不诚实行为的，应当取消或者减少向救助方支付的救助款项。

（四）救助报酬的承担与分配

救助报酬的金额，应当由获救的船舶和其他财产的各所有人，按照船舶和其他各项财产各自的获救价值占全部获救价值的比例承担。

参加同一救助作业的各救助方的救助报酬，应当根据确定救助报酬的考虑因素，由各方协商确定；协商不成的，可以提请受理争议的法院判决或者经各方协议提请仲裁机构裁决。

（五）担保的提供与救助款项的先行支付

1. 被救助方的担保

被救助方在救助作业结束后，应当根据救助方的要求，对救助款项提供满意的担保。在不影响前述规定的情况下，获救船舶的船舶所有人应当在获救的货物交还前,尽力使货物的所有人对其应当承担的救助款项提供满意的担保。在未根据救助人的要求对获救的船舶或者其他财产提供满意的担保以前,未经救助方同意,不得将获救的船舶和其他财产从救助作业完成后最初到达的港口或者地点移走。

2. 先行支付

受理救助款项请求的法院或者仲裁机构,根据具体情况,在合理的条件下,可以裁定或者裁决被救助方向救助方先行支付适当的金额。被救助方根据前述规定先行支付金额后,其提供的担保金额应当相应扣减。

第八节 共同海损

一、共同海损的概念和构成要件

(一)共同海损的概念

共同海损,是指在同一海上航程中,船舶、货物和其他财产遭遇共同危险,为了共同安全,有意地合理地采取措施所直接造成的特殊牺牲、支付的特殊费用。无论在航程中或者在航程结束后发生的船舶或者货物因迟延所造成的损失,包括船期损失和行市损失以及其他间接损失,均不得列入共同海损。

(二)共同海损的构成要件

构成共同海损须具备以下条件:
①海上危险必须是共同的;
②海上危险必须是真实的;
③共同海损的措施是有意的、合理的和有效的;
④共同海损的损失是必需的和直接的。

二、共同海损的牺牲和费用

(一)共同海损牺牲的概念

共同海损牺牲,是指共同海损行为造成的有形的物质损坏或灭失。

(二)共同海损牺牲的范围

共同海损牺牲的范围包括:
①船舶的牺牲;
②货物的牺牲;
③运费的牺牲。

(三)共同海损费用的范围

(1)船舶因发生意外、牺牲或者其他特殊情况而损坏时,为了安全完成本航程,驶入避难港口、避难地点或者驶回装货港口、装货地点进行必要的修理,在该港口或者地点额外停留期间所支付的港口费,船员工资、给养,船舶所消耗的燃料、物料,为修理而卸载、贮存、重装或者搬移船上货物、燃料、物料以及其他财产所造成的损失、支付的费用,应当列入共同海损。

(2)代替费用。为代替可以列为共同海损的特殊费用而支付的额外费用,可以作为代替费用列入共同海损;但是,列入共同海损的代替费用的金额,不得超过被代替的共同海损的特殊费用。

三、共同海损的理算

(一)理算的概念

共同海损理算是在船方宣布共同海损后,各受益方雇请专门机构和人员对共同海损的损失金额、如何分摊等问题进行调查研究和审核计算的过程。

(二)理算的法律依据

共同海损理算,适用合同约定的理算规则;合同未约定的,适用理算地法律的规定。

(三)分摊请求权的时效

有关共同海损分摊的请求权,时效期间为1年,自理算结束之日起计算。

(四)共同海损损失金额的确定

船舶、货物和运费的共同海损牺牲的金额,依照下列规定确定:

(1)船舶共同海损牺牲的金额,按照

实际支付的修理费,减除合理的以新换旧的扣减额计算。船舶尚未修理的,按照牺牲造成的合理贬值计算,但是不得超过估计的修理费。

船舶发生实际全损或者修理费用超过修复后的船舶价值的,共同海损牺牲金额按照该船舶在完好状态下的估计价值,减除不属于共同海损损坏的估计的修理费和该船舶受损后的价值余额计算。

(2)货物共同海损牺牲的金额,货物灭失的,按照货物在装船时的价值加保险费加运费,减除由于牺牲无需支付的运费计算。货物损坏,在就损坏程度达成协议前售出的,按照货物在装船时的价值加保险费加运费,与出售货物净得的差额计算。

(3)运费共同海损牺牲的金额,按照货物遭受牺牲造成的运费的损失金额,减除为取得这笔运费本应支付,但是由于牺牲无需支付的营运费用计算。

(五)共同海损分摊价值的确定

船舶、货物和运费的共同海损分摊价值,分别依照下列规定确定:

(1)船舶共同海损分摊价值,按照船舶在航程终止时的完好价值,减除不属于共同海损的损失金额计算,或者按照船舶在航程终止时的实际价值,加上共同海损牺牲的金额计算。

(2)货物共同海损分摊价值,按照货物在装船时的价值加保险费加运费,减除不属于共同海损的损失金额和承运人承担风险的运费计算。货物在抵达目的港以前售出的,按照出售净得金额,加上共同海损牺牲的金额计算。旅客的行李和私人物品,不分摊共同海损。

(3)运费分摊价值,按照承运人承担风险并于航程终止时有权收取的运费,减除为取得该项运费而在共同海损事故发生后,为完成本航程所支付的营运费用,加上共同海损牺牲的金额计算。

(六)共同海损分摊金额的计算

共同海损应当由受益方按照各自的分摊价值的比例分摊。

第九节　海事赔偿责任限制

一、海事赔偿责任限制概述

(一)海事赔偿责任限制的概念

海事赔偿责任限制,是指在发生重大海损事故时,对事故负有责任的船舶所有人、救助人或其他人对海事赔偿请求人的赔偿请求依法申请限制在一定额度内的法律制度。

(二)海事赔偿责任限制与承运人责任限制的区别

承运人责任限制是承运人针对某单位货物的最高赔偿额,或对每位旅客或每件行李的最高赔偿额。海事赔偿责任限制则是责任限制主体针对某次事故引起的全部赔偿请求的最高赔偿限额。二者在限制主体、限制数额、责任限制丧失的条件以及适用情况方面都有不同。

二、海事赔偿责任限制的主体和条件

(一)海事赔偿责任限制的主体

海事赔偿责任限制的主体有:

①船舶所有人,包括船舶承租人和船舶经营人;

②救助人;

③船舶所有人和救助人对其行为、过失负有责任的人,主要是指船长、船员和其他受雇人员;

④对海事赔偿请求承担责任的责任保险人。

(二)海事赔偿责任限制的条件

经证明,引起赔偿请求的损失是由于责任人的故意或者明知可能造成损失而轻率地作为或者不作为造成的,责任人无权

依照法律规定限制赔偿责任。

三、限制性债权与非限制性债权

（一）限制性债权

下列海事赔偿请求，无论赔偿责任的基础有何不同，责任人均可以依照《海商法》的规定限制赔偿责任：

①在船上发生的或者与船舶营运、救助作业直接相关的人身伤亡或者财产的灭失、损坏，包括对港口工程、港池、航道和助航设施造成的损坏，以及由此引起的相应损失的赔偿请求；

②海上货物运输因迟延交付或者旅客及其行李运输因迟延到达造成损失的赔偿请求；

③与船舶营运或者救助作业直接相关的，侵犯非合同权利的行为造成其他损失的赔偿请求；

④责任人以外的其他人，为避免或者减少责任人依照《海商法》的规定可以限制赔偿责任的损失而采取措施的赔偿请求，以及因此项措施造成进一步损失的赔偿请求。

以上赔偿请求，无论提出的方式有何不同，均可以限制赔偿责任。但是，第④项涉及责任人以合同约定支付的报酬，责任人的支付责任不适用赔偿责任限制的规定。

（二）非限制性债权

海事赔偿责任限制的规定不适用于下列各项：

①对救助款项或者共同海损分摊的请求；

②中国参加的《国际油污损害民事责任公约》规定的油污损害的赔偿请求；

③中国参加的《国际核能损害责任限制公约》规定的核能损害的赔偿请求；

④核动力船舶造成的核能损害的赔偿请求；

⑤船舶所有人或者救助人的受雇人提出的赔偿请求，根据调整劳务合同的法律，船舶所有人或者救助人对该类赔偿请求无权限制赔偿责任，或者该项法律作了高于《海商法》规定的赔偿限额的规定。

四、海事赔偿责任限制限额

（一）关于人身伤亡和非人身伤亡的赔偿请求

人身伤亡赔偿责任的计算和对非人身伤亡赔偿责任即财产损失的计算应分别进行，当人身伤亡的赔偿责任限额不足以支付全部人身伤亡赔偿请求的，其差额应当与非人身伤亡的赔偿请求并列，从非人身伤亡赔偿的责任限额中按照比例受偿。

在不影响人身伤亡赔偿请求的情况下，就港口工程、港池、航道和助航设备的损害提出的赔偿请求，应当较一般非人身伤亡赔偿请求优先受偿。

不以船舶进行救助作业或者在被救船舶上进行救助作业的救助人，其责任限额按照总吨位为1500吨的船舶计算。

（二）旅客人身伤亡的责任限额

海上旅客运输的旅客人身伤亡赔偿责任限制，按照46 666计算单位乘以船舶证书规定的载客定额计算赔偿限额，但是最高不超过25 000 000计算单位。这一限额不适用于我国港口之间海上旅客运输的旅客人身伤亡。

第十三编 经济法

【寄语】

经济法是商品经济高度发展的产物,是规范和保障国家调节社会经济运行之法,乃新兴法律部门。对于经济法的地位,不仅在经济法、民商法、行政法学界之间存在意见分歧,在经济法学界内部也没有统一认识。然而,解决国家与市场的关系、维护社会整体利益和社会公平的现实需要,促使立法机关确立了经济法与民商法、刑法、行政法等相并列的七大法律部门之一的地位。众所周知,经济法理论不太成熟、不够系统,组成经济法体系的法律、法规之间的相互联系很少,甚至没有联系,并且,经济法涉及法律规范之多,为所有部门法之最,这些平添了经济法学习的难度。经济法的学习应当有市场化的思维、政府与市场关系思维、干预与调控思维、公共利益与弱者倾斜保护思维、宪法与宪政思维、发展思维。市场本身存在缺陷,民商法功能有限,经济法干预成为必要;市场自身会出现失灵,国家具有的信息优势与资源优势,可以转化为国家经济职能,经济法调控应运而生。政府及其有关部门在不同领域中的功能、作用,以及以何种方式介入始终是经济法学应特别注意的问题。

经济法的内容十分庞杂,法律人的职业资格考试并非全覆盖,所涉内容包括竞争法、消费者法、银行业法、财税法、土地法与房地产法。研读过往司法考试大纲与真题,不难发现:对经济法的考查,在理论上不做要求,主要是针对现存法律规定。基于此,本部分为浓缩法律规范内容,精编而成。本部分编写以法条为中心,全部内容不做理论上的阐述与分析,写作中既注重维持知识体系的完整,又力求简明。经济法内容繁杂、法条浩繁,知识点多、杂、散,学习固然离不开记忆,但更为重要的是要理解经济法存在的深远意境,在此基础上找到每一法律制度的重心所在,并围绕这些重心展开学习。

愿我们的努力能够为深受经济法困扰的考生指点迷津,能够助推每一位考生成就法律人的职业梦想!

魏敬淼
2019 年 2 月于小月河畔中国政法大学校园

第一章 竞争法

第一节 反垄断法

一、反垄断法概述

(一)反垄断法的立法目的

预防和制止垄断行为,保护市场公平竞争,提高经济运行效率,维护消费者利益和社会公共利益,促进社会主义市场经济健康发展。(《反垄断法》第 1 条)

(二)反垄断法的调整对象和适用范围

(1)调整对象:经营者、行政机关、法律法规授权的具有管理公共事务职能的组织。

(2)适用范围:中国境内经济活动中

的垄断行为;中国境外的垄断行为,对境内市场竞争产生排除、限制影响的。(《反垄断法》第2条)

(3)反垄断法适用的除外领域:①知识产权领域。经营者依法行使知识产权的正当行为,不适用反垄断法;但经营者滥用知识产权,排除、限制竞争的,属于"知识垄断",适用反垄断法。(《反垄断法》第55条)②农业领域。农业生产者及农村经济组织在农产品生产、加工、销售、运输、储存等经营活动中实施的联合或者协同行为,不适用反垄断法。(《反垄断法》第56条)

对于某些特定行业,《反垄断法》并未简单列入适用的除外领域,而是规定:国有经济占控制地位的关系国民经济命脉和国家安全的行业以及依法实行专营专卖的行业,国家对其经营者的合法经营活动予以保护,并对经营者的经营行为及其商品和服务的价格依法实施监管和调控,维护消费者的利益,促进技术进步。这些行业的经营者应当依法经营,诚实守信,严格自律,接受社会公众监督,不得利用其控制地位或者专营专卖地位损害消费者的利益。

(三)反垄断法的基本原则

根据《反垄断法》第一章"总则"的相关规定,我国反垄断法的基本原则可以概括为:

(1)健全统一、开放、竞争、有序的市场体系的原则。反垄断法与反不正当竞争法一同构筑起我国竞争法体系的骨架,形成了与社会主义市场经济相适应的竞争规则。

(2)保护经济自由权与监管和调控相结合的原则。反垄断法抑制垄断并不消灭垄断。它承认并保护经营者的经济自由权,允许经营者通过公平竞争、自愿联合,依法实施集中,扩大经营规模,提高市场竞争能力;同时为建立健全统一、开放、竞争、有序的市场体系而监管和调控经营者的反竞争行为(如垄断协议、恶意并购、限制竞争等)。

二、垄断行为

(一)垄断协议

垄断协议是两个以上的经营者(包括行业协会等经营者团体)为了取得市场支配地位、获得某种经济优势、限制或者排除市场竞争而达成的合意。它不仅包括正式的协议,还包括不签订正式协议的联合行动。垄断协议具有以下特征:①实施主体一般是两个或者两个以上的经营者;②共同或者联合实施;③以排除、限制竞争为目的;④已经或可能导致市场上限制竞争的后果。

1.垄断协议的分类

垄断协议可以分为横向垄断协议和纵向垄断协议。

(1)横向垄断协议,是竞争者之间的限制竞争的协议。《反垄断法》禁止具有竞争关系的经营者达成下列垄断协议:①固定或者变更商品价格;②限制商品的生产数量或者销售数量;③分割销售市场或者原材料采购市场;④限制购买新技术、新设备或者限制开发新技术、新产品;⑤联合抵制交易;⑥国务院反垄断执法机构认定的其他垄断协议。(《反垄断法》第13条)

(2)纵向垄断协议,是卖方与买方之间的限制竞争的协议。《反垄断法》禁止经营者与交易相对人达成以下垄断协议:①固定向第三人转售商品的价格;②限定向第三人转售商品的最低价格;③国务院反垄断法执法机构认定的其他垄断协议。(《反垄断法》第14条)

2.垄断协议的豁免

经营者能够证明所达成的协议属于下列情形之一的,实行垄断协议豁免:①为改进技术、研究开发新产品的;②为提高产品质量、降低成本、增进效率,统一产品规格、标准或者实行专业化分工的;③为提高中小经营者经营效率、增强中小经营者竞争力的;④为实现节约能源、保护环境、救灾救助等社会公共利益的;⑤因经济不景气,为缓解销售数量严重下降或者生产明显过剩的;⑥为保障对外贸易和对外经济合作中的正当利益的;⑦法律和国务院规定的其他情形。(《反垄断法》第15条)

提示:垄断协议的实施主体可能是经营者,也可能是行业协会。

(二)滥用市场支配地位

市场支配地位是指经营者在相关市场内具有能够控制商品价格、数量或者其他交易条件,或者能够阻碍、影响其他经营者进入相关市场能力的市场地位。法律不禁止经营者具有市场支配地位,但严格禁止具有市场支配地位的经营者滥用其市场支配地位。

1. 市场支配地位的界定

认定经营者是否具有市场支配地位的因素是:①该经营者在相关市场的市场份额,以及相关市场的竞争状况;②该经营者控制销售市场或者原材料采购市场的能力;③该经营者的财力和技术条件;④其他经营者对该经营者在交易上的依赖程度;⑤其他经营者进入相关市场的难易程度;⑥与认定经营者市场支配地位有关的其他因素。(《反垄断法》第18条)

2. 市场支配地位的推定

一个经营者在相关市场的市场份额达到1/2的,或者两个经营者在相关市场的市场份额合计达到2/3的,或者三个经营者在相关市场的市场份额合计达到3/4的,可以推定该经营者具有市场支配地位。但是如果两个经营者在相关市场的市场份额合计达到2/3,或者三个经营者在相关市场的市场份额合计达到3/4,而其中有的经营者市场份额不足1/10的,不应推定该经营者具有市场支配地位。

被推定具有市场支配地位的经营者,有证据证明不具有市场支配地位的,不应当认定为具有市场支配地位。(《反垄断法》第19条)

3. 滥用市场支配地位的表现情形

①垄断价格:以不公平的高价销售商品或者以不公平的低价购买商品;②亏本销售:没有正当理由,以低于成本的价格销售商品;③拒绝交易:没有正当理由,拒绝与交易相对人进行交易;④强制交易:没有正当理由,限定交易相对人只能与其进行交易或者与其指定的经营者进行交易;⑤搭售或附加不合理条件:没有正当理由搭售商品,或者在交易时附加其他不合理的条件;⑥差别待遇:没有正当理由,对条件相同的交易相对人在交易价格等交易条件上实行差别待遇;⑦国务院反垄断执法机构认定的其他滥用市场支配地位的行为。(《反垄断法》第17条)

(三)经营者集中

1. 经营者集中的情形

经营者集中是指下列情形:①经营者合并;②经营者通过取得股权或者资产的方式取得对其他经营者的控制权;③经营者通过合同等方式取得对其他经营者的控制权或者能够对其他经营者施加决定性影响。上述第一种情形是直接集中,第二、三种情形是间接集中。(《反垄断法》第20条)

2. 经营者集中的申报与豁免

经营者集中达到国务院规定的申报标准的,应事先向国务院反垄断执法机构申报,未申报的不得实施集中(事先申报)。

经营者进行申报应提交申报书、集中对相关市场竞争状况影响的说明、集中协议、参加集中的经营者经会计师事务所审计的上一会计年度财务会计报告,以及反垄断执法机构规定的其他文件、资料。经营者提交的文件、资料不完备的,应在反垄断执法机构规定的期限内补交文件、资料。

经营者逾期未补交文件、资料的,视为未申报。

在下列两种情形下,经营者集中可以不向国务院反垄断执法机构申报:①参与集中的一个经营者拥有其他每个经营者50%以上表决权的股份或者资产的;②参与集中的每个经营者50%以上有表决权的股份或者资产被同一个未参与集中的经营者拥有的。(《反垄断法》第21—24条)

3.经营者集中的审查

经营者集中的审查分为初步审查和进一步审查。

国务院反垄断执法机构在收到经营者提交的文件、资料之日起30日内,进行初步审查,作出是否实施进一步审查的决定,并书面通知经营者。反垄断执法机构作出决定前,经营者不得实施集中。国务院反垄断执法机构作出不实施进一步审查的决定或者逾期未作出决定的,经营者可以实施集中。(《反垄断法》第25条)

国务院反垄断执法机构的进一步审查,应在决定作出之日起90日内审查完毕,作出是否禁止经营者集中的决定,并书面通知经营者。作出禁止决定的,应说明理由。审查期间,经营者不得实施集中。在经营者同意延长审查期限,经营者提交的文件、资料不准确需要进一步核实,经营者申报后有关情况发生重大变化的情形下,反垄断执法机构经书面通知经营者,可以延长审查期限,但最长不得超过60日。反垄断执法机构逾期未作出决定的,经营者可以实施集中。(《反垄断法》第26条)

审查经营者集中中,应考虑以下因素:①参与集中的经营者在相关市场的市场份额及其对市场的控制力;②相关市场的市场集中度;③经营者集中对市场进入、技术进步的影响;④经营者集中对消费者和其他经营者的影响;⑤经营者集中对国民经济发展的影响;⑥国务院反垄断执法机构认为应当考虑的影响市场竞争的其他因素。(《反垄断法》第27条)

经审查,认为经营者集中具有或者可能具有排除、限制竞争效果的,国务院反垄断执法机构应作出禁止经营者集中的决定。例外:经营者能够证明该集中对竞争产生的有利影响明显大于不利影响的,或者符合社会公共利益的,国务院反垄断执法机构可以作出对集中不予禁止的决定。对于不予禁止的经营者集中,国务院反垄断执法机构可以决定附加减少集中对竞争产生不利影响的限制性条件。(《反垄断法》第28、29条)

国务院反垄断执法机构应将禁止集中的决定或者对经营者集中附加限制性条件的决定及时向社会公布。(《反垄断法》第30条)

对外资并购境内企业或者以其他方式参与经营者集中,涉及国家安全的,除进行经营者集中审查外,还应进行国家安全审查。(《反垄断法》第31条)

【注意】经营者集中的审查机构是国务院反垄断执法机构。

(四)滥用行政权力排除、限制竞争

该种垄断行为的行为主体是行政机关和法律、法规授权的具有管理公共事务职能的组织(以下简称"公共组织"),故而又称行政性垄断。《反垄断法》对滥用行政权力排除、限制竞争行为作了简要规范,主要内容是:

(1)禁止强制交易。行政机关和公共组织不得滥用行政权力,限定或者变相限定单位或者个人经营、购买、使用其指定的经营者提供的商品。(《反垄断法》第32条)

(2)禁止地区封锁。行政机关或者公共组织不得滥用权力,妨碍商品在地区之间的自由流通:①对外地商品设定歧视性收费项目、实行歧视性收费标准,或者规定歧视性价格;②对外地商品规定与本地同类商品不同的技术要求、检验标准,或者对外地商品采取重复检验、重复认证等歧视性技术措施,限制外地商品进入本地市场;③采取专门针对外地商品的行政许可,限制外地商品进入本地市场;④设置关卡或者采取其他手段,阻碍外地商品进入或者本地产品运出;⑤妨碍商品在地区之间自由流通的其他行为。(《反垄断法》第33条)

(3)禁止行政限制招投标。行政机关或者公共组织不得滥用行政权力,以设定歧视性资质要求、评审标准或者不依法发布信息等方式,排斥或者限制外地经营者参加本地招标投标活动。(《反垄断法》第34条)

(4)禁止行政限制跨地区投资。行政机关或者公共组织不得滥用行政权力,采取与本地经营者不平等待遇等方式,排斥或者限制外地经营者在本地投资或者设立分支机构。(《反垄断法》第35条)

(5)禁止行政强制限制竞争。行政机关或者公共组织不得滥用行政权力,强制经营者从事法律规定的垄断行为。(《反垄断法》第36条)

(6)禁止抽象行政垄断行为。行政机关不得滥用行政权力,制定含有排除、限制竞争内容的规定。(《反垄断法》第37条)

三、反垄断调查机制

(一)反垄断调查机构及其职权

(1)反垄断委员会是在国务院下设置的负责组织、协调、指导反垄断工作的机构,其具体职责是:①研究拟定有关竞争政策;②组织调查、评估市场总体竞争状况、发布评估报告;③制定、发布反垄断指南;④协调反垄断行政执法工作;⑤国务院规定的其他职责。(《反垄断法》第9条)

(2)反垄断执法机构:依据2018年国务院机构改革方案,新组建的国家市场监督管理总局为统一的反垄断执法机构。国务院反垄断执法机构根据工作需要,可以授权省、自治区、直辖市政府相应的机构依法负责有关反垄断工作。(《反垄断法》第10条)

(二)反垄断调查程序

1.调查的启动

反垄断执法机构负责对涉嫌垄断行为进行调查;对涉嫌垄断行为,任何单位和个人有权向反垄断执法机构举报。(《反垄断法》第38条第1、2款)

2.调查措施

反垄断执法机构在对涉嫌垄断行为的调查过程中,依法可以采取下列措施:①进入被调查的经营者的营业场所或者其他有关场所进行检查;②询问被调查的经营者、利害关系人或者其他有关单位或者个人,要求其说明有关情况;③查阅、复制被调查的经营者、利害关系人或者其他有关单位或者个人的有关单证、协议、会计账簿、业务函电、电子数据等文件、资料;④查封、扣押相关证据;⑤查询经营者的银行账户。(《反垄断法》第39条第1款)

采取上述调查措施时须依照有关程序性规定:首先,采取调查措施应由反垄断执法机构主要负责人书面批准;其次,调查涉嫌垄断行为,执法人员不得少于两人,并应当出示执法证件;再次,执法人员进行询问和调查,应当制作笔录,并由被询问人或者被调查人签字;最后,执法人员在调查过程中还应该奉行回避的制度,以保证执法过程的公正进行。(《反垄断法》第39第2款、第40条)

(三)调查者与被调查者的义务

(1)调查者的义务:对执法过程中知悉的商业秘密负有保密义务;对被调查者依法能够充分行使参与调查程序的权利负

有保障义务——被调查的经营者、利害关系人有权陈述意见,反垄断执法机构应当对被调查的经营者、利害关系人提出的事实、理由和证据进行核实;负有向社会公布相关处理决定的义务。(《反垄断法》第41、43、44条)

(2)被调查者的义务:被调查的经营者、利害关系人或者其他有关单位或者个人应当配合反垄断执法机构依法履行职责,不得拒绝、阻碍反垄断执法机构的调查。(《反垄断法》第42条)

(四)调查的中止、终止和恢复

对调查的涉嫌垄断行为,被调查的经营者承诺在反垄断执法机构认可的期限内采取具体措施消除该行为后果的,反垄断执法机构可以决定中止调查。中止调查的决定应载明被调查的经营者承诺的具体内容。(只是附条件的暂时停止调查程序)

反垄断执法机构应对中止调查的经营者进行监督,经营者履行承诺的可以决定终止调查。(针对该被调查者的此件调查程序宣告结束)

经营者未履行承诺、作出中止调查决定所依据的事实发生重大变化、中止调查决定是基于经营者提供的不完整或者不真实的信息作出的,反垄断执法机构应恢复调查。(《反垄断法》第45条)

四、违反反垄断法的法律责任

(一)垄断协议的法律责任

(1)行政责任:①停止违法行为;②没收违法所得;③罚款(尚未实施所达成的垄断协议的,也可处以罚款);④撤销登记(针对行业协会);⑤宽容条款:经营者主动向反垄断执法机构报告达成垄断协议的有关情况并提供重要证据的,反垄断执法机构可以酌情减轻或者免除对该经营者的处罚。(《反垄断法》第46条)

(2)民事责任:经营者实施垄断行为,给他人造成损失的,依法承担民事责任。这里的"依法"指按照我国现行的民事法律制度追究经营者实施垄断协议的民事责任。(《反垄断法》第50条)

(二)滥用市场支配地位的法律责任

(1)行政责任:经营者滥用市场支配地位的,由反垄断执法机构责令停止违法行为,没收违法所得,并处上一年度销售额1%以上10%以下的罚款。(《反垄断法》第47条)

(2)民事责任:经营者实施垄断行为,给他人造成损失的,依法承担民事责任。这里的"他人"可以是受害的竞争者,也可以是用户或消费者。实践中承担责任的方式主要是损害赔偿。

(三)经营者集中的法律责任

(1)行政责任:经营者违反法律规定实施集中的,由国务院反垄断执法机构责令停止实施集中、限期处分股份或者资产、限期转让营业以及采取其他必要措施恢复到集中前的状态,可以处50万元以下的罚款。(《反垄断法》第48条)

(2)民事责任:经营者实施垄断行为,给他人造成损失的,依法承担民事责任。实践中,经营者集中的受害者一般是同业竞争者。

(四)滥用行政权力排除、限制竞争的法律责任(主要是行政责任)

行政机关和法律、法规授权的具有管理公共事务职能的组织滥用行政权力,实施排除、限制竞争行为的,由上级机关责令改正;对直接负责的主管人员和其他直接责任人员依法给予处分。反垄断执法机构可以向有关上级机关提出依法处理的建议。(《反垄断法》第51条)

(五)妨碍反垄断执法的法律责任

(1)违反配合义务行为的处罚:对反垄断执法机构依法实施的审查和调查,拒绝提供有关材料、信息,或者提供虚假材料、信息,或者隐匿、销毁、转移证据,或者有其他拒绝、阻碍调查行为的,由反垄断执法机构责令改正,对个人可以处2万元以下的罚款,对单位可以处20万元以下的罚款;情节严重的,对个人处2万元以上10万元以下的罚款,对单位处20万元以上100万元以下的罚款;构成犯罪的,依法追究刑事责任。(《反垄断法》第52条)

(2)渎职行为的处罚:反垄断执法机构工作人员滥用职权、玩忽职守、徇私舞弊或者泄露执法过程中知悉的商业秘密,构成犯罪的,依法追究刑事责任;尚不构成犯罪的,依法给予处分。(《反垄断法》第54条)

五、行政纠纷的处理程序

经营者对国务院反垄断执法机构作出的禁止集中的决定、不予禁止集中但附加减少集中对竞争产生不利影响的限制性条件的决定,可以先依法申请行政复议,对复议决定不服的,可以依法提起行政诉讼。

有关主体对反垄断执法机构作出的其他决定不服的,可以依法申请行政复议或者提起行政诉讼。(《反垄断法》第53条)

第二节 反不正当竞争法

一、反不正当竞争法的立法目的

(1)制止不正当竞争行为。(直接目的)
(2)保护经营者和消费者的合法权益。(直接目的的必然延伸)
(3)鼓励和保护公平竞争、保障社会主义市场经济的健康发展。(根本目的)

二、不正当竞争行为

不正当竞争行为,是指经营者在生产经营活动中,违反《反不正当竞争法》规定,扰乱市场竞争秩序,损害其他经营者或者消费者的合法权益的行为。

不正当竞争行为的主体是经营者,不正当竞争行为是一种违法行为,不正当竞争行为侵犯的客体是正常的社会经济秩序和其他经营者的合法权益。

(一)混淆行为

混淆行为,又称欺骗性交易行为,是指经营者在其经营活动中以虚假不实的方式或者手段来推销自己的商品或者服务,损害其他经营者及用户、消费者利益的行为。

1.行为种类

(1)擅自使用与他人有一定影响的商品名称、包装、装潢等相同或者近似的标识。

(2)擅自使用他人有一定影响的企业名称(包括简称、字号等)、社会组织名称(包括简称等)、姓名(包括笔名、艺名、译名等)。

(3)擅自使用他人有一定影响的域名主体部分、网站名称、网页等。

(4)其他足以引人误认为是他人商品或者与他人存在特定联系的混淆行为。(《反不正当竞争法》第6条)

2.法律责任

(1)行政责任:经营者实施混淆行为的,由监督检查部门责令停止违法行为,没收违法商品。违法经营额5万元以上的,可以并处违法经营额5倍以下的罚款;没有违法经营额或者违法经营额不足5万元的,可以并处25万元以下的罚款。情节严重的,吊销营业执照。

经营者登记的企业名称违反规定的,应当及时办理名称变更登记;名称变更前,由原企业登记机关以统一社会信用代码代替其名称。(《反不正当竞争法》第18条)

(2)民事责任:经营者违反法律规定,给他人造成损害的,应当依法承担民事责任。经营者的合法权益受到不正当竞争行为损害的,可以向人民法院提起诉讼。

经营者实施混淆行为的,权利人因被侵权所受到的实际损失、侵权人因侵权所获得的利益难以确定的,由人民法院根据侵权行为的情节判决给予权利人500万元以下的赔偿。(《反不正当竞争法》第17条第1、3款)

(二)商业贿赂行为

商业贿赂是指经营者为了谋取交易机会或竞争优势给予交易相对方的工作人员、受交易相对方委托办理相关事务的单位或者个人、利用职权或者影响力影响交易的单位或者个人以财物或者其他好处的行为。

1. 行为要件(《反不正当竞争法》第7条)

(1)行为的主体是经营者和受经营者指使的人,包括其职工。

(2)行为的目的是谋取交易机会或竞争优势,而非其他目的,如政治目的、提职、获取职称等。

(3)方式为"账外暗中",即秘密不入账,且达到一定数额。

(4)须由行贿与受贿两方面构成,一方不接受或不给付都不能构成商业贿赂。

2. 法律责任

经营者违反规定贿赂他人的,由监督检查部门没收违法所得,处10万元以上300万元以下的罚款。情节严重的,吊销营业执照。(《反不正当竞争法》第19条)

(三)虚假宣传行为

1. 概念

虚假宣传行为是指经营者对其商品的性能、功能、质量、销售状况、用户评价、曾获荣誉等作虚假或者引人误解的商业宣传,欺骗、误导消费者。

法律同时还规定:经营者不得通过组织虚假交易等方式,帮助其他经营者进行虚假或者引人误解的商业宣传。如网络交易中频频出现的"恶意刷单、虚构交易量"的行为。(《反不正当竞争法》第8条)

2. 法律责任

经营者违反规定对其商品作虚假或者引人误解的商业宣传,或者通过组织虚假交易等方式帮助其他经营者进行虚假或者引人误解的商业宣传的,由监督检查部门责令停止违法行为,处20万元以上100万元以下的罚款;情节严重的,处100万元以上200万元以下的罚款,可以吊销营业执照。(《反不正当竞争法》第20条)

(四)侵犯商业秘密行为

1. 概念

侵犯商业秘密是指利用非法的手段获取、使用、披露其他经营者的商业秘密的行为。这里的"商业秘密"是指不为公众所知悉、具有商业价值并经权利人采取相应保密措施的技术信息和经营信息。换句话说,能够成为商业秘密的技术信息与经营信息必须具备秘密性、商业价值性、保密性三个基本条件。商业秘密的表现形式很多,如产品配方、厂商客户名单、产销策略等。

2. 侵犯商业秘密行为(《反不正当竞争法》第9条)

(1)以盗窃、贿赂、欺诈、胁迫、电子侵入或者其他不正当手段获取权利人的商业秘密。

(2)披露、使用或者允许他人使用以前述手段获取的权利人的商业秘密。

(3)违反保密义务或者违反权利人有关保守商业秘密的要求,披露、使用或者允许他人使用其所掌握的商业秘密。

(4)教唆、引诱、帮助他人违反保密义务或者违反权利人有关保守商业秘密的要求,获取、披露、使用或者允许他人使用权利人的商业秘密。

此外,第三人明知或者应知商业秘密权利人的员工、前员工或者其他单位、个人实施前述所列违法行为,仍获取、披露、使用或者允许他人使用该商业秘密的,视为侵犯商业秘密。

3. 法律责任

(1)民事责任:经营者违反法律规定,给他人造成损害的,应当依法承担民事责任。经营者的合法权益受到不正当竞争行为损害的,可以向人民法院提起诉讼。

经营者侵犯商业秘密的,权利人因被侵权所受到的实际损失、侵权人因侵权所获得的利益难以确定的,由人民法院根据侵权行为的情节判决给予权利人300万元以下的赔偿。

(2)行政责任:经营者违反规定侵犯商业秘密的,由监督检查部门责令停止违法行为,处10万元以上100万元以下的罚款;情节严重的,处50万元以上500万元以下的罚款。(《反不正当竞争法》第21条)

(五)不正当有奖销售行为

1. 概念

不正当有奖销售行为是指经营者在销售商品或提供服务时,以欺骗或其他不正当的手段,附带提供金钱、实物或其他好处作为交易奖励的一种行为。

2. 禁止情形(《反不正当竞争法》第10条)

经营者进行有奖销售不得存在下列情形:

(1)所设奖的种类、兑奖条件、奖金金额或者奖品等有奖销售信息不明确,影响兑奖。

(2)采用谎称有奖或者故意让内定人员中奖的欺骗方式进行有奖销售。

(3)抽奖式的有奖销售,最高奖的金额超过5万元。

3. 法律责任(《反不正当竞争法》第22条)

经营者违反规定进行有奖销售的,由监督检查部门责令停止违法行为,处5万元以上50万元以下的罚款。

(六)诋毁商誉行为

1. 概念

诋毁商誉行为是指经营者编造、传播虚假信息或者误导性信息,损害竞争对手的商业信誉、商品声誉,从而削弱其竞争力,为自己取得竞争优势的行为。(《反不正当竞争法》第11条)

2. 行为要件

(1)行为的主体是同一领域中的经营者,其他主体如新闻单位被利用或被唆使的,仅构成一般的侵权行为。

(2)客观上实施了诋毁商誉的行为,即有编造、传播虚假信息或者误导性信息。

(3)针对特定的竞争对手,这里的竞争对手可能是一个,也可能是多个,如以同行业所有经营者为竞争对手进行贬低宣传。

(4)经营者主观上出于故意,目的是为了败坏对方的商誉,致对方于竞争的不利地位。

3. 法律责任

经营者违反规定损害竞争对手商业信誉、商品声誉的,由监督检查部门责令停止违法行为、消除影响,处10万元以上50万元以下的罚款;情节严重的,处50万元以上300万元以下的罚款。(《反不正当竞争法》第23条)

(七)网络不正当竞争行为

1. 概念

网络不正当竞争行为指经营者利用技术手段,通过影响用户选择或者其他方式,实施妨碍、破坏其他经营者合法提供的网络产品或者服务正常运行的行为。

2. 行为方式(《反不正当竞争法》第12条)

(1)未经其他经营者同意,在其合法提供的网络产品或者服务中,插入链接、强制进行目标跳转。

（2）误导、欺骗、强迫用户修改、关闭、卸载其他经营者合法提供的网络产品或者服务。

（3）恶意对其他经营者合法提供的网络产品或者服务实施不兼容。

（4）其他妨碍、破坏其他经营者合法提供的网络产品或者服务正常运行的行为。

3. 法律责任（《反不正当竞争法》第24条）

经营者违反规定妨碍、破坏其他经营者合法提供的网络产品或者服务正常运行的，由监督检查部门责令停止违法行为，处10万元以上50万元以下的罚款；情节严重的，处50万元以上300万元以下的罚款。

三、对涉嫌不正当竞争行为的调查

县级以上人民政府履行工商行政管理职责的部门对不正当竞争行为进行查处。法律、行政法规规定由其他部门查处的，依照其规定。（《反不正当竞争法》第4条）

县级以上人民政府履行工商行政管理职责的部门在调查涉嫌不正当竞争行为时，可以采取下列措施：①进入涉嫌不正当竞争行为的经营场所进行检查；②询问被调查的经营者、利害关系人及其他有关单位、个人，要求其说明有关情况或者提供与被调查行为有关的其他资料；③查询、复制与涉嫌不正当竞争行为有关的协议、账簿、单据、文件、记录、业务函电和其他资料；④查封、扣押与涉嫌不正当竞争行为有关的财物；⑤查询涉嫌不正当竞争行为的经营者的银行账户。

采取上述措施，应当向监督检查部门主要负责人书面报告，并经批准。采取第④⑤项措施，应当向设区的市级以上人民政府监督检查部门主要负责人书面报告，并经批准。（《反不正当竞争法》第13条）

监督检查部门及其工作人员对调查过程中知悉的商业秘密负有保密义务。

对涉嫌不正当竞争行为，任何单位和个人有权向监督检查部门举报，监督检查部门接到举报后应当依法及时处理。（《反不正当竞争法》第15条、第16条第1款）

四、违反反不正当竞争法的法律责任

（一）民事责任

经营者违反法律规定，给他人造成损害的，应当依法承担民事责任。因不正当竞争行为受到损害的经营者的赔偿数额，按照其因被侵权所受到的实际损失确定；实际损失难以计算的，按照侵权人因侵权所获得的利益确定。赔偿数额还应当包括经营者为制止侵权行为所支付的合理开支。（《反不正当竞争法》第17条）

（二）行政责任

行政责任是《反不正当竞争法》中主要责任形式。依据《反不正当竞争法》的规定，行政责任的主要形式有：责令停止违法行为；没收违法所得；罚款；吊销营业执照；给予行政处分。

（三）刑事责任

违反《反不正当竞争法》规定，构成犯罪的，依法追究刑事责任。

第二章 消费者法

第一节 消费者权益保护法

一、《消费者权益保护法》概述

（一）消费者

消费者是指为生活消费需要购买、使用商品或者接受服务的自然人。企业、事业单位与社会团体等被排除在消费者之外。作为消费者权益保护法中的消费者必须具备四个构成要件：

（1）消费者的消费性质必须是生活消费。

（2）消费的客体是商品或者服务。商品既包括工业品又包括农产品，这里的商品应是进入流通领域的，未进入流通领域的商品即使给使用者造成了损害，也不能请求依据《消费者权益保护法》给予保护。

（3）消费的方式包括购买、使用和接受。

（4）消费的主体限于个人。

（二）消费者权益保护法的适用对象

从以下三个方面理解：

（1）消费者为生活消费需要购买、使用商品或者接受服务的，适用《消费者权益保护法》。

（2）经营者为消费者提供其生产、销售的商品或者提供服务，应遵守《消费者权益保护法》。

（3）农民购买、使用直接用于生产的生产资料，参照《消费者权益保护法》执行。（《消费者权益保护法》第2、3、62条）

二、消费者的权利与经营者的义务

（一）消费者的权利（《消费者权益保护法》第二章）

1. 安全保障权

消费者在购买、使用商品或者接受服务时，享有人身、财产安全不受损害的权利。

2. 知悉真情权

消费者享有知悉其购买、使用的商品或者接受服务的真实情况的权利。

3. 自主选择权

消费者享有自主选择商品或者服务的权利。

消费者有权自主选择提供商品或者服务的经营者，自主选择商品品种或者服务方式，自主决定购买或者不购买任何一种商品、接受或者不接受任何一项服务。消费者在自主选择商品或者接受服务时，有权进行比较、鉴别和挑选。

4. 公平交易权

消费者享有公平交易的权利。消费者在购买商品或者接受服务时，有权获得质量保障、价格合理、计算正确等公平交易条件，有权拒绝经营者的强制交易行为。

5. 获得赔偿权

消费者因购买、使用商品或者接受服务受到人身、财产损害的，享有依法获得赔偿的权利。

需要注意这里求偿权的主体有三个：一是商品的购买者、使用者；二是服务的接受者；三是第三人，即消费者以外的因某种原因在事故现场而受到损害的人。求偿的内容既包括人身方面、精神方面的,又包括财产方面的。

6. 结社权

消费者依法享有成立维护自身合法权益的社会团体的权利。

7. 获得相关知识权

消费者有权获得有关消费和消费者权益保护方面的知识的权利。消费者应当努力掌握所需商品或者服务的知识和使用技能,正确使用商品,提高自我保护意识。

8. 受尊重权

消费者在购买、使用商品和接受服务时,享有其人格尊严、民族风俗习惯得到尊重的权利。

9. 监督批评权

消费者享有对商品和服务以及保护消费者权益工作进行监督的权利。消费者的监督批评权表现在:有权检举、控告侵害消费者权益的行为和国家机关及工作人员在保护消费者权益工作中的违法失职行为;有权对消费者权益工作提出批评、建议。

10. 个人信息权

个人信息权又称消费者隐私权,指消费者在购买、使用商品和接受服务时,享有个人信息依法得到保护的权利。

(二)经营者的义务

1. 依法经营和诚信经营义务

经营者向消费者提供商品或者服务,应当依照《消费者权益保护法》和其他有关法律、法规的规定履行义务。经营者和消费者有约定的,应当按照约定履行义务,但双方的约定不得违背法律、法规的规定。经营者向消费者提供商品或者服务,应当恪守社会公德,诚信经营,保障消费者的合法权益;不得设定不公平、不合理的交易条件,不得强制交易。(《消费者权益保护法》第16条)

2. 接受监督的义务

经营者应当听取消费者对其提供的商品或者服务的意见,接受消费者的监督。这项义务与消费者的监督批评权是对应的。(《消费者权益保护法》第17条)

3. 安全保障义务

经营者应当保证其提供的商品或者服务符合保障人身、财产安全的要求:①对可能危及人身、财产安全的商品和服务,应当向消费者作出真实的说明和明确的警示,并说明和标明正确使用商品或者接受服务的方法以及防止危害发生的方法。②宾馆、商场、餐馆、银行、机场、车站、港口、影剧院等经营场所的经营者,应当对消费者尽到安全保障义务。③经营者发现其提供的商品或者服务存在缺陷,有危及人身、财产安全危险的,应当立即向有关行政部门报告和告知消费者,并采取停止销售、警示、召回、无害化处理、销毁、停止生产或者服务等措施,并自行承担商品召回的必要费用。这项义务与消费者的安全保障权是对应的。(《消费者权益保护法》第18、19条)

4. 提供真实信息的义务

提供真实信息的义务有三个内容:①经营者向消费者提供有关商品或者服务的质量、性能、用途、有效期限等信息,应当真实、全面,不得作虚假或者引人误解的宣传。②经营者对消费者就其提供的商品或者服务的质量和使用方法等问题提出的询问,应当作出真实、明确的答复。③经营者提供商品或者服务应当明码标价。明码标价可以使用价目表,也可以使用标签,这里强调标价的内容必须真实。这项义务与消费者的知悉真情权是相对应的。(《消费者权益保护法》第20条)

5. 标明真实名称与标记的义务

经营者应当标明其真实名称和标记。租赁他人柜台或者场地的经营者,应当标明其真实名称和标记。商品与服务的名称是消费者判断商品经营者和质量的最基本的依据,同样的商品,经营者不同其商品的质量也都不一样。这项义务与消费者的自主选择权与获得赔偿权是相对应的。(《消费者权益保护法》第21条)

6. 出具凭证或者单据的义务

经营者提供商品或者服务,应当按照国家有关规定或者商业惯例向消费者出具发票等购货凭证或者服务单据;消费者索要发票等购货凭证或者服务单据的,经营者必须出具。这项义务与消费者的获得赔偿权是相对应的。(《消费者权益保护法》第22条)

7. 保证商品与服务质量的义务

经营者有义务保证其提供的商品或者服务的质量。该义务体现在三个方面:①经营者应当保证在正常使用商品或者接受服务的情况下其提供的商品或者服务应当具有的质量、性能、用途和有效期限;但消费者在购买该商品或者接受该服务前已经知道其存在瑕疵,且存在该瑕疵不违反法律强制性规定的除外。②经营者以广告、产品说明、实物样品或者其他方式表明商品或者服务的质量状况的,应当保证其提供的商品或者服务的实际质量与表明的质量状况相符。③经营者提供的机动车、计算机、电视机、电冰箱、空调器、洗衣机等耐用商品或者装饰装修等服务,消费者自接受商品或者服务之日起6个月内发现瑕疵,发生争议的,由经营者承担有关瑕疵的举证责任。(《消费者权益保护法》第23条)

8. 履行退货、更换、修理的义务

这一义务分为两类情形:

(1)经营者提供的商品或者服务不符合质量要求的,消费者可以依照国家规定、当事人约定退货,或者要求经营者履行更换、修理等义务。没有国家规定和当事人约定的,消费者可以自收到商品之日起7日内退货;7日后符合法定解除合同条件的,消费者可以及时退货,不符合法定解除合同条件的,可以要求经营者履行更换、修理等义务。(《消费者权益保护法》第24条)

(2)无论经营者提供的商品有无质量问题,只要是采用网络、电视、电话、邮购等方式销售的,消费者有权自收到商品之日起7日内退货,且无需说明理由,但消费者定作的商品,鲜活易腐的商品,在线下载或者消费者拆封的音像制品、计算机软件等数字化商品,交付的报纸、期刊以及其他根据商品性质并经消费者在购买时确认不宜退货的商品,不适用无理由退货的规定。

消费者退货的商品应当完好。经营者应当自收到退回商品之日起7日内返还消费者支付的商品价款。退回商品的运费由消费者承担;经营者和消费者另有约定的,按照约定。(《消费者权益保护法》第25条)

9. 正确使用格式条款的义务

(1)提示和说明:经营者在经营活动中使用格式条款的,应当以显著方式提请消费者注意商品或者服务的数量和质量、价款或者费用、履行期限和方式、安全注意事项和风险警示、售后服务、民事责任等与消费者有重大利害关系的内容,并按照消费者的要求予以说明。

(2)禁止滥用格式条款:经营者不得以格式条款、通知、声明、店堂告示等方式,作出排除或者限制消费者权利、减轻或者免除经营者责任、加重消费者责任等对消费者不公平、不合理的规定,不得利用格式条款并借助技术手段强制交易。违反此义务的,其内容无效。

这项义务与消费者的公平交易权是相对应的。(《消费者权益保护法》第26条)

10. 不得侵犯消费者的人格权的义务

经营者不得对消费者进行侮辱、诽谤,不得搜查消费者的身体及其携带的物品,

不得侵犯消费者的人身自由。这项义务与消费者的受尊重权是相对应的。(《消费者权益保护法》第27条)

11.尊重消费者信息自由的义务

(1)经营者收集、使用消费者个人信息,应当遵循合法、正当、必要的原则,明示收集、使用信息的目的、方式和范围,并经消费者同意。经营者收集、使用消费者个人信息,应当公开其收集、使用规则,不得违反法律、法规的规定和双方的约定收集、使用信息。

(2)对于已掌握的消费者的个人信息,经营者及其工作人员必须严格保密,不得泄露、出售或者非法向他人提供,同时应采取必要措施确保信息安全,并在信息泄露、丢失时及时加以补救。

(3)避免以商业信息骚扰消费者,即经营者未经消费者同意或者请求,或者消费者明确表示拒绝的,不得向其发送商业性信息。(《消费者权益保护法》第29条)

三、消费者权益的保护

(一)国家对消费者合法权益的保护

(1)消费者参与立法。(《消费者权益保护法》第30条)

(2)各级人民政府发挥领导和监督职能,保护消费者合法权益。(《消费者权益保护法》第31条)

(3)各级工商行政管理部门和其他有关行政部门应当依照法律、法规的规定,在各自的职责范围内,采取措施,保护消费者的合法权益。(《消费者权益保护法》第32、33条)

(4)司法机关通过惩治犯罪和处理纠纷保护消费者的合理权益。(《消费者权益保护法》第34、35条)

(二)消费者组织

消费者组织是由消费者自己组织起来的,以保护自身权益为目的的组织,是社会团体法人。消费者可以通过消费者协会或者成立其他消费者组织来对商品或者服务进行社会监督。消费者组织属于公益性社会组织,不得从事商品经营和营利性服务,不得以收取费用或者其他牟取利益的方式向消费者推荐商品和服务。

1.消费者协会的职责

(1)向消费者提供消费信息和咨询服务,提高消费者维护自身合法权益的能力,引导文明、健康、节约资源和保护环境的消费方式。

(2)参与制定有关消费者权益的法律、法规、规章和强制性标准。

(3)参与有关行政部门对商品和服务的监督、检查。

(4)就有关消费者合法权益的问题,向有关部门反映、查询,提出建议。

(5)受理消费者的投诉,并对投诉事项进行调查、调解。

(6)投诉事项涉及商品和服务质量问题的,可以委托具备资格的鉴定人鉴定,鉴定人应当告知鉴定意见。

(7)就损害消费者合法权益的行为,支持受损害的消费者提起诉讼或者依照《消费者权益保护法》提起诉讼。

(8)对损害消费者合法权益的行为,通过大众传播媒介予以揭露、批评。

各级人民政府对消费者协会履行职责应当予以必要的经费等支持。(《消费者权益保护法》第37条)

2.消费者组织的公益诉讼

对侵害众多消费者合法权益的行为,中国消费者协会以及在省、自治区、直辖市设立的消费者协会,可以向人民法院提起诉讼。(《消费者权益保护法》第47条)

四、争议的解决

(一)解决争议的途径

(1)与经营者协商和解。

（2）请求消费者协会或者依法成立的其他调解组织调解。

（3）向有关行政部门进行投诉。

（4）提请仲裁。

（5）向人民法院提起诉讼。人民法院应当采取措施，方便消费者提起诉讼。对符合民事诉讼法起诉条件的消费者权益争议，必须受理，及时审理。（《消费者权益保护法》第39条）

（二）解决争议的若干特殊规则（《消费者权益保护法》第40—45条）

1. 销售者与服务的提供者承担责任

消费者在购买、使用商品时，其合法权益受到损害的，可以向销售者要求赔偿。销售者赔偿后，属于生产者的责任或者属于向销售者提供商品的其他销售者的责任的，销售者有权向生产者或者向其他销售者追偿。（即销售者的先行赔付义务）

消费者在接受服务时，其合法权益受到损害的，可以向服务者要求赔偿。

2. 销售者与生产者的连带责任

消费者或者其他受害人因商品缺陷造成人身、财产损害的，可以向销售者要求赔偿，也可以向生产者要求赔偿。属于生产者的责任的，销售者赔偿后，有权向生产者追偿。属于销售者的责任的，生产者赔偿后，有权向销售者追偿。

3. 变更后的企业承担责任

消费者在购买、使用商品或者接受服务时，其合法权益受到损害，因原企业分立、合并的，可以向变更后承受其权利义务的企业要求赔偿。

4. 营业执照的持有人与租借人承担连带责任

使用他人营业执照的违法经营者提供商品或者服务，损害消费者合法权益的，消费者可以向其要求赔偿，也可以向营业执照的持有人要求赔偿。

5. 展销会的举办者、柜台出租者的特殊责任

消费者在展销会、租赁柜台购买商品或者接受服务，其合法权益受到损害的，可以向销售者或者服务者要求赔偿。展销会结束或者柜台租赁期满后，也可以向展销会的举办者、柜台的出租者要求赔偿。展销会的举办者、柜台的出租者赔偿后，有权向销售者或者服务者追偿。

6. 网络交易平台提供者的责任

消费者通过网络交易平台购买商品或者接受服务，其合法权益受到损害的，可以向销售者或者服务者要求赔偿。网络交易平台提供者不能提供销售者或者服务者的真实名称、地址和有效联系方式的，消费者也可以向网络交易平台提供者要求赔偿；网络交易平台提供者作出更有利于消费者的承诺的，应当履行承诺。网络交易平台提供者赔偿后，有权向销售者或者服务者追偿。

网络交易平台提供者明知或者应知销售者或者服务者利用其平台侵害消费者合法权益，未采取必要措施的，依法与该销售者或者服务者承担连带责任。

7. 关于虚假广告或者其他虚假宣传的责任

消费者因经营者利用虚假广告或者其他虚假宣传方式提供商品或者服务，其合法权益受到损害的，可以向经营者要求赔偿。广告经营者、发布者发布虚假广告的，消费者可以请求行政主管部门予以惩处。广告经营者、发布者不能提供经营者的真实名称、地址和有效联系方式的，应当承担赔偿责任。

广告经营者、发布者设计、制作、发布关系消费者生命健康商品或者服务的虚假广告，造成消费者损害的，应当与提供该商品或者服务的经营者承担连带责任。

社会团体或者其他组织、个人在关系

消费者生命健康商品或者服务的虚假广告或者其他虚假宣传中向消费者推荐商品或者服务,造成消费者损害的,应当与提供该商品或者服务的经营者承担连带责任。

注意这里的连带责任只适用于关系消费者生命健康的商品或服务。

五、违反消费者权益保护法的法律责任

(一)民事责任

1. 一般规定

经营者提供商品或者服务有下列情形之一的,除《消费者权益保护法》另有规定外,应当依照其他有关法律、法规的规定,承担民事责任:

(1)商品或者服务存在缺陷的。

(2)不具备商品应当具备的使用性能而出售时未作说明的。

(3)不符合在商品或者其包装上注明采用的商品标准的。

(4)不符合商品说明、实物样品等方式表明的质量状况的。

(5)生产国家明令淘汰的商品或者销售失效、变质的商品的。

(6)销售的商品数量不足的。

(7)服务的内容和费用违反约定的。

(8)对消费者提出的修理、重作、更换、退货、补足商品数量、退还货款和服务费用或者赔偿损失的要求,故意拖延或者无理拒绝的。

(9)法律、法规规定的其他损害消费者权益的情形。

经营者对消费者未尽到安全保障义务,造成消费者损害的,应当承担侵权责任。(《消费者权益保护法》第48条)

2. 特别规定

针对实践中存在的突出问题,消费者权益保护法对于侵犯消费者合法权益的民事责任还有如下特别规定:

(1)人身伤害的民事责任。经营者提供商品或者服务,造成消费者或者其他受害人人身伤害的,应当赔偿医疗费、护理费、交通费等为治疗和康复支出的合理费用,以及因误工减少的收入。造成残疾的,还应当赔偿残疾生活辅助具费和残疾赔偿金。造成死亡的,还应当赔偿丧葬费和死亡赔偿金。(《消费者权益保护法》第49条)

(2)侵犯人格尊严、人身自由的民事责任。经营者侵害消费者的人格尊严、侵犯消费者人身自由或者侵害消费者个人信息依法得到保护的权利的,应当停止侵害、恢复名誉、消除影响、赔礼道歉,并赔偿损失。(《消费者权益保护法》第50条)

经营者有侮辱诽谤、搜查身体、侵犯人身自由等侵害消费者或者其他受害人人身权益的行为,造成严重精神损害的,受害人可以要求精神损害赔偿。注意这里的精神损害赔偿要以严重精神损害为前提。(《消费者权益保护法》第51条)

(3)财产损害的民事责任。经营者提供商品或者服务,造成消费者财产损害的,应当依照法律规定或者当事人约定承担修理、重作、更换、退货、补足商品数量、退还货款和服务费用或者赔偿损失等民事责任。(《消费者权益保护法》第52条)

(4)预收款方式提供商品或服务的责任。经营者以预收款方式提供商品或者服务的,应当按照约定提供。未按照约定提供的,应当按照消费者的要求履行约定或者退回预付款;并应当承担预付款的利息、消费者必须支付的合理费用。(《消费者权益保护法》第53条)

(5)行政查处后的退货责任。依法经有关行政部门认定为不合格的商品,消费者要求退货的,经营者应当负责退货。(《消费者权益保护法》第54条)

(6)经营者欺诈行为的惩罚性赔偿。经营者提供商品或者服务有欺诈行为的,应当按照消费者的要求增加赔偿其受到的损失,增加赔偿的金额为消费者购买商品的价款或者接受服务的费用的3倍;增加赔偿的金额不足500元的,为500元。法律另有规定的,依照其规定。(《消费者权益保护法》第55条)

欺诈行为是指经营者在提供的商品或服务中,以虚假陈述、隐瞒实情等不正当手段误导消费者,使消费者权益受到损害的行为。实践中应当以客观检验法认定——只要证明下列事实存在即可认定经营者构成欺诈:其一,经营者对其商品或服务的说明存在虚假或隐瞒,足以使一般消费者受到误导;其二,消费者因受误导而接受了经营者的商品或服务,而一般消费者在此情况下如果知道事实真相即不会接受该商品或服务,或者只会按实质不同的合同条款接受该商品或服务。

赔偿数额为"退一赔三"。"一"指返还商品或服务费用;"三"指惩罚性赔偿,在返还商品或服务费用之外另行计算,为消费者购买商品的价款或者接受服务的费用的3倍,如果不足500元则按500元计算。

(7)故意侵权的加重责任。经营者明知商品或者服务存在缺陷,仍然向消费者提供,造成消费者或者其他受害人死亡或者健康严重损害的,受害人有权要求经营者承担人身伤害赔偿和精神损害赔偿,并有权要求所受损失2倍以下的惩罚性赔偿。(《消费者权益保护法》第55条)

这里规定的赔偿分为两部分:一部分是受害人依照《消费者权益保护法》第49条、第51条等规定请求的赔偿,是对受害人既有损失的赔偿,造成财产损失的,应当全额赔偿。造成人身伤害的,应当赔偿医疗费、护理费、交通费、误工费等;造成残疾的,还应当赔偿残疾生活辅助具费和残疾赔偿金;造成死亡的,还应当赔偿丧葬费和死亡赔偿金;造成严重精神损害的,还应当承担精神损害赔偿责任。另一部分是惩罚性赔偿,受害人可以主张不超过第一部分损失2倍以下的惩罚性赔偿,如第一部分赔偿金总计为50万元,受害人除可以获得这50万元赔偿金外,还可以要求经营者承担100万元以下的惩罚性赔偿,具体金额由法院根据案件情形确定。

(二)行政责任

1.处罚依据

《消费者权益保护法》第56条规定了10种情形,若相关法律法规(如《产品质量法》《食品安全法》《广告法》《价格法》等)对处罚机关和处罚方式有规定的,应依照其规定执行;若法律、法规没有规定的,由工商行政管理部门进行处罚。

2.处罚方式

责令改正,可以根据情节单处或者并处警告、没收违法所得、处以违法所得1倍以上10倍以下的罚款,没有违法所得的,处以50万元以下的罚款;情节严重的,责令停业整顿、吊销营业执照。除此之外,处罚机关还应当将经营者受处罚的情况记入信用档案,向社会公布。

3.民事责任优先

经营者违反《消费者权益保护法》规定,应当承担民事赔偿责任和缴纳罚款、罚金,其财产不足以同时支付的,先承担民事赔偿责任。(《消费者权益保护法》第58条)

4.救济方式

经营者对行政处罚决定不服的,可以依法申请行政复议或者提起行政诉讼。(《消费者权益保护法》第59条)

(三)刑事责任(《消费者权益保护法》第57、60、61条)

经营者违反《消费者权益保护法》规定提供商品或者服务,侵害消费者合法权益,构成犯罪的,依法追究刑事责任。

以暴力、威胁等方法阻碍有关行政部门工作人员依法执行职务的,依法追究刑事责任;未使用暴力、威胁方法的,由公安机关依照《治安管理处罚法》的规定处罚。

国家机关工作人员玩忽职守或者包庇经营者侵害消费者合法权益的行为,情节严重,构成犯罪的,依法追究刑事责任。

第二节 产品质量法

一、产品质量法的调整对象和立法宗旨

(一)调整对象

产品质量法是调整在生产、流通和消费过程中因产品质量所发生的社会关系的法律规范的总称。主要是三个方面:产品质量监督管理关系(即各级技术监督部门、市场监督管理部门在产品质量监督检查、行使行政处罚权时与市场主体所发生的法律关系);产品质量检验、认证关系(即因中介服务所产生的中介机构与市场经营主体之间的法律关系,以及因产品质量检验和认证不实损害消费者利益而产生的法律关系);产品责任关系(即因产品质量而引起的消费者与销售者、生产者之间的法律关系)。

"产品"是指经过加工、制作,用于销售的产品。未经加工、制作的天然的物品,如农产品,不属于这里的产品。加工、制作出来,非用于销售的物品,也不属于这里的产品。

建设工程由于在质量监督方面的特殊性,法律明确规定,不适用产品质量法,即不属于这里产品的范围。但建设工程使用的建筑材料、建筑构配件和设备,属于这里产品的范围,适用产品质量法。军工产品由于对质量的特殊要求,也不适用产品质量法,不在这里"产品"的范围内。

(二)立法宗旨

(1)加强对产品质量的监督管理,提高产品质量水平。

(2)明确产品质量责任。

(3)保护消费者的合法权益,维护社会经济秩序。(《产品质量法》第1条)

二、产品质量责任与产品责任

(一)产品质量责任

产品质量责任是产品的生产者、销售者以及对产品质量负有直接责任的人违反《产品质量法》规定的义务,应承担的法律后果。有下列三种情形之一的,上述主体即应承担产品质量责任:

1. 违反默示担保义务

默示担保义务是指法律、法规对产品质量所作的强制性要求,即使当事人之间有合同的约定,也不能免除和限制这种义务。它要求生产、销售的产品应该具有安全性和普通公众期待的使用性能,因此是对产品内在质量的基本要求。违反该项义务,无论是否造成了消费者的损失,均应承担产品质量责任。

2. 违反明示担保义务

明示担保义务是指生产者、销售者以各种公开的方式,就产品质量向消费者所作的说明或者陈述。如果产品达不到承诺的标准,必须承担相应的产品质量责任。明示担保义务是对产品外在质量的基本要求。

3. 产品存在缺陷

依据《产品质量法》的规定,"产品缺陷"是指产品存在危及人身、财产安全的不合理的危险;产品有保障人身、财产安全的国家标准和行业标准的,"产品缺陷"是指不符合该标准。合理的危险是不可避免的,如吸烟有害健康,因而不是产品缺陷。

(二)产品责任

产品责任不同于产品质量责任,专指因产品缺陷造成人身、缺陷产品以外的其他财产损害而应承担的赔偿责任。《产品

质量法》第 26、40 条针对的是产品质量责任，第 41、42 条针对的是产品责任。

三、产品质量监督

产品质量监督包括对产品质量的宏观管理、产品质量的行政监督、产品质量的社会监督。注意产品质量的行政监督与社会监督。

(一)产品质量的行政监督

1. 产品质量监督检查制度

这是一种事前监督制度。国家对产品质量实行以抽查为主要方式的监督检查制度。抽查的重点是：可能危及人体健康和人身、财产安全的产品；影响国计民生的重要工业产品；消费者、有关组织反映有质量问题的产品。根据监督抽查的需要，可以对产品进行检验。

监督抽查由国务院产品质量监督部门规划和组织，县级以上地方市场监督管理部门在本行政区内也可以组织监督抽查。国家抽查的产品，地方不得另行重复抽查；上级监督抽查的产品，下级不得另行重复抽查。(《产品质量法》第 15 条)

2. 质量状况信息发布制度

国务院和省级人民政府的市场监督管理部门应当定期发布其监督抽查的产品的质量状况。(《产品质量法》第 24 条)

3. 企业质量体系与产品质量认证制度

认证以自愿为原则。(《产品质量法》第 14 条)

(二)产品质量的社会监督

(1)消费者查询、申诉。消费者有权就产品质量问题向生产者、销售者查询；向市场监督管理部门及有关部门申诉。(《产品质量法》第 22 条)

(2)社会组织提出处理建议、支持消费者起诉。保护消费者权益的组织可以就消费者反映的质量问题建议有关部门负责处理，支持消费者对因产品质量问题造成的损害起诉。(《产品质量法》第 23 条)

(3)公众的检举权。任何单位和个人有权对违反《产品质量法》规定的行为，向市场监督管理部门或者其他有关部门检举。产品质量监督部门和有关部门应当为检举人保密，并按照省、自治区、直辖市人民政府的规定给予奖励。(《产品质量法》第 10 条)

(三)产品质量检验、认证机构的管理

(1)从事产品质量检验、认证的社会中介机构必须依法设立，不得与行政机关和其他国家机关存在隶属关系或者其他利益关系。

(2)产品质量检验机构必须具备相应的检测条件和能力，经省级以上人民政府市场监督管理部门或者其授权的部门考核合格后，方可承担产品质量检验工作。

(3)产品质量检验机构、产品质量认证机构必须按照有关标准，客观、公正地出具检验结果或者认证证明。

(4)产品质量认证机构还应对准许使用认证标志的产品进行认证后的跟踪检查；对于不符合认证标准而使用认证标志的，要求其改正；情节严重的，取消其使用认证标志的资格。

(5)产品质量检验机构不得向社会推荐生产者的产品，不得以对产品进行监制、监销等方式参与产品经营活动。

四、生产者、销售者的产品质量义务

(一)生产者的产品质量义务

1. 作为的义务

(1)保证产品质量。生产者应当对其生产的产品质量负责，确保产品质量符合下列要求：①不存在危及人身、财产安全的不合理的危险，有保障人体健康和人身、财产安全的国家标准、行业标准的，应当符合该标准。②具备产品应当具备的使用性能，但是对产品存在使用性能的瑕疵作出说明的

除外。③符合在产品或者其包装上注明采用的产品标准,符合以产品说明、实物样品等方式表明的质量状况。(《产品质量法》第26条)

(2)产品或者包装标识的要求。产品或者包装上的标识必须真实,并符合以下要求:①有产品质量检验合格证明;②有中文标明的产品名称、生产厂厂名和厂址;③根据需要标明产品规格、等级、所含主要成分和含量;④限期使用的产品标明生产日期和安全使用期或者失效日期;⑤使用不当易造成产品本身损害或者可能危及人身、财产安全的,应当有警示标志或者中文警示说明。(《产品质量法》第27条)

易碎、易燃、易爆、有毒、有腐蚀性、有放射性等危险物品以及储运中不能倒置和其他有特殊要求的产品,其包装质量必须符合相应要求,依照有关规定作出警示标志或者中文警示说明,表明储运注意事项。(《产品质量法》第28条)

2.不作为的义务

生产者不得生产国家明令淘汰的产品;不得伪造产地,不得伪造或者冒用他人的厂名、厂址;不得伪造或者冒用认证标志等质量标志;不得掺杂、掺假,不得以假充真、以次充好,不得以不合格产品冒充合格产品。(《产品质量法》第29—32条)

(二)销售者的产品质量义务(《产品质量法》第二节)

(1)建立并执行进货检查验收制度,验明产品合格证明和其他标识。

(2)采取措施,保持销售产品的质量。

(3)销售的产品的标识应当符合规定,符合进货时验收的状态,不得更改、覆盖、涂抹产品标识,以保证产品标识的真实性。

(4)不得销售国家明令淘汰并停止销售的产品和失效、变质的产品。

(5)不得伪造产地,不得伪造或者冒用他人的厂名、厂址。

(6)不得伪造或者冒用认证标志等质量标志。

(7)不得掺杂、掺假,不得以假充真、以次充好,不得以不合格产品冒充合格产品。

五、产品责任

(一)产品责任的归责原则

产品质量法对生产者、销售者的产品缺陷责任采用了不同的归责原则,对生产者采用严格责任原则,对销售者采用过错责任原则。

1.生产者的严格责任

因产品存在缺陷造成人身、他人财产损害的,生产者应当承担赔偿责任。就是说,只要产品有缺陷,不论生产者主观上是否有故意或者过失,都要承担赔偿责任。

但是,生产者能够证明有下列情形之一的,不承担赔偿责任:①未将产品投入流通的;②产品投入流通时,引起损害的缺陷尚不存在的;③将产品投入流通时的科学技术水平尚不能发现缺陷的存在的。(《产品质量法》第41条)

2.销售者的过错责任

由于销售者的过错使产品存在缺陷,造成人身、他人财产损害的,销售者应当承担赔偿责任。销售者不能指明缺陷产品的生产者也不能指明缺陷产品的供货者的,销售者应当承担赔偿责任。这里的过错是一种推定过错,销售者负有举证责任,否则不能免除赔偿责任。(《产品质量法》第42条)

(二)损害赔偿责任

1.产品缺陷的求偿对象

产品缺陷责任的求偿对象可以是产品的生产者,也可以是产品的销售者。就是说,生产者与销售者对受害人依法承担连带赔偿责任。属于生产者的责任,销售者

赔偿后有权向生产者追偿;属于销售者的责任,生产者赔偿后有权向销售者追偿。(《产品质量法》第43条)

2.产品缺陷的赔偿范围

因产品存在缺陷造成受害人人身伤害的,侵害人应当赔偿医疗费、治疗期间的护理费、因误工减少的收入等费用;造成残疾的,还应支付残疾生活辅助具费、生活补助费、残疾赔偿金以及由其扶养的人所必需的生活费等费用;造成受害人死亡的,并应当支付丧葬费、死亡赔偿金以及由死者生前扶养的人所必需的生活费等费用。因产品缺陷造成受害人财产损失的,侵害人应当恢复原状或者折价赔偿。受害人因此遭受其他重大损失的,侵害人应当赔偿损失。(《产品质量法》第44条)

(三)诉讼时效与除斥期间

请求权的诉讼时效:因产品存在缺陷造成损害要求赔偿的诉讼时效期间为2年,自当事人知道或者应当知道其权益受到损害时起计算。

请求权的除斥期间:因产品存在缺陷造成损害要求赔偿的请求权,在造成损害的缺陷产品交付最初消费者满10年丧失;但是尚未超过明示的安全使用期的除外。

六、违反产品质量法的法律责任

《产品质量法》中行政责任是主要的责任形式,辅之以刑事责任与民事责任。由于立法围绕着产品质量,故责任的承担者主要是违反《产品质量法》的生产者、销售者、产品质量检验或认证机构及相关行政部门。

特别注意社会团体、社会中介机构的法律责任:产品质量检验机构、认证机构伪造检验结果或者出具虚假证明的,责令改正,对单位和直接负责的主管人员及其他直接责任人员处以罚款;有违法所得的,没收违法所得;情节严重的,取消其检验资格、认证资格。

产品质量检验机构、认证机构出具的检验结果或者证明不实,造成损失的,应当承担相应的赔偿责任;造成重大损失的,撤销其检验资格、认证资格。

产品质量认证机构对不符合认证标准而使用认证标志的产品,未依法要求其改正或者取消其使用认证标志资格的,对因产品不符合认证标准给消费者造成的损失,与产品的生产者、销售者承担连带责任;情节严重的,撤销其认证资格。(《产品质量法》第57条)

社会团体、社会中介机构对产品质量作出承诺、保证,而该产品又不符合其承诺、保证的质量要求,给消费者造成损失的,与产品的生产者、销售者承担连带责任。(《产品质量法》第58条)

第三节 食品安全法

一、食品安全法概述

(一)食品安全法的概念

食品安全法,是指调整与食品安全有关的行为的一系列法律规范的总称。所谓食品,是指各种供人食用或者饮用的成品和原料以及按照传统既是食品又是药品的物品,但是不包括以治疗为目的的物品。

(二)食品安全法的立法目的

一是保证食品安全,即保证食品无毒、无害,符合应有的营养要求,对人体健康不造成任何急性、亚急性或者慢性危害。这是该法的直接目的。二是保障公众身体健康和生命安全。

(三)食品安全法的适用范围

在中华人民共和国境内从事下列活动,应当遵守《食品安全法》:

(1)食品生产和加工(以下称食品生

产),食品销售和餐饮服务(以下称食品经营)。

(2)食品添加剂的生产经营。

(3)用于食品的包装材料、容器、洗涤剂、消毒剂和用于食品生产经营的工具、设备(以下称食品相关产品)的生产经营。

(4)食品生产经营者使用食品添加剂、食品相关产品。

(5)食品的贮存和运输。

(6)对食品、食品添加剂、食品相关产品的安全管理。

供食用的源于农业的初级产品(以下称食用农产品)的质量安全管理,遵守《农产品质量安全法》的规定。但是,食用农产品的市场销售、有关质量安全标准的制定、有关安全信息的公布和《食品安全法》对农业投入品作出规定的,应当遵守《食品安全法》的规定。(《食品安全法》第2条)

二、食品安全风险监测和评估

(一)食品安全风险监测

1. 食品安全风险监测的对象

国家建立食品安全风险监测制度,对食源性疾病、食品污染以及食品中的有害因素进行监测。

2. 食品安全风险监测计划和方案

国务院卫生行政部门会同国务院食品药品监督管理、质量监督等部门[1],制定、实施国家食品安全风险监测计划。省、自治区、直辖市人民政府卫生行政部门会同同级食品药品监督管理、质量监督等部门,根据国家食品安全风险监测计划,结合本行政区域的具体情况,制定、调整本行政区域的食品安全风险监测方案,报国务院卫生行政部门备案并实施。(《食品安全法》第14条)

制定计划是国家级,制定方案是省级(方案要报国务院卫生行政部门备案)。

3. 食品安全风险监测结果通报

食品安全风险监测结果表明可能存在食品安全隐患的,县级以上人民政府卫生行政部门应当及时将相关信息通报同级食品药品监督管理等部门,并报告本级人民政府和上级人民政府卫生行政部门。食品药品监督管理等部门应当组织开展进一步调查。(《食品安全法》第16条)

注意这里应当通报和报告的部门:同级有食品药品监督管理部门和人民政府,上级是人民政府卫生行政部门。

(二)食品安全风险评估

食品安全风险评估制度,是指运用科学方法,根据食品安全风险监测信息、科学数据以及有关信息,对食品、食品添加剂、食品相关产品中生物性、化学性和物理性危害因素进行风险评估。

1. 食品安全风险评估机构

国务院卫生行政部门负责组织食品安全风险评估工作,成立由医学、农业、食品、营养、生物、环境等方面的专家组成的食品安全风险评估专家委员会进行食品安全风险评估。食品安全风险评估结果由国务院卫生行政部门公布。

对农药、肥料、兽药、饲料和饲料添加剂等的安全性评估,应当有食品安全风险评估专家委员会的专家参加。

食品安全风险评估不得向生产经营者收取费用,采集样品应当按照市场价格支

---

[1] 2018年国务院机构改革,将国家工商行政管理总局的职责,国家质量监督检验检疫总局的职责,国家食品药品监督管理总局的职责,国家发展和改革委员会的价格监督检查与反垄断执法职责,商务部的经营者集中反垄断执法以及国务院反垄断委员会办公室等职责整合,组建国家市场监督管理总局,作为国务院直属机构。故本部分相关职责统一由市场监督管理总局及地方各级市场监督管理局承担。

付费用。(《食品安全法》第17条)

2.食品安全风险评估的情形

有下列情形之一的,应当进行食品安全风险评估:

(1)通过食品安全风险监测或者接到举报发现食品、食品添加剂、食品相关产品可能存在安全隐患的。

(2)为制定或者修订食品安全国家标准提供科学依据需要进行风险评估的。

(3)为确定监督管理的重点领域、重点品种需要进行风险评估的。

(4)发现新的可能危害食品安全因素的。

(5)需要判断某一因素是否构成食品安全隐患的。

(6)国务院卫生行政部门认为需要进行风险评估的其他情形。(《食品安全法》第18条)

国务院食品药品监督管理、质量监督、农业行政等部门在监督管理工作中发现需要进行食品安全风险评估的,应当向国务院卫生行政部门提出食品安全风险评估的建议,并提供风险来源、相关检验数据和结论等信息、资料。属于上述情形的,国务院卫生行政部门应当及时进行食品安全风险评估,并向国务院有关部门通报评估结果。(《食品安全法》第19条)

3.食品安全风险评估的作用

食品安全风险评估结果(注意不是食品安全风险监测信息)是制定、修订食品安全标准和实施食品安全监督管理的科学依据。

经食品安全风险评估,得出食品、食品添加剂、食品相关产品不安全结论的,国务院食品安全监督管理等部门应当依据各自职责立即向社会公告,告知消费者停止食用或者使用,并采取相应措施,确保该食品、食品添加剂、食品相关产品停止生产经营;需要制定、修订相关食品安全国家标准的,国务院卫生行政部门应当会同国务院食品药品监督管理部门立即制定、修订。(《食品安全法》第21条)

三、食品安全标准

(一)食品安全标准的效力

食品安全标准,是指国家为了保证食品安全,保障公众身体健康而制定的食品的生产经营者、食品添加剂的生产经营者以及食品相关产品的生产经营者在其经营活动中必须遵守的强制性标准。

食品安全标准是强制执行的标准。除食品安全标准外,不得制定其他食品强制性标准。

(二)食品安全标准的类别

1.国家标准

国家标准由国务院卫生行政部门会同国务院食品安全监督管理部门制定、公布,国务院标准化行政部门提供国家标准编号。(《食品安全法》第27条)

国家标准应当经国务院卫生行政部门组织的食品安全国家标准审评委员会审查通过。食品安全国家标准审评委员会由医学、农业、食品、营养、生物、环境等方面的专家以及国务院有关部门、食品行业协会、消费者协会的代表组成,对食品安全国家标准草案的科学性和实用性等进行审查。(《食品安全法》第28条)

注意国家标准是由两部门制定公布的:国务院卫生行政部门、国务院食品安全监督管理部门。

2.地方标准

对地方特色食品,没有食品安全国家标准的,省、自治区、直辖市人民政府卫生行政部门可以制定并公布食品安全地方标准,报国务院卫生行政部门备案。食品安全国家标准制定后,该地方标准即行废止。(《食品安全法》第29条)

注意《食品安全法》仅规定没有食品

安全标准的地方特色食品可以制定食品安全地方标准。对于非地方特色食品的其他食品或者食品添加剂、食品相关产品、专供婴幼儿和其他特定人群的主辅食品、保健食品等其他食品安全标准内容,不能制定地方标准。

在制定食品安全国家标准后,该地方标准即行废止,避免出现地方标准与国家标准并行的情况,以维护食品安全标准的唯一性。

3. 企业标准

国家鼓励食品生产企业制定严于食品安全国家标准或者地方标准的企业标准,在本企业适用,并报省、自治区、直辖市人民政府卫生行政部门备案。(《食品安全法》第30条)

(三)食品安全标准的公布和跟踪评价

省级以上人民政府卫生行政部门应当在其网站上公布制定和备案的食品安全国家标准、地方标准和企业标准,供公众免费查阅、下载。

省级以上人民政府卫生行政部门应当会同同级食品安全监督管理、农业行政等部门,分别对食品安全国家标准和地方标准的执行情况进行跟踪评价,并根据评价结果及时修订食品安全标准。省级以上人民政府食品安全监督管理、农业行政等部门应当对食品安全标准执行中存在的问题进行收集、汇总,并及时向同级卫生行政部门通报。

食品生产经营者、食品行业协会发现食品安全标准在执行中存在问题的,应当立即向卫生行政部门报告。(《食品安全法》第31、32条)

四、食品安全控制

(一)食品生产经营中的安全控制制度

(1)安全基准制度(《食品安全法》第33条)及负面清单制度(《食品安全法》第34条)。

(2)食品生产经营许可制度。国家对食品生产经营实行许可制度。从事食品生产、食品销售、餐饮服务,应当依法取得许可。但是,销售食用农产品,不需要取得许可。(《食品安全法》第35条)

"三新"产品的许可:新原料,新食品添加剂,新食品相关产品的许可。

利用新的食品原料生产食品,或者生产食品添加剂新品种、食品相关产品新品种,应当向国务院卫生行政部门提交相关产品的安全性评估材料。国务院卫生行政部门应当自收到申请之日起60日内组织审查;对符合食品安全要求的,准予许可并公布;对不符合食品安全要求的,不予许可并书面说明理由。(《食品安全法》第37条)

(3)食品不得添加药品。生产经营的食品中不得添加药品,但是可以添加按照传统既是食品又是中药材的物质。按照传统既是食品又是中药材的物质目录由国务院卫生行政部门会同国务院食品药品监督管理部门制定、公布。(《食品安全法》第38条)

(4)食品添加剂管理制度。

①生产许可(注意没有销售、运输等方面的许可)。从事食品添加剂生产,应当具有与所生产食品添加剂品种相适应的场所、生产设备或者设施、专业技术人员和管理制度,并依照规定的程序,取得食品添加剂生产许可。生产食品添加剂应当符合法律、法规和食品安全国家标准。(《食品安全法》第39条)

②使用要求(确有必要+安全可靠)。食品添加剂应当在技术上确有必要且经过风险评估证明安全可靠,方可列入允许使用的范围;有关食品安全国家标准应当根据技术必要性和食品安全风险评估结果及时修订。食品生产经营者应当按照食品安

全国家标准使用食品添加剂。(《食品安全法》第40条)

③检验记录。食品添加剂生产者应当建立食品添加剂出厂检验记录制度,查验出厂产品的检验合格证和安全状况,如实记录食品添加剂的名称、规格、数量、生产日期或者生产批号、保质期、检验合格证号、销售日期以及购货者名称、地址、联系方式等相关内容,并保存相关凭证。(《食品安全法》第59条)

食品添加剂经营者采购食品添加剂,应当依法查验供货者的许可证和产品合格证明文件,如实记录食品添加剂的名称、规格、数量、生产日期或者生产批号、保质期、进货日期以及供货者名称、地址、联系方式等内容,并保存相关凭证。(进货检验记录,《食品安全法》第60条)

④标签、说明书和包装。食品添加剂应当有标签、说明书和包装。标签、说明书应当载明食品添加剂的使用范围、用量、使用方法等事项,并在标签上载明"食品添加剂"字样。(《食品安全法》第70条)

食品和食品添加剂的标签、说明书,不得含有虚假内容,不得涉及疾病预防、治疗功能。生产经营者对其提供的标签、说明书的内容负责。食品和食品添加剂的标签、说明书应当清楚、明显,生产日期、保质期等事项应当显著标注,容易辨识。食品和食品添加剂与其标签、说明书的内容不符的,不得上市销售。(《食品安全法》第71条)

(5)食品安全全程追溯制度。

国家建立食品安全全程追溯制度。食品生产经营者应当建立食品安全追溯体系,保证食品可追溯。国家鼓励食品生产经营者采用信息化手段采集、留存生产经营信息,建立食品安全追溯体系。

国务院食品药品监督管理部门会同国务院农业行政等有关部门建立食品安全全程追溯协作机制。(《食品安全法》第42条)

(6)标签、说明书和广告的安全管理。

《食品安全法》第四章第三节对食品包装、说明书和广告中的相关信息披露作了具体规定。其中要特别注意以下两点:

①生产经营转基因食品应当按照规定显著标示。

②食品广告管理制度。食品广告的内容应当真实合法,不得含有虚假内容,不得涉及疾病预防、治疗功能。食品生产经营者对食品广告内容的真实性、合法性负责。

县级以上人民政府食品安全监督管理部门和其他有关部门以及食品检验机构、食品行业协会不得以广告或者其他形式向消费者推荐食品。消费者组织不得以收取费用或者其他牟取利益的方式向消费者推荐食品。(食品检验机构和行业协会不得推荐食品,消协可以推荐食品但不能牟利和收费)

(7)特殊食品的安全管理规定。国家对保健食品、特殊医学用途配方食品和婴幼儿配方食品等特殊食品实行严格监督管理。(《食品安全法》第四章第四节)

①保健食品。保健食品声称保健功能,应当具有科学依据,不得对人体产生急性、亚急性或者慢性危害。保健食品原料目录和允许保健食品声称的保健功能目录,由国务院食品药品监督管理部门会同国务院卫生行政部门、国家中医药管理部门制定、调整并公布。保健食品原料目录应当包括原料名称、用量及其对应的功效;列入保健食品原料目录的原料只能用于保健食品生产,不得用于其他食品生产。

使用保健食品原料目录以外原料的保健食品和首次进口的保健食品应当经国务院食品安全监督管理部门注册。但是,首次进口的保健食品中属于补充维生素、矿物质等营养物质的,应当报国务院食品安全监督管理部门备案。其他保健食品应当报省、自治区、直辖市人民政府食品安全监督管理部门备案。进口的保健食品应当是出口国(地区)主管部门准许上市销售的产品。(注意两种注册情况和两种备案情况)

保健食品的标签、说明书不得涉及疾病预防、治疗功能,内容应当真实,与注册或者备案的内容相一致,载明适宜人群、不适宜人群、功效成分或者标志性成分及其含量等。保健食品的功能和成分应当与标签、说明书相一致。

保健食品的标签、说明书和广告应声明"本品不能代替药物"。

②特殊医学用途配方食品(要注册)。特殊医学用途配方食品应当经国务院食品安全监督管理部门注册。注册时,应当提交产品配方、生产工艺、标签、说明书以及表明产品安全性、营养充足性和特殊医学用途临床效果的材料。

③婴幼儿配方乳粉。产品配方要注册;不得分装;同一配方同一品牌。

婴幼儿配方食品生产企业应当将食品原料、食品添加剂、产品配方及标签等事项向省、自治区、直辖市人民政府食品药品监督管理部门备案。

婴幼儿配方乳粉的产品配方应当经国务院食品药品监督管理部门注册。注册时,应当提交配方研发报告和其他表明配方科学性、安全性的材料。

不得以分装方式生产婴幼儿配方乳粉,同一企业不得用同一配方生产不同品牌的婴幼儿配方乳粉。

(二)食品召回制度(《食品安全法》第63条)

1.召回类型

(1)主动召回:食品生产者发现其生产的食品不符合食品安全标准或者有证据证明可能危害人体健康的,应当立即停止生产,召回已经上市销售的食品,通知相关生产经营者和消费者,并记录召回和通知情况。(不达标或危害健康)

食品经营者发现其经营的食品有前述情形的,应当立即停止经营,通知相关生产经营者和消费者,并记录停止经营和通知情况。食品生产者认为应当召回的,应当立即召回。由于食品经营者的原因造成其经营的食品有前述情形的,食品经营者应当召回。(不达标或危害健康或自身原因)

(2)责令召回:食品生产经营者未依照规定召回或者停止经营的,县级以上人民政府食品安全监督管理部门可以责令其召回或者停止经营。

2.对食品召回的处理

食品生产经营者应当对召回的食品采取无害化处理、销毁等措施,防止其再次流入市场。

但是,对因标签、标志或者说明书不符合食品安全标准而被召回的食品,食品生产者在采取补救措施且能保证食品安全的情况下可以继续销售;销售时应当向消费者明示补救措施。(补救措施+保证安全+明示补救措施)

3.召回情况报告

食品生产经营者应当将食品召回和处理情况向所在地县级人民政府食品安全监督管理部门报告;需要对召回的食品进行无害化处理、销毁的,应当提前报告时间、地点。食品安全监督管理部门认为必要的,可以实施现场监督。

(三)食品检验制度(《食品安全法》第五章)

1.食品检验机构

食品检验机构是指依照国家有关认证认可的规定取得食品检验资质,从事食品检验活动的机构。食品检验机构的资质认定条件和检验规范,由国务院食品安全监督管理部门规定。

2.食品检验机构与检验人负责制

食品检验由食品检验机构指定的检验人独立进行。食品检验报告应当加盖食品检验机构公章,并有检验人的签名或者盖章。食品检验机构和检验人对出具的食品检验报告负责。

3.不同机构和组织的食品检验活动

(1)食品安全行政监督管理部门的抽样检验。县级以上人民政府食品安全监督管理部门应当对食品进行定期或者不定期的抽样检验,并依据有关规定公布检验结果,不得免检。进行抽样检验,应当购买抽取的样品,委托符合规定的食品检验机构进行检验,并支付相关费用;不得向食品生产经营者收取检验费和其他费用。

(2)自行检验。食品生产企业可以自行对所生产的食品进行检验,也可以委托符合《食品安全法》规定的食品检验机构进行检验。

(3)第三人委托检验。食品行业协会和消费者协会等组织、消费者也可根据需要委托食品检验机构对食品进行检验,被委托的机构应当是符合《食品安全法》规定的合格食品检验机构。

4.检验异议制度

对检验结论有异议的,食品生产经营者可以自收到检验结论之日起7个工作日内向实施抽样检验的食品安全监督管理部门或者其上一级食品安全监督管理部门提出复检申请,由受理复检申请的食品安全监督管理部门在公布的复检机构名录中随机确定复检机构进行复检。复检机构出具的复检结论为最终检验结论。复检机构与初检机构不得为同一机构。复检机构名录由国务院认证认可监督管理、食品安全监督管理、卫生行政、农业行政等部门共同公布。

采用国家规定的快速检测方法对食用农产品进行抽查检测,被抽查人对检测结果有异议的,可以自收到检测结果时起4小时内申请复检。复检不得采用快速检测方法。

(四)食品进出口管理制度(《食品安全法》第六章)

(1)进出口管理机构为国家出入境检验检疫部门。

(2)食品进口管理制度。

①安全标准。进口的食品、食品添加剂、食品相关产品应当符合我国食品安全国家标准。

进口的食品、食品添加剂应当经出入境检验检疫机构依照进出口商品检验相关法律、行政法规的规定检验合格,并按照国家出入境检验检疫部门的要求随附合格证明材料。

进口尚无食品安全国家标准的食品,由境外出口商、境外生产企业或者其委托的进口商向国务院卫生行政部门提交所执行的相关国家(地区)标准或者国际标准。国务院卫生行政部门对相关标准进行审查,认为符合食品安全要求的,决定暂予适用,并及时制定相应的食品安全国家标准。进口利用新的食品原料生产的食品或者进口食品添加剂新品种、食品相关产品新种,依照《食品安全法》第37条的规定办理。

②境外企业的保证责任及进口商的审核义务。境外出口商、境外生产企业应当保证向我国出口的食品、食品添加剂、食品相关产品符合法律规定和食品安全国家标准的要求,并对标签、说明书的内容负责。对此,境内进口商应当加以审核,审核不合格的不得进口。

③进出口企业备案和注册制度。应备案者:向我国境内出口食品的境外出口商或者代理商、进口食品的进口商。应注册者:向我国境内出口食品的境外食品生产企业。接受备案或注册的机构:国家出入

境检验检疫部门。

已经注册的境外食品生产企业提供虚假材料,或者因其自身的原因致使进口食品发生重大食品安全事故的,国家出入境检验检疫部门应当撤销注册并公告。

④预包装食品管理规定。进口的预包装食品、食品添加剂应当有中文标签;依法应当有说明书的,还应当有中文说明书。标签、说明书应当符合法律规定和食品安全国家标准的要求,并载明食品的原产地以及境内代理商的名称、地址、联系方式。预包装食品没有中文标签、中文说明书或者标签、说明书不符合法律规定的,不得进口。

⑤进口商的信息保存义务。进口商应当建立食品、食品添加剂进口和销售记录制度,并保存相关凭证。记录和凭证保存期限不得少于产品保质期满后6个月;没有明确保质期的,保存期限不得少于2年。

(3)食品出口管理制度。出口食品生产企业应当保证其出口食品符合进口国(地区)的标准或者合同要求。出口食品生产企业和出口食品原料种植、养殖场应当向国家出入境检验检疫部门备案

(4)进出口食品安全信息管理制度。国家出入境检验检疫部门应当收集、汇总下列进出口食品安全信息,并及时通报相关部门、机构和企业:①出入境检验检疫机构对进出口食品实施检验检疫发现的食品安全信息;②食品行业协会和消费者协会等组织、消费者反映的进口食品安全信息;③国际组织、境外政府机构发布的风险预警信息及其他食品安全信息,以及境外食品行业协会等组织、消费者反映的食品安全信息;④其他食品安全信息。

(5)进出口企业信用管理制度。国家出入境检验检疫部门应当对进出口食品的进口商、出口商和出口食品生产企业实施信用管理,建立信用记录,并依法向社会公布。对有不良记录的进口商、出口商和出口食品生产企业,应当加强对其进出口食品的检验检疫。

五、食品安全事故处置(《食品安全法》第七章)

(一)食品安全事故应急预案制度

国务院组织制定国家食品安全事故应急预案。

县级以上地方人民政府应当根据有关法律、法规的规定和上级人民政府的食品安全事故应急预案以及本行政区域的实际情况,制定本行政区域的食品安全事故应急预案,并报上一级人民政府备案。

食品安全事故应急预案应当对食品安全事故分级、事故处置组织指挥体系与职责、预防预警机制、处置程序、应急保障措施等作出规定。

食品生产经营企业应当制定食品安全事故处置方案,定期检查本企业各项食品安全防范措施的落实情况,及时消除事故隐患。

(二)食品安全事故报告和通报制度

(1)事故发生单位和治疗单位的报告义务。事故发生后,事故单位和接收病人进行治疗的单位应当及时向事故发生地县级人民政府食品安全监督管理、卫生行政部门报告。

(2)政府系统的通报和报告义务。县级以上人民政府质量监督、农业行政等部门在日常监督管理中发现食品安全事故或者接到事故举报,应当立即向同级食品安全监督管理部门通报。

发生食品安全事故,接到报告的县级人民政府食品药品监督管理部门应当按照应急预案的规定向本级人民政府和上级人民政府食品安全监督管理部门报告。县级人民政府和上级人民政府食品安全监督管理部门应当按照应急预案的规定上报。

任何单位和个人不得对食品安全事故隐瞒、谎报、缓报,不得隐匿、伪造、毁灭有关证据。

(3)医疗机构的报告和通报义务。医疗机构发现其接收的病人属于食源性疾病病人或者疑似病人的,应当按照规定及时将相关信息向所在地县级人民政府卫生行政部门报告。县级人民政府卫生行政部门认为与食品安全有关的,应当及时通报同级食品安全监督管理部门。

县级以上人民政府卫生行政部门在调查处理传染病或者其他突发公共卫生事件中发现与食品安全相关的信息,应当及时通报同级食品安全监督管理部门。

(三)调查处理措施

县级以上人民政府食品药品监督管理部门接到食品安全事故的报告后,应当立即会同同级卫生行政、质量监督、农业行政等部门进行调查处理,并采取应急救援、封存检验、责令召回、信息发布等措施,防止或者减轻社会危害。

发生食品安全事故需要启动应急预案的,县级以上人民政府应当立即成立事故处置指挥机构,启动应急预案,依照法律和应急预案的规定进行处置。

(四)事故责任调查

发生食品安全事故,设区的市级以上人民政府食品安全监督管理部门应当立即会同有关部门进行事故责任调查,督促有关部门履行职责,向本级人民政府和上一级人民政府食品安全监督管理部门提出事故责任调查处理报告。

涉及两个以上省、自治区、直辖市的重大食品安全事故由国务院食品安全监督管理部门依照法律规定组织事故责任调查。

六、政府监管机构及其职权

(一)监管机构分工

县级以上人民政府食品安全监督管理部门根据食品安全风险监测、风险评估结果和食品安全状况等,确定监督管理的重点、方式和频次,实施风险分级管理。

县级以上地方人民政府组织本级食品安全监督管理、农业行政等部门制定本行政区域的食品安全年度监督管理计划,向社会公布并组织实施。

食品安全年度监督管理计划应当将下列事项作为监督管理的重点:专供婴幼儿和其他特定人群的主辅食品;保健食品生产过程中的添加行为和按照注册或者备案的技术要求组织生产的情况,保健食品标签、说明书以及宣传材料中有关功能宣传的情况;发生食品安全事故风险较高的食品生产经营者;食品安全风险监测结果表明可能存在食品安全隐患的事项。(《食品安全法》第109条)

(二)监督管理措施

县级以上人民政府食品安全监督管理部门履行食品安全监督管理职责,有权采取下列措施,对生产经营者遵守《食品安全法》的情况进行监督检查:进入生产经营场所实施现场检查;对生产经营的食品、食品添加剂、食品相关产品进行抽样检验;查阅、复制有关合同、票据、账簿以及其他有关资料;查封、扣押有证据证明不符合食品安全标准或者有证据证明存在安全隐患以及用于违法生产经营的食品、食品添加剂、食品相关产品;查封违法从事生产经营活动的场所。(《食品安全法》第110条)

(三)食品安全信息平台

国家建立统一的食品安全信息平台,实行食品安全信息统一公布制度。

国家食品安全总体情况、食品安全风险警示信息、重大食品安全事故及其调查处理信息和国务院确定需要统一公布的其他信息由国务院食品安全监督管理部门统一公布。

食品安全风险警示信息和重大食品安

全事故及其调查处理信息的影响限于特定区域的,也可以由有关省、自治区、直辖市人民政府食品药品监督管理部门公布。未经授权不得发布上述信息。

县级以上人民政府食品安全监督管理、农业行政部门依据各自职责公布食品安全日常监督管理信息。(《食品安全法》第118条)

七、法律责任

(一) 行政处罚

《食品安全法》第122—141条详细规定了针对违反该法行为的行政制裁措施,涉及的行政相对人主要有食品生产经营者、其他管理对象(包括进出口商、交易场所提供者、网络交易平台提供者等)以及特定违法行为人(包括妨碍执法者及虚假信息发布者)。

注意关于人员的限制规定:被吊销许可证的食品生产经营者及其法定代表人、直接负责的主管人员和其他直接责任人员自处罚决定作出之日起5年内不得申请食品生产经营许可,或者从事食品生产经营管理工作、担任食品生产经营企业食品安全管理人员。

因食品安全犯罪被判处有期徒刑以上刑罚的,终身不得从事食品生产经营管理工作,也不得担任食品生产经营企业食品安全管理人员。

食品生产经营者聘用人员违反前述内容的,由县级以上人民政府食品药品监督管理部门吊销许可证。

(二) 行政处分

《食品安全法》第142—146条详细规定了针对行政监管主体(地方政府及职能部门)在履行食品安全监管职责中的不作为和不当作为给予的行政处分。

(三) 民事赔偿

(1) 民事赔偿优先。生产经营者财产不足以同时承担民事赔偿责任和缴纳罚款、罚金时,先承担民事赔偿责任。(《食品安全法》第147条)

(2) 首负责任制。消费者因不符合食品安全标准的食品受到损害的,可以向经营者要求赔偿损失,也可以向生产者要求赔偿损失。接到消费者赔偿要求的生产经营者,应当实行首负责任制,先行赔付,不得推诿;属于生产者责任的,经营者赔偿后有权向生产者追偿;属于经营者责任的,生产者赔偿后有权向经营者追偿。

(3) 惩罚性赔偿。生产不符合食品安全标准的食品或者经营明知是不符合食品安全标准的食品,消费者除要求赔偿损失外,还可以向生产者或者经营者要求支付价款10倍或者损失3倍的赔偿金;增加赔偿的金额不足1000元的,为1000元。但是,食品的标签、说明书存在不影响食品安全且不会对消费者造成误导的瑕疵的除外。(《食品安全法》第148条)

即赔偿实际损失 + 价款10倍或损失3倍(最少1000元)。

(4) 诉讼中的主体。因食品、药品存在质量问题造成消费者损害,消费者可以分别起诉或者同时起诉销售者和生产者。

消费者仅起诉销售者或者生产者的,必要时人民法院可以追加相关当事人参加诉讼。

(5) "知假买假"也要赔。因食品、药品质量问题发生纠纷,购买者向生产者、销售者主张权利,生产者、销售者以购买者明知食品、药品存在质量问题而仍然购买为由进行抗辩的,人民法院不予支持。

(6) 食品、药品赠品要赔。食品、药品生产者、销售者提供给消费者的食品或者药品的赠品发生质量安全问题,造成消费者损害,消费者主张权利,生产者、销售者以消费者未对赠品支付对价为由进行免责抗辩的,人民法院不予支持。

(7)举证责任。

①食品的生产者与销售者应当对于食品符合质量标准承担举证责任。认定食品是否合格,应当以国家标准为依据;没有国家标准的,应当以地方标准为依据;没有国家标准、地方标准的,应当以企业标准为依据。食品的生产者采用的标准高于国家标准、地方标准的,应当以企业标准为依据。没有前述标准的,应当以食品安全法的相关规定为依据。

②消费者举证证明因食用食品或者使用药品受到损害,初步证明损害与食用食品或者使用药品存在因果关系,并请求食品、药品的生产者、销售者承担侵权责任的,人民法院应予支持,但食品、药品的生产者、销售者能证明损害不是因产品不符合质量标准造成的除外。

(8)不得抗辩事由。食品、药品虽在销售前取得检验合格证明,且食用或者使用时尚在保质期内,但经检验确认产品不合格,生产者或者销售者以该食品、药品具有检验合格证明为由进行抗辩的,人民法院不予支持。

【注意】第(4)(5)(6)(7)(8)项出自最高人民法院《关于审理食品药品纠纷案件适用法律若干问题的规定》。

(四)刑事责任

违反食品安全法规定,构成犯罪的,依法追究刑事责任。

第三章 银行业法

第一节 商业银行法

一、商业银行概述

(一)商业银行基本制度

1.商业银行的法律地位和组织形式

(1)商业银行是指依照《商业银行法》和《公司法》规定的条件和程序,设立的吸收公众存款、发放贷款、办理结算等业务,具有独立的民事权利能力和民事行为能力的企业法人。

(2)商业银行的组织形式有两种:一是有限责任公司,二是股份有限公司。

2.商业银行的经营原则

(1)安全性、流动性和效益性原则。

(2)自主经营、自担风险、自负盈亏和自我约束原则。

(3)按照国家的产业政策和发展政策的要求开展信贷业务,业务往来遵循平等、自愿、公平和诚实信用的原则。

(4)保障存款人利益的原则。

(5)独立经营原则。

(6)公平竞争原则。

(二)商业银行组织规则

1.商业银行的设立

商业银行的设立采用审批制度,由国务院银行业监督管理机构(不是中国人民银行)根据经济发展的需要和银行业竞争的状况审查批准。

设立商业银行应当具备如下条件:①有符合法律规定的章程;②有符合规律规定的注册资本的最低限额(设立全国性商业银行的注册资本的最低限额为10亿元人民币,设立城市商业银行注册资本最低限额为1亿元人民币,设立农村银行的注册资本最低限额为5 000万元人民币,注册资本应当是实缴资本);③有具备任职专业知识和业务工作经验的董事长(行长)、总经理和其他高级管理人员;④有健全的组织机构和管理制度;⑤有符合要求的营业场所、安全防范措施和与业务有关的其他设施。(《商业银行法》第12、13条)

为确保其正确的经营方向,商业银行法特别规定:任何单位或者个人购买商业银行的股份总额5%以上的,应当事先经银行业监督管理机构批准。

经批准的商业银行,由银行业监督管理机构颁发经营许可证,并凭许可证向工商行政管理部门办理登记,领取营业执照。

2. 商业银行的分支机构

商业银行实行分行制度,根据业务需要可以在境内外设立分支机构。

分支机构的设立必须经银行业监督管理机构批准,在我国境内的分支机构,不按行政区域设立。商业银行在境内设立分支机构,应当按照规定拨付与其经营规模相适应的营运资金额。拨付各分支机构营运资金额的总和,不得超过总行资本金总额的60%。

3. 商业银行的变更

商业银行设立后,以下事项的变动应经银行业监督管理机构批准:①变更名称;②变更注册资本;③变更总行或者分支行所在地;④调整业务范围;⑤变更持有资本总额或者股份总额5%以上的股东;⑥修改章程;⑦银行业监督管理机构规定的其他事项。

此外,更换董事、高级管理人员时,应当报银行业监督管理机构审查其任职资格。(《商业银行法》第24条)

二、商业银行的监管机制

国务院银行业监督管理机构(即中国银行保险监督管理委员会)有权随时对商业银行的存款、贷款、结算、呆账等情况进行检查监督。

中国人民银行有权依照《中国人民银行法》第32条和第34条的规定对商业银行进行检查监督。(《商业银行法》第62条)

商业银行应按照规定向银行业监督管理机构、中国人民银行报送资产负债表、利润表以及其他财务会计、统计报表和资料。

三、商业银行的业务规则

(一)商业银行的业务范围

商业银行经银行业监督管理机构批准可以经营下列部分或者全部业务:①吸收公众存款;②发放短期、中期和长期贷款;③办理国内外结算;④办理票据承兑与贴现;⑤发行金融债券;⑥代理发行、代理兑付、承销政府债券;⑦买卖政府债券、金融债券;⑧从事同业拆借;⑨买卖、代理买卖外汇;⑩从事银行卡业务;⑪提供信用证服务及担保;⑫代理收付款项及代理保险业务;⑬提供保管箱服务;⑭经国务院银行业监督管理机构批准的其他业务。

经营范围由商业银行章程规定,报国务院银行业监督管理机构批准。

商业银行经中国人民银行批准,可以经营结汇、售汇业务。(《商业银行法》第3条)

商业银行的以上业务可分为负债业务、资产业务和中间业务。

(二)商业银行业务活动规则

(1)对存款人的保护。商业银行在办理存款业务时,对个人储户应当坚持"存款自愿、取款自由、存款有息、为存款人保密"的原则,对单位储户应当坚持为客户保密和保护客户权益的原则,有权拒绝任何单位或个人查询(法律、行政法规另有规定的除外)或者冻结、扣划(法律另有规定的除外)。商业银行吸收存款应当约定存款利率,并保证存款本金和利息的支付。(《商业银行法》第三章)

(2) 贷款审查制度。商业银行贷款,应当对借款人的借款用途、偿还能力、还款方式等情况进行严格审查,实行审贷分离、分级审批的制度。(《商业银行法》第 35 条)

(3) 担保贷款为原则,信用贷款为例外。商业银行贷款,借款人应当提供担保。商业银行应当对保证人的偿还能力,抵押物、质物的权属和价值以及实现抵押权、质权的可行性进行严格审查。

经商业银行审查、评估,确认借款人资信良好,确能偿还贷款的,可以不提供担保。(《商业银行法》第 36 条)

(4) 书面合同。商业银行贷款,应当与借款人订立书面合同。合同应当约定贷款种类、借款用途、金额、利率、还款期限、还款方式、违约责任和双方认为需要约定的其他事项。(《商业银行法》第 37 条)

(5) 贷款利率的确定。商业银行应当按照中国人民银行规定的贷款利率的上下限,确定贷款利率。(《商业银行法》第 38 条)

(6) 资产负债比例。商业银行贷款,应当遵守下列资产负债比例管理的规定:资本充足率不得低于 8%;流动性资产余额与流动性负债余额的比例不得低于 25%;对同一借款人的贷款余额与商业银行资本余额的比例不得超过 10%;国务院银行业监督管理机构对资产负债比例管理的其他规定。(《商业银行法》第 39 条)

(7) 向关系人发放贷款。商业银行不得向关系人发放信用贷款,向关系人发放担保贷款的条件不得优于其他借款人同类贷款的条件。

关系人的范围是:商业银行的董事、监事、管理人员、信贷业务人员及其近亲属;前述所列人员投资或者担任高级管理职务的公司、企业和其他经济组织。(《商业银行法》第 40 条)

(8) 禁止强迫发放贷款。任何单位和个人不得强令商业银行发放贷款或者提供担保。商业银行有权拒绝任何单位和个人强令要求其发放贷款或者提供担保。(《商业银行法》第 41 条)

(9) 担保物处分时限。借款人到期不归还担保贷款的,商业银行依法享有要求保证人归还贷款本金和利息或者就该担保物优先受偿的权利。商业银行因行使抵押权、质权而取得的不动产或者股权,应当自取得之日起 2 年内予以处分。(《商业银行法》第 42 条)

(10) 投资业务的管理。商业银行在中华人民共和国境内不得从事信托投资和证券经营业务,不得向非自用不动产投资或者向非银行金融机构和企业投资,但国家另有规定的除外。(《商业银行法》第 43 条)

(11) 同业拆借,应当遵守中国人民银行的规定。禁止利用拆入资金发放固定资产贷款或者用于投资。拆出资金限于交足存款准备金、留足备付金和归还中国人民银行到期贷款之后的闲置资金。拆入资金用于弥补票据结算、联行汇差头寸的不足和解决临时性周转资金的需要。(《商业银行法》第 46 条)

(12) 银行账户的管理。一个单位只能有一个基本存款账户,基本存款账户由单位自主选择一家银行的一个营业场所开立,不得开立两个以上基本账户。

任何单位和个人不得将单位的资金以个人名义开立账户存储。(《商业银行法》第 48 条)

四、商业银行的接管、清算和终止

(一)商业银行的接管

商业银行的接管是银行业监督管理机构出于保护存款人的合法权益,恢复商业银行的稳健经营,对已经发生信用危机或者可能发生信用危机的商业银行采取的一系列的拯救措施的总称。接管由银行业监督管理机构负责组织实施。

自接管开始之日,由接管组织行使商业银行的经营管理权利,但接管期间,被接管的商业银行的债权债务关系不因接管而发生变化。

接管不是商业银行破产前必经的法律程序。

(二)商业银行的终止与清算

商业银行会因解散(《商业银行法》第69条)、被撤销(《商业银行法》第70条)和被宣告破产(《商业银行法》第71条)而终止。商业银行破产有三点特殊之处:

(1)商业银行实行单一破产原因——不能支付到期债务。

(2)商业银行不能支付到期债务进入破产程序后,法院不能直接宣告破产,必须经银行业监督管理机构同意才能进行破产的宣告。

(3)商业银行被宣告破产后,人民法院在组织成立清算组时,银行业监督管理机构是法定的成员。在破产清算时,储蓄存款的本金和利息要优先于国家税款而受偿。

清偿顺序:清算费用—所欠职工工资和劳动保险费用—个人储蓄存款的本金和利息—税款等公共债权—其他普通债权。

五、违反商业银行法的法律责任

《商业银行法》第73条规定了侵犯存款人利益应承担的法律责任;第74—75条规定了逃避银行业监督管理机构监管应承担的法律责任;第76—77条规定了逃避中国人民银行监管应承担的法律责任。

第二节 银行业监督管理法

一、银行业监督管理法概述

(一)适用范围

《银行业监督管理法》是为银行业监督管理机构监管制定的法律。该法的适用范围,即银行业监督管理机构监管的范围。其监督管理的对象有以下三类:

(1)银行业金融机构,即在中华人民共和国境内设立的商业银行、城市信用合作社、农村信用合作社等吸收公众存款的金融机构以及政策性银行,这是银行业监督管理的主要对象。

(2)其他金融机构,即在中华人民共和国境内设立的金融资产管理公司、信托投资公司、财务公司、金融租赁公司以及经国务院银行业监督管理机构批准设立的其他金融机构。

(3)在境外设立的金融机构。经国务院银行业监督管理机构批准在境外设立的金融机构以及前两种金融机构在境外的业务活动应接受监督管理。(《银行业监督管理法》第2条)

(二)银行业监管的目标

银行业监管的目标是促进银行业的合法、稳健运行,维护公众对银行业的信心。

国务院银行业监督管理机构应与中国人民银行、国务院其他金融监督管理机构建立监督管理信息共享机制;可以和其他国家或地区的银行业监督管理机构建立监督管理合作机制,实施跨境管理。

二、监督管理机构和监督管理职责

(一)监督管理机构

国务院银行业监督管理机构负责对全国银行业金融机构及其业务活动监督管理的工作。

国务院银行业监督管理机构根据履行职责的需要设立派出机构。国务院银行业监督管理机构对派出机构实行统一领导和管理。国务院银行业监督管理机构的派出机构在国务院银行业监督管理机构的授权范围内,履行监督管理职责。

银行业监督管理机构实行垂直领导体

制,在地方设置的分支机构不受地方政府的领导。

(二)监督管理职责(《银行业监督管理法》第三章)

银行业监督管理机构在对银行业金融机构实施监督管理时,主要履行下列职责:

(1)制定规章。依法制定并发布对银行业金融机构及其业务活动监督管理的规章、规则。

(2)审批金融机构组织。依法审批银行业金融机构的设立、变更、终止以及业务范围。

(3)审查金融机构股东。依法对大股东(指持有资本总额或者股份总额5%以上的股东)的资格进行审查,审查内容包括:大股东的资金来源、财务状况、资本补充能力、诚信状况。

(4)审查金融机构的金融业务品种。银行业金融机构业务范围内的业务品种,应当按照规定经国务院银行业监督管理机构审查批准或者备案。需要审查批准或者备案的业务品种,由国务院银行业监督管理机构依照法律、行政法规作出规定并公布。

(5)对银行业市场准入实施管制。未经国务院银行业监督管理机构批准,任何单位或者个人不得设立银行业金融机构或者从事银行业金融机构的业务活动。

(6)规定任职资格。国务院银行业监督管理机构对银行业金融机构的董事和高级管理人员实行任职资格管理。

(7)制定业务审慎经营规则。审慎经营规则包括:风险管理、内部控制、资本充足率、资产质量、损失准备金、风险集中、关联交易、资产流动性等内容。

(8)对银行业金融机构的业务活动及其风险状况进行非现场监管及现场检查。

(9)建立银行业金融机构监督管理评级体系和风险预警机制。

(10)建立银行业突发事件的发现、报告岗位责任制度。

(11)会同中国人民银行、财政部等有关部门建立银行业突发事件的处置制度。

(12)对银行业自律组织的活动进行指导和监督。

三、监督管理措施(《银行业监督管理法》第四章)

(一)强制信息披露

(1)获取相应的信息。银行业监督管理机构根据履行职责的需要,有权要求银行业金融机构按照规定报送资产负债表、利润表和其他财务会计、统计报表、经营管理资料以及注册会计师出具的审计报告。

(2)实施现场检查。银行业监督管理机构根据审慎监管的要求行使下列职权:①可以进入银行业金融机构进行检查;②询问银行业金融机构的工作人员,要求其对有关检查事项作出说明;③查阅、复制银行业金融机构与检查事项有关的文件、资料,对可能被转移、隐匿或者毁损的文件、资料予以封存;④检查银行业金融机构运用电子计算机管理业务数据的系统。

(3)进行谈话。银行业监督管理机构根据履行职责的需要,可以与银行业金融机构董事、高级管理人员进行监督管理谈话,要求银行业金融机构董事、高级管理人员就银行业金融机构的业务活动和风险管理的重大事项作出说明。

(4)责令披露信息。银行业监督管理机构应当责令银行业金融机构按照规定,如实向社会公众披露财务会计报告、风险管理状况、董事和高级管理人员变更以及其他重大事项等信息。

(二)强制整改制度

(1)责令限期改正。对于违反审慎经营规则的银行业金融机构,银行业监督管理机构或者其省一级派出机构应当责令限期改正。

(2)对于违反审慎经营规则的,经责令限期改正逾期未改正的,或者其行为严重危及该银行业金融机构的稳健运行、损害存款人和其他客户合法权益的,经银行业监督管理机构或者其省一级派出机构负责人批准,可以区别情形采取下列措施:责令暂停部分业务、停止批准开办新业务;限制分配红利和其他收入;限制资产转让;责令控股股东转让股权或者限制有关股东的权利;责令调整董事、高级管理人员或者限制其权利;停止批准增设分支机构。

(三)接管、重组与撤销

对于已经发生或者可能信用危机,严重影响存款人和其他客户合法权益的,国务院银行业监督管理机构可以依法实行接管或者促成机构重组。

对于严重违法经营的金融机构,银行业监督管理机构有权予以撤销。

此外,在接管、机构重组或者撤销清算期间,经国务院银行业监督管理机构负责人批准,对直接负责的董事、高级管理人员和其他直接责任人员,可以通知海关阻止其出境,申请司法机关禁止其转移、转让财产或者对其财产设定其他权利。

(四)查询银行账户、冻结银行存款

经银行业监督管理机构或者其省一级派出机构负责人批准,银行业监督管理机构有权查询涉嫌金融违法的金融机构及其工作人员以及关联行为人的账户;对于涉嫌转移或者隐匿违法资金的,经银行业监督管理机构负责人批准,可以申请司法机关予以冻结。

四、违反银行业监督管理法的法律责任

《银行业监督管理法》第43条规定了银行业监督管理机构工作人员的法律责任;第44—47条针对银行业金融机构分别规定了违反市场准入、经营管制、诚实经营和审慎经营义务、提交财务资料义务的法律责任,同时在第48条规定了补充性制裁措施。

第四章　财税法

第一节　税法

一、税法概述

(一)税法的概念和调整对象

税法是调整税收关系的法律规范的总称,由税收体制法、税收征纳实体法(包括商品税法、所得税法、财产税法和行为税法)、税收征纳程序法等子部门法所组成。

税法的调整对象是税收关系,税收关系是相关主体在税收活动中所发生的各种社会关系的总称。

税收法定原则是税法的最高原则,是指由立法机关决定全部税收制度,税务机关无相应法律依据不得征税的税法基本原则。

税法适用原则是税收部门在税法解释和税收征缴等具体税法适用过程中应予遵循的原则,包括实质课税原则、诚信原则、禁止类推适用原则、禁止溯及课税原则。

(二)税收法律关系

(1)概念。税收法律关系是由税收法律规范确认和调整的,国家和纳税人之间发生的具有权利和义务内容的社会关系。

税收法律关系的产生以纳税人发生了税法规定的行为或者事实为根据。

（2）要素。税收法律关系的要素包括：①税收法律关系的主体，也称为税法主体，是指在税收法律关系中享有权利和承担义务的当事人，主要包括国家、征税机关、纳税人和扣缴义务人。②税收法律关系的内容，是指税收法律关系主体所享有的权利和所承担的义务，主要包括纳税人的权利义务和征税机关的权利义务。③税收法律关系的客体，是指税收法律关系主体的权利义务所指向的对象，主要包括货币、实物和行为。

(三)税法的构成要素

税法的构成要素是指构成税法所必需的基本要件，主要包括税法主体、征税对象、税基、税目、税率、纳税义务发生时间、纳税期限、纳税地点和税收优惠等。

二、增值税法

(一)增值税的概念

增值税是以商品流通和劳务服务在各个环节的增值额为征税对象的一种税。

(二)增值税法的基本内容(《增值税暂行条例》)

（1）增值税的纳税人是在我国境内销售货物、提供加工和修理修配劳务、进口货物的单位和个人。2016年5月1日全面"营改增"后，增值税纳税人包括所有销售货物与劳务服务的单位和个人。增值税纳税人分为一般纳税人和小规模纳税人。增值税的征收不考虑纳税人的盈亏状况，只要经营活动中有增值额出现，就要征税。

（2）增值税的征税范围包括销售货物、提供劳务和进口货物。

（3）增值税的计税依据。纳税人销售货物或提供劳务的计税依据为其销售额，进口货物的计税依据为规定的组成计税价格。

（4）增值税的税率。分为基本税率17%、低税率11%、低税率6%、零税率，纳税人销售或者进口货物，除适用低税率的以外，税率为17%。

纳税人销售或者进口下列货物，税率为11%：①粮食、食用植物油；②自来水、暖气、冷气、热水、煤气、石油液化气、天然气、沼气、居民用煤炭制品；③图书、报纸、杂志；④饲料、化肥、农药、农机、农膜；⑤国务院规定的其他货物。

纳税人出口货物，税率为零；但是，国务院另有规定的除外。

纳税人提供加工、修理修配劳务，税率为13%。

小规模纳税人增值税征收率为3%。

（5）增值税的税收减免。下列项目免征增值税：农业生产者销售的自产农产品；避孕药品和用具；古旧图书；直接用于科学研究、科学试验和教学的进口仪器、设备；外国政府、国际组织无偿援助的进口物资和设备；由残疾人组织直接进口供残疾人专用的物品；销售的自己使用过的物品。

纳税人销售额未达到财政部规定的增值税起征点的，免征增值税。增值税起征点的适用范围只限于个人。

三、消费税法

消费税是以特定消费品的流转额为征税对象的一种税，是在对货物的销售普遍征收增值税的基础上，选择特定的消费品加征的一道税。

根据《消费税暂行条例》的规定，在我国境内生产、委托加工和进口特定消费品的单位和个人为纳税人。特定消费品是指如下消费品：①过度消费对人类健康、社会秩序、生态环境等方面造成危害的消费品，如烟、酒及酒精、鞭炮和烟火、实木地板、木制一次性筷子、电池、涂料;②奢侈品和非生活必需品,如贵重首饰及珠宝玉石、化妆品、高档手表、游艇、高尔夫球及球具;③高能耗及高档消费品,如小汽车、摩托车等;④不可再生和不可替代的石油类消费品,如成品油。

消费税的税基为销售额或销售数量。销售额为纳税人销售应税消费品向购买方收取的全部价款和价外费用。

消费税基本不存在免税的问题,只对出口消费品免征消费税。

四、企业所得税法

(一)企业所得税的概念

企业所得税是以企业在一定期间内的纯所得为征税对象的一种税。

(二)企业所得税的纳税人

在我国境内,企业和其他取得收入的组织,为企业所得税的纳税人。但个人独资企业、合伙企业不缴纳企业所得税。

纳税人分为居民企业和非居民企业。居民企业包括依法在境内成立,或者依照外国(地区)法律成立但实际管理机构在境内的企业。非居民企业是指依照外国(地区)法律成立且实际管理机构不在中国境内,但在境内设立机构、场所,或者在境内未设立机构、场所,但有来源于境内所得的企业。

居民企业就其境内外的所得缴纳企业所得税;非居民企业在中国境内设立机构、场所的,应当就其所设机构、场所取得的来源于中国境内的所得,以及发生在中国境外但与其所设机构、场所有实际联系的所得,缴纳企业所得税;其他非居民企业只就来源于中国境内的所得缴纳企业所得税。(《企业所得税法》第1—3条)

(三)企业所得税的征税对象

企业所得税的征税对象为企业所获得的各种应税收入。

企业以货币形式和非货币形式从各种来源取得的收入,为收入总额。包括:销售货物收入;提供劳务收入;转让财产收入;股息、红利等权益性投资收益;利息收入;租金收入;特许权使用费收入;接受捐赠收入;其他收入。

收入总额中的下列收入为不征税收入:财政拨款;依法收取并纳入财政管理的行政事业性收费、政府性基金;国务院规定的其他不征税收入。(《企业所得税法》第6、7条)

(四)企业所得税的税率

居民企业适用25%的税率;

非居民企业分为两种情况:第一种情况,在境内设立有机构场所,所得与所设机构、场所有关系,或者所得发生在境外但与其所设机构场所有实际联系;第二种情况,在境内未设机构场所但取得了来自境内的所得,或者设有机构场所但所得与其机构场所没有关系。属于第一种情况的非居民企业税率为25%;属于第二种情况的非居民企业税率为20%。

(五)企业所得税应纳税所得额的计算

应纳税所得额是据以计算应纳税额的依据。计算公式是:

应纳税所得额=每一纳税年度的收入总额-不征税收入-免税收入-各项扣除-允许扣除的以前年度亏损

年度收入总额与不征税收入已在前述进行了说明。

免税收入:国债利息收入;符合条件的居民企业之间的股息、红利等权益性投资收益;在境内设立机构、场所的非居民企业从居民企业取得与该机构、场所有实际联系的股息、红利等权益性投资收益;符合条件的非营利性组织的收入。(《企业所得税法》第26条)

各项扣除:指企业实际发生的与取得

收入有关的、合理的支出,包括成本、费用、税金、损失或其他支出。但是,向投资者支付的股息、红利等权益性投资收益款项,企业所得税税款,滞纳金、罚金、罚款和被没收财物的损失,公益性捐赠支出以外的捐赠支出,赞助支出,未经核定的准备金支出,与取得收入无关的其他支出不得在计算应纳税所得额时扣除。企业对外投资期间投资资产的成本也不得扣除。(《企业所得税法》第8、10、14条)

亏损结转:纳税年度发生的亏损,准予向以后年度结转,用以后年度的所得弥补,但亏损结转期不得超过5年。(《企业所得税法》第18条)

(六)税收优惠(《企业所得税法》第四章)

《企业所得税法》确立了以产业优惠为主、区域优惠为辅、兼顾社会进步的新的税收优惠格局。

(1)高新技术企业的优惠(税率优惠)。国家需要重点扶持的高新技术企业,减按15%的税率征税。

(2)小型企业的优惠(税率优惠)。符合条件的小型微型企业,减按20%的税率征税。

(3)行业优惠。对重点扶持和鼓励发展的产业和项目,给予优惠。

(4)农、林、牧、渔业和基础设施的投资优惠(减免税优惠)。企业从事农、林、牧、渔业项目和从事国家重点扶持的公共基础设施项目投资经营的所得,可以减、免所得税。

(5)环保、节能节水、安全生产等的税收优惠。企业从事符合条件的环境保护、节能节水项目的所得,可以减、免所得税;企业综合利用资源、生产符合国家产业政策规定的产品所取得的收入,可以在计算应纳税所得额时减计收入;企业购置用于环境保护、节能节水、安全生产等专用设备的投资额,可以按照一定比例实行税额抵免。

(6)企业技术研发、技术转让与创业投资的优惠。企业开发新技术、新产品、新工艺发生的研究开发费用,可以在计算应纳税所得额时加计扣除;企业符合条件的技术转让所得可以减、免所得税;创业投资企业从事国家需要重点扶持和鼓励的创业投资,可以按投资额的一定比例抵扣应纳税所得额。

(7)安置特殊人员的优惠。安置残疾人员及国家鼓励安置的其他就业人员所支付的工资,可以在计算应纳税所得额时加计扣除。

(8)加速折旧。企业的固定资产由于技术进步等原因,确需加速折旧的,可以缩短折旧年限或者采取加速折旧的方法。

(9)民族自治地方的优惠。民族自治地方的自治机关对本民族自治地方的企业应缴纳的企业所得税中属于地方分享的部分,可以决定减征、免征。自治州、自治县决定减征、免征的,须报省级政府批准。

(10)专项优惠。根据国民经济和社会发展的需要,或者由于突发事件等原因对企业经营活动产生重大影响的,国务院可以制定专项优惠政策,报全国人民代表大会常务委员会备案。

(七)反避税措施(《企业所得税法》第六章)

(1)独立交易原则。企业与关联方应独立交易,否则税务机关行使调整应纳税所得额的权力。

(2)预约定价安排。企业可以向税务机关提出与其关联方业务往来的定价原则和计算方法,税务机关与企业协商、确认后,达成预约定价安排。

(3)提供资料的义务。企业报送年度企业所得税纳税申报表时,应附送年度关联企业业务往来报告表,企业不提供关联交易有关资料的,税务机关有权核定其应纳税所得额。

(4)受控外国公司税制。由居民企业,或者由居民企业和中国居民控制的设立在实际税负明显低于我国税法规定税率水平(即25%)的国家(地区)的企业,并非由于合理的经营需要而对利润不作分配或者减少分配的,上述利润中应归属于该居民企业的部分,应当计入该居民企业的当期收入。

(5)资本弱化税制。企业从其关联方接受的债权性投资与权益性投资的比例超过规定标准而发生的利息支出,不得在计算应纳税所得额时扣除。

(6)一般反避税条款。企业实施其他不具有合理商业目的的安排而减少其应纳税收入或者所得额的,税务机关有权按照合理方法调整。

(八)企业所得税的征收管理

《企业所得税法》第七章对企业纳税地点(第50、51条)、纳税年度(第53条)以及纳税时间(第54、55条)作出了详细规定。

五、个人所得税法

(一)个人所得税的概念

个人所得税是以个人的所得为征税对象的一种税。

(二)个人所得税的基本内容

1.纳税人(《个人所得税法》第1条)

个人所得税的纳税人分为居民和非居民。居民是指在中国境内有住所,或者无住所而一个纳税年度内在中国境内居住累计满183天的个人,居民纳税人应就其来源于境内、境外的全部所得纳税;非居民是指居民以外的人,非居民仅就来源于中国境内的所得纳税。

2.征税范围与免税、减税项目(《个人所得税法》第2、4、5条)

个人的下列所得应当纳税:①工资、薪金所得;②劳务报酬所得;③稿酬所得;④特许权使用费所得;⑤经营所得;⑥利息、股息、红利所得;⑦财产租赁所得;⑧财产转让所得;⑨偶然所得。居民第一项至第四项所得称为综合所得,按纳税年度合并计算个人所得税;非居民个人取得第一项至第四项所得,按月或者按次分项计算个人所得税。纳税人取得第五项至第九项所得,依照《个人所得税法》的规定分别计算个人所得税。这里应注意:个体户在税法上按照个人对待,生产经营所得需要纳个人所得税,而不是企业所得税。

下述所得属于免税项目:①省级政府、国务院部委和解放军军以上单位,以及外国组织、国际组织颁发的科学、教育、技术、文化、卫生、体育、环境保护等方面的奖金;②国债和国家发行的金融债券利息;③按照国家统一规定发给的补贴、津贴;④福利费、抚恤金、救济金;⑤保险赔款;⑥军人的转业费、复员费、退役金;⑦按照国家统一规定发给干部、职工的安家费、退职费、基本养老金或者退休费、离休费、离休生活补助费;⑧依照有关法律规定应予免税的各国驻华使馆、领事馆的外交代表、领事官员和其他人员的所得;⑨中国政府参加的国际公约、签订的协议中规定免税的所得;⑩国务院规定的其他免税所得。

下列情形下的所得可以减税,具体幅度和期限,由省级政府规定,并报同级人民代表大会常务委员会备案:①残疾、孤老人员和烈属的所得;②因自然灾害遭受重大损失的。

3.利率(《个人所得税法》第3条)

个人所得税采用超额累进税率和比例税率,其中:综合所得,适用3%至45%的超额累进税率;经营所得,适用5%至35%的超额累进税率;利息、股息、红利所得,财产租赁所得,财产转让所得和偶然所得,适用比例税率,税率为20%。

4.应纳税所得额的计算(《个人所得税法》第6条)

我国个人所得税实行分类综合所得税制。

(1)居民个人的综合所得,以每一纳税年度的收入额减除费用6万元以及专项扣除、专项附加扣除和依法确定的其他扣除后的余额,为应纳税所得额。

非居民个人的工资、薪金所得,以每月收入额减除费用5 000元后的余额为应纳税所得额;劳务报酬所得、稿酬所得、特许权使用费所得,以每次收入额为应纳税所得额。

上述劳务报酬所得、稿酬所得、特许权使用费所得以收入减除20%的费用后的余额为收入额。稿酬所得的收入额减按70%计算。

上述专项扣除包括:居民个人按照国家规定的范围和标准缴纳的基本养老保险、基本医疗保险、失业保险等社会保险费和住房公积金等;专项附加扣除,包括子女教育、继续教育、大病医疗、住房贷款利息或者住房租金、赡养老人等支出,具体范围、标准和实施步骤由国务院确定,并报全国人民代表大会常务委员会备案。

(2)经营所得,以每一纳税年度的收入总额减除成本、费用以及损失后的余额,为应纳税所得额。

(3)财产租赁所得,每次收入不超过4 000元的,减除费用800元;4 000元以上的,减除20%的费用,其余额为应纳税所得额。

(4)财产转让所得,以转让财产的收入额减除财产原值和合理费用后的余额,为应纳税所得额。

(5)利息、股息、红利所得和偶然所得,以每次收入额为应纳税所得额。

个人将其所得对教育、扶贫、济困等公益慈善事业进行捐赠,捐赠额未超过纳税人申报的应纳税所得额30%的部分,可以从其应纳税所得额中扣除;国务院规定对公益慈善事业捐赠实行全额税前扣除的,从其规定。

5.纳税申报(《个人所得税法》第9、10、11条)

个人所得税以所得人为纳税人,以支付所得的单位或者个人为扣缴义务人。

有下列情形之一的,纳税人应当依法办理纳税申报:①取得综合所得需要办理汇算清缴;②取得应税所得没有扣缴义务人;③取得应税所得,扣缴义务人未扣缴税款;④取得境外所得;⑤因移居境外注销中国户籍;⑥非居民个人在中国境内从两处以上取得工资、薪金所得;⑦国务院规定的其他情形。

扣缴义务人应当按照国家规定办理全员全额扣缴申报,并向纳税人提供其个人所得和已扣缴税款等信息。

居民个人取得综合所得,按年计算个人所得税;有扣缴义务人的,由扣缴义务人按月或者按次预扣预缴税款;需要办理汇算清缴的,应当在取得所得的次年3月1日至6月30日内办理汇算清缴。居民个人向扣缴义务人提供专项附加扣除信息的,扣缴义务人按月预扣预缴税款时应当按照规定予以扣除,不得拒绝。

非居民个人取得工资、薪金所得,劳务报酬所得,稿酬所得和特许权使用费所得,有扣缴义务人的,由扣缴义务人按月或者按次代扣代缴税款,不办理汇算清缴。

纳税人取得经营所得,按年计算个人所得税,由纳税人在月度或者季度终了后15日内向税务机关报送纳税申报表,并预缴税款;在取得所得的次年3月31日前办理汇算清缴。

纳税人取得利息、股息、红利所得,财产租赁所得,财产转让所得和偶然所得,按月或者按次计算个人所得税,有扣缴义务人的,由扣缴义务人按月或者按次代扣代缴税款。

六、车船税法

(一)车船税的纳税人

在中国境内属于车船税法所附《车船税税目税额表》规定的车辆、船舶的所有人或者管理人,为车船税的纳税人。

(二)车船税的征税对象

车船税的征收对象包括乘用车、商用车(客车、货车)、挂车、其他车辆(专用作业车、轮式专用机械车)、摩托车和船舶(机动船舶、游艇)。

(三)车船税的减免(《车船税法》第3—5条)

下列车船免征车船税:捕捞、养殖渔船;军队、武装警察部队专用的车船;警用车船;依照法律规定应当予以免税的外国驻华使领馆、国际组织驻华代表机构及其有关人员的车船;悬挂应急救援专用号牌的国家综合性消防救援车辆和国家综合性消防救援专用船舶。

对节约能源、使用新能源的车船可以减征或者免征车船税;对受严重自然灾害影响纳税困难以及有其他特殊原因确需减税、免税的,可以减征或者免征车船税。具体办法由国务院规定,并报全国人民代表大会常务委员会备案。

省、自治区、直辖市人民政府根据当地实际情况,可以对公共交通车船,农村居民拥有并主要在农村地区使用的摩托车、三轮汽车和低速载货汽车定期减征或者免征车船税。

(四)车船税的税额

乘用车、商务车中的客车和摩托车以每辆为计税单位,商用车中的货车、挂车和其他车辆以整备质量(通常所说的"空车质量")每吨为计税单位,船舶中的机动船舶以净吨位每吨、游艇以艇身长度每米为计税单位,依照《车船税税目税额表》规定的年基准税额征收车船税。

(五)车船税的申报缴纳和扣缴

车船税按年申报缴纳。具体申报纳税期限由省、自治区、直辖市人民政府规定。

车船税的纳税地点为车船的登记地或者车船税扣缴义务人所在地。依法不需要办理登记的车船,车船税的纳税地点为车船的所有人或者管理人所在地。

从事机动车第三者责任强制保险业务的保险机构为机动车车船税的扣缴义务人,应当在收取保险费时依法代收车船税,并出具代收税款凭证。

七、税收征收管理法

(一)税收征收管理法的宗旨和适用范围

(1)宗旨:加强税收征收管理,规范税收征收和缴纳行为,保障国家税收收入,保护纳税人的合法权益,促进经济和社会发展。(《税收征收管理法》第1条)

(2)适用范围:凡依法由税务机关征收的各种税收的征收管理,均适用《税收征收管理法》。(《税收征收管理法》第2条)

(二)纳税人权利

《税收征收管理法》第8、12、13条规定了纳税人的知情权、保密权、申请减免与退税权、陈述权、申辩权、申请行政复议权、提起行政诉讼权、请求国家赔偿权、控告和检举权、请求回避权和奖励权。

(三)税务管理(《税收征收管理法》第二章及《税收征收管理法实施细则》第二、三、四章)

1.税务登记(分为开业登记、变更登记和注销登记)

(1)开业登记制度。企业、企业在外

地设立的分支机构和从事生产、经营的场所,个体工商户和从事生产、经营的事业单位(以下统称从事生产、经营的纳税人)自领取营业执照之日起30日内,持有关证件,向税务机关申报办理税务登记。税务机关应当于收到申报的当日办理登记并发给税务登记证件。

工商行政管理机关应当将办理登记注册、核发营业执照的情况,定期向税务机关通报。

(2)变更、注销登记制度。从事生产、经营的纳税人,税务登记内容发生变化的,自工商行政管理机关办理变更登记之日起30日内或者在向工商行政管理机关申请办理注销登记之前,持有关证件向税务机关申报办理变更或者注销税务登记。

2.账簿凭证管理

(1)账簿凭证的设置。从事生产、经营的纳税人应当自领取营业执照或者发生纳税义务之日起15日内,按照国家有关规定设置账簿。账簿,是指总账、明细账、日记账以及其他辅助性账簿。总账、日记账应当采用订本式。

(2)财务会计处理办法备案制度。从事生产、经营的纳税人应当自领取税务登记证件之日起15日内,将其财务、会计制度或者财务、会计处理办法报送主管税务机关备案。

纳税人使用计算机记账的,应当在使用前将会计电算化系统的会计核算软件、使用说明书及有关资料报送主管税务机关备案。

纳税人建立的会计电算化系统应当符合国家有关规定,并能正确、完整核算其收入或者所得。

(3)文字管理。账簿、会计凭证和报表,应当使用中文。民族自治地方可以同时使用当地通用的一种民族文字。外商投资企业和外国企业可以同时使用一种外国文字。

(4)发票管理。税务机关是发票的主管机关,负责发票印制、领购、开具、取得、保管、缴销的管理和监督。单位、个人在购销商品、提供或者接受经营服务以及从事其他经营活动中,应当按照规定开具、使用、取得发票。

(5)税控装置。国家根据税收征收管理的需要,积极推广使用税控装置。纳税人应当按照规定安装、使用税控装置,不得损毁或者擅自改动税控装置。

(6)账簿凭证的保管。账簿、记账凭证、报表、完税凭证、发票、出口凭证以及其他有关涉税资料应当合法、真实、完整。

账簿、记账凭证、报表、完税凭证、发票、出口凭证以及其他有关涉税资料应当保存10年;但是,法律、行政法规另有规定的除外。

3.纳税申报

(1)一般要求。纳税人必须依照法律、行政法规规定或者税务机关依照法律、行政法规的规定确定的申报期限、申报内容如实办理纳税申报,报送纳税申报表、财务会计报表以及税务机关根据实际需要要求纳税人报送的其他纳税资料。

扣缴义务人必须依照法律、行政法规规定或者税务机关依照法律、行政法规的规定确定的申报期限、申报内容如实报送代扣代缴、代收代缴税款报告表以及税务机关根据实际需要要求扣缴义务人报送的其他有关资料。

(2)申报方式。税务机关应当建立、健全纳税人自行申报纳税制度。纳税人、扣缴义务人可以采取邮寄、数据电文方式办理纳税申报或者报送代扣代缴、代收代缴税款报告表。数据电文方式,是指税务机关确定的电话语音、电子数据交换和网络传输等电子方式。

(3)延期申报。纳税人、扣缴义务人

按照规定的期限办理纳税申报或者报送代扣代缴、代收代缴税款报告表确有困难,需要延期的,应当在规定的期限内向税务机关提出书面延期申请,经税务机关核准,在核准的期限内办理。

纳税人、扣缴义务人因不可抗力,不能按期办理纳税申报或者报送代扣代缴、代收代缴税款报告表的,可以延期办理;但是,应当在不可抗力情形消除后立即向税务机关报告。税务机关应当查明事实,予以核准。

(四)税款征收(《税收征收管理法》第三章)

1. 税款征收基本制度

(1)征纳主体制度。征税主体是税务机关、税务人员以及经税务机关依照法律、行政法规委托的单位和人员,其他任何单位和个人不得进行税款征收活动。

纳税主体包括纳税人和扣缴义务人。扣缴义务人依照法律、行政法规的规定履行代扣、代收税款的义务。

(2)征纳期限制度。纳税人、扣缴义务人按照法律、行政法规规定或者税务机关依照法律、行政法规的规定确定的期限,缴纳或者解缴税款。

纳税人因有特殊困难,不能按期缴纳税款的,经省、自治区、直辖市国家税务局、地方税务局批准,可以延期缴纳税款,但是最长不得超过3个月。

纳税人有下列情形之一的,属于上述所称特殊困难:因不可抗力,导致纳税人发生较大损失,正常生产经营活动受到较大影响的;当期货币资金在扣除应付职工工资、社会保险费后,不足以缴纳税款的。

(3)退税制度。纳税人超过应纳税额缴纳的税款,税务机关发现后应当立即退还;纳税人自结算缴纳税款之日起3年内发现的,可以向税务机关要求退还多缴的税款并加算银行同期存款利息,税务机关及时查实后应当立即退还;涉及从国库中退库的,依照法律、行政法规有关库管理的规定退还。

(4)应纳税额的确定制度。应纳税额的确定一般由征税机关根据纳税人的纳税申报来确定;纳税人有下列情形之一的,税务机关有权核定其应纳税额:依照法律、行政法规的规定可以不设置账簿的;依照法律、行政法规的规定应当设置账簿但未设置的;擅自销毁账簿或者拒不提供纳税资料的;虽设置账簿,但账目混乱或者成本资料、收入凭证、费用凭证残缺不全,难以查账的;发生纳税义务,未按照规定的期限办理纳税申报,经税务机关责令限期申报,逾期仍不申报的;纳税人申报的计税依据明显偏低,又无正当理由的。

2. 税收减免制度

纳税人依照法律、行政法规的规定办理减税、免税。

地方各级人民政府、各级人民政府主管部门、单位和个人违反法律、行政法规规定,擅自作出的减税、免税决定无效,税务机关不得执行,并向上级税务机关报告。

3. 税款征收保障制度

(1)税收保全制度。

①税收保全措施:税务机关有根据认为从事生产、经营的纳税人有逃避纳税义务行为的,可以在规定的纳税期之前,责令限期缴纳应纳税款;在限期内发现纳税人有明显的转移、隐匿其应纳税的商品、货物以及其他财产或者应纳税的收入的迹象的,税务机关可以责成纳税人提供纳税担保。如果纳税人不能提供纳税担保,经县以上税务局(分局)局长批准,税务机关可以采取下列税收保全措施:书面通知纳税人开户银行或者其他金融机构冻结纳税人的金额相当于应纳税款的存款;扣押、查封纳税人的价值相当于应纳税款的商品、货物或者其他财产。

纳税人在法律规定的限期内缴纳税款的,税务机关必须立即解除税收保全措施;限期期满仍未缴纳税款的,经县以上税务局(分局)局长批准,税务机关可以书面通知纳税人开户银行或者其他金融机构从其冻结的存款中扣缴税款,或者依法拍卖或者变卖所扣押、查封的商品、货物或者其他财产,以拍卖或者变卖所得抵缴税款。个人及其所扶养家属维持生活必需的住房和用品,不在税收保全措施的范围之内。

【注意】税收保全措施的时间为纳税期之前;对象是有逃避纳税义务行为的纳税人。

②简易保全措施:对未按照规定办理税务登记的从事生产、经营的纳税人以及临时从事经营的纳税人,由税务机关核定其应纳税额,责令缴纳;不缴纳的,税务机关可以扣押其价值相当于应纳税款的商品、货物。扣押后缴纳应纳税款的,税务机关必须立即解除扣押,并归还所扣押的商品、货物;扣押后仍不缴纳应纳税款的,经县以上税务局(分局)局长批准,依法拍卖或者变卖所扣押的商品、货物,以拍卖或者变卖所得抵缴税款。

③代位权与撤销权:欠缴税款的纳税人因怠于行使到期债权,或者放弃到期债权,或者无偿转让财产,或者以明显不合理的低价转让财产而受让人知道该情形,对国家税收造成损害的,税务机关可以依照《合同法》第73条、第74条的规定行使代位权、撤销权。

税务机关依照前款规定行使代位权、撤销权的,不免除欠缴税款的纳税人尚未履行的纳税义务和应承担的法律责任。

(2)税收强制执行制度。

从事生产、经营的纳税人、扣缴义务人未按照规定的期限缴纳或者解缴税款,纳税担保人未按照规定的期限缴纳所担保的税款,由税务机关责令限期缴纳,逾期仍未缴纳的,经县以上税务局(分局)局长批准,税务机关可以采取下列强制执行措施:书面通知其开户银行或者其他金融机构从其存款中扣缴税款;扣押、查封、依法拍卖或者变卖其价值相当于应纳税款的商品、货物或者其他财产,以拍卖或者变卖所得抵缴税款。

税务机关采取强制执行措施时,对前款所列纳税人、扣缴义务人、纳税担保人未缴纳的滞纳金同时强制执行。

个人及其所扶养家属维持生活必需的住房和用品,不在强制执行措施的范围之内。

(3)税收优先权制度。

税务机关征收税款,税收优先于无担保债权,法律另有规定的除外;纳税人欠缴的税款发生在纳税人以其财产设定抵押、质押或者纳税人的财产被留置之前的,税收应当先于抵押权、质权、留置权执行(仅限于税款发生在其之前的情况);纳税人欠缴税款,同时又被行政机关决定处以罚款、没收违法所得的,税收优先于罚款、没收违法所得。

(4)纳税担保制度。

纳税担保包括经税务机关认可的纳税保证人为纳税人提供的纳税保证,以及纳税人或者第三人以其未设置或者未全部设置担保物权的财产提供的担保。

(5)离境清税制度。

欠缴税款的纳税人或者其法定代表人在出境前未按照规定结清应纳税款、滞纳金或者提供纳税担保的,税务机关可以通知出入境管理机关阻止其出境。

(6)税款的追征(区分三种情况)。

①因税务机关的责任,致使纳税人、扣缴义务人未缴或者少缴税款的,税务机关在3年内可以要求纳税人、扣缴义务人补缴税款,但是不得加收滞纳金。

②因纳税人、扣缴义务人计算错误等失误,未缴或者少缴税款的,税务机关在3

年内可以追征税款、滞纳金；有特殊情况的，追征期可以延长到5年。

③对偷税、抗税、骗税的，税务机关追征其未缴或者少缴的税款、滞纳金或者所骗取的税款，不受前述规定期限的限制。

(五)税务检查

税务机关有权进行下列税务检查：

(1)检查纳税人的账簿、记账凭证、报表和有关资料，检查扣缴义务人代扣代缴、代收代缴税款账簿、记账凭证和有关资料。

(2)到纳税人的生产、经营场所和货物存放地检查纳税人应纳税的商品、货物或者其他财产，检查扣缴义务人与代扣代缴、代收代缴税款有关的经营情况。

(3)责成纳税人、扣缴义务人提供与纳税或者代扣代缴、代收代缴税款有关的文件、证明材料和有关资料。

(4)询问纳税人、扣缴义务人与纳税或者代扣代缴、代收代缴税款有关的问题和情况。

(5)到车站、码头、机场、邮政企业及其分支机构检查纳税人托运、邮寄应纳税商品、货物或者其他财产的有关单据、凭证和有关资料。

(6)经县以上税务局(分局)局长批准，凭全国统一格式的检查存款账户许可证明，查询从事生产、经营的纳税人、扣缴义务人在银行或者其他金融机构的存款账户。税务机关在调查税收违法案件时，经设区的市、自治州以上税务局(分局)局长批准，可以查询案件涉嫌人员的储蓄存款。税务机关查询所获得的资料，不得用于税收以外的用途。

注意税务机关检查的范围不包括纳税人或扣缴义务人的会计核算地。

(六)法律责任

《税收征收管理法》第63、66、67、68条规定了偷税、骗税、抗税、欠税应承担的法律责任，应予以注意。

(七)争议解决(《税收征收管理法》第88条)

税务争议有两类：一类是纳税上的争议，一类是处罚与两项措施上的争议。

(1)纳税人、扣缴义务人、纳税担保人同税务机关在纳税上发生争议时，必须先依照税务机关的纳税决定缴纳或者解缴税款及滞纳金或者提供相应的担保，然后可以依法申请行政复议；对行政复议决定不服的，可以依法向人民法院起诉。(纳税—复议—诉讼)

(2)当事人对税务机关的处罚决定、强制执行措施或者税收保全措施不服的，可以依法申请行政复议，也可以依法向人民法院起诉。

第二节 审计法

一、审计法的调整范围

审计，是指审计机关依据法律，独立检查被审计单位的会计凭证、会计账簿、会计报表以及其他财政收支、财务收支有关的资料和资产，监督财政收支、财务收支真实、合法、效益的活动。

审计法是调整审计关系的法律规范的总称。国务院各部门和地方各级人民政府及其各部门的财政收支，国有的金融机构和企业事业组织的财务收支，以及其他依照审计法规定应当接受审计的财政收支、财务收支，依照《审计法》规定接受审计监督。(《审计法》第2条第2款)

二、审计法的原则

审计法的基本原则包括合法性原则、客观公正原则、实事求是原则、廉洁奉公原则和保守秘密原则。

三、审计工作领导体制

国务院设审计署，在国务院总理的领

导下,主管全国的审计工作,向国务院总理报告工作;省、自治区、直辖市、设区的市、自治州、县、自治县、不设区的市、市辖区的人民政府的审计机关,分别在省长、自治区主席、市长、州长、县长、区长和上一级审计机关的领导下,负责本行政区域内的审计工作。

这种领导体制与一般的政府机关在政府的领导下开展工作不同。地方各级审计机关要对本级人民政府和上一级审计机关负责并报告工作,审计业务以上级审计机关领导为主。(《审计法》第7—9条)

四、审计机关的职责和权限(《审计法》第三、四章)

(一)审计机关的职责

审计机关的职责笼统地讲就是审计监督,即对有关财政收支、财务收支的真实、合法、效益进行审计监督。

审计监督的范围是:①各级政府的预算执行情况;②中央银行的财务收支;③国有金融机构及国有企业的资产、负债、损益;④国家的事业组织的财务收支;⑤国家建设项目预算的执行情况和决算;⑥政府部门管理的和社会团体受委托管理的社会保障基金、社会捐赠资金以及其他有关基金、资金的财务收支;⑦国际组织和外国政府援助、贷款项目的财务收支。通过审计监督的范围可以看出,审计机关并不是对所有单位的财务收支都实施审计监督。

对预算执行情况进行审计监督,审计署应向国务院总理提出审计结果报告,地方各级审计机关应向本级人民政府和上一级审计机关提出审计结果报告。

定期审计的范围是与国计民生有着重大关系的国有企业、接受政府补贴较多或亏损数额较大的国有企业、国务院和本级地方政府指定的其他国有企业。

(二)审计机关的权限

审计机关在实施审计的过程中,有权要求被审计单位报送有关资料、有权检查被审计单位的会计资料和资产、有权就审计事项中的有关问题向有关单位和个人进行调查、有权对被审计单位正在进行的违反国家规定(注意这里"违反国家规定"包括违反法律和行政法规在内)的行为进行制止。对于正在实施的违反国家规定的行为制止无效的,经县级以上审计机关负责人批准,有权通知财政部门和有关主管部门暂停拨付与违反国家规定的财政收支、财务收支行为直接有关的款项,已经拨付的,暂停使用。

审计机关认为被审计单位所执行的上级主管部门有关财政收支、财务收支的规定与法律、行政法规相抵触的,应建议有关主管部门纠正,审计机关无权要求被审计单位放弃执行主管部门的规定。有关主管部门不予纠正的,审计机关应当提请有权处理的机关依法处理。

国家机关、国有的金融机构和企业事业单位,应当建立内部审计机构,单位的内部审计应接受审计机关的业务指导和监督,但审计机关无权管理单位的内部审计。

五、审计程序(《审计法》第五章)

审计的程序分为四个步骤:

第一步,组成审计组,于实施审计前向被审计单位送达审计通知书。遇有特殊情况,突击审计须经本级政府批准。

第二步,通过审查、查阅、检查、调查等方式进行审计,取得有关资料。

第三步,审计组向审计机关提出审计报告,审计报告报送审计机关前应征求被审计单位的意见,被审计单位应将其意见以书面形式送交审计组或者审计机关。

第四步,审计机关审定审计报告,对审计事项作出评价,出具审计意见书;对于违反规定的行为需要依法给予处理、处罚的,在法定职权范围内作出审计决定或者向有关机关提出处理、处罚意见,审计意见书和审计决定应送达被审计单位和有关单位。审计决定自送达之日起生效。

六、违反审计法的责任

《审计法》第 43—51 条规定了被审计单位的违法责任,第 52 条规定了审计人员的违法责任。

注意第 48 条:被审计单位对审计机关作出的有关财务收支的审计决定不服的,可以依法申请行政复议或者提起行政诉讼(财务收支,可复议、可诉讼)。被审计单位对审计机关作出的有关财政收支的审计决定不服的,可以提请审计机关的本级人民政府裁决,本级人民政府的裁决为最终决定(财政收支,提请审计机关的本级人民政府裁决)。

第五章 土地法和房地产法

第一节 土地管理法

一、土地所有权

(一)概述

土地所有权是国家或者农民集体依法对归其所有的土地所享有的占用、使用、收益和处分的支配性权利。

我国的土地所有权有以下特征:

(1)土地所有权人(土地所有者)及其代表由法律明确规定。我国实行土地公有制,两类土地所有权主体及其代表均为法定的特殊主体,即国家和农村集体经济组织。

(2)土地所有权的取得、变更与丧失依法律规定,不得约定。

(3)土地所有权禁止交易。我国宪法和土地管理法均禁止买卖土地。我国房地产市场进行的土地交易仅为土地使用权交易。

(二)国家土地所有权

(1)国家土地所有权是以国家为所有权人,由其代表代为行使的对国有土地的支配性权利。下列土地属于全民所有即国家所有:①城市市区的土地;②农村和城市郊区中已经依法没收、征收、征购为国有的土地;③国家依法征收的土地;④依法不属于集体所有的林地、草地、荒地、滩涂及其他土地;⑤农村集体经济组织全部成员转为城镇居民的,原属于其成员集体所有的土地;⑥因国家组织移民、自然灾害等原因,农民成建制地集体迁移后不再使用的原属于迁移农民集体所有的土地。(《土地管理法实施条例》第 2 条)

(2)国家土地所有权的特征。

①国家土地所有权主体不能亲自行使所有权,而只能由主体代表代为行使所有权。

②国家土地所有权主体代表不能亲自行使土地所有权的全部四项权能,必须将土地所有权的部分权能让与用地者,而国家以一定方式享有实现土地经济效能的收益权。

③国有土地所有者代表对土地保有最终的处分权。

(三)集体土地所有权

集体土地所有权是以符合法律规定的农村集体经济组织的农民集体为所有权

人,对归其所有的土地所享有的受法律限制的支配性权利。

(1)集体土地所有权的主体及其代表有三个层次:①农民集体所有的土地依法属于村农民集体所有的,由村集体经济组织或者村民委员会经营、管理;②已经分别属于村内两个以上农村集体经济组织的农民集体所有的,由村内各该农村集体经济组织或者村民小组经营、管理;③已经属于乡(镇)农民集体所有的,由乡(镇)农村集体经济组织经营、管理。(《土地管理法》第10条)

(2)集体土地所有权的确认。农民集体所有的土地,由县级人民政府登记造册,核发证书,确认所有权。(《土地管理法》第11条第1款)

(3)集体土地所有权的限制。表现在两个方面:

①受国家法律和政府管理的限制,体现在收益权和处分权两方面。在收益权方面,集体所有的土地不能直接用于房地产开发,若用于房地产开发必须先由国家征用转变为国有土地后再由国家出让给房地产开发商;在处分权方面,集体土地不得出让、转让、出租于非农业建设,集体土地所有者不得擅自改变土地用途,其向用地者提供土地使用权须经人民政府审批等。

②受农民集体意志的限制。集体土地所有权经常由所有者代表行使,集体土地所有者代表行使处分权,应受农民集体这一集体土地所有权主体的限制。一般来说,对集体土地的重大处分应当依法经农村集体经济组织成员表决同意。

二、国有土地使用权

任何单位和个人均可成为国有土地使用权的主体。单位和个人使用国有土地由县级以上地方人民政府登记造册,核发证书确认所有权。

国有土地使用权的取得方式主要是出让和划拨,也可以通过租赁方式取得国有土地使用权。

(一)出让土地使用权(《城市房地产管理法》第二章第一节)

出让是土地使用者向国有土地所有者支付出让金,而取得的有期限限制的国有土地使用权。以出让方式取得土地使用权,分为拍卖、招标、双方协议三种具体方式。

国有土地使用权出让的最高年限,按土地用途分为以下几种情况:居住用地70年,工业用地50年,教育、科技、文化、卫生、体育用地50年,商业、旅游、娱乐用地40年,综合或其他用地50年。

出让取得的土地使用权权利内容是:占有权、使用权、收益权、部分处分权。

(二)划拨土地使用权(《城市房地产管理法》第二章第二节)

划拨是指土地使用者经县级以上人民政府批准,在缴纳补偿、安置等费用后所取得的或者无偿取得的没有使用期限限制的国有土地使用权。

下列用地的土地使用者可以依法取得划拨土地使用权:国家机关用地和军事用地;城市基础设施用地和公益事业用地;国家重点扶持的能源、交通、水利等项目用地;法律、法规规定的其他用地。

划拨土地使用权的权利内容是:占有权、使用权、部分收益权。

(三)国有土地使用权的收回

有下列情形之一的,由有关政府土地行政主管部门报经原审批用地的人民政府或者有批准权的人民政府批准,可以收回国有土地使用权:

为公共利益需要使用土地的;为实施城市规划进行旧城区改建,需要调整土地用途的;土地出让等有偿使用合同约定的使用期限届满,土地使用者未申请续期或者申请续期未获批准的;因单位撤销、迁移等原因,停止使用原划拨的国有土地的;公路、铁路、机场、矿场等经核准报废的。

其中前两种情形下收回国有土地使用权的,应对土地使用权人给予适当补偿。

三、集体土地使用权

集体土地使用权是符合法律规定条件的用地者按照一定用途而以一定方式使用集体土地的权利。

集体经济组织及其成员、农村集体经济组织投资设立的企业、乡镇村公益性组织及法律、行政法规规定的其他单位和个人,可以依法取得集体土地使用权。

农村集体土地使用权按用途分为农用地使用权、宅基地使用权、非农经营用地使用权和非农公益用地使用权。其中农用地使用权的取得方式主要是承包(因此又被称为"土地承包经营权"),宅基地使用权的取得方式主要是分配,非农经营用地使用权的取得方式主要是投资,非农公益用地使用权的取得方式主要是拨付。

集体所有的土地用于非农业建设的,由县级政府登记造册,核发证书,确认建设用地使用权。只要是非农用地均需履行审批手续。

(一)农用地使用权

农用地使用权是指农村集体经济组织成员或其他单位、个人依法以承包方式取得的用于农、林、牧、渔等生产经营活动的有期限限制的集体土地使用权。其中耕地的承包期为30年,草地的承包期为30~50年,林地的承包期为30~70年。特殊林木的林地承包期经国务院林业行政主管部门批准可以适当延长。

土地承包方案必须经村民会议2/3以上成员或者2/3以上村民代表的同意。

在承包期限内可以对个别承包者之间承包的土地进行适当调整。但其调整方案须经村民会议2/3以上成员或者2/3以上村民代表的同意,并报乡(镇)人民政府和县级政府农业农村、林业和草原等主管部门批准。

本集体经济组织以外的单位或者个人承包集体经济组织的土地的,须经村民委员会会议2/3以上成员或者2/3以上村民代表同意,并报乡(镇)人民政府批准。

农用地使用权人不得擅自改变权利取得时确定的土地用途,不得擅自将农用地转变为非农用地。农、林、牧、渔业用地之间用途的改变,依有关法律规定,并不得违反承包合同的约定。

(二)宅基地使用权

宅基地使用权是依法经审批由农村集体经济组织分配给其内部成员用于建造住宅的,没有使用期限限制的集体土地使用权。非集体经济组织的成员不得申请取得宅基地使用权。经过审批后,农村经济组织向宅基地申请者无偿提供宅基地使用权。

宅基地使用权人对宅基地享有占有权、使用权、收益权和有限制的处分权。

农村村民一户只能拥有一处宅基地,并不得超过规定标准。宅基地使用权人转让、出租房屋及宅基地使用权后,再申请宅基地的,不予批准。

(三)非农经营用地使用权

非农经营用地使用权是经审批由农村集体经济组织通过投资的方式向符合条件的从事非农生产经营性活动的用地者提供的集体土地使用权。

该使用权的主体为农村集体经济组织设立的企业和以土地使用权作价出资或以联营的方式与其他单位、个人、企业进行经营,依法可取得非农经营用地使用权的企业。非上述农村集体经济组织投资设立的企业,不得取得或者继受取得非农经营用地使用权。

（四）非农公益用地使用权

非农公益用地使用权是依法经审批由农村集体经济组织或其依法设立的公益性组织对用于集体经济组织内部公益事业的非农用地所享有的集体土地使用权。

非农公益用地使用权人不得擅自改变土地用途，不得擅自将土地用于经营活动，或将土地使用权转让、出租或抵押。

四、建设用地管理（《土地管理法》第五章）

建设用地包括国家建设用地、乡村建设用地和临时建设用地。

（一）国家建设用地

（1）国家建设用地来源。国家建设用地的来源包括三个方面：征收农民集体所有的土地、使用国有荒山荒地、收回他人享有使用权的国有土地。

（2）国家建设征地的批准权限和程序。

①征收下列土地由国务院批准：基本农田；基本农田以外的耕地超过35公顷的；其他土地超过70公顷的。

征收上述土地以外的土地，由省、自治区、直辖市人民政府批准，并报国务院备案。

②国家征收土地的，依照法定程序批准后，由县级以上地方人民政府土地管理部门确定征地补偿安置方案，并由同级人民政府予以公告后，听取被征地的农村集体经济组织和农民的意见并组织实施。

被征收土地的所有权人、使用权人应当在公告规定期限内，持土地权属证书到当地人民政府土地行政主管部门办理征地补偿登记。

对补偿标准有争议的，由县级以上地方人民政府协调，协调不成的，由批准征收土地的人民政府裁决。上述争议的解决不影响征收土地方案的实施。

（3）征地补偿标准。征收农民集体所有土地的，用地者须支付下列费用：

①土地补偿费：为该耕地被征收前3年平均年产值的6～10倍。

②安置补助费：每一个需要安置的农业人口的安置补助费标准为该耕地被征收前3年平均年产值的4～6倍。最高不得超过被征收前3年平均年产值的15倍。

③新菜地开发建设基金：征收城市郊区的菜地，用地单位应当按国家有关规定缴纳新菜地开发建设基金。

④被征收土地的附着物和青苗补助费。

经省级政府批准，安置补助费可以增加，但土地补偿费和安置补助费的总和不得超过土地被征收前3年平均年产值的30倍。

国务院根据社会、经济发展水平，在特殊情况下，可以提高征收耕地的土地补偿费和安置补助费。

（4）土地补偿费归农村集体经济组织所有，地上附着物及青苗补助费归地上附着物及青苗的所有者所有。安置补助费必须专款专用，不得挪作他用。需要安置的人员由农村集体经济组织安置的，安置补助费支付给农村集体经济组织；由其他单位安置的，支付给安置单位；不需要统一安置的，安置补助费发放给被安置人员。

（二）乡村建设用地

（1）村民宅基地用地：须经乡、镇政府审核，由县级政府审批。

（2）兴办企业用地：用地者应向县级以上地方政府的土地管理部门提出申请，由县级以上政府审批。占用农用地的，应先办理农用地转用审批手续。

（3）建设公共设施、公益事业用地：须经乡、镇政府审核，再按兴办企业的用地程序审批。占用农用地的，应先办理农用地转用审批手续。

（三）临时建设用地

临时建设用地是指因建设项目施工和地质勘查等需要临时使用国有或者集体所

有的土地。临时用地由县级以上人民政府土地行政主管部门批准。

临时建用地有以下限制：①必须按照临时使用合同约定的用途使用土地并支付临时使用土地补偿费；②不得修建永久性建筑物；③临时用地期限不得超过2年。

五、土地法律责任与纠纷处理

（一）法律责任

《土地管理法》第七章规定了三类违反规定的行为：其一非法转让土地；其二非法占用土地；其三非法征收、使用土地。常见的法律责任形式有：恢复土地原状、处以罚款、批准文件无效、承担赔偿责任、对直接责任人员给予行政处分、追究刑事责任。

《农村土地承包法》第57条规定了非法发包、承包土地的法律责任，即应当承担停止侵害、返还原物、恢复原状、排除妨害、消除危险、赔偿损失等责任；第63条规定了承包方违法将承包地用于非农建设的，由县级以上地方人民政府有关行政主管部门依法予以处罚。

（二）纠纷处理

土地纠纷按照争议的内容可以分为土地确权纠纷、土地侵权纠纷、土地承包经营纠纷、土地行政争议。

土地确权纠纷，其处理方式与程序是：由当事人协商解决；协商不成的提请人民政府作出确权处理。单位之间的争议由县级以上政府处理；个人之间、个人与单位之间的争议由乡级人民政府或者县级以上人民政府处理。对处理决定不服的，可以自接到处理决定之日起30日内以作出处理决定的政府为被告提起行政诉讼。（注意政府处理前置）

土地侵权纠纷，由当事人协商解决。协商不成的，可由土地行政主管部门进行行政调处。当事人对行政调处不服的，可以以对方当事人为被告提起民事诉讼；当事人也可不经行政调处直接提起民事诉讼。（注意与上面的行政诉讼的情况相区分）

土地承包经营纠纷，双方当事人可以通过协商解决，也可以请求村民委员会、乡（镇）人民政府等调解解决。当事人不愿协商、调解或者协商、调解不成的，可以向农村土地承包仲裁机构申请仲裁，也可以直接向人民法院起诉。当事人对农村土地承包仲裁机构的仲裁裁决不服的，可以在收到裁决书之日起30日内向人民法院起诉。逾期不起诉的，裁决书即发生法律效力。

土地行政争议，按一般行政复议及行政诉讼程序处理。

第二节 城乡规划法

一、城乡规划和规划区

制定和实施城乡规划，在规划区内进行建设活动，都必须遵守《城乡规划法》。

我国的城乡规划，包括城镇体系规划、城市规划、镇规划、乡规划和村庄规划。城市规划、镇规划分为总体规划和详细规划。详细规划分为控制性详细规划和修建性详细规划。

所谓规划区，是指城市、镇和村庄的建成区以及因城乡建设和发展需要，必须实行规划控制的区域。规划区的具体范围由有关人民政府在组织编制的城市总体规划、镇总体规划、乡规划和村庄规划中，根据城乡经济社会发展水平和统筹城乡发展的需要划定。（《城乡规划法》第2条）

二、城乡规划的制定（《城乡规划法》第二章）

（一）体系规划

我国的体系规划包括全国城镇体系规划和省域城镇体系规划。

（1）全国城镇体系规划。全国城镇体

系规划由国务院城乡规划主管部门会同国务院有关部门组织编制，由国务院城乡规划主管部门报国务院审批。全国城镇体系规划用于指导省域城镇体系规划、城市总体规划的编制。

(2)省域城镇体系规划。省域城镇体系规划由省级政府组织编制，报国务院审批。

(二)总体规划

我国的总体规划分为城市总体规划和镇总体规划。规划期限一般为20年。

(1)城市总体规划。城市总体规划由市政府组织编制，其中直辖市的总体规划由国务院审批；省会城市及国务院确定的城市的总体规划，由省、自治区政府审查同意后报国务院审批；其他城市的总体规划由省、自治区政府审批。

(2)镇总体规划。县政府所在地的镇由县政府编制总体规划，报上一级政府审批；其他镇的总体规划由镇政府编制，报上一级政府审批。

(三)控制性详细规划

城市人民政府城乡规划主管部门根据城市总体规划的要求，组织编制城市的控制性详细规划，经本级人民政府批准后，报本级人民代表大会常务委员会和上一级人民政府备案。

镇人民政府根据镇总体规划的要求，组织编制镇的控制性详细规划，报上一级人民政府审批。县人民政府所在地镇的控制性详细规划，由县人民政府城乡规划主管部门根据镇总体规划的要求组织编制，经县人民政府批准后，报本级人民代表大会常务委员会和上一级人民政府备案。

(四)修建性详细规划

城市、县人民政府城乡规划主管部门和镇人民政府可以组织编制重要地块的修建性详细规划。修建性详细规划应当符合控制性详细规划。

城乡规划报送审批前，组织编制机关应当依法将城乡规划草案予以公告，并采取论证会、听证会或者其他方式征求专家和公众的意见。公告的时间不得少于30日。审批机关批准前，应当组织专家和有关部门进行审查。

城乡规划组织编制机关应当委托具有相应资质等级的单位承担城乡规划的具体编制工作。

三、城乡规划的实施(《城乡规划法》第三章)

(一)近期建设规划

市、县、镇人民政府应当根据城市总体规划、镇总体规划、土地利用总体规划和年度计划以及国民经济和社会发展规划，制定近期建设规划，报总体规划审批机关备案。近期建设规划的规划期限为5年。

(二)建设规划许可

1.建设用地规划许可

在城市、镇规划区内以划拨方式提供国有土地使用权的建设项目，经有关部门批准、核准、备案后，建设单位应当向城市、县人民政府城乡规划主管部门提出建设用地规划许可申请，由城市、县人民政府城乡规划主管部门依据控制性详细规划核定建设用地的位置、面积、允许建设的范围，核发建设用地规划许可证。建设单位在取得建设用地规划许可证后，方可向县级以上地方人民政府土地主管部门申请用地，经县级以上人民政府审批后，由土地主管部门划拨土地。

在城市、镇规划区内以出让方式提供国有土地使用权的，在国有土地使用权出让前，城市、县人民政府城乡规划主管部门应当依据控制性详细规划，提出出让地块的位置、使用性质、开发强度等规划条件，作为国有土地使用权出让合同的组成部分。未确定规划条件的地块,不得出让国有土地使用权。规划条件未纳入土地使用权出让合同的,该土地使用权出让合同无效。以出让方式取得国有土地使用权的建设项目,在签订国有土地使用权出让合同后,建设单位应当持建设项目的批准、核准、备案文件和国有土地使用权出让合同,向城市、县人民政府城乡规划主管部门领取建设用地规划许可证。城市、县人民政府城乡规划主管部门不得在建设用地规划许可证中,擅自改变作为国有土地使用权出让合同组成部分的规划条件。

划拨方式:批准核准备案—提出建设用地规划许可申请—核发建设用地规划许可证—土地主管部门划拨土地

出让方式:规划部门提出规划条件—签订出让合同—领取建设用地规划许可证

2. 建设工程规划许可

在城镇规划区内进行工程建设的,建设单位或者个人应当向市、县人民政府城乡规划主管部门或者镇政府申请办理建设工程规划许可证。

3. 乡村建设规划许可

在乡、村规划区内进行乡镇企业、乡村公共设施和公益事业建设的,建设单位或者个人应当向乡、镇人民政府提出申请,由乡、镇人民政府报城市、县人民政府城乡规划主管部门核发乡村建设规划许可证。

在乡、村庄规划区内进行乡镇企业、乡村公共设施和公益事业建设以及农村村民住宅建设,不得占用农用地;确需占用农用地的,应当依照《土地管理法》有关规定办理农用地转用审批手续后,由市、县人民政府城乡规划主管部门核发乡村建设规划许可证。

建设单位或者个人在取得乡村建设规划许可证后,方可办理用地审批手续。

(三)建设规划变更

城乡规划主管部门依法作出的建设规划许可,具有严格的法律效力,任何人不得随意变更。确需变更的,必须向市、县人民政府城乡规划主管部门提出申请。变更内容不符合控制性详细规划的,城乡规划主管部门不得批准。

(四)临时建设规划

在城市、镇规划区内进行临时建设的,应当经市、县人民政府城乡规划主管部门批准。临时建设影响近期建设规划或者控制性详细规划的实施以及交通、市容、安全等的,不得批准。临时建设应当在批准的使用期限内自行拆除。

(五)核实与监督检查

县级以上地方人民政府城乡规划主管部门按照国务院规定对建设工程是否符合规划条件予以核实。未经核实或者经核实不符合规划条件的,建设单位不得组织竣工验收。建设单位应当在竣工验收后6个月内向城乡规划主管部门报送有关竣工验收资料。

县级以上人民政府城乡规划主管部门对城乡规划的实施情况进行监督检查,有权采取以下措施:要求有关单位和人员提供与监督事项有关的文件、资料,并进行复制;要求有关单位和人员就监督事项涉及的问题作出解释和说明,并根据需要进入现场进行勘测;责令有关单位和人员停止违反有关城乡规划的法律、法规的行为。

四、城乡规划的修改(《城乡规划法》第四章)

有下列情形之一的,组织编制机关方可按照规定的权限和程序修改省域城镇体系规划、城市总体规划、镇总体规划:上级人民政府制定的城乡规划发生变更,提出修改规划要求的;行政区划调整确需修改规划的;因国务院批准重大建设工程确需修改规划的;经评估确需修改规划的;城乡规划的审批机关认为应当修改规划的其他情形。

修改省域城镇体系规划、城市总体规划、镇总体规划前,组织编制机关应当对原规划的实施情况进行总结,并向原审批机关报告;修改涉及城市总体规划、镇总体规划强制性内容的,应当先向原审批机关提出专题报告,经同意后,方可编制修改方案。

修改后的省域城镇体系规划、城市总体规划、镇总体规划,应当依照规划编制的审批程序报批。

五、监督检查和法律责任(《城乡规划法》第五章)

地方各级人民政府应当向本级人民代表大会常务委员会或者乡、镇人民代表大会报告城乡规划的实施情况,并接受监督。

县级以上人民政府城乡规划主管部门对城乡规划的实施情况进行监督检查,有权采取以下措施:要求有关单位和人员提供与监督事项有关的文件、资料,并进行复制;要求有关单位和人员就监督事项涉及的问题作出解释和说明,并根据需要进入现场进行勘测;责令有关单位和人员停止违反有关城乡规划的法律、法规的行为。

城乡规划主管部门在查处违反《城乡规划法》规定的行为时,发现国家机关工作人员依法应当给予行政处分的,应当向其任免机关或者监察机关提出处分建议。

《城乡规划法》规定了一系列应当追究法律责任的情形:违反规定编制或者不编制各种规划的;违反规定核发批准文件或者发放许可证的;违反相关的程序公开规则;违反规定从事建设的。追究责任的方式包括责令改正、通报批评、对责任人员给予处分、责令停业整顿、责令赔偿损失、限期拆除、罚款等。

第三节 城市房地产管理法

一、房地产开发制度

(一)房地产开发项目管理

房地产开发必须严格执行我国的城乡规划。城乡规划包括城镇体系规划、城市规划、镇规划、乡规划和村庄规划。城市规划、镇规划分为总体规划和详细规划。详细规划分为控制性详细规划和修建性详细规划。其中控制性详细规划是对房地产开发项目具有直接约束力的规划。

以出让方式取得土地使用权进行房地产开发的,必须按照土地使用权出让合同约定的土地用途、动工开发期限开发土地。超过出让合同约定的动工开发日期满1年未动工开发的,可以征收相当于土地使用权出让金20%以下的土地闲置费;满2年未动工开发的,可以无偿收回土地使用权;但是,因不可抗力或者政府、政府有关部门的行为或者动工开发必需的前期工作造成动工开发迟延的除外。

房地产开发项目的设计、施工,必须符合国家的有关标准和规范。房地产开发项目竣工,经验收合格后,方可交付使用。取得竣工验收合格证也是申请取得房屋所有权的一个重要条件。(《城市房地产管理法》第26、27条)

(二)房地产开发企业管理

房地产开发企业是以营利为目的,从事房地产开发和经营的企业。设立房地产开发企业,应当具备下列条件:有自己的名称和组织机构;有固定的经营场所;有符合国务院规定的注册资本;有足够的专业技术人员;法律、行政法规规定的其他条件。

设立房地产开发企业,应当向工商行政管理部门申请设立登记。

房地产开发企业在领取营业执照后的1个月内,应当到登记机关所在地的县级

以上地方人民政府规定的部门备案。(《城市房地产管理法》第30条)

二、房地产交易制度(《城市房地产管理法》第四章)

房地产交易包括房地产转让、房地产抵押和房屋租赁。

(一)一般规则

(1)房地产转让、抵押时房屋所有权和该房屋占用范围内的土地使用权同时转让、抵押。

(2)价格评估制度。房地产价格评估,应当遵循公正、公平、公开的原则,按照国家规定的技术标准和评估程序,以基准地价、标定地价和各类房屋的重置价格为基础,参照当地的市场价格进行评估。

(3)价格申报制度。房地产权利人转让房地产,应当向县级以上地方人民政府规定的部门如实申报成交价,不得瞒报或者作不实的申报。

(4)权属变更登记制度。房地产转让、抵押当事人应当依法办理权属变更或抵押登记。

(二)房地产转让

(1)房地产转让的一般条件与程序。房地产转让,转让人应持有合法取得的土地使用权证书;转让房地产时房屋已经建成的,还应当持有房屋所有权证书。被转让的房地产权利属于可依法转让的类型并具备依法转让的条件。

(2)出让土地使用权的转让条件:①按照出让合同,已经全部支付土地使用权出让金并取得土地使用权证书。②按照出让合同约定进行投资开发,属于房屋建设工程的,完成投资开发总额的25%以上;属于成片开发投资的,形成工业用地或者其他建设用地条件。

以出让方式取得土地使用权的,转让房地产后其土地使用权的使用年限为原土地使用权出让合同约定的使用年限减去原土地使用者已经使用年限后的剩余年限。

受让方取得房地产后改变土地用途的,必须经出让方和市、县人民政府城市规划主管部门同意,签订变更协议或者重新签订合同,相应调整土地使用权出让金。

(3)划拨土地使用权的转让。以划拨方式取得土地使用权的,房地产转让时应按规定报有批准权的人民政府批准。如果受让方无资格使用划拨的土地,在批准后由受让方办理土地使用权出让手续,并按规定缴纳土地使用权出让金;如果受让方有资格使用划拨的土地,不办理土地使用权出让手续,转让方应按国务院规定将转让房地产所获收益中的土地收益部分上缴国家或作其他处理。

(4)不得转让的房地产。根据《城市房地产管理法》的规定,下列房地产不得转让:①以出让方式取得土地使用权的,不符合法定条件;②司法机关、行政机关依法裁定、决定查封或者以其他形式限制房地产权利的;③依法收回土地使用权的;④共有房地产,未经其他共有人书面同意的;⑤权属有争议的;⑥未依法登记领取权属证书的;⑦法律、行政法规规定禁止转让的其他情形。

(三)房地产抵押

(1)可抵押的房地产范围:①以出让方式取得的国有土地使用权;②依法取得的房屋所有权连同该房屋占用范围内的国有土地使用权。

(2)程序:设定房地产抵押时,抵押人和抵押权人应当签订书面抵押合同,当事人凭土地使用权证书、房屋所有权证书到不动产登记机关办理抵押登记。

(3)划拨土地上房地产的抵押:划拨取得的土地使用权不得单独设定抵押。但是土地上有房产的,以房产设定抵押时应同时抵押房屋所占的土地使用权。

由于抵押人对土地无处分权,需按划拨土地使用权转让的规定,报有审批权的人民政府审批;由于抵押人对土地无完全收益权,如抵押人不履行债务,需要拍卖该房屋时,应从拍卖所得的价款中缴纳土地使用权出让金的价款,抵押权人缴纳后,可以就该房地产优先受偿。

(4)新增地上物的处置:房地产抵押合同签订后,土地上新增的房屋不属于抵押财产。抵押人不履行合同需拍卖该抵押的房地产时,因新增房屋与抵押财产无法实际分割,可以依法将土地上新增的房屋与抵押财产一同拍卖,但对拍卖新增房屋所得,抵押权人无法优先受偿。

(四)房屋租赁

房屋租赁由出租人或承租人签订书面租赁合同,并应向房产管理部门登记备案。

以营利为目的,房屋所有权人将以划拨方式取得使用权的国有土地上的房屋租赁的,房屋所有权人应将租金中所含的土地收益上缴国家。

(五)商品房预售与按揭

1. 商品房预售

商品房预售是指房地产开发商(预售人)将期房预先出售给购房人(预购人),由预购人根据预售合同支付房款;在期房竣工验收合格后,交付购房人占有使用,并由预售人负责将房屋所有权及其占用的出让土地使用权转移至预购人名下的房地产买卖形式。

商品房预售应符合下列条件:①已支付全部土地使用权出让金,取得土地使用权证书。②持有建设工程规划许可证。③按提供预售的商品房计算,投入开发建设的资金达到工程建设总投资的25%以上,并已确定施工进度和竣工交付日期。④向县级以上人民政府房管部门办理预售登记,取得商品房预售许可证明。⑤预售合同报县级以上人民政府房管部门登记备案。

预收款项必须用于有关的工程建设。

2. 商品房按揭

一般是指不能或不愿一次性支付房款的按揭购房借贷人将其与开发商已签订之商品房预售或销售合同项下的所有权益作为向商业银行贷款的担保。

按揭需有三方主体:购房借贷人、开发商与银行。在开发商负责为购房借贷人办理完成房地产权证过户手续,为银行与购房借贷人办理完成正式的抵押登记,并将购房借贷人的房地产权证交银行收押之前,开发商需为购房借贷人向银行贷款提供阶段性担保,购房借贷人与银行之间,不是真正意义上的抵押关系。

商品房按揭的流程如下:

(1)开发商选定银行,并与银行签订按揭贷款合作协议书,银行承诺在特定条件下向开发商的客户(购房借贷人)提供贷款。

(2)购房人选定欲购买的商品房,与开发商签订商品房预售或销售合同。其中约定采取向开发商选定的银行申请按揭贷款的方式付款的,购房人需向开发商支付购房首付款。

(3)银行委托律师或自行对购房合同、购房借贷人贷款资格,主要是个人资信予以审查。

(4)购房借贷人、开发商与银行签订按揭保证贷款合同。

(5)银行占管商品房预售或销售合同,并办理按揭备案。

(6)银行一次性向开发商支付购房借贷人的贷款。

(7)购房借贷人依约按月向银行交纳贷款本息。

(8)开发商负责将购房借贷人《房屋所有权证》和《土地使用权证》交银行收押

并办理正式的抵押登记。

三、物业服务管理制度(《物业管理条例》)

物业服务管理,是指业主通过选聘物业服务企业,由业主和物业服务企业按照物业服务合同约定,对房屋及配套的设施设备和相关场地进行维修、养护、管理,维护物业管理区域内的环境卫生和相关秩序的活动。

(一)物业服务法律关系的主体

1.业主

业主是物业的所有权人。《物业管理条例》第6、7条规定了业主享有的权利和承担的义务。

2.业主大会与业主委员会

(1)业主大会:由全体业主组成,一个物业管理区域成立一个业主大会。业主大会应当代表和维护物业管理区域内全体业主在物业管理活动中的合法权益。

业主大会会议分为定期会议和临时会议。业主大会定期会议应当按照业主大会议事规则的规定召开。经20%以上的业主提议,业主委员会应当组织召开业主大会临时会议。

同一个物业管理区域内的业主,应当在物业所在地的区、县人民政府房地产行政主管部门或者街道办事处、乡镇人民政府的指导下成立业主大会,并选举产生业主委员会。但是,只有一个业主的,或者业主人数较少且经全体业主一致同意,决定不成立业主大会的,由业主共同履行业主大会、业主委员会职责。

下列事项由业主召开业主大会等共同决定:制定和修改业主大会议事规则;制定和修改管理规约;选举业主委员会或者更换业主委员会成员;选聘和解聘物业服务企业;筹集和使用专项维修资金;改建、重建建筑物及其附属设施;有关共有和共同管理权利的其他重大事项。

(2)业主委员会,是物业区域内全体业主对物业实施自治管理的组织,由业主大会选举产生,是业主大会的常设执行机构,对业主大会负责。业主委员会应当自选举产生之日起30日内,向物业所在地的区、县人民政府房地产行政主管部门和街道办事处、乡镇人民政府备案。

业主委员会执行业主大会的决定事项,履行下列职责:召集业主大会会议,报告物业管理的实施情况;代表业主与业主大会选聘的物业服务企业签订物业服务合同;及时了解业主、物业使用人的意见和建议,监督和协助物业服务企业履行物业服务合同;监督管理规约的实施;业主大会赋予的其他职责。

3.物业服务管理企业

从事物业管理活动的企业应当具有独立的法人资格。国家对从事物业管理活动的企业实行资质管理制度。业主委员会应当与业主大会选聘的物业服务企业订立书面的物业服务合同。

(二)物业服务管理的内容

物业管理的内容主要是对物的管理、维护和对人的管理、服务。主要包括常规性的公共管理、服务(物业服务管理的基本业务内容)和针对性的专项服务(一般不在统一的物业管理服务合同约定的范围之内,属于委托性的特约服务,需由业主单独提出服务要求并支付服务费用)。

(三)前期物业服务

前期物业服务是指在房地产开发项目销售前及过程中(业主、业主大会选聘物业服务企业之前),由建设单位代替未来业主选聘物业服务企业,并与之签订物业服务委托合同,由该企业所实施的物业服务。

前期物业服务合同可以约定期限;但是,期限未满、业主委员会与物业服务企业签订的物业服务合同生效的,前期物业服务合同终止。

第四节　不动产登记

一、登记对象、登记种类和登记机构(《不动产登记暂行条例》第一章)

(一)登记对象

不动产登记所称不动产,是指土地、海域以及房屋、林木等定着物。

下列不动产权利,依照规定办理登记:集体土地所有权;房屋等建筑物、构筑物所有权;森林、林木所有权;耕地、林地、草地等土地承包经营权;建设用地使用权;宅基地使用权;海域使用权;地役权;抵押权;法律规定需要登记的其他不动产权利。

(二)登记种类

不动产登记包括首次登记、变更登记、转移登记、注销登记、更正登记、异议登记、预告登记、查封登记等。

(三)登记机构

国务院国土资源主管部门①负责指导、监督全国不动产登记工作。

县级以上地方人民政府应当确定一个部门为本行政区域的不动产登记机构,负责不动产登记工作,并接受上级人民政府不动产登记主管部门的指导、监督。

不动产登记由不动产所在地的县级人民政府不动产登记机构办理;直辖市、设区的市人民政府可以确定本级不动产登记机构统一办理所属各区的不动产登记。

跨县级行政区域的不动产登记,由所跨县级行政区域的不动产登记机构分别办理。不能分别办理的,由所跨县级行政区域的不动产登记机构协商办理;协商不成的,由共同的上一级人民政府不动产登记主管部门指定办理。

二、不动产登记簿(《不动产登记暂行条例》第二章)

不动产以不动产单元为基本单位进行登记。不动产单元具有唯一编码。

不动产登记机构应当按照国务院国土资源主管部门的规定设立统一的不动产登记簿。

不动产登记簿应当记载以下事项:不动产的坐落、界址、空间界限、面积、用途等自然状况;不动产权利的主体、类型、内容、来源、期限、权利变化等权属状况;涉及不动产权利限制、提示的事项;其他相关事项。

不动产登记簿应当采用电子介质,暂不具备条件的,可以采用纸质介质。不动产登记机构应当明确不动产登记簿唯一、合法的介质形式。不动产登记簿由不动产登记机构永久保存。

三、登记程序(《不动产登记暂行条例》第三章)

(一)申请登记

因买卖、设定抵押权等申请不动产登记的,应当由当事人双方共同申请。

属于下列情形之一的,可以由当事人单方申请:尚未登记的不动产首次申请登记的;继承、接受遗赠取得不动产权利的;人民法院、仲裁委员会生效的法律文书或者人民政府生效的决定等设立、变更、转让、消灭不动产权利的;权利人姓名、名称或者自然状况发生变化,申请变更登记的;不动产灭失或者权利人放弃不动产权利,申请注销登记的;申请更正登记或者异议登记的;法律、行政法规规定可以由当事人单方申请的其他情形。

共同申请为原则,单方申请为例外。

---

① 2018 年国务院机构改革,国土资源部相关职能并入新组建的自然资源部,国土资源部不再保留。

(二)受理登记

不动产登记机构收到不动产登记申请材料,应当分别按照下列情况办理:

(1)属于登记职责范围,申请材料齐全、符合法定形式,或者申请人按照要求提交全部补正申请材料的,应当受理并书面告知申请人。

(2)申请材料存在可以当场更正的错误的,应当告知申请人当场更正,申请人当场更正后,应当受理并书面告知申请人。

(3)申请材料不齐全或者不符合法定形式的,应当当场书面告知申请人不予受理并一次性告知需要补正的全部内容。

(4)申请登记的不动产不属于本机构登记范围的,应当当场书面告知申请人不予受理并告知申请人向有登记权的机构申请。

不动产登记机构未当场书面告知申请人不予受理的,视为受理。

不动产登记机构应当自受理登记申请之日起30个工作日内办结不动产登记手续,法律另有规定的除外。登记事项自记载于不动产登记簿时完成登记。不动产登记机构完成登记,应当依法向申请人核发不动产权属证书或者登记证明。

四、登记信息共享与保护(《不动产登记暂行条例》第四章)

(一)信息平台和共享

国务院国土资源主管部门应当会同有关部门建立统一的不动产登记信息管理基础平台。

各级不动产登记机构登记的信息应当纳入统一的不动产登记信息管理基础平台,确保国家、省、市、县四级登记信息的实时共享。

不动产登记有关信息与住房城乡建设、农业、林业、海洋等部门审批信息、交易信息等应当实时互通共享。不动产登记机构能够通过实时互通共享取得的信息,不得要求不动产登记申请人重复提交。

国土资源、公安、民政、财政、税务、工商、金融、审计、统计等部门应当加强不动产登记有关信息互通共享,同时有义务对不动产登记信息保密。

(二)信息查询

权利人、利害关系人可以依法查询、复制不动产登记资料,不动产登记机构应当提供。

有关国家机关可以依照法律、行政法规的规定查询、复制与调查处理事项有关的不动产登记资料。

查询不动产登记资料的单位、个人应当向不动产登记机构说明查询目的,不得将查询获得的不动产登记资料用于其他目的;未经权利人同意,不得泄露查询获得的不动产登记资料。

五、法律责任(《不动产登记暂行条例》第五章)

行为人应当承担赔偿责任的情形有:不动产登记机构登记错误给他人造成损害,或者当事人提供虚假材料申请登记给他人造成损害的;不动产登记机构工作人员进行虚假登记,损毁、伪造不动产登记簿,擅自修改登记事项,或者有其他滥用职权、玩忽职守行为,给他人造成损害的;伪造、变造不动产权属证书、不动产登记证明,或者买卖、使用伪造、变造的不动产权属证书、不动产登记证明的,给他人造成损害的;不动产登记机构、不动产登记信息共享单位及其工作人员,查询不动产登记资料的单位或者个人违反国家规定,泄露不动产登记资料、登记信息,或者利用不动产登记资料、登记信息进行不正当活动,给他人造成损害的。

以上行为具备法定情形的,还应当给予行政处分;构成犯罪的,依法追究刑事责任。

第十四编　环境资源法

【寄语】

　　环境资源法泛指保护、利用环境和自然资源,防治污染和其他公害的法律规范。环境保护法与自然资源法是环境资源法体系中的两大支柱,是一对既亲密又独立的姊妹法。环境破坏与自然资源的开发利用和保护管理有着直接的因果关系,生态化的法律理念是环境保护法与自然资源法的基本连接点。环境保护法与自然资源法在保护客体上存在统一性(环境与自然资源是人类产生联合作用力的统一体),在调整对象上具有融合性(共同调整生态经济社会关系),在立法终极目的上保持同根性(实现天人合一,人与自然的和谐共生),"环境资源化"与"自然资源环境化"及两者协同发展的目标和趋向。但是,环境保护法与自然资源法具有自身独特的气质:环境保护法重在通过规制人类的活动所造成的环境污染和自然破坏,保护自然界"质"的状态,自然资源法偏重于对自然资源的合理开发、利用和保护,维持自然界"量"的状态;环境保护法的保护对象为环境,自然资源法的保护对象为自然资源;环境保护法的调整对象是人们在保护和改善环境、防治环境污染和其他公害中所产生的社会关系以及人与环境之间的关系,自然资源法的调整对象则是人们在自然资源开发、利用、保护、管理和改善的过程中发生的社会关系以及人与自然资源之间的关系;环境权和自然资源权分别是环境保护法与自然资源法的核心内容,前者为难以量化的无体权,后者是强调资源物质实体和能量的有体权;环境保护法的基本原则从"协调发展"到"污染负担与治理"再到"公众参与",体现了对整个生态功能价值的维护,自然资源法的基本原则依次为"保护第一""合理开发利用""开源与节约"和"自然资源产权化与有偿使用",宣示的是对自然资源经济价值的利用;环境保护法的基本制度诸如"环境规划制度""环境影响评价制度""总量控制制度"等,主要是通过政府管制的方式避免和减少环境污染事故的发生,自然资源法的基本制度譬如"权属制度""流转制度""管理制度"等,力求在生态阈值范围内借助市场方式降低资源浪费、资源破坏等行为的出现频率。概而言之,环境保护法侧重于环境保护与污染治理,自然资源法的中心内容是自然资源的合理保护和利用。

　　环境保护法是在环境科学基础上产生、发展起来的新的法律分支,自然资源法是处在完善发展中的新型法律领域。环境资源法在很多方面与经济法表现出了相似之处:在基本指导思想的形成与法律制度与规范的设计上奉行以社会为本位的法律理念;在法律关系的运行过程中对社会利益的保障和促进注重借助国家公权力对原有私法领域的介入和干预,并通过对个体权利在某些范围和领域内进行一定程度的限制来实现。既往的考试,除土地资源相关法律外,对其他自然资源的相关法律不进行考查,将《土地管理法》与《环境保护法》一并归入经济法旗下,虽然每年的考试会有所触及,却始终未作为考查的重点。的确,环境资源法和经济法都是国家对特定社会活动进行干预的法律表现形式,但是,环境资源法的科学技术性特征、秉持的人类环境观理念以及所指向的社会利益形态的复合性(经济效益、社会效益、环境效益、生态效益),使其与经济法产生了明显的区别,经历从形成、发展到完善的过程后,环境资源法已经初具规模,成为一国法律体系中独立的法律部门。法律职业资格考试将其单独列出,凸显了环境资源法在建设资源节约型、环境友好型社会中的重要性,与"爱环境、惜资源、促经济"的新型发展观相契合。

环境资源法涉及的立法有《环境保护法》《环境影响评价法》《森林法》和《矿产资源法》,研读大纲会发现,《环境保护法》的考查重点是熟悉并能够运用环境控制制度与环境治理的法律手段,自然资源法并未将所有现行相关法律制度予以囊括,仅涉及《森林法》与《矿产资源法》,《土地管理法》依旧置于经济法部分,不仅如此,自然资源法的考查不作过高要求,仅仅要求考生了解或理解森林资源、矿产资源的权属制度、管理制度和保护制度以及相关的法律责任。基于此,本部分浓缩相关内容,编写以法条为中心,全部内容不作理论上的阐述与分析,写作中既注重维持知识体系的完整,又力求简明。

本部分的编写,应试性较强,对于准备法律职业资格考试的考生将大有助益,愿我们的努力能够让所有考生圆法律职业人的梦想!

魏敬淼
2019 年 2 月
于小月河畔法大校园

第一章 环境保护法

第一节 概述

一、环境保护法的概念和特点

环境保护法是指调整因保护和改善环境,合理利用自然资源,防止污染和其他公害而产生的社会关系的法律规范的总称。环境保护法具有综合性、技术性、社会性的特点。

二、环境保护法的体系

我国环境保护法体系由《宪法》中关于环境保护的规定、环境保护基本法、环境保护单行法、环境标准、其他部门法中关于环境保护的法律规范和我国参加的国际公约中的环境保护规范组成。

三、环境保护法的基本原则

环境保护法的基本原则有:保护优先原则、预防为主综合治理原则、公众参与原则、污染者担责原则。

第二节 环境保护法的基本制度

一、环境规划制度

县级以上人民政府应当将环境保护工作纳入国民经济和社会发展规划。

国务院环境保护主管部门会同有关部门,根据国民经济和社会发展规划编制国家环境保护规划,报国务院批准并公布实施。

县级以上地方人民政府环境保护主管部门会同有关部门,根据国家环境保护规划的要求,编制本行政区域的环境保护规划,报同级人民政府批准并公布实施。

环境保护规划的内容应当包括生态保护和污染防治的目标、任务、保障措施等,并与主体功能区规划、土地利用总体规划和城乡规划等相衔接。(《环境保护法》第13条)

二、清洁生产制度

国家促进清洁生产和资源循环利用。

国务院有关部门和地方各级人民政府应当采取措施,推广清洁能源的生产和使用。

企业应当优先使用清洁能源,采用资源利用率高、污染物排放量少的工艺、设备以及废弃物综合利用技术和污染物无害化处理技术,减少污染物的产生。(《环境保护法》第40条)

三、环境影响评价制度(《环境影响评价法》)

环境影响评价,是指对规划和建设项目实施后可能造成的环境影响进行分析、预测和评估,提出预防或者减轻不良环境影响的对策和措施,进行跟踪监测的方法与制度。

(一)环境影响评价的适用范围

1. 规划的环境影响评价

(1)总体规划。国务院有关部门、设区的市级以上地方人民政府及其有关部门,对其组织编制的土地利用的有关规划,区域、流域、海域的建设、开发利用规划,应当在规划编制过程中组织进行环境影响评价,编写该规划有关环境影响的篇章或者说明。未编写有关环境影响的篇章或者说明的规划草案,审批机关不予审批。(《环境影响评价法》第7条第1、3款)

(2)专项规划。国务院有关部门、设区的市级以上地方人民政府及其有关部门,对其组织编制的工业、农业、畜牧业、林业、能源、水利、交通、城市建设、旅游、自然资源开发的有关专项规划,应当在该专项规划草案上报审批前,组织进行环境影响评价,并向审批该专项规划的机关提出环境影响报告书。(《环境影响评价法》第8条第1款)

2. 建设项目的环境影响评价

国家根据建设项目对环境的影响程度,对建设项目的环境影响评价实行分类管理。

建设单位应当按照下列规定组织编制环境影响报告书、环境影响报告表或者填报环境影响登记表(以下统称环境影响评价文件):(1)可能造成重大环境影响的,应当编制环境影响报告书,对产生的环境影响进行全面评价;(2)可能造成轻度环境影响的,应当编制环境影响报告表,对产生的环境影响进行分析或者专项评价;(3)对环境影响很小、不需要进行环境影响评价的,应当填报环境影响登记表。(《环境影响评价法》第16条第1、2款)

重大环境影响—环境影响报告书—全面评价

轻度环境影响—环境影响报告表—分析或专项评价

环境影响很小—环境影响登记表—不需要进行环境影响评价

建设项目的环境影响评价,应当避免与规划的环境影响评价相重复:作为一项整体建设项目的规划,按照建设项目进行环境影响评价,不进行规划的环境影响评价。

已经进行了环境影响评价的规划包含具体建设项目的,规划的环境影响评价结论应当作为建设项目环境影响评价的重要依据,建设项目环境影响评价的内容应当根据规划的环境影响评价审查意见予以简化。

(二)环境影响报告书的内容

(1)专项规划的环境影响报告书应当包括下列内容:①实施该规划对环境可能造成影响的分析、预测和评估;②预防或者减轻不良环境影响的对策和措施;③环境影响评价的结论。

(2)建设项目的环境影响报告书应当包括下列内容:①建设项目概况;②建设项目周围环境现状;③建设项目对环境可能造成影响的分析、预测和评估;④建设项目环境保护措施及其技术、经济论证;⑤建设项目对环境影响的经济损益分析;⑥对建设项目实施环境监测的建议;⑦环境影响评价的结论。

(三)环境影响评价的程序

1. 专项规划的环境影响评价的程序

(1)在该专项规划草案上报审批前,组织进行环境影响评价,提出环境影响报告书,未附送环境影响报告书的,审批机关不予审批。

(2)对可能造成不良环境影响并直接涉及公众环境权益的规划,应当在该规划草案报送审批前,举行论证会、听证会,或者采取其他形式,征求有关单位、专家和公众对环境影响报告书草案的意见。

(3)设区的市级以上人民政府在审批专项规划草案,作出决策前,应当先由人民政府指定的环境保护行政主管部门或者其他部门召集有关部门代表和专家组成审查小组,对环境影响报告书进行审查并提出书面审查意见。

(4)对环境有重大影响的规划实施后,编制机关应当及时组织环境影响的跟踪评价,并将评价结果报告审批机关。

2. 建设项目的环境影响评价的程序

(1)首先由具有相应环境影响评价资质的机构编制环境影响报告书。

(2)对环境可能造成重大影响的建设项目,建设单位应当在报批建设项目环境影响报告书前,举行论证会、听证会,或者采取其他形式,征求有关单位、专家和公众的意见。

(3)建设项目的环境影响报告书、报告表,由建设单位报有审批权的环境保护行政主管部门审批。国务院环境保护行政主管部门负责审批下列建设项目的环境影响评价文件:核设施、绝密工程等特殊性质的建设项目;跨省、自治区、直辖市行政区域的建设项目;由国务院审批的或者由国务院授权有关部门审批的建设项目。

上述规定以外的建设项目的环境影响评价文件的审批权限,由省、自治区、直辖市人民政府规定。

建设项目可能造成跨行政区域的不良环境影响,有关环境保护行政主管部门对该项目的环境影响评价结论有争议的,其环境影响评价文件由共同的上一级环境保护行政主管部门审批。

(4)审批部门应当自收到环境影响报告书之日起60日内,收到环境影响报告表之日起30日内,分别作出审批决定并书面通知建设单位。

四、"三同时"制度

建设项目中防治污染的设施,应当与主体工程同时设计、同时施工、同时投产使用。防治污染的设施应当符合经批准的环境影响评价文件的要求,不得擅自拆除或者闲置。(《环境保护法》第41条)

五、环境保护税制度

环境保护税由税务机关依法征收管理。环境保护主管部门依法负责对污染物的监测管理。县级以上地方人民政府应当建立税务机关、环境保护主管部门和其他相关单位分工协作工作机制,加强环境保护税征收管理,保障税款及时足额入库。

1. 纳税人

在中国领域和管辖的其他海域,直接向环境排放应税污染物的企业事业单位和其他生产经营者,依法缴纳环境保护税。

2. 征税范围

环境保护税的应税污染物包括大气污染物、水污染物、固体废物和噪声。

企业事业单位和其他生产经营者向依法设立的污水集中处理、生活垃圾集中处理场所排放应税污染物的;在符合国家和地方环境保护标准的设施、场所贮存或者处置固体废物的,不属于直接向环境排放污染物,不缴纳环境保护税。

3. 税率

环境保护税采用定额税率。其中应税大气污染物和水污染物采用浮动定额税率,具体适用税额的确定和调整,由省级人民政府统筹考虑本地区环境承载能力、污染物排放现状和经济社会生态发展目标要求,在《环境保护税税目税额表》规定的税额幅度内提出,报同级人民代表大会常务委员会决定,并报全国人民代表大会常务委员会和国务院备案。

4. 计税依据

应税污染物的计税依据,按照下列方法确定:

(1)应税大气污染物按照污染物排放量折合的污染当量数确定;

(2)应税水污染物按照污染物排放量折合的污染当量数确定;

(3)应税固体废物按照固体废物的排放量确定;

(4)应税噪声按照超过国家规定标准的分贝数确定。

5. 税收优惠

下列情形,暂予免征环境保护税:

(1)农业生产(不包括规模化养殖)排放应税污染物的;

(2)机动车、铁路机车、非道路移动机械、船舶和航空器等流动污染源排放应税污染物的;

(3)依法设立的城乡污水集中处理、生活垃圾集中处理场所排放相应应税污染物,不超过国家和地方规定的排放标准的;

(4)纳税人综合利用的固体废物,符合国家和地方环境保护标准的;

(5)国务院批准免税的其他情形。国务院批准免税情形的,应报全国人民代表大会常务委员会备案。

纳税人排放应税大气污染物或者水污染物的浓度值低于国家和地方规定的污染物排放标准30%的,减按75%征收环境保护税。纳税人排放应税大气污染物或者水污染物的浓度值低于国家和地方规定的污染物排放标准50%的,减按50%征收环境保护税。

六、总量控制制度

国家实行重点污染物排放总量控制制度。重点污染物排放总量控制指标由国务院下达,省、自治区、直辖市人民政府分解落实。企业事业单位在执行国家和地方污染物排放标准的同时,应当遵守分解落实到本单位的重点污染物排放总量控制指标。

对超过国家重点污染物排放总量控制指标或者未完成国家确定的环境质量目标的地区,省级以上人民政府环境保护主管部门应当暂停审批其新增重点污染物排放总量的建设项目环境影响评价文件。(《环境保护法》第44条)

七、环境保护许可管理制度

国家依照法律规定实行排污许可管理制度。实行排污许可管理的企业事业单位和其他生产经营者应当按照排污许可证的要求排放污染物;未取得排污许可证的,不得排放污染物。(《环境保护法》第45条)

适用范围:对依法实施重点污染物排放总量控制的水体排放重点水污染物和对大气污染物排放总量控制地区排放主要大气污染物的,实行排污许可证制度。

八、环境标准制度

环境质量标准和污染物排放标准是环境标准体系中最重要的两类标准。环境质量标准是确认环境是否被污染以及排污者是否应承担民事责任的依据;污染物排放标准是认定排污行为是否合法,以及排污者是否应承担行政责任的根据。

环境标准分为国家环境标准(包括环境质量标准和污染物排放标准)、地方环境标准和生态环境部标准。国务院环境保护行政主管部门负责制定国家环境质量标准、国家污染物排放标准和生态环境部标准。

省级政府对国家环境质量标准中未作规定的项目,可以制定地方环境质量标准;对国家污染物排放标准中未作规定的项目,省级政府可以制定地方污染物排放标准。对国家环境标准中已作规定的项目,可以制定严于国家环境标准的地方环境标准。地方环境标准应当报国务院环境保护主管部门备案。(《环境保护法》第15、16条)

九、环境监测制度

国家建立、健全环境监测制度。国务院环境保护主管部门制定监测规范,会同有关部门组织监测网络,统一规划国家环境质量监测站(点)的设置,建立监测数据共享机制,加强对环境监测的管理。有关行业、专业等各类环境质量监测站(点)的设置应当符合法律法规规定和监测规范的要求。监测机构应当使用符合国家标准的监测设备,遵守监测规范。监测机构及其负责人对监测数据的真实性和准确性负责。(《环境保护法》第17条)

十、信息公开和公众参与制度

公民、法人和其他组织依法享有获取环境信息、参与和监督环境保护的权利。

(一)信息公开

1. 政府信息公开

国务院环境保护主管部门统一发布国家环境质量、重点污染源监测信息及其他重大环境信息。省级以上人民政府环境保护主管部门定期发布环境状况公报。

县级以上人民政府环境保护主管部门和其他负有环境保护监督管理职责的部门,应当依法公开环境质量、环境监测、突发环境事件以及环境行政许可、行政处罚、排污费的征收和使用情况等信息;应当将企业事业单位和其他生产经营者的环境违法信息记入社会诚信档案,及时向社会公布违法者名单。(《环境保护法》第54条)

2. 企业信息公开

重点排污单位应当如实向社会公开其主要污染物的名称、排放方式、排放浓度和总量、超标排放情况,以及防治污染设施的建设和运行情况,接受社会监督。(《环境保护法》第55条)

3. 项目信息公开

对依法应当编制环境影响报告书的建设项目,建设单位应当在编制时向可能受影响的公众说明情况,充分征求意见。

负责审批建设项目环境影响评价文件的部门在收到建设项目环境影响报告书后,除涉及国家秘密和商业秘密的事项外,应当全文公开;发现建设项目未充分征求公众意见的,应当责成建设单位征求公众意见。(《环境保护法》第56条)

(二)公众参与

1. 公众举报权

对违法行为的举报权:公民、法人和其他组织发现任何单位和个人有污染环境和破坏生态行为的,有权向环境保护主管部门或者其他负有环境保护监督管理职责的部门举报。

对政府不作为的举报权:公民、法人和其他组织发现地方各级人民政府、县级以上人民政府环境保护主管部门和其他负有环境保护监督管理职责的部门不依法履行职责的,有权向其上级机关或者监察机关举报。

对举报人的保护:接受举报的机关应当对举报人的相关信息予以保密,保护举报人的合法权益。(《环境保护法》第57条)

2.环境公益诉讼

对污染环境、破坏生态,损害社会公共利益的行为,符合下列条件的社会组织可以向人民法院提起诉讼:依法在设区的市级以上人民政府民政部门登记;专门从事环境保护公益活动连续5年以上且无违法记录。

提起诉讼的社会组织不得通过诉讼牟取经济利益。(《环境保护法》第58条)

环境公益诉讼不影响同一污染行为的受害人提起私益诉讼;环境公益诉讼的生效判决有利于私益诉讼原告的,该原告可以在诉讼中主张适用。

十一、跨行政区域污染防治制度

国家建立跨行政区域的重点区域、流域环境污染和生态破坏联合防治协调机制,实行统一规划、统一标准、统一监测、统一的防治措施。(《环境保护法》第20条第1款)

十二、农村环境综合治理制度

各级人民政府应当统筹城乡建设污水处理设施及配套管网,固体废物的收集、运输和处置等环境卫生设施,危险废物集中处置设施、场所以及其他环境保护公共设施,并保障其正常运行。

行为规则:禁止将不符合农用标准和环境保护标准的固体废物、废水施入农田。施用农药、化肥等农业投入品及进行灌溉,应当采取措施,防止重金属和其他有毒有害物质污染环境。畜禽养殖场、养殖小区、定点屠宰企业等的选址、建设和管理应当符合有关法律法规规定。从事畜禽养殖和屠宰的单位和个人应当采取措施,对畜禽粪便、尸体和污水等废弃物进行科学处置,防止污染环境。(《环境保护法》第49、51条)

十三、生态保护制度

(一)生态保护红线制度

生态保护红线由生态功能红线、环境质量红线和资源利用红线构成。

国家在重点生态功能区、生态环境敏感区和脆弱区等区域划定生态保护红线,实行严格保护。(《环境保护法》第29条第1款)

(二)生态保护补偿制度

生态补偿是以保护和可持续利用生态系统为目的,以经济手段调节相关主体的利益关系的制度安排。

国家加大对生态保护地区的财政转移支付力度。有关地方人民政府应当落实生态保护补偿资金,确保其用于生态保护补偿。国家指导受益地区和生态保护地区人民政府通过协商或者按照市场规则进行生态保护补偿。(《环境保护法》第31条)

(三)生物多样性保护制度

开发利用自然资源,应当合理开发,保护生物多样性,保障生态安全,依法制定有关生态保护和恢复治理方案并予以实施。

引进外来物种以及研究、开发和利用生物技术,应当采取措施,防止对生物多样性的破坏。(《环境保护法》第30条)

十四、政府监管责任制度

(一)目标责任制和考核评价制度

国家实行环境保护目标责任制和考核评价制度。县级以上人民政府应当将环境保护目标完成情况纳入对本级人民政府负有环境保护监督管理职责的部门及其负责人和下级人民政府及其负责人的考核内容,作为对其考核评价的重要依据。考核结果应当向社会公开。(《环境保护法》第26条)

(二)重大环境事件报告制度

县级以上人民政府应当每年向本级人民代表大会或者人民代表大会常务委员会报告环境状况和环境保护目标完成情况,对发生的重大环境事件应当及时向本级人民代表大会常务委员会报告,依法接受监督。(《环境保护法》第27条)

(三)限期达标制度

地方各级人民政府应当根据环境保护目标和治理任务,采取有效措施,改善环境质量。

未达到国家环境质量标准的重点区域、流域的有关地方人民政府,应当制定限期达标规划,并采取措施按期达标。(《环境保护法》第28条)

(四)引咎辞职制度

地方各级人民政府、县级以上人民政府环境保护主管部门和其他负有环境保护监督管理职责的部门有违法准予行政许可、包庇环境违法、执法不力、弄虚作假、截留排污费等违法行为,造成严重后果的,除对直接责任人员追究责任外,其主要负责人应当引咎辞职。(《环境保护法》第68条)

(五)行政强制措施

县级以上人民政府环境保护主管部门及其委托的环境监察机构和其他负有环境保护监督管理职责的部门,有权对排放污染物的企业事业单位和其他生产经营者进行现场检查。被检查者应当如实反映情况,提供必要的资料。实施现场检查的部门、机构及其工作人员应当为被检查者保守商业秘密。

企业事业单位和其他生产经营者违反法律法规规定排放污染物,造成或者可能造成严重污染的,县级以上人民政府环境保护主管部门和其他负有环境保护监督管理职责的部门,可以查封、扣押造成污染物排放的设施、设备。(《环境保护法》第24、25条)

第三节 环境法律责任

一、环境行政责任

(一)违法排放的行政责任

企业事业单位和其他生产经营者违法排放污染物,受到罚款处罚,被责令改正,拒不改正的,依法作出处罚决定的行政机关可以自责令改正之日的次日起,按照原处罚数额按日连续处罚。

罚款处罚依照有关法律法规按照防治污染设施的运行成本、违法行为造成的直接损失或者违法所得等因素确定的规定执行。

地方性法规可以根据环境保护的实际需要,增加按日连续处罚的违法行为的种类。(《环境保护法》第59条)

(二)超标排放的行政责任

企业事业单位和其他生产经营者超过污染物排放标准或者超过重点污染物排放总量控制指标排放污染物的,县级以上人民政府环境保护主管部门可以责令其采取限制生产、停产整治等措施;情节严重的,报经有批准权的人民政府批准,责令停业、关闭。(《环境保护法》第60条)

（三）擅自开工建设的行政责任

建设单位未依法提交建设项目环境影响评价文件或者环境影响评价文件未经批准，擅自开工建设的，由负有环境保护监督管理职责的部门责令停止建设，处以罚款，并可以责令恢复原状。（《环境保护法》第61条）

（四）违反信息公开义务的行政责任

重点排污单位不公开或者不如实公开环境信息的，由县级以上地方人民政府环境保护主管部门责令公开，处以罚款，并予以公告。（《环境保护法》第62条）

（五）直接责任人员的行政责任——行政拘留

企业事业单位和其他生产经营者有下列行为之一，尚不构成犯罪的，除依照有关法律法规规定予以处罚外，由县级以上人民政府环境保护主管部门或者其他有关部门将案件移送公安机关，对其直接负责的主管人员和其他直接责任人员，处10日以上15日以下拘留；情节较轻的，处5日以上10日以下拘留：建设项目未依法进行环境影响评价，被责令停止建设，拒不执行的；违反法律规定，未取得排污许可证排放污染物，被责令停止排污，拒不执行的；通过暗管、渗井、渗坑、灌注或者篡改、伪造监测数据，或者不正常运行防治污染设施等逃避监管的方式违法排放污染物的；生产、使用国家明令禁止生产、使用的农药，被责令改正，拒不改正的。（《环境保护法》第63条）

二、环境民事责任

（一）基本规定

因污染环境和破坏生态造成损害的，应当依照《侵权责任法》的有关规定承担侵权责任。

1. 无过错责任原则

构成要件是：①实施了环境污染行为；②受害人受到损害；③该行为与损害之间具有因果关系。

2. 举证责任倒置

被要求承担民事责任的污染者，应当就法律规定的不承担责任或者减轻责任的情形及其行为与损害之间不存在因果关系承担举证责任。

污染者举证证明有下列情形之一的，人民法院应当认定其污染行为与损害之间不存在因果关系：①排放的污染物没有造成该损害可能的；②排放的可造成该损害的污染物未到达该损害发生地的；③该损害于排放污染物之前已发生的；④其他可以认定污染行为与损害之间不存在因果关系的情形。

3. 多因一果的处理规则

两个以上污染者共同实施污染行为造成损害，被侵权人请求污染者承担连带责任的，人民法院应予支持。

两个以上污染者分别实施污染行为造成同一损害，每一个污染者的污染行为都足以造成全部损害，被侵权人请求污染者承担连带责任的，人民法院应予支持。

两个以上污染者分别实施污染行为造成同一损害，每一个污染者的污染行为都不足以造成全部损害，被侵权人请求污染者按照责任大小承担责任的（难以确定责任大小则平均承担赔偿责任），人民法院应予支持。

两个以上污染者分别实施污染行为造成同一损害，部分污染者的污染行为足以造成全部损害，部分污染者的污染行为只造成部分损害，被侵权人请求足以造成全部损害的污染者与其他污染者就共同造成的损害部分承担连带责任，并对全部损害承担责任的，人民法院应予支持。

4. 第三人过错的处理规则

因第三人的过错污染环境造成损害的，被侵权人可以向污染者请求赔偿，也可以向第三人请求赔偿。污染者赔偿后,有权向第三人追偿。

(二)特殊规定

1. 第三人的连带责任

环境影响评价机构、环境监测机构以及从事环境监测设备和防治污染设施维护、运营的机构,在有关环境服务活动中弄虚作假,对造成的环境污染和生态破坏负有责任的,除依照有关法律法规规定予以处罚外,还应当与造成环境污染和生态破坏的其他责任者承担连带责任。(《环境保护法》第65条)

2. 诉讼时效

提起环境损害赔偿诉讼的时效期间为3年,从当事人知道或者应当知道其受到损害时起计算。(《环境保护法》第66条)

三、环境刑事责任

违反环境保护法的规定,构成犯罪的,依法追究刑事责任。

第二章 自然资源法

第一节 概述

一、自然资源的概念

自然资源是自然环境中与人类社会发展有关的、能被利用来产生使用价值并影响劳动生产率的自然诸要素,可分为有形资源和无形资源,前者如土地、水体、动植物等,后者如光资源、热资源。自然资源具有可用性、整体性、变化性、空间分布不均衡性和区域性等特征,是人类生存、发展的物质基础和社会物质财富的源泉。

自然资源的价值除了包括产生物质财富的微观经济价值,还包括环境生态和可持续发展的宏观经济价值。

二、自然资源法的概念

自然资源法是调整人们在资源开发、利用、保护和管理过程中发生的各种社会关系的法律规范的总称。一般包括土地法、水法、矿产资源法、水产资源法、森林法、草原法、海洋法、风景名胜区法、野生动植物资源法等,具有综合性、广泛性、技术性、社会性和较多的世界共同性的特点。

自然资源法调整的社会关系包括平等主体之间的产权关系、交易关系和非平等主体之间的管理关系、行为矫正关系。

三、我国的自然资源立法现状

我国自然资源法律体系由宪法中自然资源保护和合理利用的规定及各种单行的自然资源保护法构成。目前已经制定了森林、草原、渔业、矿产、土地、海域、水、煤炭等涉及自然资源开发利用和保护的法律20余部。自然资源立法的主要门类有:

(1)土地资源法。涉及土地资源保护、利用的法律规范,除宪法中有土地资源合理利用的规定外,已颁布的直接调整土地资源保护关系的法律有《土地管理法》《农村土地承包法》《农业法》《水土保持法》《防沙治沙法》等。根据上述法律,我国已建成土地利用规划制度、土地权属制度、用途管制制度、土地统计制度、耕地特殊保护制度、土地整治制度、退耕还林还牧还湖制度、土地复垦制度、统一不动产登记制度等一系列土地资源利用、保护、管理的制度。

（2）森林资源法。关于森林资源的现行法律规范见诸《物权法》《森林法》《野生动物保护法》《种子法》等法律。在具体制度方面，主要包括森林权属制度、森林资源管理制度、森林资源培育制度和森林资源保护制度。

（3）草原资源法。现行草原资源的法律规范主要是《草原法》及其他法律规范中保护草原资源的规定。

（4）矿产资源法。矿产资源法法律体系以宪法为基础，以《矿产资源法》为核心，涉及的主要法律制度包括矿产资源国家所有权制度、矿产资源有偿使用制度、矿业权制度、矿产资源保护制度等。

（5）海洋资源法。海洋资源法由《海洋环境保护法》《海域使用管理法》等一系列法律规范构成，使海洋资源开发利用、环境保护、海上运输等主要的海洋开发利用活动有法可依、有章可循。

（6）水资源法。涉水资源的立法主要有《水法》《水土保持法》《渔业法》等，水资源的立法采用的是资源利用和污染防治相分立的模式。水法确立了水资源流域管理秩序，在产权方面，水资源属于国家所有，除农村集体经济组织及其成员对本集体的水塘、水库中的水享有无偿的使用权外，我国对水资源实行有偿使用制度。

（7）野生动物资源法。现行对野生动物资源进行保护的法律主要是《野生动物保护法》，保护对象主要是珍贵、濒危的陆生、水生野生动物和有重要生态、科学、社会价值的陆生野生动物。野生动物属于国家所有，实行保护优先、规范利用、严格监管原则。

第二节 森林法

一、森林法概述

1. 立法宗旨和调整对象

立法宗旨：①保护、培育和合理利用森林资源；②加快国土绿化；③发挥森林蓄水保土、调节气候、改善环境和提供林产品的作用；④满足社会主义建设和人民生活的需要。

调整对象：从事森林、林木的培育种植、采伐利用和森林、林木、林地的经营管理活动中形成的社会关系。

2. 森林资源的定义

狭义的森林资源主要指树木资源。广义的森林资源指林木、林地及其所在空间内的一切森林植物、动物、微生物以及这些生命体赖以生存并对其有重要影响的自然环境条件的总称。森林法所指森林资源是广义层面上的。

3. 森林的分类

森林分为以下五类：

（1）防护林：以防护为主要目的的森林、林木和灌木丛，包括水源涵养林，水土保持林，防风固沙林，农田、牧场防护林，护岸林，护路林。

（2）用材林：以生产木材为主要目的的森林和林木，包括以生产竹材为主要目的的竹林。

（3）经济林：以生产果品，食用油料，饮料，调料，工业原料和药材等为主要目的的林木。

（4）薪炭林：以生产燃料为主要目的的林木。

（5）特种用途林：以国防、环境保护、科学实验等为主要目的的森林和林木，包括国防林、实验林、母树林、环境保护林、风景林，名胜古迹和革命纪念地的林木，自然保护区的森林。

二、森林资源权属制度

1. 权利归属

森林、林木和林地的权属，也称林权，主要指森林、林木和林地的所有权和使用权。森林、林木和林地的权属有三种形式：

(1)国家所有权。森林资源属于国家所有,由法律规定属于集体所有的除外。

(2)集体所有权。法律规定属于集体所有的森林、林木和林地,属于集体所有。

(3)个人林木所有权和林地使用权。个人所有的林木,主要是指农村居民在房前屋后、自留地、自留山和农业集体经济组织指定的其他地方种植的树木,在以承包和其他合法方式取得的有使用权的林地上和在承包的荒山、荒地、荒滩上种植的树木(按照承包合同约定归个人所有的)以及城镇居民在自有房屋的庭院内种植的树木。个人的林地使用权是指承包造林的林地及其他依法取得的林地使用权。个人不能有林地的所有权。

权属登记:国家所有的和集体所有的森林、林木和林地,个人所有的林木和使用的林地,由县级以上地方人民政府登记造册,发放证书,确认所有权或者使用权。国务院可以授权国务院林业主管部门,对国务院确定的国家所有的重点林区的森林、林木和林地登记造册,发放证书,并通知有关地方人民政府。

2. 使用权流转

林地所有权禁止流转。下列森林、林木、林地使用权可以依法转让,也可以依法作价入股或者作为合资、合作造林、经营林木的出资、合作条件,但不得将林地改为非林地:

(1)用材林、经济林、薪炭林;

(2)用材林、经济林、薪炭林的林地使用权;

(3)用材林、经济林、薪炭林的采伐迹地、火烧迹地的林地使用权;

(4)国务院规定的其他森林、林木和其他林地使用权。

森林、林木、林地使用权依照规定转让、作价入股或者作为合资、合作造林、经营林木的出资、合作条件的,已经取得的林木采伐许可证可以同时转让,同时转让双方都必须遵守法律关于森林、林木采伐和更新造林的规定。

除上述规定的情形外,其他森林、林木和其他林地使用权不得转让。

3. 权属争议的解决

单位之间发生的林木、林地所有权和使用权争议,由县级以上人民政府依法处理。个人之间、个人与单位之间发生的林木所有权和林地使用权争议,由当地县级或者乡级人民政府依法处理。

当事人对人民政府的处理决定不服的,可以在接到通知之日起1个月内,向人民法院起诉。在林木、林地权属争议解决以前,任何一方不得砍伐有争议的林木。

三、森林资源管理制度

1. 资源档案制度

各级林业主管部门负责组织森林资源清查,建立资源档案制度,掌握资源变化情况。

2. 林业规划制度

各级人民政府应当制定林业长远规划。国有林业企业事业单位和自然保护区,应当根据林业长远规划,编制森林经营方案,报上级主管部门批准后实行。林业主管部门应当指导农村集体经济组织和国有的农场、牧场、工矿企业等单位编制森林经营方案。

3. 林地占用审批制度

进行勘查、开采矿藏和各项建设工程,应当不占或者少占林地;必须占用或者征收、征用林地的,经县级以上人民政府林业主管部门审核同意后,依照有关土地管理的法律、行政法规办理建设用地审批手续。

临时占用林地的期限不得超过2年,并不得在临时占用的林地上修筑永久性建筑物。

4.森林植被恢复费制度

进行勘查、开采矿藏和各项建设工程，经批准占用林地的，由用地单位依照国务院有关规定缴纳森林植被恢复费。

森林植被恢复费专款专用，由林业主管部门依照有关规定统一安排植树造林，恢复森林植被，植树造林面积不得少于因占用、征收、征用林地而减少的森林植被面积。上级林业主管部门应当定期督促、检查下级林业主管部门组织植树造林、恢复森林植被的情况。

任何单位和个人不得挪用森林植被恢复费。县级以上人民政府审计机关应当加强对森林植被恢复费使用情况的监督。

5.森林采伐管理制度

（1）采伐限额制度。

国家根据用材林的消耗量低于生长量的原则，严格控制森林年采伐量。国家所有的森林和林木以国有林业企业事业单位、农场、厂矿为单位，集体所有的森林和林木、个人所有的林木以县为单位，制定年采伐限额，由省级林业主管部门汇总，经同级人民政府审核后，报国务院批准。

国家制定统一的年度木材生产计划。年度木材生产计划不得超过批准的年采伐限额。计划管理的范围由国务院规定。

（2）采伐许可证制度。

采伐林木必须申请采伐许可证，按许可证的规定进行采伐；农村居民采伐自留地和房前屋后个人所有的零星林木除外。

国有林业企业事业单位、机关、团体、部队、学校和其他国有企业事业单位采伐林木，由所在地县级以上林业主管部门依照有关规定审核发放采伐许可证；铁路、公路的护路林和城镇林木的更新采伐，由有关主管部门依照有关规定审核发放采伐许可证；农村集体经济组织采伐林木，由县级林业主管部门依照有关规定审核发放采伐许可证；农村居民采伐自留山和个人承包集体的林木，由县级林业主管部门或者其委托的乡、镇人民政府依照有关规定审核发放采伐许可证。采伐以生产竹材为主要目的的竹林，适用以上规定。

审核发放采伐许可证的部门，不得超过批准的年采伐限额发放采伐许可证。

有下列情形之一的，不得核发采伐许可证：①防护林和特殊用途林进行非抚育或者非更新性质的采伐的，或者采伐封山育林期、封山育林区内的林木的；②上年度采伐后未完成更新造林任务的；③上年度发生重大滥伐案件、森林火灾或者大面积严重森林病虫害，未采取预防和改进措施的。

（3）采伐作业规则。

采伐森林和林木必须遵守下列规定：①成熟的用材林应当根据不同情况，分别采取择伐、皆伐和渐伐方式，皆伐应当严格控制，并在采伐的当年或者次年内完成更新造林；②防护林和特种用途林中的国防林、母树林、环境保护林、风景林，只准进行抚育和更新性质的采伐；③特种用途林中的名胜古迹和革命纪念地的林木、自然保护区的森林，严禁采伐。

（4）木材运输证制度。

从林区运出木材，必须持有林业主管部门发给的运输证件，国家统一调拨的木材除外。

依法取得采伐许可证后，按照许可证的规定采伐的木材，从林区运出时，林业主管部门应当发给运输证件。经省级人民政府批准，可以在林区设立木材检查站，负责检查木材运输。对未取得运输证件或者物资主管部门发给的调拨通知书运输木材的，木材检查站有权制止。

四、森林资源培育制度

1.林业发展方针

林业建设实行以营林为基础，普遍护

林,大力造林,采育结合,永续利用的方针。

2. 森林生态效益补偿基金制度

国家设立森林生态效益补偿基金,用于提供生态效益的防护林和特种用途林的森林资源、林木的营造、抚育、保护和管理。森林生态效益补偿基金必须专款专用,不得挪作他用。

3. 植树造林制度

(1)植树造林的规划。

各级人民政府应当制定植树造林规划,因地制宜地制定本地区提高森林覆盖率的奋斗目标。

(2)组织实施。

宜林荒山荒地,属于国家所有的,由林业主管部门和其他主管部门组织造林;属于集体所有的,由集体经济组织组织造林。国家所有和集体所有的宜林荒山荒地可以由集体或者个人承包造林。

铁路公路两旁、江河两侧、湖泊水库周围,由各有关主管单位因地制宜地组织造林;工矿区、机关、学校用地,部队营区以及农场、牧场、渔场经营地区,由各该单位负责造林。

(3)营造林木权益归属。

国有企业事业单位、机关、团体、部队营造的林木,由营造单位经营并按照国家规定支配林木收益;集体所有制单位营造的林木,归该单位所有;农村居民在房前屋后、自留地、自留山种植的林木,归个人所有;城镇居民和职工在自有房屋的庭院内种植的林木,归个人所有。

集体或者个人承包国家所有和集体所有的宜林荒山荒地造林的,承包后种植的林木归承包的集体或者个人所有;承包合同另有规定的,按照承包合同的规定执行。

(4)封山育林。

新造幼林地和其他必须封山育林的地方,由当地政府组织封山育林。

五、森林资源保护制度

1. 国家对森林资源的保护措施

国家对森林资源实行以下保护性措施:

(1)对森林实行限额采伐,鼓励植树造林、封山育林,扩大森林覆盖面积。

(2)根据国家和地方人民政府有关规定,对集体和个人造林、育林给予经济扶持或者长期贷款。

(3)提倡木材综合利用和节约使用木材,鼓励开发、利用木材代用品。

(4)征收育林费,专门用于造林育林。

(5)煤炭、造纸等部门,按照煤炭和木浆纸张等产品的产量提取一定数额的资金,专门用于营造坑木、造纸等用材林。

(6)建立林业基金制度。

2. 护林制度

(1)护林组织体系。

地方各级人民政府应当组织有关部门建立护林组织,负责护林工作;根据实际需要在大面积林区增加护林设施,加强森林保护;督促有林的和林区的基层单位,订立护林公约,组织群众护林,划定护林责任区,配备专职或者兼职护林员。

护林员可以由县级或者乡级人民政府委任。护林员的主要职责是:巡护森林,制止破坏森林资源的行为。对造成森林资源破坏的,护林员有权要求当地有关部门处理。

依照国家有关规定在林区设立森林公安机关,负责维护辖区社会治安秩序,保护辖区内的森林资源,并可以依照法律规定,在国务院林业主管部门授权的范围内,代行行政处罚权。

武装森林警察部队执行国家赋予的预防和扑救森林火灾的任务。

(2)法律禁止的行为。禁止毁林开垦和毁林采石、采砂、采土以及其他毁林行为;禁止在幼林地和特种用途林内砍柴、放牧;进入森林和森林边缘地区的人员,不得擅自移动或者损坏为林业服务的标志;林区内列为国家保护的野生动物,禁止猎捕,因特殊需要猎捕的,按国家有关法规办理。

3. 森林灾害防护制度
(1)森林防火制度。

地方各级人民政府应当切实做好森林火灾的预防和扑救工作:①规定森林防火期,在森林防火期内,禁止在林区野外用火;因特殊情况需要用火的,必须经过县级人民政府或者县级人民政府授权的机关批准;②在林区设置防火设施;③发生森林火灾,必须立即组织当地军民和有关部门扑救;④因扑救森林火灾负伤、致残、牺牲的,国家职工由所在单位给予医疗、抚恤;非国家职工由起火单位按照国务院有关主管部门的规定给予医疗、抚恤,起火单位对起火没有责任或者确实无力负担的,由当地人民政府给予医疗、抚恤。

(2)病虫害防治制度。

各级林业主管部门负责组织森林病虫害防治工作。林业主管部门负责规定林木种苗的检疫对象,划定疫区和保护区,对林木种苗进行检疫。

4. 自然保护区制度和珍贵树木特殊保护制度

国务院林业主管部门和省级人民政府,应当在不同自然地带的典型森林生态地区、珍贵动物和植物生长繁殖的林区、天然热带雨林区和具有特殊保护价值的其他天然林区,划定自然保护区,加强保护管理。

对自然保护区以外的珍贵树木和林区内具有特殊价值的植物资源,应当认真保护;未经省级林业主管部门批准,不得采伐和采集。

国家禁止、限制出口珍贵树木及其制品、衍生物。禁止、限制出口的珍贵树木及其制品、衍生物的名录和年度限制出口总量,由国务院林业主管部门会同国务院有关部门制定,报国务院批准。

六、森林违法行为的法律责任

1. 森林违法行为的概念

森林违法行为泛指各种违反森林法应当承担民事、行政和刑事法律责任的行为。

2. 森林违法行为的样态及责任

森林违法行为众多,主要样态有盗伐、滥伐林木;非法采伐、毁坏珍贵林木;滥发林业许可证件;买卖、伪造林业许可证件;非法收购被盗伐、滥伐林木;林地活动,毁坏林木;未完成更新造林任务;等等。

违反森林法的法律责任以行政责任为主,具体责任形式有:责令补种、罚款、没收所得、不再发放采伐许可证等。对于盗伐森林或者其他林木、非法行为致使森林、林木受到毁坏的,规定了民事赔偿责任。有些违法行为直接进行刑事责任层面的追究,如非法采伐、毁坏珍贵林木。

第三节　矿产资源法

一、矿产资源权属制度

1. 国家所有权

矿产资源属于国家所有,由国务院行使国家对矿产资源的所有权。

地表或者地下的矿产资源的国家所有权,不因其所依附的土地的所有权或者使用权的不同而改变。

2. 矿业权
(1)内容。

矿业权包括探矿权、采矿权。

(2)核准取得。

勘查、开采矿产资源,必须依法分别申请、经批准取得探矿权、采矿权,并办理登记;但是,已经依法申请取得采矿权的矿山企业在划定的矿区范围内为本企业的生产而进行的勘查除外。从事矿产资源勘查和开采的,必须符合规定的资质条件。

(3)有偿取得。

国家实行探矿权、采矿权有偿取得的制度;但是,国家对探矿权、采矿权有偿取得的费用,可以根据不同情况规定予以减缴、免缴。开采矿产资源,必须按照国家有关规定缴纳资源税和资源补偿费。

(4)转让。

除下列可以转让的情形外,探矿权、采矿权不得转让:

①探矿权人有权在划定的勘查作业区内进行规定的勘查作业,有权优先取得勘查作业区内矿产资源的采矿权。探矿权人在完成规定的最低勘查投入后,经依法批准,可以将探矿权转让他人。

②已取得采矿权的矿山企业,因企业合并、分立,与他人合资、合作经营,或者因企业资产出售以及有其他变更企业资产产权的情形而需要变更采矿权主体的,经依法批准可以将采矿权转让他人采矿。

二、矿产资源勘查开发管理

1. 基本原则

矿产资源的勘查、开发实行统一规划、合理布局、综合勘查、合理开采和综合利用方针。

2. 管理部门

国务院地质矿产主管部门主管全国矿产资源勘查、开采的监督管理工作。省级政府地质矿产主管部门主管本行政区域内矿产资源勘查、开采的监督管理工作。

国务院有关主管部门协助国务院地质矿产主管部门进行矿产资源勘查、开采的监督管理工作。省级政府有关主管部门协助同级地质矿产主管部门进行矿产资源勘查、开采的监督管理工作。

3. 管理制度

(1)矿业权制度。

勘查、开采矿产资源必须取得探矿权、采矿权。

(2)资源信息管理。

对矿产资源勘查实行统一的区块登记管理制度。矿产资源勘查登记工作,由国务院地质矿产主管部门负责;特定矿种的矿产资源勘查登记工作,可以由国务院授权有关主管部门负责。

国务院矿产储量审批机构或者省级矿产储量审批机构负责审查批准供矿山建设设计使用的勘探报告。勘探报告未经批准,不得作为矿山建设设计的依据。

矿产资源勘查成果档案资料和各类矿产储量的统计资料,实行统一的管理制度,按照国务院规定汇交或者填报。

(3)矿山企业。

设立国有矿山企业,必须符合国家规定的资质条件,并依法由审批机关对其矿区范围、矿山设计或者开采方案、生产技术条件、安全措施和环境保护措施等进行审查;审查合格的,方予批准。

(4)采矿审批。

开采矿产资源必须持有开采许可证。开采下列矿产资源的,由国务院地质矿产主管部门审批,并颁发采矿许可证:①国家规划矿区和对国民经济具有重要价值的矿区内的矿产资源;②前项规定区域以外可供开采的矿产储量规模在大型以上的矿产资源;③国家规定实行保护性开采的特定矿种;④领海及中国管辖的其他海域的矿产资源;⑤国务院规定的其他矿产资源。

开采石油、天然气、放射性矿产等特定矿种的,可以由国务院授权的有关主管部门审批,并颁发采矿许可证。

开采上述以外的矿产资源,其可供开采的矿产的储量规模为中型的,由省级政府地质矿产主管部门审批和颁发采矿许可证。

(5) 开采规划管理。

对国家规划矿区、对国民经济具有重要价值的矿区和国家规定实行保护性开采的特定矿种,实行有计划的开采;未经国务院有关主管部门批准,任何单位和个人不得开采。

(6) 矿区秩序管理。

地方政府应当采取措施维护本区域内国有矿山企业和其他矿山企业的矿区范围内的正常秩序。禁止任何单位和个人进入他人依法设立的国有矿山企业和其他矿山企业矿区范围内采矿。

(7) 禁止采矿地区。

非经国务院授权的有关主管部门同意,不得在下列地区开采矿产资源:①港口、机场、国防工程设施圈定地区以内;②重要工业区、大型水利工程设施、城镇市政工程设施附近一定距离以内;③铁路、重要公路两侧一定距离以内;④重要河流、堤坝两侧一定距离以内;⑤国家划定的自然保护区、重要风景区,国家重点保护的不能移动的历史文物和名胜古迹所在地;⑥国家规定不得开采矿产资源的其他地区。

4. 集体矿山企业和个体采矿

(1) 集体矿山企业采矿。

国家对集体矿山企业采矿实行积极扶持、合理规划、正确引导、加强管理的方针,鼓励集体矿山企业开采国家指定范围内的矿产资源。

(2) 个体采矿。

允许个人采挖零星分散资源和只能用作普通建筑材料的砂、石、黏土以及为生活自用采挖少量矿产。

矿产储量规模适宜由矿山企业开采的矿产资源、国家规定实行保护性开采的特定矿种和国家规定禁止个人开采的其他矿产资源,个人不得开采。

5. 矿区争议解决

矿山企业之间的矿区范围的争议,由当事人协商解决,协商不成的,由有关县级以上地方人民政府根据依法核定的矿区范围处理;跨省的矿区范围的争议,由有关省、自治区、直辖市人民政府协商解决,协商不成的,由国务院处理。

三、违反矿产资源管理秩序的法律责任

1. 行为样态

违反矿产资源管理秩序的行为样态主要是:无证采矿、超范围采矿、危害矿山秩序、非法转让矿产资源、破坏性开采、公务人员职务犯罪,等等。

2. 法律责任

违反矿产资源管理秩序的行为责任主要是行政责任,责任形式有:责令停止开采、没收采出的矿产品和违法所得、罚款、吊销许可证。构成犯罪的,追究刑事责任。造成损失的,承担赔偿损失的民事责任。

第十五编　劳动与社会保障法

【寄语】

　　生存与基本生活的安全保障属于基本人权的范畴,是公民的第一需要,由此,劳动权、社会保障权作为公民的基本权利纳入一国的根本大法——宪法——之中。在宪法之下,劳动法通过保护公民的劳动权,来维护平等、公正、协调的劳动关系,促进社会生产力的发展;社会保障法通过立法建立各种抵御风险的制度,保障公民在遇到风险时从国家和社会获得帮助,满足公民基本生活需要,来实现社会稳定与社会公平。

　　劳动法与社会保障法既有区别,又有交叉。劳动法调整的对象是劳动关系和与劳动关系密切联系的其他社会关系(包括劳动行政关系、社会保险关系等),劳动关系作为劳动法的主要调整对象,是劳动者与用人单位双方之间的关系,这种关系既具有平等性、财产性,又具有隶属性、人身性,这些特性决定了劳动法是公法和私法相融合的法律部门,要采用多层次的调整模式:宏观上,确立适用于全部劳动关系的各种劳动基准,强制实施;中观上,推行集体合同制度,使劳动者个人意志通过劳动者团体体现出来,克服隶属关系下个别劳动关系的内在不平衡;微观上,涉及个别劳动关系时,在劳动基准法和集体合同的限定范围内,劳动关系当事人有权处置自身权益。社会保障法调整的对象是社会保障关系,在内容上包括社会救济关系、社会保险关系、社会福利关系和社会优抚关系;在主体上涉及国家、政府、社会成员、社会保障经办机构、用人单位等多方,其中首要责任主体是国家或政府。社会保障关系具有内容经济性、主体多方性、法律部门多样性、待遇支付延期性的特征,在调整模式上更加夸大国家或政府的功能。社会保障法为全体社会成员提供的保障由低(社会救济)、中(社会保险)、高(社会福利)三个层次构成,这其中的社会保险因主要以曾经存在的劳动关系为基础确立而与劳动法发生了交叉与关联。即便如此,也不能改变劳动法与社会保障法的相互独立性。劳动法与社会保障法是两个独立发展的法律体系,20世纪30年代以后的权利意识和人权思想,使两大法律体系的联系明显增多,但是,它们仍旧以各自的功能和作用来保障人权,实现经济和社会的协调发展。社会保障法所蕴含的社会生存思想、社会连带责任思想、社会公平思想、社会安全思想和社会福利思想是劳动法永远无法企及的。

　　随着社会、经济的发展,以公共利益、整体利益为本位,保障人权,平衡经济、社会的法律不断增多,这些法律既不属于私法、也不属于公法,而是以公法与私法相融合为特征的第三法域。既往法律人的资格考试,将国家干预经济生活的经济法规范与国家干预社会生活的社会法规范全部归入经济法学科进行考察,这与学界一度将以劳动法和社会保障法为代表的社会法作为经济法的组成部分的做法保持了一致。近年来,社会法完成了从经济法理论体系中的抽离,立法部门也将社会法与宪法及宪法相关法、民商法、行政法、经济法、刑法以及诉讼与非诉讼程序法等其他法律部门相并列,法律职业资格考试顺应现状,基于社会法与经济法在调整的范围、核心价值、调整手段上的明显区别,将社会法予以单列。此举不仅对劳动与社会保障法进行了恰当的学科处理,更为主要的是突显了劳动与社会保障法在法律应用考试中的重要性,对此,考生应有足够认知。

劳动法部分涉及的立法有《劳动法》《劳动合同法》《劳动争议调解仲裁法》;社会保障法并非全覆盖,只考查《社会保险法》和《军人保险法》。研读大纲,不难发现:本部分对考生理论功底基本不做要求,主要是了解和理解各项主要制度,熟悉并能够运用法律规则解决实际问题。基于此,本部分浓缩法律规范内容,精编而成。

魏敬淼
2019 年 2 月
于小月河畔中国政法大学校园

第一章 劳动法

第一节 劳动法概述

一、劳动法的概念和调整对象

劳动法是调整劳动关系以及与劳动关系密切联系的其他社会关系的法律规范的总和。

劳动法调整的对象主要是劳动关系,即劳动者与用人单位在实现劳动过程中发生的社会关系,劳动关系具有人身关系与财产关系的双重属性,且具有平等、从属的属性。

劳动法还调整与劳动关系密切相关的其他社会关系,包括:管理劳动力方面的社会关系、社会保险方面的社会关系、工会组织与用人单位之间发生的社会关系、处理劳动争议方面的关系以及监督劳动法执行方面的关系。

二、我国劳动法的适用范围

(1)只有在中国境内的企业、个体经济组织和与之形成劳动关系的劳动者,才能适用劳动法。国家机关、事业组织、社会团体和与之建立劳动合同关系的劳动者依照劳动法执行。(《劳动法》第 2 条)

《劳动合同法》的适用范围有所扩大,将民办非企业组织、事业单位与劳动者建立劳动关系纳入适用之列。(《劳动合同法》第 2 条)

(2)不适用劳动法的情形:①国家机关的公务员,事业单位和社会团体中纳入公务员编制或者参照公务员进行管理的工作人员,适用《公务员法》,不适用劳动法;②实行聘用制的事业单位与其工作人员的关系,法律、行政法规或国务院另有规定的,不适用劳动法;如果没有特别规定,适用劳动法;③从事农业劳动的农村劳动者(乡镇企业职工和进城务工、经商的农民除外)不适用劳动法;④现役军人、军队的文职人员不适用劳动法;⑤家庭雇佣劳动关系不适用劳动法;⑥在中国境内享有外交特权和豁免权的外国人等不适用劳动法;⑦义务性劳动关系、慈善性劳动关系、家务劳动关系不适用劳动法。

三、劳动法律关系

劳动法律关系是当事人依据劳动法律规范,在实现劳动过程中形成的权利义务关系。

狭义的劳动法律关系主体包括劳动者和用人单位。广义的劳动法律关系主体还应包括工会组织和雇主组织。

(一)劳动者

1. 概念

劳动者是在法定劳动年龄内具有劳动能力,以从事劳动获取合法劳动报酬的自然人。依我国《劳动法》规定,凡年满16周岁、在法定劳动年龄内有劳动能力的公民是具有劳动权利能力和劳动行为能力的人,包括我国公民、外国公民和无国籍人。

禁止用人单位招用未满16周岁的未成年人。

文艺、体育和特种工艺单位招用未满16周岁的未成年人,必须依照国家有关规定,履行审批手续,并保障其接受义务教育的权利。

用人单位非法招用未满16周岁的未成年人的,由劳动行政部门责令改正,处以罚款;情节严重的,由工商行政管理部门吊销营业执照。(《劳动法》第15、94条)

2. 劳动者的权利

劳动者享有平等就业和选择职业的权利、取得劳动报酬的权利、休息休假的权利、获得劳动安全卫生保护的权利、接受职业技能培训的权利、享受社会保险和福利的权利、依法参加和组织工会、提请劳动争议处理的权利以及法律规定的其他劳动权利。(《劳动法》第3、7条)

(二)用人单位

作为劳动法律关系主体的用人单位,应具有相应的主体资格,即同时具有用人权利能力和用人行为能力。

用人单位应当依法建立和完善劳动规章制度,保障劳动者享有劳动权利、履行劳动义务。用人单位在制定、修改或者决定有关劳动报酬、工作时间、休息休假、劳动安全卫生、保险福利、职工培训、劳动纪律以及劳动定额管理等直接涉及劳动者切身利益的规章制度或者重大事项时,应当经职工代表大会或者全体职工讨论,提出方案和意见,与工会或者职工代表平等协商确定。用人单位应当将直接涉及劳动者切身利益的规章制度和重大事项决定公示,或者告知劳动者。在规章制度和重大事项决定实施过程中,工会或者职工认为不适当的,有权向用人单位提出,通过协商予以修改完善。

第二节 劳动合同法

一、劳动合同的概念和种类

(一)概念

劳动合同是劳动者与用人单位之间确立劳动关系,明确双方权利和义务的书面协议。

(二)种类

劳动合同分为固定期限劳动合同、无固定期限劳动合同和以完成一定工作任务为期限的劳动合同。(《劳动合同法》第13—15条)

1. 固定期限劳动合同

是指用人单位与劳动者约定合同终止时间的劳动合同。固定期限劳动合同的期限届满,双方无续订劳动合同的意思表示,劳动合同即告终止,劳动关系消灭。如果双方有续订劳动合同的意思表示的,可以经协商一致续订。

2. 无固定期限劳动合同

是指用人单位与劳动者约定无确定终止时间的劳动合同。

(1)协商签订。用人单位与劳动者协商一致,可以订立无固定期限劳动合同。

(2)强制签订。有下列情形之一的,劳动者提出或者同意续订、订立劳动合同的,除劳动者提出订立固定期限的劳动合同外,应当订立无固定期限的劳动合同:劳动者在该用人单位连续工作满10年的;用人单位初次实行劳动合同制度或者国有企业改制重新订立劳动合同时,劳动者在该用人单位连续工作满10年且距法定退休年龄不足10年的;连续订立2次固定期限劳动合同,且劳动者没有出现《劳动合同法》第39条规定的过失性辞退和第40条(一)、(二)项规定的无过失性辞退情形,续订劳动合同的。

(3)推定签订。用人单位自用工之日起满1年不与劳动者订立书面劳动合同的,视为用人单位与劳动者已订立无固定期限劳动合同。

3.以完成一定工作任务为期限的劳动合同

以完成一定工作任务为期限的劳动合同,是指用人单位与劳动者约定以某项工作的完成为合同期限的劳动合同。当该项工作完成后,劳动合同即告终止。

二、劳动合同的订立

(一)劳动合同形式与订立时间

建立劳动关系,应当订立书面劳动合同;已建立劳动关系,未同时订立书面劳动合同的,应在用工之日起1个月内订立书面劳动合同。当事人双方在用工之前订立劳动合同的,劳动关系自用工之日起建立。(《劳动合同法》第10条)

(二)不签订书面劳动合同的后果(《劳动合同法实施条例》第5—7条)

1.用人单位

(1)用人单位自用工之日起超过1个月不满1年未与劳动者订立书面劳动合同的,应当向劳动者每月支付两倍的工资,并与劳动者补订书面劳动合同。每月支付两倍工资的起算时间为用工之日起满一个月的次日,截止时间为补订书面劳动合同的前一日。

(2)用人单位自用工之日起满1年未与劳动者订立书面劳动合同的,自用工之日起满一个月的次日至满1年的前一日应当向劳动者每月支付两倍的工资,并视为自用工之日起满一年的当日已经与劳动者订立无固定期限劳动合同,应当立即与劳动者补订书面劳动合同。

2.劳动者

(1)自用工之日起1个月内,经用人单位书面通知后,劳动者不与用人单位订立书面劳动合同的,用人单位应当书面通知劳动者终止劳动关系,无需向劳动者支付经济补偿,但是应当依法向劳动者支付其实际工作时间的劳动报酬。

(2)自用工之日起超过1个月不满1年,劳动者不与用人单位订立书面劳动合同的,用人单位应当书面通知劳动者终止劳动关系,并支付经济补偿。

三、劳动合同的条款

(一)劳动合同的必备条款

必备条款是法律规定劳动合同必须具备的条款,它是生效劳动合同所必须具备的条款。必备条款的不完善,会导致合同的不能成立。向劳动者提供载明法律规定的必备条款的劳动合同文本是用人单位的法定义务,不履行这一义务用人单位将承担行政责任和赔偿责任。

必备条款包括:用人单位的名称、住所和法定代表人或者主要负责人;劳动者的姓名、住址和居民身份证或者其他有效身份证件号码;劳动合同期限;工作内容和工作地点;工作时间和休息休假;劳动报酬;社会保险;劳动保护、劳动条件和职业危害防护;法律、法规规定应当纳入劳动合同的其他事项。(《劳动合同法》第17条)

劳动合同对劳动报酬和劳动条件等标准约定不明确,引发争议的,用人单位与劳动者可以重新协商;协商不成的,适用集体合同规定;没有集体合同或者集体合同未规定劳动报酬的,实行同工同酬;没有集体合同或者集体合同未规定劳动条件等标准的,适用国家有关规定。(《劳动合同法》第18条)

(二)劳动合同的可备条款

除必备条款外,用人单位与劳动者可以约定试用期、培训、保守秘密、补充保险和福利待遇等其他事项。

1.试用期

试用期最长不得超过6个月,并包含在劳动合同期限内。具体规定如下:

表15-1 试用期的规定

劳动合同期限	试用期
以完成一定工作任务为期限及不满三个月	不得约定
3个月以上不满1年	不得超过1个月
1年以上不满3年	不得超过2个月
3年以上和无固定期限	不得超过6个月

同一用人单位与同一劳动者只能约定一次试用期。

合同仅约定试用期的,试用期不成立,该期限为劳动合同期限。

劳动者在试用期的工资不得低于本单位相同岗位最低档工资或者劳动合同约定工资的80%,并不得低于用人单位所在地的最低工资标准。

在试用期中,除有证据证明劳动者不符合录用条件、劳动者有违规违纪违法行为,不能胜任工作等情形外,用人单位不得解除劳动合同。用人单位试用期解除劳动合同的,应向劳动者说明理由。

用人单位违反《劳动合同法》规定与劳动者约定试用期的,由劳动行政部门责令改正;违法约定的试用期已经履行的,由用人单位以劳动者试用期满月工资为标准,按已经履行的超过法定试用期的期间向劳动者支付赔偿金。(《劳动合同法》第19—21、83条)

2.培训与服务期

用人单位为劳动者提供专项培训费用,对其进行专业技术培训的,可以与劳动者约定服务期。

劳动者违反服务期约定的,应按照约定向用人单位支付违约金,违约金的数额不得高于用人单位提供的培训费,用人单位要求劳动者支付的违约金不得超过服务期尚未履行部分所应分摊的培训费用。但由于用人单位有违法、违约行为而迫使劳动者在服务期未满的情况下辞职的,不属于违反服务期的约定,用人单位不得要求劳动者支付违约金,劳动者也无须向用人单位支付违约金。

用人单位与劳动者约定服务期的,不影响按照正常的工资调整机制提高劳动者在服务期期间的劳动报酬。

劳动合同期满,但是用人单位与劳动者约定的服务期尚未到期的,劳动合同应当续延至服务期满;双方另有约定的,从其约定。(《劳动合同法》第22条、《劳动合同法实施条例》第17条)

3.保密和竞业限制条款

用人单位与劳动者可以在劳动合同中约定保守用人单位的商业秘密和与知识产权相关的保密事项。劳动者因违反约定保密事项给用人单位造成损失的,应承担赔偿责任。

对负有保密义务的劳动者,用人单位可以在劳动合同或者保密协议中与劳动者约定竞业限制条款,并约定在解除或者终止劳动合同后,在竞业限制期限内按月给予劳动者经济补偿。劳动者违反竞业限制约定的,应当按照约定向用人单位支付违约金。(竞业限制指劳动者在劳动关系存续期间或在解除、终止劳动合同后的一定期限内不得到与本单位生产或者经营同类产品、从事同类业务的有竞争关系的其他用人单位,或者自己开业生产或者经营同类产品、从事同类业务;竞业限制的人员限于用人单位的高级管理人员、高级技术人员和其他负有保密义务的人员)

在解除或者终止劳动合同后,竞业限制的期限最长不得超过2年。(《劳动合同法》第23、24条)

4.违约金条款

《劳动合同法》对违约金条款进行限制,规定只有在用人单位与劳动者约定服务期限、约定保守用人单位的商业秘密和与知识产权相关的保密事项、约定竞业限制条款时,才能与劳动者约定违约金。(即只有在上述第2、3点的情况中可以约定违约金)

四、劳动合同的效力

(一)劳动合同的生效

劳动合同由用人单位与劳动者协商一致,并经用人单位与劳动者在劳动合同文本上签字或者盖章生效。如双方当事人约定劳动合同须公证方可生效,则其生效时间始于公证之日(公证采取自愿原则)。

(二)劳动合同的无效

劳动合同的无效是指当事人违反法律、法规,订立的不具有法律效力的合同。劳动合同的无效有下列情形:以欺诈、胁迫的手段或者乘人之危,使对方在违背真实意思的情况下订立或者变更劳动合同的;用人单位免除自己的法定责任、排除劳动者权利的;违反法律、行政法规强制性规定的。

对劳动合同的无效或者部分无效有争议的,由劳动争议仲裁机构或者人民法院确认。(《劳动合同法》第26条)

(三)无效劳动合同的法律后果

(1)停止履行。无效的劳动合同,从订立时起,就没有法律效力。劳动合同被确认为无效后,正在履行的应当停止履行。尚未履行的不再履行。

(2)劳动合同部分无效,不影响其他部分效力的,其他部分仍然有效。

(3)支付劳动报酬、经济补偿、赔偿金。劳动合同被确认无效,劳动者已付出劳动的,用人单位应当向劳动者支付劳动报酬。劳动报酬的数额,参照本单位相同或者相近岗位劳动者的劳动报酬确定。

对不具有合法经营资格的用人单位,劳动者已经付出劳动的,该单位或者出资人应向劳动者支付报酬、经济补偿、赔偿金;给劳动者造成损害的,应当承担赔偿责任。

(4)劳动合同被确认无效,给对方造成损害的,有过错的一方应当承担赔偿责任。

五、劳动合同的履行和变更(《劳动合同法》第三章)

劳动合同的履行应贯彻亲自履行、全面履行、协作履行的原则。当事人协商一致,可以变更合同约定的内容,变更合同应采用书面形式。

法律重点规范用人单位一方,具体内容是:用人单位应按合同约定和国家规定,向劳动者及时足额支付劳动报酬。拖欠或者未足额支付劳动报酬的,劳动者可以向当地法院申请支付令;用人单位应严格执行劳动定额标准,不得强迫或者变相强迫劳动者加班,用人单位安排加班的,应按规定支付加班费;劳动者拒绝用人单位管理人员违章指挥、强令冒险作业的,不视为违反劳动合同;用人单位变更名称、法定代表人、主要负责人或者投资人等事项,不影响劳动合同的履行;用人单位发生合并、分立等情况,原劳动合同继续有效,由承继其权利和义务的用人单位继续履行。

六、劳动合同的解除和终止(《劳动合同法》第四章)

(一)劳动合同的解除

1. 双方协商解除劳动合同

用人单位与劳动者协商一致,可以解除劳动合同。

2. 劳动者单方解除劳动合同

劳动者解除劳动合同有两种情况:即时解除和预告解除。

(1)即时解除。用人单位有下列情形之一的,劳动者可以即时解除合同:未按照劳动合同约定提供劳动保护或者劳动条件的;未及时足额支付劳动报酬的;未依法为劳动者缴纳社会保险费的;用人单位的规章制度违反法律、法规的规定,损害劳动者权益的;以欺诈、胁迫的手段或者乘人之危使劳动者在违背真实意思的情况下订立或者变更合同,免除自己的法定责任、排除劳动者权利,违反法律、行政法规强制性规定致使合同无效的;法律、行政法规规定劳动者可以解除劳动合同的其他情形。(这些单方解除情形仍需提前通知用人单位,但不需提前30天)

用人单位以暴力、威胁或者非法限制人身自由的手段强迫劳动者劳动的,或者用人单位违章指挥、强令冒险作业危及劳动者人身安全的,劳动者可以立即解除劳动合同,不需事先告知用人单位,即该种情况下劳动者可以不辞而别。

(2)预告解除。劳动者除即时解除的情形外,需提前30天以书面形式通知用人单位解除合同。劳动者在试用期内的须提前三天通知用人单位,通知的方式可以是口头也可以是书面。

3. 用人单位单方解除劳动合同

(1)用人单位单方解除合同有三种情况:即时解除、预告解除、裁员解除。

①即时解除,也是过错性解除,即在劳动者有过错性情形时,用人单位有权单方解除劳动合同。这种解除用人单位无须提前通知劳动者,只要符合法定情形,用人单位可随时通知劳动者解除合同。

即时解除合同的情形有:在试用期间被证明不符合录用条件的。(这里必须是被证明不符合录用条件,若不具备这一点而仅仅是因为在试用期内,则不得即时解除合同);严重违反用人单位规章制度的(这里强调"严重",若是一般的违反则不构成即时解除合同的条件);严重失职,营私舞弊,对用人单位利益造成重大损害的(这里强调损害必须是重大的);劳动者同时与其他用人单位建立劳动关系,对完成本单位的工作任务造成严重影响,或者经用人单位提出,拒不改正的(强调严重影响,或者影响不大,但经用人单位提出后拒不改正);以欺诈、胁迫的手段或者乘人之危使单位在违背真实意思的情况下订立或者变更合同致使合同无效的;被依法追究刑事责任的(仅限于刑事责任,若是行政责任则不得即时解除合同)。

②需预告的解除,也是非过错性解除,即劳动者本人无过错,但由于主客观原因致使劳动合同无法履行。这种解除用人单位需提前30天以书面形式通知劳动者本人或者额外支付劳动者1个月的工资,才能解除劳动合同。

需预告解除合同的情形有:劳动者患病或者非因工负伤,在规定的医疗期满后不能从事原工作,也不能从事用人单位另行安排的工作的(若仅仅是不能从事原工作、而未安排其他工作则不能通知解除合同;若是因工负伤不能从事原工作也不能从事用人单位另行安排的工作的,也不能通知解除合同;劳动者患病期间、非因工负伤期间,不得通知解除合同);劳动者不能胜任工作,经过培训或者调整工作岗位,仍不能胜任工作的(若仅仅是不能胜任工作,而未为劳动者提供培训机会或调整工作岗位,则不能通知解除合同);劳动合同订立时所依据的客观情况发生重大变化,致使原来的合同无法履行,经当事人协商不能就变更合同达成协议的。

③裁员解除。裁员解除劳动合同是用人单位要与一批劳动者同时解除合同。在下列情形下,需要裁减人员20人以上或者不足20人但占企业职工总数10%以上的,用人单位应提前30天向工会或者全体职工说明情况,听取工会或者职工的意见后,裁减人员方案经向劳动行政部门报告,可以裁减人员:依照破产法规定进行重整的;生产经营发生严重困难的;企业转产、重大技术革新或者经营方式调整,经变更劳动合同后,仍需裁减人员的;其他因合同订立时所依据的客观经济情况发生重大变化,致使劳动合同无法履行的。

裁减人员时,应当优先留用下列人员:与本单位订立较长期限的固定期限劳动合同的;与本单位订立无固定期限劳动合同的;家庭无其他就业人员,有需要扶养的老人或者未成年人的。

用人单位在上述四种情形下裁减人员,在6个月内重新招用人员的,应当通知被裁减的人员,并在同等条件下优先招用被裁减的人员。

(2)用人单位不得解除劳动合同的情形。劳动者有下列情形之一的,用人单位不得预告解除合同、不得裁员解除合同,但不影响即时解除合同:从事接触职业病危害作业的劳动者未进行离岗前职业健康检查,或者疑似职业病病人在诊断或者医学观察期间的;在本单位患职业病或者因工负伤并被确认丧失或者部分丧失劳动能力的;患病或者非因工负伤,在规定的医疗期内的;女职工在孕期、产期、哺乳期的;在本单位连续工作满15年,且距法定退休年龄不足5年的;法律、行政法规规定的其他情形。

(3)用人单位解除劳动合同时工会的作用。用人单位单方解除劳动合同,应当事先将理由通知工会。用人单位违反法律、行政法规规定或者劳动合同约定的,工会有权要求用人单位纠正。用人单位应当研究工会的意见,并将处理结果书面通知工会。用人单位解除劳动合同,工会认为不适当的,有权提出意见;劳动者申请仲裁或者提起诉讼的,工会应当给予支持和帮助。

(二)劳动合同的终止

劳动合同终止是指符合法律规定和当事人约定的情形下,劳动合同的效力即行终止。劳动合同终止的情形有:劳动合同期满的;劳动者开始依法享受基本养老保险待遇的;劳动者达到法定退休年龄的;劳动者死亡,或者被人民法院宣告死亡或者宣告失踪的;用人单位被依法宣告破产的;用人单位被吊销营业执照、责令关闭、撤销或者用人单位决定提前解散的;法律、行政法规规定的其他情形。

劳动合同期满,有用人单位不得解除合同的情形之一的,劳动合同应当续延至相应的情形消失时终止。但是,在本单位患职业病或者因工负伤并被确认丧失或者部分丧失劳动能力劳动者的劳动合同的终止,按照国家有关工伤保险的规定执行。

(三)经济补偿金

1.法定情形

经济补偿是保障劳动者权益的一项法律手段,是用人单位的法定义务。有下列情形之一的,用人单位应当向劳动者支付经济补偿:①劳动者即时解除劳动合同的;②用人单位与劳动者协商解除劳动合同,由用人单位一方向劳动者提出解除劳动合同要求的;③用人单位预告解除劳动合同的;④用人单位裁员解除劳动合同的;⑤除用人单位维持或者提高劳动合同约定条件续订劳动合同,劳动者不同意续订的情形外,劳动合同期满终止固定期限劳动合同的;⑥因用人单位破产、被吊销营业执照、责令关闭、撤销或者用人单位决定提前解散而终止劳动合同的;⑦法律、行政法规规定的其他情形。

劳动者预告解除合同、用人单位即时解除合同不存在经济补偿的问题。

2.补偿标准

经济补偿按劳动者在本单位工作的年限,每满1年支付1个月工资的标准向劳动者支付。6个月以上不满1年的,按1年计算;不满6个月的,向劳动者支付半个月工资的经济补偿。月工资是指劳动者在劳动合同解除或者终止前12个月的平均工资。

劳动者月工资高于用人单位所在直辖市、设区的市级政府公布的本地区上年度职工月平均工资3倍的,向其支付经济补偿的标准按职工月平均工资3倍的数额支付,向其支付经济补偿的年限最高不超过12年。

(四)用人单位违法解除或者终止合同的后果

用人单位违反法律规定解除或者终止劳动合同,劳动者要求继续履行劳动合同的,用人单位应当继续履行;劳动者不要求继续履行劳动合同或者劳动合同已经不能继续履行的,用人单位应当按照依法支付经济补偿标准的2倍向劳动者支付赔偿金。

(五)用人单位解除或者终止合同时的义务

(1)出具证明并办理转移手续义务。用人单位应当在解除或者终止合同时出具解除或者终止合同的证明,并在15日内为劳动者办理档案和社会保险关系转移手续。

(2)支付经济补偿金义务。用人单位依法应当向劳动者支付经济补偿的,应在劳动者办结工作交接时支付。经济补偿应一次性支付。

(3)保存文本义务。用人单位对已经解除或者终止的劳动合同的文本,至少保存2年备查。

七、集体合同(《劳动合同法》第五章第一节)

(一)集体合同的订立

集体合同是由工会或职工推举的代表,代表职工一方与用人单位就集体劳动关系中全体劳动者的劳动报酬、工作时间、休息休假、劳动安全卫生、保险福利等事项在平等协商一致的基础上达成的协议。集体合同的突出特点是合同的主体一方是劳动者的团体组织——工会或是职工推荐的代表。建立有工会的,主体一方不允许是职工推荐的代表;没有建立工会的,才能是职工推举的代表。上级工会应对职工推举的代表进行指导。

集体合同适用于企业和实行企业化管理的事业单位及其全体职工。集体合同必须采用书面形式。

企业职工一方与用人单位可以订立劳动安全卫生、女职工权益保护、工资调整机制等专项集体合同;在县级以下区域内,建筑业、采矿业、餐饮服务业等行业可以由工会与企业方面代表订立行业性集体合同,或者订立区域性集体合同。

需要注意的是:集体合同、专项集体合同、行业性集体合同、区域性集体合同,并非必须订立。如果订立合同,集体合同、专项集体合同由用人单位与职工组建的工会订立;行业性集体合同、区域性集体合同由行业工会或者所在地工会与企业方面的代表订立。

(二)集体合同的生效

集体合同签订后,必须要报送劳动行政部门,劳动行政部门自收到集体合同之日起15日内未提出异议的,集体合同生效,对用人单位及用人单位的全体职工具有约束力。就是说,集体合同签订后并不马上生效,这一点与劳动合同不同。而合同一经生效,不管个体职工在合同订立时是赞成还是反对,均受合同的约束;行业性、区域性集体合同对当地本行业、本区域的用人单位和劳动者具有约束力。

集体合同中劳动报酬和劳动条件等标准不得低于当地政府规定的最低标准;用人单位与劳动者订立的劳动合同中劳动报酬和劳动条件等标准不得低于集体合同规定的标准。

(三)集体合同争议的解决

1. 签订集体合同发生争议的解决

因签订集体合同发生争议,当事人应协商解决,协商解决不成的,由劳动行政部门组织各方协调处理。这种争议不能采用仲裁或诉讼的方式。

2. 履行集体合同发生争议的解决。因履行集体合同发生争议的,当事人协商解决不成的,可以向劳动争议仲裁委员会申请仲裁,对裁决不服的,可以自收到裁决书之日起15日内向法院起诉。就是说,这种争议必须先协商、再仲裁,对裁决不服才能提起诉讼。仲裁机构为劳动争议仲裁委员会,劳动仲裁与一般民事仲裁不同,民事上或裁或审、裁审择一的规定,在劳动法中不适用。

用人单位违反集体合同,侵犯职工劳动权益的,工会可以依法要求用人单位承担责任;因履行集体合同发生争议,经协商解决不成的,工会可以依法申请仲裁、提起诉讼。

八、劳务派遣(《劳动合同法》第五章第二节)

劳务派遣是指派遣单位根据用工单位的要求,与用工单位签订劳务派遣协议,将与之建立劳动关系的劳动者派往用工单位,被派遣劳动者在用工单位的指挥和管理下提供劳动,派遣单位从用工单位获取派遣费,并向被派遣劳动者支付劳动报酬的一种用工形式。劳务派遣一般在临时性、辅助性或者替代性的工作岗位上实施(临时性工作岗位是指存续时间不超过6个月的岗位;辅助性工作岗位是指为主营业务岗位提供服务的非主营业务岗位;替代性工作岗位是指用工单位的劳动者因脱产学习、休假等原因无法工作的一定期间内,可以由其他劳动者替代工作的岗位)。

劳务派遣关系中涉及三方主体:派遣单位(用人单位)、接受以劳务派遣形式用工的单位(用工单位)、劳动者。劳务派遣的最大特点在于劳动力"雇用"与"使用"相分离,形成"有关系无劳动,有劳动无关系"的特殊形态。

(一)劳务派遣单位

经营劳务派遣业务应当具备下列条件:注册资本不得少于人民币200万元;有与开展业务相适应的固定的经营场所和设施;有符合法律、行政法规规定的劳务派遣管理制度;法律、行政法规规定的其他条件。

经营劳务派遣业务,应当向劳动行政部门依法申请行政许可;经许可的,依法办理相应的公司登记。未经许可,任何单位和个人不得经营劳务派遣业务。

劳务派遣单位是《劳动合同法》所称用人单位,应当履行用人单位对劳动者的义务。劳务派遣单位与被派遣劳动者订立的劳动合同,除应当载明必备条款外,还应当载明被派遣劳动者的用工单位以及派遣期限、工作岗位等情况。

劳务派遣单位应当与被派遣劳动者订立2年以上的固定期限劳动合同,按月支付劳动报酬;被派遣劳动者在无工作期间,劳务派遣单位应当按照所在地人民政府规定的最低工资标准,向其按月支付报酬。

劳务派遣单位不得克扣用工单位按照劳务派遣协议支付给被派遣劳动者的劳动报酬。劳务派遣单位跨地区派遣劳动者的,被派遣劳动者享有的劳动报酬和劳动条件,按照用工单位所在地的标准执行。

(二)劳务派遣协议

劳务派遣单位派遣劳动者应当与接受以劳务派遣形式用工的单位(即用工单位)订立劳务派遣协议。劳务派遣协议应当约定派遣岗位和人员数量、派遣期限、劳动报酬和社会保险费的数额与支付方式以及违反协议的责任。

用工单位应当根据工作岗位的实际需要与劳务派遣单位确定派遣期限,不得将连续用工期限分割订立数个短期劳务派遣协议。

劳务派遣单位应当将劳务派遣协议的内容告知被派遣劳动者;被派遣劳动者有知情权。

(三)用工单位的义务

用工单位应当履行下列义务:执行国家劳动标准,提供相应的劳动条件和劳动保护;告知被派遣劳动者的工作要求和劳动报酬;支付加班费、绩效奖金,提供与工作岗位相关的福利待遇;对在岗被派遣劳动者进行工作岗位所必需的培训;连续用工的,实行正常的工资调整机制;不得将被派遣劳动者再派遣到其他用人单位;不得设立劳务派遣单位向本单位或者所属单位派遣劳动者;用工单位应当严格控制劳务派遣用工数量,不得超过其用工总量的一定比例。

【注意】被派遣劳动者的工资报酬由用人单位支付,加班费、绩效奖金由用工单位支付。

(四)被派遣劳动者的权利

(1)被派遣劳动者享有与用工单位的劳动者同工同酬的权利。用工单位应当按照同工同酬原则,对被派遣劳动者与本单位同类岗位的劳动者实行相同的劳动报酬分配办法。用工单位无同类岗位劳动者的,参照用工单位所在地相同或者相近岗位劳动者的劳动报酬确定。

(2)被派遣劳动者有权在劳务派遣单位或者用工单位依法参加或者组织工会,维护自身的合法权益。

(3)被派遣劳动者可以与劳务派遣单位协商解除劳动合同,可以在出现即时解除劳动合同情形时单方即时解除劳动合同。

当被派遣劳动者出现用人单位即时解除合同情形或者用人单位预告解除合同的前两项情形时,用工单位可以将劳动者退回劳务派遣单位,劳务派遣单位可以与劳动者解除合同。

九、非全日制用工(《劳动合同法》第五章第三节)

非全日制用工,是指以小时计酬为主,劳动者在同一用人单位一般平均每日工作时间不超过4小时,每周工作时间累计不超过24小时的用工形式。非全日制用工双方当事人可以不订立书面劳动合同,可以订立口头协议,但不得约定试用期。

从事非全日制用工的劳动者可以与一个或者一个以上用人单位订立劳动合同;但是,后订立的劳动合同不得影响先订立的劳动合同的履行。非全日制用工双方当事人任何一方都可以随时通知对方终止用工。终止用工,用人单位不向劳动者支付经济补偿。

非全日制用工小时计酬标准不得低于用人单位所在地政府规定的最低小时工资标准,劳动报酬结算支付周期最长不得超过15日。

十、违反劳动合同法的法律责任(《劳动合同法》第七章)

(一)用人单位的法律责任

(1)用人单位直接涉及劳动者切身利益的规章制度违反法律、法规规定的,由劳动行政部门责令改正,给予警告;给劳动者造成损害的,应当承担赔偿责任。

(2)用人单位提供的劳动合同文本未载明劳动合同必备条款或者用人单位未将劳动合同文本交付劳动者的,由劳动行政部门责令改正;给劳动者造成损害的,应当承担赔偿责任。

(3)用人单位自用工之日起超过1个月不满1年未与劳动者订立书面劳动合同的,应当向劳动者每月支付2倍的工资。

用人单位违反规定不与劳动者订立无固定期限劳动合同的,自应当订立无固定期限劳动合同之日起向劳动者每月支付2倍的工资。

(4)用人单位违反规定与劳动者约定试用期的,由劳动行政部门责令改正;违法约定的试用期已经履行的,由用人单位以劳动者试用期满月工资为标准,按已经履行的超过法定试用期的期间向劳动者支付赔偿金。

(5)用人单位违反规定,扣押劳动者居民身份证等证件的,由劳动行政部门责令限期退还劳动者本人,并依照有关法律规定给予处罚。

用人单位违反本法规定,以担保或者其他名义向劳动者收取财物的,由劳动行政部门责令限期退还劳动者本人,并以每人500元以上2000元以下的标准处以罚款;给劳动者造成损害的,应当承担赔偿责任。

劳动者依法解除或者终止劳动合同,用人单位扣押劳动者档案或者其他物品的,依照前述规定处罚。

(6)用人单位有下列情形之一的,由劳动行政部门责令限期支付劳动报酬、加班费或者经济补偿;劳动报酬低于当地最低工资标准的,应当支付其差额部分;逾期不支付的,责令用人单位按应付金额50%以上100%以下的标准向劳动者加付赔偿金:①未按照劳动合同的约定或者国家规定及时足额支付劳动者劳动报酬的;②低于当地最低工资标准支付劳动者工资的;③安排加班不支付加班费的;④解除或者终止劳动合同,未依照规定向劳动者支付经济补偿的。

(7)用人单位违反规定解除或者终止劳动合同的,应当依照《劳动合同法》第47条规定的经济补偿标准的2倍向劳动者支付赔偿金。

劳动者不能同时主张继续履行合同和赔偿金;用人单位支付了赔偿金的,不再支付经济补偿。

(8)用人单位有下列情形之一的,依法给予行政处罚;构成犯罪的,依法追究刑事责任;给劳动者造成损害的,应当承担赔偿责任:①以暴力、威胁或者非法限制人身自由的手段强迫劳动的;②违章指挥或者强令冒险作业危及劳动者人身安全的;③侮辱、体罚、殴打、非法搜查或者拘禁劳动者的;④劳动条件恶劣、环境污染严重,给劳动者身心健康造成严重损害的。

(9)用人单位违反规定未向劳动者出具解除或者终止劳动合同的书面证明,由劳动行政部门责令改正;给劳动者造成损害的,应当承担赔偿责任。

(10)对不具备合法经营资格的用人单位的违法犯罪行为,依法追究法律责任;劳动者已经付出劳动的,该单位或者其出资人应当依照规定向劳动者支付劳动报酬、经济补偿、赔偿金；给劳动者造成损害的，应当承担赔偿责任。

（11）违反法律规定，未经许可，擅自经营劳务派遣业务的，由劳动行政部门责令停止违法行为，没收违法所得，并处违法所得一倍以上五倍以下的罚款；没有违法所得的，可以处五万元以下的罚款。

（二）连带赔偿责任

（1）用人单位招用与其他用人单位尚未解除或者终止劳动合同的劳动者，给其他用人单位造成损失的，应当承担连带赔偿责任。

（2）劳务派遣单位、用工单位违反法律有关劳务派遣规定的，由劳动行政部门责令限期改正；逾期不改正的，以每人1000元以上5000元以下的标准处以罚款，对劳务派遣单位，吊销其劳务派遣业务经营许可证。用工单位给被派遣劳动者造成损害的，劳务派遣单位与用工单位承担连带赔偿责任。

（3）个人承包经营违反法律规定招用劳动者，给劳动者造成损害的，发包的组织与个人承包经营者承担连带赔偿责任。

第三节　劳动基准法

一、工作时间和休息休假（《劳动法》第四章）

（一）工作时间的概念和种类

工作时间又称劳动时间，是指法律规定的劳动者在一昼夜和一周内从事劳动的时间。

1. 标准工作时间

我国的标准工时为劳动者每日工作不超过8小时，每周工作不超过44小时，在1周（7日）内工作5天。对实行计件工作的劳动者，用人单位应当根据标准工时制度合理确定其劳动定额和计件报酬标准。

2. 缩短工作时间

缩短工作时间指法律规定的在特殊情况下劳动者的工作时间长度少于标准工作时间的工时制度。适用于：①从事矿山井下、高山、有毒有害、特别繁重或过度紧张等作业的劳动者；②从事夜班工作的劳动者；③哺乳期内的女职工。

3. 延长工作时间

超过标准工作时间的工作时长必须符合法律、法规规定。

4. 不定时工作时间和综合计算工作时间

存在不定时工作时间和综合计算工作时间的情况下，用人单位应与工会和劳动者协商，履行审批手续。

（二）休息休假的概念和种类

休息休假是指劳动者为行使休息权在国家规定的法定工作时间以外，不从事生产或工作而自行支配的时间。

（1）用人单位应当保证劳动者每周至少休息一日。

（2）休假的种类：①法定节假日；②探亲假；③年休假。国家实行带薪年休假制度，劳动者连续工作1年以上的，享受带薪年休假。职工在年休假期间享受与正常工作期间相同的工资收入。职工累计工作已满1年不满10年的，年休假5天；已满10年不满20年的，年休假10天；已满20年的，年休假15天。国家法定休假日、休息日不计入年休假的假期。单位确因工作需要不能安排职工休年休假的，经职工本人同意，可以不安排职工休年休假。对职工应休未休的年休假天数，单位应当按照该职工日工资收入的300%支付年休假工资报酬。

（三）加班、加点的主要法律规定

1. 一般情况下的延长工作时间

若由于生产经营的需要延长工作时间，须与工会和劳动者协商，一般每天不得超过1小时;因特殊原因需要延长工作时间的,在保障劳动者身体健康的条件下每日不得超过3小时,每月合计不得超过36小时。

2. 特殊情况下的延长工作时间

特殊情况下的延长工作时间不需要与工会和劳动者协商,也不受一般情况下延长工作时间的时数限制。这里的特殊情况是指:①发生自然灾害、事故或者其他原因,威胁劳动者生命健康和财产安全,需要紧急处理的;②生产设备、交通运输线路、公共设施发生故障,影响生产和公共利益,必须及时抢修的;③在法定假日和公休假日内工作不能间断,必须连续生产、运输或者营业的;④必须利用法定节假日或公休日的停产时间进行设备检修、保养的;⑤为了完成国防紧急生产任务,或者完成上级在国家计划外安排的其他紧急生产任务,以及商业、供销企业在旺季完成的收购、运输、加工农副产品紧急任务的;⑥法律、行政法规规定的其他情形。

3. 加班的工资标准

①安排劳动者延长工作时间的,支付不低于工资的150%的工资报酬;②休息日安排劳动者工作又不能安排补休的,支付不低于200%的工资报酬;③法定假日安排劳动者工作的,支付不低于300%的工资报酬。

二、工资制度(《劳动法》第五章)

(一)工资的概念和特征

工资是指用人单位依据国家有关规定和集体合同、劳动合同约定的标准,根据劳动者提供劳动的数量和质量,以货币形式支付给劳动者的劳动报酬。

工资具有如下特征:工资是基于劳动关系而对劳动者付出劳动的物质补偿;工资标准必须是事先规定的,事先规定的形式可以是工资法规、工资政策、集体合同、劳动合同;工资须以法定货币形式定期支付给劳动者本人;工资的支付是以劳动者提供的劳动数量和质量为依据的。

(二)工资分配原则

工资分配应当遵循按劳分配为主体、多种分配方式并存原则,实行同工同酬。

国家对工资总量实行宏观调控。工资水平在经济发展的基础上应逐步提高。

(三)工资支付保障

工资应当以货币形式按月支付给劳动者本人,不得克扣或者无故拖欠劳动者的工资。

劳动者在法定休假日和婚丧假期间以及依法参加社会活动期间,用人单位应当依法支付工资。《工资支付暂行规定》第5、6、7、11、14、15、16条规定了工资支付保障的具体内容。

(四)最低工资保障

国家实行最低工资保障制度。最低工资的具体标准由省级人民政府规定,报国务院备案。

用人单位支付劳动者的工资不得低于当地最低工资标准。

确定和调整最低工资标准应当综合参考下列因素:劳动者本人及平均赡养人口的最低生活费用;社会平均工资水平;劳动生产率;就业状况;地区之间经济发展水平的差异。

最低工资不包括下列各项:加班加点工资;中班、夜班、高温、低温、井下、有毒有害等特殊工作环境条件下的津贴;国家法律、法规和政策规定的劳动者保险、福利待遇;用人单位通过贴补伙食、住房等支付给劳动者的非货币性收入。

三、职业安全卫生法(《劳动法》第六、七章)

职业安全卫生法是指以保护劳动者在职业劳动过程中的安全和健康为宗旨,以劳动安全卫生规则等为内容的法律规范的总称。职业安全卫生法的立法目的是减少和避免因工伤亡事故以及职业危害、职业中毒和职业病。

（一）女职工的特殊劳动保护

禁止安排女职工从事矿山井下、国家规定的第四级体力劳动强度的劳动和其他禁忌从事的劳动。

不得安排女职工在经期从事高处、低温、冷水作业和国家规定的第三级体力劳动强度的劳动。

不得安排女职工在怀孕期间从事国家规定的第三级体力劳动强度的劳动和孕期禁忌从事的劳动。对怀孕7个月以上的女职工，不得安排其延长工作时间和夜班劳动。

女职工生育享受不少于90天的产假。

不得安排女职工在哺乳未满1周岁的婴儿期间从事国家规定的第三级体力劳动强度的劳动和哺乳期禁忌从事的其他劳动，不得安排其延长工作时间和夜班劳动。

（二）未成年工的特殊劳动保护

未成年工是指年满16周岁未满18周岁的劳动者。

不得安排未成年工从事矿山井下、有毒有害、国家规定的第四级体力劳动强度的劳动和其他禁忌从事的劳动。

用人单位应当对未成年工定期进行健康检查。

第四节　劳动争议

一、劳动争议的概念和分类

劳动争议是用人单位与劳动者之间因执行劳动法律、法规、确立劳动关系或者劳动合同等方面而发生的争议。

劳动争议分为个人劳动争议和集体劳动争议。发生争议的劳动者在3人以上并有共同请求的为集体劳动争议。发生劳动争议的劳动者一方在10人以上并有共同请求的，可以推选代表参加调解、仲裁或者诉讼。

劳动争议包括：因确认劳动关系发生的争议；因订立、履行、变更、解除和终止劳动合同发生的争议；因除名、辞退和辞职、离职发生的争议；因工作时间、休息休假、社会保险、福利、培训以及劳动保护发生的争议；因劳动报酬、工伤医疗费、经济补偿或者赔偿金等发生的争议；法律、法规规定的其他劳动争议。

二、劳动争议的处理机构

（一）劳动争议调解机构

劳动争议调解机构包括企业劳动争议调解委员会、依法设立的基层人民调解组织、在乡镇、街道设立的具有劳动争议调解职能的组织。

企业劳动争议调解委员会由职工代表和企业代表组成。职工代表由工会成员担任或者由全体职工推举产生，企业代表由企业负责人指定。企业劳动争议调解委员会主任由工会成员或者双方推举的人员担任。

（二）劳动争议仲裁机构

劳动争议仲裁机构即劳动争议仲裁委员会，是依法对劳动争议案件进行专门仲裁的机构。劳动争议仲裁委员会不按行政区划层层设立。

劳动争议仲裁委员会由劳动行政部门代表、工会代表和企业方面代表组成。

劳动争议由劳动合同履行地或者用人单位所在地的劳动争议仲裁委员会管辖。双方当事人分别向劳动合同履行地和用人单位所在地的劳动争议仲裁委员会申请仲裁的，由劳动合同履行地的劳动争议仲裁委员会管辖。

(三) 人民法院

人民法院是审理劳动争议案件的司法机构。我国尚未设立劳动法院或劳动法庭,由各级人民法院的民事审判庭审理劳动争议案件。

三、劳动争议的解决方式及处理程序(《劳动争议调解仲裁法》)

发生劳动争议,当事人不愿协商、协商不成或者达成和解协议后不履行的,可以向调解组织申请调解;不愿调解、调解不成或者达成调解协议后不履行的,可以向劳动争议仲裁委员会申请仲裁;对仲裁裁决不服的,除法律另有规定的外,可以向人民法院提起诉讼。由此规定可以看出:协商不是解决劳动争议的必经程序,由协商达成的和解协议,无必须履行的法律效力;调解也不是解决劳动争议的必经程序,经调解达成的调解协议一般情况下也不具备必须履行的法律效力。仲裁是解决劳动争议的必经程序,在一般的劳动争议中仲裁裁决不是终局的,当事人对裁决不服才能通过诉讼解决。

除上述解决方式外,劳动者对用人单位违反规定,拖欠或者未足额支付劳动报酬,或者拖欠工伤医疗费、经济补偿或者赔偿金的,还可以向劳动行政部门投诉,劳动行政部门应当依法处理。

(一) 协商

发生劳动争议,劳动者可以与用人单位协商,也可以请工会或者第三方共同与用人单位协商,达成和解协议。

(二) 调解

发生劳动争议,任何一方可以书面或者口头向调解组织申请调解。调解组织应自收到调解申请之日起15日内调解结束,15日内不能达成调解协议的,视为调解不成,任何一方可以依法申请仲裁。

经调解达成调解协议的,应制作调解书。该调解书由双方当事人签名或者盖章,经调解员签名或者加盖调解组织印章后生效,对双方当事人具有约束力,当事人应当履行。一方当事人在协议约定期限内不履行的,另一方当事人可以申请仲裁。但是,因支付拖欠劳动报酬、工伤医疗费、经济补偿或者赔偿金事项达成调解协议,用人单位在协议约定期限内不履行的,劳动者可以持调解协议书依法向法院申请支付令。法院应当依法发出支付令。

(三) 仲裁

仲裁是解决劳动争议的必经程序,未经申请仲裁不得提起诉讼。劳动争议仲裁的申请不以事先在劳动合同中有仲裁的条款或者在争议发生后达成仲裁的书面协议为条件;劳动争议仲裁不收费,劳动争议仲裁委员会的经费由财政予以保障。

1. 当事人

发生劳动争议的劳动者和用人单位为劳动争议仲裁案件的双方当事人。劳务派遣单位或者用工单位与劳动者发生劳动争议的,劳务派遣单位和用工单位为共同当事人。

2. 仲裁时效

劳动争议申请仲裁的时效期间为1年。劳动关系存续期间因拖欠劳动报酬发生争议的,劳动者申请仲裁不受1年仲裁时效期间的限制;但是,劳动关系终止的,应当自劳动关系终止之日起1年内提出。

3. 仲裁的申请与受理

申请人申请仲裁应当提交书面仲裁申请,并按照被申请人人数提交副本。

劳动争议仲裁委员会收到仲裁申请之日起5日内,认为符合受理条件的,应当受理,并通知申请人;认为不符合受理条件的,应当书面通知申请人不予受理,并说明理由。对劳动争议仲裁委员会不予受理或者逾期未作出决定的,申请人可以就该劳动争议事项向人民法院提起诉讼。

4. 开庭与裁决

仲裁机构裁决劳动争议案件实行仲裁庭制。

劳动争议仲裁贯彻先调解的原则，即仲裁庭在作出裁决前应当先行调解。调解达成协议的，仲裁庭应当制作调解书。调解书经双方当事人签收后，发生法律效力。

仲裁庭裁决劳动争议案件，应当自劳动争议仲裁委员会受理仲裁申请之日起45日内结束。案情复杂需要延期的，经劳动争议仲裁委员会主任批准，可以延期并书面通知当事人，但是延长期限不得超过15日。逾期未作出仲裁裁决的，当事人可以就该劳动争议事项向法院提起诉讼。

仲裁庭裁决劳动争议案件时，其中一部分事实已经清楚，可以就该部分先行裁决。仲裁庭对追索劳动报酬、工伤医疗费、经济补偿或者赔偿金的案件，根据当事人的申请，可以裁决先予执行，移送法院执行。仲裁庭裁决先予执行的，应当符合下列条件：①当事人之间权利义务关系明确；②不先予执行将严重影响申请人的生活。劳动者申请先予执行的，可以不提供担保。

裁决应当按照多数仲裁员的意见作出，少数仲裁员的不同意见应当记入笔录。仲裁庭不能形成多数意见时，裁决应当按照首席仲裁员的意见作出。裁决书由仲裁员签名，加盖劳动争议仲裁委员会印章。对裁决持不同意见的仲裁员，可以签名，也可以不签名。

5. 终局裁决

仲裁庭对追索劳动报酬、工伤医疗费、经济补偿或者赔偿金，不超过当地月最低工资标准12个月金额的争议；因执行国家的劳动标准在工作时间、休息休假、社会保险等方面发生的争议所作的裁决为终局裁决。裁决书自作出之日起发生法律效力。

但是，劳动者对终局裁决不服的，可以自收到仲裁裁决书之日起15日内向人民法院提起诉讼。这意味着，终局裁决是针对用人单位的，对劳动者而言，其接受就是最终裁决，不接受就不是最终裁决。

用人单位有证据证明最终仲裁裁决有下列情形之一的，可以自收到仲裁裁决书之日起30日内向劳动争议仲裁委员会所在地的中级人民法院申请撤销仲裁裁决：①适用法律、法规确有错误的；②劳动争议仲裁委员会无管辖权的；③违反法定程序的；④裁决所根据的证据是伪造的；⑤对方当事人隐瞒了足以影响公正裁决的证据的；⑥仲裁员在仲裁该案时有索贿受贿、徇私舞弊、枉法裁决行为的。法院经组成合议庭审查核实裁决有上述情形之一的，应当裁定撤销。仲裁裁决被法院裁定撤销的，当事人可以自收到裁定书之日起15日内就该劳动争议事项向法院提起诉讼。

（四）诉讼

劳动争议案件必须先申请仲裁，未经申请仲裁不得直接提起诉讼。当事人在如下情况下可以向法院提起诉讼：

（1）对劳动争议仲裁委员会不予受理或者逾期未作出受理决定的，申请人可以就该劳动争议事项向法院提起诉讼。

（2）仲裁庭逾期未作出仲裁裁决的，当事人可以就该劳动争议事项向法院提起诉讼。

（3）劳动者对"一裁终局"情形下的仲裁裁决不服的，可以自收到仲裁裁决书之日起15日内向人民法院提起诉讼。

（4）仲裁裁决被人民法院裁定撤销的，当事人可以自收到裁定书之日起15日内就该劳动争议事项向人民法院提起诉讼。

（5）当事人终局裁决以外的其他劳动争议案件的仲裁裁决不服的，可以自收到仲裁裁决书之日起15内向法院提起诉讼。期满不起诉的，裁决书发生法律效力。

第二章 社会保障法

第一节 社会保障法概述

一、社会保障法的概念

社会保障法是国家为维护社会安定和经济稳步发展而制定的,保障社会成员基本生活需要和经济发展享受权的各种法律规范的总称。

社会保障法的调整对象为社会保障关系,分为社会救助关系、社会保险关系、社会福利关系和优抚安置关系。

二、我国的社会保障立法

我国没有以社会保障法冠名的法律,现行社会保障立法主要有:《社会保险法》《军人保险法》《残疾人保障法》《妇女权益保障法》《老年人权益保障法》《未成年人保护法》等,在社会保障法中居于基本法地位的是《社会保险法》。

第二节 社会保险法

一、社会保险法的基本架构

(一)社会保险法的特点

社会保险法是指国家通过立法设立社会保险基金,使劳动者在暂时或永久丧失劳动能力以及失业时获得物质帮助和补偿的一种社会保障制度。社会保险是社会保障的基本形式,具有强制性、社会性、互济性、保障性、公平性和福利性特征。

我国的《社会保险法》是一部保障民生、促进社会和谐的重要法律,立法具有以下特点:

(1)公民参与、公民享有、公民监督。
(2)国家筹资、国家支持、国家监管。
(3)政府规划、政府管理、政府服务。

(二)社会保险法的基本原则

我国社会保险制度建设遵循以下基本原则:

(1)广覆盖、保基本、多层次、可持续的原则。
(2)社会保险水平与经济社会发展水平相适应原则。

二、社会保险法的基本制度

(一)社会保险费征缴制度

社会保险费是指在社会保险基金的筹集过程当中,用人单位及其职工按照规定的数额和期限向社会保险征收机构缴纳的费用,它是社会保险基金的最主要来源。

1. 社会保险费征缴属地登记

社会保险实行登记制度,分为用人单位社会保险登记和个人社会保险登记。

用人单位应当自成立之日起30日内凭营业执照、登记证书或者单位印章,向当地社会保险经办机构申请办理社会保险登记。用人单位应当自用工之日起30日内为其职工向社会保险经办机构申请办理社会保险登记。未办理社会保险登记的,由社会保险经办机构核定其应当缴纳的社会保险费。

自愿参加社会保险的无雇工的个体工商户、未在用人单位参加社会保险的非全日制从业人员以及其他灵活就业人员,应当向社会保险经办机构申请办理社会保险登记。

2.社会保险费属地征收与征收机构

县级以上人民政府加强社会保险费的征收工作。社会保险费由税务机关统一征收。

3.费款征收

用人单位应当自行申报、按时足额缴纳社会保险费,非因不可抗力等法定事由不得缓缴、减免。职工应当缴纳的社会保险费由用人单位代扣代缴,用人单位应当按月将缴纳社会保险费的明细情况告知本人。

无雇工的个体工商户、未在用人单位参加社会保险的非全日制从业人员以及其他灵活就业人员,可以直接向社会保险费征收机构缴纳社会保险费。

4.征收机构义务

社会保险费征收机构应当依法按时足额征收社会保险费,并将缴费情况定期告知用人单位和个人。

5.用人单位未申报缴费的处理

用人单位未按规定申报应当缴纳的社会保险费数额的,按照该单位上月缴费额的110%确定应当缴纳数额;缴费单位补办申报手续后,由社会保险费征收机构按照规定结算。

6.用人单位未足额缴费的惩治措施

用人单位未按时足额缴纳社会保险费的,由社会保险费征收机构责令其限期缴纳或者补足。逾期仍未缴纳或者补足社会保险费的,社会保险费征收机构可以向银行和其他金融机构查询其存款账户;并可以申请县级以上有关行政部门作出划拨社会保险费的决定,书面通知其开户银行或者其他金融机构划拨社会保险费。用人单位账户余额少于应当缴纳的社会保险费的,社会保险费征收机构可以要求该用人单位提供担保,签订延期缴费协议。

用人单位未足额缴纳社会保险费且未提供担保的,社会保险费征收机构可以申请人民法院扣押、查封、拍卖其价值相当于应当缴纳社会保险费的财产,以拍卖所得抵缴社会保险费。

(二)社会保险基金制度

社会保险基金是为了保障公民在年老、患病、工伤、失业、生育时获得必要帮助,由国家法律确定制度框架,并依法强制实施,由用人单位和个人分别按照缴费基数的一定比例缴纳以及通过其他合法方式筹集的,用于社会保险待遇支出的专项资金。

1.基金的种类

社会保险基金包括基本养老保险基金、基本医疗保险基金、工伤保险基金、失业保险基金和生育保险基金。各项社会保险基金按照社会保险险种分别建账,分账核算,执行国家统一的会计制度。

2.基金的统筹

基本养老保险基金逐步实行全国统筹,其他社会保险基金逐步实行省级统筹。

3.基金的管理运营

(1)预算管理。社会保险基金存入财政专户,通过预算实现收支平衡。社会保险基金按照统筹层次设立预算;预算按照社会保险项目分别编制。

(2)支出管理。社会保险基金专款专用,任何组织和个人不得侵占或者挪用。县级以上人民政府在社会保险基金出现支付不足时,给予补贴。

(3)投资运营。社会保险基金在保证安全的前提下,按照国务院规定投资运营实现保值增值。

禁止性规定:社会保险基金不得违规投资运营,不得用于平衡其他政府预算,不得用于兴建、改建办公场所和支付人员经费、运行费用、管理费用,或者违反法律、行政法规规定挪作其他用途。

(4)信息公开。社会保险经办机构应

当定期向社会公布参加社会保险情况以及社会保险基金的收入、支出、结余和收益情况。

4.全国社会保障基金

全国社会保障基金是由国家设立的主要用于应对人口老龄化高峰时期社会保障需要的专项资金。

中央政府在国家层面设立全国社会保障基金,由中央财政预算拨款以及国务院批准的其他方式筹集的资金构成,用于社会保障支出的补充、调剂。全国社会保障基金由全国社会保障基金管理运营机构负责管理运营,在保证安全的前提下实现保值增值。

全国社会保障基金应当定期向社会公布收支、管理和投资运营的情况。国务院财政部门、社会保险行政部门、审计机关对全国社会保障基金的收支、管理和投资运营情况实施监督。

(三)社会保险经办制度

1.经办机构设立

统筹地区设立社会保险经办机构。根据工作需要,经所在地的社会保险行政部门和机构编制管理机关批准,可以在本统筹地区设立分支机构和服务网点。

社会保险经办机构的人员经费和经办社会保险发生的基本运行费用、管理费用,由同级财政按照国家规定予以保障。

2.经办机构业务

(1)支付业务。社会保险经办机构应当按时足额支付社会保险待遇。

(2)其他业务。社会保险经办机构还可以承办以下业务:通过业务经办、统计、调查获取社会保险工作所需的数据;及时为用人单位建立档案,完整、准确地记录参加社会保险的人员、缴费等社会保险数据,妥善保管登记、申报的原始凭证和支付结算的会计凭证;及时、完整、准确地记录参加社会保险的个人缴费和用人单位为其缴费,以及享受社会保险待遇等个人权益记录,定期将个人权益记录单免费寄送本人;免费向用人单位和个人提供查询、核对其缴费和享受社会保险待遇记录以及社会保险咨询等相关服务。

(四)社会保险监督制度

1.人民代表大会监督

各级人民代表大会常务委员会听取和审议本级人民政府对社会保险基金的收支、管理、投资运营以及监督检查情况的专项工作报告,组织对社会保险法实施情况的执法检查等,依法行使监督职权。

2.政府监督

(1)监督机关。县级以上人民政府社会保险行政部门应当加强对用人单位和个人遵守社会保险法律、法规情况的监督检查。社会保险行政部门实施监督检查时,被检查的用人单位和个人应当如实提供与社会保险有关的资料,不得拒绝检查或者谎报、瞒报。

财政部门、审计机关按照各自职责,对社会保险基金的收支、管理和投资运营情况实施监督。

(2)监督方式和职责。社会保险行政部门对社会保险基金的收支、管理和投资运营情况进行监督检查,发现存在问题的,应当提出整改建议,依法作出处理决定或者向有关行政部门提出处理建议。社会保险基金检查结果应当定期向社会公布。社会保险行政部门对社会保险基金实施监督检查,有权采取下列措施:

①查阅、记录、复制与社会保险基金收支、管理和投资运营相关的资料,对可能被转移、隐匿或者灭失的资料予以封存;②询问与调查事项有关的单位和个人,要求其对与调查事项有关的问题作出说明、提供有关证明材料;③对隐匿、转移、侵占、挪用社会保险基金的行为予以制止并责令改正。

3. 社会监督

统筹地区人民政府成立由用人单位代表、参保人员代表，以及工会代表、专家等组成的社会保险监督委员会，掌握、分析社会保险基金的收支、管理和投资运营情况，对社会保险工作提出咨询意见和建议，实施社会监督。

社会保险经办机构应当定期向社会保险监督委员会汇报社会保险基金的收支、管理和投资运营情况。社会保险监督委员会可以聘请会计师事务所对社会保险基金的收支、管理和投资运营情况进行年度审计和专项审计。审计结果应当向社会公开。

社会保险监督委员会发现社会保险基金收支、管理和投资运营中存在问题的，有权提出改正建议；对社会保险经办机构及其工作人员的违法行为，有权向有关部门提出依法处理建议。

4. 权利救济

（1）征收机构侵权。用人单位或者个人认为社会保险费征收机构的行为侵害自己合法权益的，可以依法申请行政复议或者提起行政诉讼。

（2）经办机构侵权。用人单位或者个人对社会保险经办机构不依法办理社会保险登记、核定社会保险费、支付社会保险待遇、办理社会保险转移接续手续或者侵害其他社会保险权益的行为，可以依法申请行政复议或者提起行政诉讼。

（3）与用人单位发生争议。个人与所在用人单位发生社会保险争议的，可以依法申请调解、仲裁，提起诉讼。用人单位侵害个人社会保险权益的，个人也可以要求社会保险行政部门或者社会保险费征收机构依法处理。

三、社会保险的险种

我国的社会保险险种有：基本养老保险、基本医疗保险、工伤保险、失业保险和生育保险。

（一）基本养老保险

包括职工基本养老保险和居民基本养老保险。居民基本养老保险由新型农村社会养老保险和城镇居民社会养老保险构成。

1. 职工基本养老保险

职工基本养老保险是国家强制实行的，用来为劳动者平等地提供基本生活保障的养老保险。

（1）社会统筹和个人账户相结合。职工应当参加基本养老保险，由用人单位和职工共同缴纳保险费。用人单位按照规定交纳的保险费计入基本养老保险统筹基金，个人按照规定缴纳的保险费记入个人账户。职工基本养老保险基金由用人单位和个人缴费以及政府补贴等组成。

个体户、未在用人单位参加基本养老保险的非全日制从业人员以及其他灵活就业人员可以参加基本养老保险，由个人缴纳基本养老保险费。个人缴纳的保险费，分别记入基本养老保险统筹基金和个人账户。

个人账户中款项不得提前支取，利息享受免税待遇。个人死亡的，个人账户余额可以继承。

（2）养老保险金的领取条件。个人缴费年限累计满15年，并且达到法定退休年龄的按月领取基本养老金。达到法定退休年龄，缴费不满15年的，可以缴费至满15年，按月领取基本养老金，也可以转入新型农村社会养老保险或者城镇居民社会养老保险。

（3）基本养老关系转接制度。个人跨统筹地区就业的，基本养老保险关系随本人转移，缴费年限累计计算。个人达到法定退休年龄时，基本养老金分段计算、统一支付。

2. 居民基本养老保险

新型农村社会养老保险适用于农村村

民,实行个人缴费、集体补助和政府补贴相结合。新型农村社会养老保险待遇由基础养老金和个人账户养老金组成,凡参加的农村居民,符合国家规定条件的,按月领取新型农村社会养老金。

城镇居民社会养老保险适用于城镇居民,但已纳入职工基本养老保险的劳动者除外。

(二)基本医疗保险

基本医疗保险包括职工基本医疗保险和居民基本医疗保险。居民基本医疗保险由新型农村合作医疗和城镇居民基本医疗保险构成。

1. 职工基本医疗保险

(1)保险缴纳。职工基本医疗保险费由用人单位和职工按照规定共同缴纳。个体、未在用人单位参加职工基本医疗保险的非全日制从业人员以及其他灵活就业人员可以参加职工基本医疗保险,由个人按照规定缴纳保险费。

参加职工基本医疗保险的个人,达到法定退休年龄时累计缴费达到规定年限的,退休后不再缴纳保险费,按照规定享受基本医疗保险待遇;未达到规定年限的,可以缴费至规定年限。

(2)保险待遇。参保人员就医后,符合基本医疗保险药品目录、诊疗项目、医疗服务设施标准以及急诊、抢救的医疗费用,按照规定从基本医疗保险基金中支付。参保人员医疗费用中应当由基本医疗保险基金支付的部分,由社会保险经办机构与医疗机构、药品经营单位直接结算。

下列医疗费用不纳入基本医疗保险基金支付范围:应当从工伤保险基金中支付的;应当由第三人负担的;应当由公共卫生负担的;在境外就医的。

医疗费用依法应当由第三人负担,第三人不支付或者无法确定第三人的,由基本医疗保险基金先行支付。基本医疗保险基金先行支付后,有权向第三人追偿。

2. 居民基本医疗保险

城镇居民基本医疗保险实行个人缴费和政府补贴相结合。享受最低生活保障的人、丧失劳动能力的残疾人、低收入家庭60周岁以上的老年人和未成年人等所需个人缴费部分,由政府给予补贴。

新型农村合作医疗的管理办法,由国务院规定。

(三)工伤保险

1. 覆盖范围

工伤保险覆盖范围是各类用人单位及职工。职工因工作原因受到事故伤害或者患职业病,且经工伤认定的,享受工伤保险待遇;其中,经劳动能力鉴定丧失劳动能力的,享受伤残待遇。

劳动过程中发生的职业伤害,无论用人单位有无过错,劳动者有无过失,职工均享受工伤保险待遇。

2. 工伤保险费

工伤保险费由用人单位缴纳,职工不缴纳工伤保险费。工伤保险费实行差别费率。职工(包括非全职日从业人员)在两个以上用人单位同时就业的,各用人单位应分别交纳工伤保险费。

3. 工伤认定

工伤即在工作时间和工作场所内,因工作原因受到的事故伤害。职业病属于特殊的工伤;上下班途中,受到非本人主要责任的交通事故伤害的认定为工伤。

职工有下列情形之一的,视同工伤:工作时间和工作岗位,突发性疾病死亡或者48小时内经抢救无效死亡的;在抢险救灾等维护国家利益、公共利益活动中受伤的;退役军人曾因公负伤取得伤残军人证,到用人单位后旧伤复发的。

职工因下列情形之一导致本人在工作中伤亡的,不认定为工伤:故意犯罪;醉酒或者吸毒;自残或者自杀;法律、行政法规规定的其他情形。

4. 工伤保险金的支付

（1）工伤保险待遇包括医疗期待遇、伤残待遇和死亡待遇，分别由工伤保险基金和用人单位支付。治疗期的工资福利、五级与六级伤残工按月领取的伤残津贴及终止或解除劳动合同时应享受的一次性伤残就业补助金，由用人单位支付，其余费用由工伤保险基金支付。

（2）职工所在用人单位未依法缴纳工伤保险费，发生工伤事故的，由用人单位支付工伤保险待遇。用人单位不支付的，从工伤保险基金中先行支付。从工伤保险基金中先行支付的工伤保险待遇应当由用人单位偿还。用人单位不偿还的，社会保险经办机构可以依法追偿。

（3）最高人民法院《关于审理工伤保险行政案件若干问题的规定》第3条规定了特殊情况下承担工伤保险责任的用人单位：①职工与两个或两个以上单位建立劳动关系，工伤事故发生时，职工为之工作的单位为承担工伤保险责任的单位；②劳务派遣单位派遣的职工在用工单位工作期间因工伤亡的，派遣单位为承担工伤保险责任的单位；③单位指派到其他单位工作的职工因工伤亡的，指派单位为承担工伤保险责任的单位；④用工单位违反法律、法规规定将承包业务转包给不具备用工主体资格的组织或者自然人，该组织或者自然人聘用的职工从事承包业务时因工伤亡的，用工单位为承担工伤保险责任的单位；⑤个人挂靠其他单位对外经营，其聘用的人员因工伤亡的，被挂靠单位为承担工伤保险责任的单位。

上述第④⑤项明确了承担工伤保险责任的单位承担赔偿责任或者社会保险经办机构从工伤保险基金支付工伤保险待遇后，有权向相关组织、单位和个人追偿。

（4）职工因第三人的原因受到伤害，社会保险行政部门以职工或者其近亲属已经对第三人提起民事诉讼或者获得民事赔偿为由，作出不予受理工伤认定申请或者不予认定工伤决定的，人民法院不予支持。（民事赔偿诉讼不影响工伤认定）

职工因第三人的原因受到伤害，社会保险行政部门已经作出工伤认定，职工或者其近亲属未对第三人提起民事诉讼或者尚未获得民事赔偿，起诉要求社会保险经办机构支付工伤保险待遇的，人民法院应予支持。

职工因第三人的原因导致工伤，社会保险经办机构以职工或者其近亲属已经对第三人提起民事诉讼为由，拒绝支付工伤保险待遇的，人民法院不予支持，但第三人已经支付的医疗费用除外。（医疗费用不能重复请求）

（四）失业保险

失业保险适用于各类用人单位及职工。职工应当参加失业保险，由用人单位和职工按照规定共同缴纳失业保险费。

失业人员满足下列条件的，从失业保险基金中领取失业保险金：失业前用人单位和本人已经缴纳失业保险费满1年的；非因本人意愿中断就业的；已经进行失业登记，并有求职要求的。

失业人员失业前用人单位和本人累计缴费满1年不足5年的，领取失业保险金的期限最长为12个月；累计缴费满5年不足10年的，领取失业保险金的期限最长为18个月；累计缴费10年以上的，领取失业保险金的期限最长为24个月。重新就业后，再次失业的，缴费时间重新计算，领取失业保险金的期限与前次失业应当领取而尚未领取的失业保险金的期限合并计算，最长不超过24个月。失业保险金的标准，由省级政府确定，不得低于城市居民最低生活保障标准。

失业人员在领取失业保险金期间,参加职工基本医疗保险,享受基本医疗保险待遇。失业人员应当缴纳的基本医疗保险费从失业保险基金中支付,个人不缴纳基本医疗保险费。

失业人员在领取失业保险金期间有下列情形之一的,停止领取失业保险金,并同时停止享受其他失业保险待遇:重新就业的;应征服兵役的;移居境外的;享受基本养老保险待遇的;无正当理由,拒不接受当地政府指定部门或者机构介绍的适当工作或者提供的培训的。

职工跨统筹地区就业的,其失业保险关系随本人转移,缴费年限累计计算。

(五)生育保险

职工应当参加生育保险,由用人单位按照规定缴纳生育保险费,职工不缴纳生育保险费。

用人单位已经缴纳生育保险费的,其职工享受生育保险待遇,职工未就业配偶按照国家规定享受生育医疗费用待遇。生育保险待遇包括生育医疗费用和生育津贴。

四、军人保险

军人保险制度是国家通过立法设立专项基金,在军人遇到死亡、伤残、年老、退役等情况时,给予军人及其家属一定经济补偿的特殊社会保障制度,是国家社会保障制度的重要组成部分。

(一)军人保险的特点

(1)保障对象具有特殊性。军人保险的对象是现役军人,即正在中国人民解放军部队和中国人民武装警察部队服现役、具有现役军籍,尚未退伍、转业、复员的军人和武警部队中的现役人员。

(2)遵循体现军人职业特点。军人保险既遵循体现军人职业特点,又与社会保险制度相衔接。

(3)统一实施于军队内部。解放军军人保险主管部门负责全军的军人保险工作。

(二)军人保险的经办机构

军队后勤(联勤)机关财务部门负责承办军人保险登记、个人权益记录、军人保险待遇支付等工作。

军队后勤(联勤)机关财务部门和地方社会保险经办机构,按照各自职责办理军人保险与社会保险关系转移接续手续。

(三)军人保险的险种

军人保险包括军人伤亡保险、退役养老保险、退役医疗保险和随军未就业的军人配偶保险。

1.军人伤亡保险

军人伤亡保险对于因战、因公、因病伤亡的军人给予一次性经济补偿,军人伤亡保险所需资金由国家承担,个人不缴纳保险费。

2.退役养老保险

退役养老保险是对于退出现役军人参加基本养老保险给予的补助,所需费用由中央财政解决。地方社会保险经办结构与军队后勤(联勤)机关财务部门负责办理转接手续。

3.退役医疗保险

退役医疗保险的参加人为义务兵和供给制学员的,不缴纳军人退役医疗保险费,国家按照规定的标准给予军人退役医疗保险补助;参加人为军官、文职干部和士官的,应当缴纳军人退役医疗保险费,国家按照个人缴纳的军人退役医疗保险费的同等数额给予补助。

4.随军未就业的军人配偶保险

随军未就业的军人配偶参加养老保险、医疗保险等,应当缴纳养老保险费和医疗保险费,国家给予相应的补助。

(四)军人保险基金

1.基金的构成

军人保险基金包括军人伤亡保险基金、

军人退役养老保险基金、军人退役医疗保险基金和随军未就业的军人配偶保险基金。各项军人保险基金按照军人保险险种分别建账，分账核算，执行军队的会计制度。

2. 基金来源构成

军人保险基金由个人缴费、中央财政负担的军人保险资金以及利息收入等资金构成。

3. 基金存储

军人保险基金实行专户存储，具体管理办法按照国家和军队有关规定执行。

4. 基金管理

军人保险基金由解放军总后勤部军人保险基金管理机构集中管理。军人保险基金管理机构应当严格管理军人保险基金，保证基金安全。军人保险基金应当专款专用，按照规定的项目、范围和标准支出，任何单位和个人不得贪污、侵占、挪用，不得变更支出项目、扩大支出范围或者改变支出标准。

（五）军人保险的经办和监督

1. 经办职责

军队经办机构应与地方社保经办机构建立健全军人保险经办管理制度；按时足额支付保险金；及时办理转接手续；为军人及随军未就业的军人配偶建立保险档案，及时、完整、准确地记录其个人缴费和国家补助，以及享受军人保险待遇等个人权益记录，并定期将个人权益记录单送达本人；为军人及随军未就业的军人配偶提供军人保险和社会保险咨询等相关服务。

2. 监督职责

中国人民解放军总后勤部（已更名为"中国共产党中央军事委员会后勤保障部"）财务部门和中国人民解放军审计机关按照各自职责，对军人保险基金的收支和管理情况实施监督。

3. 保密义务

军队及地方社保经办机构及其工作人员应依法为军队单位和军人的信息保密，不得以任何形式泄露。

五、违反社会保险法的法律责任

违反社会保险法的法律责任分为三类：承担行政责任、承担行政责任和民事责任、追究刑事责任。

（一）承担行政责任的情形

(1) 用人单位违反社保义务的情形有：不办理社保登记、未按时足额缴纳社会保险费。

(2) 社保欺诈的情形有：社会保险经办机构以及医疗机构、药品经营单位等社会保险服务机构以欺诈、伪造证明材料或者其他手段骗取社会保险基金支出；以欺诈、伪造证明材料或者其他手段骗取社会保险待遇。

(3) 保费征收机构渎职的情形有：社会保险费征收机构擅自更改社会保险费缴费基数、费率，导致少收或者多收社会保险费。

(4) 侵害社保基金的情形有：违反法律规定，隐匿、转移、侵占、挪用社会保险基金或者违规投资运营。

(5) 国家工作人员渎职的情形有：国家工作人员在社会保险管理、监督工作中滥用职权、玩忽职守、徇私舞弊。

（二）承担行政责任和民事责任的情形

1. 用人单位违反证明义务

用人单位违反法律规定未向劳动者出具解除或者终止劳动合同的书面证明，由劳动行政部门责令改正；给劳动者造成损害的，应当承担赔偿责任。

2. 社会保险经办机构渎职

社会保险经办机构及其工作人员有下列行为之一的，由社会保险行政部门责令改正；给社会保险基金、用人单位或者个人造成损失的，依法承担赔偿责任；对直接负责的主管人员和其他直接责任人员依法给予处分：①未履行社会保险法定职责的；②未将社会保险基金存入财政专户的；

③克扣或者拒不按时支付社会保险待遇的;④丢失或者篡改缴费记录、享受社保待遇记录等社会保险数据、个人权益记录的;⑤有违反社会保险法律、法规的其他行为的。

3. 泄露社保信息

社会保险行政部门和其他有关行政部门、社会保险经办机构、社会保险费征收机构及其工作人员泄露用人单位和个人信息的,对直接负责的主管人员和其他直接责任人员依法给予处分;给用人单位或者个人造成损失的,应当承担赔偿责任。

（三）承担刑事责任的情形

违反《社会保险法》《军人保险法》,挪用社保基金、泄露个人信息、骗取社保基金支出、骗取社保待遇等行为,构成犯罪的,追究刑事责任。

第十六编 国际私法

【寄语】

对于每个法律人来说,通过法律职业资格考试不仅意味着具备了迈入司法领域的资格,还是成为建设社会主义法治国家人才的关键一步,无论对个人的发展还是社会的进步,都具有十分重要的意义。

国际私法是以涉外民商事关系为调整对象,以确定外国人民事法律地位为前提,以解决法律冲突为核心,由外国人民事地位规范、冲突规范、国际民事诉讼和仲裁程序规范所组成的一个独立的法律部门。伴随着我国国际化程度的提高,涉外民商事关系将会进一步充斥在我国的各个领域,与我们的日常生活紧密相连,国际私法的实际应用价值日益凸显。在法律职业资格考试中,"三国法"部分虽占比不大,却亦不可忽视。国际私法是"三国法"部分的首要拿分项,以《涉外民事关系法律适用法》为主要考察内容,其虽与国内民法、民事诉讼法的部分内容有联系与重合,但相关逻辑和思维方式却大不相同,这既是学习难点,也是这门学科的独特魅力所在。准确掌握法学基本理论、基本概念和基本制度是学习任何一门法学学科的基础,国际私法的学习也不例外。只要考生备考时能够结合自身法学基础,充分理解、用心体会、融会贯通和联系实际,便能循序渐进,举一反三,熟练掌握国际私法的知识。

法律职业资格考试不仅是一场考试,更是一个不断挑战和突破自我的艰辛过程。勤为径,苦作舟,愿每位考生都能够脚踏实地,坚持不懈,在法律职业资格考试这场竞赛中取得胜利。

杜新丽
2019 年 4 月于北京蓟门桥

第一章 国际私法概述

第一节 国际私法的调整对象和调整方法

一、国际私法的调整对象

国际私法的调整对象是涉外民商事关系,亦称涉外民商事法律关系,指主体、客体和内容方面含有一个或一个以上的涉外因素的民商事法律关系。

二、国际私法的调整方法

(一)间接调整

间接调整又称冲突法调整,即在国内立法或国际条约中规定,某类国际民商事法律关系受何种法律调整或支配,而不直接规定如何调整国际民商事法律关系当事人之间的实体权利与义务关系的一种方法。这种指明某种国际民商事法律关系应适用何种法律的规范被称为"冲突规范",国际私法的间接调整方法就是通过借助冲突规范来实现的。冲突规范是国际私法的特有规范,因而间接调整方法是国际私法调整国际民商事法律关系的独特方法。

(二)直接调整

直接调整又称实体法调整,即制定统一实体规范,直接规定当事人的权利与义务。统一实体规范指在国际条约和国际惯例中用来确定当事人权利与义务的规范。这种规范可以避免法律冲突,可以更迅速、更准确、更直接地确定当事人的权利与义务。

第二节 国际私法的范围和规范

一、国际私法的范围

国际私法的范围包括:

(1)涉外民事关系的法律适用即国际民事法律冲突。

(2)外国人的民事法律地位。

(3)国际民事争议的解决,主要指国际民事诉讼和国际商事仲裁。

二、国际私法的规范

1. 外国人的民商事法律地位规范

外国人的民商事法律地位规范指确定外国的自然人、法人甚至外国国家和国际组织在内国民商事领域享有权利与承担义务的资格和状况的规范。

2. 冲突规范

冲突规范是指明某种国际民商事法律关系应适用何种法律的规范。

3. 国际统一实体私法规范

国际统一实体私法规范指国际条约或国际惯例中具体规定国际民商事法律关系当事人的实体权利与义务的规范。

4. 国际民商事争议解决的规范

国际民商事争议解决的规范指国际民事诉讼程序规范和国际商事仲裁规范,也包括解决国际民商事争议的其他规范,如和解与调解规范等。

第三节 国际私法的渊源

一、国际渊源

国际私法的国际渊源包括国际条约和国际惯例。

国际条约从内容上分为四个类别:规定外国人民事法律地位的条约,统一冲突规范的条约,统一实体规范的条约,国际民商事诉讼和国际商事仲裁程序条约。

国际惯例既包括冲突法领域的惯例,也包括实体法领域的惯例。

二、国内渊源

国际私法的国内渊源主要包括国内立法、司法解释和国内判例。

国内判例主要在普通法国家中作为国际私法的渊源,在中国判例不是法律的渊源。

第二章 国际私法的主体

第一节 自然人

一、自然人的国籍

国籍指一个人是属于某一个国家的国民或公民的法律资格。

二、自然人国籍的积极冲突和消极冲突的解决

（一）自然人国籍的积极冲突的解决

（1）当事人所具有的两个或两个以上的国籍中有一个是内国国籍时，国际上通行的做法是以内国国籍为准，即以内国法作为其本国法。

（2）当事人所具有的两个或两个以上的国籍均为外国国籍时，有如下几种做法：

①以当事人最后取得的国籍为准；

②以当事人住所或惯常居所所在国国籍为准；

③以与当事人有最密切联系的国籍为准。

（3）对当事人所具有的两个或两个以上的国籍不作内国国籍和外国国籍的区分，为确定应适用的法律，只以与当事人有最密切联系的国籍为准。

（二）自然人国籍的消极冲突的解决

自然人国籍的消极冲突指一个人无任何国家的国籍。

对此，以当事人住所所在国的法律为其本国法，如当事人无住所或其住所不能确定时，以其居所所在国的法律为其本国法。

三、自然人的住所

（一）住所

住所是以久居的意思而居住的某一处所。

（二）自然人住所的积极冲突的解决

当事人有几个住所的，以与产生纠纷的民事关系有最密切联系的住所为住所。

（三）自然人住所的消极冲突的解决

自然人住所的消极冲突指一个人无任何法律意义上的住所。

当事人住所不明或者不能确定的，以其经常居住地为住所。《民法总则》第25条规定："自然人以户籍登记或者其他有效身份登记记载的居所为住所；经常居所与住所不一致的，经常居所视为住所。"

四、自然人的居所

居所有临时居所和经常居所之分。自然人在涉外民事关系产生或者变更、终止时已经连续居住1年以上且作为其生活中心的地方，人民法院可以认定为涉外民事关系法律适用法规定的自然人的经常居所地，但就医、劳务派遣、公务等情形除外。

第二节 法人

一、法人的国籍

我国采用设立地说来确定法人国籍。

二、法人的住所

主要办事机构所在地是确定法人住所的标志。

三、法人的营业所

法人的营业所即法人从事经营活动的场所。当事人有二个以上营业所的,应以与产生纠纷的民事关系有最密切联系的营业所为准;当事人没有营业所的,以其住所或者经常居住地为准。

四、外国法人的认可

(一)概念

外国法人的认可指对外国法人以法律人格在内国从事民事活动的认可,它是外国法人进入内国从事民事活动的前提。外国法人一经内国认可,即表明该外国法人所具有的权利能力和行为能力在该内国得到确认,有资格并可以有效地在该内国从事民商事活动。

(二)我国关于外国法人认可的立法

外国公司在中国境内设立分支机构,必须向中国主管机关提出申请,并提交其公司章程、所属国的公司登记证书等有关文件,经批准后,向公司登记机关依法办理登记,领取营业执照。

第三节 国家和国际组织

一、主体资格

国家和国际组织可以成为国际民商事法律关系的主体,但因为受到国家主权豁免的限制,国家参加国际民商事活动的场合和范围十分有限,而国际组织从事民商事活动的职能和范围受其章程性文件的限制。

二、国家及其财产豁免

国家及其财产豁免指一个国家及其财产未经其同意免受其他国家管辖与执行措施的权力。一般包括司法管辖的豁免、诉讼程序的豁免和强制执行的豁免。

三、我国关于国家及其财产豁免的立场

(1)坚持国家及其财产豁免是国际法上的一项原则,反对一国单方面采取限制豁免措施。

(2)坚持国家本身或以国家名义从事的一切活动享有豁免,除非国家自愿放弃豁免。

(3)将国家本身的活动和国有公司或企业的活动区别开来,认为国有公司或企业是具有独立法律人格的经济实体,不应享受豁免。

(4)赞成通过达成国际协议来消除各国在国家及其财产豁免问题上的分歧。

(5)外国国家无视国际法,任意侵犯中国的国家及其财产豁免权,中国可以对该外国国家采取相应的报复措施。

(6)中国到外国法院特别出庭抗辩该外国法院的管辖权,不视为接受该外国的管辖。

第四节 外国人的民事法律地位

一、关于外国人的民事法律地位的制度

(一)国民待遇

国民待遇指一国给予外国人的待遇等同于给予内国人的待遇。

(二)最惠国待遇

最惠国待遇指施惠国给予受惠国国民的待遇不低于现在或将来给予任何第三国的待遇。最惠国待遇也存在例外,如:一国给予邻国的优惠;边境贸易和运输方面的优惠;有特殊的历史、政治、经济关系的国家之间形成的特定地区的优惠;经济集团内部各成员国互相给予对方的优惠等。

(三)优惠待遇

优惠待遇指一国为了某种目的给予外国及其自然人和法人以特定的优惠的一种待遇,往往以互惠为条件。

二、外国人在我国的民事法律地位

根据我国国内立法和所参加的一些国际条约,外国人在我国从事民事活动享有国民待遇、优惠待遇,或基于条约享有最惠国待遇和不歧视待遇。

第三章　法律冲突、冲突规范和准据法

第一节　冲突规范

一、冲突规范的概念和特点

冲突规范是指明某种国际民商事法律关系应适用何国实体法来调整的法律规范。

冲突规范是法律适用规范,是国际私法的特有法律规范,是间接调整的规范。

二、冲突规范的结构

(一)冲突规范的一般结构

范围/连接对象—关联词—系属/冲突原则

【例】

合同缔结方式— 依 —合同缔结地法
　　↓　　　　　↓　　　　↓
　　范围　　　关联词　　系属

(二)连结点

连结点也称为连结因素,指冲突规范借以确定某一法律关系应适用什么法律的根据。根据冲突规范对法律进行的选择,实际上也是一种对连结点的确定。

连结点可分为客观连结点和主观连结点。客观连结点是一种客观实在的标志,主要有住所、国籍、惯常居所、物之所在地、行为地、履行地、法院地等;主观连结点即当事人的意思,这个连结点主要用于确定合同关系的法律适用。

连结点可分为静态连结点和动态连结点。静态连结点主要指不动产所在地以及过去的行为或事件的连结点,如婚姻举行地、合同缔结地、法人登记地、侵权行为发生地;动态连结点主要有国籍、住所、居所、动产所在地等。

(三)系属公式

在国际私法理论中,往往把一些解决法律冲突的原则公式化,使其成为固定的系属,这种公式化、固定化的系属就被称为"系属公式"。最常见和常用的系属公式有下列7种。

1. 属人法

属人法指以法律关系当事人(包括自然人和法人)的国籍、住所或惯常居所作为连结点的系属,主要用于解决有关人的身份、能力、家庭关系以及继承等方面的民商事法律冲突。欧洲大陆国家多采用本国法为属人法,而以英、美为代表的普通法系国家多采用住所地法为属人法,我国《涉外民事关系法律适用法》基本上确立了"经常居所地法"为属人法。

2. 物之所在地法

物之所在地法指民商事关系标的物所在国家的法律,主要用来解决物权、所有权方面的法律冲突。

3. 行为地法

行为地法指法律行为发生地国家的法

律,主要用来解决行为方面的法律冲突。

4. 当事人合意选择的法律

当事人合意选择的法律指民商事法律关系的当事人自行协商选择的法律,即"意思自治"原则,原来仅用以解决涉外民商事合同关系方面的法律冲突,近年有向其他领域发展的趋势。

5. 法院地法

法院地法指审理涉外民商事案件的法院所在地国家的法律,主要用来解决有关民商事程序方面的法律冲突。另外,对一些实体问题,如在离婚问题识别冲突、适用外国法违反公共秩序以及作为准据法的外国法无法律可供援引时,也可能适用法院地法。

6. 旗国法

旗国法指运输工具所使用的旗帜或旗帜标识所属国家的法律,用于解决运输工具在运输过程中所产生的法律冲突问题。

7. 最密切联系地法

最密切联系地法指与涉外民商事法律关系有最密切联系的国家的法律,在多种不同性质的涉外民商事法律关系中广泛适用。其中主要是涉外合同关系和侵权关系。

三、冲突规范的类型

根据冲突规范规定的一个或几个"系属"及其指向适用法律的不同情况,可以把冲突规范分为四种类型:

(一)单边冲突规范

单边冲突规范的"系属"直接规定适用某国法律的规范。

【例】《合同法》第126条第2款:"在中华人民共和国境内履行的中外合资经营企业合同、中外合作经营企业合同、中外合作勘探开发自然资源合同,适用中华人民共和国法律。"

(二)双边冲突规范

双边冲突规范的"系属"含有一个抽象连结点,并以其为依据去推定适用某国法的冲突规范。

【例】《民法通则》第144条规定,"不动产的所有权,适用不动产所在地法律"。

(三)重叠适用的冲突规范

重叠适用的冲突规范就是其"系属"中"连结点"有两个或两个以上,且须同时适用于某种民商事法律关系的冲突规范。

【例】《涉外民事关系法律适用法》第28条:"收养的条件和手续,适用收养人和被收养人经常居所地法律……"

(四)选择适用的冲突规范

选择适用的冲突规范就是其"系属"中"连结点"有两个或两个以上,只需选择其中之一来调整有关涉外民商事法律关系的冲突规范。

根据选择的方式,选择适用的冲突规范可以分为两种。

1. 无条件选择适用的冲突规范

指在"系属"中所含有的两个或两个以上的连结点中,法院可以任意地或无条件地选择其中之一来调整有关民商事法律关系的冲突规范。

【例】《涉外民事关系法律适用法》第22条:"结婚手续,符合婚姻缔结地法律、一方当事人经常居所地法律或者国籍国法律的,均为有效。"

2. 有条件选择适用的冲突规范

指其"系属"中的"连结点"有两个或两个以上,但不允许任意选择,只能依顺序或有条件地选择其中之一来调整有关涉外民商事法律关系的冲突规范。

【例】《民法通则》第145条规定:"涉

外合同的当事人可以选择处理合同争议所适用的法律,法律另有规定的除外。涉外合同的当事人没有选择的,适用与合同有最密切联系的国家的法律。"

第二节 准据法

一、准据法的概念

准据法指经冲突规范指定援用来具体确定民商事法律关系当事人权利与义务的特定的实体法。准据法一定是根据冲突规范指引最终被适用的实体法,而非程序法或法律适用法。

【例】对于"合同方式适用合同缔结地法"这一冲突规范,若合同的缔结地是英国,准据法即为英国的实体法;若合同缔结地为中国,准据法即为中国的实体法。

二、区际法律冲突与准据法的确定

准据法所属国为多法域国家,即该国内部法律体系不统一,由于各法域之间的立法规定不同而产生区际法律冲突。对此,我国《涉外民事关系法律适用法》规定应适用"最密切联系原则"解决存在区际法律冲突时准据法的确定问题。

【例】中国某法院受理一涉外民事案件后,依案情确定应当适用甲国法。但在查找甲国法时发现甲国不同州实施不同的法律,则法院应当直接适用甲国与该涉外民事关系有最密切联系的州的法律。

第四章 适用冲突规范的制度

第一节 定性

一、定性的概念

定性又称为归类和识别,指在适用冲突规范时,依照某一法律观念对有关事实或问题进行分析,将其归入一定的法律范畴,并对有关冲突规范的范围或对象进行解释的过程。

二、定性的依据

我国采用的是法院地法识别说。

此外,《最高人民法院关于适用〈中华人民共和国涉外民事关系法律适用法〉若干问题的解释(一)》第13条规定:"案件涉及两个或者两个以上的涉外民事关系时,人民法院应当分别确定应当适用的法律。"此规定明确了在我国司法实践中适用识别分割制。

第二节 反致

一、反致的概念

反致指法院地国在根据本国冲突规范适用外国法的过程中,接受了该外国法冲突规范的指定,适用本国实体法或第三国实体法的制度。实践中,若立法者坚持冲突规范的"实质指定",即冲突规范指定的外国法为该外国的实体法,不包括该外国的冲突法,那么就没有反致可言。若立法者选择冲突规范的"全部指定",即冲突规范指定的外国法既包括该外国的实体法,也包括该外国的冲突法,那么反致问题就会随之产生。

特别需要注意的是,我国司法实践中禁止反致制度。

二、反致的类型

(一)直接反致

直接反致即狭义的反致,简称"反致",又称"一级反致",指法院审理某一涉外民商事案件时,依本国冲突规范应适用某一外国法,而该外国法的冲突规范却指定此案件应适用法院地国的实体法,法院据此适用本国的实体法。

(二)转致

转致又称"二级反致",指对于某一涉外民商事案件,依法院地国冲突规范应当适用某外国法,而依该外国冲突规范的规定,需适用第三国法,如果法院地国最终适用了该第三国的实体法,这种适用法律的过程就叫作转致。

(三)间接反致

间接反致又称"大反致",指对于某一涉外民商事案件,依法院地国冲突规范的规定,应当适用某外国法,而依该外国冲突规范的规定,应适用第三国法律;但是,依第三国冲突规范的规定,却又应当适用法院地国法律,最后,法院地国适用了其内国实体法,这种法律适用过程就叫作间接反致。间接反致适用难度较大,在实践中较少使用。

(四)包含直接反致的转致

包含直接反致的转致指对某一案件,依法院地国冲突规范指定应适用某外国法,而依该外国冲突规范指定应适用第三国法律,但第三国冲突规范反向指定应适用该外国法律,最后法院地国适用了该外国的实体法律处理了案件。这是转致的一种特殊情形。

(五)完全反致

完全反致又称双重反致,是英国冲突法中的独特制度。英国法官在审理涉外案件时,若依英国的冲突规范应当适用某外国法律,英国法官将自己视为在该国法院审判案件,并依该外国对反致的态度来决定应适用的实体法。若该外国接受反致,英国法官就适用该外国的实体法,则出现"双重反致";若该外国不接受反致,英国法官就适用英国的实体法,则出现"单一反致"。

第三节 外国法的查明

一、查明义务

如果民商事纠纷将适用的外国法是因当事人的意思自治导致适用的,当事人有首先查明的义务;如果该外国法是因其他原因导致适用的,该外国法由审理案件的法院、仲裁机构或者行政机关查明。

二、无法查明外国法时的解决方法

不能查明外国法律或者该国法律没有规定的,适用中华人民共和国法律。

对于"无法查明"的认定:

(1)人民法院通过由当事人提供、已对中华人民共和国生效的国际条约规定、中外法律专家提供等合理途径仍不能获得外国法律的,认定为不能查明外国法律。

(2)当事人应当提供外国法律,其在人民法院指定的合理期限内无正当理由未提供该外国法律的,认定为不能查明外国法律。

三、对外国法适用异议的审查认定

人民法院应当听取各方当事人对应当适用的外国法律的内容及其理解与适用的意见,当事人对该外国法律的内容及其理解与适用均无异议的,人民法院可以予以确认;当事人有异议的,由人民法院审查认定。

第四节 公共秩序保留

一、公共秩序保留的概念

英美普通法系国家中称为"公共政策",我国法律中称为"社会公共利益",系指一国国家和社会的重大利益,或法律和道德的基本原则。

"公共秩序保留"指法院地国根据本国的冲突规范应当适用外国法时,如果外国法的适用或外国法的适用结果会违反法院地国的公共秩序时,限制或排除该外国法适用的制度。"二战"后,许多统一国际私法公约也开始纳入公共秩序条款,但为了避免适用的随意性,这些公约对公共秩序保留的适用一般都进行了严格的限制。

二、我国关于公共秩序保留的规定

在我国立法和司法实践中,对公共秩序保留持肯定态度。《民法通则》第150条规定:"依照本章规定适用外国法律或者国际惯例的,不得违背中华人民共和国的社会公共利益。"《涉外民事关系法律适用法》第5条补充规定为:"外国法律的适用将损害中华人民共和国社会公共利益的,适用中华人民共和国法律。"

第五节 法律规避和直接适用的法

一、法律规避

(一)法律规避的概念

法律规避指涉外民商事法律关系当事人为了实现利己的目的,故意制造或改变构成法院地国冲突规范连结点的具体事实,以避开本应适用的对其不利的准据法而使对其有利的法律得以适用的行为。

(二)法律规避的构成要件

法律规避的构成要件包括以下四点:

(1)当事人主观上必须有规避法律的故意;

(2)被当事人规避的法律必须是当事人本应适用的法律;

(3)法律规避必须是通过人为地制造或者改变一个或几个连结因素来实现;

(4)当事人的规避行为已经完成。

(三)我国关于法律规避的规定

只有被规避的法律为中国法律、行政法规中的强制性规定,在我国才会被认定为是法律规避行为。

二、直接适用的法

为扩大中国法律、行政法规中强制性规定在涉外民商事审判实践中适用的效力,《涉外民事关系法律适用法》第4条规定:"中华人民共和国法律对涉外民事关系有强制性规定的,直接适用该强制性规定。"但是,如果不对直接适用的强制性规定予以限制,第4条的规定显然又与法律规避制度存在冲突。因此,《最高人民法院关于适用〈中华人民共和国涉外民事关系法律适用法〉若干问题的解释(一)》第10条规定:"有下列情形之一,涉及中华人民共和国社会公共利益、当事人不能通过约定排除适用、无需通过冲突规范指引而直接适用于涉外民事关系的法律、行政法规的规定,人民法院应当认定为涉外民事关系法律适用法第四条规定的强制性规定:(一)涉及劳动者权益保护的;(二)涉及食品或公共卫生安全的;(三)涉及环境安全的;(四)涉及外汇管制等金融安全的;(五)涉及反垄断、反倾销的;(六)应当认定为强制性规定的其他情形。"

【例】中国甲公司与德国乙公司进行一项商事交易,约定适用英国法律。后双方发生争议,甲公司在中国法院提起诉讼。

关于该案的法律适用问题,如案件涉及食品安全问题,外汇管制问题,则直接适用中国法,且法院在确定应当适用中国法律时,无需通过冲突规则的指引。

第五章 国际民商事关系的法律适用

第一节 权利能力和行为能力

一、自然人的法律适用

（一）权利能力的法律适用

自然人的民事权利能力,适用经常居所地法律。

（二）行为能力的法律适用

自然人的民事行为能力,适用经常居所地法律。自然人从事民事活动,依照经常居所地法律为无民事行为能力,依照行为地法律为有民事行为能力的,适用行为地法律,但涉及婚姻家庭、继承的除外。

【例】甲国公民甲的经常居住地在乙国,其在中国居留期间,因合同纠纷在中国法院参与民事诉讼。该纠纷中关于甲的民事能力的法律适用,若依照乙国法甲为无民事行为能力,依照中国法为有民事行为能力,则适用中国法。

（三）宣告失踪或宣告死亡的法律适用

这个问题在《涉外民事关系法律适用法》首次被确定。宣告失踪或者宣告死亡,适用自然人经常居所地法律。

（四）人格权的法律适用

人格权的内容,适用权利人经常居所地法律。

可见我国在自然人的属人法方面,原则上均适用自然人的经常居所地法。

二、法人权利能力和行为能力的法律适用

法人及其分支机构的民事权利能力、民事行为能力、组织机构、股东权利义务等事项,适用登记地法律。法人的主营业地与登记地不一致的,可以适用主营业地法律。法人的经常居所地,为其主营业地。

【例】德国甲公司与中国乙公司在中国共同设立了某合资有限责任公司,后甲公司以确认其在合资公司的股东权利为由向中国某法院提起诉讼。本案中,合资公司登记地在中国,应适用中国法。

第二节 时效、代理、信托

一、时效的法律适用

时效问题适用其所属民商事法律关系的准据法。

【例】中国甲公司与法国乙公司因合同争议在中国法院提起诉讼,甲乙双方协议选择了合同争议适用英国法,则本案的时效问题应适用英国法。

二、代理的法律适用

代理适用代理行为地法律,但被代理人与代理人的民事关系,适用代理关系发生地法律。当事人可以协议选择委托代理适用的法律。

三、信托的法律适用

当事人可以协议选择信托适用的法律。当事人没有选择的,适用信托财产所在地法律或者信托关系发生地法律。

第三节 物权

一、物权的法律适用基本原则

（一）不动产

不动产物权的法律适用基本原则为物之所在地法。

（二）动产

动产物权的法律适用基本原则为意思自治优先,同时适用法律事实发生时物之所在地法。

当事人可以协议选择动产物权适用的法律。当事人没有选择的,适用法律事实发生时动产所在地法律。

二、基本原则的例外

（一）船舶和民用航空器物权的法律适用

船舶物权关系原则上适用船旗国法;民用航空器物权关系原则上适用注册登记地法;但是,船舶和民用航空器的优先权适用法院地法;光船租赁时的物权关系适用原注册登记地法律。

1. 船舶物权法律适用的规定

（1）船舶所有权的取得、转让和消灭,适用船旗国法律。

（2）船舶抵押权适用船旗国法律,船舶在光船租赁前或者光船租赁期间,设立船舶抵押权的,适用原船舶登记国的法律。

（3）船舶优先权,适用受理案件的法院所在地法律。

2. 民用航空器物权法律适用的规定

（1）民用航空器所有权的取得、转让和消灭,适用民用航空器国籍登记国法律。

（2）民用航空器抵押权适用民用航空器国籍登记国法律。

（3）民用航空器优先权适用受理案件的法院所在地法律。

（二）运输中动产物权的法律适用

《涉外民事关系法律适用法》首次涉及了该问题。该法第38条规定:"当事人可以协议选择运输中动产物权发生变更适用的法律。当事人没有选择的,适用运输目的地法律。"

（三）有价证券和权利质权的法律适用

有价证券,适用有价证券权利实现地法律或者其他与该有价证券有最密切联系的法律。

权利质权,适用质权设立地法律。

第四节 债权

一、合同的法律适用

（一）意思自治优先原则

1. 基本内涵

涉外合同的当事人可以选择处理合同争议所适用的法律,但法律另有规定的除外。涉外合同的当事人没有选择的,适用与合同有最密切联系的国家的法律。当事人所选择的法律,可以是中国法,也可以是外国法,但应为现行的实体法,不包括冲突规范和程序法。

2. 例外规定

（1）与外资有关的合同。

在中华人民共和国境内履行的中外合资经营企业合同、中外合作经营企业合同、中外合作勘探开发自然资源合同,适用中华人民共和国法律。

此外,根据我国的司法实践,在中华人民共和国领域内履行的下列合同,适用中华人民共和国法律:

①中外合资经营企业合同;

②中外合作经营企业合同;
③中外合作勘探、开发自然资源合同;
④中外合资经营企业、中外合作经营企业、外商独资企业股份转让合同;
⑤外国自然人、法人或者其他组织承包经营在中华人民共和国领域内设立的中外合资经营企业、中外合作经营企业的合同;
⑥外国自然人、法人或者其他组织购买中华人民共和国领域内的非外商投资企业股东的股权的合同;
⑦外国自然人、法人或者其他组织认购中华人民共和国领域内的非外商投资有限责任公司或者股份有限公司增资的合同;
⑧外国自然人、法人或者其他组织购买中华人民共和国领域内的非外商投资企业资产的合同;
⑨中华人民共和国法律、行政法规规定应适用中华人民共和国法律的其他合同。

【例】甲国某公司拟认购中国境内一家股份有限公司的增资股份,该股份有限公司股东均为中国公民。根据我国相关法律规定,该认购增资合同只能适用中国法律。

(2)消费者合同。
①消费合同中当事人的意思自治受到限制:只能由消费者选择法律,且选择的只能是商品、服务提供地法律。
②若消费者没有选择,就要看经营者是否在消费者经常居所地从事相关经营活动:若从事相关经营活动,则适用消费者经常居所地法;若没有从事相关经营活动,则适用商品、服务提供地法律。

(3)劳动合同。
①劳动合同原则上适用劳动者工作地法律。
②劳动者工作地难以确定的,适用用人单位主营业地法;劳务派遣合同还可以适用劳务派出地法律。

【例】甲国公民大卫被乙国某公司雇佣,该公司主营业地在丙国,大卫工作内容为巡回于东亚地区进行产品售后服务,后双方因劳动合同纠纷诉诸中国法院,由于不能确定劳动者工作地,该纠纷应适用用人单位主营业地法律,即丙国法。

(二)最密切联系原则
我国司法实践中一般是依据"特征性履行原则"来确定涉外合同的最密切联系地,即根据合同的特殊性质,以及某一方当事人履行的义务最能体现合同的本质等因素,确定与合同最密切联系的国家或者地区的法律作为合同的准据法。

二、侵权行为的法律适用

(一)基本原则
侵权关系法律适用应按照如下顺序:
①尊重当事人意思自治;
②无意思自治,但当事人有共同经常居住地的,适用共同经常居住地法;
③当事人既无意思自治也无共同经常居住地的,适用侵权行为地法。
侵权行为地的法律包括侵权行为实施地法律和侵权结果发生地法律。如果两者不一致的,人民法院可以选择适用。

【例】甲国公民A与乙国公民B的经常居住地均在中国,双方就在丙国境内发生的侵权纠纷在中国法院提起诉讼。侵权行为发生后双方未选择纠纷适用的法律,应适用中国法。

(二)例外规定
1.船舶侵权和民用航空器侵权关系
(1)侵权行为地法原则的适用。
船舶碰撞的损害赔偿,适用侵权行为地法律。
民用航空器对地面第三人的损害赔

偿,适用侵权行为地法律。

(2)船旗国法、航空器国籍国法原则的适用。

同一国籍的船舶,不论碰撞发生于何地,碰撞船舶之间的损害赔偿适用船旗国法律。

民用航空器所有权的取得、转让和消灭,以及民用航空器抵押权,均适用民用航空器国籍登记国法律。

(3)法院地法原则的适用。

船舶在公海上发生碰撞的损害赔偿,适用受理案件的法院所在地法律。

海事赔偿责任限制,适用受理案件的法院所在地法律。

民用航空器优先权,适用受理案件的法院所在地法律。

民用航空器在公海上空对水面第三人的损害赔偿,适用受理案件的法院所在地法律。

注意,处理船舶碰撞法律适用问题要按如下顺序:

①若碰撞船舶有共同船旗,直接适用其共同的船旗国法;

②若碰撞船舶没有共同船旗,要看碰撞地在哪里。若碰撞于一国内海(包括港口)或领海,适用侵权行为地法;若碰撞于公海,适用法院地法。

【例】甲国贸易公司承租乙国籍货轮"锦绣"号将一批货物从甲国运往中国,运输合同载有适用甲国法律的条款。"锦绣"号停靠丙国某港时与丁国籍货轮"金象"号相撞,有关货损和碰撞案在中国法院审理,则关于租船运输合同的争议应适用甲国法律;船只的碰撞应适用丙国法律。

2.产品责任

产品责任侵权纠纷中当事人的意思自治受到限制:只能由被侵权人选择法律,且只能选择侵权人主营业地法律或损害发生地法律。

若被侵权人没有选择,则看侵权人是否在被侵权人经常居所地从事相关经营活动:若从事相关经营活动,则适用被侵权人经常居所地法;若未从事相关经营活动,则适用侵权人主营业地法律或者损害发生地法律。

3.侵害人格权的法律适用

通过网络或者采用其他方式侵害姓名权、肖像权、名誉权、隐私权等人格权的,适用被侵权人经常居所地法律。

三、不当得利和无因管理的法律适用

不当得利、无因管理,适用当事人协议选择适用的法律。当事人没有选择的,适用当事人共同经常居所地法律;没有共同经常居所地的,适用不当得利、无因管理发生地法律。

第五节 商事关系的法律适用

一、票据关系的法律适用

(一)票据当事人行为能力的法律适用

票据当事人行为能力的法律适用,以当事人本国法为主,行为地法为补充。

(二)票据行为方式的法律适用

票据行为包括出票、背书、承兑、付款及保证等,票据行为方式的有效性一般取决于行为地法。

汇票、本票出票时的记载事项,适用出票地法律。支票出票时的记载事项,适用出票地法律,经当事人协议,也可以适用付款地法律。

(三)票据追索权行使期限的法律适用

追索权指票据不获承兑或不获付款时,持票人对其前手请求偿还的权利。票据追索权的行使期限,适用出票地法。

(四)持票人责任

为行使追索权,持票人必须在规定期

限内提示票据,并在规定期间内按规定方式将拒付情形通知出票人和背书人,在规定的期间内按规定的方式取得拒绝证明。

票据的提示期限、有关拒绝证明的方式、出具拒绝证明的期限,适用付款地法律。

(五)票据丧失时权利保全程序

票据丧失时,失票人请求保全票据权利的程序,适用付款地法律。

二、海事关系的法律适用

海事关系法律适用中,有关物权关系、合同之债和侵权之债法律适用的内容前已详述,补充共同海损法律适用的规定,《海商法》第274条规定:"共同海损理算,适用理算地法律。"

三、民用航空关系的法律适用

民用航空关系的法律适用中,有关物权关系、合同之债、侵权之债内容前已详述。

第六节 家庭关系的法律适用

一、结婚的法律适用

结婚条件(实质要件),适用当事人共同经常居所地法律;没有共同经常居所地的,适用共同国籍国法律;没有共同国籍,在一方当事人经常居所地或者国籍国缔结婚姻的,适用婚姻缔结地法律。

结婚手续(程序要件),符合婚姻缔结地法律、一方当事人经常居所地法律或者国籍国法律的,均为有效。

【例】甲国公民A与中国公民B经常居住地均在中国,2人在乙国结婚。双方的国籍分别为甲国和中国,经常居所地在中国,乙国为婚姻缔结地,因此,结婚手续符合甲国法、中国法和乙国法中的任何一个,即为有效,但双方共同经常居所地为中国,因此结婚条件应适用中国法。

二、夫妻关系的法律适用

夫妻人身关系,适用共同经常居所地法律;没有共同经常居所地的,适用共同国籍国法律。

夫妻财产关系,当事人可以协议选择适用一方当事人经常居所地法律、国籍国法律或者主要财产所在地法律。当事人没有选择的,适用共同经常居所地法律;没有共同经常居所地的,适用共同国籍国法律。

【例】中国人A与甲国人B在乙国依照乙国法律登记结婚,婚后二人定居在北京,依《涉外民事关系法律适用法》,夫妻人身关系应适用共同经常居所地的中国法,婚姻存续期间双方取得的财产的处分问题,双方可选择适用甲国法。

三、离婚的法律适用

协议离婚,当事人可以协议选择适用一方当事人经常居所地法律或者国籍国法律。当事人没有选择的,适用共同经常居所地法律;没有共同经常居所地的,适用共同国籍国法律;没有共同国籍的,适用办理离婚手续机构所在地法律。诉讼离婚,适用法院地法律。

【例】韩国公民A与德国公民B一直居住于中国,并在中国结婚。二人欲解除婚姻关系,则关于离婚的法律适用:如诉讼离婚,应适用中国法;如协议离婚,二人可以在中国法、韩国法及德国法中进行选择,若二人没有选择法律,应适用中国法。

四、父母子女关系的法律适用

父母子女人身、财产关系,适用共同经

常居所地法律;没有共同经常居所地的,适用一方当事人经常居所地法律或者国籍国法律中有利于保护弱者权益的法律。

五、扶养的法律适用

扶养,适用一方当事人经常居所地法律、国籍国法律或者主要财产所在地法律中有利于保护被扶养人权益的法律。

六、收养的法律适用

收养的条件和手续,适用收养人和被收养人经常居所地法律。收养的效力,适用收养时收养人经常居所地法律。收养关系的解除,适用收养时被收养人经常居所地法律或者法院地法律。

【例】经常居住于英国的法国籍夫妇甲和乙,想来华共同收养某儿童。收养的条件应重叠适用中国法和英国法,若发生收养效力纠纷,应适用英国法,解除收养关系,适用中国法。

七、监护的法律适用

监护,适用一方当事人经常居所地法律或者国籍国法律中有利于保护被监护人权益的法律。

第七节 继承

一、法定继承的法律适用

法定继承,适用被继承人死亡时经常居所地法律,但不动产法定继承,适用不动产所在地法律。

【例】中国人 A 定居甲国,在移居乙国数年后死于癌症,未留遗嘱。A 在中国有住房,在甲国有存款,关于 A 遗产继承的法律适用,存款的继承应适用乙国法,住房的继承应适用中国法。

二、遗嘱的法律适用

遗嘱方式(形式要件),符合遗嘱人立遗嘱时或者死亡时经常居所地法律、国籍国法律或者遗嘱行为地法律的,遗嘱均为成立。

遗嘱效力(实际要件),适用遗嘱人立遗嘱时或者死亡时经常居所地法律或者国籍国法律。

三、遗产管理的法律适用

遗产管理等事项,适用遗产所在地法律。

四、绝产继承的法律适用

绝产(无人继承遗产),适用被继承人死亡时遗产所在地法律。

第八节 知识产权

一、知识产权归属和内容

知识产权的归属和内容,适用被请求保护地法律。

二、知识产权转让或许可

当事人可以协议选择知识产权转让和许可使用适用的法律。当事人没有选择的,适用本法对合同的有关规定。

三、知识产权侵权

知识产权的侵权责任,适用被请求保护地法律,当事人也可以在侵权行为发生后协议选择适用法院地法律。

【例】德国甲公司与中国乙公司签订许可使用合同,授权乙公司在英国使用甲公司在英国获批的某项专利。后因相关纠纷诉诸中国法院。本案讼争的专利权在英国获批,专利侵权争议发生后,当事人没有达成意思自治,则应适用该专利权被请求保护地的英国法。

第六章 国际民商事争议的解决

第一节 国际商事仲裁

一、国际商事仲裁机构

（一）国际商事仲裁机构的类型

根据其组织形式不同，国际商事仲裁机构分为临时仲裁庭和常设仲裁庭，其中常设仲裁机构是现代国际商事仲裁的主要组织形式。

（二）常设仲裁机构

常设仲裁机构主要有以下2类：

1. 国际常设仲裁机构

国际常设仲裁机构分为全球性常设仲裁机构和区域性常设仲裁机构。前者如国际商会仲裁院、解决投资争端国际中心；后者如美洲国家间商事仲裁委员会。

2. 国内常设仲裁机构

国内常设仲裁机构分为全国性常设仲裁机构和地区性常设仲裁机构。前者如伦敦国际仲裁院、瑞典斯德哥尔摩商会仲裁院等；后者如香港国际仲裁中心。

（三）中国的常设涉外仲裁机构

目前我国涉外仲裁机构与国内仲裁机构在受案范围上已无区别，两者均可受理国际或涉外案件，也可受理国内案件。我国历史最长且国际影响力最大的常设涉外仲裁机构是中国国际经济贸易仲裁委员会（2000年10月1日以后也同时使用"中国国际商会仲裁院"的名称）和中国海事仲裁委员会。

二、仲裁协议

仲裁协议是双方当事人同意将他们之间将来可能发生的或已经发生的争议提交仲裁的协议，一个有效的仲裁协议具有排除法院管辖权的法律效力。

（一）仲裁协议无效的情形

（1）有下列情形之一的无效：

①约定的仲裁事项超出法律规定的仲裁范围的；

②无民事行为能力人或者限制民事行为能力人订立的仲裁协议；

③一方采取胁迫手段，迫使对方订立仲裁协议的。

（2）仲裁协议内容不明确也可能导致仲裁协议无效。

①仲裁协议对仲裁事项或者仲裁委员会没有约定或者约定不明确的，当事人可以补充协议；达不成补充协议的，仲裁协议无效；

②仲裁协议仅约定纠纷适用的仲裁规则的，视为未约定仲裁机构，但当事人达成补充协议或者按照约定的仲裁规则能够确定仲裁机构的除外；

③仲裁协议约定由某地的仲裁机构仲裁，但该地有两个以上仲裁机构的，当事人可以协议选择其中的一个仲裁机构申请仲裁；当事人不能就仲裁机构选择达成一致的，仲裁协议无效。

（二）仲裁协议效力的认定

1. 认定机构

当事人对仲裁协议的效力有异议的，可以请求仲裁委员会作出决定或者请求人民法院作出裁定。一方请求仲裁委员会作出决定，另一方请求人民法院作出裁定的，由人民法院裁定。当事人对仲裁协议的效力有异议,应当在仲裁庭首次开庭前提出。

2. 法律适用

当事人可以协议选择仲裁协议适用的法律。当事人没有选择的,适用仲裁机构所在地法律或者仲裁地法律。

【例】中国 A 公司与甲国 B 公司签订货物买卖合同,约定合同争议提交中国 C 仲裁委员会仲裁,仲裁地在中国,但未约定仲裁条款应适用的法律。后因货物质量问题发生纠纷,A 公司依仲裁条款向 C 仲裁委员会提起仲裁,根据我国相关法律规定,关于本案仲裁条款的效力审查,应适用中国法。

三、仲裁程序中的财产保全与证据保全

当事人申请采取保全的,中国涉外仲裁机构应将当事人的请求提交被申请人住所地或其财产所在地中级人民法院作出裁定。利害关系人因情况危急,不立即申请保全将会使其合法权益受到难以弥补的损害,可以在申请仲裁前向被保全财产地、被申请人住所地或对案件有管辖权的人民法院申请采取保全措施。申请人应当提供担保,否则裁定驳回申请。人民法院接受申请后,必须在 48 小时内作出裁定;裁定采取保全措施的,应当立即执行。申请人在人民法院采取保全措施 30 日内不依法提起诉讼或申请仲裁的,人民法院应解除保全。

当事人申请证据保全的,涉外仲裁委员会应将当事人申请提交证据所在地的中级人民法院。《最高人民法院关于适用〈中华人民共和国民事诉讼法〉的解释》第 542 条第 2 款进一步规定:"当事人申请证据保全,人民法院经审查认为无需提供担保的,申请人可以不提供担保。"

四、国际商事仲裁的法律适用

实体法一般由当事人选择确定,若当事人未选择,则适用仲裁庭认为合适的冲突规范所确定的实体法,或者仲裁地的冲突规范所确定的实体法,或与案件有最密切联系的实体法。

一般程序规则也可由当事人自主选择,但有些常设仲裁机构要求在其机构仲裁的案件适用其仲裁程序规则。

五、仲裁裁决在我国的承认与执行

(一)1958 年《承认及执行外国仲裁裁决公约》(简称《纽约公约》)

《纽约公约》是目前国际上关于承认与执行外国仲裁裁决最主要的公约。我国于 1986 年加入该公约,并作了两项保留:

①互惠保留,指我国只承认和执行在缔约国领土内作出的仲裁裁决;

②商事保留,指只承认和执行针对契约性和非契约性商事法律关系引起的争议所作出的裁决。

即我国只承认在缔约国领土内作出的符合条件的商事仲裁裁决。

(二)申请承认和执行的机构

国外仲裁机构的裁决,需要中华人民共和国人民法院承认和执行的,应当由当事人直接向被执行人住所地或者其财产所在地的中级人民法院申请,人民法院应当依照中华人民共和国缔结或者参加的国际条约,或者按照互惠原则办理。

(三)申请承认和执行的程序

当事人依照 1958 年《纽约公约》规定的条件申请承认与执行外国仲裁裁决的,受理申请的人民法院决定予以承认与执行的,应在受理申请之日起 2 个月内作出裁定,如无特殊情况,应在裁定后 6 个月内执行完毕;决定不予承认和执行的,须按 1995 年 8 月 28 日《最高人民法院关于人民法院处理与涉外仲裁及外国仲裁事项有关问题的通知》的有关规定在裁定不予执行或者拒绝承认和执行之前,必须报请本

辖区所属高级人民法院进行审查；如果高级人民法院同意不予执行或者拒绝承认和执行，应将其审查意见报最高人民法院。待最高人民法院答复后，方可裁定不予执行或者拒绝承认和执行。

需要特别注意的是：我国对外国仲裁裁决无权撤销，只能在当事人提出申请并满足法定条件（只能审查该仲裁裁决所涉程序性问题）的情况下拒绝承认和执行。只有该外国仲裁裁决的内容明显违反了我国社会公共利益或者裁决的事项根据我国法律不具有仲裁性，我国法院才可以主动审查并裁定不予承认。

六、仲裁裁决的撤销

在符合法定条件的情况下，中国法院有权撤销中国仲裁机构作出的仲裁裁决，包括国内仲裁裁决和涉外仲裁裁决。前者是我国仲裁机构对没有涉外因素的案件作出的仲裁裁决，后者是我国仲裁机构对具有涉外因素的案件作出的仲裁裁决。

（一）申请撤销的期限和机构

对于中国的涉外仲裁裁决，当事人可以在收到裁决书之日起6个月内，向仲裁机构所在地的中级人民法院申请撤销。

（二）可以撤销涉外仲裁裁决的理由

（1）当事人在合同中没有约定仲裁条款或者事后没有达成书面仲裁协议。

（2）被申请人没有得到指定仲裁员或者进行仲裁程序的通知，或者由于其他不属于被申请人负责的原因未能陈述意见。

（3）仲裁庭的组成或者仲裁的程序与仲裁规则不符。

（4）裁决的事项不属于仲裁协议的范围或者仲裁机构无权仲裁。

（三）撤销涉外仲裁裁决的程序

人民法院在裁定撤销裁决或通知仲裁庭重新仲裁之前，须报请本辖区所属高级人民法院进行审查。如果高级人民法院同意撤销裁决或通知仲裁庭重新仲裁，应将其审查意见报最高人民法院。待最高人民法院答复后，方可裁定撤销裁决或通知仲裁庭重新仲裁。

第二节 国际民事诉讼

一、外国人在中国的民事诉讼地位

（一）以对等为条件的国民待遇原则

外国当事人在我国进行民事诉讼活动和我国当事人有同等的起诉和应诉的权利能力和行为能力，并享有进行民事诉讼活动的各项权利。同时，也必须像我国当事人一样承担诉讼义务。

但是，给予外国人国民待遇是有条件的。外国法院对中华人民共和国公民、法人和其他组织的民事诉讼权利加以限制的，我国法院对该国公民、企业和组织的民事诉讼权利，实行对等原则。

（二）司法豁免

对享有外交特权与豁免的外国人、外国组织或者国际组织提起的民事诉讼，应当依照我国有关法律和我国缔结或者参加的国际条约的规定办理。

2007年5月22日《最高人民法院关于人民法院受理涉及特权与豁免的民事案件有关问题的通知》对此进行了补充，明确规定：凡以在中国享有特权与豁免的主体为被告、第三人向人民法院起诉的民事案件，人民法院应在决定受理之前，报请本辖区高级人民法院审查；高级人民法院同意受理的，应当将其审查意见报最高人民法院。在最高人民法院答复前，一律暂不受理。

要特别注意的是，如果上述享有特权与豁免的主体是以原告身份参加民事诉讼，不适用《最高人民法院关于人民法院受理涉及特权与豁免的民事案件有关问题

《的通知》有关逐级报告的制度。

（三）对诉讼语言文字的限制

我国法院在审理涉外民事案件时，应当使用我国通用的语言、文字。当事人要求提供翻译的，可以提供，但费用由当事人自己承担。

（四）对委托律师代理诉讼的限制

外国人、无国籍人、外国企业和组织需要委托律师代理诉讼的，必须委托我国的律师代为诉讼。而且，在我国领域内没有住所的外国人、无国籍人、外国企业和组织委托我国律师或其他人代理诉讼，从我国领域外寄交或托交的授权委托书，应经所在国公证机关证明，并经我国驻该国使领馆认证，或者履行我国与该所在国订立的有关条约中规定的证明手续后，才具有效力。

涉外民事诉讼的外国当事人，可以委托本国律师以非律师身份担任诉讼代理人，外国当事人还可以委托其本国驻华使领馆官员以个人名义担任诉讼代理人，但在诉讼中不享有特权与豁免权。

二、涉外民商事案件的管辖权

（一）普通地域管辖

我国采用原告就被告原则，即以被告住所地为普通管辖的依据，凡是涉外民事案件中的被告住所地在我国的，我国法院就有管辖权。此外，对于不在我国领域内居住的人提起的有关身份关系的诉讼，则可以由原告住所地或经常居住地的我国法院管辖。

（二）特别地域管辖

因合同纠纷或者其他财产权益纠纷，对在中华人民共和国领域内没有住所的被告提起的诉讼，如果合同在中华人民共和国领域内签订或者履行，或者诉讼标的物在中华人民共和国领域内，或者被告在中华人民共和国领域内有可供扣押的财产，或者被告在中华人民共和国领域内设有代表机构，可以由合同签订地、合同履行地、诉讼标的物所在地、可供扣押财产所在地、侵权行为地或者代表机构住所地人民法院管辖。

【例】甲国某航空公司在中国设有代表处，其一架飞机从中国境内出发，经停甲国后前往乙国，在乙国发生空难。关于乘客向航空公司索赔的诉讼管辖和法律适用，根据中国相关法律，中国法院对该纠纷具有管辖权，但中国法律并不限制乙国法院对该纠纷行使管辖；即使甲国法院受理了该纠纷，中国法院仍有权就同一诉讼行使管辖权。

（三）协议管辖

合同或者其他财产权益纠纷的当事人可以书面协议选择被告住所地、合同履行地、合同签订地、原告住所地、标的物所在地等与争议有实际联系的地点的人民法院管辖，但不得违反民事诉讼法对级别管辖和专属管辖的规定。

海事纠纷的当事人都是外国人、无国籍人、外国企业或者组织，当事人书面协议选择中华人民共和国海事法院管辖的，即使与纠纷有实际联系的地点不在中华人民共和国领域内，中华人民共和国海事法院对该纠纷也具有管辖权。

（四）专属管辖

因不动产纠纷提起的诉讼，由不动产所在地人民法院管辖；因港口作业中发生纠纷提起的诉讼，由港口所在地人民法院管辖。

因继承遗产纠纷提起的诉讼，由被继承人死亡时住所地或者主要遗产所在地人民法院管辖。

因在中华人民共和国履行中外合资经营企业合同、中外合作经营企业合同、中外合作勘探开发自然资源合同发生纠纷提起的诉讼,由中华人民共和国法院管辖。

三、司法协助

(一)域外文书送达

域外文书送达指一国法院通过法定方式将司法文书和司法外文书送达给在国外的当事人及其他有关诉讼参与人的行为。此处文书主要包括法院的判决书、调解书、裁定书、决定书、起诉书副本、答辩状、传票、通知书等。

1.我国法院司法文书的域外送达

(1)域外文书送达的途径。

人民法院对在中华人民共和国领域内没有住所的当事人送达诉讼文书,可以采用下列方式:

①依照受送达人所在国与中华人民共和国缔结或者共同参加的国际条约中规定的方式送达;

②通过外交途径送达;

③对具有中华人民共和国国籍的受送达人,可以委托中华人民共和国驻受送达人所在国的使领馆代为送达;

④向受送达人委托的诉讼代理人送达(除非受送达人在授权委托书中明确表明其诉讼代理人无权代为接收有关司法文书);

⑤向受送达人在中华人民共和国领域内设立的代表机构或者有权接受送达(经过受送达人的授权)的分支机构、业务代办人送达;

⑥受送达人所在国的法律允许邮寄送达的,可以邮寄送达,自邮寄之日起满3个月,送达回证没有退回,但根据各种情况足以认定已经送达的,期间届满之日视为送达;

⑦采用传真、电子邮件等能够确认受送达人收悉的方式送达;

⑧不能用上述方式送达的,公告送达,自公告之日起满3个月,即视为送达。

此外,根据《最高人民法院关于涉外民事或商事案件司法文书送达问题若干规定》,作为受送达人的外国自然人或者企业、其他组织的法定代表人、主要负责人在我国领域内出现时,人民法院可以向其直接送达。

(2)认定送达的方式。

按照司法协助协定、《关于向国外送达民事或商事司法文书和司法外文书公约》(简称为《海牙送达公约》)规定或者外交途径送达司法文书,自我国有关机关将司法文书转递受送达人所在国有关机关之日起满6个月,如果未能收到送达与否的证明文件,且根据各种情况不足以认定已经送达的,视为不能用该种方式送达。

受送达人未对人民法院送达的司法文书履行签收手续,但存在以下情形之一的视为送达:一是受送达人书面向人民法院提及了所送达司法文书的内容;二是受送达人已经按照所送达司法文书的内容履行;三是其他可以视为已经送达的情形。

2.外国法院司法文书向我国的送达

外国法院应当依照其所属国和我国缔结或共同参加的条约所规定的途径送达;没有条约关系的,通过外交途径送达;外国驻我国使领馆可以向该国公民送达文书,但不得违反我国的法律,并不得采取强制措施。

3.关于域外文书送达的《海牙送达公约》

根据1965年《海牙送达公约》以及我国1992年发布的执行该公约的通知,外国法院向我国境内当事人送达文书的途径为:由该国驻华使领馆经由司法部转递最高人民法院,再由最高人民法院交有关人民法院送达。关于文书送达特别的要求包括:不能以期限已过、未附中文译本(但附英文或法文文本)或者专属管辖权的理由拒绝送达,但被送达人有权拒收未附中文译本的司法文书。

要特别注意《海牙送达公约》和《民事诉讼法》关于文书送达中有关译本的不同规定。《民事诉讼法》第278条第1款规定:"外国法院请求人民法院提供司法协助的请求书及其所附文件,应当附有中文译本或者国际条约规定的其他文字文本。"而根据《海牙送达公约》,英文和法文为公约规定的文字文本。因此,如果外国司法文书是依《海牙送达公约》请求代为送达,未附中文译本但附英文或法文文本的,我国法院不能拒绝送达;但如果是依《民事诉讼法》请求送达,未附中文译本的,我国法院有权拒绝送达。

(二)域外调查取证

域外调查取证指基于国际条约或互惠原则,被请求国协助请求国了解案情,获得或收集证据的活动。

1. 域外调查取证的主要方式

(1)代为取证,指一国受理案件的司法机关向证据所在国的司法机关提出请求,由后者代为进行取证。我国在条约基础上接受此种取证方式,并于1997年参加了具有广泛影响的《关于从国外调取民事或商事证据的公约》(简称《国外取证公约》)。根据《国外取证公约》及《全国人民代表大会常务委员会关于我国加入〈关于从国外调取民事或商事证据的公约〉的决定》,中华人民共和国司法部为负责接收来自另一缔约国司法机关的请求书,并将其转交给执行请求的主管机关的中央机关。

(2)领事取证,指通过本国驻他国领事或外交人员在驻在国直接调查取证。根据我国《民事诉讼法》第277条第2款之规定,外国驻我国的使领馆可以向该国公民直接调查取证,但不得违反中国的法律,并不得采取强制措施。

(3)特派员取证,即受诉法院委派专门的官员在外国调查取证。我国原则上不允许外国特派员在我国境内取证,但在特殊情况下可特许外国特派员在我国境内取证。

(4)当事人或诉讼代理人自行取证,这种方式主要存在于一些普通法国家尤其是美国。根据我国有关规定,未经我国主管机关准许,任何外国机关或个人不得在我国领域内调查取证。

2. 在我国领域外形成的证据的效力

当事人向人民法院提供的证据系在中华人民共和国领域外形成的,该证据应当经所在国公证机关予以证明,并经中华人民共和国驻该国使领馆予以认证,或者履行中华人民共和国与该所在国订立的有关条约中规定的证明手续。当事人向人民法院提供的证据是在香港、澳门、台湾地区形成的,应当履行相关的证明手续。

当事人向人民法院提供外文书证或者外文说明资料,应当附有中文译本。

(三)根据国际条约送达文书和调查取证的补充规定

人民法院应设立国际司法协助统一管理部门和国际司法协助专办员负责国际司法协助事项;人民法院应当建立独立的国际司法协助登记制度和档案制度。

境外送达和境外取证译本的要求包括:

①境外送达的各项文书和境外取证的请求书及其附件都应附有被请求国官方文字的译本或有关条约规定的第三方文字译本(受送达人为境外的中国籍公民的除外);

②被请求国不接受司法协助条约中规定的第三方文字译本的,所送达文书或取证请求书及其副本应附有被请求国官方文字的译本;按照对等原则,该国委托我国协助送达的司法文书或取证请求书及其副本,应当附有中文译本;

③所需译本应当委托中华人民共和国

领域内的翻译机构进行翻译,译文应当附有确认译文与原文一致的翻译证明,翻译证明应当有翻译机构的印章和翻译人的签名,译文不得加盖人民法院印章。

我国各级法院之间使用转递函的方式转递须送达的司法文书或调取的证据或相关请求书及其附件。

该规定对人民法院依据国际公约或双边条约办理民商事司法文书送达和调查取证的途径进行了明确的规定。同时明确,经最高人民法院授权的高级人民法院,可以依据《海牙送达公约》《国外取证公约》直接对外发出本辖区各级人民法院提出的民商事案件司法文书送达和调查取证的请求。

(四)外国法院判决的承认和执行

1.一般规定

外国法院作出的发生效力的判决、裁决,需要我国法院承认和执行的,可以由当事人直接向我国有管辖权的中级人民法院申请承认和执行,也可以由外国法院依照该国与我国缔结或者参加的国际条约的规定,或者按照互惠原则,请求我国法院承认和执行。

外国法院判决在我国承认和执行时,从程序上讲,我国法院对申请或请求承认和执行的外国法院作出的发生效力的判决、裁定,依照我国参加或缔结的国际条约或者按照互惠原则进行审查后,认为不违反我国法律的基本准则或者国家主权、安全、社会公共利益的,裁定承认其效力,需要执行的,发出执行令,并且依照《民事诉讼法》的有关规定执行。违反我国法律的基本准则或者国家主权、安全、社会公共利益的,不予承认和执行。

2.中国关于承认与执行外国法院离婚判决的特殊规定

若某国与我国既无条约关系也不存在互惠关系,我国对该外国法院的判决是不予承认与执行的,但是对外国法院离婚判决的承认与执行不受此限。《最高人民法院关于中国当事人向人民法院申请承认外国法院离婚判决效力问题的批复》《最高人民法院关于中国公民申请承认外国法院离婚判决程序问题的规定》以及《最高人民法院关于人民法院受理申请承认外国法院离婚判决案件有关问题的规定》对外国法院离婚判决的承认与执行作出如下特别的规定:

(1)对与我国没有订立司法协助协议的外国法院作出的离婚判决,中国籍当事人可以根据《最高人民法院关于中国公民申请承认外国法院离婚判决程序问题的规定》向人民法院申请承认该外国法院的离婚判决,但外国法院离婚判决中的夫妻财产分割、生活费负担、子女抚养方面判决的承认执行,不适用上述规定。

(2)外国公民向人民法院申请承认外国法院离婚判决,如果其离婚的原配偶是中国公民的,人民法院应予受理;如果其离婚的原配偶是外国公民的,人民法院不予受理,但可告知其直接向婚姻登记机关申请再婚登记。

(3)外国法院的离婚判决具有下列情形之一的,不予承认:

①判决尚未发生法律效力;

②作出判决的外国法院对案件没有管辖权;

③判决是在被告缺席且未得到合法传唤的情况下作出的;

④该当事人之间的离婚案件,我国法院正在进行审理或已经作出判决,或者第三国法院对该当事人之间作出的离婚判决已为我国法院所承认;

⑤判决违反我国法律的基本原则或者危害我国国家主权、安全和社会公共利益。

第七章 区际法律问题

第一节 区际文书送达

1999年3月29日,最高人民法院根据与香港特别行政区协商达成的一致意见,以司法解释的形式发布了《关于内地与香港特别行政区法院相互委托送达民商事司法文书的安排》(以下简称《内地与香港特别行政区安排》),并于次日开始实施。

2001年8月27日,最高人民法院发布了《关于内地与澳门特别行政区法院就民商事案件相互委托送达司法文书和调取证据的安排》(以下简称《内地与澳门特别行政区安排》),并于当年9月15日开始生效。

2008年4月17日,最高人民法院发布了《关于涉台民事诉讼文书送达的若干规定》,并于2008年4月23日起施行。

2009年3月9日,最高人民法院又公布了《关于涉港澳民商事案件司法文书送达问题若干规定》。

一、涉港澳文书送达的途径

(一)送达途径

(1)作为受送达人的自然人或者企业、其他组织的法定代表人、主要负责人在内地的,人民法院可以直接向该自然人或者法定代表人、主要负责人送达。

(2)除受送达人在授权委托书中明确表明其诉讼代理人无权代为接收有关司法文书外,其委托的诉讼代理人为有权代其接受送达的诉讼代理人,人民法院可以向该诉讼代理人送达。

(3)受送达人在内地设立有代表机构的,人民法院可以直接向该代表机构送达。受送达人在内地设立有分支机构或者业务代办人并授权其接受送达的,人民法院可以直接向该分支机构或者业务代办人送达。

(4)人民法院向受送达人送达司法文书,可以邮寄送达。

(5)人民法院可以通过传真、电子邮件等能够确认收悉的其他适当方式向受送达人送达。

(6)人民法院向在内地没有住所的受送达人送达司法文书,可以按照《内地与香港特别行政区安排》或者《内地与澳门特别行政区安排》送达。

(7)人民法院不能依照上述方式送达的,可以公告送达。公告内容应当在内地和受送达人住所地公开发行的报刊上刊登,自公告之日起满3个月即视为送达。

上述7种送达方式中,除公告属于兜底性送达方式外,其他送达方式可以同时采用。采取多种方式送达的,应根据最先实现送达的方式确定送达日期。

(二)涉港委托送达

涉港委托送达指根据上述第(6)种送达途径中《内地与香港特别行政区安排》进行的送达。

1. 机构

双方委托送达司法文书,均须通过各高级人民法院和香港特别行政区高等法院进行。最高人民法院司法文书可以直接委托香港特别行政区高等法院送达。

2. 程序

委托方请求送达司法文书,须出具盖

有其印章的委托书,并须在委托书中说明委托机关的名称,受送达人的姓名或者名称、详细地址及案件的性质。委托书应以中文文本提出。

送达司法文书,应当依照受委托方所在地法律规定的程序进行。不论司法文书中确定的出庭日期或者期限是否已过,受委托方均应送达。送达司法文书后,内地人民法院应当出具送达回证,香港特别行政区法院应当出具送达证明书,二者均须加盖法院印章。受委托方对委托方委托送达的司法文书的内容和后果不负法律责任。

3. 期限

受委托方接到委托书后,应当及时完成送达,最迟不超过自收到委托书之日起2个月。

(三)委托送达

涉澳委托送达指根据上述第(6)种送达途径中《内地与澳门特别行政区安排》进行的送达。

1. 机构

双方相互委托送达司法文书,均须通过内地各高级人民法院和澳门特别行政区终审法院进行。最高人民法院与澳门特别行政区终审法院可以直接相互委托送达。

2. 程序

委托方法院请求送达司法文书,须出具盖有其印章的委托书,并在委托书中说明委托机关的名称,受送达人的姓名或者名称、详细地址及案件性质。如果委托方法院请求按特殊方式送达或者有特别注意的事项,应当在委托书中注明。委托书应当以中文文本提出。受委托方法院收到委托书后,不得以其辖区法律规定对委托方法院审理的该民商事案件享有专属管辖权或不承认对该请求事项提起诉讼的权利为由,不予执行委托事项。

完成司法文书送达事项后,内地人民法院应当出具送达回证;澳门特别行政区法院应当出具送达证明书。受委托方法院对委托方法院委托送达的司法文书和所附相关文件的内容和后果不负法律责任。

3. 期限

受委托方法院应优先处理受托事项,送达文书最迟不得超过自收到委托书之日起2个月。

二、涉台文书送达的途径

(1)受送达人居住在大陆的,直接送达。受送达人是自然人,本人不在的,可以交其同住成年家属签收;受送达人是法人或者其他组织的,应当由法人的法定代表人、其他组织的主要负责人或者该法人、组织负责收件的人签收;受送达人不在大陆居住,但送达时在大陆的,可以直接送达。

(2)受送达人在大陆有诉讼代理人的,向诉讼代理人送达。受送达人在授权委托书中明确表明其诉讼代理人无权代为接收的除外。

(3)受送达人有指定代收人的,向代收人送达。

(4)受送达人在大陆有代表机构、分支机构、业务代办人的,向其代表机构或者经受送达人明确授权接受送达的分支机构、业务代办人送达。

(5)受送达人在台湾地区的地址明确的,可以邮寄送达。

(6)有明确的传真号码、电子信箱地址的,可以通过传真、电子邮件方式向受送达人送达。

(7)按照两岸认可的其他途径送达。

(8)采用上述方式不能送达或者台湾地区的当事人下落不明的,公告送达。

采用上述第(7)种方式送达的,应当由有关的高级人民法院出具盖有本院印章的委托函。人民法院按照两岸认可的有关途径代为送达台湾地区法院的民事诉讼文书的,应当有台湾地区有关法院的委托函。委托函应当写明案件各方当事人的姓名或者名称、案由、案号;受送达人姓名或者名称、受送达人的详细地址以及需送达的文书种类。人民法院收到台湾地区有关法院的委托函后,经审查符合条件的,应当在收到委托函之日起2个月内完成送达。

【例】居住于我国台湾地区的当事人张某在大陆某法院参与民事诉讼。如张某在大陆,民事诉讼文书可以直接送达,如张某在台湾地区地址明确,可以邮寄送达,若张某在邮件回执上签收,视为送达,签收日期为送达日期。

三、认定送达的方式

涉外文书送达和区际文书送达中,认定送达的方式基本上是一致的,符合下列情形的,视为送达:

(1)受送达人对人民法院送达的司法文书履行签收手续或者未在送达回证上签收但在邮件回执上签收的。

(2)受送达人未对人民法院送达的司法文书履行签收手续或采用邮寄送达3个月期满未收到送达与否的证明文件,但存在以下情形之一的,视为送达:

①受送达人向人民法院提及(涉外要求"书面")了所送达司法文书的内容;

②受送达人已经按照所送达司法文书的内容履行;

③其他可以确认已经送达的情形。

(3)人民法院向在内地的受送达人或者受送达人的法定代表人、主要负责人、诉讼代理人、代表机构以及有权接受送达的分支机构、业务代办人(涉台还包括"向指定代收人")送达司法文书,可以适用留置送达的方式。

(4)采用公告方式送达的,公告之日起满3个月视为送达。

第二节 区际调查取证

一、内地与澳门特别行政区之间

(一)调查取证的范围

主要是民商事案件,特别是劳动争议案件,其中请求调取的证据只能是用于诉讼的有关证据。

(二)机构和期限

双方相互委托调取证据,须通过内地高级人民法院和澳门特别行政区终审法院进行。最高人民法院和澳门特别行政区终审法院可以直接相互委托送达调取证据。完成委托调取证据的期限最迟不得超过自收到委托书之日起3个月。

(三)委托方法院的参与

如委托方法院提出要求,受委托方法院应当将取证的时间、地点通知委托方法院,以便有关当事人及其诉讼代理人能够出席。

受委托方法院在执行委托调取证据时,根据委托方法院的请求,可以允许委托方法院派司法人员出席。必要时,经受委托方允许,委托方法院的司法人员可以向证人、鉴定人等发问。

【例】内地某中级人民法院审理一起涉澳企业的商事案件,需委托澳门特别行政区法院进行司法协助,则该案件司法文书送达的委托,应通过该中级人民法院所属高级人民法院转交澳门特别行政区终审法院;委托书应当以中文文本提出。所附司法文书及其他相关文件没有中文文本的,应当提供中文译本。该中级人民法院可以请求澳门特别行政区法院协助调取与该案件有关的证据;在受委托方法院执行委托调取证据时,该中级人民法院司法人员经过受委托方允许可以出席并直接向证人提问。

二、内地与香港特别行政区之间

2016年12月29日,最高人民法院与香港特别行政区签署《关于内地与香港特别行政区法院就民商事案件相互委托提取证据的安排》,最高人民法院于2017年2月27日以司法解释的方式予以公布,自2017年3月1日起生效。

(一)请求协助范围

(1)内地人民法院委托香港特别行政区法院:

①询问证人;
②取得文件;
③检查、拍摄、保存、保管或扣留财产;
④取得财产样品或对财产进行试验;
⑤对人进行身体检验。

(2)香港特别行政区法院委托内地人民法院:

①取得当事人陈述及证人证言;
②提供书证、物证、视听资料及电子数据;
③勘验、鉴定。

(二)机构和期限

双方互相委托调取证据,须通过各自指定的联络机关进行,内地指定各高级人民法院,香港特别行政区指定其政务司司长办公室辖下行政署。联络机关可将委托书及所附材料转送相关法院或办理机关,或自行办理。最高人民法院可直接通过香港政务司司长办公室辖下行政署委托提取证据。受委托方应自收到委托书之日起6个月内完成受托事项。

第三节 法院判决的认可与执行

一、涉港法院判决的认可与执行

最高人民法院2008年7月3日公布《关于内地与香港特别行政区法院相互认可和执行当事人协议管辖的民商事案件判决的安排》(以下简称《安排》),自2008年8月1日正式实施。其主要内容包括:

(一)适用范围

内地人民法院和香港特别行政区法院在具有书面管辖协议的民商事案件中作出的须支付款项的具有执行力的终审判决,当事人可以根据本安排向内地人民法院或者香港特别行政区法院申请认可和执行。《安排》所称"判决",在内地包括判决书、裁定书、调解书、支付令;在香港特别行政区包括判决书、命令和诉讼费评定证明书。《安排》所称"书面管辖协议",指为解决当事人之间的民商事合同已经发生或者可能发生的争议,自本安排生效之日起,以书面形式明确约定内地人民法院或者香港特别行政区法院具有唯一管辖权的协议。

(二)申请认可和执行的机构

申请认可和执行符合本安排规定的民商事判决,在内地向被申请人住所地、经常居住地或者财产所在地的中级人民法院提出,两个或者两个以上中级人民法院均有管辖权的,申请人应当选择向其中一个中级人民法院提出申请。香港特别行政区有权受理认可和执行判决申请的为香港特别行政区高等法院。

被申请人的住所地、经常居住地或者财产所在地,既在内地又在香港特别行政区的,申请人可以同时分别向两地法院提出申请,两地法院分别执行判决的总额,不得超过判决确定的数额。已经部分或者全部执行判决的法院应当根据对方法院的要求提供已执行判决的情况。

(三)申请认可和执行的期限

申请人申请认可和执行的期间为2年,内地判决到香港特别行政区申请执行的,从判决规定履行期间的最后一日起计算,判决规定分期履行的,从规定的每次履行期间的最后一日起计算,判决未规定履行期间的,从判决生效之日起计算;香港特别行政区判决到内地申请执行的,从判决可强制执行之日起计算,该日为判决上注明的判决日期,判决对履行期间另有规定的,从规定的履行期间届满后开始计算。

(四)可以不予认可的情形

(1)根据当事人协议选择的原审法院地的法律,管辖协议属于无效。但选择法院已经判定该管辖协议为有效的除外。

(2)判决已获完全履行。

(3)根据执行地的法律,执行地法院对该案享有专属管辖权。

(4)根据原审法院地的法律,未曾出庭的败诉一方当事人未经合法传唤或者虽经合法传唤但未获依法律规定的答辩时间。但原审法院根据其法律或者有关规定公告送达的,不属于上述情形。

(5)判决是以欺诈方法取得的。

(6)执行地法院就相同诉讼请求作出判决,或者外国、境外地区法院就相同诉讼请求作出判决,或者有关仲裁机构作出仲裁裁决,已经为执行地法院所认可或者执行的。

此外,内地人民法院认为在内地执行香港特别行政区法院判决违反内地社会公共利益,或者香港特别行政区法院认为在香港特别行政区执行内地人民法院判决违反香港特别行政区公共政策的,不予认可和执行。

二、涉澳法院判决的认可与执行

2006年2月28日,最高人民法院与澳门特别行政区在澳门签署了《内地与澳门特别行政区相互认可和执行民商事判决的安排》(以下简称《安排》),自2006年4月1日起生效。其主要内容包括:

(一)适用范围

(1)内地与澳门特别行政区民商事案件(在内地包括劳动争议案件,在澳门特别行政区包括劳动民事案件)判决;

(2)刑事案件中有关民事损害赔偿的判决、裁定。

本《安排》所称"判决",在内地包括:判决、裁定、决定、调解书、支付令;在澳门特别行政区包括:裁判、判决、确认和解的裁定、法官的决定或者批示。

(二)相互申请认可和执行的机构

内地有权受理认可和执行判决申请的法院为被申请人住所地、经常居住地或者财产所在地的中级人民法院。两个或者两个以上中级人民法院均有管辖权的,申请人应当选择向其中一个中级人民法院提出申请。澳门特别行政区有权受理认可判决申请的法院为中级法院,有权执行的法院为初级法院。

被申请人在内地和澳门特别行政区均有可供执行财产的,申请人可以向一地法院提出执行申请。申请人向一地法院提出执行申请的同时,可以向另一地法院申请查封、扣押或者冻结被执行人的财产。待一地法院执行完毕后,可以根据该地法院出具的执行情况证明,就不足部分向另一地法院申请采取处分财产的执行措施。两地法院执行财产的总额,不得超过依据判决和法律规定所确定的数额。

(三)可以不予认可的情形

(1)根据被请求方的法律,判决所确认的事项属被请求方法院专属管辖。

(2)在被请求方法院已存在相同诉讼,该诉讼先于待认可判决的诉讼提起,且被请求方法院具有管辖权。

(3)被请求方法院已认可或者执行被请求方法院以外的法院或仲裁机构就相同诉讼作出的判决或仲裁裁决。

(4)根据判决作出地的法律规定,败诉的当事人未得到合法传唤,或者无诉讼行为能力人未依法得到代理。

(5)根据判决作出地的法律规定,申请认可和执行的判决尚未发生法律效力,或者因再审被裁定中止执行。

(6)在内地认可和执行判决将违反内地法律的基本原则或者社会公共利益,在澳门特别行政区认可和执行判决将违反澳门特别行政区法律的基本原则或者公共秩序。

三、台湾地区民商事判决在大陆的认可与执行

我国关于台湾地区民商事判决和仲裁裁决在大陆认可与执行的规定,此前包括1998年5月26日起施行的《最高人民法院关于人民法院认可台湾地区有关法院民事判决的规定》和2009年5月14日起施行的《最高人民法院关于人民法院认可台湾地区有关法院民事判决的补充规定》,这两项规定既适用于台湾地区有关法院对商事、知识产权、海事等民事纠纷案件作出的判决,也适用于台湾地区有关法院的民事裁定、调解书、支付令,以及对台湾地区仲裁机构裁决的认可与执行。但是,上述两项司法解释已经被2015年7月1日生效的《最高人民法院关于认可和执行台湾地区法院民事判决的规定》和《最高人民法院关于认可和执行台湾地区仲裁裁决的规定》所取代。现行《最高人民法院关于认可和执行台湾地区法院民事判决的规定》的主要内容包括:

(一)认可与执行的对象

台湾地区民商事判决在大陆被认可与执行的对象包括:

①生效民事判决、裁定、和解笔录、调解笔录、支付命令等;

②在刑事案件中作出的有关民事损害赔偿的生效判决、裁定、和解笔录;

③与台湾地区法院生效民事判决具有同等效力的调解文书。

(二)申请认可的管辖

申请认可台湾地区法院民事判决的案件,由申请人住所地、经常居住地或者被申请人住所地、经常居住地、财产所在地中级人民法院或者专门人民法院受理。申请人向两个以上有管辖权的人民法院申请认可的,由最先立案的人民法院管辖。申请人向被申请人财产所在地人民法院申请认可的,应当提供财产存在的相关证据。

【注意】有权管辖认可和执行台湾地区判决申请的人民法院比有权管辖认可和执行香港、澳门地区判决申请的法院多了申请人住所地、经常居住地法院。更广泛的管辖权规定有利于台湾地区判决在大陆的认可和执行。有管辖权的法院明确为中级人民法院或者专门人民法院,这是为了更好地适应《民事诉讼法》的最新变化。

(三)申请认可和执行的期间与法院审理的期限

申请人申请认可和执行台湾地区法院民事判决的期间为2年,但申请认可台湾地区法院有关身份关系的判决除外。申请人仅申请认可而未同时申请执行的,申请执行的期间自人民法院对认可申请作出的裁定生效之日起重新计算。

人民法院受理认可台湾地区法院民事判决的申请后,应当在立案之日起6个月内审结。有特殊情况需要延长的,报请上一级人民法院批准。

(四)申请的撤回

人民法院受理认可台湾地区法院民事判决的申请后,作出裁定前,申请人请求撤回申请的,可以裁定准许。2015年最新的司法解释和此前1998年的司法解释对撤回申请的规定稍有不同,1998年规定的是"应当允许",2015年规定为"可以裁定准

许",说明在此问题上,法院有一定的自由裁量权。

(五)对台湾地区法院判决人民法院不予认可的情形

(1)申请认可的民事判决,是在被申请人缺席又未经合法传唤或者在被申请人无诉讼行为能力又未得到适当代理的情况下作出的。

(2)案件系人民法院专属管辖的。

(3)案件双方当事人订有有效的仲裁协议,且无放弃仲裁管辖情形的。

(4)案件系人民法院已作出判决或者中国大陆的仲裁庭已作出仲裁裁决的。

(5)香港特别行政区、澳门特别行政区或者外国的法院已就同一争议作出判决且已为人民法院所认可或者承认的。

(6)台湾地区、香港特别行政区、澳门特别行政区或者外国的仲裁庭已就同一争议作出仲裁裁决且已为人民法院所认可或者承认的。

(7)认可该民事判决将违反一个中国原则等国家法律的基本原则或者损害社会公共利益的,人民法院应当裁定不予认可。

(六)认可和执行台湾地区法院判决的其他问题

除上述特别规定外,人民法院受理台湾地区民事判决认可与执行申请后,在财产保全、一事再诉、缴纳执行费用等问题上的处理,和《民事诉讼法》及相关司法解释对外国法院判决承认与执行的处理规则基本是相同的。

第四节 仲裁裁决的认可与执行

一、涉港仲裁裁决的认可与执行

(一)管辖法院

在内地或者香港特别行政区作出的仲裁裁决,一方当事人不履行仲裁裁决的,另一方当事人可以向被申请人住所地或者财产所在地的有关法院申请执行。这里的有关法院,在内地指被申请人住所地或者财产所在地的中级人民法院,在香港指香港特别行政区高等法院。

被申请人住所地或财产所在地在内地不同的中级人民法院辖区内的,申请人可以选择其中一个人民法院申请执行裁决,不得分别向两个或者两个以上人民法院提出申请。被申请人的住所地或者财产所在地既在内地又在香港特别行政区的,申请人不得同时分别向两地有关法院提出申请。只有一地法院执行不足以偿还其债务时,才可就不足部分向另一地法院申请执行。两地法院先后执行仲裁裁决的总额,不得超过裁决数额。

(二)执行程序

申请人向有关法院申请执行仲裁裁决时,应提交以下文书:执行申请书、仲裁裁决书、仲裁协议。执行申请书应以中文提出,裁决书或仲裁协议没有中文文本的,申请人应提交经正式证明的中文译本。

申请人申请执行内地或香港特别行政区仲裁裁决的期限依据执行地法律有关时限的规定。有关法院接到申请人申请后,应当按照执行地法律程序处理及执行。

(三)不予执行的情形

(1)仲裁协议当事人依据对其适用的法律属于某种无行为能力的情形;或者该项仲裁协议依据约定的准据法无效;或者未指明以何种法律为准时,依据仲裁裁决地的法律是无效的。

(2)被申请人未接到指派仲裁员的适当通知,或者因他故未能陈述意见的。

(3)裁决所处理的争议不是交付仲裁的标的或者不在仲裁协议条款之内,或者裁决载有关于交付仲裁范围以外事项的决定的;但交付仲裁事项的决定可与未交付仲裁的事项划分时,裁决中关于交付仲事项的决定部分应当予以执行。

（4）仲裁庭的组成或者仲裁庭程序与当事人之间的协议不符，或者在有关当事人没有这种协议时与仲裁地的法律不符的。

（5）裁决对当事人尚无约束力，或者业经仲裁地的法院或者按仲裁地的法律撤销或者停止执行的。

（6）有关法院认定，依据执行地法律，争议事项不能以仲裁方式解决的。

（7）内地人民法院认定在内地执行该仲裁裁决违反内地社会公共利益，或者香港特别行政区法院认定在香港特别行政区执行该仲裁裁决违反香港特别行政区的公共政策的。

二、涉澳仲裁裁决的认可与执行

（一）管辖法院

在内地或者澳门特别行政区作出的仲裁裁决，一方当事人不履行的，另一方当事人可以向被申请人住所地、经常居住地或者财产所在地的有关法院申请认可和执行。内地有权受理认可和执行仲裁裁决申请的法院为中级人民法院。两个或者两个以上中级人民法院均有管辖权的，当事人应当选择向其中一个中级人民法院提出申请。澳门特别行政区有权受理认可仲裁裁决申请的法院为中级法院，有权执行的法院为初级法院。

被申请人的住所地、经常居住地或者财产所在地分别在内地和澳门特别行政区的，申请人可以向一地法院提出认可和执行申请，也可以分别向两地法院提出申请。当事人分别向两地法院提出申请的，两地法院都应当依法进行审查。予以认可的，采取查封、扣押或者冻结被执行人财产等执行措施。仲裁地法院应当先进行执行清偿；另一地法院在收到仲裁地法院关于经执行债权未获清偿情况的证明后，可以对申请人未获清偿的部分进行执行清偿。两地法院执行财产的总额，不得超过依据裁决和法律规定所确定的数额。

【例】澳门甲公司与内地乙公司的合同争议由内地一仲裁机构审理，甲公司胜诉。乙公司在广东、上海和澳门均有财产。甲公司分别向两地法院申请的，仲裁地法院即内地人民法院应当先执行清偿，澳门法院可就未获清偿部分执行清偿，两地执行的总额，不得超过依裁决和法律规定所确定的数额。

（二）执行程序

申请人向有关法院申请认可和执行仲裁裁决的，应当提交以下文件或者经公证的副本：申请书、申请人身份证明、仲裁协议、仲裁裁决书或者仲裁调解书。上述文件没有中文文本的，申请人应当提交经正式证明的中文译本。

申请人向有关法院申请认可和执行内地或者澳门特别行政区仲裁裁决的期限，依据认可和执行地的法律确定。有关法院接到申请人申请后，应当适用认可和执行地的程序法律规定，但另有规定的除外。

（三）不予认可和执行的情形

（1）仲裁协议一方当事人依据对其适用的法律在订立仲裁协议时属于无行为能力的；或者依据当事人约定的准据法，或当事人没有约定适用的准据法而依据仲裁地法律，该仲裁协议无效的。

（2）被申请人未接到选任仲裁员或者进行仲裁程序的适当通知，或者因他故未能陈述意见的。

（3）裁决所处理的争议不是提交仲裁的争议，或者不在仲裁协议范围之内；或者裁决载有超出当事人提交仲裁范围的事项的决定，但裁决中超出提交仲裁范围的事项的决定与提交仲裁事项的决定可以分开的,裁决中关于提交仲裁事项的决定部分可以予以认可。

(4)仲裁庭的组成或者仲裁程序违反了当事人的约定,或者在当事人没有约定时与仲裁地的法律不符的。

(5)裁决对当事人尚无约束力,或者业经仲裁地的法院撤销或者拒绝执行的。

(6)有关法院认定,依据执行地法律,争议事项不能以仲裁方式解决的。

(7)内地人民法院认定在内地认可和执行该仲裁裁决违反内地法律的基本原则或者社会公共利益,澳门特别行政区法院认定在澳门特别行政区认可和执行该仲裁裁决违反澳门特别行政区法律的基本原则或者公共秩序,不予认可和执行该裁决。

三、台湾地区仲裁裁决在大陆的认可与执行

大陆关于台湾地区民商事判决和仲裁裁决在大陆的认可与执行的规定,包括《最高人民法院关于人民法院认可台湾地区有关法院民事判决的规定》和《最高人民法院关于人民法院认可台湾地区有关法院民事判决的补充规定》,这两项规定既适用于对台湾地区有关法院对商事、知识产权、海事等民事纠纷案件作出的判决,也适用于台湾地区仲裁机构裁决的认可与执行。但上述司法解释已经被2015年7月1日生效的《最高人民法院关于认可和执行台湾地区仲裁裁决的规定》所取代。

第十七编 国际经济法

【寄语】

自改革开放以来,中国国际经济法学从初创到繁荣,历经40多年峥嵘岁月,深刻影响了新中国对外法律交往的进程。为了适应积极开展对外经济贸易合作、吸引外资的现实需要,中国颁布了500多项涉外经济法律、法规。根据中华人民共和国商务部的统计,截至目前,中国已经对外签署了16项自由贸易协定、104项双边投资协定,内地先后与香港、澳门特别行政区签订了《关于建立更紧密经贸关系的安排》,大陆与台湾地区签订了《海峡两岸经济合作框架协议》。近年来,国际经济法律与实践引起社会各界的广泛关注,关于中美经贸争端、《外商投资法》起草、人民币汇率被控低估、防止税基侵蚀与跨国利润转移等热点问题的辩论此起彼伏。这些最近的动态发展对广大法学学子们提出了时代挑战,如何从纷繁复杂的社会焦点中找寻应战备考的思路,成为不得不面对的现实问题。

本编写作的目标是,帮助考生们更为清晰地找准复习的要诀,避免在国际经济法的知识海洋中迷失方向。在法律职业资格考试改革后,对国际经济法的考试范围进行了适当的调整,但并未突破原有的考察模式。在命题设计上,国际经济法仍然以选择题的方式出现,这就要求考生从浩如烟海、庞杂难懂的法律制度中厘清学科体系,做到去粗取精、去伪存真。具体而言,国际经济法的命题涵盖了:国际货物买卖法、国际货物运输与保险法、国际贸易支付法、我国对外贸易管理与WTO法律制度、国际知识产权法、国际投资法、国际金融法、国际税法等国际经济法的其他领域。

本编内容至少有以下三个方面的价值:

第一,编写体例的专业性。本编注重对知识体系的构建,通过对某一具体制度的发展历史和发展进程的介绍,使考生真正理解其内涵,而不仅仅是为了应对考试。本编同时注重对法律制度与概念内涵的解析,在理解的基础上可以夯实习得的知识。

第二,编写内容的精练性。本编严格按照法律职业资格考试大纲的精神和内容撰写,以大纲的顺序为蓝本;在对历年真题所考察的重点内容进行分析后,对重点考点花费较多的笔墨,对考察性不是很强的考点简单描述,重点突出、详略得当。

第三,真题编写的创新性。本编将历年典型真题贯穿于每一知识点之后,这样的内容设计不仅将知识点和考点相对应,而且有利于考生及时发现问题、查漏补缺,从而全面提高应试水平。

杜新丽
2019年4月于北京蓟门桥

第一章 导论

一、调整对象和法律渊源

（一）调整对象

国际经济法的调整对象为自然人、法人、国家和国际组织的跨国经济关系。

（二）渊源

国际经济法的法律渊源为国际经济条约、国际商务惯例、联合国大会的规范性决议和国内立法。

1. 国际经济条约

国际经济条约是国际经济法最重要的法律渊源。其中，占主要地位的是多边国际经济条约，其内容涉及国际经济法的各个领域。

2. 国际商务惯例

国际商务惯例又称为国际商业惯例，是在国际商业交往中长期形成的，经过反复使用而被国际商业的参加者接受的习惯做法或通例。产生的原因是为了降低交易成本并简化交易手续，或者为了统一某一行业行为。

3. 联合国大会的规范性决议

依传统国际法，国际组织并无立法权，国际组织通过的决议一般来说只具有建议的效力，并不对其成员具有强制力。但是，随着国际实践的发展，理论界已倾向于肯定大会决议的法律拘束力，特别是有些联合国大会决议是旨在宣告国际法原则和规范的，应具有法律效力。

4. 国内立法

国内立法主要指各国制定的关于调整涉外经济关系的法律规范文件。此外，国际判例在普通法国家是重要的国际经济法的国内法渊源，但在我国不属于法律渊源。

二、国际经济法与相邻部门法之间的区别

（一）国际经济法与国际公法的区别

1. 主体不同

国际经济法的主体包括自然人、法人、国家和国际组织；而国际公法的主体主要是国家和国际组织。

2. 法律渊源不同

国际经济法的渊源包括国际经济条约、国际商务惯例、联合国大会的规范性决议和国内立法；而国际公法的渊源包括国际条约、国际习惯和一般法律原则。

3. 调整对象不同

国际经济法调整不同主体之间的跨国经济关系；而国际公法除了调整经济关系外，还调整主体之间的政治关系、外交关系和军事关系等。

（二）国际经济法与国际私法的区别

国际经济法与国际私法在主体和法律渊源方面有很大的相似处，二者的区别主要体现在调整对象和调整方法上。

1. 调整对象不同

国际经济法调整不同主体之间的跨国经济关系；而国际私法除了调整主体之间的财产关系，还调整主体之间的人身关系。

2. 调整方法不同

国际经济法主要以直接的方法调整国际经济法律关系，其法律规范主要体现为实体法；而国际私法调整国际民商事法律关系的方法既包括直接调整方法，又包括间接调整方法，其中间接调整方法是国际私法特有的方法，其法律规范主要体现为冲突规范。

第二章 国际货物买卖

第一节 《国际贸易术语解释通则》

《国际贸易术语解释通则》(INCOTERMS)是国际商会为统一各种贸易术语的不同解释于1936年制定的,之后进行过多次修订和补充。其最近一次修订本称为《2010年国际贸易术语解释通则》(以下简称《2010年通则》),于2011年1月1日在全球范围内实施。

需要注意的是,《2010年通则》在前言部分明确规定:"如果要使合同适用《2010年通则》,应在合同中明确表明,例如:所选择的国际贸易术语解释规则(含指定地点)适用《2010年通则》。"因此,《2010年通则》的实施并不意味着《2000年国际贸易术语解释通则》的失效,合同当事人有权自主约定其想适用的版本。

一、国际贸易术语的概念、性质和作用

国际贸易术语,是以不同的交货地点为标准,用简短的概念或英文缩写字母表示的术语。在国际贸易中,这些术语可以明确表示商品的价格构成、货物风险的划分以及买卖双方在交易中各种费用的负担和责任范围。国际贸易术语的作用就是为了简化交易手续并降低交易费用。国际贸易术语是国际商务惯例的一种,具有任意性的特点,由当事人选择予以适用。

二、《2010年国际贸易术语解释通则》

(一)基本特点

《2010年通则》共解释了11个贸易术语,其中卖方承担费用、风险和责任最小的是EXW(工厂交货),卖方承担费用、风险和责任最大的是DDP(完税后交货)。

在进出口手续办理方面,除了卖方承担责任最小的EXW和卖方承担责任最大的DDP,其余9个术语均是由卖方办理出口手续,买方办理进口手续。

(二)6个最常用的贸易术语

在国际货物买卖中,最常用的贸易术语有FOB、CIF、CFR和在这三个术语的基础上发展起来的,与这三个贸易术语具有一一对应关系的FCA、CIP和CPT。前三个贸易术语在传统海运中使用甚广,后三个贸易术语则是在20世纪80年代伴随着集装箱、滚装卸和国际货物多式联运等新型运输方式产生的。

1. FOB、CIF、CFR术语

(1)区别:

表17-1 FOB、CIF、CFR术语的区别

	缩略语后的港口名	价格构成	运输安排	投保
FOB	装运港	交易成本	买方	买方
CIF	目的港	成+运+保	卖方	卖方
CFR	目的港	成+运	卖方	买方

(2)共同点:

①风险转移的时间相同,均自货物在装运港装运上船时风险转移;

②均属于装运合同,交货地点都在装运港;

③进出口手续办理相同,均为卖方办理出口手续,买方办理进口手续;

④均只适用于海运和河运。

【例】A 公司和 B 公司于 2011 年 5 月 20 日签订合同,由 A 公司将一批平板电脑售卖给 B 公司。A 公司和 B 公司营业地分别位于甲国和乙国,两国均为《联合国国际货物销售合同公约》缔约国。合同项下的货物由丙国 C 公司的"潇湘"号商船承运,装运港是甲国某港口,目的港是乙国某港口。在运输途中,B 公司与中国 D 公司就货物转卖达成协议。在贸易术语适用上,A、B 公司在双方的买卖合同中仅约定适用 FOB 术语。B 公司必须自付费用订立从指定装运港运输货物的合同。

(3)应特别注意以下问题:

①使用 FOB 术语时须注意两个充分通知:其一是买方租船或订舱后要将船名和装货地点、时间给予卖方充分通知;其二是卖方在装运港将货物装船时给予买方充分通知。

②使用 CIF 术语时须注意:替买方投保并支付保险费是卖方的一项义务,但是卖方只有义务投保海上货物运输的最低险别(平安险)。在投保范围中也不包括某些特别险种,买方如要投保其他险别或特种险,应在合同中说明并自负该项加保费用。

③使用 CFR 术语时须注意:卖方在装运港将货物装船时给予买方充分通知。

2. FCA、CIP 和 CPT 术语

FCA、CIP 和 CPT 术语是在 20 世纪 80 年代集装箱、滚装卸和国际货物多式联运等新型运输方式产生,FOB、CIF 和 CFR 等传统贸易术语不能适用的情况下产生发展起来的。

FCA、CIP 和 CPT 术语的基本特点是:

①交货地点为第一承运人所在地;

②货物风险自卖方将货物交给第一承运人时转移;

③适用于一切运输方式;

④其余各方面 FOB 和 FCA、CIF 和 CIP、CFR 和 CPT 一一对应。

除上述基本特征外,在使用 FCA 术语时须特别注意装卸义务的规定:如在卖方所在地交货,则卖方负责装货;如在其他地点交货,则卖方可以在自己的运输工具上完成交货,而不负责将货物从自己的运输工具上卸下。

(三)两个新增贸易术语:DAP 和 DAT

《2010 年通则》用两个可以不顾及运输模式的新术语 DAT[运输终端交货(……指定目的地)]和 DAP[目的地交货(……指定目的地)]代替了《2000 年通则》中的 DAF、DES、DEQ 和 DDU 术语。

DAT 和 DAP 术语都规定需在指定目的地交货,二者的主要区别是:在 DAT 术语下,卖方承担将货物从运输工具上卸下并交由买方处置的义务(这和先前的 DEQ 术语一样);而在 DAP 术语下卖方只需将货物交由买方处置即可,无须承担将货物从交通工具上卸下的义务(这和先前的 DAF、DES 和 DDU 术语一样)。

(四)根据适用的运输方式不同对 11 个贸易术语进行分类

《2010 年通则》按照适用的运输方式不同将 11 个贸易术语分为两大类:

(1)适用于任何单一或多种运输方式的术语有 7 个:EXW(工厂交货)、FCA(货交承运人)、CPT(运费付至)、CIP(运费及保险费付至)、DAT(运输终端交货)、DAP(目的地交货)和 DDP(完税后交货)。

(2)只能适用于海上和内陆水上运输的术语有 4 个:FAS(船边交货)、FOB(船上交货)、CFR(成本加运费)和 CIF(成本、保险费加运费)。

(五)将贸易术语扩大适用于国内贸易

传统的《国际贸易术语解释通则》只在国际销售合同中运用,此种交易的货物运输都需跨越国界。《2010 年通则》正式认可所有的贸易术语既可以适用于国际贸易也可以适用于国内贸易。

第二节 1980年《联合国国际货物销售合同公约》

一、公约的适用范围

（一）主体适用范围

（1）公约适用于营业地在不同国家,且这些国家都是公约缔约国的当事人之间订立的货物销售合同。公约规定国际货物销售合同的国际因素以当事人的营业地位于不同国家为标准,而不考虑当事人的国籍。

（2）如双方或一方的营业地不在缔约国,而依国际私法规则应适用缔约国法律的,此时公约也适用他们之间订立的货物销售合同。此条是公约允许反致的规定,考虑到各国对反致的态度不同,公约允许对此项通过反致适用公约的规定进行保留。我国在司法实践中不承认反致,因此在加入该公约时对此提出了保留。

（二）客体适用范围

排除了对以下合同的适用：

①购买供私人、家人或家庭使用的货物的销售,除非卖方在订立合同前任何时候或订立合同时不知道而且没有理由知道这些货物是购买供任何该种方式使用的；

②经由拍卖的销售；

③根据法律执行令状或其他令状的销售；

④公债、股票、投资证券、流通票据或货币的销售；

⑤船舶、船只、气垫船或飞机的销售；

⑥电力的销售；

⑦卖方的主要义务在于提供劳务或其他服务的买卖。

（三）未涉及的法律问题

由于各国法律的规定差异较大,为了吸纳更多的国家加入公约,对如下三个方面的法律问题未涉及：

①合同的效力或其任何条款的效力或任何惯例的效力；

②合同对所售货物的所有权可能产生的影响；

③卖方对于货物对任何人所造成的死亡或伤害的责任。

（四）适用的任意性

当事人可以通过选择其他法律而排除公约的适用。例如,营业地分别位于中国和美国的两个公司签订买卖合同,合同中的法律选择条款明确选择了中国《合同法》,这就意味着排除了公约的适用。

当事人可以在买卖合同中约定部分地适用公约,或对公约的内容进行改变。例如,买卖合同中选择了FOB术语,那么FOB术语所包含的所有内容构成当事双方在合同中的约定,当这些内容与公约规定冲突时,所选择术语的内容要优先适用。但是,所选术语没有涉及但公约规定了的内容,不因术语的选用而被排除。因此,买卖合同中选用术语只能部分排除公约的适用。

（五）我国加入公约的保留

（1）对合同书面以外形式的保留。但我国在2013年初已正式撤回该项保留,这就意味着我国不再要求涉外货物买卖合同必须采用书面形式。

（2）对扩大主体适用范围的保留。即我国仅同意对双方的营业地所在国均为缔约国的当事人之间订立的国际货物销售合同才适用公约。

二、国际货物买卖合同的成立

国际货物买卖合同的成立适用要约、承诺规则,即一方要约被另一方承诺,承诺生效时,合同成立。

《联合国国际货物销售合同公约》关于要约和承诺的规定基本上与我国1999

年修改以后的《合同法》是一致的。

【例】甲公司(卖方)与乙公司于2007年10月签订了两份同一种农产品的国际贸易合同,约定交货期分别为2008年1月底和3月中旬,采用付款交单方式。甲公司依约将第一份合同项下的货物发运后,乙公司以资金周转困难为由,要求变更付款方式为货到后30天付款。甲公司无奈同意该变更。乙公司未依约付款,并以资金紧张为由再次要求延期付款。甲公司未再发运第二个合同项下的货物并提起仲裁。根据《联合国国际货物销售合同公约》,甲公司可以停止发运第二份合同项下的货物,但应及时通知乙公司。

三、国际货物买卖合同双方的义务

(一)卖方的主要义务

1. 交货义务

交付货物是国际货物销售合同卖方最主要的义务。交货的地点和时间首先依据合同约定,在合同没有约定的情况下,适用下述规定:

(1)交货地点:

①当国际货物买卖合同涉及货物的运输,则交货地点即为货交第一承运人的地点;

②如果合同指的是特定货物或从特定存货中提取的或还在生产中未经特定化的货物,而双方当事人在订立合同时已知道这些货物的特定地点,则卖方应在该地点交货;

③在其他情况下,卖方应在其订立合同时的营业地交货。

(2)交货时间:

①如果合同规定有交货的日期,或根据合同可以确定交货的日期,应在该日期交货;

②如果合同规定有一段时间,或从合同可以确定一段时间,除非情况表明应由买方选定一个日期外,应在该段时间内任何时候交货;

③在其他情况下,应在订立合同后一段合理时间内交货。

2. 交单义务

如果卖方有义务移交与货物有关的单据,必须按照合同规定的时间、地点和方式移交。

3. 货物相符

包含了质量担保和数量相符两方面的含义。

4. 权利担保

指卖方保证对其出售的货物享有完全的所有权或者合法的处分权,必须是第三方不能提出任何权利或要求的货物。

但是,当第三者是根据知识产权提出要求时,需具备两个条件:

①第三者的权利是依据买方营业地所在国家的法律取得的;

②第三者的权利是依据合同预期的货物将要销往或使用的目的地国家或地区的法律取得的。

(二)买方义务

1. 支付货款

(1)支付的地点。在合同对此没有规定的情况下:

①卖方营业地(即合同成立时卖方的营业地);

②如凭移交货物或单据支付货款,则移交货物或单据的地点为支付地。

(2)支付的时间。在双方当事人未在合同中具体约定的情况下:

①在卖方将货物或单据置于买方控制下时付款;

②在买卖合同涉及运输时,在收到银行的付款通知时付款;

③在买方没有机会检验货物前,可以拒绝支付货款。

2. 接收货物

(1)接收货物的义务。由两部分组

成,其一为"采取一切理应采取的行动",以期卖方能交付货物;其二为"提取货物",特别是按时提取,因未按时提取货物而扩大的损失或产生的费用须由买方承担。应注意的是,接收不等于接受。

(2)接收货物义务的免除。如下两种情况下,买方有权拒绝接收:

①如果卖方在规定的交货日期前提前交付货物;

②如果卖方交付的货物数量大于合同规定,对于多交部分的货物,买方有权拒收。

3.检验货物

买方对货物不符合同,必须在发现或理应发现不符情形后一段合理时间内通知卖方,说明不符合同情形的性质,否则就丧失声称货物不符合同的权利。如果买方不在实际收到货物之日起2年内将货物不符合同情形通知卖方,就丧失声称货物不符合同的权利,除非这一时限与合同规定的保证期限不符。

四、违约救济方式

《联合国国际货物销售合同公约》中对违约救济方式的规定基本上与我国合同法是相同的。

(一)一般违约的救济方式

1.卖方违反合同时适用于买方的救济方式

(1)要求实际履行。
(2)交付替代物。
(3)修理。
(4)减价。
(5)宣告合同无效。

宣告合同无效的法律后果主要有3个:

①合同一经宣告无效,即免除了买卖双方在合同中的义务,但它并不免除违约一方损害赔偿的责任;

②宣告合同无效,买方必须按实际收到货物的原状归还货物;

③合同宣告无效后,买卖双方必须归还因接受履行所获得的收益。即卖方应归还所收取的货款的利息,买方应归还由于使用货物或转卖货物所得的收益。

(6)损害赔偿。

2.买方违反合同时适用于卖方的救济方法

(1)宣告合同无效。
(2)要求损害赔偿。
(3)实际履行。
(4)要求支付利息。

支付利息的违约救济方式有两种:货款的利息和拖欠金额的利息。采用了支付利息的救济方法后,仍然可以要求损害赔偿。

(二)预期违反合同的救济方法

预期违反合同指在合同订立后,履行期到来前,一方明示拒绝履行合同,或通过其行为判断其将不履行合同。

1.预期违约的救济方法

当一方出现预期违反合同的情况时,另一方可以根据具体情况中止履行义务或宣告合同无效。

中止履行义务的适用条件是:

①被中止方当事人在履行合同的能力或信用方面存在严重缺陷;

②被中止方当事人在准备履行或履行合同的行为方面表明他将不能履行合同中的大部分重要义务。

如果在履行合同日期之前,明显看出一方当事人将根本违反合同,另一方当事人可以宣告合同无效。在时间许可的情况下,准备宣告合同无效的一方应向对方发出合理的通知,使其可以对履行义务提供充分保证。

2.采取救济方法的当事人的义务

在一方预期违约的情况下,另一方可以中止履行义务或宣告合同无效。但是,中止履行义务或宣告合同无效的当事人应承担下列义务:

①必须将自己中止履行或宣告无效的决定立即通知对方;

②当对方提供了履行合同的充分保证时,仍应履行合同;

③假如另一方未明确声明将不履行合同,而是合同当事人根据自己的判断中止合同的履行,如果判断失误,则要承担自己违反合同的责任。

【例】甲公司(买方)与乙公司订立了一份国际货物买卖合同。后因遇到无法预见与不能克服的障碍,乙公司未能按照合同履行交货义务,但未在合理时间内将此情况通知甲公司。甲公司直到交货期过后才得知此事。乙公司的行为使甲公司遭受了损失。依《联合国国际货物销售合同公约》,乙公司可以解除合同,但应把障碍及其影响及时通知甲公司;甲公司有权就乙公司未通知有关情况而遭受的损失请求赔偿。

(三)分批交付的货物无效的处理

(1)在一方当事人不履行任何一批货物的义务构成对该批货物的根本违约时,只能宣告合同对该批货物无效;

(2)如有充分理由断定对今后各批货物将会发生根本违反合同的情况,则可在一段合理时间内宣告合同今后无效;

(3)当买方宣告合同对任何一批货物的交付为无效,而各批货物又是互相依存的情况下,可宣告对已交付的或今后交付的各批货物均无效。

(四)保全货物

保全货物指在一方当事人违约时,另一方当事人仍持有货物或控制货物的处置权时,该当事人有义务对他所持有的或控制的货物进行保全。目的是为了减少违约一方当事人因违约而给自己带来的损失。

五、国际货物买卖合同的风险转移

国际货物买卖合同的风险转移指买卖双方均无责任的外部事件造成的货物损失或灭失。

(一)一般货物买卖合同的风险转移

在买卖合同对货物风险转移没有约定(包括明示约定和通过选择贸易术语等默示约定)的情况下,货物风险在交货时转移,分为如下几种情形:

(1)如果卖方交货义务不涉及运输,则从买方接收货物时起或货物交由买方处置时起,风险由买方承担;

(2)如果卖方的交货义务涉及运输:

①如果卖方没有义务在某一特定地点交付货物,自货物按销售合同交付给第一承运人以转交给买方时起,风险就转移到买方承担;

②如果卖方有义务在某一特定地点把货物交付给承运人,在货物于该地点交付给承运人时起风险转移到买方承担。但在货物特定化以前风险不转移。

(二)运输途中销售的货物的风险转移

对于运输途中销售的货物的风险,原则上自买卖合同成立时起转移给买方。如果情况表明有此需要,风险自货物交给签发运输单据的承运人时起转移给买方。如果卖方在订立合同时已知道或理应知道货物已经损坏或遗失,而不将这一事实告之买方,则上述风险转移的原则不适用。

【例】甲公司的营业所在甲国,乙公司的营业所在中国,甲国和中国均为《联合国国际货物销售合同公约》的当事国。甲公司将一批货物卖给乙公司,该批货物通过海运运输。货物运输途中,乙公司将货物转卖给了中国丙公司。根据该公约,甲公司出售的货物,必须是第三方依中国知识产权不能主张任何权利的货物;乙公司转售的货物,自双方合同成立时风险转移。

第三章 国际货物运输与保险

第一节 国际货物运输法律制度

一、国际海上货物运输

国际海上货物运输分为班轮运输和租船运输两种主要形式。班轮运输是由承运人以固定的航线、固定的航期、固定的运费,将托运人的件杂货运往目的地的运输,在这种运输关系下产生的主要法律文件是提单,所以一般又被称为提单运输;从班轮运输的货物特征来考虑,班轮运输又被称为件杂货运输或零担运输。租船运输主要包括航次租船运输和定期租船运输两种方式,在这种运输关系下产生的主要法律文件是租船合同。

二、提单和海运单

（一）提单的含义

提单是班轮运输中重要的法律文件,是用以证明海上货物运输合同的订立和货物已由承运人接管或者装船,以及承运人保证据以交付货物的单证。

（二）提单的法律特征

（1）提单是海上运输合同的证明。

（2）提单是承运人出具的接收货物的收据。

（3）提单是承运人交付货物的物权凭证。

（三）提单的种类

（1）按签发提单时货物是否已装船可分为已装船提单和收货待运（备运）提单。一般来说,买方和信用证下承担支付义务的银行只愿意接受已装船提单。

（2）按提单上的收货人抬头不同可分为记名提单、不记名提单和指示提单。

【例】中国甲公司通过海运从某国进口一批服装,承运人为乙公司,提单收货人一栏写明"凭指示"。甲公司持正本提单到目的港提货时,发现货物已由丙公司以副本提单加保函提取。甲公司与丙公司达成了货款支付协议,但随后丙公司破产。甲公司无法获赔,转而向乙公司索赔。根据我国相关法律规定,关于本案,甲公司与丙公司虽已达成货款支付协议,但未得到赔付,不影响甲公司要求乙公司承担责任。

（3）按提单上有无对货物的不良批注可分为清洁提单和不清洁提单。例如某提单包装一栏船长批注"部分包装破损",这就是不清洁提单,说明货物装船时已经存在不良状况。

（四）无单放货的法律责任

（1）明确在承运人无正本提单交付货物的情况下,正本提单持有人可以要求无单放货的承运人与无单取货的人承担连带赔偿责任。

【例】一批货物由甲公司运往中国青岛港,运输合同适用《海牙规则》。运输途中因雷击烧毁部分货物,其余货物在目的港被乙公司以副本提单加保函提走。丙公司为该批货物正本提单持有人。根据《海牙规则》和我国相关法律规定,丙公司可要求甲公司和乙公司承担连带赔偿责任。

（2）进一步明确了无单放货情况下承运人的相关责任:

①承运人无单放货,正本提单持有人

可以要求承运人承担违约责任,或者承担侵权责任;

②承运人因无正本提单交付货物承担民事责任的,不适用《海商法》第 56 条关于限制赔偿责任的规定;

③承运人因无正本提单交付货物造成正本提单持有人损失的赔偿额,按照货物装船时的价值加运费和保险费计算。

(3)承运人无单放货可免责的情形:

①承运人依照提单载明的卸货港所在地法律规定,必须将承运到港的货物交付给当地海关或者港口当局的;

②承运到港的货物超过法律规定期限无人向海关申报,被海关提取并依法变卖处理,或者法院依法裁定拍卖承运人留置的货物;

③承运人按照记名提单托运人的要求中止运输、返还货物、变更到达地或者将货物交给其他收货人;

④承运人签发一式数份正本提单,向最先提交正本提单的人交付货物后,其他持有相同正本提单的人要求承运人承担无正本提单交付货物的民事责任的。

(4)明确正本提单持有人要求承运人承担无正本提单交付货物的民事责任的诉讼时效为 1 年,适用的法律为《海商法》,《海商法》没有规定的,适用其他法律规定。

(五)为了换取与信用证相符的提单而开立的保函

此类保函均是由托运人出具的,用以担保承运人签发与信用证相符的提单而产生一切法律后果的一种担保文件。根据作用不同可分为如下两种:

(1)为换取清洁提单开立的保函。

承运人装船时,如果发现托运的货物外表有瑕疵,即会在签发的提单上批注,它将产生提单不能顺利在银行进行结汇的法律后果。此时,托运人为了取得清洁提单以便向银行办理结汇,往往会出具一份保函请求承运人签发清洁提单。该保函的中心内容是担保承运人因签发提单而产生的法律后果一律由托运人承担。

在司法实践中,为换取清洁提单开立的保函根据托运人和承运人有无恶意串通的性质而效力不同。如果承运人接受保函签发清洁提单并不是对收货人存心欺诈,而是因为某些客观条件的限制,如缺乏识别手段或计量工具,这种保函属于善意保函,在承运人和托运人之间为有效。但是,此有效也仅限于托运人与承运人之间,并不能对抗第三人。在托运人与承运人明知货物的表面状况有瑕疵仍以保函换取清洁提单的情况下,此种保函被认为属于无效的恶意保函。

(2)为换取倒签提单和预借提单而出具的保函。

倒签提单指货物装船后,承运人签发的一种早于货物实际装船日期的提单。预借提单指货物尚未全部装完,或货物已在承运人的接管下,但尚未开始装船的情况下签发的提单。倒签提单和预借提单两者均掩盖了货物的实际装船日期,构成对收货人的欺诈,故为预借提单和倒签提单出具保函在多数国家的司法实践中都被认定为恶意的无效保函。

(六)海运单

海运单是证明海上运输货物由承运人接管或装船,且承运人保证将货物交给指定的收货人的一种不可流通的书面运输单据。海运单具有提单所具有的货物收据和海上货物运输合同证明的作用,但海运单不是货物的物权凭证,收货人提货时无须凭海运单,而只需证明其身份。

三、调整班轮运输的国际公约

调整班轮运输的国际公约包括 1924

年的《海牙规则》、1968年的《维斯比规则》及1978年的《汉堡规则》。我国没有加入上述三个国际公约,但并不影响运输实践中当事人在特定海上货物运输关系中选择这三个公约之一作为其运输合同应适用的法律。

表17-2 调整班轮运输的国际公约的比较

	海牙规则	汉堡规则
责任基础	不完全的过失责任制	完全的过失责任制
免责	航行过失、火灾过失+无过失免责	无过失免责
责任期间	装到卸	接到交
责任限额	低	高
关于延迟责任	无规定	承担责任
关于实际承运人	无规定	与(订约)承运人共负连带责任
关于舱面货和活牲畜	无规定	适用
关于保函	无规定	承认善意保函在托运人和承运人之间为有效
诉讼时效	1年	2年

（一）《海牙规则》

全称为1924年《统一提单的若干法律规则的国际公约》,1931年生效。主要内容包括：

1. 承运人最低限度的义务

承运人的两项最低限度的义务是强制性的,在提单中解除或降低承运人的这两项义务的条款均属无效。

(1) 适航义务。承运人在开航前与开航时必须谨慎处理,以便：

① 使船舶具有适航性；

② 适当地配备船员、设备和船舶供应品；

③ 使货舱、冷藏舱和该船其他运载货物的部位适宜并能安全地收受、运送和保管货物。

(2) 管货义务。承运人应适当和谨慎地装载、操作、积载、运送、保管、照料和卸载所承运的货物。

2. 承运人的责任期间

《海牙规则》中规定的承运人的责任期间为从货物装上船起至卸完船为止的期间。

3. 承运人的免责

共有17项,包括2项过失免责和15项无过失免责。

其中过失免责条款包括：

① 航行过失免责。指船长、船员、引水员或承运人的雇佣人在驾驶或管理船舶中的行为、疏忽或不履行职责导致的货物损失,承运人可以免责；

② 雇佣人、代理人过失导致的火灾,承运人可以免责,但由于承运人实际过失或私谋所造成者除外。

4. 赔偿责任限额

承运人对货物的灭失或损失的赔偿责任,在任何情况下每件或每单位不得超过100英镑,但托运人于装货前已申明该货物的性质和价值,并在提单上注明者不在此限。

（二）《维斯比规则》

全称为《修改统一提审若干法律规定的国际公约议定书》,主要是对《海牙规

则》的补充和修改,主要内容有:

1. 明确规定提单对于善意受让人是最终证据

2. 责任限制

承运人的责任限制金额为每件或每单位666.67特别提款权(SDR),或按货物毛重每千克2特别提款权计算,两者之中以较高者为准。

3. 承运人的雇佣人或代理人的责任限制

(1)对承运人提起的货损索赔诉讼,无论是以合同为依据,还是以侵权行为为依据,均可以适用责任限制的规定。

(2)承运人的雇佣人或代理人也可以享受责任限制的保护。

(三)《汉堡规则》

全称为1978年《联合国海上货物运输公约》,该公约1992年生效。主要内容有:

1. 承运人的责任基础

采用推定过失责任制。取消了《海牙规则》中的过失免责条款,主张在货损发生后,一般先推定承运人有过失,如承运人主张自己无过失,则必须承担举证责任。

2. 承运人的免责

取消了承运人对船长、船员等在驾驶船舶或管理船舶及火灾中的过失免责,其所有的免责条款均属于无过失免责。

3. 承运人延迟交货的责任

承运人应对延迟交货负责。延迟交货指未在约定的时间内交付,或在无约定的情况下,未在合理时间内交付。承运人对延迟交货的赔偿责任限额为迟交货应付运费的2.5倍,但不应超过应付运费的总额。

4. 承运人的责任期间

承运人的责任期间为货物在装货港、运送途中和卸货港在承运人掌管下的全部期间,该责任期间通常也成为"接到交"期间。

5. 承运人的责任限额

承运人对货物灭失或损坏的赔偿责任限额为每件或每单位835特别提款权,或每千克2.5特别提款权,以高者为准。

6. 实际承运人

即使订约承运人将全程运输或部分运输委托给实际承运人,订约承运人仍应对运输全程负责。如承运人和实际承运人都有责任,则两者负连带责任。

7. 关于保函的效力

第一次在一定范围内承认了保函的效力,规定托运人为了换取清洁提单可向承运人出具保函,但保函只在托运人与承运人之间有效。如保函具有欺诈意图,则保函无效,承运人应赔偿第三者的损失,且不能享受责任限制。

8. 对舱面货和活牲畜等特殊货物的规定

承运人依协议、惯例、法律的要求,有权在舱面装货,否则承运人应对将货物装在舱面上造成的损失负赔偿责任。活牲畜的受损如是因其固有的特殊风险造成的,承运人可以免责,但承运人须证明已按托运人的特别指示办理了与货物有关的事宜。

第二节 国际货物运输保险法律制度

一、国际海上货物运输保险的险别

险别是用以确定保险人承保范围的基础。确定海上货物运输险别的两大因素是风险和损失。

(一)国际海上货物运输中的风险

指导致货物毁损灭失的原因,例如货物因船舶碰撞而碎裂,货物碎裂的原因是船舶碰撞,船舶碰撞就是该运输中的风险;再如货物因遭遇海上强热带风暴而湿损,货物湿损的原因是强热带风暴,强热带风暴就是该运输中的风险。海上货物运输保险中所承保的风险一般可分为两大类,五小类。

根据该种风险是否在海运环境相对固有,可将风险分为海上风险和外来风险两大类。海上风险如海啸、海上恶劣天气、船舶触礁、沉没、碰撞等海上运输环境下相对固有的风险;外来风险如货物被偷窃、货物受潮受热变质、进口国检疫限制、遭遇战争等任何运输环境下都有可能遭遇到的风险。

海上风险根据人的意志是否可转移可分为自然灾害和意外事故两小类。自然灾害指不以人的意志为转移的自然力量所引起的灾害,包括与航行有关的海啸、地震、飓风、雷电、洪水等;意外事故指由于偶然的、非意料中原因所造成的事故,包括航行中船舶的触礁、沉没、碰撞、失踪、火灾、爆炸等,以及装卸不慎导致的货物落海等。

外来风险在海上货物运输保险中一般还细分为一般外来风险、特别外来风险和特殊外来风险三小类。特殊外来风险只包括战争和罢工两种;特别外来风险主要对应因为政治、行政等因素而导致的损失,例如进口关税的增加、贸易禁运、检疫限制等;而并非政治、行政、战争、罢工等原因导致的外来风险均属于一般外来风险,例如偷窃、串味、钩损、受潮受热变质等。

(二)国际海上货物运输中的损失

1.全部损失

全部损失指保险标的遭受海损后,已经全部毁坏,失去了原有的用途。分实际全损和推定全损。

(1)实际全损指保险标的发生事故后灭失,或者受到严重损坏完全失去原有形体、效用,或者不能再归被保险人所拥有的,为实际全损。

(2)推定全损指货物发生保险事故后,认为实际全损已经不可避免,或者为避免发生实际全损所需要支付的费用与继续将货物运抵目的地的费用之和超过保险价值的损失状态。

2.部分损失

部分损失指保险标的发生保险事故后造成部分损坏,受损价值没有达到保险金额,为部分损失。分共同海损和单独海损。

(1)共同海损指在同一海上航程中,船舶、货物和其他财产遭遇共同危险,为了共同安全,有意地和合理地采取措施所直接造成的特殊牺牲,支付的特殊费用。共同海损应当由获救财产的受益人进行分摊;无论投保何种险别,保险人都赔偿共同海损的牺牲、费用和分摊。

(2)单独海损指共同海损以外的货物部分损失。

【例】甲国A公司向乙国B公司出口一批货物,双方约定适用2010年《国际贸易术语解释通则》中CIF术语。该批货物由丙国C公司"乐安"号商船承运,运输途中船舶搁浅,为起浮抛弃了部分货物。船舶起浮后继续航行中又因恶劣天气,部分货物被海浪打入海中。到目的港后发现还有部分货物因固有缺陷而损失。该批货物投保了平安险,关于运输中的相关损失的认定及赔偿,依《海牙规则》,为起浮抛弃货物造成的损失属于共同海损;因恶劣天气部分货物被打入海中的损失属于单独海损。

(三)我国海上货物运输保险的主要险别

指可以独立承保,不必附加在其他险别项下的险别,即平安险、水渍险和一切险。

1.平安险

平安险的英文意思为"单独海损不赔"。平安险承保海上风险造成的货物全部和部分损失,但单纯由于自然灾害造成的单独海损不保。

2. 水渍险

该险的责任范围除平安险的各项责任外，还负责被保险货物由于恶劣气候、雷电、海啸、地震、洪水等自然灾害所造成的部分损失。也就是说，水渍险承保所有由于海上风险造成的货物全部损失和部分损失。

3. 一切险

该险除包括水渍险的责任范围外，还负责赔偿被保险货物在运输途中由于一般外来原因所致的全部或部分损失。外来原因指偷窃、提货不着、淡水雨淋、短量、混杂、玷污、渗漏、串味异味、受潮受热，包装破裂、钩损、碰损破碎、锈损等原因。

（四）我国海洋货物运输保险的附加险别

海洋运输货物保险的附加险别不能单独投保，只能在投保主要险别后附加投保。分为一般附加险、特别附加险和特殊附加险三类。

1. 一般附加险

该险承保各种一般外来风险造成的货物全部损失或部分损失，包括：偷窃、提货不着险，淡水雨淋险，短量险，混杂、玷污险，渗漏险，碰损、破碎险，串味异味险，受潮受热险，钩损险，包装破裂险，锈损险。

2. 特别附加险

该险承保因特别外来风险造成的保险标的的损失，包括：交货不到险、进口关税险、舱面险、拒收险、黄曲霉素险、出口货物到香港或澳门特别行政区存仓火险。

3. 特殊附加险

该险对应特殊外来风险，只包括海洋运输货物战争险和货物运输罢工险。

表17-3 三种基本险别承保范围对比

	海上风险		外来风险		
	自然灾害	意外事故	一般外来风险	特别外来风险	特殊外来风险
平安险	全部损失√ 共同海损√ 单独海损×	√	×	×	×
水渍险	√	√	×	×	×
一切险	√	√	√	×	×

二、我国海洋运输货物保险的保险责任期间

指保险人承担对海洋运输货物赔偿责任的期间。主要以"仓至仓条款""扩展责任条款""航程终止条款"和"驳运条款"来确定保险人的责任起讫。其中，"仓至仓条款"是最常用的约定保险期限的条款，该条款规定保险人的责任自保险货物运离保险单所载明的起运地仓库开始，到货物到达保险单载明的目的地收货人最后仓库时止。

三、我国海洋运输货物保险的除外责任

保险单中规定的保险人不负责赔偿的海洋运输货物损失。包括：

①被保险人的故意行为或过失所造成的损失；

②属于发货人责任引起的损失；

③在保险责任开始前，被保险货物已存在的品质不良或数量短差所造成的损失；

④被保险货物的自然损耗、本质缺陷、特性以及市价跌落、运输延迟引起的损失

和费用;

⑤海洋运输货物战争险条款和货物运输罢工险条款规定的责任范围和除外责任。

四、索赔时效

索赔时效为2年,从被保险货物在最后卸货港全部卸离运输工具后起算。

第四章　国际贸易支付

第一节　汇付和托收

国际贸易支付的方式包括汇付、托收、信用证与国际保理。其中汇付、托收与国际保理属于商业信用,信用证属于银行信用。

一、汇付

汇付是由买卖合同的买方委托银行主动将货款支付给卖方的结算方式。汇付是建立在商业信用基础上的,因此对买卖双方均有一定的风险。汇付依使用的信用工具不同可分为信汇、电汇和票汇三种。

二、托收

(一)托收的概念和法律依据

托收是由收款人开立汇票,委托银行向付款人收取货款的结算方式。国际贸易中,托收一般都是出口方在发货后开给进口方或付款人汇票,委托出口地银行(委托行)通过它在进口地银行(代收行)代向进口方收取货款的方式。在托收情况下,付款人是否付款是依其商业信用,银行并不承担责任。

国际商会制定的《托收统一规则》是调整托收的主要法律依据(现行的是其1995年修订本)。该规则从性质上讲属于国际商务惯例,但在国际贸易中已经得到相当广泛的选用。

(二)托收的当事人

通常有四方:委托人(卖方)、付款人(买方)、托收行和代收行。

(三)托收的基本程序

国际贸易中常用的是跟单托收。

(四)银行的责任和免责

1. 托收中银行的责任

"代理收款"。"代理"是银行的法律地位,因此若买方付款,银行有义务及时将货款支付给卖方;但若买方拒付,银行无须承担付款义务,但有义务及时通知卖方买方拒付的情况。"收款"是银行的法律责任,即银行只对货款负责,而对货款以外的单据、货物、票据等不承担责任。

2. 托收中银行的免责

(1)对单据的实质免责。

(2)对传递延误或遗失免责。

(3)不可抗力免责。

(4)对货物免责。

(5)对票据免责。

(6)对被指示方的行为免责。

(五)托收的种类

1. 光票托收

光票托收指委托人开立不附货运单据的汇票,仅凭汇票委托银行向付款人收款的托收方式。光票托收的风险较大,因此,一般只用于样品费、佣金、货款尾数等的结算。

2.跟单托收

跟单托收指委托人开立附货运单据的汇票,凭跟单汇票委托银行向付款人收款的托收方式。跟单托收又可分为付款交单和承兑交单。付款交单(简称D/P)指代收行在买方付清货款后才将货运单据交给买方的付款方式。承兑交单(简称D/A)指在开立远期汇票的情况下,代收行在接到跟单汇票后,要求买方对汇票承兑,在买方承兑后即将货运单据交付买方的托收方式。对卖方来说,承兑交单的风险大于付款交单。

第二节 银行信用证

一、信用证的概念和法律依据

(一)信用证的概念和性质

信用证是银行依开证申请人的请求,开给受益人的一种保证银行在满足信用证要求的条件下承担付款责任的书面凭证。在信用证付款的方式下,开证银行以自身的信誉为卖方提供付款的保证,因此信用证支付方式是一种银行信用。

(二)UCP600

适用于信用证的国际商务惯例是国际商会在1930年制定的《跟单信用证统一惯例》,该惯例经过七次修订,目前使用的是2007年7月1日实施的修订本,又称为UCP600号。

二、信用证的流转程序

信用证的基本当事人有四个:开证申请人、开证行、通知行与受益人。此外,有时还有保兑行、议付行、付款行等。

三、银行的责任及免责

(一)银行的责任

根据信用证独立原则,银行有审单的权利和义务。若受益人提交的单据满足单证一致、单单一致的条件,开证行、保兑行(如果有的话)承担无条件承兑或付款的责任。

为了保证银行的审单效率,《跟单信用证统一惯例》(UCP600)要求:按指定行事的指定行、保兑行(如有的话)及开证行各有从交单次日起至多5个银行工作日用以确定交单是否相符。

为了减少单证不符导致的信用证"短路",《跟单信用证统一惯例》(UCP600)特别规定:当开证行确定交单不符时,可以自行决定联系申请人放弃不符点。如果收到开证申请人放弃不符点的通知,则可以释放单据。要特别注意的是,当银行审单发现单证或单单有不符点时,是否联系申请人,是否释放单据,都是银行的权利,而非银行的义务。

(二)银行的免责

(1)对单据的实质免责。

(2)对传递延误或遗失免责。

(3)不可抗力免责。

(4)对买卖合同免责。

(5)对被指示方的行为免责。

【例】中国甲公司(卖方)与某国乙公司签订了国际货物买卖合同,规定采用信用证方式付款,由设在中国境内的丙银行通知并保兑。信用证开立之后,甲公司在货物已经装运,并准备将有关单据交银行议付时,接到丙银行通知,称开证行已宣告破产,丙银行将不承担对该信用证的议付或付款责任。丙银行的保兑义务并不因开证行的破产而免除;虽然开证行破产,甲公司仍可依信用证向丙银行交单并要求付款。

四、信用证欺诈及例外

(一)信用证欺诈的种类

(1)开立假信用证或"软条款"信

用证。

(2)伪造单据或以假货充真货。

(3)以保函换取与信用证相符的提单:以保函换取与信用证相符的提单主要有倒签提单、预借提单以及以保函换取清洁提单的情况。

(二)信用证欺诈例外原则

信用证欺诈例外原则首先是在美国法院的判例中提出来的,美国《统一商法典》也有对信用证欺诈及补救办法的成文法规定。此外,英国、加拿大、新加坡、法国等国的法院判例也承认信用证欺诈例外原则。其主要内容是在银行对卖方提交的单据付款或承兑之前,发现或获得确凿证据,证明卖方确有欺诈行为,利害关系人可请求法院向银行颁布禁止令,禁止银行付款。

(三)我国2005年《最高人民法院关于审理信用证纠纷案件若干问题的规定》

1. 法律适用

人民法院在审理信用证纠纷案件时,当事人约定应适用法律的从其约定,当事人没有约定的,适用国际商会《跟单信用证统一惯例》或者相关国际惯例。

2. 审单标准

审查标准为"表面上相符"。并且,信用证项下单据与信用证条款之间、单据与单据之间在表面上不完全一致,但并不导致相互之间产生歧义的,不应认定为不符点。

3. 信用证欺诈的构成

(1)受益人伪造单据或者提交记载内容虚假的单据。

(2)受益人恶意不交付货物或者交付的货物无价值。

(3)受益人和开证申请人或者其他第三方串通提交假单据,而没有真实的基础交易。

(4)其他进行信用证欺诈的情形。

4. 提高了信用证欺诈例外原则适用的条件

(1)受理申请的人民法院对该信用证纠纷案件享有管辖权。

(2)申请人提供的证据材料证明存在本规定第8条的情形。

(3)如不采取中止支付信用证项下款项的措施,将会使申请人的合法权益受到难以弥补的损害。

(4)申请人提供了可靠、充分的担保。

(5)不存在以下情形:

①开证行的指定人、授权人已按照开证行的指令善意地进行了付款;

②开证行或者其指定人、授权人已对信用证项下票据善意地作出了承兑;

③保兑行善意地履行了付款义务;

④议付行善意地进行了议付。

【例】根据《最高人民法院关于审理信用证纠纷案件若干问题的规定》,中国法院认定存在信用证欺诈的,应当裁定中止支付或者判决终止支付信用证项下款项,但存在除外情形。关于除外情形,下列表述均为正确:

(1)开证行的指定人、授权人已按照开证行的指令善意地进行了付款;

(2)开证行或者其指定人、授权人已对信用证项下票据善意地作出了承兑;

(3)保兑行善意地履行了付款义务;

(4)议付行善意地进行了议付。

第五章 对外贸易管理制度

第一节 《对外贸易法》

《对外贸易法》是我国对货物进出口、技术进出口和国际服务贸易进行管理和控制的法律依据。在客体适用范围上,适用于货物进出口、技术进出口和国际服务贸易。在地域范围上,其不适用于中华人民共和国的单独关税区。

一、对外贸易经营者

2004年修订前的《对外贸易法》对对外贸易主体有比较严格的限制,只有经过审批,获得对外贸易经营权的企业或其他组织才可以进行进出口贸易。为了适应我国加入世界贸易组织以及世界贸易自由化的需要,以及依照我国须在入世后3年内放宽外贸经营权的承诺,2004年《对外贸易法》修订时对外贸经营者的规定作了重大调整。

首先,外贸经营者的主体范围扩大到自然人,"法人、其他组织和个人"都可以成为外贸经营者;其次,外贸经营权的获得由审批制改为登记备案制,规定"依法办理工商登记或者其他执业手续"即可获得"对外贸易经营者"的资格。

二、货物与技术进出口

实行统一的目录管理制度。货物和技术都分为禁止进出口的货物、限制进出口的货物和自由进出口的货物。国家可以对部分货物的进出口实行国营贸易管理。国务院外经贸主管部门会同国务院有关经济管理部门制定、调整并公布这类货物目录。

三、国际服务贸易

根据所缔结或参加的国际条约及协定中的承诺,给予其他缔约方市场准入和国民待遇。

四、对外贸易调查

为了维护对外贸易秩序,国务院对外贸易主管部门可以自行或者会同国务院其他有关部门,依照法律、行政法规的规定对可能影响货物、技术进出口或国际服务贸易的事项进行调查。

【例】中国甲公司发现有假冒"麒麟"商标的货物通过海关进口。依我国相关法律规定,甲公司可以采取下列措施:

(1)甲公司可向海关提出采取知识产权保护措施的备案申请;

(2)甲公司可向货物进出境地海关提出扣留涉嫌侵权货物的申请;

(3)甲公司在向海关提出采取保护措施的申请后,可在起诉前就被扣留的涉嫌侵权货物向法院申请采取责令停止侵权行为的措施。

第二节 我国的贸易救济措施

一、反倾销措施

以2002年1月1日生效、2004年3月31日修订的《反倾销条例》为主要的法律依据。

(一)反倾销措施适用的条件

进口产品存在倾销、对国内产业造成损害、二者之间有因果关系是采取反倾销措施的必要条件。

(二)反倾销调查程序

1. 发起

发起反倾销调查的方式有两种:基于国内产业或者代表国内产业的自然人、法人或者有关组织向商务部提出反倾销调查的书面申请;特殊情况下,商务部可以自主决定立案调查。

2. 初步裁定

初步裁定确定倾销成立并由此对国内产业造成损害的,可以采取临时反倾销措施。但是,在申请人撤销申请、反倾销条件不具备、倾销或损害幅度很低等情形下,应当终止反倾销调查。

3. 终局裁定

初步裁定认为倾销、损害和二者之间的因果关系成立的,应当继续调查,作出终局裁定。终局裁定确定倾销成立并由此对国内产业造成损害的,可以征收反倾销税;反之,则应取消反倾销临时措施。

4. 行政复审

对于反倾销税和价格承诺,商务部可以决定对其必要性进行复审;经利害关系方申请,商务部也可以对反倾销税和价格承诺的必要性进行复审。根据复审结果,商务部作出保留、修改或者取消反倾销税或价格承诺的决定。复审期间,复审程序不妨碍反倾销措施的实施。

5. 司法审查

与反倾销行政行为具有法律上的利害关系的个人或组织为利害关系人,可以依照2002年11月21日我国最高人民法院发布的《关于审查反倾销行政案件应用法律若干问题的规定》以及《行政诉讼法》及其他有关法律、行政法规的规定,向人民法院提起行政诉讼。

(三)反倾销措施

1. 临时反倾销措施

临时反倾销措施包括征收临时反倾销税、提供现金保证金、保函或者其他形式的担保,其数额不得超过初步裁定确定的倾销幅度。

2. 价格承诺

倾销进口产品的出口经营者在反倾销调查期间,可以向商务部作出改变价格或者停止以倾销价格出口的价格承诺。调查机关可以建议但不得强迫出口经营者作出价格承诺。是否接受价格承诺,由调查机关决定,但在初步裁定前不得寻求或者接受价格承诺。调查机关接受价格承诺,可以中止或者终止反倾销调查。接受价格承诺后继续进行调查并作出否定倾销或损害的终局裁定,出口价格承诺自动失效。

3. 反倾销税

终局裁定确定倾销成立并由此对国内产业造成损害的,可以征收反倾销税。征收反倾销税应符合公共利益。反倾销税的纳税人是倾销进口产品的进口经营者。反倾销税和价格承诺的履行期限原则上均不得超过5年。在反倾销个案的终局裁定中,征收反倾销税和接受价格承诺不能同时并用。

【例】国内某产品生产商向我国商务部申请对从甲国进口的该产品进行反倾销调查。该产品的国内生产商共有100多家。根据我国相关法律规定,反倾销税税额不应超过终局裁定确定的倾销幅度。

【例】甲、乙、丙中国企业代表国内某食品原料产业向商务部提出反倾销调查申请,要求对原产于A国、B国、C国的该原料进行相关调查。经查,商务部终局裁定确定倾销成立,对国内产业造成损害,决定征收反倾销税。根据我国相关法律规定,终局裁定确定的反倾销税额高于已付或应付临时反倾销税或担保金额的,差额部分不予征收。

二、反补贴措施

以 2002 年 1 月 1 日生效、2004 年 3 月 31 日修订的《反补贴条例》为主要的法律依据。

(一)反补贴措施适用的条件

进口产品存在补贴、对国内产业造成损害、二者之间有因果关系是采取反补贴措施的必要条件。根据《反补贴条例》进行调查、采取反补贴措施的补贴,必须具有专向性。也就是说,补贴必须要有特定给予的对象,目的是增加部分企业或产业的竞争力,这种补贴才具有不公平贸易的性质,才能被反补贴。补贴的调查和确定,由商务部负责。

(二)反补贴调查的程序和反补贴措施

反补贴调查的程序与反倾销调查的程序相同。反补贴措施和反倾销措施类似,包括临时反补贴措施、价格承诺及反补贴税。实施条件和期限也基本与反倾销措施相同。不同的是,出口国政府或出口经营者,都可以作出承诺,分别承诺取消、限制补贴或其他有关措施,承诺修改价格。

三、保障措施

以 2002 年 1 月 1 日生效、2004 年 3 月 31 日修订的《保障措施条例》为主要法律依据。

(一)保障措施适用的条件

进口产品数量增加、国内产业受到损害、二者之间存在因果关系,是采取保障措施的三个基本条件。

与反倾销措施和反补贴措施针对不公平国际贸易行为不同,保障措施针对的是公平的国际贸易行为。它是在关税减让使得进口产品数量增加,导致进口国国内相同产品或与其竞争的产品的生产者受到严重损害或严重损害威胁时,由进口国采取的消除或减轻该损害或损害威胁的措施。进口产品数量增加包括绝对增加和相对于国内生产的相对增加。

【例】进口到中国的某种化工材料数量激增,其中来自甲国的该种化工材料数量最多,导致中国同类材料的生产企业遭受实质损害。根据我国相关法律规定,如采取保障措施,措施针对的材料范围应当与调查范围相一致。

(二)保障措施的调查程序和保障措施的实施

保障措施的调查程序与反倾销调查的程序基本相同。包括临时保障措施和保障措施两种。有明确证据表明进口产品数量增加,再不采取临时保障措施将对国内产业造成难以补救的损害的紧急情况下,可以作出初步裁定,并采取提高关税的临时保障措施。终局裁定确定进口产品数量增加,并由此对国内产业造成损害的,可以采取保障措施。保障措施可以采取提高关税、数量限制等形式。保障措施应针对正在进口的产品实施,不区分产品来源国(地区)。保障措施实施的期限一般不得超过 4 年,特殊情况下也不得超过 10 年,保障措施实施期限超过 1 年的,应当在实施期间内按固定时间间隔逐步放宽。

四、贸易救济措施争议的国内司法审查和多边救济程序

(一)反倾销、反补贴措施的国内司法审查

根据世界贸易组织反倾销协议和反补贴协议,各成员应当建立对反倾销措施和反补贴措施的司法审查制度。2002 年 11 月 21 日,我国最高人民法院发布了《关于审查反倾销行政案件应用法律若干问题的规定》和《关于审理反补贴行政案件应用法律若干问题的规定》,正式确定了我国

对反倾销和反补贴措施的司法审查制度。

根据前述两个规定,与反倾销行政行为或反补贴行政行为具有法律上的利害关系的个人或组织为利害关系人,可以依照行政诉讼法及其他有关法律、行政法规的规定,向人民法院提起行政诉讼。利害关系人包括向国务院主管机关提出反倾销或反补贴调查书面申请的申请人,有关出口经营者和进口经营者以及其他具有法律上利害关系的自然人、法人或者其他组织。反倾销或反补贴行政案件的被告,应当是作出相应的被诉反倾销或反补贴行政行为的国务院主管部门。

(二)贸易救济措施争议的多边救济程序

对于反倾销措施、反补贴措施或保障措施,除利害关系人通过国内程序申请行政复议或者向法院提起诉讼外,产品的出口商或者生产商还可以通过本国政府,针对这些贸易救济措施向世界贸易组织提起争端解决程序,这即所谓的多边救济程序。

第六章 世界贸易组织

第一节 世界贸易组织概述

一、世界贸易组织的成立

世界贸易组织(WTO)的前身是关税与贸易总协定(GATT)。关税与贸易总协定主持了8个回合的贸易谈判,在第八个回合,即乌拉圭回合的谈判中,各国谈判者决定建立一个正式的贸易组织——世界贸易组织。根据关税与贸易总协定在乌拉圭回合谈判达成的《建立世界贸易组织协定》,世界贸易组织于1995年1月1日正式成立并开始运作,总部设于瑞士日内瓦。世界贸易组织是根据各成员立法机关批准的世界贸易组织协定设立的永久性国际组织,具有国际法上的国际组织的地位。世界贸易组织替代了关税与贸易总协定,从此,作为组织意义上的关税与贸易总协定已经不存在了。但是作为规则的《关税与贸易总协定》依然存在,经过修改补充后以《关税与贸易总协定1994》的形式,成为世界贸易组织协议的一部分。关税与贸易总协定的缔约方成为世界贸易组织的创始成员。

GATT与WTO两者的区别:

1.法律地位不同

关税与贸易总协定不具有国际法上的国际组织的地位,只是一个多边条约(但逐渐演变成事实上的国际组织);世界贸易组织是根据各成员立法机关批准的协定设立的永久性组织,具有法律人格。

2.确立、适用的法律依据不同

世界贸易组织多边法律体系的基础是《世界贸易组织协定》,这是一个永久性的协定;1947年关税与贸易总协定已被《GATT1994》废除。

3.对成员方的约束力度不同

世界贸易组织规则要求各成员的国内立法与世界贸易组织规则保持一致,不允许成员对世界贸易组织规则作出保留或有所偏离,国内法的规定不应成为不履行世界贸易组织义务的理由;而1947年的关税与贸易总协定是要求在不违反国内立法的范围内最大限度地适用,即国内法的规定可以成为不履行义务的理由。

4.法律框架的结构不同

世界贸易组织多边法律制度是一个完整的统一制度,对所有的成员都有拘束力,成员对协议不能选择性地参加,各成员承担的义务是相同的;而关税与贸易总协定框架下的各协议是相互独立的、分散的,不同缔约方受不同协议的约束,各成员承担的义务不一致。

5.调整范围不同

世界贸易组织调整:货物贸易、服务贸易、与贸易有关的知识产权、货物贸易中的纺织品贸易和农产品贸易。WTO将长期游离于国际贸易体系之外的纺织品和农产品贸易纳入法律框架之内。而以前的关税与贸易总协定只调整货物贸易,但又不包括纺织品贸易,对农产品贸易的调整力度也极其有限。

二、世界贸易组织的成员

世界贸易组织的成员包括各国政府和单独关税区政府。单独关税区指不具有独立完整的国家主权但却在处理对外贸易关系及世界贸易组织协定规定的其他事项方面拥有完全主权的地区,如中国的香港、澳门特别行政区和台湾地区。

三、世界贸易组织的法律框架

世界贸易组织的法律制度是一个以《建立世界贸易组织协定》为核心章程的统一的多边贸易法律制度。《建立世界贸易组织协定》是世界贸易组织的章程性文件。其附件一、附件二和附件三统称为多边贸易协定,对所有成员具有约束力,各成员必须遵守;附件四称为诸边贸易协定,其只适用于特别表示接受其约束的世界贸易组织成员,对不接受的成员则不具有约束力(中国未接受诸边协议)。诸边贸易协议由四个附件组成:《民用航空器贸易协议》《政府采购协议》《国际奶制品协议》和《国际牛肉协议》,后两个协议已于1997年失效。

四、世界贸易组织的机构设置

(一)部长级会议

部长级会议是世界贸易组织的最高决策机构,由世界贸易组织所有成员的代表组成,至少每两年举行一次会议。

(二)总理事会

总理事会是世界贸易组织的常设权力机构,由各成员代表组成,在部长级会议休会期间行使部长级会议的职能,根据情形召开会议。总理事会同时是争端解决机构和贸易政策审议机构。

(三)总干事和秘书处

总干事和秘书处是世界贸易组织的职能机构,总干事由部长级会议任命,秘书处设在日内瓦。

五、世界贸易组织的决策程序

世界贸易组织的决策程序基本遵循协商一致优先,投票表决第二的原则。在部长级会议和总理事会会议上,世界贸易组织的每一成员都有一票投票权。

六、世界贸易组织与中国

中国于2001年12月11日加入世界贸易组织后,在世界贸易组织中的权利义务,与其他成员一样,由两个部分组成:一部分是各成员都承担的规范性义务,也就是多边协议条款规定的义务;另一部分是《中国加入世界贸易组织议定书》(以下简称《中国入世议定书》)及作为其附件的《中国入世工作组报告》中中国作出的承诺,这是中国承担的独特义务。

(一)外贸经营权

我国在《中国入世议定书》中承诺,加

入后3年内逐步放开外贸经营权,目前这一承诺已经兑现,体现为2004年《对外贸易法》修订时将外贸经营者的范围扩大到自然人以及外贸经营权的取得由此前的审批制改为登记备案制。

(二)倾销与补贴中的非市场经济承诺

1. 倾销的确定

在《中国入世议定书》生效后15年的时间内,对中国产品的出口、进口成员在依据反倾销规范比较价格时,针对市场经济导向型企业,使用中国受调查产业的价格或成本;针对非市场经济导向型企业,使用所谓的替代国价格或成本。这里所说的市场经济导向型企业指能够明确证明在有关产品的制造、生产和销售方面具备市场经济条件的受调查生产商。

2. 国有企业补贴

根据世界贸易组织反补贴措施的规则,非专向补贴不受世界贸易组织多边贸易体制的约束,但是如果中国政府提供的补贴的主要接受者是国有企业,或者接受了补贴中不成比例的大量数额,该补贴视为专向补贴。

第二节 世界贸易组织的基本原则

非歧视是世界贸易组织贸易自由化的基石,最惠国待遇原则和国民待遇原则就是非歧视原则的具体体现。

一、最惠国待遇原则

(一)含义和特点

最惠国待遇是世界贸易组织多边贸易制度中最重要的基本原则,是多边贸易制度的基石。最惠国待遇原则要求成员将在货物贸易、服务贸易和知识产权领域给予任何其他国家(无论是否为世界贸易组织成员)的优惠待遇,应立即、无条件地给予其他所有成员。在不同的协议中,最惠国待遇原则的含义并不完全相同,各有其严格的适用条件、范围和例外。

(二)《关税与贸易总协定》中的最惠国待遇

1. 适用范围

(1)与进出口有关(包括进出口产品的国内支付转移)的任何关税和费用。

(2)进出口关税和费用的征收方法。

(3)与进出口有关的规则、手续。

(4)国内税或其他国内费用。

(5)影响产品的国内销售、推销、购买、运输、经销和使用的全部法令、条例和规定。

2. 例外

主要包括:边境贸易;普遍优惠待遇;区域(包括关税同盟和自由贸易区)经济安排;第20条规定的一般例外;第21条规定的安全例外;允许以收支平衡为理由偏离最惠国待遇;允许对造成国内产业损害的倾销进口或补贴进口征收反倾销税或反补贴税;对某一成员或某些成员最惠国义务的豁免。

(1)一般例外:

一般例外的适用,须符合"正当性"的条件;这些措施的适用方式,必须符合《关税与贸易总协定》中的一般例外条款前言的要求,不得构成任意或不正当的歧视,或者造成对国际贸易的变相限制。

十项政策性措施中经常引用并产生争议较多的有三项:

①为保护人类、动植物的生命或健康所必需的措施;

②与保护可用尽的自然资源有关的、与限制国内生产或消费一同实施的措施;

③为保证与该总协定一致的法律的实施所必需的措施。

(2)安全例外。

(3)边境贸易例外。

(4)普遍优惠制度例外。

(5)关税同盟和自由贸易区的例外。

(6)以收支平衡理由偏离最惠国待遇义务的例外。

(7)因征收反倾销税或反补贴税而对最惠国待遇的例外。

二、国民待遇原则

世界贸易组织的国民待遇原则要求成员对来自其他成员的产品、服务及服务提供者、知识产权所有者或持有者所提供的待遇,不低于本国同类产品、服务及服务提供者以及知识产权所有者或持有者享有的待遇。

第三节 世界贸易组织的重要协议

一、《与贸易有关的投资措施协议》(TRIMs)

(一)协议的目的

在不损害《关税与贸易总协定1994》的权利和义务的情况下,各成员不得实施任何与国民待遇原则或一般性取消数量限制原则不一致的与贸易有关的投资措施。

(二)协议的主要内容

要求成员取消下列四种投资措施:
①当地成分要求;
②贸易平衡要求;
③进口用汇限制;
④国内销售要求。

【例】针对甲国一系列影响汽车工业的措施,乙、丙、丁等国向甲国提出了磋商请求。四国均为世界贸易组织成员。其中,甲国采取的下列措施,均违背了《与贸易有关的投资措施协议》:

(1)要求汽车生产企业在生产过程中必须购买一定比例的当地产品;

(2)依国产化率对汽车中使用的进口汽车部件减税;

(3)要求企业购买进口产品的数量不能大于其出口产品的数量。

二、《服务贸易总协定》(GATS)

《服务贸易总协定》(GATS)是第一个调整国际服务贸易的多边性、强制性的规则。包括国际服务贸易的一般原则和义务以及各成员的具体承诺。服务贸易总协定明显地具有框架性协定的特点,目前还缺乏有关的具体义务和规则,对成员服务市场的开放没有统一水平的要求。

(一)国际服务贸易的界定

(1)跨境交付,指从一成员境内向任何其他成员境内提供的服务——服务产品跨境流动,如跨国远程教育。

(2)境外消费,指在一成员境内向任何其他成员的消费者提供服务——消费者跨境流动,如出国旅游。

(3)商业存在,指一成员的服务提供者通过在任何其他成员境内的商业现场提供的服务——服务者跨境流动且设立机构,如外国银行在中国设立分行。

(4)自然人流动,指一成员的服务提供者通过在任何其他成员境内的一成员自然人的商业现场提供的服务——服务者跨境流动但不设立机构,如中国企业聘用外籍员工。

【例】下列各项均属于《服务贸易总协定》中所列举的国际服务贸易:

(1)美国留学生大卫在北京某小学讲授英语课程(自然人流动)。

(2)法国家乐福超市集团在中国各大城市设立分店(商业存在)。

(3)美国某保险公司在中国设立分支机构(商业存在)。

(4)中国某旅游公司组团到澳大利亚14日游(境外消费)。

(二)《服务贸易总协定》中的最惠国待遇原则

除适用对象不同外,与《关税与贸易

总协定》中的最惠国待遇的特点和例外基本相同，《关税与贸易总协定》的最惠国待遇适用于同一产品，而《服务贸易总协定》的最惠国待遇适用于同一服务和同一服务提供者。

（三）《服务贸易总协定》下的具体承诺

由于《服务贸易总协定》是一个框架性的协定，成员在国际服务贸易市场开放方面的义务还没有统一的规定。因此，是否给予市场准入，是否给予国民待遇，依每一成员具体列出的承诺表确定。

1. 市场准入

指是否允许某种外国服务产品或服务提供者进入本国（或本地区）。在服务提供方式的市场准入方面，每个成员给予其他任何成员的服务和服务提供者的待遇，不得低于其承诺表中同意和明确的规定、限制及条件。

2. 国民待遇

允许外国服务或服务提供者进入本国的服务市场，并不等于赋予它们与本国服务和服务提供者相同的待遇。《服务贸易总协定》要求成员对列入承诺表的服务部门提供国民待遇。这也就是说，没有作出市场准入承诺的服务部门，不适用国民待遇；即使作出市场准入承诺的服务部门，也允许对国民待遇进行限制。这与《关税与贸易总协定》以及《与贸易有关的知识产权协定》中的完全国民待遇形成鲜明的对比。

第四节　世界贸易组织的争端解决机制

一、争端解决机制的适用范围

世界贸易组织的争端解决机制具有统一性的特点，该机制适用于任何成员间因世界贸易组织的任何协议产生的争端，其以构成世界贸易组织多边贸易制度一部分的《关于争端解决规则与程序的谅解》（DSU）为基础。

二、争端解决机构解决的争端类型

（1）违反性申诉。这是最主要的争端类型。申诉方须证明被诉方违反了有关协议的条款。对这种争端的裁定，被诉方往往需要废除或修改有关措施。

（2）非违反性申诉。对这种申诉的审查，不追究被诉方是否违反了有关协议条款，而只处理被诉方的措施是否使申诉方根据有关协议享有的利益受损或丧失。对这种争端的裁定，被诉方没有取消有关措施的义务，只需要作出补偿。

（3）其他情形。迄今为止，还没有出现过上述两种类型以外的类型的争端。

三、争端解决的基本程序

（一）磋商

磋商是申请设立专家组的前提条件，但磋商的事项及磋商的充分性与否，与设立专家组的申请及专家组将作出的裁定没有关系。

（二）专家组程序

专家组程序是世界贸易组织争端解决机制的核心程序。自提出磋商请求之日起60天内磋商没有解决争端时，申诉方可以申请成立专家组。专家组是解决争端的非常设性机构，一般情况下由3人组成，如果各方同意，也可以由5人组成。专家组的成员一般由争端成员双方磋商后从世界贸易组织秘书处存有的专家小组名单中选定，只有在双方不能达成一致时，才由世界贸易组织总干事任命。

（三）上诉机构审查程序

上诉机构审查程序是世界贸易组织争端解决机制的一大特色。在专家组报告发布后60天内，任何争端方都可以向上诉机构提起上诉。上诉机构是争端解决机构中的常设机构,上诉案件由上诉机构7名成员中的3人组成合议庭审理,但上诉庭的最后报告由上诉机构集体审查、讨论。上诉机构只审查专家组报告涉及的法律问题和专家组作出的法律解释。上诉机构可以推翻、修改或撤销专家组的调查结果和结论。

(四)专家组和上诉机构报告的通过程序

专家组和上诉机构的报告都须经争端解决机构讨论通过,世界贸易组织的争端解决机构的表决机制遵循"反向协商一致原则"(俗称为"一票赞成"),即只有在争端解决机构的全体成员不赞成时方能否决专家组或上诉机构的报告。"反向协商一致"原则使得世界贸易组织争端解决机制的约束力大大加强。

四、裁定和建议的监督执行程序

被裁定违反了有关协议的一方,应当在合理时间内履行争端解决机构的裁决和建议。如果被诉方在合理期限内,没有履行裁决和建议,原申诉方可以经争端解决机构授权交叉报复,对被诉方中止减让或中止其他义务。但中止减让或其他义务的水平和范围,应与受到的损害相当。所谓交叉报复指报复首先应当在同产业部门实施,同产业部门不足以实现报复的水平时,可以跨产业部门报复,最后可以跨协议范围进行报复。应当注意的是,申诉方在实施报复时,中止减让或中止其他义务的程度和范围应与其所受到的损害相等。

【例】甲乙两国均为世界贸易组织成员,甲国对乙国出口商向甲国出口轮胎征收高额反倾销税,使乙国轮胎出口企业损失严重。乙国政府为此向世界贸易组织提出申诉,经专家组和上诉机构审理胜诉。如甲国不履行世贸组织的裁决,乙国可向争端解决机构申请授权报复。

第七章 国际经济法领域的其他法律制度

第一节 国际知识产权法律制度

一、知识产权的国际保护

知识产权的国际保护主要通过互惠保护、双边条约保护和国际公约保护三种途径实现。其中,实体性国际公约的保护是最主要的途径。《保护工业产权巴黎公约》《保护文学和艺术作品伯尔尼公约》和《与贸易有关的知识产权协定》是目前影响最大的三个实体性国际公约。

(一)《保护工业产权巴黎公约》

《保护工业产权巴黎公约》(以下简称《巴黎公约》)于1883年3月20日在法国首都巴黎缔结,1884年7月7日正式生效。其不仅是知识产权领域第一个世界性多边公约,而且也是成员国最为广泛、对其他世界性和地区性工业产权保护影响最大的公约。中国于1985年3月19日正式成为《巴黎公约》的成员国。

国民待遇原则、优先权原则、临时性保护原则、专利商标保护的独立性原则是

《巴黎公约》确立的保护工业产权的四个基本原则。

(1)国民待遇原则。适用于公约缔约国的国民和在任何一个缔约国领域内设有住所或真实有效的工商营业所的非缔约国国民。但是,各成员国在关于司法和行政程序、管辖以及选定送达地址或指定代理人的法律规定等方面,凡工业产权法有所要求的,可以明确地予以保留。例如,要求外国人必须委托本国的专利代理人代理申请专利,就属于《巴黎公约》允许的国民待遇原则的例外。

(2)优先权原则。适用于发明专利、实用新型、外观设计和商品商标。在优先权期限内(发明专利和实用新型专利为12个月,外观设计和商标为6个月),每一个在后申请的申请日均为第一次申请的申请日。在规定的申请优先权期限届满之前,任何后来在公约其他成员国内提出的申请,都不因在此期间内他人所做的任何行为而失效。

(3)临时性保护原则。指缔约国应对在任何一个成员国内举办的或经官方承认的国际展览会上展出的商品中可以取得专利的发明、实用新型、外观设计和可以注册的商标给予临时保护。如果展品所有人在临时保护期内申请了专利或商标注册,则申请案的优先权日不再从第一次提交申请案时起算,而从展品公开展出之日起算。

(4)专利商标保护的独立性原则。该原则要求:关于外国人的专利申请或商标注册,应由各成员国根据本国法律作出决定,不应受原属国或其他任何国家就该申请作出的决定的影响。

(二)《保护文学和艺术作品伯尔尼公约》

《保护文学和艺术作品伯尔尼公约》(以下简称为《伯尔尼公约》)是著作权领域第一个世界性多边国际条约,也是至今影响最大的著作权公约。其于1886年9月9日在瑞士首都伯尔尼正式签订,1887年正式生效。我国于1992年10月15日正式加入《伯尔尼公约》。

国民待遇原则、自动保护原则和版权独立性原则是《伯尔尼公约》确立的保护著作权的三个基本原则。

1. 国民待遇原则

国民待遇原则又称为"双国籍国民待遇",有权享有国民待遇的包括:

①公约成员国国民和在成员国有惯常居所的非成员国国民,其作品无论是否出版,均应在一切成员国中享有国民待遇,此种国民待遇因作者身份而获得,因此称为"作者国籍标准";

②非公约成员国国民,其作品只要是在任何一个成员国首次发表,或者在一个成员国和非成员国同时发表(30天之内),也应在一切成员国中享有国民待遇,此种国民待遇因作品身份而获得,因此称为"作品国籍标准"。

2. 自动保护原则

自动保护原则指要求享有及行使依国民待遇所提供的有关权利时,不需要履行任何手续。

3. 版权独立性原则

版权独立性原则指享有国民待遇的人在公约任何成员国所得到的著作权保护,不依赖其作品在来源国受到的保护。在符合公约最低要求的前提下,该作者的权利受到保护的程度以及为保护作者权利而向其提供的司法救济方式等,均完全适用提供保护的那个成员国的法律。

(三)《与贸易有关的知识产权协定》(TRIPS)

《与贸易有关的知识产权协定》(以下简称为TRIPS)是关税与贸易总协定乌拉圭回合谈判的文件之一,于1994年4月15日由各国代表签字,并于1995年1月1日起生效,由同时成立的世界贸易组织管理。

自 2001 年 12 月 11 日中国正式加入世界贸易组织时对我国生效。

1. TRIPS 协议的特点

与以前的知识产权国际公约相比，TRIPS 是一个更高标准、更严要求的公约。具有以下显著特点：

①首次将最惠国待遇原则引入知识产权的国际保护领域；

②要求成员对知识产权（限于其明文规定的 7 种客体）提供更高水平的立法保护；

③要求成员采取更为严格的知识产权执法措施，包括民事、刑事、行政执法措施；

④要求成员的知识产权获权和维持程序必须公平合理；

⑤将成员之间的知识产权争端纳入 WTO 争端解决机制，加强了协议的约束力。

2. 成员保护知识产权的义务范围

在对成员保护知识产权的义务作出具体规定之前，TRIPS 首先将《保护工业产权巴黎公约》《保护文学和艺术作品伯尔尼公约》（第 6 条之二关于精神权利的规定除外）《保护表演者、唱片制作者和广播组织罗马公约》以及《关于集成电路知识产权条约》的实体性规定全部纳入 TRIPS，成为世界贸易组织成员知识产权保护的最低标准。

3. 知识产权的实施

TRIPS 协议与以前知识产权公约的根本不同在于它提供了完整的知识产权实施框架和制度。该协议规定了知识产权实施的一般义务、民事和行政程序及救济、临时措施、与边境措施相关的特殊要求以及刑事程序等。目前，我国基本上已经完成了这些规定的国内法转化。

经转化以后的知识产权实施国内法制度中与国际经济法密切相关的是知识产权海关保护制度。根据 2004 年 3 月 1 日施行的《知识产权海关保护条例》，我国知识产权海关保护的主要内容如下：

（1）知识产权海关备案：知识产权权利人可以将其知识产权向海关总署申请备案，海关总署应当自收到全部申请文件之日起 30 个工作日内作出是否准予备案的决定，并书面通知申请人。

（2）海关发现进出口货物有侵犯备案知识产权嫌疑的，应当立即书面通知知识产权权利人，但扣留涉嫌侵权产品的条件是权利人提供相应担保。

（3）涉嫌侵犯专利权货物的收货人或者发货人在向海关提供与货物等值的担保金后，请求海关放行其货物的，海关应当放行被扣留的侵权嫌疑货物。

（4）海关实施知识产权保护发现涉嫌犯罪案件的，应当将案件依法移送公安机关处理。

二、国际技术转让法律制度

国际技术转让可以通过许可贸易、补偿贸易、技术咨询、技术服务、工程承包、合营生产等多种途径实现，其中使用最为普遍，受让技术最为直接的是国际许可贸易。

我国《技术进出口管理条例》是我国调整技术进出口最主要的法律规范。根据该条例，技术进出口合同不得含有下列限制性商业惯例：

（一）搭售

搭售指要求受让人接受并非技术进口必不可少的附带条件，包括购买非必需的技术、原材料、产品、设备或者服务。

（二）为无效专利付费

为无效专利付费指要求受让人为专利权有效期限届满或者专利权被宣布无效的技术支付使用费或者承担相关义务。

（三）限制改进

限制改进指限制受让人改进让与人提

供的技术或者限制受让人使用所改进的技术。

(四)限制竞争性技术的获得

限制竞争性技术的获得指限制受让人从其他来源获得与让与人提供的技术类似的技术或者与其竞争的技术。

(五)限制购买

限制购买指不合理地限制受让人购买原材料、零部件、产品或设备的渠道或来源。

(六)限制产销

限制产销指不合理地限制受让人产品的生产数量、品种或者销售价格。

(七)不合理地限制受让人利用进口的技术生产产品的出口渠道

第二节 国际投资法律制度

一、概述

(一)国际投资法的调整对象

国际投资指以营利为目的的资本跨国流动。根据投资者对投资对象是否有经营管理和控制权,分为直接投资和间接投资。直接投资的主要方式包括设立新企业和并购东道国现有企业,属于国际投资法的调整范围。间接投资的主要方式包括贷款、证券(债券和股票)投资和融资租赁,属于国际金融法的调整范围。

(二)国际投资法律渊源

国际投资法律渊源包括国内法律规范和国际法律规范。

调整国际私人直接投资的国际法律规范包括双边国际条约和多边国际条约。目前,国际范围内还没有全面性规范国际投资行为的世界性公约,已有的多边全球性国际投资条约都是仅就投资领域某些具体的单项问题进行调整,这类公约有3个,即

《多边投资担保机构公约》《与贸易有关的投资措施协定》和《解决国家与他国国民间投资争端公约》。

二、海外投资保证制度

(一)海外投资保证制度的产生和特征

海外投资保证制度是资本输出国对本国的私人海外投资依据国内法所实施的一种对政治风险进行保险的制度,旨在鼓励本国投资者向境外投资。最早产生于1948年的美国,发展到今天,已经有多数发达国家和少数发展中国家建立了此项制度,形成了美、日、德三种模式。

从性质上讲,海外投资保证制度是一种政府保证或国家保证,其保险人即海外投资保证机构不仅具有国家特设机构的性质,而且其保证往往与政府间投资保证协定有密切的联系,这是海外投资保证制度和普通商业保险最本质的区别。

(二)海外投资保证制度的内容

1. 承保机构

承担机构为国家控股的专业保险公司或政府专门机构。

2. 承保险别

海外投资保证制度承保的风险不是一般的商业风险,也不是自然风险,而是特殊的政治风险。各国通常对外汇禁兑、财产征用、战争内乱的风险予以承保,有些国家还承保政府违约险。

3. 合格投资者

各国的海外投资保证制度都要求前来投保的投资者和保险机构的所在国有相当密切的关系。美国要求资产中至少51%为美国人所有的美国公司或其资产至少95%为美国人所有的外国公司;日本和德国则主要以国籍或住所作为是否有密切关系的考查对象。

4. 合格投资

各国的海外投资保证制度几乎都明文

规定:前来申请投保的海外投资,都是东道国已经明确表示同意接纳的"新"项目的股权投资。相比之下,美国对合格投资的范围界定较广,除股权投资外,还向贷款、租赁、技术援助协议、许可证协议等几种形式的投资提供保险。

5. 合格东道国

合格东道国指的是海外投资输入的国家必须符合一定的条件,保险机构才同意承保有关的海外投资。对此,美国要求最为严格,其海外私人投资公司以东道国必须是与美国有双边投资保证协定的国家作为承保有关海外投资的法定前提。

6. 保险金额、保险期限和保险费

海外投资保证制度不进行全额保险,通常以投资总额的 90% 作为最大的保险金额。一般为 15 年至 20 年的长期保险。

7. 索赔和代位求偿

在发生承保的风险之后,海外投资保证机构先根据一定的条件向遭受风险的投资者支付赔偿,而后代位取得向东道国政府的索赔权。

三、《多边投资担保机构公约》

《多边投资担保机构公约》于 1985 年 10 月 11 日缔结于韩国汉城(首尔),1988 年 4 月 12 日生效,依此公约成立的多边投资担保机构是世界银行集团的第五个新增成员,直接承保成员国私人投资者在向发展中国家成员投资时可能遭遇的各种政治风险。我国是多边投资担保机构的创始会员国。

(一) 多边投资担保机构的法律地位

拥有完全的国际法律人格,有权缔结契约,取得并处理不动产和动产,有权进行法律诉讼。

(二) 多边投资担保机制的主要内容

多边投资担保机制是在综合了海外投资保证制度美、日、德三种模式的基础上建立和发展起来的。其主要内容包括:

1. 承保险别

主要承保四种政治风险:货币汇兑险、征收和类似措施险、战争内乱险和政府违约险。

2. 合格投资者

必须是具备东道国以外的会员国国籍的自然人;或在东道国以外一会员国注册并设有主要营业点的法人,或其多数股本为东道国以外一个或几个会员国所有或其国民所有的法人。此外,只要东道国同意,且用于投资的资本来自东道国境外,则根据投资者和东道国的联合申请,经多边投资担保机构董事会特别多数票通过,还可将合格投资者扩大到东道国的自然人、在东道国注册的法人以及其多数资本为东道国国民所有的法人。

3. 合格投资

是否属于合格投资由董事会决定。但是,在任何情况下,出口信贷均不在多边投资担保的范围之内,在各种投资形式中,股权投资和股权持有人发放或担保的中长期贷款是多边投资担保重点考虑的承保对象。此外,为了尽可能避免承保的投资遭遇政治风险,《多边投资担保机构公约》要求除非事先获得东道国政府的同意,否则多边投资担保机构不得签订任何承保政治风险的保险合同,并且前来投保的投资必须是在投保申请注册后才开始执行的新的投资。

4. 合格东道国

只有向发展中国家会员国的跨国投资才有资格向多边投资担保机构申请投保。

5. 代位求偿

多边投资担保机构一经向投保人支付或同意支付赔偿,即代位取得投保人对东道国或其他债务人所拥有的、有关承保投资的各种权利或索赔权。各成员国都应当承认多边投资担保机构的此项权利。

四、《解决国家与他国国民间投资争端公约》

《解决国家与他国国民间投资争端公约》于1965年3月18日通过,1966年10月4日生效,因在美国华盛顿通过,故也称为《华盛顿公约》。我国于1990年2月9日签署了该公约,并于1993年1月7日递交了批准文件。其目的是成立"解决投资争端的国际中心"(以下简称"中心"或"ICSID"),作为世界银行的一个下属独立机构,为各缔约国和其他缔约国国民之间的投资争端的解决提供调解或仲裁的便利。

(一)中心管辖权的条件

1. 主体方面

受理的争端限于一缔约国政府(东道国)与另一缔约国国民(外国投资者)的争端;但是,在争端双方均同意的情况下,也受理东道国和受外国投资者控制的东道国法人之间的争端。

2. 争端性质方面

受理的争端必须是直接因国际投资而引起的法律争端。

3. 主观条件方面

需要争端双方出具同意中心管辖的书面文件。

(二)中心管辖的法律后果

除非另有声明,提交"中心"仲裁应视为双方同意排除其他任何救济方法,但是东道国可以要求投资者用尽当地的各种行政或司法的救济手段,作为它同意提交"中心"仲裁的条件。

(三)解决投资争端适用的法律

中心仲裁庭应依争端双方同意的法律规则对争端作出裁决。如果争端双方没有对应适用的法律规则达成协议,则仲裁庭应适用作为争端一方的缔约国的国内法以及可适用的国际法规则。此外,仲裁庭在争端双方同意时可以根据公平和善意原则对争端作出裁决。

第三节 国际金融法律制度

一、概述

国际金融法作为国际经济法的一个重要组成部分,是调整国际资金融通关系的法律规范的总称。具体包括国际借贷法律关系、国际证券投资法律关系和国际融资租赁法律关系。在国际融资实践中,各方当事人都需签订相应的法律文件确定彼此之间的权利义务关系。这些国际融资法律文件既有一些共同性的标准条款,又有各自的特有条款。同时,国际融资交易往往还需要相应的担保支持,常见的国际融资担保方式有见索即付的保证、备用信用证、意愿书、浮动抵押等。

二、国际贷款

国际贷款又称国际借贷或国际信贷,指不同国家当事人之间基于信用授受而进行的货币资金的有偿让渡,是资金使用权的跨国交易活动。国际贷款一般是通过订立国际贷款协议而进行的。

(一)国际贷款协议的共有条款

国际贷款协议指位于不同国家的当事人之间为一定数额货币的借贷而订立的、明确相互之间权利义务关系的书面协议。国际贷款协议依种类不同内容也有所差异,但是它们都具备一些共同性的标准条款。主要包括:

(1)陈述和保证:指在贷款协议签订之前或之时,借款人向贷款人说明与贷款协议有关的事实,如借款人的基本情况、财务状况和经营状况等,并保证所作说明真实性或完整性的条款。

(2)先决条件:指在贷款协议中规定的贷款人发放贷款之前借款人必须满足的

某些条件。在许多情况下,陈述和保证的内容构成贷款协议生效的先决条件。此外,在分期发放贷款的情况下,每一期贷款的实际发放往往以借款人的财务和经营状况无变化、借款人没有违约事件等作为先决条件。

(3) 约定事项:指应贷款人的要求,借款人允诺在融资期间承担的一系列作为和不作为的义务,其目的是保证借款人按期还本付息。贷款协议中的约定事项主要包括消极担保条款、平等位次条款、财务约定条款、贷款用途条款、反对处置资产条款和保持主体同一条款等。在消极担保条款中,借款人向贷款人保证在还本付息前,不在其资产和收入上设定任何担保物权;在平等位次条款中,借款人保证在任何时候都必须使无担保权益的贷款人和其他无担保权益的债权人在清偿债务时处于平等的位次。这两个条款的目的是相同的,都是确保贷款人可以和借款人的其他债权人处于平等的受偿地位。

(4) 违约事件:国际贷款协议往往把借款人可能发生的各种违约行为一一加以列举,一旦发生协议范围内的违约事件,无论出于何种原因,均按借款人违约处理。国际贷款的违约事件可以分为实际违约和预期违约两类。其中,作为预期违约事件在贷款协议中列举的一般包括交叉违约(又称连锁违约)、借款人丧失清偿能力、抵押品毁损或贬值、借款人资产被征用或国有化、借款人状况发生其他重大不利变化等。

(二) 几种主要的国际贷款方式

1. 政府贷款
2. 国际金融机构贷款

国际货币基金组织是目前世界上最大的政府间国际金融组织,其宗旨之一是通过发放贷款以调整成员国国际收支的暂时失衡。发放对象仅仅限于成员国政府机构,不对私人企业组织贷款。目的是满足成员国国际收支调整的资金需要,但近年来也增设了一些用于成员国经济结构调整及改革的贷款。基金组织的贷款方式特殊,采取由成员国用本国货币向国际货币基金组织申请换购外币(称为购买或提存),还款时以外币购回本国货币(称为购回)的方式。在贷款限额方面,国际货币基金组织的成员国能申请的贷款与其在基金中所分得的股份或认缴的股份成正比例。各种类型的贷款一般都规定借用的最高限额。

特别提款权是国际货币基金组织于1968年在原有的普通贷款权之外,按各国认缴份额的比例分配给会员国的一种使用资金的特别权利。各会员国可以凭特别提款权向基金组织提用资金,因此特别提款权可与黄金、外汇一起作为国际储备,成员国在基金开设特别提款权账户,作为一种账面资产或记账货币,可用于办理政府间结算。当会员国发生国际收支逆差时,可以动用特别提款权,把它转让给另一会员国,换取外汇,偿付政府间结算逆差。此外,由于特别提款权根据世界五大贸易国家的"一揽子货币"定值,其币值比任何一种货币更为稳定,因此特别提款权也是一种常用的计价和定值单位。

3. 国际银团贷款

国际银团贷款指由数家直至数十家各国银行联合起来,组成一个银行集团,按统一的贷款条件向同一借款人提供贷款。银团贷款属于国际商业贷款的一种,其适于一些资金额度大、期限长、风险大、技术性强的借贷交易。

4. 项目贷款

项目贷款又称项目融资,指对某一特定的工程项目发放的贷款,以项目建成后的经济收益还本付息。项目贷款是为了适应国际上一些大型工程项目,如石油、天然气、煤炭等自然资源开发以及交通运输、电力、农林等项目的巨额资金需求而逐步发展起来的,是目前国际上最常用的融资方式之一。

三、国际融资担保

国际融资担保分为信用担保和物权担保两大类。信用担保指借款人或第三人以自己的资信向贷款人承担的还款保证,有保证、备用信用证和意愿书三种方式。物权担保指借款人或第三人以自己的资产作为偿还贷款的保证。除一般的抵押权、质权等外,还常使用浮动抵押这种较为特殊的物权担保方式。

(一)见索即付的保证

国际融资保证中使用最为普遍的是见索即付的保证(独立保证)。在这种保证方式下,一旦主债务人(借款人)违约,债权人(贷款人)无须先向主债务人(借款人)追索,即可无条件要求保证人承担第一偿付责任。具有持续性、不可撤销性和无条件性的特点。"持续性"并不意味着保证人所承担的担保责任是无限期的,而是指保证人要对贷款协议项下借款人的所有借款负责,确保在透支账户下,不因借款人的分期还款而减少保证人的担保责任,使借款人再提取的贷款能够继续得到担保保护。"不可撤销性"指保证人不能以基础合同产生的抗辩权对抗贷款人。"无条件性"意味着保证人承担的是第一顺位的、独立的还款义务。一旦借款人不履约,贷款人事先无须采取各种救济方法对付借款人,便可以立即执行保证合同,直接要求保证人承担还款责任。

【例】甲国公司承担乙国某工程,与其签订工程建设合同。丙银行为该工程出具见索即付的保函。后乙国发生内战,工程无法如期完工。丙银行出具的见索即付保函独立于该合同,只要违约事实出现即须履行保函义务。保函被担保人无须对甲公司采取各种救济方法,便可直接要求丙银行履行保函义务。

(二)备用信用证

备用信用证指担保人(开证行)应借款人的要求,向贷款人(受益人)开出备用信用证,当贷款人向担保人出示备用信用证和借款人违约证明时,担保人须按该信用证的规定支付款项,无须对违约事实进行实质性审查。

备用信用证不是国际贸易的支付方式,其性质相当于银行作出的独立、连带保证。

(三)意愿书

意愿书通常是一国政府为其下属机构或母公司为其子公司向贷款人出具的表示愿意帮助借款人偿还贷款的书面文件。最大的特点是一般不具有法律效力,在法律上难以执行,对担保人通常只具有道义上的约束力。不过,虽然违反意愿书无须承担法律责任,但此举关系到担保人的自身资信和声誉,因此,资信良好的担保人一般都不会违背自己在意愿书中所作的允诺。

(四)浮动抵押

英美法以及其他一些国家的法律中存在的一种比较特殊的物权担保方式,是借款人以其现在的或将来取得的全部或某一类财产为贷款人设定的一种担保物权。一旦借款人违约、破产或进行清算,债务人的资产便"固定化",成为贷款人可接管或处分的担保物。在日常业务中,浮动抵押的资产始终是不确定的,其数量和价值时增时减,其形式也处于不断变化之中,这是浮动抵押有别于一般物权担保的一大特点。

第四节 国际税法

一、概述

国际税法是调整国际税收关系的各种

法律规范的总称,是国际经济法的一个重要组成部分。国际税收关系是两个或两个以上的国家与纳税人相互间在跨国征税对象上产生的经济利益分配关系,包括两方面的内容,即国家与跨国纳税人之间的征纳关系以及国家间的税收分配关系。

二、国家税收管辖权

国家税收管辖权指一国政府决定对哪些人征税、征收哪些税以及征收多少税的权力,是国家主权在税收关系中的体现。分为两个类别:一类是居民税收管辖权;另一类是收入来源地税收管辖权。

(一)居民税收管辖权

1. 含义

居民税收管辖权指一国政府对本国纳税居民的环球所得享有的征税权。依此税收管辖权,纳税人承担的是无限纳税义务。

2. 纳税居民身份的认定

各国自然人纳税居民身份的认定主要有国籍标准、住所标准、居所标准和居住时间标准,我国兼采住所和居住时间标准。在中国境内有住所,或者无住所而在境内居住满1年的个人,从中国境内和境外取得的所得,依法缴纳个人所得税。

各国法人纳税居民身份的认定主要有登记注册地标准、实际控制与管理中心所在地标准和总机构所在地标准等,我国兼采登记注册地标准和总机构所在地标准。居民企业,指依法在中国境内成立,或者依照外国(地区)法律成立但实际管理机构在中国境内的企业。

【注意】法人纳税居民身份的认定主要有三种标准:
(1)法人登记注册地标准;
(2)实际控制与管理中心所在地标准;
(3)总机构所在地标准。

(二)来源地税收管辖权

1. 含义

来源地税收管辖权指收入来源国对非居民来源于该国的所得享有的征税权。纳税人承担的是有限的纳税义务。

2. 征税对象

对非居民来源本国的四种所得征税:营业所得、投资所得、劳务所得和财产所得。

目前各国对非居民营业所得的征税普遍使用常设机构原则,指仅对非居民纳税人通过在境内常设机构而获得的工商营业利润实行征税的原则。常设机构包括管理场所、分支机构、办事处、工厂、车间、作业场所、矿场、油井、采石场等。由此可见,常设机构仅仅是一个企业的一个固定的营业场所,不是一个独立的法人,因此其设立不必满足于对一个公司实体的法律要求。

个人非居民劳务所得包括个人独立劳务所得和非个人独立劳务所得。前者指个人独立从事独立性的专业活动所取得的收入,如医生、律师、会计师等,确定独立劳务所得来源地的方式一般采用"固定基地原则"或"183天规则"。后者指非居民受雇于他人的所得,一般由收入来源国一方从源征税。

对于投资所得和财产所得,各国一般采用从源预提的方式征税。但为了避免重复征税,各国一般会通过双边协定的方式进行征税权划分。

三、国际重复征税和国际重叠征税

(一)概念与区别

国际重复征税指两个或两个以上的国家,对同一纳税人就同一征税对象,在同一时期课征相同或类似的税收。

国际重叠征税指两个或两个以上的国家对同一笔所得在具有某种经济联系的不同纳税人手中各征一次税的现象,其通常发生在公司和股东之间。

两者区别是纳税主体不同。国际重复征税是对同一纳税人的同一所得重复征税;国际重叠征税则是对不同纳税人的同一所得多次征税。

国际重复征税和重叠征税的产生是各国税收管辖权发生积极冲突的结果,居民税收管辖权和来源地税收管辖权之间的冲突是产生国际重复征税和国际重叠征税最主要的原因。

(二)国际重复征税的解决

采取收入来源国税收管辖权优先的原则。在收入来源国已优先征税的情况下,居住国就必须采取相应的措施来避免或缓解国际重复征税。目前,居住国避免或缓解国际重复征税的方法主要包括:

(1)免税制:指居住国一方对本国居民来源于来源国的已经在来源国纳税的跨国所得,在一定条件下放弃居民税收管辖权。

(2)抵免制:是目前大多数国家采用的避免国际重复征税的方法。居住国以居民纳税人的境外所得或一般财产价值的全额为基数计算其应纳税额,但对居民纳税人已在来源国缴纳的所得税或财产税额,允许从居住国应纳税额中扣除。我国对外签订的双边税收协定中多采用抵免制。

(3)扣除制:指居住国在对居民纳税人征税时允许从总应税所得中扣除在来源国已经缴纳的税额。

(4)减税制:指居住国对本国居民来源于国外的收入给予一定的减征照顾。

扣除制和减税制都只能在一定程度上减轻纳税人的纳税负担,缓解国际重复征税,但二者都不能像免税制和抵免制那样彻底地消除国际重复征税。

四、国际逃避税

(一)含义

国际逃税指跨国纳税人采取某种违反税法的手段或措施,减少或逃避其跨国纳税义务的行为。国际避税指纳税人利用各国税法上的差异以及其他不违反税法的方式,减少或规避其跨国纳税的义务。

国际逃税行为是属于法律明确禁止的违法行为,而国际避税只是一种不道德的行为,并不明显具有违法的性质。

(二)主要方式

1.国际逃税的主要方式

常见的方式有:不向税务机关报送纳税资料,谎报所得额,虚构、多摊成本、费用、折旧等扣除项目,伪造账册和收支凭证等。

2.国际避税的主要方式

主要是通过纳税主体或征税对象的国际转移来达到规避税收的目的。

纳税主体的跨国移动是自然人最常用的一种国际避税方式。

通过征税对象的转移进行国际避税最主要的方式有以下两种:一是跨国联属企业的转移定价,即跨国联属企业在进行交易时不按一般市场价格标准,而是基于逃避有关国家税收的目的来确定相互之间的交易价格,或者人为地提高交易价格或压低交易价格,使利润从税赋高的国家转移到税赋低的国家,以逃避税收;二是通过在避税港设立基地公司,将在避税港境外的所得和财产汇集在基地公司的账户下,从而达到逃避税收的目的。

【注意】

(1)居民纳税人只申报国内所得而不申报境外所得。

(2)通过纳税主体的跨国移动而避免成为任何一个国家的纳税居民。

(3)通过跨国联属企业转移定价,使利润从税率高的国家转移到税率低的国家以减少税负。

(4)纳税人虚构成本、费用等扣除项目。

其中第(1)项与第(4)项属于国际逃税,第(2)项与第(3)项属于国际避税。

(三)国际逃避税的防止

通过制定国内立法和加强国际合作等方式予以防止。

1. 国内立法

各国管制纳税人国际逃避税的一般性法律措施,主要是加强国际税务申报制度,强化对跨国交易活动的税务审查,实行评估所得或核定利润方式征税等。

针对跨国纳税人利用内部交易,通过转移定价以及不合理分摊成本和费用逃避税的行为,各国主要通过正常交易原则和总利润原则来进行调整。按照正常交易原则,关联企业各个经济实体之间的营业往来,都应按照公平的市场交易价格来计算。如果有人为地抬价或压价等不符合这一原则的现象发生,有关国家的税务机关可以依据这种公平市场价格,重新调整其应得收入和应承担的费用。总利润原则指按照一定标准,将跨国公司的总利润分配给各联属企业,并不要求相关国家的税务部门直接审核联属企业间发生的每一笔收入和费用,而是听任它们按内部制定的转让价格来分配。

针对跨国纳税人利用国际避税港逃避税的行为,各国实行的法律管制措施可以分为三种类型:一是通过法律禁止纳税人在避税港设立基地公司;二是禁止非正常的利润转移;三是取消境内股东在基地公司未分配股息所得的延期纳税待遇,从而打击纳税人在避税港设立基地公司积累利润的积极性。

2. 国际合作

各国主要通过建立国际税收情报交换制度、在税款征收方面相互协助、在国际税收协定中增设反套用协定条款等国际合作方法来防止国际逃避税。

五、国际税收协定

国际税收协定是两个或者两个以上主权国家为了协调相互之间的税收分配关系和处理税务方面的问题而签订的双边或多边书面文件。

国际上比较有影响的国际税收协定格式文件有经济合作与发展组织范本和联合国范本两种。经济合作与发展组织范本全称是《关于对所得和财产避免重复征税的协定范本》,该范本于1977年由经济合作与发展组织制定并公布。该范本强调对居民的税收管辖权,对收入来源地税收管辖权有所限制,对资本输出国较为有利,因此多为发达国家采用。联合国范本全称为《关于发达国家与发展中国家间双重征税的协定范本》,该范本于1979年由联合国经济及社会理事会制定并通过。该范本侧重于强调来源地税收管辖权,对资本输入国较为有利,因而多为发展中国家所采用。

第十八编 民事诉讼法与仲裁制度

【寄语】

民事诉讼法与仲裁制度作为实践性很强的部门法，无论在法律职业人法律思维的养成与职业技能的训练中，抑或在国家统一法律职业资格考试的备考中均居于举足轻重的地位，而教材则承载着融基本知识传授、立法精神目的解读、司法实践运用以及备考复习于一体的多重功能，如何有针对性地编好一部教材实则不是一件易事。

2018年首届国家统一法律职业资格考试与以往的司法考试相比较，不仅采取客观题与主观题分两次考试的模式，而且呈现出强化实践性运用的考查特点，尤其主观题更是融民事实体法与程序法于一体，这就要求考生不仅要掌握基本制度与基本法律规定，更重要的是理解其原理，以及民事诉讼法、仲裁法与民事实体法相关制度相结合的综合性运用。

杨秀清

2019年3月于北京太阳园

第一章 民事诉讼与民事诉讼法

第一节 民事纠纷与民事诉讼

一、民事纠纷与多元纠纷解决机制

（一）民事纠纷

民事纠纷，指平等主体之间因财产关系、人身关系所发生的争议。

（二）多元化纠纷解决机制

多元化纠纷解决机制主要包括：和解、商事仲裁、人民调解与民事诉讼。

二、民事诉讼

民事诉讼，指为了解决民事纠纷，人民法院、当事人和其他诉讼参与人依法进行的诉讼活动以及在诉讼活动中所形成的诉讼法律关系的总和。

民事诉讼是一种公力救济制度，具有公权性、强制性、程序性。

第二节 民事诉讼法

一、性质

（1）民事诉讼法是基本法，效力仅低于宪法。

（2）民事诉讼法是部门法，调整民事诉讼关系。

（3）民事诉讼法是程序法。

（4）民事诉讼法是公法。

二、效力

（一）对人的效力

民事诉讼法适用于在中国领域内进行民事诉讼的一切人。

（二）对事的效力

民事诉讼法规定了人民法院受理民事

案件的范围。

（三）时间效力

民事诉讼法规定了生效、失效以及溯及力问题。

（四）空间效力

民事诉讼法适用于我国领域。

第二章　民事诉讼法的基本原则与基本制度

第一节　民事诉讼法的基本原则

一、当事人诉讼权利平等原则

平等原则 { 含义：权利的相同性与权利的对应性
核心：法院对待当事人一视同仁

二、同等原则

同等原则与平等原则的区别：同等原则的核心是给外国人国民待遇；而平等原则的核心在于双方享有平等的诉讼权利。

三、辩论原则

辩论原则 {
主体：当事人
内容：程序问题、实体事实与实体法律适用
适用阶段：诉讼案件的审判程序（一审程序、二审程序与审判监督程序）
不适用阶段 { 非讼案件审判程序（特别程序、督促程序与公示催告程序）
执行程序
约束性辩论含义 { 当事人主张与辩论的对象是法院审理与裁判的对象
当事人主张与辩论的事实与证据是法院裁判的依据
当事人无争议的事实，法院可以直接作为裁判的依据
}

四、处分原则

处分原则 {
主体：当事人
内容：民事权利与诉讼权利，民事权利的处分一般通过处分诉讼权利来实现
适用阶段：诉讼的全过程，即各审判程序与执行程序均可以适用处分原则
与审判权关系：处分权制约审判权，审判权监督处分权
}

五、诚实信用原则

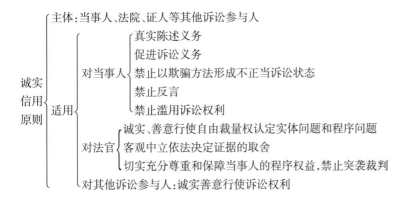

第二节　民事诉讼法的基本制度

一、合议制度

合议制度是指由3名以上的单数人员组成合议庭对民事案件进行集体审理和评议裁判的制度。

（一）合议庭的组成

表18-1　不同程序中的合议庭组成

程序种类	合议庭组成形式	备注
一审程序	审判员与陪审员共同组成或者由审判员组成	审判员与陪审员有同等的诉讼权利与义务
二审程序	由审判员组成	
重审程序	按一审程序另行组成合议庭	
再审程序	原来是第一审的,按照第一审程序另行组成合议庭;原来是第二审的,按照第二审程序另行组成合议庭;上级人民法院或者最高人民法院提审的,按照第二审程序另行组成合议庭	

（二）合议庭的权限

合议庭行使对争议案件的审理和裁判权,合议庭评议案件实行少数服从多数的原则,评议中的不同意见必须如实记入笔录。

二、回避制度

（一）情形与对象

（1）审判人员具有下列情形之一的,应当自行回避,当事人有权申请其回避:

①是本案当事人或者当事人近亲属的。

②本人或者其近亲属与本案有利害关系的。

③担任过本案的证人、鉴定人、辩护人、诉讼代理人、翻译人员的。

④是本案诉讼代理人近亲属的。

⑤本人或者其近亲属持有本案非上市公司当事人的股份或者股权的。

⑥与本案当事人或诉讼代理人有其他利害关系,可能影响公正审理的。

（2）审判人员有下列情形之一的,当事人有权申请其回避:

①接受本案当事人及其受托人宴请,或者参加由其支付费用的活动的。

②索取、接受本案当事人及其受托人的财物或者其他利益的。

③违反规定会见本案当事人、诉讼代理人的。

④为本案当事人推荐、介绍诉讼代理人,或者为律师、其他人员介绍代理本案的。

⑤向本案当事人及其受托人借用款物的。

⑥有其他不正当行为,可能影响公正审判的。

（二）回避的方式与决定权

1.回避的方式

（1）当事人申请回避。

（2）自行回避。

2.回避的决定

院长担任审判长时的回避,由审判委员会决定;审判人员的回避,由院长决定;其他人员的回避,由审判长决定。

审判人员有应当回避的情形,没有自行回避,当事人也没有申请其回避的,由院长或者审判委员会决定其回避。

（三）对回避申请的处理

人民法院对当事人提出的回避申请,应当在申请提出的3日内,以口头或者书面形式作出决定。申请人对决定不服的,可以在接到决定时申请复议一次。

（四）回避的法律后果

（1）被申请回避的人员在人民法院作出是否回避的决定前,应当暂停参与本案的工作,但案件需要采取紧急措施的除外。

(2)复议期间,被申请回避的人员,不停止参与本案的工作。

三、公开审判制度

人民法院审理民事案件,涉及国家秘密、个人隐私或者法律另有规定的以外,应当公开进行。

离婚案件、涉及商业秘密的案件,当事人申请不公开审理的,可以不公开审理。

四、两审终审制度

下列情况作为两审终审制度的例外,适用一审终审制度:

(1)最高人民法院审理的第一审案件。

(2)基层人民法院及其派出法庭适用小额诉讼程序审理的案件。

(3)适用特别程序、督促程序、公示催告程序审理的案件。

(4)宣告婚姻无效的案件。

第三章 主管与管辖

第一节 民事诉讼主管

一、概述

民事诉讼主管即法院受理民事案件的权限范围。

二、与其他纠纷解决方式的关系

(一)与其他劳动争议处理方式的关系

劳动争议的解决方式有四种:和解、调解、劳动争议仲裁与诉讼。其中和解、调解方式完全由当事人自行选择;而劳动争议仲裁则是劳动争议诉讼的前置程序。

(二)与人民调解的关系

(1)人民调解不是民事诉讼的必经阶段。

(2)人民调解协议不具有与法院的生效法律文书同等的法律效力,但具有合同的约束性。

(3)人民调解协议经法院确认有效(适用特别程序)后,确认裁定即产生强制执行力。

第二节 级别管辖

一、基层人民法院管辖的第一审民事案件

基层人民法院管辖第一审民事案件,法律另有规定的除外。

二、中级人民法院管辖的第一审民事案件

(1)重大涉外案件,包括争议标的额大的案件、案情复杂的案件,或者一方当事人人数众多等具有重大影响的案件。

(2)在本辖区有重大影响的案件。

(3)最高人民法院确定由中级人民法院管辖的案件。

【注意】

①专利纠纷案件由知识产权法院和最高人民法院确定的中级人民法院或者基层人民法院管辖。

②海事、海商案件由相当于中级人民法院的海事法院管辖。

③消费者公益诉讼与环境公益诉讼由中级人民法院管辖,但是环境公益诉讼经

高级人民法院批准,中级人民法院可以交基层人民法院管辖。

三、高级人民法院管辖的第一审民事案件

高级人民法院管辖在本辖区内有重大影响的第一审民事案件。

四、最高人民法院管辖的第一审民事案件

(1)在全国范围内有重大影响的案件。

(2)最高人民法院认为应当由本院审理的案件。

【注意】

①确定级别管辖侧重于平衡各级法院之间的职能负担。

②移送管辖、管辖权转移、管辖恒定、管辖权异议可以针对级别管辖适用。

③协议管辖(包括应诉管辖)不得改变级别管辖。

第三节 地域管辖

一、一般地域管辖

(一)确定标准

1.法人

法人住所地,即法人的主要办事机构或者主要营业所所在地。

2.公民

公民的经常居住地优先于住所地。

公民的经常居住地指公民离开住所至起诉时已连续居住1年以上的地方,但住院就医的地方除外。

(二)确定原则

被告所在地人民法院管辖。

被告住所地与经常居住地不一致的,由经常居住地人民法院管辖。

对法人或者其他组织提起的民事诉讼,由被告住所地人民法院管辖。

(三)例外

下列民事诉讼,由原告住所地人民法院管辖;原告住所地与经常居住地不一致的,由原告经常居住地人民法院管辖:

(1)对不在中华人民共和国领域内居住的人提起的有关身份关系的诉讼。

(2)对下落不明或者宣告失踪的人提起的有关身份关系的诉讼。

(3)对被采取强制性教育措施的人提起的诉讼。

(4)对被监禁的人提起的诉讼。

(四)最高人民法院《关于适用〈中华人民共和国民事诉讼法〉的解释》对一般地域管辖的规定

(1)追索赡养费、抚养费、抚育费案件的几个被告住所地不在同一辖区的,可以由原告住所地人民法院管辖。

【例】甲市A区张老太有两个儿子,老大和老二分别在乙市B区和丙市C区。因老大不尽赡养义务,张老太决定起诉老大支付赡养费。对于此案,A区、B区和C区法院均有管辖权。

(2)夫妻一方离开住所地超过1年,另一方起诉离婚的案件,由原告住所地人民法院管辖。夫妻双方离开住所地超过1年,一方起诉离婚的案件,由被告经常居住地人民法院管辖;没有经常居住地的,由原告起诉时被告居住地人民法院管辖。

(3)双方当事人都被监禁或者被采取强制性教育措施的,由被告原住所地人民法院管辖。被告被监禁或者被采取强制性教育措施1年以上的,由被告被监禁地或者被采取强制性教育措施地人民法院管辖。

(4)当事人的户籍迁出后尚未落户,有经常居住地的,由该地人民法院管辖。没有经常居住地的,由其原户籍所在地人民法院管辖。

(5)已经离婚的中国公民,双方均定居国外,仅就国内财产分割提起诉讼的,由主要财产所在地人民法院管辖。

二、特殊地域管辖

（一）合同纠纷案件的管辖

（1）因合同纠纷提起的诉讼由被告住所地或者合同履行地人民法院管辖。

（2）合同约定履行地点的以约定的履行地点为合同履行地。没有约定或约定不明确，争议标的为给付货币的，接收货币一方所在地为合同履行地；交付不动产的，不动产所在地为合同履行地；其他标的，履行义务一方所在地为合同履行地。即时结清的合同，交易行为地为合同履行地。合同没有实际履行，当事人双方住所地都不在合同约定的履行地的，由被告住所地人民法院管辖。

（3）财产租赁合同、融资租赁合同以租赁物使用地为合同履行地。合同对履行地有约定的，从其约定。

（4）以信息网络方式订立的买卖合同，通过信息网络交付标的的，以买受人住所地为合同履行地；通过其他方式交付标的的，收货地为合同履行地。合同对履行地有约定的，从其约定。

（二）侵权纠纷的管辖

（1）因侵权行为提起的诉讼，由侵权行为地或者被告住所地人民法院管辖。侵权行为地既包括侵权行为实施地，也包括侵权行为结果发生地。

（2）因产品服务质量不合格造成他人财产、人身损害提起的诉讼，产品制造地、产品销售地、服务提供地、侵权行为地和被告住所地的人民法院都有管辖权。

（3）信息网络侵权行为实施地包括实施被诉侵权行为的计算机等信息设备所在地，侵权结果发生地包括被侵权人住所地。

（三）保险合同纠纷案件的管辖

（1）因保险合同纠纷提起的诉讼，由被告住所地或者保险标的物所在地人民法院管辖。

（2）如果保险标的物是运输工具或者运输中的货物，可以由运输工具登记注册地、运输目的地、保险事故发生地的人民法院管辖。

（3）因人身保险合同纠纷提起的诉讼，可以由被保险人住所地人民法院管辖。

（四）票据纠纷案件的管辖

因票据纠纷提起的诉讼，由票据支付地或者被告住所地人民法院管辖。

（五）公司纠纷案件的管辖

因公司纠纷提起的诉讼，由公司住所地人民法院管辖。

（六）运输合同纠纷案件的管辖

因运输合同纠纷提起的诉讼，由运输始发地、目的地或者被告住所地人民法院管辖。

（七）铁路等事故损害赔偿纠纷案件的管辖

因铁路等事故损害赔偿纠纷提起的诉讼，由事故发生地，车辆、船舶最先到达地，航空器最先降落地或者被告住所地人民法院管辖。

（八）船舶碰撞或者其他海事损害事故请求损害赔偿纠纷案件的管辖

因船舶碰撞或者其他海事损害事故请求损害赔偿纠纷提起的诉讼，由碰撞发生地、碰撞船舶最先到达地、加害船舶被扣留地或者被告住所地人民法院管辖。

（九）海难救助费用纠纷案件的管辖

因海难救助费用纠纷提起的诉讼，由救助地或者被救助船舶最先到达地人民法院管辖。

（十）共同海损纠纷案件的管辖

因共同海损纠纷提起的诉讼，由船舶最先到达地、共同海损理算地或者航程终止地的人民法院管辖。

三、专属管辖

（一）特点

专属管辖具有强制性与排他性的特点。

(二)范围

(1)因不动产纠纷提起的诉讼,由不动产所在地人民法院管辖。

【注意】

①不动产纠纷是指因不动产的权利确认、分割、相邻关系等引起的物权纠纷。

②农村土地承包经营合同纠纷、房屋租赁合同纠纷、建设工程施工合同纠纷、政策性房屋买卖合同纠纷,按照不动产纠纷确定管辖。

(2)因港口作业中发生纠纷提起的诉讼,由港口所在地人民法院管辖。

(3)因继承遗产纠纷提起的诉讼,由被继承人死亡时住所地或者主要遗产所在地人民法院管辖。

【注意】专属管辖不得对抗仲裁。

四、协议管辖

(一)有效要件

(1)协议管辖适用于合同纠纷案件或者其他财产权益纠纷案件。当事人因同居或者在解除婚姻、收养关系后发生财产争议,约定管辖的,可以适用协议管辖。

(2)协议管辖只适用于第一审的地域管辖。

(3)协议管辖应采取书面形式,口头协议一律无效;但是,当事人未提出管辖异议,并应诉答辩的,视为当事人之间形成对管辖法院选择的默示协议。

(4)协议管辖的地点只能在法律规定的范围,即被告住所地、原告住所地、合同签订地、合同履行地、标的物所在地等与争议有实际联系的地点的人民法院之中进行选择。

【注意】约定两个以上与争议有实际联系的地点的人民法院管辖,管辖协议有效,原告可以向其中一个人民法院起诉。

(5)协议管辖不得违反级别管辖与专属管辖。

(二)协议管辖的特殊适用

(1)根据管辖协议,起诉时能够确定管辖法院的,从其约定;不能确定的,依照《民事诉讼法》的相关规定确定管辖。

(2)经营者使用格式条款与消费者订立管辖协议,未采取合理方式提请消费者注意,消费者主张管辖协议无效的,人民法院应予支持。

(3)管辖协议约定由一方当事人住所地人民法院管辖,协议签订后当事人住所地变更的,由签订管辖协议时的住所地人民法院管辖,但当事人另有约定的除外。

(4)合同转让的,合同的管辖协议对合同受让人有效,但转让时受让人不知道有管辖协议,或者转让协议时另有约定且原合同相对人同意的除外。

【注意】协议管辖与法定管辖的关系:确定合同纠纷与财产侵权纠纷的管辖时,有效协议管辖优先于法定管辖适用。

五、共同管辖与选择管辖

两个以上人民法院都有管辖权的诉讼,原告可以向其中一个人民法院起诉。

原告向两个以上有管辖权的人民法院起诉的,由最先立案的人民法院管辖。

【注意】选择管辖与协议管辖的区别:选择管辖强调原告在两个以上有管辖权的法院中选择其一;而协议管辖强调双方当事人协商选择管辖法院。

第四节 裁定管辖

一、移送管辖

(一)条件

(1)移送法院已经受理案件。

(2) 移送法院对案件无管辖权。
(3) 受移送法院对案件有管辖权。

（二）程序

(1) 移送的理由：法院只能以自己无管辖权为由进行移送。

(2) 移送的次数：法院移送只能进行一次。受移送法院认为自己对受理的案件没有管辖权时，报请自己的上级法院指定管辖。

(3) 移送的时间：当事人在答辩期届满后未应诉答辩，人民法院在一审开庭前移送。

(4) 管辖恒定：人民法院受理案件时有管辖权，其管辖权不受当事人住所地、经常居住地变更以及行政区划变更的影响，但违反级别管辖、专属管辖规定的除外。

(5) 两个以上人民法院都有管辖权的诉讼，先立案的人民法院不得将案件移送给另一个有管辖权的人民法院。人民法院在立案前发现其他有管辖权的人民法院已先立案的，不得重复立案；立案后发现其他有管辖权的人民法院已先立案的，裁定将案件移送给先立案的人民法院。

二、管辖权转移

（一）情形

1. 自下而上的转移

(1) 报请上级人民法院管辖，即下级人民法院对它所管辖的第一审民事案件，认为需要由上级人民法院审理的，经上级法院同意，可以报请上级人民法院审理。

(2) 上级人民法院提审案件，即上级人民法院有权审理下级人民法院管辖的第一审民事案件。

2. 自上而下的转移

上级人民法院确有必要将本院管辖的第一审民事案件交下级人民法院审理的，应当报请其上级人民法院批准。

下列第一审民事案件，人民法院可以在开庭前交下级人民法院审理：

(1) 破产程序中有关债务人的诉讼案件。

(2) 当事人人数众多且不方便诉讼的案件。

(3) 最高人民法院确定的其他类型案件。

（二）管辖权转移与移送管辖的区别

表18-2 管辖权转移与移送管辖的区别

比较内容	移送管辖	管辖权转移（也称移转管辖）
前提不同	受理法院对案件没有管辖权	受理法院对案件有管辖权
转移内容不同	案件	管辖权
法院级别不同	同级法院之间，上下级法院之间	上下级法院之间
程序要求不同	无需上级法院同意	需要上级法院同意或者批准

三、指定管辖

(1) 受移送人民法院认为自己对移送的案件无管辖权时，可以报请自己的上级人民法院指定管辖。

(2) 有管辖权的人民法院由于特殊原因，不能行使管辖权的，由自己的上级人民法院指定管辖。

(3) 人民法院因管辖权发生争议协商不成时，由共同上级人民法院指定管辖，禁止抢管辖。

第五节 管辖权异议

一、条件

（一）异议的主体

异议的主体是被告,有独立请求权第三人与无独立请求权第三人均无权提出管辖权异议。

（二）异议的时间

异议通常在提交答辩状期间提出。

发回重审与适用第一审程序再审案件,不得提出管辖权异议。

（三）异议的对象

异议对象只能是第一审法院的管辖权,可以针对地域管辖,也可以针对级别管辖。

二、级别管辖异议的特殊规定

（1）在管辖权异议裁定作出前,原告申请撤回起诉,受诉人民法院作出准予撤回起诉裁定的,对管辖权异议不再审查,并在裁定书中一并写明。

（2）提交答辩状期间届满后,原告增加诉讼请求致使案件标的额超过受诉人民法院级别管辖标准,被告提出管辖权异议,请求由上级人民法院管辖的,人民法院应审查并作出裁定。异议不成立的,裁定驳回;异议成立的,裁定移送有管辖权的人民法院。

（3）被告以受诉人民法院同时违反级别管辖与地域管辖规定为由提出管辖权异议的,受诉人民法院应当一并作出裁定。

三、对管辖权异议的处理

异议成立的,裁定将案件移送有管辖权的人民法院;异议不成立的,裁定驳回,对该驳回管辖权异议的裁定不服的,当事人可以依法上诉。

【注意】

①驳回小额诉讼案件被告管辖权异议的裁定作出即生效,当事人不可以上诉。

②驳回执行管辖权异议的裁定,当事人不可以上诉,但可以向上一级法院申请复议。

第四章 诉

第一节 诉

一、诉的要素

（一）诉讼主体

诉讼主体是当事人。

（二）诉讼标的

诉讼标的是指当事人之间发生争议并提请人民法院裁判的实体权利与义务关系。

（三）诉讼理由

诉讼理由是指当事人提出诉这一请求所依据的事实与法律规定。

二、诉的种类

（一）确认之诉

肯定的确认之诉也称为积极的确认之诉,指当事人请求法院确认存在某种法律关系。

否定的确认之诉也称为消极的确认之诉,指当事人请求法院确认不存在某种法律关系,如甲公司起诉请求法院确认其制造产品的行为未侵犯乙的专利权。

提起确认之诉应当具有确认的必要

性,即确认利益。

(二)变更之诉

变更之诉也称为形成之诉,指当事人向法院提出的改变或者消灭现存的某种法律关系的请求。

变更之诉具有法定性,即提起变更之诉需要有法律的授权。

(三)给付之诉

1. 物的给付之诉

物的给付之诉分为特定物给付之诉与种类物给付之诉。

2. 行为的给付之诉

行为的给付之诉分为积极的给付之诉与消极的给付之诉。前者为请求法院责令对方当事人为一定的给付行为,而后者则是请求法院责令对方当事人不为一定的行为或者停止为一定的行为。

【注意】

①结合案例判断诉的种类时以当事人的诉讼请求为基础,变更之诉与给付之诉中可能包含确认之诉,但不必然包含。

②单纯的确认之诉与变更之诉中没有诉讼标的物,标的物只存在于给付之诉。

③诉的种类的分析仅适用于诉讼事件,非讼事件不涉及诉的种类的问题。

第二节 反诉

一、特征

反诉具有下列特征:

(1)当事人的同一性与特定性。即反诉的主体限于本诉的当事人。

(2)诉讼请求的独立性。即被告可以提出反诉,也可以提出独立诉讼。

(3)诉讼目的具有对抗性。即抵消或者吞并本诉的诉讼请求。

二、提起反诉的条件

提起反诉要具备下列条件:

(1)须由本诉的被告向本诉的原告提出。

(2)须在本诉进行中提出。

(3)须向受理本诉的法院提出,且受诉法院对反诉有管辖权,反诉应当由其他人民法院专属管辖的,裁定不予受理,告知另行起诉。

(4)与本诉具有一定的牵连性:

①反诉与本诉的诉讼请求须基于相同法律关系。

②反诉与本诉的诉讼请求之间须具有因果关系。

③反诉与本诉的诉讼请求须基于相同事实。

【注意】反诉应由其他人民法院专属管辖,或者与本诉的诉讼标的及诉讼请求所依据的事实、理由无关联的,裁定不予受理,告知另行起诉。

(5)须与本诉适用同一诉讼程序,且受理本诉的法院对反诉具有管辖权。

第五章 当事人

第一节 当事人概述

一、特征

当事人具有下列特征:
(1)以自己的名义进行诉讼。
(2)发生民事权利义务争议。
(3)受生效裁判的约束。

二、诉讼权利能力和诉讼行为能力

(一)诉讼权利能力

自然人的诉讼权利能力始于出生,终于死亡;法人和其他组织的诉讼权利能力始于依法成立,终于依法终止。

(1)未成年人与精神病患者有诉讼权利能力,可以作为当事人。
(2)非实体当事人的情形:
①其他组织。
②失踪人的财产代管人。
③遗产管理人、遗嘱执行人。
④为保护死者名誉权、著作权等而提起诉讼的死者的近亲属。

(二)诉讼行为能力

有完全民事行为能力的人有民事诉讼行为能力,而无民事行为能力的人或者限制民事行为能力的人没有民事诉讼行为能力。

三、当事人适格

表18-3 民事诉讼权利能力与当事人适格的区别

比较内容	民事诉讼权利能力 (当事人能力)	当事人适格 (正当当事人)
特点	抽象、概括的当事人资格	具体个案中的当事人资格
与诉讼联系	不以具体民事诉讼为基础	以具体民事诉讼为基础
与法律的关系	无需法律规定	由法律加以规定
判断	自然人始于出生,终于死亡;法人或者组织始于依法设立,终于依法终止。	(1)在变更之诉与给付之诉中,以是否是本案所涉及法律关系的主体或者对该法律关系中的利益是否享有权利或者管理权利作为当事人是否适格的判断标准。 (2)在确认之诉中,以对确认法律关系存在与否是否具有确认的必要性,即确认利益作为判断当事人是否适格的标准。

第二节 原告与被告

一、劳务关系中的当事人

提供劳务一方因劳务造成他人损害,受害人提起诉讼的,以接受劳务一方为被告。

二、行为人作为当事人

行为人作为当事人的情形包括:
(1)法人或者其他组织应登记而未登记,行为人即以该法人或者其他组织名义进行民事活动的。

(2)行为人没有代理权、超越代理权或者代理权终止后以被代理人名义进行民事活动的,但相对人有理由相信行为人有代理权的除外。

(3)法人或者其他组织依法终止后,行为人仍以其名义进行民事活动的。

三、法人或者分支机构的当事人确定

法人非依法设立的分支机构,或者虽依法设立,但没有领取营业执照的分支机构,以设立该分支机构的法人为当事人;若法人依法设立并领取营业执照的分支机构,则以分支机构为当事人。

四、法人解散当事人的确定

依法清算并注销前,以该企业法人为当事人;未依法清算即被注销的,以该企业法人的股东、发起人或者出资人为当事人。

五、法人或其他组织工作人员的当事人问题

执行工作任务造成他人损害的,该法人或其他组织为当事人。

六、村民委员会或村民小组的当事人问题

与他人发生民事纠纷的,村民委员会或者有独立财产的村民小组为当事人。

七、侵害死者利益的当事人问题

对侵害死者遗体、遗骨以及姓名、肖像、名誉、荣誉、隐私等行为提起诉讼的,死者的近亲属为当事人。

八、因新闻报道或其他作品引起的名誉权纠纷案件的当事人

在此类案件中,只诉作者的,列作者为被告;只诉新闻出版单位的,列新闻出版单位为被告;对作者和新闻出版单位都提起诉讼的,将作者和新闻出版单位均列为被告,但作者与新闻出版单位为隶属关系,作品系作者履行职务所形成的,只列单位为被告。

第三节 共同诉讼人

一、必要共同诉讼人

(一)法定情形

(1)当事人请求由挂靠人和被挂靠人依法承担民事责任的,该挂靠人和被挂靠人为共同诉讼人。

(2)被派遣的工作人员因执行工作任务造成他人损害的,以接受劳务派遣的用工单位为当事人;当事人主张劳务派遣单位承担责任的,该劳务派遣单位为共同被告。

(3)个体工商户登记的经营者与实际经营者不一致,以登记的经营者和实际经营者为共同诉讼人。

(4)未依法登记领取营业执照的个人合伙的全体合伙人在诉讼中为共同诉讼人。个人合伙有依法核准登记的字号的,应在法律文书中注明登记的字号。

(5)企业法人分立,因分立前的民事活动发生的纠纷,以分立后的企业为共同诉讼人。

(6)借用业务介绍信、合同专用章、盖章的空白合同书或者银行账户的,出借单位和借用人为共同诉讼人。

(7)债权人向保证人和被保证人一并主张权利的,人民法院应当将保证人和被保证人列为共同被告;保证合同约定为一般保证,债权人仅起诉保证人的,人民法院应当通知被保证人作为共同被告参加诉讼;债权人仅起诉被保证人,可只列被保证人为被告。

(8)无民事行为能力人、限制民事行为能力人造成他人损害的,无民事行为能力人、限制民事行为能力人和其监护人为共同被告。

(9)部分继承人起诉的,人民法院应通知其他继承人作为共同原告参加诉讼;被通知的继承人不愿意参加诉讼又未明确

表示放弃实体权利的,人民法院仍应把其列为共同原告。

(10)原告起诉被代理人和代理人,要求承担连带责任的,被代理人和代理人为共同被告。

(11)共有财产权受到他人侵害,部分共有权人起诉的,其他共有权人应当列为共同诉讼人。

(二)类型

1. 权利义务共同型必要共同诉讼人

(1)共同诉讼人之间存在权利义务共同关系。

(2)共同诉讼人之间存在着连带债权或者连带债务。

2. 原因共同型必要共同诉讼人

这一类型是因同一事实或者法律上的原因具有共同的权利或者义务的人。

(三)内部关系

必要共同诉讼人其中一人的诉讼行为经其他共同诉讼人承认,对其他共同诉讼人发生效力。

(四)必要共同诉讼人的追加

人民法院追加共同诉讼的当事人时,应通知其他当事人。应当追加的原告,已明确表示放弃实体权利的,可不予追加;既不愿意参加诉讼,又不放弃实体权利的,仍追加为共同原告,其不参加诉讼,不影响人民法院对案件的审理和依法作出判决。

二、普通共同诉讼人

(一)特征

普通共同诉讼人具有下列特征:

(1)诉讼标的是同一种类。

①基于同类事实或法律上的同类原因形成。

②基于同一事实或法律上的原因形成。

(2)其提起的诉讼是可分之诉。

(3)法院对普通共同诉讼人的各个请求分别确定。

(二)构成要件

(1)有两个以上同一种类的诉讼标的。

(2)属于同一个人民法院管辖,适用同一诉讼程序。

(3)法院认为可以合并审理,当事人同意合并审理。

(4)符合合并审理的目的,有利于提高诉讼效率,简化诉讼程序。

(三)内部关系

(1)普通共同诉讼人行为对其他共同诉讼人不发生任何法律效力。

(2)普通共同诉讼人一人出现诉讼中止等特殊情形,不影响其他共同诉讼人的诉讼活动。

(3)法院对普通共同诉讼人的诉讼请求分别进行审查与裁判。

(四)必要共同诉讼人与普通共同诉讼人的比较

表18-4 必要共同诉讼人与普通共同诉讼人的比较

比较内容	必要共同诉讼人	普通共同诉讼人
标的	同一标的,即一个标的	同一种类标的,即多个标的
诉讼请求数量	一个或者多个诉讼请求	多个诉讼请求
诉讼请求的内容	相同	可以相同,可以不同
合并	强制合并	任意合并
内部关系	相关性	独立性
裁判结果	裁判结果同一	裁判结果独立
诉讼行为	可以一致,可以不一致	可以一致,可以不一致

第四节 诉讼代表人

一、代表人诉讼的特点

（一）当事人人数众多

当事人一方或者双方为 10 人以上。

（二）法律文书效力的扩张性

人民法院对代表人诉讼作出的裁判，其效力可以扩张及于没有亲自参加诉讼的其他当事人，甚至对起诉时人数不确定的代表人诉讼，还可以扩张到在诉讼时效内起诉的人。

二、代表人诉讼的种类

（一）人数确定的代表人诉讼

(1) 当事人一方人数众多。

(2) 起诉时当事人人数已经确定。

(3) 诉讼标的是共同或者是同一种类。

(4) 当事人推选出代表人。

可以由全体当事人推选共同的代表人，也可以由部分当事人推选自己的代表人。

推选不出代表人的当事人，在必要共同诉讼中可以自己参加诉讼，在普通共同诉讼中可以另行起诉。

（二）人数不确定的代表人诉讼

(1) 当事人一方人数众多，且起诉时未确定。

(2) 诉讼标的是同一种类。

(3) 按照下列顺序确定代表人：

①推选。由登记权利的当事人推选代表人。

②协商。推选不出代表人时，由法院提出人选与当事人协商。

③指定。协商不成的，可以由法院在起诉的当事人中指定代表人。

三、人数不确定的代表人诉讼的特殊程序

（一）公告

法院受理案件后，发出公告，通知权利人在一定期间内向法院登记权利。公告期间由法院确定，但不得少于 30 日。

（二）登记

在公告期内，权利人向发布公告的法院登记权利。

（三）审理与裁判

法院适用普通程序进行审理，作出的裁判对登记权利的当事人有效，并且及于未登记权利但在诉讼时效内向作出判决的法院起诉的当事人。

四、诉讼代表人的权限

代表人诉讼由 2～5 人作为代表人进行，诉讼代表人的诉讼行为，对所代表的当事人发生法律效力，但变更、放弃诉讼请求，承认对方当事人的诉讼请求，或者进行和解，必须经被代表的当事人同意。

第五节 公益诉讼

一、一般性程序规定

（一）起诉条件

(1) 原告是法律规定的机关和组织。

(2) 有明确的被告。

(3) 有具体的诉讼请求。

(4) 有社会公共利益受到损害的初步证据。

(5) 属于人民法院受理民事诉讼的范围和受诉人民法院管辖。

（二）管辖

由侵权行为地或者被告住所地中级人民法院管辖，但法律、司法解释另有规定的除外。

（三）共同原告

人民法院受理公益诉讼案件后，依法可以提起诉讼的其他机关和有关组织，可以在开庭前向人民法院申请参加诉讼。人民法院准许参加诉讼的，列为共同原告。

（四）公益诉讼与私益诉讼的并行

人民法院受理公益诉讼案件，不影响同一侵权行为的受害人依法提起诉讼。

（五）和解与调解

对公益诉讼案件，当事人可以和解，人民法院可以调解。当事人达成和解或者调解协议后，人民法院应当将和解或者调解协议进行公告。公告期间不得少于30日。公告期满后，人民法院经审查，和解或者调解协议不违反社会公共利益的，应当出具调解书；和解或者调解协议违反社会公共利益的，不予出具调解书，继续对案件进行审理并依法作出裁判。

（六）申请撤诉的处理

公益诉讼案件的原告在法庭辩论终结后申请撤诉的，人民法院不予准许。

（七）重复起诉的处理

公益诉讼案件的裁判发生法律效力后，其他依法具有原告资格的机关和有关组织就同一侵权行为另行提起公益诉讼的，人民法院裁定不予受理，但法律、司法解释另有规定的除外。

二、消费者公益诉讼的特殊规定

（一）起诉主体

（1）中国消费者协会以及省、自治区、直辖市设立的消费者协会有权提起公益诉讼。

（2）人民检察院在履行职责中发现破坏生态环境和资源保护领域侵害众多消费者合法权益等损害社会公共利益的行为，在没有上述组织或者上述组织不提起诉讼的情况下，可以向人民法院提起诉讼。上述组织提起诉讼的，人民检察院可以支持起诉。

（二）适用范围

（1）提供的商品或者服务存在缺陷，侵害众多不特定消费者合法权益的。

（2）提供的商品或者服务可能危及消费者人身、财产安全，未作出真实的说明和明确的警示，未标明正确使用商品或者接受服务的方法以及防止危害发生方法的；对提供的商品或者服务质量、性能、用途、有效期限等信息作虚假或引人误解的宣传的。

（3）宾馆、商场、餐馆、银行、机场、车站、港口、影剧院、景区、娱乐场所等经营场所存在危及消费者人身、财产安全危险的。

（4）以格式条款、通知、声明、店堂告示等方式，作出排除或者限制消费者权利、减轻或者免除经营者责任、加重消费者责任等对消费者不公平、不合理规定的。

（5）其他侵害众多不特定消费者合法权益或者具有危及消费者人身、财产安全危险等损害社会公共利益的行为。

（三）主要程序规定

1. 集中管辖

经最高人民法院批准，高级人民法院可以根据本辖区实际情况，在辖区内确定部分中级人民法院受理第一审消费民事公益诉讼案件。

2. 诉讼请求

（1）停止侵害、排除妨碍、消除危险、赔礼道歉等。

（2）经营者的格式条款或者通知、声明、店堂告示显失公平、合理的请求。

（3）原告采取合理预防、处置措施而发生的费用的请求。

（4）对侵权行为进行调查、取证的合理费用，鉴定费用，合理的律师代理费用请求。

（5）法院可以向原告释明变更或者增加停止侵害等诉讼请求。

（6）被告不得提出反诉。

3. 证据保全

有权提起消费民事公益诉讼的机关或者社会组织，可以依法申请保全证据。

4. 与私益诉讼的关系

（1）人民法院受理消费民事公益诉讼案件后，因同一侵权行为受到损害的消费者申请参加诉讼的，应当告知其依法主张权利。

(2)消费民事公益诉讼案件受理后,因同一侵权行为受到损害的消费者请求对其依法提起的诉讼予以中止,人民法院可以准许。

三、环境公益诉讼的特殊规定

(一)起诉主体

(1)依法在设区的市级以上人民政府民政部门登记,专门从事环境保护公益活动连续5年以上且无违法记录的社会组织。

(2)人民检察院在履行职责中发现破坏生态环境和资源保护领域侵害众多消费者合法权益等损害社会公共利益的行为,在没有上述组织或者上述组织不提起诉讼的情况下,可以向人民法院提起诉讼。上述组织提起诉讼的,人民检察院可以支持起诉。

(二)主要程序规定

1. 管辖

(1)集中管辖。

经最高人民法院批准,高级人民法院可以根据本辖区实际情况,在辖区内确定部分中级人民法院受理第一审环境民事公益诉讼案件。

(2)管辖权转移。

中级人民法院认为确有必要的,可以在报请高级人民法院批准后,裁定将本院管辖的第一审环境民事公益诉讼案件交由基层人民法院审理。

2. 诉讼请求

(1)停止侵害、排除妨碍、消除危险、恢复原状、赔偿损失、赔礼道歉等。

(2)采取合理预防、处置措施而发生的费用的请求。

(3)环境修复及修复费用的请求。

(4)环境修复期间的服务功能损失请求。

(5)原告请求被告承担检验、鉴定费用,合理的律师费以及为诉讼支出的其他合理费用的请求。

(6)法院可以向原告释明变更或者增加停止侵害、恢复原状等诉讼请求。

(7)被告不得提出反诉。

3. 环境公益诉讼与环境私益诉讼的关系

(1)环境公益诉讼生效裁判认定的事实,在私益侵权诉讼中,当事人无需举证证明,但原告与被告对事实有异议的,有权用证据推翻。

(2)被告财产不足以履行环境公益诉讼与私益诉讼的全部裁判义务的,应当先履行其他民事诉讼生效裁判所确定的义务,但法律另有规定的除外。

第六节 第三人

一、有独立请求权的第三人

(一)诉讼地位

有独立请求权第三人参加诉讼后,形成两个独立之诉的合并:一个是原被告之间的本诉;另一个是有独立请求权第三人与原被告之间的参加之诉。其处于参加之诉原告的诉讼地位,享有原告的全部诉讼权利。

(二)参加诉讼的条件

(1)对本诉中的原告和被告争议的诉讼标的,主张独立的请求权。

(2)所参加的诉讼正在进行,有独立请求权的第三人可以在最后一次法庭辩论终结前参加诉讼。

(3)以起诉的方式参加诉讼,法院不得依职权追加。有独立请求权第三人参加诉讼后,本诉原告申请撤诉后,有独立请求权第三人无需重新起诉,其作为另案原告,本诉原告与被告作为另案被告,诉讼继续进行。

二、无独立请求权的第三人

（一）诉讼地位

无独立请求权的第三人是原被告之外独立的当事人。

（二）参加诉讼的条件

（1）与案件处理结果有法律上的利害关系。

（2）所参加的诉讼正在进行。

（3）申请参加诉讼或者由法院通知其参加诉讼。

（三）法定情形

1. 不得作为无独立请求权的第三人的情形

（1）与原被告双方争议的诉讼标的无直接牵连和不负有返还或者赔偿等义务的人，以及与原告或被告约定仲裁或有约定管辖的案外人，或者专属管辖案件的一方当事人。

（2）产品质量纠纷案件中，对原被告之间法律关系以外的人，证据证明其已经提供了合同约定或者符合法律规定的产品的，或者案件中的当事人未在规定的质量异议期内提出异议的，或者作为收货方已经认可该产品质量的。

（3）已经履行了义务，或者依法取得了一方当事人的财产，并支付了相应对价的原被告之间法律关系以外的人。

2. 应作为无独立请求权第三人的情形

（1）代位权诉讼中的第三人。

债权人以次债务人为被告提起代位权诉讼，可以追加债务人为第三人。

（2）撤销权诉讼中的第三人。

债权人提起撤销权诉讼时只以债务人为被告，可以追加受益人或者受让人为第三人。

（3）合同转让中的第三人。

①债权人转让合同权利后，债务人与受让人之间因履行合同发生纠纷诉至人民法院，债务人对债权人的权利提出抗辩的，可以将债权人列为第三人。

②经债权人同意，债务人转移合同义务后，受让人与债权人之间因履行合同发生纠纷诉至人民法院，受让人就债务人对债权人的权利提出抗辩的，可以将债务人列为第三人。

③合同当事人一方经对方同意将其在合同中的权利义务一并转让给受让人，对方与受让人因履行合同发生纠纷诉至人民法院，对方就合同权利义务提出抗辩的，可以将出让方列为第三人。

（四）诉讼权利

（1）有权行使一般性的诉讼权利。

（2）在一审中无权对案件的管辖权提出异议，也无权放弃、变更诉讼请求或者申请撤诉。

（3）是否可以行使上诉权与对调解的同意权以及对调解书的签收权，取决于是否由其直接承担义务。

三、第三人撤销之诉

（一）提起条件

1. 需符合法定前提

第三人因不能归责于自己的事由未参加诉讼，包括：

（1）不知道诉讼而未参加的。

（2）申请参加未获准许的。

（3）知道诉讼，但因客观原因无法参加的。

（4）因其他不能归责于本人的事由未参加诉讼的。

2. 需符合法定情形

第三人应当有证据证明发生法律效力的判决、裁定、调解书的部分或者全部内容错误，损害其民事权益的。

3. 需符合法定期间

第三人可以自知道或者应当知道其民事权益受到损害之日起6个月内提起撤销

之诉。

4. 需符合法定管辖

第三人应当向作出原生效判决、裁定、调解书的人民法院提出。

(二)相关程序

1. 第三人撤销之诉的当事人

提起撤销之诉的第三人为原告,生效判决、裁定、调解书的当事人为被告,生效判决、裁定、调解书中没有承担责任的无独立请求权的第三人为第三人。

2. 不予受理的法定情形

(1)适用特别程序、督促程序、公示催告程序、破产程序等非讼程序处理的案件。

(2)婚姻无效、撤销或者解除婚约关系等判决、裁定、调解书中涉及身份关系的内容。

(3)人数不确定的代表人诉讼中的未参加登记的权利人对代表人诉讼案件的生效裁判。

(4)公益诉讼中损害社会公共利益行为的受害人对公益诉讼案件的生效裁判。

3. 效力

人民法院受理第三人撤销之诉案件后,原告提供相应担保,请求中止执行的,可以准许。

4. 审判组织

人民法院受理第三人撤销之诉案件后,应当组成合议庭开庭审理。

(三)人民法院对第三人撤销之诉的处理

(1)请求成立且确认其民事权利的主张全部或部分成立的,改变原判决、裁定、调解书内容的错误部分;请求成立,但确认其全部或部分民事权利的主张不成立,或者未提出确认其民事权利请求的,撤销原判决、裁定、调解书内容的错误部分;请求不成立的,驳回诉讼请求。

(2)对裁判不服的,当事人可以上诉。

(3)未撤销或者改变的部分,继续有效。

(四)与原案再审程序的关系

(1)第三人撤销之诉案件审理期间,法院对生效判决、裁定、调解书裁定再审的,受理第三人撤销之诉的法院应当裁定将第三人的诉讼请求并入再审程序。但有证据证明原审当事人之间恶意串通损害第三人合法权益的,法院应当先行审理第三人撤销之诉案件,裁定中止再审诉讼。

(2)第三人诉讼请求并入再审程序审理的,按照下列情形分别处理:按照第一审程序审理的,法院应当对第三人的诉讼请求一并审理,所作的判决可以上诉;按照第二审程序审理的,法院可以调解,调解达不成协议的,应当裁定撤销原判决、裁定、调解书,发回一审法院重审,重审时应当列明第三人。

(五)与案外人异议被驳回后申请再审的关系

(1)第三人提起撤销之诉后,未中止生效判决、裁定、调解书执行的,第三人不服驳回执行异议裁定,申请对原判决、裁定、调解书再审的,人民法院不予受理。

(2)案外人对法院驳回其执行异议裁定不服,认为原判决、裁定、调解书内容错误损害合法权益,申请再审,提起第三人撤销之诉的,法院不予受理。

第六章　诉讼代理人

第一节　法定代理人

一、诉讼地位

法定代理人具有类似于当事人的诉讼地位，但不属于当事人。

二、代理权限

法定代理权随监护权的产生而产生，随监护权的消灭而消灭。

法定代理人是全权代理人，可以根据自己的意志行使当事人的全部诉讼权利，其实施的诉讼行为与当事人所实施的诉讼行为的效力相同，但其所发生的诉讼事件与当事人所发生的诉讼事件的后果不同。

第二节　委托代理人

一、范围

当事人、法定代理人可以委托1～2人作为诉讼代理人。

（一）可以作为诉讼代理人的人员

下列人员可以被委托为诉讼代理人：
(1)律师、基层法律服务工作者。
(2)当事人的近亲属或者工作人员。
(3)当事人所在的社区、单位以及有关社会团体推荐的公民。

【注意】专利代理人经中华全国专利代理人协会推荐，可以在专利纠纷案件中担任诉讼代理人。

（二）不能作为诉讼代理人的人员

无民事行为能力人、限制民事行为能力人以及其他依法不能作为诉讼代理人的。

二、代理权限

(1)委托代理人只能在授权委托的范围内代为行使诉讼权利。

(2)代理权限的种类：

①一般代理权限。代理人只能进行一般性诉讼权利的代理。

②特殊代理权限。诉讼代理人代为承认、放弃、变更诉讼请求，进行和解，提起反诉或者上诉，必须有委托人的特别授权。如果授权委托书中仅写全权代理而无具体授权，只能理解为一般代理。

三、委托代理人后本人出庭

委托诉讼代理人的离婚诉讼当事人，本人除不能表达意思外，仍应当出庭参加诉讼。确因特殊情况无法出庭的，必须向人民法院提交书面意见。

第七章 民事证据

第一节 民事证据概述

一、民事证据的特征

(一)客观性

证据是客观存在的或者是对客观存在的客观反映。

(二)关联性

证据与待证事实之间需存在一定的内在联系。

(三)合法性

1. 证据的形式合法

证据必须以《民事诉讼法》规定的证据种类形式表现出来。

2. 收集证据的手段与程序合法

(1)法院调查收集证据,应当由2个以上的人共同进行。

(2)以严重侵害他人合法权益、违反法律禁止性规定或者严重违背公序良俗的方法形成或者获取的证据,不能作为认定案件事实的依据。

3. 证据材料转化为诉讼证据的程序合法

未经质证,任何证据材料均不得作为认定案件事实的依据,法院依职权主动收集的证据除外。

二、民事证据的证明力

民事证据的证明力又称证据力,指民事证据对案件事实认定的影响力。

第二节 民事证据的立法种类

一、书证

(一)分类

(1)根据书证内容的表达方式,可以分为文字书证、图形书证和符号书证。

(2)根据书证反映的内容及其法律后果,可以分为处分性书证与报道性书证。

(3)根据书证的制作者,可以分为公文书与私文书。

(4)根据书证的制作方式,可以分为原本、复制本、正本、副本、全文本和节录本等。

(二)提交

(1)书证以提交原件为原则。

(2)提交书证原件确有下列困难,可以提交复印件。

①书证原件遗失、灭失或者毁损的。

②原件在对方当事人控制之下,经合法通知提交而拒不提交的。

③原件在他人控制之下,而其有权不提交的。

④原件因篇幅或者体积过大而不便提交的。

⑤承担举证证明责任的当事人通过申请人民法院调查收集或者其他方式无法获得书证原件的。

上述情形,人民法院应当结合其他证据和案件具体情况,审查判断书证复制品等能否作为认定案件事实的根据。

(三)书证提出命令

书证在对方当事人控制之下的,承担举证证明责任的当事人可以在举证期限届满前书面申请人民法院责令对方当事人提交。申请理由成立的,人民法院应当责令对方当事人提交,因提交书证所产生的费用,由申请人负担。对方当事人无正当理由拒不提交的,人民法院可以认定申请人所主张的书证内容为真实的。

(四)毁灭书证的法律后果

持有书证的当事人以妨碍对方当事人使用为目的,毁灭有关书证或者实施其他致使书证不能使用行为的,人民法院可以对其处以罚款、拘留。

二、物证

在某些情况下,同一证据可能出现既是书证又是物证的情形。

如,甲持一张借条诉至法院,要求乙归还2万元借款。乙称该借条是甲伪造的,不是自己亲笔书写。则该借条相对于原告甲是书证,而相对于被告乙则是物证。

三、视听资料

(一)种类

视听资料包括录音资料和录像资料。

存储在电子介质中的录音资料和录像资料,适用电子数据的规定。

(二)书证与视听资料的比较

1. 相同点

书证与视听资料两者均以所载明的内容证明案件事实。

2. 区别

(1)书证的内容因已经固定于一定的物质载体之上,具有直观性;而视听资料的内容则存储于特定的仪器之中,不具有直观性。

(2)书证具有不可更改的特征;而视听资料的内容较为容易更改。

四、电子数据

电子数据指通过电子邮件、电子数据交换、网上聊天记录、博客、微博客、手机短信、电子签名、域名等形成或者存储在电子介质中的信息。

电子数据与视听资料的区别:

(1)视听资料受众门槛低,一般人即可录制、播放;而电子数据在收集、审查上往往需要借助专业机构。

(2)视听资料具有形象性;而电子数据具有抽象性,在阅读和理解上需要专业人士的判断。

五、证人证言

(一)证人的资格

(1)凡是知道案件情况的单位和个人,都有义务出庭作证。

(2)不能正确表达意思的人不能作为证人。但是,待证事实与其年龄、智力状况或者精神健康状况相适应的无民事行为能力人和限制民事行为能力人,可以作为证人。

(3)在民事诉讼中,单位可以作为证人,由其法定代表人或者责任人以单位的名义提供证人证言;而在刑事诉讼中,单位不可以作为证人。

(二)证人出庭作证

(1)当事人申请证人出庭作证的,应当在举证期限届满前提出。

(2)符合人民法院依职权调查取证情形的,人民法院可以依职权通知证人出庭作证。

(3)未经人民法院通知,证人不得出庭作证,但双方当事人同意并经人民法院准许的除外。

(三)证人确有困难不能出庭的法定情形

有下列情形之一的,经人民法院许可,

可以通过书面证言、视听传输技术或者视听资料等方式作证:

(1)因健康原因不能出庭的。

(2)因路途遥远,交通不便不能出庭的。

(3)因自然灾害等不可抗力不能出庭的。

(4)其他有正当理由不能出庭的。

(四)证人出庭作证的费用

(1)出庭作证是证人的义务。证人因履行出庭作证义务而支出的交通、住宿、就餐等必要费用以及误工损失,由败诉一方当事人负担。

(2)当事人申请证人作证的,由该当事人先行垫付;当事人没有申请,人民法院通知证人作证的,由人民法院先行垫付。

(五)证人签署保证书及其法律后果

(1)人民法院在证人出庭作证前应当告知证人如实作证的义务以及作伪证的法律后果,并责令其签署保证书,但无民事行为能力人和限制民事行为能力人除外。

(2)证人拒绝签署保证书的,不得作证,并自行承担相关费用。

六、当事人陈述

当事人陈述往往具有两面性:

(一)客观性

当事人是案件的经历者,其陈述应当具有客观性的一面。

(二)虚假性

当事人是案件的利害关系人,其在诉讼中对案件事实的陈述可能具有虚假的一面。因此,如果当事人对自己的主张,只有本人陈述而不能提出其他相关证据的,其主张不予支持,但对方当事人认可的除外。

七、鉴定意见

(一)鉴定程序的启动

1. 当事人在举证期限届满前向人民法院申请鉴定

当事人申请鉴定的,法院准许后应组织双方当事人协商确定具备资格的鉴定人;协商不成的,由人民法院指定。当事人申请鉴定的事项与待证事实无关联或者对证明待证事实无意义的,人民法院不予准许。

2. 法院职权启动鉴定

当事人未申请鉴定,人民法院对专门性问题认为需要鉴定的,应当委托具备资格的鉴定人进行鉴定。

(三)鉴定人出庭作证

当事人对鉴定意见有异议或者人民法院认为鉴定人有必要出庭的,鉴定人应当出庭作证。鉴定人拒不出庭作证的,鉴定意见不得作为认定事实的根据;支付鉴定费用的当事人可以要求返还鉴定费用。

(四)有专门知识的人出庭

(1)当事人可以在举证期限届满前申请1～2名具有专门知识的人员出庭,代表当事人对鉴定意见进行质证,或者对案件事实所涉及的专业问题提出意见。

(2)具有专门知识的人在法庭上就专业问题提出的意见,视为当事人的陈述。

(3)人民法院准许当事人申请的,相关费用由提出申请的当事人负担。

(4)人民法院可以对出庭的具有专门知识的人进行询问。经法庭准许,当事人可以对出庭的具有专门知识的人进行询问,当事人各自申请的具有专门知识的人可以就案件中的有关问题进行对质。具有专门知识的人不得参与专业问题之外的法庭审理活动。

【注意】鉴定人与专家辅助人定位不同：鉴定人是法院的专业帮手，而专家辅助人是当事人的专业帮手。

八、勘验笔录

勘验笔录指勘验人员对被勘验的现场或者物品所作的客观记录。

第三节 民事证据的理论分类

一、本证与反证

本证，指对主张事实负有举证责任的当事人所提出的支持其主张的证据。

反证，指对该事实不负有举证责任的当事人所提出的反驳对方主张的证据。

【注意】

（1）本证和反证与当事人的诉讼地位无关，原告与被告均可提出本证，均可以提出反证。

（2）本证证明的事实是证明对象，而反证证明的事实不是证明对象。

二、原始证据与传来证据

原始证据，指来源于案件事实本身的证据，即第一手资料。

传来证据，也称为派生证据，指来源于证据的证据，即第二手资料。

原始证据的证明力一般高于传来证据。

三、直接证据与间接证据

直接证据，指能够单独、直接证明待证事实的全部或者部分的证据。

间接证据，指单个证据无法直接证明待证事实，而通过与其他证据结合在一起才能证明待证事实的证据。

直接证据的证明力一般大于间接证据。

【注意】直接证据是单一的、能直接证明待证事实的证据；而能将待证事实证明到何种程度是证据的证明力问题，一个证据的证明力取决于证据的种类及其具体情况。

第四节 证据的保全

一、条件

证据保全应具备下列条件：
（1）须保全的证据应当是能够证明案件有关事实的材料。
（2）须保全的证据存在可能灭失或者以后难以取得的情况。
（3）保全时间可以在诉讼过程中，也可以在诉讼或仲裁程序启动前。

二、程序

（一）证据保全的采取

诉讼中采取证据保全，可以由当事人向人民法院申请保全证据，人民法院也可以主动采取保全措施。

因情况紧急，在证据可能灭失或者以后难以取得的情况下，利害关系人可以在提起诉讼或者申请仲裁前向证据所在地、被申请人住所地或者对案件有管辖权的人民法院申请保全证据。

（二）证据保全的担保

证据保全可能给被申请人造成损失的，人民法院可以责令申请人提供担保。

第八章　民事诉讼中的证明

第一节　证明对象

一、范围

(一)实体法事实

(1)当事人主张产生法律关系的基本事实,如合同的订立。

(2)当事人主张变更法律关系的基本事实,如合同的变更。

(3)当事人主张消灭法律关系的事实,如合同的解除。

(4)当事人主张消灭对方权利的事实,如合同义务的履行、债务的清偿。

(5)当事人主张排除对方权利的事实,如法定免责事由。

(6)当事人主张对方权利受到妨害的事实,如当事人没有民事行为能力。

(二)程序法事实

如涉及管辖权、当事人资格以及行为能力等问题的事实。

(三)证据事实

如涉及书证、物证等是否客观真实,所反映内容与本案待证事实是否相关等。

(四)外国法律和地方性法规、习惯

二、不需要证明的事实

(一)法定无需证明的事实

(1)自然规律以及定理、定律。

(2)众所周知的事实。

(3)根据法律规定推定的事实。

(4)根据已知的事实推定出的另一事实。

【注意】根据已知事实推定未知事实应当依据经验法则。

(5)已为人民法院发生法律效力的裁判所确认的事实。

(6)已为仲裁机构的生效裁决所确认的事实。

(7)已为有效公证文书所证明的事实。

上述第2～4项的事实,当事人有相反证据足以反驳的除外;第5～7项的事实,当事人有相反证据足以推翻的除外。

(二)诉讼自认

1.概念

诉讼自认指一方当事人对另一方当事人主张的对其不利的事实予以承认。

2.适用

(1)一方当事人在法庭审理中,或者在起诉状、答辩状、代理词等书面材料中,对于己不利的事实明确表示承认的,另一方当事人无需举证。

(2)对于涉及身份关系、国家利益、社会公共利益等应当由人民法院依职权调查的事实,不适用有关自认的规定。

(3)自认的事实与查明的事实不符的,人民法院不予确认。

3.当事人的默示承认

对一方当事人陈述的事实,另一方当事人既未表示承认也未否认,经审判人员充分说明并询问后,其仍不明确表示肯定或者否定的,视为对该项事实的承认。

4.代理人的承认

当事人委托代理人参加诉讼的,代理人的承认视为当事人的承认。但未经特别授权的代理人对事实的承认直接导致承认对方诉讼请求的除外;当事人在场但对其代理人的承认不作否认表示的,视为当事人的承认。

5. 承认的撤回

当事人在法庭辩论终结前撤回承认并经对方当事人同意,或者有充分证据证明其承认行为是在受胁迫或者重大误解情况下作出且与事实不符的,不能免除对方当事人的举证责任。

第二节 证明责任

一、证明责任的含义

证明责任是指当事人对其主张的作为证明对象的事实,有责任提供证据加以证明,以及无法提供证据或者提供的证据不足以证明待证事实时,由负有证明责任的一方当事人承担不利的诉讼后果的责任。

【注意】

(1)行为意义上的证明责任产生于当事人提出需要作为证明对象的主张之时,而结果责任则产生于待证事实真伪不明之时。

(2)证明责任的本质在于待证事实真伪不明时,给法院作出裁判提供依据,即诉讼的不利后果由承担证明责任的一方当事人承担。

二、证明责任分配的一般原则

证明责任分配的一般原则是:谁主张,谁举证。

【注意】主张积极事实,该事实是证明对象,主张者有证明责任;主张消极事实(否定事实),该事实不是证明对象,主张者无证明责任。

三、证明责任分配的例外规定

(1)因新产品制造方法发明专利引起的专利侵权诉讼,由制造同样产品的单位或者个人对其产品制造方法不同于专利方法承担举证责任。

(2)高度危险作业致人损害的侵权诉讼,由加害人就受害人故意造成损害的事实承担举证责任。

(3)因环境污染引起的损害赔偿诉讼,由加害人就法律规定的免责事由及其行为与损害结果之间不存在因果关系承担举证责任。

【注意】

原告应当提供证明以下事实的证据材料:①污染者排放了污染物;②被侵权人的损害;③污染者排放的污染物或者其次生污染物与损害之间具有关联性。

污染者举证证明下列情形之一的,人民法院应当认定其污染行为与损害之间不存在因果关系:①排放的污染物没有造成该损害可能的;②排放的可造成该损害的污染物未到达该损害发生地的;③该损害于排放污染物之前已发生的;④其他可以认定污染行为与损害之间不存在因果关系的情形。

(4)建筑物、构筑物或者其他设施及其搁置物、悬挂物发生脱落、坠落致人损害的侵权诉讼,所有人、管理人或者使用人不能证明自己没有过错的,应当承担无过错侵权责任;所有人、管理人或者使用人赔偿后,有其他责任人的,有权向其他责任人追偿。从建筑物中抛掷物品或者从建筑物上坠落的物品造成他人损害,难以确定具体侵权人的,除能够证明自己不是侵权人的外,由可能加害的建筑物使用人给予补偿。

(5)饲养的动物造成他人损害的,动物饲养人或者管理人,应当承担侵权责任,但能够证明损害是因被侵权人故意或者重大过失造成的,可以不承担或者减轻责任。

(6)因缺陷产品致人损害的侵权诉讼,由产品的生产者就法律规定的免责事由承担举证责任。

（7）因共同危险行为致人损害的侵权诉讼，由实施危险行为的人就其行为与损害结果之间不存在因果关系承担举证责任。

（8）因医疗行为引起的侵权诉讼，由病人或者家属就医疗侵权行为及行为过错、损害事实以及医疗行为与损害存在因果关系承担举证责任；由医疗机构就免责事由承担举证责任。

【注意】证明责任特殊分配的基本规律：

原告应当证明的事实：第一，被告对原告实施侵权行为的事实；第二，原告因被告的侵权行为所遭受的损失。

被告应当证明的事实：免责事由。

因果关系的证明：环境污染案件和共同危险行为案件，由被告就其行为与原告的损害之间不存在因果关系承担举证责任；其他案件则由原告就被告的侵权行为与其损害之间存在因果关系承担举证责任。

被告的主观过错不属于证明对象，无论由原告还是被告证明都是不正确的。

第三节　证明标准

一、证明标准的作用

（1）为法院认定待证事实提供依据。

（2）为法院判定负有证明责任的当事人是否成功完成证明责任提供依据。

二、证明标准的规定

（一）一般证明标准

一般证明标准是高度可能性标准，具有普适性，即对负有举证证明责任的当事人提供的证据，人民法院经审查并结合相关事实，确信待证事实的存在具有高度可能性的，应当认定该事实存在。

（二）提高的证明标准

提高的证明标准是排除合理怀疑标准，仅适用于法定事实，即当事人对欺诈、胁迫、恶意串通事实的证明，以及对口头遗嘱或赠与事实的证明，人民法院确信该待证事实存在的可能性能够排除合理怀疑的，应当认定该事实存在。

第四节　证明程序

一、举证时限

（一）举证期限的确定

（1）当事人协商确定举证期限。

（2）人民法院指定举证期限。

人民法院应当在审理前的准备阶段确定当事人的举证期限。第一审普通程序案件不得少于15日，当事人提供新的证据的第二审案件不得少于10日。

（二）举证期限的延长

当事人申请延长举证期限的，应当在举证期限届满前向人民法院提出书面申请。申请理由成立的，人民法院应当准许，适当延长举证期限，并通知其他当事人。

（三）逾期提供证据的处理

当事人逾期提供证据的，人民法院应当责令其说明理由，必要时可以要求其提供相应的证据。当事人因客观原因逾期提供证据，或者对方当事人对逾期提供证据未提出异议的，视为未逾期，法院采纳该证据。

（四）后果

（1）当事人因故意或者重大过失逾期提供的证据，人民法院不予采纳。但该证据与案件基本事实有关的，人民法院应当采纳，并予以训诫、罚款。

（2）当事人非因故意或者重大过失逾期提供证据，人民法院应当采纳，并对当事人予以训诫。

（3）当事人一方要求另一方赔偿因逾期提供证据致使其增加的交通、住宿、就餐、误工、证人出庭作证等必要费用的，人民法院可予支持。

二、证据交换

(一)启动

1. 申请交换

经当事人申请,人民法院可以组织当事人在开庭审理前交换证据。

2. 决定交换

人民法院对于证据较多或者复杂疑难的案件,应当组织当事人在答辩期满后,开庭审理前交换证据。

(二)证据交换的时间

(1)当事人协商一致,经人民法院认可。

(2)人民法院指定。

(三)证据交换的主持

证据交换应当在审判人员主持下进行。

(四)证据交换的次数

证据交换一般不超过两次。重大、疑难和案情特别复杂的案件,人民法院认为确有必要再次进行证据交换的除外。

三、法院调查收集证据

(一)法院自行调查收集证据

法院可以自行调查收集下列证据:

(1)涉及可能损害国家利益、社会公共利益的。

(2)涉及身份关系的。

(3)涉及公益诉讼的。

(4)当事人有恶意串通损害他人利益可能的。

(5)涉及依职权追加当事人、中止诉讼、终结诉讼、回避等程序性事项的。

【注意】法院自行调查收集的证据无需质证,经法院说明并征求当事人意见后,即可作为认定案件事实的依据。

(二)法院根据当事人或者诉讼代理人申请调查收集证据

法院根据申请可以调查收集下列证据:

(1)证据由国家有关部门保存,当事人及其诉讼代理人无权查阅调取的。

(2)涉及国家秘密、商业秘密或者个人隐私的材料。

(3)当事人及其诉讼代理人因客观原因不能自行收集的其他材料。

【注意】申请调查收集的证据属于申请一方当事人的证据,应当质证。

四、质证

(一)主体

质证主体是当事人。

未经当事人质证的证据,不得作为认定案件事实的根据。当事人在审理前的准备阶段认可的证据,经审判人员在庭审中说明后,视为质证过的证据。

(二)不公开质证的范围

涉及国家秘密、商业秘密、个人隐私或者法律规定应当保密的证据可以不公开质证。

(三)内容

人民法院应当组织当事人围绕证据的真实性、合法性以及与待证事实的关联性进行质证,并针对证据有无证明力和证明力大小进行说明和辩驳。

五、认证

(一)基本要求

人民法院应当依照法定程序,全面、客观地审核证据,依据法律规定,运用逻辑推理和日常生活经验,对证据有无证明力和证明力大小独立进行判断,并公开判断的理由和结果。

(二)方法

1. 对单一证据的审核认定

(1)证据是否是原件、原物,复印件、复制品与原件、原物是否相符。

(2)证据与本案事实是否相关。

(3)证据的形式、来源是否符合法律

规定。

(4)证据的内容是否真实。

(5)证人或者提供证据的人,与当事人有无利害关系。

2.对证据证明力的审核认定

(1)国家机关、社会团体依职权制作的公文书证的证明力一般大于其他书证。

(2)物证、档案、鉴定意见、勘验笔录或者经过公证、登记的书证,其证明力一般大于其他书证、视听资料和证人证言。

(3)原始证据的证明力一般大于传来证据。

(4)直接证据的证明力一般大于间接证据。

(5)证人提供的对与其有亲属或者其他密切关系的当事人有利的证言,其证明力一般小于其他证人证言。

3.不能单独作为认定案件事实依据的情形

(1)未成年人所作的与其年龄和智力状况不相当的证言。

(2)与乙方当事人或者其代理人有利害关系的证人出具的证言。

(3)存有疑点的视听资料。

(4)无法与原件、原物核对的复印件、复制品。

(5)无正当理由未出庭作证的证人证言。

六、证明妨害的效力

有证据证明一方持有证据无正当理由拒不提供,如果对方当事人主张该证据的内容不利于证据持有人,可以推定该主张成立。

第九章 期间、送达

第一节 期间

一、种类

(一)法定期间

由法律明文规定的期间,通常为不变期间,特殊的法定期间也具有可变性。

(二)指定期间

人民法院根据案件审理时遇到的具体情况和案件审理的需要,依职权指定的期间,为可变期间。

二、期间的计算

(1)计算单位是时、日、月、年。

(2)期间开始的时、日,不计算在期间内。期间以月、年为计算单位,期间届满日为开始日的对应日,没有对应日的,以最后一个月的最后一天为期间届满日。

(3)期间的最后一日为法定节假日的,以节假日后的第一日为期间届满日。

(4)诉讼文书的在途期间不包括在内,如诉讼文书通过邮局邮寄的,以邮戳日期为准。

三、期间耽误的顺延

当事人因不可抗拒的事由或者其他正当理由耽误期限的,在障碍消除后的10日内,可以申请顺延期限,是否准许,由人民法院决定。

第二节 送达

一、直接送达

法院的送达人员将需要送达的诉讼文

书直接交给受送达人或其同住成年家属、代收人、代理人的送达方式。

二、留置送达

（1）受送达人或者他的同住成年家属拒绝接收诉讼文书的，送达人可以邀请有关基层组织或者所在单位的代表到场，说明情况，在送达回证上记明拒收事由和日期，由送达人、见证人签名或者盖章，把诉讼文书留在受送达人的住所；也可以把诉讼文书留在受送达人的住所，并采用拍照、录像等方式记录送达过程，即视为送达。

（2）在简易程序中，适用留置送达可以将诉讼文书留放在受送达人的从业场所。

（3）调解书不适用留置送达。

三、电子送达

经受送达人同意，人民法院可以采用传真、电子邮件等能够确认其收悉的方式送达诉讼文书，但判决书、裁定书、调解书除外。采用前述方式送达的，以传真、电子邮件等到达受送达人特定系统的日期为送达日期。

四、委托送达

委托送达是法院委托其他法院将需送达的诉讼文书送交受送达人的方式。

五、邮寄送达

邮寄送达是法院通过邮局以挂号信的方式将需送达诉讼文书邮寄给受送达人的方式。

六、转交送达

转交送达只能适用于受送达人是军人、被监禁人或者被采取强制性教育措施的人。

七、公告送达

公告送达是法院在受送达人下落不明或采取上述方式无法送达时，将需送达诉讼文书予以公告，自发出公告之日起60日，即视为送达的方式。

第十章 人民法院调解

第一节 人民法院调解

表18-5 法院调解与人民调解、诉讼和解的区别

比较内容	法院调解	人民调解	诉讼中和解
发生时间	审判过程中	诉讼之外	诉讼全过程
参与人	法院主持，三方参加	人民调解委员会主持，三方参加	无主持人，双方当事人参加
效力	调解成功具有法律效力	调解协议具有合同约束力，经法院司法确认有效后，确认裁定具有强制执行力	审判中和解成功，当事人可请求制作调解书；执行和解履行完毕，可终结执行程序

第二节 人民法院调解的原则

1. 自愿原则
2. 合法原则
3. 调解保密原则,即调解不公开原则

第三节 人民法院调解的程序规定

一、适用范围

适用特别程序、督促程序、公示催告程序的案件,婚姻等身份关系确认案件以及其他依案件性质不能进行调解的民事案件,人民法院不得调解。

【注意】
(1)调解适用于一审程序、二审程序和审判监督程序;不得适用于特别程序、督促程序、公示催告程序和执行程序。
(2)身份关系的解除案件可以调解,但身份关系的确认案件不得调解。

二、协助调解与委托调解

经各方当事人同意,人民法院可以邀请与当事人有特定关系或者与案件有一定联系的企业事业单位、社会团体或者其他组织,和具有专门知识、特定社会经验、与当事人有特定关系并有利于促成调解的个人协助调解工作。委托调解达成调解协议后,人民法院应当依法予以确认。

三、和解的处理

当事人在诉讼过程中自行达成和解协议的,人民法院可以根据当事人的申请依法确认和解协议,制作调解书。双方当事人申请庭外和解的期间,不计入审限。

四、调解协议的内容

(1)调解协议内容超出诉讼请求的,人民法院可以准许。
(2)调解协议约定一方提供担保或者案外人同意为当事人提供担保的,人民法院应当准许。案外人提供担保的,人民法院制作调解书应当列明担保人,并将调解书送交担保人。担保人不签收调解书的,不影响调解书生效;担保条件成就的,可以执行。
(3)调解协议约定一方不履行协议应当承担民事责任的,应予准许。调解协议约定一方不履行协议,另一方可以请求人民法院对案件作出裁判的条款,人民法院不予准许。
(4)调解协议具有下列情形之一的,人民法院不予确认:
①侵害国家利益、社会公共利益的。
②侵害案外人利益的。
③违背当事人真实意思的。
④违反法律、行政法规禁止性规定的。
(5)虚假调解后的制裁

人民法院审理民事案件,发现当事人之间恶意串通,企图通过和解、调解方式侵害他人合法权益的,应当根据《民事诉讼法》第112条的规定处理。

第四节 调解书及调解的效力

一、调解书

(1)当事人自行和解或者调解达成协议后,请求人民法院按照和解协议或者调解协议的内容制作判决书的,人民法院不予准许,但下列情形除外:
①无民事行为能力人的离婚案件,由其法定代理人进行诉讼。法定代理人与对方达成协议要求发给判决书的,可根据协议内容制作判决书。
②涉外民事诉讼中,经调解双方达成协议,应当制发调解书。当事人要求发给判决书的,可以依协议的内容制作判决书送达当事人。
(2)下列案件调解达成协议,人民法院可以不制作调解书:
①调解和好的离婚案件。

②调解维持收养关系的案件。
③能够即时履行的案件。
④其他不需要制作调解书的案件。

【注意】不制作调解书的法定情形适用于第一审程序,但是,二审程序与再审程序,调解达成协议的,应当制作调解书。

二、调解的效力

(一)生效的时间

(1)对于不需要制作调解书的案件,自双方当事人及审判人员在协议上签字盖章,调解协议立即生效。

(2)对于需要制作调解书的案件,应当自双方当事人签收调解书后生效,即送达调解书后生效。

(二)法律效力

(1)诉讼结束,当事人不得以同一事实和理由再行起诉。

(2)该案的诉讼法律关系消灭。

(3)对调解书不得上诉。

(4)当事人在诉讼中的实体权利义务争议消灭。

(5)具有给付内容的调解书具有强制执行效力。

第十一章 保全和先予执行

第一节 保全

一、概念

保全是指为保证执行将来的判决或者保证实现债权人权利,人民法院根据利害关系人或当事人的申请,或者依职权,对相关财产采取保护措施,或者命令债务人为或者不为一定行为的制度。

二、种类

(一)财产保全

1. 诉前财产保全与诉讼中财产保全之比较

表18-6 诉前财产保全与诉讼中财产保全之比较

比较内容	诉前财产保全	诉讼中财产保全
时间不同	诉讼开始之前。	诉讼进行过程中。
管辖不同	财产所在地人民法院、被申请人住所地人民法院或者对案件有管辖权的人民法院。	(1)在一审诉讼中,由第一审法院保全。 (2)当事人提出上诉,第二审法院接到报送的案件之前当事人有转移、隐匿、出卖或者毁损的行为产生,必须采取财产保全措施的,由第一审法院依当事人申请或依职权采取。 (3)第二审人民法院裁定对第一审人民法院采取的保全措施予以续保或者采取新的保全措施,可以自行实施,也可以委托第一审人民法院实施。 (4)再审人民法院裁定对原保全措施予以续保或者采取新的保全措施,可以自行实施,也可以委托原审人民法院或者执行法院实施。 (5)法律文书生效后,进入执行程序前,债权人因对方当事人转移财产等紧急情况,不申请保全将可能导致生效法律文书不能执行或者难以执行的,可以向执行法院申请采取保全措施。

（续表）

比较内容	诉前财产保全	诉讼中财产保全
理由不同	利害关系人面临紧急情况。	因一方当事人的行为或者其他原因，使判决难以执行。
开始不同	利害关系人提出申请。	当事人提出申请或者法院依职权保全。
担保不同	应当提供相当于请求保全数额的担保；情况特殊的，人民法院可以酌情处理。	（1）法院应当根据案件的具体情况，决定当事人是否提供担保以及担保的数额。担保数额不超过请求保全数额的30%；申请保全的财产系争议标的的，担保数额不超过争议标的价值的30%。财产保全期间，申请保全人提供的担保不足以赔偿可能给被保全人造成的损失的，人民法院可以责令其追加相应的担保；拒不追加的，可以裁定解除或者部分解除保全。 （2）例外：当事人在诉讼中申请财产保全，有下列情形之一的，人民法院可以不要求其提供担保： ①追索赡养费、扶养费、抚育费、抚恤金、医疗费用、劳动报酬、工伤赔偿、交通事故人身损害赔偿的。 ②婚姻家庭纠纷案件中遭遇家庭暴力且经济困难的。 ③人民检察院提起的公益诉讼涉及损害赔偿的。 ④因见义勇为遭受侵害请求损害赔偿的。 ⑤案件事实清楚、权利义务关系明确，发生保全错误可能性较小的。 ⑥申请保全人为商业银行、保险公司等由金融监管部门批准设立的具有独立偿付能力的金融机构及其分支机构的。 （3）法律文书生效后，进入执行程序前，债权人申请财产保全的，人民法院可以不要求其提供担保。
法院裁定时间不同	必须在48小时之内作出裁定，申请人在人民法院采取保全措施后30日内不依法提起诉讼或者申请仲裁的，人民法院应当解除保全。	紧急情况下，应在48小时之内裁定；非紧急情况，人民法院接受财产保全申请后，应当在5日内作出裁定；需要提供担保的，应当在提供担保后5日内作出裁定；裁定采取保全措施的，应当在5日内开始执行。

2. 财产保全的范围

财产保全限于请求的范围或者与本案有关的财物。

3. 财产保全措施

财产保全措施包括：

（1）可以采取查封、扣押、冻结或者法律规定的其他方法。

（2）保存价款，即如果查封、扣押的财产不易长期保存或者保存所需成本过高，则可以责令当事人及时处理，由人民法院保存价款；必要时，也可以由人民法院予以变卖，保存价款。

（3）人民法院可以保全抵押物、质押物、留置物，但是，抵押权人、质权人、留置权人有优先受偿权。

（4）人民法院对债务人到期应得的收益，可以采取财产保全措施，限制其支取，通知有关单位协助执行。

（5）保全被申请人到期债权。即债务人的财产不能满足保全请求，但对第三人有到期债权的,人民法院可以依债权人的申请裁定该第三人不得对本案债务人清偿。该第三人要求偿付的,由人民法院提存财物或者价款。

4. 查封、扣押、冻结财产的保管

(1)人民法院在财产保全中采取查封、扣押、冻结财产措施时,应当妥善保管被查封、扣押、冻结的财产。不宜由人民法院保管的,可以指定被保全人负责保管;不宜由被保全人保管的,可以委托他人或者申请保全人保管。

(2)查封、扣押、冻结担保物权人占有的担保财产,一般由担保物权人保管;由人民法院保管的,质权、留置权不因采取保全措施而消灭。

5. 保全措施的解除

保全措施在下列情况中解除:

(1)保全错误的。

(2)申请人撤回保全申请的。

(3)申请人的起诉或者诉讼请求被生效裁判驳回的。

(4)人民法院认为应当解除保全的其他情形。

解除以登记方式实施的保全措施的,应当向登记机关发出协助执行通知书。

(二)行为保全

表18-7 行为保全与财产保全的区别

比较内容	行为保全	财产保全
针对对象不同	针对被保全人的行为。	针对被保全人的财产。
措施不同	责令作出一定行为或者禁止作出一定行为。	查封、扣押、冻结或者法律规定的其他方法。
目的不同	防止造成难以弥补的损害。	保证生效判决的执行。

第二节 先予执行

一、概念

先予执行是指,民事诉讼中,为解决权利人生产经营或生活的紧急需要,人民法院根据当事人申请,在作出判决前预先责令义务人履行一定给付义务的制度。

二、适用范围

先予执行适用于下列案件:

(1)追索赡养费、扶养费、抚育费、抚恤金、医疗费用的案件。

(2)追索劳动报酬的案件。

(3)下列因情况紧急需要先予执行的案件:

①需要立即停止侵害、排除妨碍的。

②需要立即制止某项行为的;追索恢复生产、经营急需的保险理赔费的。

③需要立即返还社会保险金、社会救助资金的。

④不立即返还款项,将严重影响权利人生活和生产经营的。

三、条件

先予执行的适用须具备下列条件:

(1)当事人之间的权利义务关系明确。

(2)申请人具有实现权利的迫切需要。

(3)当事人向人民法院提出申请,人民法院认为有必要的可以责令申请人提供担保。

(4)被申请人有履行义务的能力。

四、保全和先予执行之后的救济

(1)当事人对保全或者先予执行裁定不服的,可以自收到裁定书之日起5日内向作出裁定的人民法院申请复议。

(2)利害关系人对保全或者先予执行

的裁定不服申请复议的,由作出裁定的人民法院处理。

(3)错误申请保全与先予执行的,应当赔偿被申请人因先予执行遭受的财产损失。

第十二章　对妨害民事诉讼的强制措施

第一节　对妨害民事诉讼的强制措施的概述

一、概念

对妨害民事诉讼的强制措施,是指在民事诉中,对有妨害民事秩序的行为的行为人采取的排除其妨害民事诉讼行为的一种强制措施。

二、特征

对妨害民事诉讼的强制措施具有下列特征:
(1)其性质是根据《民事诉讼法》的有关规定针对妨害民事诉讼秩序行为的措施。
(2)其目的是保障民事诉讼的顺利进行,维护的是民事诉讼秩序。
(3)其适用主体是人民法院。
(4)其主要是作为一种教育手段进行运用。

第二节　妨害民事诉讼行为的构成和种类

一、构成

(一)主体要件

实施妨害民事诉讼行为的任何人均可以成为妨害诉讼行为的主体。

(二)主观要件

实施妨害诉讼行为的人一定具有主观的故意。

(三)后果要件

行为人实施的主观故意行为必须造成妨害诉讼的实际后果。

(四)时间要件

妨害民事诉讼的行为必须发生在民事诉讼过程中。

二、种类

妨害民事诉讼行为的种类包括:
(1)必须到庭的被告,经两次传票传唤,无正当理由拒不到庭。
(2)违反法庭规则的行为。
法院对违反法庭规则的人,可以予以训诫,责令退出法庭或者予以罚款、拘留;对哄闹、冲击法庭,侮辱、诽谤、威胁、殴打审判人员,严重扰乱法庭秩序的人,依法追究刑事责任;情节较轻的,予以罚款、拘留。
(3)诉讼参与人或者其他人的相关行为。
诉讼参与人或者其他人有下列行为之一的,人民法院可以根据情节轻重予以罚款、拘留;构成犯罪的,依法追究刑事责任:
①伪造、毁灭重要证据,妨碍人民法院审理案件的。

②以暴力、威胁、贿买方法阻止证人作证或者指使、贿买、胁迫他人作伪证的。
③隐藏、转移、变卖、毁损已被查封、扣押的财产，或者已被清点并责令其保管的财产，转移已被冻结的财产的。
④对司法工作人员、诉讼参加人、证人、翻译人员、鉴定人、勘验人、协助执行的人，进行侮辱、诽谤、诬陷、殴打或者打击报复的。
⑤以暴力、威胁或者其他方法阻碍司法工作人员执行职务的。
⑥拒不履行人民法院已经发生法律效力的判决、裁定的。
人民法院对有以上六种行为之一的单位，可以对其主要负责人或者直接责任人员予以罚款、拘留；构成犯罪的，依法追究刑事责任。

（4）当事人虚假诉讼行为。
当事人之间恶意串通，企图通过诉讼、调解等方式侵害他人合法权益的，人民法院应当驳回其请求，并根据情节轻重予以罚款、拘留；构成犯罪的，依法追究刑事责任。

（5）恶意串通逃避执行的行为。
被执行人与他人恶意串通，通过诉讼、仲裁、调解等方式逃避履行法律文书确定的义务的，人民法院应当根据情节轻重予以罚款、拘留；构成犯罪的，依法追究刑事责任。

（6）有义务协助调查、执行的单位的行为。
有义务协助调查、执行的单位有下列行为之一的，人民法院除责令其履行协助义务外，并可以予以罚款：
①有关单位拒绝或妨碍法院调查取证的。
②有关单位接到人民法院协助执行通知书，拒不协助查询、扣押、冻结、划拨、变价财产的。
③有关单位接到人民法院协助执行通知书后，拒不协助扣留被执行人的收入，拒不办理有关财产权证照转移手续，拒不转交有关票证、证照或其他财产的。
④其他拒绝协助执行的行为。
人民法院对有以上四种行为之一的单位，可以对其主要负责人或者直接责任人员予以罚款；对仍不履行协助义务的，可以予以拘留；并可以向监察机关或者有关机关提出予以纪律处分的司法建议。

第三节　强制措施的适用

一、拘传

拘传的对象是：
（1）必须到庭的被告：①追索赡养费、扶养费、抚育费案件的被告。②不到庭无法查明案件事实的被告。
（2）必须到庭才能查清案件基本事实的原告。
必须经两次传票传唤，无正当理由拒不到庭的才能适用拘传。拘传的行使必须经院长批准，并签发拘传票。在拘传前，应当向被拘传人说明拒不到庭的后果，经批评教育拒不到庭的，可以拘传其到庭。

二、训诫

由合议庭或者独任审判员决定，以口头方式指出行为人的错误行为及危害。

三、责令退出法庭

由合议庭或独任审判员决定，由审判长或独任审判员口头宣布，责令行为人退出法庭。

四、罚款

（一）数额
对个人的罚款，为人民币10万元以下；对单位的罚款，为人民币5万元以上

100万元以下。

（二）罚款由院长批准,制作罚款决定书

被罚款人不服的,可以向上一级人民法院申请复议一次。但是,复议期间不停止执行。

五、拘留

（1）拘留期限为15日以下。

（2）由人民法院院长批准,制作拘留决定书。被拘留人不服,可以向上一级人民法院申请复议一次;但是,复议期间不停止执行。被拘留人提出复议申请后,上级人民法院应当及时复议,如果发现拘留不当,应当及时口头通知解除拘留,然后在3日内补作复议决定书。

（3）对同一妨害民事诉讼行为,罚款、拘留不得连续适用,但罚款和拘留可以合并适用,也可以单独适用。如发生了新的妨害民事诉讼的行为,人民法院可以重新予以罚款、拘留。

第十三章 普通程序

第一节 普通程序的程序阶段

一、起诉与立案登记

（一）起诉及其条件

（1）原告必须是与本案有直接利害关系的公民、法人或者其他组织。

原告应当适格,否则法院应裁定不予受理;受理案件后,如果发现原告不适格,应裁定驳回起诉。

（2）有明确的被告。

被告下落不明不等于被告不明确,被告下落不明的案件,人民法院应当受理,受理后可以适用公告送达方式。

（3）有具体的诉讼请求、事实和理由。

原告的诉讼请求所依据的权利可以是现行实体法所规定的权利,也可能是现行实体法所未规定的权利。

【注意】

①当事人基于实体法未规定的权利起诉,如主张青春费、主张返还压岁钱,法院应当受理。

②起诉证据不同于胜诉证据:起诉证据要求符合起诉条件,而胜诉证据要求达到证明标准。

（4）属于人民法院受理民事诉讼的范围和受诉人民法院管辖。

（二）起诉的方式

当事人起诉应当向人民法院递交起诉状,并按照被告人数提出副本。书写起诉状确有困难的,可以口头起诉,由人民法院记入笔录,并告知对方当事人。

（三）立案登记制

人民法院接到当事人提交的民事起诉状时,对符合法律规定的情形,应当登记立案;对当场不能判定是否符合起诉条件的,应当接收起诉材料,并出具注明收到日期的书面凭证。需要补充必要相关材料的,人民法院应当及时告知当事人。在补齐相关材料后,应当在7日内决定是否立案。

经过审查,对于符合起诉条件的,应当在7日内立案,并通知当事人;不符合起诉条件的,应当在7日内作出裁定书,不予受理。原告对裁定不服的,可以提起上诉。

立案后发现不符合起诉条件或者属于《民事诉讼法》第124条规定情形的,裁定驳回起诉。

(四)人民法院受理民事案件的法律后果

(1)人民法院取得了对该争议案件的审判权。

(2)人民法院取得对该争议案件的排他管辖权。

(3)双方当事人取得相应的原、被告诉讼地位。

(4)诉讼时效中断。

(五)不予受理、驳回起诉与驳回诉讼请求的适用

表18-8 不予受理、驳回起诉与驳回诉讼请求适用的比较

比较内容	不予受理	驳回起诉	驳回诉讼请求
适用文书	裁定	裁定	判决
解决问题性质	程序问题	程序问题	实体问题
适用诉讼阶段	立案审查阶段	受理案件后	受理案件后
适用条件	起诉不符合受理条件	起诉不符合受理条件	起诉符合条件,但诉讼请求不能获得支持
当事人针对文书的权利	可以上诉、申请再审	可以上诉、申请再审	可以上诉、申请再审
当事人针对案件的权利	可以再起诉	可以再起诉	不得再起诉,因为一事不再理
上诉期	10日	10日	15日
适用组织	立案庭	审判组织	审判组织

【注意】

(1)在立案审查阶段,对于不符合起诉条件的,裁定不予受理;在受理案件后,对于不符合起诉条件的,裁定驳回起诉;对于丧失实体胜诉权的,判决驳回诉讼请求。

(2)判决驳回诉讼请求适用于三种情况:①证据不足;②超过诉讼时效,无中止、中断和延长事由;③可诉但不可保护,如青春费。

(六)特殊情况

(1)依照《行政诉讼法》的规定,属于行政诉讼受案范围的,告知原告提起行政诉讼。

(2)依照法律规定,双方当事人对合同纠纷自愿达成书面仲裁协议向仲裁机构申请仲裁,但仲裁条款或者仲裁协议不成立、无效、失效、内容不明确无法执行的除外。

(3)依照法律规定,应当由其他机关处理的争议,告知原告向有关机关申请解决。

(4)对不属于本院管辖的案件,告知原告向有管辖权的人民法院起诉。

(5)对判决、裁定、调解书已经发生法律效力的案件,当事人又起诉的,告知原告申请再审,但人民法院准许撤诉的裁定除外。

【注意】

①裁定生效后可以再起诉的情形:撤诉裁定、不予受理的裁定和驳回起诉的裁定。

②判决、调解书生效后可以再起诉的

情形：符合法律规定的离婚案件、解除收养关系案件，以及追索赡养费、扶养费和抚育费的案件。

（6）依照法律规定，在一定期限内不得起诉的案件，在不得起诉期限内起诉的，不予受理。

（7）判决不准离婚和调解和好的离婚案件，判决、调解维持收养关系的案件，没有新情况、新理由，原告在6个月内又起诉的，不予受理。原告撤诉或者按撤诉处理的离婚案件，没有新情况、新理由，6个月内又起诉的，人民法院应裁定不予受理。

（8）追索赡养费、扶养费、抚育费案件，裁判发生法律效力后，因新情况、新理由，一方当事人再行起诉要求增加或减少费用的，人民法院应当作为新案处理。

（9）当事人超过诉讼时效期间起诉的，人民法院应予以受理。受理后对方当事人提出时效抗辩，人民法院经审理认为抗辩事由成立的，判决驳回其诉讼请求；当事人未提出诉讼时效抗辩，人民法院不应对诉讼时效问题进行释明及主动适用诉讼时效的规定进行裁判。当事人在一审期间未提出诉讼时效抗辩，在二审期间提出的，人民法院不予支持，但其基于新的证据能够证明对方当事人的请求权已过诉讼时效期间的除外。

（10）夫妻一方下落不明，另一方诉至人民法院，只要求离婚，不申请宣告下落不明人失踪或死亡的案件，人民法院应当受理，对下落不明人用公告送达诉讼文书。

（11）重复起诉的处理。

当事人就已经提起诉讼的事项在诉讼过程中或者裁判生效后再次起诉，同时符合下列条件的，构成重复起诉：①后诉与前诉的当事人相同；②后诉与前诉的诉讼标的相同；③后诉与前诉的诉讼请求相同，或者后诉的诉讼请求实质上否定前诉裁判结果。

当事人重复起诉的，裁定不予受理；已经受理的，裁定驳回起诉，但法律、司法解释另有规定的除外。裁定发生法律效力后，发生新的事实，当事人再次提起诉讼的，人民法院应当依法受理。

二、审理前准备

（1）在法定期间送达诉讼文书。人民法院应当在立案之日起5日内将起诉状副本送达被告，被告应当在收到之日起15日内提出答辩状。人民法院应当在收到答辩状之日起5日内将答辩状副本发送原告。

（2）告知当事人诉讼权利义务，并在合议庭人员确定后3日内告知当事人。

（3）审阅诉讼材料，调查收集必要的证据。

（4）追加当事人。

（5）召开庭前会议。

①明确原告的诉讼请求和被告的答辩意见。

②审查处理当事人增加、变更诉讼请求的申请和提出的反诉，以及第三人提出的与本案有关的诉讼请求。

③根据当事人的申请决定调查收集证据，委托鉴定，要求当事人提供证据，进行勘验，进行证据保全。

④组织证据交换。

⑤归纳争议焦点。

⑥进行调解。

（6）受理案件后的特殊处理。

①当事人没有争议，符合督促程序规定条件的，可以转入督促程序。

②开庭前可以调解的，采取调解方式及时解决纠纷。

③根据案件情况，确定适用简易程序或者普通程序。

④需要开庭审理的，通过要求当事人交换证据等方式，明确争议焦点。

(7)诉的合并。

基于同一事实发生的纠纷,当事人分别向同一法院起诉的,人民法院应当合并审理。

(8)当事人恒定和诉讼承继原则。

在诉讼中,争议的民事权利义务转移的不影响当事人的诉讼主体资格和诉讼地位。人民法院作出的发生法律效力的判决、裁定对受让人具有拘束力。

受让人申请以无独立请求权第三人身份参加诉讼的,人民法院可予准许。受让人申请替代当事人承担诉讼的,人民法院可以根据案件的具体情况决定是否准许;不予准许的,可以追加其为无独立请求权第三人。

人民法院准许受让人替代当事人承担诉讼的,裁定变更当事人。变更当事人后,诉讼程序以受让人为当事人继续进行,原当事人应当退出诉讼。原当事人已经完成的诉讼行为对受让人具有拘束力。

(9)其他准备工作。

如解决管辖权异议问题、预收诉讼费用等。

三、开庭审理

(一)范围

法庭审理应当围绕当事人争议的事实、证据和法律适用等焦点问题进行。在案件受理后,法庭辩论结束前,原告增加诉讼请求,被告提出反诉,第三人提出与本案有关的诉讼请求,可以合并审理的,人民法院应当合并审理。

(二)顺序

1. 开庭审理前的准备

开庭审理前,书记员应当查明当事人和其他诉讼参与人是否到庭,宣布法庭纪律。

2. 开庭开始

开庭审理时,由审判长核对当事人,宣布案由,宣布审判人员、书记员名单,告知当事人有关的诉讼权利义务,询问当事人是否提出回避申请。

3. 法庭调查

(1)当事人陈述。

(2)告知证人的权利义务,证人作证,宣读未到庭的证人证言。

(3)出示书证、物证、视听资料和电子数据。

(4)宣读鉴定意见。

(5)宣读勘验笔录。

4. 法庭辩论

(1)原告及其诉讼代理人发言。

(2)被告及其诉讼代理人答辩。

(3)第三人及其诉讼代理人发言或者答辩。

(4)互相辩论。

法庭辩论终结,由审判长按照原告、被告、第三人的先后顺序征询各方最后意见。法院根据案件具体情况并征得当事人同意,可以将法庭调查与法庭辩论合并进行。

5. 判决前调解

法庭辩论终结,应当依法作出判决。判决前能够调解的,还可以进行调解,调解不成的,应当及时判决。

6. 评议与裁判

合议庭评议案件,应当不公开进行。评议作出裁判时采取少数服从多数的原则,按照多数人的意见作出,少数人的意见应当记入评议笔录,但该审判人员必须在裁判文书上署名。

【注意】评议时不能形成多数人意见的,不得按照审判长的意见作出裁判;但仲裁可以按照首席仲裁员的意见作出仲裁裁决。

7. 宣判

(1)定期宣判,并在宣判的同时发送裁判文书。

(2)当庭宣判,并在宣判后10日内发送裁判文书。

宣告裁判一律公开进行。

（三）审理期限

人民法院适用普通程序审理民事案件，应当在立案之日起6个月内审结。有特殊情况需要延长的，由本院院长批准，可以延长6个月；还需要延长的，报请上级人民法院批准。

四、庭审笔录

庭审笔录是人民法院在开庭审理过程中，由书记员对法庭审理的全过程所作的书面记录。

第二节 撤诉和缺席判决

一、撤诉

（一）申请撤诉

（1）主体是原告、上诉人及其法定代理人，其他人无权申请撤诉。

（2）应当在人民法院受理案件后、宣告判决之前提出申请。

（3）申请应当自愿、合法。

（4）申请须经法院审查同意。法庭辩论终结后原告申请撤诉，被告不同意的，人民法院可以不予准许。

（二）按撤诉处理

下列情况按撤诉处理：

（1）原告或者上诉人接到人民法院预交案件受理费的通知后，既不预交费用，也不申请缓交、减交、免交诉讼费用，或者申请缓交、减交、免交未获准许后仍不交费的。

（2）原告经人民法院传票传唤无正当理由拒不到庭，或者未经法庭许可中途退庭的。

（3）有独立请求权的第三人经法院传票传唤，无正当理由拒不到庭，或者未经法庭许可中途退庭的。

（4）无诉讼行为能力的原告的法定代理人，经法院传票传唤，无正当理由拒不到庭的。

（三）法律后果

（1）终结诉讼程序。

（2）诉讼时效重新开始计算。

（3）诉讼费用由原告或者上诉人负担，减半征收。

（4）诉讼法律关系消灭，但撤诉后，当事人仍然可以再行起诉。

二、缺席判决

下列情况可以进行缺席判决：

（1）原告经法院传票传唤，无正当理由拒不到庭，或者未经法庭许可中途退庭，被告反诉的。

（2）被告经传票传唤，无正当理由拒不到庭，或者未经法庭许可中途退庭的。

（3）无民事行为能力的被告的法定代理人，经法院传票传唤，无正当理由拒不到庭的。

（4）无独立请求权的第三人经法院传票传唤，无正当理由拒不到庭，或者未经法庭许可中途退庭的。

（5）人民法院裁定不准撤诉的，原告经传票传唤，无正当理由拒不到庭的。

（6）在借贷纠纷案件中，债权人起诉时，债务人下落不明的，人民法院受理案件后可以公告送达并传唤债务人应诉。公告期限届满，债务人仍然不应诉，借贷关系明确的，经审理后可以作出缺席判决。在审理中债务人出走，下落不明，借贷关系明确的，可以缺席判决。

第三节 延期审理、诉讼中止与诉讼终结

一、延期审理

下列情况可以适用延期审理：

（1）必须到庭的当事人和其他诉讼参

与人有正当理由没有到庭的。

（2）当事人临时提出回避申请的。

（3）需要通知新的证人到庭，调取新的证据，重新鉴定、勘验或者需要补充调查的。

（4）其他需要延期审理的情形。

【注意】延期审理适用决定，而不是裁定。

二、诉讼中止

下列情况可以适用诉讼中止：

（1）一方当事人死亡，需要等待继承人表明是否参加诉讼的。

（2）一方当事人丧失诉讼行为能力，尚未确定法定代理人的。

（3）作为一方当事人的法人或者其他组织终止，尚未确定权利与义务承受人的。

（4）一方当事人因不可抗拒的事由，不能参加诉讼的。

（5）本案必须以另一案的审理结果为依据，而另一案尚未审结的。

（6）其他应当中止诉讼的情形。

三、诉讼终结

下列情况可以适用诉讼终结：

（1）原告死亡，没有继承人，或者继承人放弃诉讼权利的。

（2）被告死亡，没有遗产，也没有应当承担义务的人的。

（3）离婚案件一方当事人死亡的。

（4）追索赡养费、扶养费、抚育费以及解除收养关系案件的一方当事人死亡的。

【注意】诉讼中止与诉讼终结均适用裁定。

第十四章　简易程序

第一节　简易程序的概述

一、适用简易程序的法院

适用简易程序的法院只能是基层人民法院和它的派出法庭。

二、适用简易程序的案件

（一）法定适用案件

基层人民法院和它派出的法庭审理事实清楚、权利义务关系明确、争议不大的简单民事案件适用简易程序。

下列案件，不能适用简易程序：

（1）起诉时被告下落不明的。

（2）发回重审的。

（3）当事人一方人数众多的。

（4）适用审判监督程序的。

（5）涉及国家利益、社会公共利益的。

（6）第三人起诉请求改变或者撤销生效判决、裁定、调解书的。

（7）其他不宜适用简易程序的案件。

（二）约定适用案件

基层人民法院和它的派出法庭审理简单的民事案件以外的民事案件，当事人双方也可以约定适用简易程序，应当在开庭前提出。口头提出的，记入笔录，由双方当事人签名或者捺手印确认。

【注意】基层人民法院及其派出法庭

适用简易程序审理的案件,当事人不得约定适用普通程序或不适用简易程序。

(三)当事人对适用简易程序的异议

当事人就适用简易程序提出异议后,人民法院应当审查。异议成立的,应当将案件转入普通程序审理;异议不成立的,口头告知双方当事人,并将上述内容记入笔录。

(四)简易程序转化为普通程序

(1)简易程序转化为普通程序的三种法定情形:

①案情复杂不适宜适用简易程序审理。

②原告提供被告的准确送达地址,但法院无法直接送达或者留置送达应诉通知书的。

③当事人提出的异议成立。

(2)简易程序转化为普通程序后需注意两点程序事项:

①审理期限自立案次日起计算。

②应以书面形式告知当事人合议庭组成等相关事项。

(3)转为普通程序前,双方当事人已确认的事实,可以不再进行举证、质证。

(4)法院适用普通程序已经开庭审理后,不得转化为简易程序。

第二节 简易程序的具体适用

一、起诉与答辩

原告本人不能书写起诉状,委托他人代写起诉状确有困难的,可以口头起诉。原告口头起诉的,人民法院应当将当事人的基本情况、联系方式、诉讼请求、事实及理由予以准确记录,将相关证据予以登记。

双方当事人到庭后,被告同意口头答辩的,人民法院可以当即开庭审理;被告要求书面答辩的,人民法院可在征得其同意的基础上,合理确定答辩期。

二、审理前准备

(一)诉状送达的特别规定

(1)原告提供了被告准确的送达地址,但人民法院无法向被告直接送达或留置送达应诉通知书的,应当将案件转入普通程序审理。

(2)原告不能提供被告准确的送达地址的,人民法院经查证后仍不能确定被告送达地址的,可以被告不明确为由裁定驳回原告起诉。

(二)举证期限的特别规定

适用简易程序案件的举证期限由人民法院确定,也可以由当事人协商一致并经人民法院准许,但不得超过15日。人民法院应当将举证期限和开庭日期告知双方当事人,并向当事人说明逾期举证以及拒不到庭的法律后果,由双方当事人在笔录和开庭传票的送达回证上签名或者捺手印。

【注意】当事人双方到庭均表示不需要举证期限、答辩期间的,人民法院可以立即开庭审理或者确定开庭日期。

(三)简易程序中的先行调解

下列民事案件,人民法院在开庭审理时应当先行调解:

(1)婚姻家庭纠纷和继承纠纷。

(2)劳务合同纠纷。

(3)交通事故和工伤事故引起的权利义务关系较为明确的损害赔偿纠纷。

(4)宅基地和相邻关系纠纷。

(5)合伙协议纠纷。

(6)诉讼标的额较小的纠纷。

根据案件的性质和当事人的实际情况不能调解或者显然没有调解必要的除外。

三、开庭方式的选择

当事人双方可以就开庭方式进行选择

并向法院提出申请,由人民法院决定是否准许。经双方当事人同意,可以采用视听传输技术等方式开庭。

四、开庭审理

(一)简便传唤与送达

人民法院可以采取捎口信、电话、短信、传真、电子邮件等简便方式传唤双方当事人、通知证人和送达裁判文书以外的诉讼文书。

【注意】以简便方式送达的开庭通知,未经当事人确认或者没有其他证据证明当事人已经收到的,人民法院不得缺席判决。

(二)庭审中的释明

对没有委托律师、基层法律服务工作者代理诉讼的当事人,人民法院在庭审过程中可以对回避、自认、举证证明责任等相关内容向其作必要的解释或者说明,并在庭审过程中适当提示当事人正确行使诉讼权利、履行诉讼义务。

(三)审理与裁判

1. 争议焦点的确定

开庭时,审判人员可以根据当事人的诉讼请求和答辩意见归纳出争议焦点,经当事人确认后,由当事人围绕争议焦点举证、质证、辩论。当事人对案件事实无争议的,审判人员可以在听取当事人就适用法律方面的辩论意见后进行判决、裁定。

2. 开庭次数

适用简易程序审理的民事案件,应当一次开庭审结,但人民法院认为确有必要再次开庭的除外。

【注意】一次开庭审结是原则,再次开庭审理是例外。

3. 庭审笔录

书记员应当将适用简易程序审理民事案件的全部活动记入笔录。

五、宣判与裁判文书的简化

(一)宣判

适用简易程序审理的民事案件,除人民法院认为不宜当庭宣判的以外,应当当庭宣判。

【注意】当庭宣判是原则,定期宣判是例外。

(二)裁判文书的制作

有下列情形之一的,人民法院在制作判决书、裁定书、调解书时对认定事实或者判决理由部分可以适当简化:

(1)当事人达成调解协议并需要制作民事调解书的。

(2)一方当事人在诉讼过程中明确表示承认对方当事人全部诉讼请求或者部分诉讼请求的。

(3)涉及个人隐私或者商业秘密的案件,当事人一方要求简化裁判文书中的相关内容,人民法院认为理由正当的。

(4)当事人双方同意简化裁判文书的。

六、审限

适用简易程序审理的案件,审理期限到期后,双方当事人同意继续适用简易程序的,由本院院长批准,可以延长审理期限。延长后的审理期限累计不得超过6个月。

第三节 对小额诉讼案件审理的特别规定

一、适用范围

(一)适用小额诉讼程序的案件

基层人民法院和其派出法庭审理符合《民事诉讼法》第157条第1款规定的简单的民事案件,标的额为各省、自治区、直辖市上年度就业人员年平均工资30%以下

的下列金钱给付的案件,适用小额诉讼程序审理:

(1)买卖合同纠纷、借款合同纠纷、租赁合同纠纷。

(2)身份关系清楚,仅在给付的数额、时间、方式上存在争议的赡养费、抚育费、扶养费纠纷。

(3)责任明确,仅在给付的数额、时间、方式上存在争议的交通事故损害赔偿和其他人身损害赔偿纠纷。

(4)供用水、电、气、热力合同纠纷。

(5)银行卡纠纷。

(6)劳动关系清楚,仅在劳动报酬、工伤医疗费、经济补偿金,或者赔偿金给付数额、时间、方式上存在争议的劳动合同纠纷。

(7)劳务关系清楚,仅在劳务报酬给付数额、时间、方式上存在争议的劳务合同纠纷。

(8)物业、电信等服务合同纠纷。

(9)其他金钱给付纠纷。

(二)不适用小额诉讼程序的案件

(1)人身关系、财产确权纠纷。

(2)涉外民事纠纷。

(3)知识产权纠纷。

(4)需要评估、鉴定或者对诉前评估、鉴定结果有异议的纠纷。

(5)其他不适宜适用一审终审的纠纷。

(三)海事、海商案件的适用

海事法院可以审理海事、海商小额诉讼案件,案件标的额应当以实际受理案件的海事法院或者其派出法庭所在的省、自治区、直辖市上年度就业人员年平均工资的30%为限。

【注意】

(1)小额诉讼程序的适用是法院依职权适用,无需当事人选择或者申请。

(2)小额诉讼程序实行一审终审制。

二、特殊规定

(一)法院的告知义务

法院应当向当事人告知小额诉讼案件的审判组织、一审终审、审理期限、诉讼费用交纳标准等相关事项。

(二)当事人对小额诉讼程序适用的异议

当事人对小额诉讼程序的适用有异议的,应当在开庭前提出。

人民法院经审查,异议成立的,适用简易程序的其他规定审理;异议不成立的,告知当事人,并记入笔录。

(三)期间的特别规定

小额诉讼案件的举证期限由人民法院确定,也可以由双方协商一致并经人民法院准许,但一般不超过7日。

被告要求书面答辩的,人民法院可以在征得其同意的基础上合理确定答辩期间,但最长不得超过15日。

(四)管辖权异议

当事人对小额诉讼案件提出管辖异议的,人民法院应当作出裁定,裁定一经作出即生效。当事人对小额诉讼管辖权异议的裁定不得提出上诉。

(五)程序转换

因当事人申请增加或者变更诉讼请求、提出反诉、追加当事人等,致使案件不符合小额诉讼案件条件的,应当适用简易程序的其他规定审理。

上述案件,应当适用普通程序审理的,裁定转为普通程序。适用简易程序的其他规定或者普通程序审理前,双方当事人已确认的事实,可以不再进行举证、质证。

(六)裁判文书的简化

小额诉讼案件的裁判文书可以简化,主要记载当事人基本信息、诉讼请求、裁判主文等内容。

第十五章 第二审程序

第一节 上诉的提起与受理

一、上诉的提起

(一)有法定的上诉对象

1. 允许上诉的判决

(1)地方各级人民法院适用普通程序以及基层人民法院和其派出法庭适用简易程序审理后作出的判决。

(2)发回重审的判决。

(3)按照一审程序再审后作出的判决。

2. 允许上诉的裁定

(1)管辖权异议裁定。

(2)移送管辖的裁定。

(3)管辖权转移的裁定。

(4)不予受理裁定、驳回起诉裁定。

(二)有合法的上诉人与被上诉人

上诉人与被上诉人必须是参加第一审程序的当事人。

(1)双方当事人和第三人均上诉的,均为上诉人。

(2)必要共同诉讼人中的一人或者部分人提出上诉的,按照下列情况处理:

①该上诉是对与对方当事人之间权利与义务分担有意见,不涉及其他共同诉讼人利益的,对方当事人为被上诉人,未上诉的同一方当事人依原审诉讼地位列明。

②该上诉仅对共同诉讼人之间权利与义务分担有意见,不涉及对方当事人利益的,未上诉的同一方当事人为被上诉人,对方当事人依原审诉讼地位列明。

③该上诉对双方当事人之间以及共同诉讼人之间权利与义务分担有意见,未提出上诉的其他当事人均为被上诉人。

【注意】原告、被告和有独立请求权的第三人有权上诉;无独立请求权的第三人被一审判决承担民事责任的,有权上诉。

(三)在法定期间提起上诉

对一审判决的上诉期限为15日,对一审裁定的上诉期限为10日。

(四)必须提交上诉状

一审宣判时或者判决书、裁定书送达时,当事人口头表示上诉的,人民法院应告知其必须在法定上诉期间内递交上诉状。

二、上诉的受理

上诉状原则上应当通过原审法院提出,也可以直接向第二审人民法院提出。通过原审法院上诉的,原审法院应当在5日内将上诉状副本送达给对方当事人,对方当事人在收到之日起15日内提出答辩状,人民法院应当在收到答辩状之日起5日内将答辩状副本送达上诉人。原审法院收到上诉状、答辩状后,应当在5日内连同全部案卷和证据,报送第二审人民法院。

当事人直接向第二审人民法院上诉的,第二审人民法院应当在5日内将上诉状移交原审人民法院,再按照上述程序进行。

第二节 上诉案件的审理

一、范围

第二审人民法院应当对上诉请求的有

关事实和适用法律进行审查。当事人没有提出请求的,不予审查。但一审判决违反法律禁止性规定,或者损害国家利益、社会公共利益、他人合法权益的除外。

二、审理方式

(一)开庭审理为原则

第二审人民法院对上诉案件,应当组成合议庭,开庭审理。开庭审理既可以在本院进行,也可以到案件发生地或原审人民法院所在地进行。

(二)不开庭审理为例外

1. 要求

第二审人民法院经过阅卷、调查和询问当事人,对没有提出新的事实、证据或者理由,合议庭认为不需要开庭审理的,也可以不开庭审理。

2. 范围

有下列情况的上诉案件,第二审人民法院可以不开庭审理:

(1)不服不予受理、管辖权异议和驳回起诉裁定的。

(2)当事人提出的上诉请求明显不能成立的。

(3)原判决、裁定认定事实清楚,但适用法律错误的。

(4)原判决严重违反法定程序,需要发回重审的。

三、上诉案件的调解

(一)调解成功的处理

第二审人民法院审理上诉案件时,可以根据当事人自愿原则进行调解,调解成功的,应当制作调解书。

【注意】调解书送达当事人后,一审判决即视为撤销,调解书中不写"撤销原判"。

(二)特殊调解的适用

(1)对当事人在一审中已经提出的诉讼请求,原审人民法院未作审理、判决的,第二审人民法院可以根据当事人自愿的原则进行调解,调解不成的,发回重审。

(2)必须参加诉讼的当事人或者有独立请求权的第三人在一审中未参加诉讼,第二审人民法院可以根据当事人自愿的原则予以调解,调解不成的,发回重审。

(3)在第二审程序中,原审原告增加独立的诉讼请求或原审被告提出反诉的,第二审人民法院可以根据当事人自愿的原则就新增加的诉讼请求或反诉进行调解,调解不成的,告知当事人另行起诉。双方当事人同意由第二审人民法院一并审理的,第二审人民法院可以一并裁判。

(4)一审判决不准离婚的案件,上诉后,第二审人民法院认为应当判决离婚的,可以根据当事人自愿的原则,与子女抚养、财产问题一并调解,调解不成的,发回重审。双方当事人同意由第二审人民法院一并审理的,第二审人民法院可以一并裁判。

四、二审程序中的撤诉

(一)上诉人撤回上诉

(1)在上诉期内,上诉人撤回上诉后,不得再次上诉;但判决是否生效需取决于其他当事人在上诉期内是否上诉。

(2)在上诉期内,所有有权上诉的当事人均提起上诉后,均撤回上诉,法院裁定准许最后一个当事人撤回上诉时,一审裁判生效。

(3)在二审审理过程中,判决宣告前,上诉人撤回上诉,法院裁定准许后,一审裁判即生效。

(二)原审原告撤回起诉

在第二审程序中,原审原告申请撤回起诉,经其他当事人同意,且不损害国家利益、社会公共利益、他人合法权益的,人民法院可以准许。准许撤诉的,应当一并裁定撤销一审裁判。

【注意】原审原告在第二审程序中撤回起诉后重复起诉的,人民法院不予受理。

第三节 上诉案件的裁判

一、第二审人民法院对上诉案件的处理

(一)对第一审判决提起上诉案件的裁判

1. 判决驳回上诉,维持原判

第二审人民法院认为原判决认定事实清楚,适用法律正确的,以判决方式驳回上诉,维持原判决。原判决认定事实或者适用法律虽有瑕疵,但判决结果正确的,第二审人民法院可以在判决中纠正瑕疵后,予以维持。

2. 依法改判

(1)第二审人民法院认为原判决认定事实错误或者适用法律错误的,以判决方式依法改判。

(2)第二审人民法院认为原判决认定基本事实不清的,可以查清事实后改判。

3. 裁定撤销原判,发回重审

(1)第二审人民法院认为原判决认定基本事实不清的,裁定撤销原判决,发回原审人民法院重审。

(2)第二审人民法院认为原判决遗漏当事人或者违法缺席判决等严重违反法定程序的,裁定撤销原判决,发回原审人民法院重审。

"严重违反法定程序"包括:审判组织的组成不合法的;应当回避的审判人员未回避的;无民事行为能力人未经法定代理人代为诉讼的;违法剥夺当事人辩论权利的。

4. 裁定撤销原判,移送管辖

人民法院依照第二审程序审理的案件,认为第一审人民法院受理案件违反专属管辖规定的,应当裁定撤销原判决并移送有管辖权的人民法院审理。

5. 裁定撤销原判,驳回起诉

人民法院依照第二审程序审理的案件,认为依法不应由人民法院受理的,可以由第二审人民法院直接裁定撤销原判决,驳回起诉。

(二)对第一审裁定提起上诉案件的裁定

1. 裁定驳回上诉,维持原裁定

第二审人民法院认为原裁定认定事实清楚,适用法律正确的,以裁定方式驳回上诉,维持原裁定。

2. 裁定撤销或者变更

第二审人民法院认为原裁定认定事实错误或者适用法律错误的,以裁定方式撤销或者变更。

二、第二审裁判的效力

(1)当事人不得再行上诉。

(2)当事人不得就同一诉讼标的,以同一事实和理由再行起诉。

(3)具有给付内容的生效裁判,具有强制执行的法律效力。

三、第二审程序的审理期限

第二审法院审理不服判决的上诉案件,应当在第二审法院立案之日起3个月内审结。有特殊情况需要延长的,报请本院院长批准。第二审法院审理不服裁定的上诉案件,应当在第二审法院立案之日起30日内作出终审裁定,有特殊情况需要延长审限的,由本院院长批准。

第十六章 特别程序

第一节 特别程序概述

一、概念和特点

特别程序,指人民法院审理几类非民事权益争议案件所适用的不同程序的概称。

特别程序具有以下特点:
(1)启动特别程序的当事人比较特殊。
(2)审判组织特殊。除审理选民资格案件或者重大、疑难案件由审判员组成合议庭外,其他案件的审理,由独任制审判庭进行审理。
(3)实行一审终审制度,并且不适用审判监督制度。
(4)免交诉讼费用。
(5)审理期限较短。

二、适用范围

(一)适用特别程序的法院

基层人民法院可以适用特别程序。

(二)适用特别程序的案件

(1)选民资格案件。
(2)宣告公民失踪、宣告公民死亡案件。
(3)认定公民无民事行为能力、限制民事行为能力案件。
(4)认定财产无主案件。
(5)确认民事调解协议案件。
(6)实现担保物权案件。

第二节 选民资格案件的审理

一、起诉

(一)申诉处理前置

任何人对选举委员会公布的选民资格名单有意见时,必须先向选举委员会申诉,选举委员会对该申诉进行处理后,如果仍然有人有意见,才能向选举委员会所在地基层人民法院起诉。

(二)起诉时间

起诉人应当在选举日5日前提起诉讼。

二、管辖法院

起诉人应当向该选区所在地的基层人民法院起诉。

三、审理与判决

人民法院受理选民资格案件后,应当由审判员组成合议庭,开庭进行审理,在开庭之前,应当及时通知起诉人、选举委员会的代表以及有关公民参加。

人民法院必须在选举日前审结,并且在选举日前将判决送达选举委员会和起诉人,并通知有关公民。该判决为终审判决,当事人不得上诉。

第三节 宣告公民失踪案件的审理

一、宣告公民失踪的条件

(1)须有该公民下落不明满2年的事实。
(2)须由该公民的利害关系人向下落不明人住所地基层人民法院提出申请。
(3)该申请需要采取书面形式,写明该公民失踪的事实。

二、管辖法院

宣告公民失踪案件由下落不明的公民

的住所地基层人民法院管辖。

三、审理和判决

（一）发出公告

人民法院受理宣告公民失踪案件后，应当发出寻找下落不明人的公告，公告期为3个月。公告期届满，人民法院即可以根据公告期内的情况，作出判决宣告该公民为失踪人或者于查明该公民确切下落与信息时，作出判决驳回申请。

（二）指定失踪人的财产代管人

人民法院在判决宣告公民失踪的同时，应当指定失踪人的财产代管人。失踪人的财产由其配偶、成年子女、父母或者其他愿意担任财产代管人的人代管。代管有争议，没有前述人员，或者前述人员无代管能力的，由人民法院指定的人代管。

（三）财产代管人的变更

（1）失踪人的财产代管人经人民法院指定后，代管人申请变更代管人的，比照《民事诉讼法》特别程序的有关规定进行审理。申请理由成立的，裁定撤销申请人的代管人身份，同时另行指定财产代管人；申请理由不成立的，裁定驳回申请。

（2）财产代管人不履行代管职责、侵害失踪人财产权益或者丧失代管能力的，失踪人的利害关系人可以向人民法院申请变更财产代管人，人民法院应当告知其以原指定的代管人为被告起诉，并按普通程序进行审理。

四、宣告失踪判决的撤销

失踪人重新出现后，该公民本人或者他的利害关系人有权作出失踪宣告判决的法院提出申请，请求撤销原判决。法院审查属实后，应当作出新判决，撤销原判决。原判决撤销后，财产代管人应对其代管的财产进行清理，并将该代管财产返还给失踪人。

第四节　宣告公民死亡案件的审理

一、宣告公民死亡的条件

（1）须有该公民下落不明满法定期间的事实，即该公民下落不明满4年，或者因意外事故下落不明满2年，或者因意外事故下落不明，经有关机关证明该公民不可能生存的，此时，不受公民下落不明满2年或者4年的限制。

（2）须由该公民的利害关系人向下落不明人住所地基层人民法院提出申请。

（3）该申请需要采取书面形式，写明该公民失踪的事实。

二、管辖法院

申请人必须向下落不明人住所地的基层人民法院提出申请。

三、审理与判决

人民法院受理宣告公民死亡案件后，应当发出寻找下落不明人的公告。对于因意外事故下落不明，经有关机关证明不可能生存的，公告期为3个月，其他情况下公告期为1年。公告期届满，人民法院即可以根据公告期内的情况，作出判决宣告该公民死亡，或者于查明该公民确切下落与信息时，作出判决驳回申请。

四、法律后果

（1）被宣告死亡的人，人民法院宣告死亡的判决作出之日视为其死亡的日期；因意外事件下落不明宣告死亡的，意外事件发生之日视为其死亡的日期。

（2）宣告公民死亡产生与公民自然死亡完全相同的法律后果。包括：

①婚姻关系自然解除。

②个人的合法财产变为遗产，发生继承关系。

③夫妻的另一方可以送养子女给他人。

(3)宣告死亡结束了该公民以自己的住所或经常居住地为活动中心所发生的民事法律关系。但是,如果该公民在异地生存,他仍然具有民事权利能力,他所实施的民事法律行为仍然有效。

五、宣告死亡判决的撤销

如果被宣告死亡的公民重新出现,该公民本人或者利害关系人有权向作出死亡宣告判决的法院提出申请,请求撤销原判决。法院审查属实后,应当撤销死亡宣告。

人民法院撤销宣告死亡的判决后,该公民的人身关系财产关系处理如下:

(一)婚姻关系的处理

被宣告死亡的公民与配偶的婚姻关系,自死亡宣告之日起消灭。死亡宣告被人民法院撤销的,婚姻关系自撤销死亡宣告之日起自行恢复,但是其配偶再婚或者向婚姻登记机关书面声明不愿意恢复的除外。

(二)子女关系的处理

被宣告死亡的公民在被宣告死亡期间,其子女被他人依法收养,被宣告死亡的公民在死亡宣告被撤销后,不得以未经本人同意为由主张收养无效。

(三)财产关系的处理

被宣告死亡公民的财产,如果在宣告死亡期间被他人取得的,在宣告死亡判决被撤销以后,该公民有权请求返还。其中,根据继承法取得财产的民事主体,应当返还财产;无法返还的,应当给予适当补偿。如果利害关系人隐瞒真实情况,致使他人被宣告死亡而取得其财产的,除应返还财产外,还应当对由此造成的损失承担赔偿责任。

第五节 认定公民无民事行为能力或者限制民事行为能力案件的审理

一、申请认定公民无民事行为能力或者限制民事行为能力的条件

(1)须有该公民因患精神病处于精神失常状态的事实。

(2)须由该公民的近亲属或者其他利害关系人,向被认定者住所地的基层人民法院提出申请。

(3)该申请需要采取书面形式。

二、管辖法院

申请认定公民无民事行为能力或者限制民事行为能力,其近亲属或者其他利害关系人应当由该公民住所地的基层人民法院管辖。

三、审理和判决

(一)确定代理人

人民法院审理认定公民无民事行为能力或者限制民事行为能力案件,应当由该公民的近亲属作为代理人,但申请人除外。

近亲属互相推诿的,由人民法院指定其中一人作为代理人。如果该公民健康情况许可的,还应当询问该公民本人的意见。被申请人没有近亲属的,人民法院可以指定其他亲属为代理人。被申请人没有亲属的,人民法院可以指定经被申请人所在单位或者住所地的居民委员会、村民委员会同意,且愿意担任代理人的关系密切的朋友为代理人。没有前述代理人的,由被申请人所在单位或者住所地的居民委员会、村民委员会或者民政部门担任代理人。

代理人可以是一人,也可以是同一顺序中的两人。

(二)鉴定

人民法院审理此类案件,必要时应当对

被请求认定为无民事行为能力或者限制民事行为能力的公民进行鉴定。申请人已提供鉴定结论的,应当对鉴定结论进行审查。

(三)指定监护人

人民法院经过审理,一旦判决认定该公民无民事行为能力或者限制民事行为能力后,就应当为该公民指定一名监护人。被指定的监护人不服指定的,应当在接到通知的次日起30日内向人民法院起诉。经审理,法院认为指定并无不当的,裁定驳回起诉;指定不当的,判决撤销指定,同时另行指定监护人。判决书应送达起诉人、原指定单位及判决指定的监护人。

四、原判决的撤销

法院作出判决后,如果认定公民无民事行为能力或者限制民事行为能力的原因消失,人民法院根据被认定公民或者他的监护人的申请,证实该公民无民事行为能力或者限制民事行为能力的原因已经消除的,应当作出新判决,撤销原判决。

第六节 认定财产无主案件的审理

一、申请认定财产无主的条件

(1)被认定的无主财产以有形财产为限。

(2)有形财产处于所有人不明或者失去所有人状态。

(3)申请人向无主财产所在地基层人民法院提出书面申请。

二、管辖法院

申请认定财产无主,公民、法人或者其他组织应当向财产所在地的基层人民法院提出。

三、审理与判决

人民法院接受申请后,进行审查,认为申请不符合条件,或者财产所有人明确的,裁定驳回申请;申请符合条件的,立案受理。受理认定财产无主案件后,应当发布财产认领公告,公告期是1年。如果在公告期内有人认领财产,人民法院应当裁定终结认定财产案件的审理程序;如果无人认领财产,则判决认定该财产为无主财产,收归集体或者国家所有。

四、对财产原所有权人权利的救济

判决认定财产无主后,原财产所有人或者其继承人出现,在《民法总则》规定的诉讼时效内可以对财产提出请求,人民法院审查属实后,应当作出新判决,撤销原判决。

第七节 确认调解协议案件的审理

一、申请确认调解协议的条件

(1)由双方当事人共同以书面或者口头方式提出申请。

(2)依照《人民调解法》等法律提出申请。

(3)应当自调解协议生效之日起30日内提出。

(4)向有管辖权的人民法院提出申请。

二、管辖法院

申请司法确认调解协议,双方当事人应当共同向调解组织所在地基层人民法院提出。

三、受理

人民法院收到当事人申请后,应当在3日内决定是否受理。

有下列情形的,人民法院裁定不予受理,驳回当事人的申请:

(1)不属于人民法院受理范围的。

(2)不属于收到申请的人民法院管辖的。

(3)申请确认婚姻关系、亲子关系、收养关系等身份关系无效、有效或者解除的。

(4)涉及适用其他特别程序、公示催告程序、破产程序审理的。

(5)调解协议内容涉及物权、知识产权确权的。

四、审理与处理

(一)裁定调解协议有效

人民法院受理申请后,经审查,符合法律规定的,裁定调解协议有效,一方当事人拒绝履行或者未全部履行的,对方当事人可以向人民法院申请执行。

(二)裁定驳回申请

人民法院受理申请后,经审查,不符合法律规定的,裁定驳回申请,当事人可以通过调解方式变更原调解协议或者达成新的调解协议,也可以向人民法院提起诉讼。

调解协议有下列情形之一的,人民法院应当裁定驳回申请:

(1)违反法律强制性规定的。

(2)损害国家利益、社会公共利益、他人合法权益的。

(3)违背公序良俗的。

(4)违反自愿原则的。

(5)内容不明确的。

(6)其他不能进行司法确认的情形。

五、裁定后的救济

当事人有异议的,应当自收到裁定之日起15日内提出;利害关系人有异议的,自知道或者应当知道其民事权益受到侵害之日起6个月内提出。

第八节 实现担保物权案件的审理

一、申请实现担保物权的条件

(1)由法定主体提出申请。

①担保物权人,即抵押权人、质权人和留置权人。

②其他有权请求实现担保物权的人,即抵押人、出质人和财产被留置的债务人或者所有权人。

(2)依照《物权法》等法律提出申请。

(3)向有管辖权的人民法院提出申请。

二、管辖法院

(1)申请实现担保物权案件,申请人应当向担保财产所在地或者担保物权登记地的基层人民法院提出申请。

(2)实现票据、仓单、提单等有权利凭证的权利质权案件,可以由权利凭证持有人住所地人民法院管辖;无权利凭证的权利质权,由出质登记地人民法院管辖。

(3)实现担保物权案件属于海事法院等专门人民法院管辖的,由专门人民法院管辖。

三、受理

(1)同一债权的担保物有多个且所在地不同,申请人分别向有管辖权的人民法院申请实现担保物权的,人民法院应当依法受理。

(2)被担保的债权既有物的担保又有人的担保,当事人对实现担保物权的顺序有约定,实现担保物权的申请违反该约定的,人民法院裁定不予受理;没有约定或者约定不明的,人民法院应当受理。

(3)同一财产上设立多个担保物权,登记在先的担保物权尚未实现的,不影响后顺位的担保物权人向人民法院申请实现担保物权。

四、审理和裁定

(一)审理

1.审理组织

实现担保物权案件可以由审判员一人独任审查。担保财产标的额超过基层人民法院管辖范围的,应当组成合议庭进行审查。

2. 审查内容

人民法院应当就主合同的效力、期限、履行情况,担保物权是否有效设立、担保财产的范围、被担保的债权范围、被担保的债权是否已届清偿期等担保物权实现的条件,以及是否损害他人合法权益等内容进行审查。被申请人或者利害关系人提出异议的,人民法院应当一并审查。

3. 保全

申请人对担保财产提出保全申请的,可以按照《民事诉讼法》关于诉讼保全的规定办理。

(二) 裁定

(1) 当事人对实现担保物权无实质性争议且实现担保物权条件成就的,人民法院裁定准许拍卖、变卖担保财产。

(2) 当事人对实现担保物权有部分实质性争议的,人民法院可以就无争议部分裁定准许拍卖、变卖担保财产。

(3) 当事人对实现担保物权有实质性争议的,人民法院裁定驳回申请,并告知申请人向人民法院提起诉讼。当事人可以依据准许拍卖、变卖担保财产的裁定向人民法院申请执行。

第十七章　审判监督程序

第一节　审判监督程序概述

一、概念

审判监督程序是指人民法院对已经发生法律效力的法律文书再行审理时所适用的程序。

二、与第一审程序、第二审程序的区别

表 18-9　审判监督程序与第一审程序、第二审程序的区别

比较内容	一审程序	二审程序	审判监督程序
程序性质	正常性审判程序	正常性审判程序	非正常性纠错程序
审理法院	基于级别管辖取得管辖权的各级法院	一审法院的上一级法院	原审法院、上级法院以及最高人民法院
审理对象	当事人之间的争议	一审未生效裁判	已生效的法律文书
审理范围	当事人的诉讼请求	当事人上诉请求的有关事实与法律适用,法律特殊规定除外	当事人再审请求的范围,法律特殊规定除外
程序的启动	基于当事人的起诉权	基于当事人的上诉权	基于法院审判监督权、检察院法律监督权以及当事人的再审申请权

(续表)

比较内容	一审程序	二审程序	审判监督程序
遵守的时间	诉讼时效	上诉期	除当事人申请再审受6个月限制外,其他无时间限制
适用的程序	适用普通程序或者简易程序	适用二审程序	对于一审案件的再审,适用普通程序;对于二审案件的再审或上级法院提审案件,适用二审程序
裁判效力	法定上诉期内不生效	生效	适用第一审普通程序作出的裁判,法定上诉期内不生效;适用第二审程序作出的裁判是生效裁判

第二节 基于审判监督权提起再审

一、院长提交审判委员会再审

各级人民法院院长对本院已经发生法律效力的判决、裁定、调解书,发现确有错误,认为需要再审的,应当提交审判委员会讨论决定。

二、上级人民法院和最高人民法院提审或者指令再审

最高人民法院对地方各级人民法院已经发生法律效力的判决、裁定、调解书,上级人民法院对下级人民法院已经发生法律效力的判决、裁定、调解书,发现确有错误的,有权提审或者指令下级人民法院再审。

表 18-10 重审、提审与再审的比较

概念	审理法院	适用程序	文书效力	当事人权利
重审	原一审法院	一审普通程序	未生效	可以上诉
提审	上级人民法院或者最高人民法院	二审程序	生效	不得上诉
再审(自行再审与指令再审)	生效文书作出法院	一审案件:一审普通程序 二审案件:二审程序	未生效 生效	可以上诉 不得上诉

第三节 基于检察监督权的抗诉提起再审

一、人民检察院监督民事诉讼的三种方式

(1)人民检察院可以对具有法定情形的生效判决、裁定、调解书依法提出抗诉。

(2)人民检察院可以对具有法定情形的生效判决、裁定、调解书依法提出再审检察建议。

(3)各级人民检察院对审判监督程序以外的其他审判程序中审判人员的违法行为,有权向同级人民法院提出检察建议。

二、人民检察院提出抗诉或者再审检察建议的条件

（一）主体

（1）最高人民检察院对各级人民法院具有法定情形的生效判决、裁定、调解书有权提出抗诉。

（2）上级人民检察院对下级人民法院具有法定情形的生效判决、裁定、调解书有权提出抗诉。

（3）地方人民检察院对同级人民法院具有法定情形的生效判决、裁定、调解书无权提出抗诉，应当提请上级人民检察院向同级人民法院提出抗诉；或者向同级人民法院提出再审检察建议，但是需报上级检察院备案。

（二）客体

（1）人民法院已经生效的判决、裁定、调解书。

（2）对适用特别程序、督促程序、公示催告程序、破产程序，以及解除婚姻关系的判决、裁定等不适用审判监督程序的判决、裁定，人民检察院不得提出抗诉或者再审检察建议。

（三）法定情形

1.针对生效判决、裁定的法定情形

（1）有新的证据，足以推翻原判决、裁定的。

（2）原判决、裁定认定的基本事实缺乏证据证明的。

（3）原判决、裁定认定事实的主要证据是伪造的。

（4）原判决、裁定认定事实的主要证据未经质证的。当事人对原判决、裁定认定事实的主要证据在原审中拒绝发表质证意见或者质证中未对证据发表质证意见的，不属于该项规定的未经质证的情形。

（5）对审理案件需要的主要证据，当事人因客观原因不能自行收集，书面申请人民法院调查收集，人民法院未调查收集的。

（6）原判决、裁定适用法律确有错误的，包括：①适用的法律与案件性质明显不符；②确定民事责任明显违背当事人约定或者法律规定的；③适用已经失效或者尚未施行的法律的；④违反法律溯及力规定的；⑤违反法律适用规则的；⑥明显违背立法原意的。

（7）审判组织的组成不合法或者依法应当回避的审判人员没有回避的。

（8）无诉讼行为能力人未经法定代理人代为诉讼，或者应当参加诉讼的当事人因不能归责于本人或者其诉讼代理人的事由，未参加诉讼的。

（9）违反法律规定，剥夺当事人辩论权利的，包括：①不允许当事人发表辩论意见的；②应当开庭审理而未开庭审理的；③违反法律规定送达起诉状副本或者上诉状副本，致使当事人无法行使辩论权利的；④违法剥夺当事人辩论权利的其他情形。

（10）未经传票传唤，缺席判决的。

（11）原判决、裁定遗漏或者超出诉讼请求的。

（12）据以作出原判决、裁定的法律文书被撤销或者变更的，其中，法律文书包括：①判决书、裁定书、调解书；②仲裁裁决书；③具有强制执行效力的公证债权文书。

（13）审判人员审理该案件时有贪污受贿、徇私舞弊、枉法裁判行为。该行为须是已经被相关刑事法律文书或者纪律处分决定确认的。

2.针对生效调解书的法定情形

调解书损害国家利益、社会公共利益的。

三、当事人申请检察建议或者抗诉的情形

（1）人民法院驳回再审申请的。

（2）人民法院逾期未对再审申请作出裁定的。

(3)再审判决、裁定有明显错误的。

人民检察院对当事人的申请应当在3个月内进行审查,作出提出或者不予提出检察建议或者抗诉的决定。当事人不得再次向人民检察院申请检察建议或者抗诉。

【注意】

①当事人申请再审是申请检察院抗诉或者再审检察建议的前置程序。

②当事人在申请检察院抗诉或者再审检察建议中选择其一。

四、人民法院对人民检察院提出抗诉或者再审检察建议的处理

(一)对抗诉的处理

接受抗诉的人民法院应当自收到抗诉书之日起30日内作出再审的裁定;有《民事诉讼法》第200条前五项情形之一的,可以交下一级人民法院再审,但经该下一级人民法院再审的除外。人民检察院提出抗诉的案件,人民法院应当再审。再审时应当通知人民检察院派员出席法庭。

【注意】

(1)人民检察院提出抗诉的案件,接受抗诉的人民法院不得审查抗诉理由是否成立。

(2)抗诉的审理。

①证据有问题的情形:

A.由上级法院提审:适用第二审程序再审。

B.指令原审法院再审:原来是一审案件的,适用第一审普通程序再审;原来是二审案件的,适用第二审程序再审。

②其他情形:上级法院提审:适用第二审程序再审。

(3)经下级法院再审的,不得指令再审。

(二)对再审检察建议的处理

人民法院收到再审检察建议后,应当组成合议庭,在3个月内进行审查,发现原判决、裁定、调解书确有错误,需要再审的,依照《民事诉讼法》第198条规定裁定再审,并通知当事人;经审查,决定不予再审的,应当书面回复人民检察院。

第四节 基于诉权的申请再审

一、当事人申请再审的条件

(一)主体

申请再审的主体是当事人。

【注意】

(1)当事人死亡或终止后,其权利义务的承继者有权申请再审。

(2)当事人将判决、调解书确认的债权转让,债权受让人不得申请再审。

(二)对象

申请再审的对象是确有错误的生效判决、裁定与调解书。

(三)期限

(1)当事人申请再审必须在判决、裁定发生法律效力后6个月内提出。

(2)有《民事诉讼法》第200条第(一)项(有新的证据,足以推翻原判决、裁定的)、第(三)项(原判决、裁定认定事实的主要证据是伪造的)、第(十二)项(据以作出原判决、裁定的法律文书被撤销或者变更)、第(十三)项(审判人员在审理该案件时有贪污受贿,徇私舞弊,枉法裁判行为的)规定情形的,当事人申请再审,自知道或者应当知道之日起6个月内提出。

(四)必须符合法定理由

当事人申请再审,针对判决、裁定申请再审的情形同抗诉,针对调解书的情形是违反自愿原则或内容违法。

(五)管辖

当事人可以向上一级人民法院申请再审。

【注意】

(1)当事人一方人数众多或者双方当事人为公民的案件,也可以向原审人民法院申请再审。当事人分别向原审人民法院和上级人民法院申请再审且不能协商一致的,由原审人民法院受理。

(2)当事人申请再审的,不停止判决、裁定的执行。

二、人民法院对当事人申请再审案件的审理

当事人申请再审案件,由中级人民法院以上的人民法院审理,但当事人依法选择向基层人民法院申请再审的除外。最高人民法院、高级人民法院裁定再审的案件,由本院再审或者交由其他人民法院再审,也可以交原审人民法院再审。

第五节 再审案件的审判程序

一、裁定中止原生效文书的执行

人民法院决定再审的,裁定中止原生效判决、裁定、调解书的执行。

【注意】追索赡养费、扶养费、抚育费、抚恤金、医疗费用、劳动报酬等案件,可以不中止执行。

二、另行组成合议庭

人民法院审理再审案件时,一律实行合议制。

三、分别适用第一审程序或者第二审程序进行再审

(1)生效判决、裁定是由第一审法院作出的,按照第一审程序审理,所作的判决、裁定,当事人可以上诉。

(2)生效判决、裁定是由第二审法院作出的,按照第二审程序审理,所作的判决、裁定,是发生法律效力的判决、裁定。

(3)上级人民法院按照审判监督程序提审的,按照第二审程序审理,所作的判决、裁定是发生法律效力的判决、裁定。

四、审理范围

(1)人民法院审理再审案件应当围绕再审请求进行。但是,生效判决、裁定损害国家利益、社会公共利益、他人合法权益的,应当一并审理。

(2)当事人的再审请求超出原审范围的,不予审理;符合另案诉讼条件的,告知当事人可以另行起诉。

(3)被申请人及原审其他当事人在庭审辩论结束前提出的再审请求,符合规定的,人民法院应当一并审理。

五、审理方式

合议庭审理再审案件以开庭审理为原则,不开庭审理为例外。即按照第二审程序审理,有特殊情况或者双方当事人已经通过其他方式充分表达意见,且书面同意不开庭审理的除外。

六、调解

按照审判监督程序决定再审或者提审的案件,经调解达成协议的,调解书送达后,原判决、裁定即视为撤销。

七、再审案件的处理

(一)对判决、裁定再审的处理

1. 驳回起诉

按照第二审程序再审的案件,人民法院经审理认为不符合《民事诉讼法》规定的起诉条件或者符合《民事诉讼法》规定的不予受理情形的,应当裁定撤销一、二审判决,驳回起诉。

2. 维持原判决、裁定

人民法院经再审审理认为,原判决、裁定认定事实清楚、适用法律正确的,应予维持;原判决、裁定在认定事实、适用法律、阐

述理由方面虽有瑕疵,但裁判结果正确的,人民法院应在再审判决、裁定中纠正上述瑕疵后予以维持。

3. 依法改判、撤销或者变更

人民法院经再审审理认为,原判决、裁定认定事实、适用法律错误,导致裁判结果错误的,应当依法改判、撤销或者变更。

4. 裁定撤销原判决,发回重审

(1)人民法院按照第二审程序审理再审案件,发现原判决认定基本事实不清的,一般应当通过庭审认定事实后依法作出判决。但原审人民法院未对基本事实进行过审理的,可以裁定撤销原判决,发回重审。

(2)人民法院按照第二审程序审理再审案件,发现第一审人民法院有下列严重违反法定程序情形之一的,可以依法裁定撤销原判决,发回第一审人民法院重审:

①原判决遗漏必须参加诉讼的当事人的。

②无诉讼行为能力人未经法定代理人代为诉讼,或者应当参加诉讼的当事人,因不能归责于本人或者其诉讼代理人的事由,未参加诉讼的。

③未经合法传唤缺席判决,或者违反法律规定剥夺当事人辩论权利的。

④审判组织的组成不合法或者依法应当回避的审判人员没有回避的。

⑤原判决、裁定遗漏诉讼请求的。

(二)对一审原告撤回起诉的处理

一审原告在再审审理程序中申请撤回起诉,经其他当事人同意,且不损害国家利益、社会公共利益、他人合法权益的,人民法院可以准许。裁定准许撤诉的,应当一并撤销原判决。

【注意】一审原告在再审审理程序中撤回起诉后重复起诉的,人民法院不予受理。

八、对小额诉讼判决申请再审

(1)管辖法院:向原审人民法院申请再审。

(2)再审组成合议庭进行审理。

(3)处理:①以小额诉讼案件的判决、裁定具有再审事由申请再审,作出的判决、裁定,当事人不得上诉;②以不应按小额诉讼案件审理为由申请再审,作出的判决、裁定,当事人可以上诉。

九、案外人申请再审

(一)对必须共同进行诉讼的当事人申请再审的处理(《民事诉讼法司法解释》第422条)

(1)申请事由:因不能归责于本人或者其诉讼代理人的事由未参加诉讼的。

(2)法定期间:可以自知道或者应当知道之日起6个月内申请再审。

(3)处理:按照第一审程序再审的,应当追加其为当事人,作出新的判决、裁定;按照第二审程序再审,经调解不能达成协议的,应当撤销原判决、裁定,发回重审,重审时应追加其为当事人。

(二)案外人不服驳回执行异议裁定申请再审的处理(《民事诉讼法司法解释》第423条)

(1)申请事由:认为原判决、裁定、调解书内容错误,损害其民事权益。

(2)法定期间:可以自执行异议裁定送达之日起6个月内。

(3)法定管辖:向作出原判决、裁定、调解书的人民法院申请再审。

(4)处理:案外人属于必要的共同诉讼当事人的,处理同必要共同诉讼人申请再审的处理。案外人不是必要的共同诉讼当事人的,人民法院仅审理原判决、裁定、调解书对其民事权益造成损害的内容。经审理,再审请求成立的,撤销或者改变原判决、裁定、调解书;再审请求不成立的,维持原判决、裁定、调解书。

第十八章　督促程序

第一节　督促程序概述

一、概念

督促程序,指人民法院根据债权人的申请,向债务人发出支付令,以支付令的方式督促义务人在法定期间向债权人清偿债务的法律程序。

二、特点

(1)适用范围具有特定性,即仅适用于金钱和有价证券的案件。

(2)程序具有非讼性。

(3)审理过程具有简捷性,即无须开庭审理,仅进行书面审查。

(4)适用督促程序审理案件,由审判员一人独任审理,并实行一审终审制度。

第二节　支付令的申请、审查和发出

一、支付令的申请

(一)条件

(1)债权人请求债务人给付的只能是金钱或者有价证券,并且已到期、数额确定。

(2)债权人与债务人之间不存在对待给付。

(3)债务人在我国境内且未下落不明。

(4)支付令必须能够送达债务人。

(5)须向有管辖权的人民法院提出书面申请。

(6)债权人未向人民法院申请诉前保全。

(二)管辖法院

债权人申请支付令,可以向债务人住所地基层人民法院提出。

二、对支付令申请的审查和处理

人民法院接到债权人的支付令申请后,应由审判员一人进行审查。对于符合条件的,应在5日内受理,并通知债权人;对于不符合条件的,则通知驳回债权人的申请。

人民法院受理支付令申请后,在15日内审查是否发出支付令。对于符合发出支付令条件的,应当向债务人发出支付令;对于不符合条件的,则应当裁定驳回债权人的申请。

三、支付令的发出及法律效力

人民法院在受理申请之日起15日内向债务人发送支付令的,应当送达债务人。

支付令制作发出后,即产生督促效力,督促债务人履行义务或者督促债务人提出书面异议;如果债务人在收到支付令后15日内不提出异议,则支付令产生强制执行力。

第三节　对支付令的异议

一、支付令异议的判断

支付令异议也称作债务人异议,指债务人对支付令所确定的实体义务本身提出的不同意见和主张,具有如下特征。

(1) 应当在 15 日内以书面形式提出。

(2) 债务人针对债务是否存在以及债务数额的大小提出的不同主张,构成债务人异议。

(3) 债务人针对履行能力的有无提出的不同主张,不能构成债务人异议。

(4) 债权人基于同一债权债务关系,在同一支付令申请中向债务人提出多项支付请求,债务人仅就其中一项或者几项请求提出异议的,不影响其他各项请求的效力。

(5) 债权人基于同一债权债务关系,就可分之债向多个债务人提出支付请求,多个债务人中的一人或者几人提出异议的,不影响其他请求的效力。

(6) 对设有担保的债务的主债务人发出的支付令,对担保人没有拘束力。债权人就担保关系单独提起诉讼的,支付令自人民法院受理案件之日起失效。

(7) 债务人向人民法院起诉能否构成债务人异议,其关键在于债务人向哪一个法院起诉。

二、债务人异议成立的法律后果

人民法院收到债务人提出的书面异议后,经审查,异议成立的,则产生以下法律后果:

(1) 裁定终结督促程序。

(2) 支付令自行失效,转入诉讼程序,但申请支付令的一方当事人不同意提起诉讼的除外。申请支付令的一方当事人不同意提起诉讼的,应当自收到终结督促程序裁定之日起 7 日内向受理申请的人民法院提出,但是不影响其向有管辖权的人民法院提起诉讼。

三、支付令错误的救济

人民法院院长发现本院已经发生法律效力的支付令确有错误,认为需要撤销的,应当提交本院审判委员会讨论决定后,裁定撤销支付令,驳回债权人的申请。

第十九章 公示催告程序

第一节 公示催告程序概述

一、概念

公示催告程序,指人民法院根据当事人的申请,以公告的方式催告利害关系人在一定期间内申报权利,如果无人申报或者申报被驳回,则根据申请人的申请依法作出无效判决的程序。

二、特点

(1) 适用范围具有特定性。公示催告程序适用于按照规定可以背书转让的票据和依照法律规定可以申请公示催告的其他事项。

(2) 程序具有非讼性。

(3) 审理程序具有简捷性。适用公示催告程序审理案件,无须开庭审理,只要发出公示催告公告,即可以根据公告期内的情况作出相应的处理。

(4)实行一审终审制度。

第二节 公示催告申请的提起和受理

一、申请

(1)公示催告的申请人应当是可以背书转让的票据或者其他事项被盗、遗失或者灭失前的最后持有人。

(2)公示催告程序只能适用于可以背书转让的票据以及法律规定允许公示催告的其他事项。

(3)申请人应向票据支付地基层人民法院提出书面申请。

二、受理

人民法院接到公示催告申请后,应当对该申请进行审查。经过审查,认为符合条件的,应当受理,并通知申请人;认为不符合条件的,应当在7日内裁定驳回申请。

第三节 公示催告案件的审理

一、止付与公告

人民法院应当在受理案件的同时,向付款人发出停止支付的通知,并在受理案件的3日内,发出公示催告的公告,公告期不少于60日。

公示催告的公告应当张贴在人民法院的布告栏内,并在有关报纸和宣传媒介上刊登;人民法院所在地有证券交易所的,还要张贴在证券交易所门前。

【注意】公示催告期间转让票据行为无效。

二、申报权利

申报权利,指受公示催告的利害关系人在指定期间内,向人民法院主张票据权利的行为。

在公示催告期间,或者公示催告期间届满后,人民法院尚未作出无效判决之前,利害关系人可以向发出公示催告的人民法院申报权利。申报无理由,人民法院应驳回申报;申报有理由,人民法院则应当裁定终结公示催告程序。

利害关系人申报权利,人民法院应通知其向法院出示票据,并通知公示催告申请人在指定的期间查看该票据。申请公示催告的票据与利害关系人出示的票据不一致的,应当裁定驳回利害关系人的申报。

【注意】对利害关系人申报权利,法院仅作形式审查,而不得对票据归属以及申报理由作实质审查。

三、除权判决

(一)除权判决的作出

除权判决也称为无效判决,指人民法院作出的宣告票据无效的判决。

公示催告期间届满,无人申报权利或者申报被驳回,申请人应当在公示催告期间届满后1个月内申请人民法院作出无效判决,期间届满未申请作出无效判决的,人民法院应当裁定终结公示催告程序。

【注意】除权判决只能由申请人申请法院作出,法院不得依职权作出。

(二)法律效力

(1)申请人申请公示催告的票据或者其他事项无效。

(2)排除了所公示催告的票据或者其他事项上的原有权利。

(3)依据该判决,在持有判决人与付款人之间重新恢复债权债务关系。

四、公示催告程序的终结

除人民法院作出除权判决,公示催告

程序正常终结以外,下列情形可以引起公示催告程序的非正常终结:

（1）在申报权利的期间没有申报权利,或者申报权利被驳回的,公示催告申请人逾期不申请除权判决的,终结公示催告程序。

（2）申请人在公示催告期间申请撤回申请的,人民法院可以径行裁定终结公示催告程序。

（3）利害关系人在公示催告期间向人民法院申报权利的,人民法院应当裁定终结公示催告程序。

（4）利害关系人在申报期间届满后,判决作出之前申报权利的,同样应裁定终结公示催告程序。

五、对利害关系人权利的救济

利害关系人因正当理由不能在判决前向人民法院申报的,自知道或者应当知道判决公告之日起1年内,可以向作出判决的人民法院起诉。

利害关系人请求人民法院撤销除权判决的,应当将申请人列为被告。

利害关系人仅诉请确认其为合法持票人的,人民法院应当在裁判文书中写明,确认利害关系人为票据权利人的判决作出后,除权判决即被撤销。

第二十章 民事裁判

第一节 民事判决

一、种类

（1）根据所解决的诉的性质不同,民事判决可分为给付判决、确认判决和变更判决。

（2）根据解决案件的全部或部分争议,民事判决可分为全部判决和部分判决。

（3）根据双方当事人是否出庭,民事判决可分为对席判决和缺席判决。

（4）根据案件的审理程序,民事判决可分为一审判决、二审判决和再审判决。

（5）根据解决案件的结果,民事判决可分为肯定判决和否定判决。

二、内容

民事判决包含以下内容:

（1）案由、诉讼请求、争议的事实和理由。

（2）判决认定的事实、理由和适用的法律依据。

（3）判决结果和诉讼费用的负担。

（4）上诉期限和上诉法院。

三、法律效力

1. 判决对人的拘束力

判决具有确认某一主体应当为一定行为或者不应当为一定行为的效力。

2. 判决对事的确定力

判决对当事人之间的争议能够从法律上作出定论,当事人不得再争执。

3. 判决的执行力

判决有作为执行根据,从而进行强制执行的效力。

【注意】

（1）原判决就实体问题存在遗漏,可以直接作出补充判决,该补充判决与原判决形成同一份完整的判决。

（2）对于实体错误判决的内容，只能借助于法定程序予以纠正。

（3）对于判决中的文字、计算错误，应作出裁定，补正判决书笔误。

第二节　民事裁定

一、内容

民事裁定可以是书面裁定，也可以是口头裁定。

裁定书应具备事实、理由和主文三部分内容。

二、效力

民事裁定具有法律上的拘束力，当事人、诉讼参与人、审判人员应按裁定的规定为一定行为或不为一定行为。

个别裁定还具有执行力，法院有权依权利人的申请或依职权强制执行。

【注意】

（1）可向作出法院申请复议的裁定：财产保全的裁定、行为保全的裁定和先予执行的裁定。

（2）向上一级法院申请复议的裁定：驳回执行管辖权异议的裁定、驳回当事人或利害关系人对执行行为异议的裁定。

第三节　民事决定

一、内容

民事决定可以采取书面形式，即民事决定书。民事决定书除应记明事实、理由和决定内容外，还应在开头部分写明作出决定的法院全称、决定书编号、案由、当事人或被决定人的基本情况，在结尾部分由作出决定的组织、人员署名，载明是否准许申请复议，作出决定的年、月、日，并加盖人民法院印章。

二、效力

民事决定是对特定事项作出的职务判定，一经作出，立即发生法律效力。

【注意】可以申请复议的决定：回避决定、拘留决定、罚款决定、法院对当事人申请调查取证作出的决定。

第二十一章　执行程序

第一节　执行程序概述

一、原则

（1）执行以生效法律文书为根据原则。执行根据必须是法定机关依法定程序制作的、发生法律效力的、具有给付内容的文书。

【注意】作为执行根据的法律文书包括法院通过三类基本诉讼程序作出的文书、仲裁裁决与调解书、行政机关作出的文书，以及公证机关赋予强制执行力的文书。

（2）执行标的有限原则。执行标的应当限于被执行人的财产或者行为，人身不得作为执行标的。

（3）人民法院强制执行与有关单位、

个人协助执行相结合原则。

(4) 强制执行与说服教育相结合原则。

(5) 依法保护权利人的合法权益与适当照顾被执行人利益相结合原则。

二、执行程序中的一般性制度

（一）执行机构

人民法院根据需要，可以设立执行机构。

各级人民法院均设立专门的执行机构，执行员、书记员与司法警察是执行机构的组成人员。

（二）执行管辖

(1) 发生法律效力的民事判决、裁定以及刑事判决、裁定中的财产部分，由第一审人民法院或者与第一审人民法院同级的被执行的财产所在地人民法院执行。

(2) 发生法律效力的实现担保物权裁定、确认调解协议裁定、支付令，由作出裁定、支付令的人民法院或者与其同级的被执行财产所在地的人民法院执行。认定财产无主的判决，由作出判决的人民法院将无主财产收归国家或者集体所有。

(3) 仲裁裁决由被执行人住所地或者被执行财产所在地中级人民法院执行。

(4) 执行管辖权异议。人民法院受理执行申请后，当事人对管辖权有异议的，应当自收到执行通知书之日起10日内提出。当事人对驳回管辖权异议裁定不服的，可以向上一级人民法院申请复议。管辖权异议审查和复议期间，不停止执行。

（三）执行异议

1. 程序性异议及其处理

(1) 运用。当事人、利害关系人认为执行行为违反法律规定的，可以向负责执行的人民法院提出书面异议，人民法院应当自收到书面异议之日起15日内审查，理由成立的，裁定撤销或者改正；理由不成立的，裁定驳回。

(2) 救济。当事人、利害关系人对执行异议裁定不服的，可以自裁定送达之日起10日内以书面形式向上一级人民法院申请复议。

上一级人民法院对当事人、利害关系人的复议申请，应当组成合议庭进行审查。执行异议审查和复议期间，不停止执行。

2. 实体性异议及其处理

(1) 运用。执行过程中，案外人对执行标的提出书面异议的，人民法院应当自收到书面异议之日起15日内审查，理由成立的，裁定中止对该标的的执行；理由不成立的，裁定驳回。

(2) 救济。案外人、当事人对裁定不服，认为原判决、裁定错误的，依照审判监督程序办理；与原判决、裁定无关的，可以自裁定送达之日起15日内向人民法院提起诉讼。

3. 执行异议之诉

(1) 管辖。案外人、当事人对执行异议裁定不服，自裁定送达之日起15日内向人民法院提起执行异议之诉的，由执行法院管辖，人民法院应当在收到起诉状之日起15日内决定是否立案。

(2) 条件。案外人异议之诉的条件：①案外人的执行异议申请已经被人民法院裁定驳回；②有明确的排除对执行标的执行的诉讼请求，且诉讼请求与原判决、裁定无关；③自执行异议裁定送达之日起15日内提起。

申请人异议之诉的条件：①依案外人执行异议申请，人民法院裁定中止执行；②有明确的对执行标的继续执行的诉讼请求，且诉讼请求与原判决、裁定无关；③自执行异议裁定送达之日起15日内提起。

(3) 当事人。案外人提起执行异议之诉的，以申请执行人为被告。被执行人反对案外人异议的，被执行人为共同被告；被执行人不反对案外人异议的,可以列被执行人为第三人。

申请执行人提起执行异议之诉的,以案外人为被告。被执行人反对申请执行人主张的,以案外人和被执行人为共同被告;被执行人不反对申请执行人主张的,可以列被执行人为第三人。

(4)法院对被执行人提出异议之诉的处理。申请执行人对中止执行裁定未提起执行异议之诉,被执行人提起执行异议之诉的,人民法院应告知其另行起诉。

(5)适用普通程序审理。

(6)举证责任分配。案外人应当就其对执行标的享有足以排除强制执行的民事权益承担举证证明责任。

(7)人民法院对执行异议之诉的处理。

①对案外人异议之诉的处理:案外人就执行标的享有足以排除强制执行的民事权益的,判决不得执行该执行标的;案外人就执行标的不享有足以排除强制执行的民事权益的,判决驳回诉讼请求。案外人同时提出确认其权利的诉讼请求的,人民法院可以在判决中一并作出裁判。

②对申请人异议之诉的处理:案外人就执行标的不享有足以排除强制执行的民事权益的,判决准许执行该执行标的;案外人就执行标的享有足以排除强制执行的民事权益的,判决驳回诉讼请求。

(8)案外人异议之诉与原执行程序的关系。

案外人执行异议之诉审理期间,人民法院不得对执行标的进行处分。

申请执行人请求人民法院继续执行并提供相应担保的,人民法院可以准许。

被执行人与案外人恶意串通,通过执行异议、执行异议之诉妨害执行的,人民法院应当依照《民事诉讼法》第113条规定处理。申请执行人因此受到损害的,可以提起诉讼要求被执行人、案外人赔偿。

(四)执行监督

人民法院自收到申请执行书之日起超过6个月未执行的,申请执行人可以向上一级人民法院申请执行。上一级人民法院经审查,可以责令原人民法院在一定期限内执行,也可以决定由本院执行或者指令其他人民法院执行。

(五)执行和解

1. 内容与形式

(1)当事人可以自愿协商达成和解协议,依法变更生效法律文书确定的权利义务主体、履行标的、期限、地点和方式等内容。当事人达成以物抵债执行和解协议的,人民法院不得依据该协议作出以物抵债裁定。

(2)执行和解协议一般应当采取书面形式。无书面协议的,执行人员应将和解协议的内容记入笔录,并由双方当事人签名或者盖章。

2. 达成执行和解协议的法律效力

(1)裁定中止执行。

和解协议达成后,有下列情形之一的,人民法院可以裁定中止执行:①各方当事人共同向人民法院提交书面和解协议的;②一方当事人向人民法院提交书面和解协议,其他当事人予以认可的;③当事人达成口头和解协议,执行人员将和解协议内容记入笔录,由各方当事人签名或者盖章的。

中止执行后,申请执行人申请解除查封、扣押、冻结的,人民法院可以准许。

(2)执行结案。

和解协议自觉履行完毕,法院作执行结案处理。

【注意】执行和解协议没有强制执行力,只能由当事人自觉履行。

(3)申请恢复执行或提起诉讼。

①被执行人一方不履行执行和解协议

的,申请执行人可以申请恢复执行原生效法律文书,也可以就履行执行和解协议向执行法院提起诉讼。

②执行和解协议中约定担保条款,且担保人向人民法院承诺在被执行人不履行执行和解协议时自愿接受直接强制执行的,恢复执行原生效法律文书后,人民法院可以依申请执行人申请及担保条款的约定,直接裁定执行担保财产或者保证人的财产。

③申请执行人就履行执行和解协议提起诉讼,执行法院受理后,可以裁定终结原生效法律文书的执行。执行中的查封、扣押、冻结措施,自动转为诉讼中的保全措施。

恢复执行后,对申请执行人就履行执行和解协议提起的诉讼,人民法院不予受理。

执行和解协议履行完毕,申请执行人因被执行人迟延履行、瑕疵履行遭受损害的,可以向执行法院另行提起诉讼。

④申请人因受欺诈、胁迫与被执行人达成和解协议,人民法院可以根据当事人的申请,恢复对原生效法律文书的执行。

⑤申请恢复执行原生效法律文书,适用《民事诉讼法》第239条申请执行期间的规定。申请执行期间因达成执行中的和解协议而中断,其期间自和解协议约定履行期限的最后一日起重新计算。

(4)法院对申请恢复执行的处理。

申请执行人以被执行人一方不履行执行和解协议为由申请恢复执行,人民法院经审查,理由成立的,裁定恢复执行;有下列情形之一的,裁定不予恢复执行:①执行和解协议履行完毕后申请恢复执行的;②执行和解协议约定的履行期限尚未届至或者履行条件尚未成就的,但符合《合同法》第108条规定情形的除外(《合同法》第108条:当事人一方明确表示或者以自己的行为表明不履行合同义务的,对方可以在履行期限届满之前要求其承担违约责任);③被执行人一方正在按照执行和解协议约定履行义务的;④其他不符合恢复执行条件的情形。

(5)对当事人、利害关系人的救济。

①当事人、利害关系人认为恢复执行或者不予恢复执行违反法律规定的,可以依照《民事诉讼法》第225条的规定提出异议。

②当事人、利害关系人认为执行和解协议无效或者应予撤销的,可以向执行法院提起诉讼。执行和解协议被确认无效或者撤销后,申请执行人可以据此申请恢复执行。被执行人以执行和解协议无效或者应予撤销为由提起诉讼的,不影响申请执行人申请恢复执行。

(六)委托执行

有管辖权的人民法院遇到特殊情况,依法将应由本法院执行的案件送交有关的法院代为执行。受托法院在执行中,认为需要变更被执行人的,应当将有关情况函告委托法院,由委托法院依法决定是否作出变更被执行人的裁定。受托法院认为受托执行的案件应当中止、终结执行的,应当提供有关证据材料,函告委托法院作出裁定。

(七)执行担保

1.条件

(1)被执行人向人民法院提出申请。

(2)经申请执行人同意。

(3)人民法院决定暂缓执行的期限。暂缓执行的期限应与担保书约定一致,但最长不超过1年。担保期间自暂缓执行期限届满之日起计算。担保书中没有记载担保期间或者记载不明的,担保期间为1年。

(4)有确定的担保或者担保人。

执行担保可以由被执行人提供财产担

保,也可以由他人提供财产担保或者保证。

被执行人或者他人提供执行担保的,应当向人民法院提交担保书,并将担保书副本送交申请执行人。

被执行人或者他人提供财产担保,可以依照《物权法》《担保法》规定办理登记等担保物权公示手续;已经办理公示手续的,申请执行人可以依法主张优先受偿权。

申请执行人申请人民法院查封、扣押、冻结担保财产的,人民法院应当准许,但担保书另有约定的除外。

2. 效力

暂缓执行期限届满后被执行人仍不履行义务,或者暂缓执行期间担保人有转移、隐藏、变卖、毁损担保财产等行为的,人民法院可以依申请执行人的申请恢复执行,并直接裁定执行担保财产或者保证人的财产,不得将担保人变更、追加为被执行人。

执行担保财产或者保证人的财产,以担保人应当履行义务部分的财产为限。被执行人有便于执行的现金、银行存款的,应当优先执行该现金、银行存款。

(八)执行当事人变更、追加

1. 申请执行人的变更、追加

(1)作为申请执行人的公民死亡或被宣告死亡,该公民的遗嘱执行人、受遗赠人、继承人或其他因该公民死亡或被宣告死亡依法承受生效法律文书确定权利的主体,申请变更、追加其为申请执行人的,人民法院应予支持。作为申请执行人的公民被宣告失踪,该公民的财产代管人申请变更、追加其申请执行人的,人民法院应予支持。

(2)作为申请执行人的公民离婚时,生效法律文书确定的权利全部或部分分割给其配偶,该配偶申请变更、追加为申请执行人的,人民法院应予支持。

(3)作为申请执行人的法人或其他组织终止,因该法人或其他组织终止依法承受生效法律文书确定权利的主体,申请变更、追加其为申请执行人的,人民法院应予支持。

(4)作为申请执行人的法人或其他组织因合并而终止,合并后存续或新设的法人、其他组织申请变更其为申请执行人的,人民法院应予支持。

(5)作为申请执行人的法人或其他组织分立,依分立协议约定承受生效法律文书确定权利的新设法人或其他组织,申请变更、追加其为申请执行人的,人民法院应予支持。

(6)作为申请执行人的法人或其他组织清算或破产时,生效法律文书确定的权利依法分配给第三人,该第三人申请变更、追加其为申请执行人的,人民法院应予支持。

(7)作为申请执行人的机关法人被撤销,继续履行其职能的主体申请变更、追加其为申请执行人的,人民法院应予支持,但生效法律文书确定的权利依法应由其他主体承受的除外;没有继续履行其职能的主体,且生效法律文书确定权利的承受主体不明确,作出撤销决定的主体申请变更、追加其为申请执行人的,人民法院应予支持。

(8)申请执行人将生效法律文书确定的债权依法转让给第三人,且书面认可第三人取得该债权,该第三人申请变更、追加其为申请执行人的,人民法院应予支持。

2. 被执行人的变更、追加

(1)作为被执行人的公民死亡或被宣告死亡,申请执行人申请变更、追加该公民的遗嘱执行人、继承人、受遗赠人或其他因该公民死亡或被宣告死亡取得遗产的主体为被执行人,在遗产范围内承担责任的,人民法院应予支持。继承人放弃继承或受遗赠人放弃受遗赠,又无遗嘱执行人的,人民法院可以直接执行遗产。作为被执行人的公民被宣告失踪,申请执行人申请变更该公民的财产代管人为被执行人,在代管的财产范围内承担责任的,人民法院应予支持。

（2）作为被执行人的法人或其他组织因合并而终止,申请执行人申请变更合并后存续或新设的法人、其他组织为被执行人的,人民法院应予支持。

（3）作为被执行人的法人或其他组织分立,申请执行人申请变更、追加分立后新设的法人或其他组织为被执行人,对生效法律文书确定的债务承担连带责任的,人民法院应予支持。但被执行人在分立前与申请执行人就债务清偿达成的书面协议另有约定的除外。

（4）作为被执行人的个人独资企业,不能清偿生效法律文书确定的债务,申请执行人申请变更、追加其投资人为被执行人的,人民法院应予支持。个人独资企业投资人作为被执行人的,人民法院可以直接执行该个人独资企业的财产。个体工商户的字号为被执行人的,人民法院可以直接执行该字号经营者的财产。

（5）作为被执行人的合伙企业,不能清偿生效法律文书确定的债务,申请执行人申请变更、追加普通合伙人为被执行人的,人民法院应予支持。作为被执行人的有限合伙企业,财产不足以清偿生效法律文书确定的债务,申请执行人申请变更、追加未按期足额缴纳出资的有限合伙人为被执行人,在未足额缴纳出资的范围内承担责任的,人民法院应予支持。

（6）作为被执行人的法人分支机构,不能清偿生效法律文书确定的债务,申请执行人申请变更、追加该法人为被执行人的,人民法院应予支持。法人直接管理的责任财产仍不能清偿债务的,人民法院可以直接执行该法人其他分支机构的财产。作为被执行人的法人,直接管理的责任财产不能清偿生效法律文书确定债务的,人民法院可以直接执行该法人分支机构的财产。

（7）个人独资企业、合伙企业、法人分支机构以外的其他组织作为被执行人,不能清偿生效法律文书确定的债务,申请执行人申请变更、追加依法对该其他组织的债务承担责任的主体为被执行人的,人民法院应予支持。

（8）作为被执行人的企业法人,财产不足以清偿生效法律文书确定的债务,申请执行人申请变更、追加未缴纳或未足额缴纳出资的股东、出资人或依《公司法》规定对该出资承担连带责任的发起人为被执行人,在尚未缴纳出资的范围内依法承担责任的,人民法院应予支持。

（9）作为被执行人的企业法人,财产不足以清偿生效法律文书确定的债务,申请执行人申请变更、追加抽逃出资的股东、出资人为被执行人,在抽逃出资的范围内承担责任的,人民法院应予支持。

（10）作为被执行人的公司,财产不足以清偿生效法律文书确定的债务,其股东未依法履行出资义务即转让股权,申请执行人申请变更、追加该原股东或依《公司法》规定对该出资承担连带责任的发起人为被执行人,在未依法出资的范围内承担责任的,人民法院应予支持。

（11）作为被执行人的一人有限责任公司,财产不足以清偿生效法律文书确定的债务,股东不能证明公司财产独立于自己的财产,申请执行人申请变更、追加该股东为被执行人,对公司债务承担连带责任的,人民法院应予支持。

（12）作为被执行人的公司,未经清算即办理注销登记,导致公司无法进行清算,申请执行人申请变更、追加有限责任公司的股东、股份有限公司的董事和控股股东为被执行人,对公司债务承担连带清偿责任的,人民法院应予支持。

（13）作为被执行人的法人或其他组

织,被注销或出现被吊销营业执照、被撤销、被责令关闭、歇业等解散事由后,其股东、出资人或主管部门无偿接受其财产,致使该被执行人无遗留财产或遗留财产不足以清偿债务,申请执行人申请变更、追加该股东、出资人或主管部门为被执行人,在接受的财产范围内承担责任的,人民法院应予支持。

(14)作为被执行人的法人或其他组织,未经依法清算即办理注销登记,在登记机关办理注销登记时,第三人书面承诺对被执行人的债务承担清偿责任,申请执行人申请变更、追加该第三人为被执行人,在承诺范围内承担清偿责任的,人民法院应予支持。

(15)执行过程中,第三人向执行法院书面承诺自愿代被执行人履行生效法律文书确定的债务,申请执行人申请变更、追加该第三人为被执行人,在承诺范围内承担责任的,人民法院应予支持。

(16)作为被执行人的法人或其他组织,财产依据行政命令被无偿调拨、划转给第三人,致使该被执行人财产不足以清偿生效法律文书确定的债务,申请执行人申请变更、追加该第三人为被执行人,在接受的财产范围内承担责任的,人民法院应予支持。

第二节 执行开始

一、申请执行

申请执行需要具备以下条件:

(1)申请人应当是依据生效法律文书享有实体权利的人及其法定代理人。

(2)申请人应在法定期间提出申请。申请执行的期间为2年,申请执行时效的中止、中断,适用有关法律关于诉讼时效中止、中断的规定。

(3)申请人应当向有管辖权的人民法院提交申请执行书。

二、移送执行

移送执行适用于以下三类案件:

(1)发生法律效力的具有给付赡养费、扶养费、抚育费内容的法律文书。

(2)民事制裁决定书。

(3)刑事附带民事判决、裁定、调解书。

此外,以撤销或变更已执行完毕的法律文书为内容的新判决书也属于移送执行的情形。

第三节 执行措施

一、对财产的执行措施

(一)查询、冻结、划拨、变价被执行人的财产

被执行人未按执行通知履行法律文书确定的义务,人民法院有权向有关单位查询被执行人的存款、债券、股票、基金份额等财产情况。人民法院有权根据不同情形扣押、冻结、划拨、变价被执行人的财产。人民法院决定扣押、冻结、划拨、变价财产,应当作出裁定,并发出协助执行通知书,有关单位必须办理。

(二)扣留、提取被执行人的收入

被执行人未按执行通知履行法律文书确定的义务,人民法院有权扣留、提取被执行人应当履行义务部分的收入。有关单位收到人民法院协助执行被执行人收入的通知后,擅自向被执行人或者其他人支付的,人民法院有权责令其限期追回;逾期未追回的,应当裁定其在支付的数额内向申请执行人承担责任。

(三)查封、扣押、冻结、拍卖、变卖被执行人的财产

1.查封、扣押、冻结被执行人的财产

(1)可以查封、扣押、冻结的财产应当

是实质上属于被执行人本人的财产。

(2)不可以查封、扣押、冻结的财产包括被执行人及其扶养家属生存必需的财产以及不适宜的特殊财产。

(3)财产的保管顺序:人民法院保管(不能使用)、被执行人保管(不影响财产价值可以使用)、第三人或者申请执行人保管(不能使用)。

(4)查封、扣押的效力:①查封、扣押的效力及于查封、扣押物的从物和天然孳息;②查封地上建筑物和土地使用权的效力"上下及于",但土地使用权与地上建筑物的所有权分属被执行人与他人的除外。

(5)轮候查封、扣押与冻结:对已被人民法院查封、扣押、冻结的财产,其他人民法院可以进行轮候查封、扣押、冻结。查封、扣押、冻结解除的,登记在先的轮候查封、扣押、冻结即自动生效。

2.拍卖、变卖被执行人的财产

(1)拍卖方式:可以由人民法院自行组织拍卖,也可以交由具备相应资质的拍卖机构拍卖。

(2)变卖方式:可以交有关单位变卖,也可以由人民法院直接变卖。对变卖的财产,人民法院或者其工作人员不得买受。

(3)抵偿债务。具体包括两种情况:

①经申请执行人和被执行人同意,且不损害其他债权人合法权益和社会公共利益的,人民法院可以不经拍卖、变卖,直接将被执行人的财产作价交申请执行人抵偿债务。对剩余债务,被执行人应当继续清偿。

②被执行人的财产无法拍卖或者变卖的,经申请执行人同意,且不损害其他债权人合法权益和社会公共利益的,人民法院可以将该项财产作价后交付申请执行人抵偿债务,或者交付申请执行人管理;申请执行人拒绝接收或者管理的,退回被执行人。

(4)标的物所有权转移。①拍卖物所有权自拍卖成交裁定送达买受人时转移;②以物抵债的,标的物所有权自抵债裁定送达接受抵债物的债权人时转移。

3.拍卖优先于变卖

被执行人逾期不履行的,人民法院应当拍卖被查封、扣押的财产;不适于拍卖或者当事人双方同意不进行拍卖的,人民法院可以委托有关单位变卖或者自行变卖。国家禁止自由买卖的物品,交有关单位按照国家规定的价格收购。

(四)强制被执行人交付法律文书指定的财产或票证

他人持有法律文书指定交付的财物或者票证,人民法院依法发出协助执行通知后,拒不转交的,可以强制执行,并可依照《民事诉讼法》第114条、第115条的规定处理。他人持有期间财物或者票证毁损、灭失的,参照《民事诉讼法司法解释》第494条的规定处理。他人主张合法持有财物或者票证的,可以根据《民事诉讼法》第227条的规定提出执行异议。

二、对行为的执行措施

(一)强制被执行人迁出房屋或者退出土地

人民法院在采取强制被执行人迁出房屋或者退出土地的强制措施时,必须由院长签发公告,责令被执行人在指定的期间内迁出房屋或者退出土地。被执行人逾期仍不履行其义务时,由执行员强制执行。

(二)强制被执行人履行法律文书指定的行为

1.可替代行为的执行

被执行人不履行生效法律文书确定的行为义务,该义务可由他人完成的,人民法院可以选定代履行人;法律、行政法规对履行该行为义务有资格限制的,应当从有资格的人中选定。必要时,可以通过招标的方式确定代履行人。

申请执行人可以在符合条件的人中推荐代履行人,也可以申请自己代为履行,是否准许,由人民法院决定。

代履行费用的数额由人民法院根据案件具体情况确定,并由被执行人在指定期限内预先支付。被执行人未预付的,人民法院可以对该费用强制执行。代履行结束后,被执行人可以查阅、复制费用清单以及主要凭证。

2.不可替代行为的执行

被执行人不履行法律文书指定的行为,且该项行为只能由被执行人完成的,人民法院可以依照《民事诉讼法》第111条第1款第(六)项的规定处理。被执行人在人民法院确定的履行期间内仍不履行的,人民法院可以依照《民事诉讼法》第111条第1款第(六)项的规定再次处理。

三、保障性执行措施

(一)查询被执行人的身份信息和财产信息

被执行人未按期履行给付义务的,人民法院可以向各类机构发出协助通知,调查询问债务人的身份信息和财产信息,以了解被执行人的履行能力,为扣押、冻结、划拨、变价做好准备。

(二)搜查被执行人的财产

被执行人拒绝履行法律文书所确定的义务,并且转移、隐匿财产的,人民法院有权发出搜查令。搜查令由人民法院院长签发,实施搜查时,必须要按照规定着装并出示身份证件。

(三)强制被执行人支付延迟履行期间的债务利息及延迟履行金

对于金钱债务,如果义务人逾期不履行义务,应当加倍支付延迟履行期间的债务利息。

对于非金钱债务,应当支付迟延履行金。债务人不履行非金钱义务给权利人造成损失的,应当双倍补偿损失。

(四)办理财产权证照转移手续

在执行中,需要办理有关财产权证照转移手续的,人民法院可以向有关单位发出协助执行通知书,有关单位必须办理。

(五)报告财产

被执行人未按执行通知履行法律文书确定的义务,应当报告当前以及收到执行通知之日前1年的财产情况。被执行人拒绝报告或者虚假报告的,人民法院可以根据情节轻重对被执行人或者其法定代理人、有关单位的主要负责人或者直接责任人员予以罚款、拘留。

(六)限制出境

(1)限制出境的适用。对被执行人限制出境的,应当由申请执行人向执行法院提出书面申请;必要时,执行法院可以依职权决定。

(2)限制出境的对象。被执行人为单位的,可以对其法定代表人、主要负责人或者影响债务履行的直接责任人员限制出境。被执行人为无民事行为能力人或者限制民事行为能力人的,可以对其法定代理人限制出境。

(3)限制出境措施的解除。在限制出境期间,被执行人履行法律文书确定的全部债务的,执行法院应当及时解除限制出境措施;被执行人提供充分、有效的担保或者申请执行人同意的,可以解除限制出境措施。

(七)纳入失信名单,通报征信系统记录不履行义务信息

被执行人不履行法律文书确定义务的,人民法院除对被执行人予以处罚外,还可以根据情节将其纳入失信被执行人名

单,将被执行人不履行或不完全履行义务的信息向其所在单位、征信机构以及其他相关机构通报。

(八)媒体公布不履行义务信息

执行法院可以依职权或者依申请执行人的申请,将被执行人不履行法律文书确定义务的信息,通过报纸、广播、电视、互联网等媒体公布。媒体公布的有关费用,由被执行人负担;申请执行人申请在媒体公布的,应当垫付有关费用。

(九)限制被执行人消费

1. 限制高消费的适用对象

被执行人未按执行通知书指定的期间履行生效法律文书确定的给付义务的,人民法院可以采取限制消费措施,限制其高消费及非生活或者经营必需的有关消费。纳入失信被执行人名单的被执行人,人民法院应当对其采取限制消费措施。

2. 限制高消费的类型及例外

(1)被执行人为自然人的,被采取限制消费措施后,不得有以下高消费及非生活和工作必需的消费行为:①乘坐交通工具时,选择飞机、列车软卧、轮船二等以上舱位;②在星级以上宾馆、酒店、夜总会、高尔夫球场等场所进行高消费;③购买不动产或者新建、扩建、高档装修房屋;④租赁高档写字楼、宾馆、公寓等场所办公;⑤购买非经营必需车辆;⑥旅游、度假;⑦子女就读高收费私立学校;⑧支付高额保费购买保险理财产品;⑨乘坐G字头动车组列车全部座位、其他动车组列车一等以上座位等其他非生活和工作必需的消费行为。

(2)被执行人为单位的,被采取限制消费措施后,被执行人及其法定代表人、主要负责人、影响债务履行的直接责任人员、实际控制人不得实施前述行为。因私消费以个人财产实施前述行为的,可以向执行法院提出申请。执行法院审查属实的,应予准许。

3. 限制高消费的适用

限制消费措施一般由申请执行人提出书面申请,经人民法院审查决定;必要时人民法院可以依职权决定。

4. 限制高消费令的解除

在限制消费期间,被执行人提供确实有效的担保或者经申请执行人同意的,人民法院可以解除限制消费令;被执行人履行完毕生效法律文书确定的义务的,人民法院应当在通知或者公告的范围内及时以通知或者公告解除限制消费令。

四、对被执行人到期债权的执行

人民法院执行被执行人对他人的到期债权,可以作出冻结债权的裁定,并通知该他人向申请执行人履行。该他人对到期债权有异议,申请执行人请求对异议部分强制执行的,人民法院不予支持。利害关系人对到期债权有异议的,人民法院应当按照《民事诉讼法》第227条的规定处理。对生效法律文书确定的到期债权,该他人予以否认的,人民法院不予支持。

五、参与分配

(一)条件

(1)被执行人为公民或者其他组织。
(2)在执行程序开始后结束前提出。
(3)多个已经取得执行依据的债权人,对人民法院查封、扣押、冻结的财产有优先权、担保物权的债权人,可以直接申请参与分配,主张优先受偿权。
(4)被执行人的财产不能清偿所有债权的。

(二)分配方案

参与分配执行中,执行所得价款扣除执行费用,并清偿应当优先受偿的债权后,对于普通债权,原则上按照其占全部申请参与分配债权数额的比例受偿。

清偿后的剩余债务,被执行人应当继

续清偿。债权人发现被执行人有其他财产的,可以随时请求人民法院执行。

（三）财产分配方案异议及异议之诉

（1）多个债权人对执行财产申请参与分配的,执行法院应当制作财产分配方案,并送达各债权人和被执行人。债权人或者被执行人对分配方案有异议的,应当自收到分配方案之日起15日内向执行法院提出书面异议。

（2）债权人或者被执行人对分配方案提出书面异议的,执行法院应当通知未提出异议的债权人、被执行人。

未提出异议的债权人、被执行人自收到通知之日起15日内未提出反对意见的,执行法院依异议人的意见对分配方案审查修正后进行分配;提出反对意见的,应当通知异议人。异议人可以自收到通知之日起15日内,以提出反对意见的债权人、被执行人为被告,向执行法院提起诉讼;异议人逾期未提起诉讼的,执行法院按照原分配方案进行分配。

诉讼期间进行分配的,执行法院应当提存与争议债权数额相应的款项。

第四节　执行中止和执行终结

一、执行中止

执行中止,是指在执行过程中,由于法定特殊原因的出现,使执行程序暂停,原因消失后再行恢复的制度。

在下列情况下,人民法院应当裁定中止执行：

（1）申请人表示可以延期执行的。

（2）案外人对执行标的提出确有理由的异议的。

（3）作为一方当事人的公民死亡,需要等待继承人继承权利或者承担义务的。

（4）作为一方当事人的法人或者其他组织终止,尚未确定权利与义务承受人的。

（5）人民法院认为应当中止执行的其他情形。包括:①人民法院已经受理以被执行人为债务人的破产申请的;②被执行人确无财产可供执行的;③执行标的物是其他法院或仲裁机构正在审理的案件争议标的物,需要等待该案件审理完毕确定权属的;④一方当事人申请执行仲裁裁决,另一方当事人申请撤销仲裁裁决的;⑤仲裁裁决的被申请执行人依法向人民法院提出不予执行请求,并提供适当担保的。

二、执行终结

执行终结,是指在执行过程中,由于某种法定特殊原因的出现,使执行程序无法继续进行或者继续进行已失去其意义时,从而结束执行程序的法律制度。

有下列情形之一的,人民法院应当裁定终结执行：

（1）申请人撤销申请的。

（2）据以执行的法律文书被撤销的。

（3）作为被执行人的公民死亡,无遗产可供执行,又无义务承担人的。

（4）追索赡养费、扶养费、抚育费案件的权利人死亡的。

（5）作为被执行人的公民因生活困难无力偿还借款,无收入来源,又丧失劳动能力的。

（6）人民法院认为应当终结执行的其他情形。

第二十二章 涉外民事诉讼程序

第一节 涉外民事诉讼程序概述

一、涉外民事诉讼程序

涉外民事诉讼程序,是指人民法院审理具有涉外因素的民事案件时所适用的程序。

有下列情形之一,人民法院可以认定为涉外民事案件:①当事人一方或者双方是外国人、无国籍人、外国企业或者组织的;②当事人一方或者双方的经常居所地在中华人民共和国领域外的;③标的物在中华人民共和国领域外的;④产生、变更或者消灭民事关系的法律事实发生在中华人民共和国领域外的;⑤可以认定为涉外民事案件的其他情形。

二、涉外民事诉讼程序的一般原则

(一)适用我国《民事诉讼法》的原则

外国人、无国籍人或外国企业和组织在我国起诉、应诉,适用我国《民事诉讼法》;凡是属于我国人民法院专属管辖的涉外民事案件,其他国家的法院无权管辖;外国法院的生效裁判必须经过我国法院依法进行审查并予以承认后,才能在我国领域内发生法律效力。

(二)适用我国缔结或者参加的国际条约的原则

人民法院审理涉外民事案件时,应当遵守我国缔结或者参加的国际条约中的规定。国内法与国际条约相冲突,应当优先适用国际条约的规定,但我国声明保留的条款除外。

(三)司法豁免原则

司法豁免原则,是指享有外交特权与豁免权的外国人、外国组织以及国际组织免受驻在国司法管辖的原则。

民事司法豁免权是一种有限豁免,在下列情况下,我国人民法院有权管辖涉及上述人员的下列民事案件:

(1)享有司法豁免权的人其所属国主管机关宣布放弃司法豁免权。

(2)享有司法豁免权的人因私人身份行为涉及诉讼的。

(3)享有司法豁免权的人向驻在国法院起诉引起反诉的案件。

(四)委托中国律师代理诉讼的原则

(1)外国人、无国籍人或者外国的企业和组织在我国起诉和应诉,需要委托律师代理诉讼,只能委托中国律师机构的律师,外国律师不得以律师的身份在我国法院参加诉讼。

(2)外国驻华使领馆官员受本国公民的委托,可以个人的名义担任代理人,但在诉讼中不享有司法豁免权。

(3)外国驻华使领馆授权其本馆官员,在作为当事人的本国国民不在中华人民共和国领域内的情况下,可以外交代表身份为其本国国民在中华人民共和国聘请中华人民共和国律师或者中华人民共和国公民代理民事诉讼。

(五)使用我国通用的语言、文字的原则

人民法院审理涉外民事案件时,应当使用我国通用的语言、文字,当事人因语言不通要求提供翻译的,可以提供,费用由当事人承担。

第二节 涉外民事诉讼管辖

一、涉外民事诉讼管辖的原则

（1）诉讼与法院所在地实际联系的原则。凡是诉讼与我国法院所在地存在一定实际联系，我国人民法院可依据该联系而取得管辖权。

（2）尊重当事人的原则。即在确定涉外民事案件的管辖法院时，允许当事人在法定范围内进行选择。

（3）维护国家主权原则。对一定范围内的涉外民事案件行使专属管辖权，是维护国家主权原则在涉外管辖方面的具体体现。

二、涉外民事诉讼管辖的种类

（一）牵连管辖

（1）适用案件：合同纠纷或者其他财产权益纠纷。

（2）适用前提：对在中华人民共和国领域内没有住所的被告提起的诉讼。

（3）管辖法院：如果合同在中华人民共和国领域内签订或者履行，或者诉讼标的物在中华人民共和国领域内，或者被告在中华人民共和国领域内有可供扣押的财产，或者被告在中华人民共和国领域内设有代表机构，可以由合同签订地、合同履行地、诉讼标的物所在地、可供扣押财产所在地、侵权行为地或者代表机构住所地人民法院管辖。

（二）专属管辖

因在中华人民共和国履行中外合资经营企业合同、中外合作经营企业合同、中外合作勘探开发自然资源合同发生纠纷提起的诉讼，由中华人民共和国人民法院管辖。

【注意】不得对抗仲裁。

（三）协议管辖

涉外合同或者其他财产权益纠纷的当事人，可以书面协议选择被告住所地、合同履行地、合同签订地、原告住所地、标的物所在地、侵权行为地等与争议有实际联系地点的外国法院管辖。属于中华人民共和国法院专属管辖的案件，当事人不得协议选择外国法院管辖，但协议选择仲裁的除外。

（四）涉外民事诉讼管辖的特殊规定

1. 不方便法院原则

涉外民事案件同时符合下列情形的，人民法院可以裁定驳回原告的起诉，告知其向更方便的外国法院提起诉讼：①被告提出案件应由更方便外国法院管辖的请求，或者提出管辖异议；②当事人之间不存在选择中华人民共和国法院管辖的协议；③案件不属于中华人民共和国法院专属管辖；④案件不涉及中华人民共和国国家、公民、法人或者其他组织的利益；⑤案件争议的主要事实不是发生在中华人民共和国境内，且案件不适用中华人民共和国法律，人民法院审理案件在认定事实和适用法律方面存在重大困难；⑥外国法院对案件享有管辖权，且审理该案件更加方便。

2. 平行管辖

中华人民共和国法院和外国法院都有管辖权的案件，一方当事人向外国法院起诉，而另一方当事人向中华人民共和国法院起诉的，人民法院可予受理。

判决后，外国法院申请或者当事人请求人民法院承认和执行外国法院对本案作出的判决、裁定的，不予准许；但双方共同缔结或者参加的国际条约另有规定的除外。

第三节 涉外民事诉讼的期间与送达

一、涉外民事诉讼中的期间

（1）在涉外民事诉讼中，对于在我国

领域内没有住所的当事人,应当适用《民事诉讼法》关于涉外民事诉讼中期间的特殊规定,即答辩期(包括一审被告的答辩期与二审被上诉人的答辩期)与上诉期(包括对一审判决的上诉期与对一审裁定的上诉期)均为30日,并且答辩期与上诉期可以延长,即当事人可以申请延长,是否准许由人民法院决定。

(2)人民法院审理涉外民事案件,不受《民事诉讼法》关于第一审与第二审审限的规定。

二、涉外民事诉讼中的送达

在涉外民事诉讼中,对于在我国领域内没有住所的当事人,按照涉外民事诉讼程序中的特别规定送达。具体方式如下:

(1)依条约规定的方式送达,即依照受送达人所在国与我国缔结或者共同参加的国际条约中规定的方式送达。

(2)通过外交途径送达,即人民法院将需要送达的诉讼文书交给我国外交机关,由我国外交机关转交给受送达人所在国驻我国的外交机构,再由其转送该国的外交机关,然后由该国外交机关将诉讼文书转交给该国有管辖权的法院,最后由法院将其送达受送达人。

(3)由我国驻外使、领馆代为送达。对住在外国的中国籍当事人可以由我国司法机关直接委托我国驻当事人所在国使领馆代为送达诉讼文书。

(4)向受送达人委托的有权代其接受送达文书的诉讼代理人送达。

(5)向受送达人在中华人民共和国领域内设立的代表机构或者有权接受送达的分支机构、业务代办人送达。

(6)邮寄送达,在受送达人所在国法律允许的情况下适用,自邮寄之日起满3个月,送达回证没有退回,但根据各种情况足以认定已经送达的,期间届满之日为送达。

(7)采用传真、电子邮件等能够确认受送达人收悉的方式送达。

(8)公告送达。自公告之日起满3个月视为送达。

第四节 司法协助

一、司法协助的概念

司法协助,是指不同国家的法院之间,根据本国缔结或者参加的国际条约,或者按照互惠原则,在司法事务上相互协助,代为一定诉讼行为的制度。根据代为诉讼行为的不同,司法协助可以分为一般司法协助与特殊司法协助。

二、一般司法协助

一般司法协助,是指不同国家的法院之间,根据本国缔结或者参加的国际条约,或者按照互惠原则,可以相互请求,代为送达文书、调查取证,及代为进行其他诉讼行为。

三、对外国法院裁判与外国仲裁裁决的承认与执行

(一)对外国法院裁判的承认与执行

1. 需要

生效判决、裁定作出后仅具有域内效力,而不具有域外效力,当被执行人或者被执行的财产在中国时,该外国法院判决、裁定则需要得到中国法院的承认与执行。

2. 前提

该国与我国之间有条约关系或者互惠关系。

3. 条件

(1)外国法院判决、裁定已经发生法律效力。

(2)外国法院判决、裁定是依法定程

序作出的。

(3) 承认与执行外国法院判决、裁定不损害我国主权、安全和社会公共利益。

(4) 该外国法院判决、裁定不违反我国法律的基本原则。

4. 渠道

(1) 依据该判决、裁定享有权利的当事人直接向被执行人住所地或者被执行财产所在地中级人民法院提出申请。

(2) 外国法院依照该国与我国之间的条约或者互惠关系直接向我国有管辖权的中级人民法院提出请求。

(二) 对国外仲裁裁决的承认与执行

我国已于1986年12月2日加入《承认及执行外国仲裁裁决公约》，因此，各成员国的仲裁裁决需要在我国得到承认与执行的，可以按照该公约的规定办理。

四、我国法院裁判和仲裁裁决在国外的承认和执行

(一) 我国法院裁判在国外的承认和执行

当事人请求外国法院对我国法院裁判的承认和执行，既可以直接向有管辖权的外国法院申请承认和执行，也可以向人民法院提出申请，由人民法院按照我国缔结或参加的国际条约的规定，或者互惠原则，向外国法院请求予以承认和执行。

(二) 我国仲裁机构仲裁裁决在国外的承认和执行

中华人民共和国涉外仲裁机构作出的发生法律效力的仲裁裁决，当事人请求执行的，如果被执行人或者其财产不在中华人民共和国领域内，应当由当事人直接向有管辖权的外国法院申请承认和执行。

第二十三章　仲裁与仲裁法概述

第一节　仲裁概述

一、仲裁的概念

仲裁，是指双方当事人通过订立仲裁协议，自愿将现在已经发生或将来可能发生的争议提交约定的非司法机构的第三者居中进行审理并作出有约束力的仲裁裁决的争议解决制度。

二、仲裁的特点

与诉讼制度相比较，仲裁具有以下法律特征：

(一) 自愿性

自愿性也称为自主性，是仲裁最主要的法律特征。自愿性体现在仲裁解决争议的许多方面，如是否将其提交仲裁解决、仲裁机构的选择、仲裁庭组成形式的确定以及具体组成人员的选定等都是由双方当事人在自愿的基础上合意确定的。

(二) 专业性

为适应仲裁解决商事纠纷过程中对各种专业问题的需要，各常设仲裁机构均聘任法律、经济、贸易、运输和海事等领域的专家作为仲裁员，并按专业设置仲裁员名册，供当事人选择。因此，仲裁具有极强的专业性特征。

(三) 灵活性

仲裁制度从其产生之初就是建立于双

方当事人自愿的基础上,因此,即使发展为现代仲裁制度,在仲裁解决争议案件的过程中,双方当事人在仲裁程序中的很多具体环节上拥有选择权,这就必然使得仲裁具有很大的灵活性。

(四)保密性

仲裁审理案件时通常实行不公开审理的原则,并且各国有关的仲裁立法和仲裁规则都对仲裁员以及相关人员的保密义务作出明确的规定,有利于保守当事人的商业秘密以及贸易信息。因此,仲裁具有很强的保密性。

(五)快捷性

仲裁实行一裁终局制度使得仲裁具有快捷性,不仅有利于争议的迅速快捷解决,而且有利于提高争议解决的效率。

(六)经济性

仲裁的经济性,即仲裁具有相对于诉讼费用低廉的特性,这是因为:①仲裁所具有的专业性大大加快了对争议案件进行审理并作出裁决的速度;②仲裁实行"一裁终局"制度,缩短了审理期间,从而也就大大降低了解决争议所需要的费用。

(七)独立性

仲裁机构独立于行政机关,仲裁机构与行政机关以及仲裁机构相互之间不具有隶属关系;仲裁独立进行,不受行政机关、社会团体和个人的干涉,这就从仲裁机构与仲裁活动两个方面体现了仲裁所具有的独立性。

三、仲裁的类型

(一)国内仲裁与涉外仲裁

以是否具有涉外因素为标准,仲裁可以划分为国内仲裁与涉外仲裁。

(二)机构仲裁与临时仲裁

以是否由常设的专门仲裁机构进行仲裁为标准,仲裁可以划分为机构仲裁与临时仲裁。机构仲裁,是指当事人签订仲裁协议,将纠纷提交给某一常设仲裁机构所进行的仲裁。临时仲裁,是指当事人签订仲裁协议,将纠纷提交给由双方当事人选择的仲裁员临时组成的仲裁庭所进行的仲裁。

(三)依法仲裁与友好仲裁

以作出仲裁裁决的依据为标准,仲裁可以分为依法仲裁与友好仲裁。依法仲裁,是指仲裁庭依据一定的法律规定对当事人之间的纠纷进行的仲裁。友好仲裁是指依据当事人的授权,仲裁庭以公平的标准作出对当事人有约束力的裁决。

四、仲裁与诉讼的关系

(一)仲裁与民事诉讼的相同点

(1)仲裁与民事诉讼都是民商事解决纠纷程序的重要组成部分。

(2)仲裁与民事诉讼解决的纠纷性质相同。

(3)仲裁与民事诉讼都是由第三方作为纠纷的公断人。

(4)仲裁与民事诉讼所遵循的某些原则和制度是一致的。

(5)仲裁裁决书、调解书和民事判决书、调解书具有相同的法律效力。

(二)仲裁与民事诉讼的区别

(1)仲裁与民事诉讼的性质不同。仲裁具有民间性,而民事诉讼是司法属性的纠纷解决方式。

(2)仲裁机构与法院的性质不同。仲裁机构是民间机构,法院是司法审判机构。

(3)案件管辖权的基础不同。

(4)仲裁与民事诉讼的具体程序不同。

(三)仲裁与民事诉讼的联系

(1)民事诉讼是保证仲裁裁决公正性

必不可少的手段。

（2）仲裁与民事诉讼在法律渊源上具有联系。

（3）仲裁裁决通过民事诉讼程序中的执行程序来实现。

（4）仲裁程序所涉及财产保全、行为保全和证据保全措施由法院行使。

第二节　仲裁法概述

一、仲裁法的概念和特点

仲裁法，是指国家制定或者认可的规范仲裁法律关系主体的行为和调整仲裁法律关系的法律规范的总称。

仲裁法具有以下特点：

（1）机构仲裁。我国《仲裁法》确立的是机构仲裁，而未认可临时仲裁。

（2）以专章对涉外仲裁作出特别规定。

（3）仲裁和调解相结合。

二、仲裁范围

仲裁的范围，即仲裁可以解决争议的范围，也就是争议的可仲裁性问题。

（一）可以适用仲裁法仲裁的范围

平等主体的公民、法人和其他组织之间发生的合同纠纷和其他财产权益纠纷，可以仲裁。

（二）不可以仲裁的范围

下列纠纷不能仲裁：

（1）婚姻、收养、监护、抚养、继承纠纷。

（2）依法应当由行政机关处理的行政争议。

三、仲裁法的基本原则和基本制度

（一）基本原则

1. 当事人意思自治原则

当事人意思自治原则，是现代仲裁制度的基石，在仲裁中主要体现在以下几个方面：①仲裁由当事人自愿选择。没有仲裁协议，一方申请仲裁的，仲裁委员会不予受理；②仲裁机构由当事人自愿选择；③仲裁庭的组成形式及仲裁员由当事人自愿选择；④仲裁审理方式由当事人自愿选择。此外，当事人还可以自愿选择诸如仲裁地点、涉外仲裁中的仲裁规则适用等事项。

2. 独立公正仲裁原则

独立公正仲裁原则主要体现在以下几方面：①仲裁依法独立进行，不受行政机关、社会团体和个人的干涉；②仲裁机构独立，即仲裁委员会独立于行政机关，与行政机关没有隶属关系，仲裁委员会相互之间也没有隶属关系；③仲裁员实行回避制度，这是仲裁公正进行的制度保障；④仲裁员实行任职资格制度，这是仲裁独立公正进行的人员素质保障。

（二）基本制度

1. 一裁终局制度

仲裁实行一裁终局的制度，仲裁裁决作出后，即具有约束力，当事人就同一纠纷再申请仲裁或者向人民法院起诉的，仲裁委员会或者人民法院不予以受理。

2. 或裁或审制度

或裁或审制度即当事人就其所发生的争议，只能在仲裁或者诉讼中选择其一加以适用的制度，如果当事人既选择仲裁，又选择诉讼，仲裁协议无效。

第二十四章 仲裁委员会和仲裁协会

第一节 仲裁委员会

一、仲裁委员会的设立

仲裁委员会可以在直辖市和省、自治区人民政府所在地的市设立,也可以根据需要在其他设区的市设立,不按行政区划层层设立。仲裁委员会由前文所述的市的人民政府组织有关部门和商会统一组建。设立仲裁委员会,应当经省、自治区、直辖市的司法行政部门登记。

二、仲裁委员会应具备的条件

设立仲裁委员会应当具备下列条件:
(1)有自己的名称、住所和章程。
(2)有必要的财产。
(3)有该委员会的组成人员。仲裁委员会由主任1人、副主任2～4人和委员7～11人组成。仲裁委员会的主任、副主任和委员由法律、经济贸易专家和有实际工作经验的人员担任。仲裁委员会的组成人员中,法律、经济贸易专家不得少于2/3。
(4)有聘任的仲裁员。受聘为仲裁委员会的仲裁员需要在思想品德方面公道正派,同时还需要具备下列业务条件之一:①通过国家统一法律职业资格考试取得法律职业资格,从事仲裁工作满8年的;②从事律师工作满8年的;③曾任法官满8年的;④从事法律研究、教学工作并具有高级职称的;⑤具有法律知识、从事经济贸易等专业工作并具有高级职称或者具有同等专业水平的。

第二节 仲裁协会

一、中国仲裁协会的性质

中国仲裁协会的性质是社会团体法人。作为社会团体法人,其设立应当提交相关资料,向中华人民共和国民政部申请登记,登记后即取得法人资格。社会团体法人通常实行会员制,因此,各仲裁委员会是中国仲裁协会的会员。

二、中国仲裁协会的章程

作为一个社会团体法人,依法设立后需要履行一定的职能,为保证其职能的实现,中国仲裁协会应当有自己的章程。中国仲裁协会章程由全国会员大会制定。

三、中国仲裁协会的职能

(1)监督职能。中国仲裁协会是仲裁委员会的自律性组织,可以指导、协调各仲裁委员会的工作,并根据协会章程对仲裁委员会及其组成人员、仲裁员的违纪行为进行监督。

(2)制定仲裁规则。各仲裁委员会可以制定自己的仲裁规则,但是,各仲裁委员会的仲裁规则可能会存在一定的差异,因此,中国仲裁协会可以依照《仲裁法》和《民事诉讼法》的有关规定制定统一的仲裁规则,以供当事人选择适用。

第三节 仲裁规则

一、仲裁规则的概念

仲裁规则,是指进行仲裁程序所应遵

循和适用的规范。

二、仲裁规则的制定与内容

仲裁规则应依据《仲裁法》和《民事诉讼法》的有关规定加以制定。

仲裁规则主要包括以下内容：仲裁管辖；仲裁组织；仲裁的申请、答辩和反请求程序；仲裁庭的组成；仲裁的审理和裁决程序；仲裁委员会、仲裁庭和当事人的权利义务；仲裁语文、翻译、送达、仲裁费用等。

三、仲裁规则的作用

（1）为当事人提供一套科学、系统、明确的仲裁程序规则，便于双方当事人在仲裁程序中适用和遵循，以迅速、有效地解决纠纷。

（2）为仲裁委员会和仲裁庭受理、审理和裁决纠纷提供适用的程序规则。

（3）为仲裁员和当事人提供程序上的权利和义务规范。

（4）为支持、协助和监督仲裁提供依据。

第二十五章　仲裁协议

第一节　仲裁协议概述

一、仲裁协议的概念与特点

仲裁协议，是指双方当事人在争议发生之前或者争议发生之后，自愿达成的将特定争议事项提请约定的仲裁委员会进行仲裁审理并作出仲裁裁决的书面意思表示。仲裁协议具有以下特点：

（1）仲裁协议的要式性。仲裁协议需要以书面形式作出，并具备法定内容。

（2）仲裁协议的间接性。仲裁协议的间接性是相对于双方当事人之间的实体权利与义务关系而言的，一般民事合同往往是直接通过合同条款确定双方当事人之间的实体权利与义务关系，而仲裁协议作为一种特殊的合同，是通过对当事人之间所发生争议的解决来确定当事人之间的实体权利与义务关系。

（3）仲裁协议当事人权利义务的同一性。一般合同是当事人基于互补利益的追求而订立的，当事人的权利义务呈现出对应性的特点，即一方当事人的合同权利对应另一方当事人的合同义务；而仲裁协议双方所追求的利益是共同的，因此，当事人的权利义务具有同一性的特点，即一旦双方当事人约定的事项发生争议后，双方当事人均享有提交仲裁机构解决该争议的权利，同时双方当事人也都负有将该争议提交仲裁机构仲裁的义务。

（4）仲裁协议效力的广延性。一般民事合同仅对签订合同的双方当事人产生相应的约束力，而仲裁协议的法律效力则具有广延性，即仲裁协议有效成立后，对双方当事人、仲裁机构与法院均产生相应的约束力。

（5）仲裁协议的独立性。仲裁协议有效成立后，即具有效力的独立性，不受合同的无效、解除、终止、变更的影响。

二、仲裁协议的类型

仲裁协议通常有以下三种类型：

(一) 仲裁条款

仲裁条款是双方当事人在合同中订立的将所发生争议提请仲裁机构仲裁解决的书面意思表示,具有简便、易行的特点,因此,是仲裁实践中最常见的一种仲裁协议类型。

(二) 仲裁协议书

仲裁协议书是在争议发生之前或者争议发生之后,双方当事人经过协商一致,达成的将某种争议提请仲裁机构仲裁解决的一种独立协议。与仲裁条款相比较,仲裁协议书的订立时间具有灵活性,并且其所涉及的内容较为宽泛,可以针对合同纠纷,也可以针对其他权益纠纷。

(三) 其他书面形式

可以电报、传真、信件等书面形式形成仲裁协议。"其他书面形式"的仲裁协议,包括以合同书、信件和数据电文(包括电报、电传、传真、电子数据交换和电子邮件)等形式达成的请求仲裁的协议。

第二节 仲裁协议的内容

仲裁协议应当具备三项法定内容:请求仲裁的意思表示、仲裁事项和选定的仲裁委员会。

一、请求仲裁的意思表示

请求仲裁的意思表示往往内含于仲裁协议之中,即双方当事人达成将约定争议事项提交仲裁解决的共同意思表示。

二、仲裁事项

仲裁事项,是指双方当事人在仲裁协议中约定的提请仲裁解决的争议范围。需注意两点:

(1) 所约定提请仲裁解决的事项,必须是《仲裁法》允许仲裁的事项。

(2) 仲裁事项的明确性。如果约定不明确,当事人可以补充协议;达不成补充协议的,仲裁协议无效。

【注意】仲裁事项约定应当明确,可以具体约定某一特定事项,也可以概括约定合同纠纷。当事人概括约定仲裁事项为合同争议的,基于合同成立、效力、变更、转让、履行、违约责任、解释、解除等产生的纠纷都可以认定为仲裁事项。

三、选定的仲裁委员会

选定仲裁委员会是有效仲裁协议必须具备的一项内容。为此,需注意以下几点:

(1) 仲裁协议约定的仲裁机构名称不准确,但能够确定具体的仲裁机构的,应当认定选定了仲裁机构。

(2) 仲裁协议仅约定纠纷适用的仲裁规则的,视为未约定仲裁机构,但当事人达成补充协议或者按照约定的仲裁规则能够确定仲裁机构的除外。

(3) 仲裁协议约定两个以上仲裁机构的,当事人可以协议选择其中的一个仲裁机构申请仲裁;当事人不能就仲裁机构选择达成一致的,仲裁协议无效。

(4) 仲裁协议约定由某地的仲裁机构仲裁且该地仅有一个仲裁机构的,该仲裁机构视为约定的仲裁机构。该地有两个以上仲裁机构的,当事人可以协议选择其中的一个仲裁机构申请仲裁;当事人不能就仲裁机构选择达成一致的,仲裁协议无效。

第三节 仲裁协议独立性

一、仲裁协议独立性的概念

仲裁协议的独立性即仲裁条款的独立性,是指作为主合同一部分的仲裁条款,尽管依附于主合同,但是仍然与主合同的其他条款可以分离而独立存在。

二、仲裁协议独立性的适用

仲裁协议独立存在,合同的变更、解除、终止或者无效,不影响仲裁协议的效力。仲裁庭有权确认合同的效力。此外,合同未成立、成立后未生效或者被撤销的,不影响仲裁协议的效力。

第四节 仲裁协议的效力

一、仲裁协议的法律效力

一项有效的仲裁协议对当事人、人民法院和仲裁机构均具有约束力。

(一)对当事人的效力——约束当事人对纠纷解决方式的选择权

仲裁协议有效成立后,对双方当事人产生了将仲裁协议约定争议提请仲裁机构仲裁的义务。如果一方当事人违反该义务,而就协议约定争议事项向法院起诉,则对方当事人享有以仲裁协议为由进行抗辩的权利。

(二)对法院的效力——排斥司法管辖权

当事人达成仲裁协议,一方向人民法院起诉未声明有仲裁协议,人民法院受理后,另一方在首次开庭前提交仲裁协议的,人民法院驳回起诉,但仲裁协议不成立、无效、失效、内容不明确无法执行的除外;另一方在首次开庭前未对人民法院受理该案提出异议的,视为放弃仲裁协议,人民法院应继续审理。

(三)对仲裁机构的效力——授权并限定仲裁的范围

仲裁协议是仲裁机构受理仲裁案件,并对争议案件进行审理与裁决的依据;同时,仲裁协议也限定了仲裁权行使的范围,即仲裁庭只能对当事人协议约定并提请仲裁的争议事项进行审理并作出裁决。

二、仲裁协议效力的确认

(一)确认机构

(1)仲裁协议效力的确认机构包括仲裁机构与人民法院。当事人对仲裁协议的效力有异议的,可以请求仲裁委员会作出决定或者请求人民法院作出裁定。一方请求仲裁委员会作出决定,另一方请求人民法院作出裁定的,由人民法院作出裁定。

(2)最高人民法院《关于审理仲裁司法审查案件若干问题的规定》第2条规定:"申请确认仲裁协议效力的案件,由仲裁协议约定的仲裁机构所在地、仲裁协议签订地、申请人住所地、被申请人住所地的中级人民法院或者专门人民法院管辖。涉及海事海商纠纷仲裁协议效力的案件,由仲裁协议约定的仲裁机构所在地、仲裁协议签订地、申请人住所地、被申请人住所地的海事法院管辖;上述地点没有海事法院的,由就近的海事法院管辖。"

(二)确认时间与程序

(1)当事人对仲裁协议效力有异议,应当在仲裁庭首次开庭前提出。当事人约定可以向仲裁机构申请仲裁,也可以向人民法院起诉的,仲裁协议无效。但一方向仲裁机构申请仲裁,另一方未在法定期间提出异议的除外。

(2)当事人在仲裁庭首次开庭前没有对仲裁协议的效力提出异议,而后向人民法院申请确认仲裁协议无效的,人民法院不予受理。

(3)仲裁机构对仲裁协议的效力作出决定后,当事人向人民法院申请确认仲裁协议效力或者申请撤销仲裁机构的决定的,人民法院不予受理。

(4)人民法院审理仲裁协议效力确认案件,应当组成合议庭进行审查,并询问当事人。

（三）确认涉外仲裁协议效力的法律适用

《中华人民共和国涉外民事关系法律适用法》（以下简称《涉外民事关系法律适用法》）第18条规定："当事人可以协议选择仲裁协议适用的法律。当事人没有选择的，适用仲裁机构所在地法律或者仲裁地法律。"最高人民法院《关于审理仲裁司法审查案件若干问题规定》第13—15条对此作出如下进一步的规定：

（1）当事人协议选择确认涉外仲裁协议效力适用的法律，应当作出明确的意思表示，仅约定合同适用的法律，不能作为确认合同中仲裁条款效力适用的法律。

（2）人民法院根据《涉外民事关系法律适用法》第18条的规定，确定确认涉外仲裁协议效力适用的法律时，当事人没有选择适用的法律，适用仲裁机构所在地的法律与适用仲裁地的法律将对仲裁协议的效力作出不同认定的，人民法院应当适用确认仲裁协议有效的法律。

（3）仲裁协议未约定仲裁机构和仲裁地，但根据仲裁协议约定适用的仲裁规则可以确定仲裁机构或者仲裁地的，应当认定其为《涉外民事关系法律适用法》第18条中规定的仲裁机构或者仲裁地。

第五节　仲裁协议的无效与失效

一、仲裁协议无效的法定情形

在下列情形下，仲裁协议无效：

（1）约定的仲裁事项超出法律规定的仲裁范围的。

（2）无民事行为能力人或者限制民事行为能力人订立的仲裁协议。

（3）一方采取胁迫手段，迫使对方订立仲裁协议的。

（4）以口头方式订立的仲裁协议无效。

二、仲裁协议的失效

仲裁协议的失效，是指一项有效仲裁协议因特定事由的发生而丧失其原有的法律效力。

仲裁协议在下列情形下失效：

（1）仲裁庭对当事人基于仲裁协议请求仲裁的争议事项作出仲裁裁决。

（2）当事人放弃仲裁协议。具体包括三种形式：①当事人通过书面形式明确表示放弃仲裁协议；②当事人通过书面形式，变更了争议解决方式；③双方当事人通过起诉、应诉行为放弃仲裁协议。

（3）附期限的仲裁协议因期限的届满而失效。

第二十六章　仲裁程序

第一节　仲裁当事人与代理人

一、仲裁当事人

仲裁当事人，是指依据有效的仲裁协议，以自己的名义参加仲裁程序，并受仲裁裁决约束的公民、法人和其他组织。

仲裁当事人具有以下特征：

（1）双方当事人的法律地位平等。

（2）当事人之间必须订立有效的仲

协议。

(3) 当事人之间的纠纷具有可仲裁性。

二、仲裁代理人

仲裁代理人,是指依据法律规定或当事人授权,在仲裁程序中以被代理的仲裁当事人的名义进行仲裁活动的人。

仲裁代理人包括法定仲裁代理人和委托仲裁代理人。法定仲裁代理人是指根据法律规定行使代理权的人。委托仲裁代理人是指基于委托代理关系,在仲裁当事人或者法定代理人的授权范围内行使代理权的人。

第二节 申请与受理

一、申请仲裁

(一) 申请仲裁的条件

申请仲裁,是指当事人依据仲裁协议,将仲裁协议约定的争议事项提请约定的仲裁机构进行仲裁审理和裁决的行为。

当事人申请仲裁应当符合以下条件:
(1) 有仲裁协议。
(2) 有具体的仲裁请求和事实、理由。
(3) 属于仲裁委员会的受理范围。

(二) 申请仲裁的方式

当事人申请仲裁,应当向仲裁委员会递交仲裁协议、仲裁申请书及副本。

当事人提交仲裁申请书应当按照对方当事人的人数和组成仲裁庭的仲裁员人数,提供相应的副本。

二、审查与受理

(一) 对仲裁申请的审查与处理

对当事人提出的仲裁申请,仲裁委员会应当在收到仲裁申请书之日起 5 日内进行审查,认为符合受理条件的,应当受理,并通知当事人;认为不符合受理条件的,应当书面通知当事人不予受理,并说明理由。

(二) 受理的法律后果

仲裁委员会依法受理当事人的仲裁申请后,即产生以下法律后果:

(1) 仲裁申请人与被申请人取得仲裁当事人的法律资格。
(2) 仲裁委员会依法取得对具体争议案件的仲裁权。

(三) 受理后的送达

仲裁委员会受理仲裁申请后,应当在仲裁规则规定的期限内将仲裁规则和仲裁员名册送达申请人,并将仲裁申请书副本和仲裁规则、仲裁员名册送达被申请人。被申请人应当在仲裁规则规定的期限内向仲裁委员会提交答辩书。未提交答辩书的,不影响仲裁程序的进行。

第三节 仲裁保全

一、财产保全

(一) 仲裁前的财产保全程序

仲裁前财产保全需要按照以下程序进行:

(1) 利害关系人提出申请。即利害关系人因情况紧急,不立即申请保全将会使其合法权益受到难以弥补的损害的,可以在申请仲裁前,向被保全财产所在地、被申请人住所地的法院申请采取保全措施。
(2) 申请人应当提供担保。
(3) 法院接受申请的,必须在 48 小时之内作出裁定;裁定采取财产保全措施的,应当立即开始执行。
(4) 申请人在法院采取保全措施后 30 日内不申请仲裁的,法院应当解除保全。

(二) 仲裁中的财产保全程序

仲裁中的财产保全需要按照以下程序进行:

(1) 当事人提出申请。仲裁中的财产

保全,需要由当事人在仲裁委员会受理案件后,作出仲裁裁决之前,向仲裁委员会递交财产保全申请书。

(2)仲裁委员会将当事人的财产保全申请按照《民事诉讼法》的有关规定提交给有管辖权的人民法院。

(3)人民法院依照民事诉讼法的有关规定采取具体的财产保全措施。

二、证据保全

(一)仲裁前的证据保全程序

因情况紧急,在证据可能灭失或者以后难以取得的情况下,利害关系人可以在申请仲裁前,向证据所在地、被申请人住所地的法院申请证据保全。

(二)仲裁中的证据保全程序

采取仲裁中的证据保全需要按照以下程序进行:

(1)当事人提出申请。在仲裁程序中,在证据可能灭失或以后难以取得的情况下,当事人可以向仲裁委员会申请保全证据。

(2)仲裁委员会将当事人的证据保全申请提交给有管辖权的人民法院。对于国内仲裁,该证据保全申请应当提交给证据所在地的基层人民法院;而对于涉外仲裁,则应当提交给证据所在地的中级人民法院。

(3)人民法院依照《民事诉讼法》的有关规定采取具体的证据保全措施。

第四节 仲裁庭的组成

一、仲裁庭的组成形式

仲裁庭的组成形式有两种:一是合议制仲裁庭,即由3名仲裁员组成,设首席仲裁员;二是独任制仲裁庭,即由1名仲裁员组成。

仲裁庭的组成形式由双方当事人在仲裁规则规定的期限内约定;当事人没有在仲裁规则规定的期限内约定仲裁庭组成方式的,由仲裁委员会主任指定。

二、仲裁庭的组成程序

(一)合议制仲裁庭的组成

当事人约定由3名仲裁员组成仲裁庭的,应当各自选定或者各自委托仲裁委员会主任指定1名仲裁员。第三名仲裁员由当事人共同选定或者共同委托仲裁委员会主任指定。第三名仲裁员是首席仲裁员。当事人没有在仲裁规则规定的期限内选定仲裁员,由仲裁委员会主任指定。

(二)独任制仲裁庭的组成

当事人约定由1名仲裁员成立仲裁庭的,应当由当事人共同选定或者共同委托仲裁委员会主任指定仲裁员。当事人没有在仲裁规则规定的期限内选定仲裁员的,由仲裁委员会主任指定独任制仲裁员。

三、仲裁员的回避与更换

(一)仲裁员的回避

1. 仲裁员回避的法定情形

仲裁员在下列情况下需要回避:①是本案当事人,或者当事人、代理人的近亲属;②与本案有利害关系的;③与本案当事人、代理人有其他关系,可能影响公正仲裁的;④私自会见当事人、代理人,或者接受当事人、代理人的请客送礼的。

2. 回避的方式

仲裁员的回避方式有两种:①自行回避,即仲裁员在认为自己具有法定需要回避的事由时,主动提出退出本案审理的方式。②申请回避。当事人提出回避申请的,应当说明理由,并在首次开庭前提出;如果回避事由是在首次开庭后得知的,可以在最后一次开庭终结前提出。回避申请既可以用书面方式提出,也可以用口头方式提出。

3. 仲裁员回避的决定权

仲裁员是否回避,由仲裁委员会主任决定;仲裁委员会主任担任仲裁员时,由仲裁委员会集体决定。

(二)仲裁员因其他原因的更换

除因回避而导致仲裁员更换之外,因为仲裁员死亡、丧失行为能力等其他原因使仲裁员无法行使其仲裁权时,也涉及仲裁员的更换问题。

仲裁员因回避或者其他原因不能履行职责的,应当依照《仲裁法》规定重新选定或者指定仲裁员。因回避而重新选定或者指定仲裁员后,当事人可以请求已进行的仲裁程序重新进行,是否准许,由仲裁庭决定;仲裁庭也可以自行决定已进行的仲裁程序是否重新进行。

【注意】仲裁员因回避而更换后,涉及对原有程序的补救;但仲裁员因死亡等其他原因而更换后,仲裁程序继续进行。

第五节 仲裁审理

一、仲裁审理的方式

(1)法定审理方式,即仲裁审理应当不公开开庭进行。

(2)约定审理方式,即当事人协议不开庭的,仲裁庭可以进行书面审理;当事人协议公开的,可以公开,但涉及国家秘密的除外。

二、开庭审理程序

(一)宣布开庭

由首席仲裁员或者独任仲裁员宣布开庭,然后核对当事人、宣布案由、宣布仲裁庭组成人员和记录人员名单、告知当事人仲裁权利与义务、询问当事人是否提出回避申请。

(二)仲裁庭调查

仲裁庭应按照一定的顺序对争议案件事实及所涉及的证据进行调查核实。

(三)当事人辩论

仲裁过程中,当事人有权对争议案件按照一定的顺序发表各自的观点和意见。

三、仲裁审理中的特殊情形

(一)视为撤回仲裁申请

申请人经书面通知,无正当理由不到庭或者未经仲裁庭许可中途退庭的,可以视为撤回仲裁申请。

(二)缺席裁决

被申请人经书面通知,无正当理由不到庭或者未经仲裁庭许可中途退庭的,可以缺席裁决。

第六节 仲裁中的和解、调解和裁决

一、仲裁和解

仲裁和解,是指在仲裁委员会受理争议案件后,仲裁庭作出仲裁裁决之前,双方当事人经过自愿平等协商,达成和解协议的行为。

当事人达成和解协议的,可以请求仲裁庭根据和解协议作出裁决,也可以撤回仲裁申请。当事人撤回仲裁申请后反悔的,可以根据仲裁协议申请仲裁。

【注意】

(1)当事人因达成和解协议撤回仲裁申请后反悔的,可以根据原仲裁协议申请仲裁,也可以根据重新达成的仲裁协议申请仲裁。

(2)仲裁达成和解协议后,当事人申请仲裁庭依据和解协议作裁决书;而民事诉讼中,达成和解协议后,当事人申请法院依据和解协议作调解书,不得申请作判决书。

二、仲裁调解

仲裁调解,是指仲裁程序中,双方当事人在仲裁庭的主持下就争议的实体权利、义务自愿协商,达成协议,以解决争议案件的活动及方式。

仲裁庭在作出裁决前,可以先行调解。当事人自愿调解的,仲裁庭应当调解。调解不成的,应当及时作出裁决。调解达成协议的,仲裁庭应当制作调解书或根据协议的结果制作裁决书。调解书与裁决书具有同等的法律效力。

【注意】
(1)在仲裁中,自愿调解和先行调解是并列的调解方式;而在民事诉讼中,自愿调解是原则,先行调解是例外。

(2)仲裁调解达成协议,仲裁庭可以制作调解书,也可以制作裁决书;民事诉讼调解达成协议的,法院应制作调解书,但无民事行为能力人的离婚案件和涉外案外,可以根据当事人申请制作判决书。

三、仲裁裁决

仲裁裁决,是指仲裁庭对当事人之间争议的事项经过审理后所作出的终局性判定。

(一)仲裁裁决的作出方式

仲裁裁决应当按照多数仲裁员的意见作出,少数仲裁员的不同意见可以记入笔录。

【注意】仲裁庭不能形成多数意见时,裁决应当按照首席仲裁员的意见作出。但民事诉讼中,不能根据审判长的意见作出判决。

(二)裁决书的内容

裁决书应当写明仲裁请求、争议事实、裁决理由、裁决结果、仲裁费用的负担和裁决日期。当事人协议不愿写明争议事实和裁决理由的,可以不写。裁决书由仲裁员签名,加盖仲裁委员会印章。

【注意】对裁决持不同意见的仲裁员,可以签名,也可以不签名。但民事诉讼中的审判人员无权拒绝签名。

(三)仲裁裁决书的补正

对裁决书中的文字、计算错误或者仲裁庭已经裁决但在裁决书中遗漏的事项,仲裁庭应当补正;当事人自收到裁决书之日起30日内,可以请求仲裁庭补正。

第七节 简易程序

一、简易程序的概念和特点

简易程序,是指在仲裁过程中,仲裁机构审理简单仲裁案件所适用的简便易行的审理程序。仲裁中的简易程序体现了如下特点:

(1)仲裁庭的组成方式简便,即由独任制仲裁员组成仲裁庭。

(2)审理方式灵活,即仲裁庭可以根据案件的实际情况,按照其认为适当的方式进行仲裁,既可以决定只依据当事人提交的书面材料和证据进行书面审理,也可以决定开庭审理。

(3)各种期限的规定相对较短。

二、适用简易程序的条件

(1)争议标的金额在规定数额以下。《中国国际经济贸易仲裁委员会仲裁规则》规定的争议金额是不超过人民币500万元,《北京仲裁委员会仲裁规则》规定的争议金额是不超过人民币100万元。

(2)案情简单。

(3)经双方当事人默示或者书面同意。所谓双方当事人默示同意,是指双方当事人没有明确约定排除对简易程序的适用。所谓书面同意,是指在争议金额超过仲裁规则所规定的适用简易程序的范围时,经一方当事人书面申请,在征得另一方当事人书面同意的情况下,仍然可以适用简易程序。

三、适用简易程序的审理

(1)仲裁申请人向仲裁委员会提出仲裁申请后,经审查可以受理并适用简易程序的,仲裁委员会应立即向双方当事人发出仲裁通知。被申请人应在仲裁规则规定的期限内提交答辩书及有关证明文件,也可提出反请求。

(2)双方当事人在仲裁规则规定的期限内,共同选定或者共同委托仲裁委员会主任指定一名独任仲裁员成立仲裁庭审理案件。如果双方当事人未能共同选定或者共同委托指定独任仲裁员的,仲裁委员会主任应立即指定一名独任仲裁员。

(3)仲裁庭以其认为适当的方式审理案件,既可以决定只依据当事人提交的书面材料和证据进行书面审理,也可以决定开庭审理。

(4)仲裁庭应在仲裁规则规定的期限内作出仲裁裁决书。

第二十七章　申请撤销仲裁裁决

第一节　申请撤销仲裁裁决的概念和特征

一、申请撤销仲裁裁决的概念

申请撤销仲裁裁决,是指对于符合法定应予以撤销情形的仲裁裁决,当事人依法向人民法院提出撤销该仲裁裁决请求的行为。

二、申请撤销仲裁裁决的特征

(1)撤销仲裁裁决的申请必须由当事人提出,法院不得依职权主动撤销仲裁裁决。

(2)法院必须对当事人提出的撤销仲裁裁决申请进行审查核实。

第二节　申请撤销仲裁裁决的条件和理由

一、申请撤销仲裁裁决的条件

当事人申请撤销仲裁裁决必须符合以下条件:

(1)提出申请的主体是当事人。这里的当事人是指双方当事人,包括仲裁申请人与被申请人。

(2)应当向有管辖权的人民法院提出申请。申请撤销仲裁裁决应当向仲裁委员会所在地中级人民法院提出申请。

(3)应当在法定期间内提出申请。即当事人申请撤销仲裁裁决应当在自收到仲裁裁决书之日起6个月内提出。

(4)必须有证据证明仲裁裁决出现法定应予撤销的情形。

二、申请撤销仲裁裁决的理由

（一）申请撤销国内仲裁裁决的法定情形

当事人申请撤销国内仲裁裁决，必须具备以下情形之一：

(1)没有仲裁协议。"没有仲裁协议"是指当事人没有达成仲裁协议，仲裁协议被认定无效或者被撤销的，视为没有仲裁协议。

(2)裁决的事项不属于仲裁协议的范围或者仲裁委员会无权仲裁。

(3)仲裁庭的组成或者仲裁的程序违反法定程序。"违反法定程序"是指违反《仲裁法》规定的仲裁程序和当事人选择的仲裁规则可能影响案件正确裁决的情形。

(4)裁决所根据的证据是伪造的。

(5)对方当事人隐瞒了足以影响公正裁决的证据。

(6)仲裁员在仲裁该案时有索贿受贿、徇私舞弊、枉法裁决的行为。

（二）申请撤销涉外仲裁裁决的法定情形

当事人有证据证明涉外仲裁裁决具有下列情形之一的，可以申请撤销该仲裁裁决：

(1)当事人在合同中没有订立仲裁条款或者事后没有达成书面仲裁协议。

(2)被申请人没有得到指定仲裁员或者进行仲裁程序的通知，或者由于其他不属于被申请人负责的原因未能陈述意见。

(3)仲裁庭的组成或者仲裁的程序与仲裁规则不符。

(4)裁决的事项不属于仲裁协议的范围或者仲裁机构无权仲裁。

第三节 法院对撤销仲裁裁决申请的处理及其法律后果

对当事人撤销仲裁裁决的申请，人民法院应当组成合议庭进行审查，经过审查后可以分别作出不同处理。

一、通知仲裁庭重新仲裁

人民法院受理当事人提出的撤销仲裁裁决申请后，经过组成合议庭进行审查，认为仲裁裁决具有法定情形之一的，即仲裁裁决所根据的证据是伪造的，或者对方当事人隐瞒了足以影响公正裁决的证据的，可以通知仲裁庭在一定期限内重新仲裁。

仲裁庭在人民法院指定的期限内开始重新仲裁的，人民法院应当裁定终结撤销程序。未开始重新仲裁的，人民法院应当裁定恢复撤销程序。

二、撤销仲裁裁决

人民法院对于当事人撤销仲裁裁决的申请应当组成合议庭在2个月内进行审查，经过审查，对于不需要由仲裁庭重新仲裁或者仲裁庭拒绝重新仲裁的，如果符合法定撤销理由的，裁定撤销仲裁裁决。当事人以仲裁裁决事项超出仲裁协议范围为由申请撤销仲裁裁决，经审查属实的，人民法院应当撤销仲裁裁决中的超裁部分。但超裁与其他裁决事项不可分的，人民法院应当撤销仲裁裁决。

三、驳回撤销仲裁裁决的申请

对当事人撤销仲裁裁决的申请，人民法院经过审查，对于不符合法定撤销仲裁裁决情形的申请，应当在2个月内作出裁定驳回当事人撤销仲裁裁决的申请。

第二十八章 仲裁裁决的执行与不予执行

第一节 仲裁裁决的执行

一、执行仲裁裁决的概念

仲裁裁决的执行,是指人民法院经当事人申请,采取强制措施将仲裁裁决书中的内容付诸实现的行为和程序。

二、执行仲裁裁决的条件

仲裁裁决的执行,必须符合下列条件:
(1)仲裁裁决书为有效执行依据。
(2)执行当事人适格。
(3)债务人拒绝履行债务。
(4)符合执行时效的规定。
(5)受申请的执行法院具有管辖权。

三、执行仲裁裁决的程序

(一)申请执行

仲裁裁决确定的债务人在规定的期限内不履行仲裁裁决时,债权人在符合前述条件的情况下,有权请求人民法院强制执行。

(二)法院审查

人民法院收到申请执行人的执行申请后,决定是否强制执行之前,要进行必要的审查。经审查,符合执行条件,应当立案执行,否则应当驳回执行申请。

(三)执行实施

当事人向有管辖权的人民法院提出执行申请后,受申请的人民法院应当根据《民事诉讼法》规定的执行程序予以执行。

第二节 仲裁裁决的不予执行

一、仲裁裁决不予执行的理由

被申请人提出证据证明国内仲裁裁决有下列情形之一的,可以申请不予执行该仲裁裁决:
(1)当事人在合同中没有订立仲裁条款或者事后没有达成书面仲裁协议的。
(2)裁决的事项不属于仲裁协议的范围或者仲裁机构无权仲裁的。
(3)仲裁庭的组成或者仲裁的程序违反法定程序的。
(4)裁决所根据的证据是伪造的。
(5)对方当事人向仲裁机构隐瞒了足以影响公正裁决的证据的。
(6)仲裁员在仲裁该案时有贪污受贿、徇私舞弊、枉法裁决行为的。

二、不予执行仲裁裁决的程序

(一)被申请执行人向执行法院提出申请

被申请执行人,在执行程序开始后,执行完毕前,如果认为作为执行根据的仲裁裁决具有法律规定的不予执行仲裁裁决的事由时,应当向执行该仲裁裁决的人民法院提出书面申请,请求人民法院不予执行仲裁裁决。

(二)人民法院裁定中止执行,并组成合议庭进行审查

被申请执行人提出不予执行仲裁裁决的申请后,执行仲裁裁决的人民法院应当

中止正在进行的执行程序,并组成合议庭对被申请执行人的申请和仲裁裁决是否具有法律规定的不予执行仲裁裁决的事由等进行审查。

(三)人民法院作出审查结果

人民法院经过审查,认为仲裁裁决不符合法律规定的不予执行仲裁裁决的情形的,应当裁定驳回被申请执行人的申请,执行程序继续恢复进行;如果认为仲裁裁决具有法律规定的不予执行仲裁裁决的情形的,应当作出裁定,不予执行该仲裁裁决。

三、不予执行仲裁裁决的法律后果

人民法院作出不予执行仲裁裁决的裁定,会产生如下法律后果:

(1)执行仲裁裁决的程序终结。

(2)不予执行的裁定为终局裁定,不得申请再审。

(3)当事人重新选择纠纷解决方式。

四、不予执行仲裁裁决和撤销仲裁裁决的关系

(一)不予执行仲裁裁决和撤销仲裁裁决的共同点

(1)法律属性相同。两者都是法律所确定的人民法院对仲裁庭作出的仲裁裁决行使司法监督权的体现,都是司法对仲裁进行监督的表现形式。

(2)行使权力的主体相同。两者对仲裁裁决进行审查并作出最终裁定的都是人民法院。

(3)客体相同。两者所针对的都是仲裁庭作出的有效仲裁裁决。

(4)法定事由相同。《仲裁法》和《民事诉讼法》对撤销裁决和不予执行裁决规定有相同的法定事由,法定事由相同表明监督标准的一致性。

(5)适用的法律程序有相同之处。如两者都是基于当事人申请开始,人民法院都应当组成合议庭等。

(6)法律后果相同。这两种情形下,当事人均可以重新达成仲裁协议申请仲裁,也可以直接向有管辖权的人民法院提起诉讼。

(二)不予执行仲裁裁决和撤销仲裁裁决的区别

(1)提出请求的当事人不同。有权提出撤销仲裁裁决申请的当事人可以是仲裁案件中的任何一方当事人;而有权提出不予执行仲裁裁决的当事人只能是被申请执行仲裁裁决的一方当事人。

(2)提出请求的期限不同。当事人请求撤销仲裁裁决,应当自收到仲裁裁决书之日起6个月内向人民法院提出;而当事人申请不予执行仲裁裁决,则是在对方当事人申请执行仲裁裁决之后,法院对仲裁裁决的执行程序完毕之前。

(3)管辖法院不同。当事人申请撤销仲裁裁决,应当向仲裁委员会所在地的中级人民法院提出;而当事人申请不予执行仲裁裁决只能向受理申请执行人申请的法院提出,即由被执行人住所地或者被执行的财产所在地的中级人民法院管辖。

(4)对当事人申请的处理结果不同。当事人申请撤销仲裁裁决,人民法院经过法定审查程序,可以产生三种处理结果,即裁定驳回当事人的申请;法院认为可以由仲裁庭重新仲裁的,通知仲裁庭在一定期限内重新仲裁;裁定撤销仲裁裁决。而当事人申请不予执行,人民法院不可采取诸如要求仲裁庭重新仲裁等其他方式。

第三节 仲裁裁决的中止执行、恢复执行和终结执行

一、仲裁裁决的中止执行

仲裁裁决的中止执行,是指在执行程序

开始后,由于出现某种特定的原因,从而暂时停止执行程序,等到这种特定原因消除之后,再决定执行程序是否继续进行的制度。

二、仲裁裁决的恢复执行

仲裁裁决的恢复执行,是指已中止执行的程序,由于中止原因消失而继续进行的制度。

撤销仲裁裁决的申请被法院裁定驳回的,人民法院应当裁定恢复已经中止的执行程序,继续执行。

三、仲裁裁决的终结执行

仲裁裁决的终结执行,是指在执行程序开始后,由于出现特定的事由,使执行程序无法再进行或者已经没有进行的必要,因而结束执行程序的制度。人民法院裁定撤销仲裁裁决的,应当裁定终结执行。

第二十九章 涉外仲裁

第一节 涉外仲裁的概念

涉外仲裁,是指当事人依据仲裁协议将涉外经济贸易、运输和海事中发生的纠纷提交仲裁机构进行审理并作出裁决的制度。

涉外仲裁与国内仲裁的根本区别在于它是解决涉外经济贸易、运输和海事中发生的纠纷的一种方式。这种纠纷的特点是具有涉外因素,因而这类纠纷案件属于涉外纠纷案件。

第二节 涉外仲裁机构

一、涉外仲裁机构的设立

涉外仲裁委员会可以由中国国际商业组织设立。涉外仲裁委员会由主任1人、副主任若干人和委员若干人组成。主任履行涉外仲裁规则赋予的职责,副主任受主任的委托可以履行主任的职责。主任、副主任和委员可以由中国国际商会聘任。

二、我国受理涉外仲裁案件的仲裁机构

中国国际经济贸易仲裁委员会和中国海事仲裁委员会是我国传统的常设涉外仲裁机构,也是受理涉外仲裁案件具有典型性、代表性的仲裁机构。目前,我国除了中国国际经济贸易仲裁委员会和中国海事仲裁委员会受理涉外仲裁案件外,依据《仲裁法》设立或重新组建的仲裁机构也有权受理涉外仲裁案件。

第三节 涉外仲裁程序

一、仲裁申请、答辩、反请求程序

(1)申请人提出仲裁申请时应当提交由申请人或申请人授权的代理人签名或盖章的仲裁申请书。

(2)被申请人应按仲裁规则规定的时间提交答辩书和有关证明文件。

(3)对当事人提交的各种文书和证明材料,仲裁庭及/或仲裁委员会认为必要时,可以要求当事人提供相应的中文译文或其他语言译本。

(4)当事人可以授权中国及/或外国的仲裁代理人办理有关仲裁事项,接受委托的仲裁代理人,应向仲裁委员会提交授权委托书。

(5)当事人依据中国法律申请保全的,仲裁委员会应当将当事人的申请提交有管辖权的法庭作出裁定。

二、仲裁庭的组成

(1)仲裁庭由1名或3名仲裁员组成。

(2)双方当事人应当各自在仲裁规则规定的时间内选定仲裁员。

①仲裁庭由3人组成时,申请人和被申请人应各自选定或者各自委托仲裁委员会主任指定1名仲裁员,第三名仲裁员为首席仲裁员,由双方当事人共同选定或者共同委托仲裁委员会主任指定。

②仲裁庭由1名仲裁员组成时,双方当事人可以共同选定或者共同委托仲裁委员会主任指定独任仲裁员成立仲裁庭审理案件,未就独任仲裁员人选达成一致意见,该名独任仲裁员由仲裁委员会主任指定。

③仲裁案件有两个或者两个以上申请人及/或被申请人时,申请人之间及/或被申请人之间应协商,各自共同选定或者各自共同委托仲裁委员会主任指定1名仲裁员。若在仲裁规则规定的时间内未能选定或者委托指定,则该名仲裁员由仲裁委员会主任指定。

(3)被选定或被指定的仲裁员应披露可能引起对其公正性和独立性产生合理怀疑的任何事实或情况。

三、审理与裁决

(一)仲裁审理

除非当事人另有约定,仲裁庭可以按照其认为适当的方式审理案件。

(二)仲裁与调解相结合

双方当事人有调解愿望的,或一方当事人有调解愿望并经仲裁庭征得另一方当事人同意的,仲裁庭可以在仲裁程序中对案件进行调解。双方当事人也可以自行和解。

(三)裁决

仲裁庭应当根据事实和合同约定,依照法律规定,参考国际惯例,公平合理、独立公正地作出裁决。由3名仲裁员组成仲裁庭审理案件时,仲裁裁决依全体仲裁员或多数仲裁员的意见作出。仲裁庭不能形成多数意见时,仲裁裁决依首席仲裁员的意见作出。

仲裁裁决是终局的,对双方当事人均有约束力。任何一方当事人不得向法院起诉,也不得向其他任何机构提出变更仲裁裁决的请求。

第四节 对涉外仲裁裁决的撤销和不予执行

一、对涉外仲裁裁决撤销和不予执行的法定事由

当事人提出证据证明涉外仲裁裁决有《民事诉讼法》规定的可撤销情形之一的,经人民法院组成合议庭审查核实,裁定撤销。被申请人提出证据证明涉外仲裁裁决有《民事诉讼法》规定的不予执行情形之一的,经人民法院组成合议庭审查核实,裁定不予执行。具体事由包括:

(1)当事人在合同中没有订立仲裁条款或者事后没有达成书面仲裁协议的。

(2)被申请人没有得到指定仲裁员或者进行仲裁程序的通知,或者由于其他不属于被申请人负责的原因未能陈述意见的。

(3)仲裁庭的组成或者仲裁的程序与仲裁规则不符的。

(4)裁决的事项不属于仲裁协议的范围或者仲裁机构无权仲裁的。

二、对涉外仲裁裁决撤销和不予执行的程序

(1)当事人申请。仲裁裁决作出后,

仲裁当事人的任何一方都可以向仲裁委员会所在地的中级人民法院申请撤销仲裁裁决,在执行程序中,被申请人可以向执行法院申请不予执行仲裁裁决。

(2)当事人提出证据予以证明。

(3)人民法院组成合议庭审查核实。

(4)人民法院作出裁定。

第五节　对涉外仲裁裁决的执行

一、涉外仲裁裁决在中国的执行

对中国涉外仲裁机构作出的仲裁裁决,一方当事人不履行的,对方当事人可以向被申请人住所地或者财产所在地的中级人民法院申请执行。申请人向人民法院申请执行中国涉外仲裁机构的仲裁裁决,须提出书面申请,并附裁决书正本。

二、涉外仲裁裁决在外国的承认和执行

中国涉外仲裁机构作出的发生法律效力的仲裁裁决,当事人请求执行的,如果被执行人或者其财产不在中国领域内,应当由当事人直接向有管辖权的外国法院申请承认和执行。